믿음의 눈으로 본 세상(상)

김서택 목사의 이사야 강해

믿음의 눈으로 본 세상 (상)

김서택 지음

이레서원

믿음의 눈으로 본 세상(상)
김서택 목사의 이사야 강해

지은이 김서택

초판 1쇄 인쇄 2016년 2월 5일
초판 1쇄 발행 2016년 2월 15일

발행처 도서출판 이레서원
발행인 문영이
출판신고 2005년 9월 13일 제2015-000099호

편집장 최창숙
기획 이혜성
편집 송혜숙
영업 박생화
총무 곽현자

경기도 고양시 일산동구 중앙로 1160 오원플라자 703호
전화 (02)402-3238, 406-3273 팩스 (02)401-3387
E-mail: jireh@changjisa.com Website: jireh.kr
Facebook: facebook.com/jirehpub

값은 표지에 있습니다.

ISBN 978-89-7435-473-2
ISBN 978-89-7435-472-5(세트) 04230

글 저작권ⓒ2016 김서택

신 저작권법에 의하여 한국 내에서 보호받는 저작물이므로 저작권자의 서면 허락 없이 이 책의 어떠한 부분이라도 전자적인 혹은 기계적인 형태나 방법을 포함하여 그 어떤 형태로든 무단전재와 무단복제 하는 것을 금합니다.

이 도서의 국립중앙도서관 출판시도서목록(CIP)은 서지정보유통지원시스템 홈페이지(http://seoji.nl.go.kr)와 국가자료공동목록시스템(http://www.nl.go.kr/kolisnet)에서 이용하실 수 있습니다. (CIP제어번호: CIP2016002938)

서문

믿음의 눈으로
본 세상

우리는 내가 사는 이 세상이 어떻게 생겼으며 도대체 어디를 향해 가고 있는지 알고 싶어 합니다. 그래서 어떤 분은 아침에 일어나자마자 TV를 켜서 뉴스를 듣기도 하고, 어떤 분은 파자마 차림으로 집 밖에 나가서 조간신문을 들고 와서 첫 면부터 읽기 시작합니다.

저는 대학생 때 이 세상의 모습이나 신앙의 세계에 대하여 깊은 회의에 빠졌습니다. 그러다가 4학년 초에 구약 성경 이사야를 읽으면서 하나님의 경륜을 보는 눈이 열리게 되었습니다. 그 의미는 다 알 수 없었지만, 이 장엄한 말씀에 매료되어 하나님께로 돌아왔습니다.

칼빈은 이사야 주석을 집필하여 당시 영국 국왕이었던 에드워드 6세에게 바쳤습니다. 칼빈은 그가 이 신앙의 눈으로 세계를 바라보고 나라를 통치하기를 원했던 것입니다.

이사야는 유다의 궁정 선지자로서 유다와 주변 정세를 꿰뚫어 보고 있었습니다. 이사야는 격동하는 시대에 이 위대한 하나님의 말씀으로 유다의 왕과 백성을 바른길로 이끌려고 노력했습니다.

처음 이사야 강해를 완성하였을 때는 얼마나 감격과 기쁨이 있었는지 모릅니다. 그러나 이제 나이가 들면서 성경을 더 자세히 볼 수 있게 되었습니다. 이 위대한 하나님의 말씀이 우리 성도들로 하여금 현실을 바로 볼 수 있는 시각을 열어 주길 기대합니다.

『믿음의 눈으로 본 세상』을 출판해 주신 이레서원 사장님과 편집부 모든 분들에게 감사드립니다.

그리고 언제나 저의 설교를 사랑해 주시고 기도로 후원해 주시는 대구동부교회 성도님들께 깊은 감사를 드립니다.

2016
대구 수성교 옆에서
김서택 목사

목차

서문 믿음의 눈으로 본 세상 • 5

01. 상처뿐인 예루살렘 _사 1:1-9 • 21
1. 위기의 시대의 선지자 | 24
2. 상처투성이 나라 | 27
3. 유다에게 남은 것 | 34

02. 하나님과의 변론 _사 1:10-20 • 38
1. 유다의 상태 | 40
2. 유다의 타락의 원인 | 43
3. 하나님의 요청 | 50

03. 유다의 고난 _사 1:21-31 • 55
1. 예루살렘의 변질 | 57
2. 하나님의 판결 | 63
3. 끝내 버림받는 자 | 68

04. 여호와의 산이 높이 들림 _사 2:1-11 • 73

1. 미래의 한 때 | 74
2. 만민이 몰려오게 됨 | 79
3. 하나님께서 주시는 선물 | 85

05. 인간 능력의 왜소함 _사 2:12-22 • 91

1. 미래의 한 날 | 92
2. 하나님께서 심판하시는 것 | 96
3. 아무 소용이 없는 우상들 | 101

06. 예루살렘이 의지하는 것 _사 3:1-12 • 107

1. 유다와 예루살렘이 의지하는 것 | 109
2. 아이가 다스리는 나라 | 114
3. 비참해지는 예루살렘 | 118

07. 예루살렘의 가치관 _사 3:13-26 • 123

1. 하나님의 재판 | 125
2. 예루살렘 여인들의 사치 | 130
3. 하나님의 가치를 잃어버린 결과 | 135

08. 여호와의 싹 _사 4:1-6 • 140

1. 예루살렘의 비참한 현실 | 142
2. 하나님의 새로운 싹 | 146
3. 예루살렘에 남는 자들 | 151

09. 하나님의 포도원 _사 5:1–17 • **157**

   1. 포도원의 노래 | 159

   2. 하나님께서 원하신 열매 | 163

   3. 유다 백성의 욕심 | 167

10. 유다가 거둘 열매 _사 5:18–30 • **174**

   1. 유다 백성이 뿌리는 씨 | 176

   2. 유다를 향한 하나님의 진노 | 183

   3. 더 강해진 적들 | 186

11. 이사야가 본 환상 _사 6:1–13 • **190**

   1. 이사야가 환상을 보았을 때 | 192

   2. 거룩하신 하나님 찬양 | 196

   3. 이사야의 소명 | 201

12. 임마누엘 하나님 _사 7:1–25 • **207**

   1. 유다에 닥친 위기 | 208

   2. 연기 나는 부지깽이 나무 | 214

   3. 하나님께서 주신 징조 | 218

13. 마헬살랄하스바스 _사 8:1–8 • **225**

   1. 하나님의 메시지 | 226

   2. 이사야의 아들 이름 | 231

   3. 유다 백성이 버린 샘물 | 234

14. 사람의 말을 믿지 말라 _사 8:9-22 • 239

1. 적들이 하는 말을 두려워 말라 | 241
2. 하나님의 도전 | 245
3. 봉함되는 하나님의 말씀 | 249

15. 메시아의 오심 _사 9:1-7 • 255

1. 가장 소외된 사람들 | 257
2. 메시아의 오심 | 264
3. 메시아의 영원한 통치 | 270

16. 이스라엘의 욕심의 불장난 _사 9:8-21 • 273

1. 하나님께서 보내신 메시지 | 275
2. 포기하지 않으시는 하나님 | 281
3. 이스라엘의 불장난 | 285

17. 하나님의 몽둥이 _사 10:1-15 • 290

1. 두 가지 가치관의 충돌 | 292
2. 하나님께서 쓰시는 몽둥이 | 297
3. 하나님의 계획 | 303

18. 남은 자가 돌아옴 _사 10:16-34 • 307

1. 하나님의 불 시험 | 309
2. 하나님의 남은 자 | 313
3. 앗수르를 두려워하지 말라 | 316

19. 메시아 시대 _사 11:1-16 • 321

   1. 하나님의 한 줄기세포 | 322

   2. 완전히 새로운 세상이 오게 됨 | 328

   3. 새로운 인간 | 332

20. 구원의 노래 _사 12:1-6 • 339

   1. 두 가지를 경험한 유다 백성 | 341

   2. 구원이신 하나님 | 344

   3. 하나님의 구원을 선포함 | 351

21. 하나님의 검열 _사 13:1-12 • 355

   1. 적을 부르시는 하나님 | 358

   2. 왜 하나님을 두려워하지 않을까? | 363

   3. 하나님께서 진노하시는 날 | 367

22. 바벨론의 미래 _사 13:13-22 • 370

   1. 하나님의 시험 | 371

   2. 바벨론의 전환점 | 375

   3. 미리 가 본 바벨론의 모습 | 377

23. 뒤바뀐 운명 _사 14:1-11 • 384

   1. 유다 백성에 대한 하나님의 긍휼 | 386

   2. 뒤바뀐 운명 | 392

   3. 평화가 회복됨 | 395

24. 떨어진 계명성 _사 14:12-23 • 400

1. 높아지는 별 | 402
2. 교만한 자의 독백 | 406
3. 하나님의 심판 | 411

25. 하나님의 경영 _사 14:24-32 • 416

1. 우리를 향한 하나님의 경영 | 418
2. 앗수르에 대한 계획 | 422
3. 블레셋과 예루살렘의 운명 | 426

26. 모압의 애통 _사 15:1-9 • 431

1. 모압과 이스라엘 백성의 관계 | 434
2. 이사야가 본 환상 | 437
3. 모압 사람들의 반응 | 439
4. 절망을 향하여 도망치는 부자들 | 443

27. 모압의 기회 _사 16:1-14 • 447

1. 시온을 찾아가라 | 449
2. 모압의 시험 | 454
3. 하나님의 놀라운 계획 | 457

28. 강한 자의 몰락 _사 17:1-14 • 464

1. 다메섹의 파멸 | 466
2. 이스라엘의 쇠약해지는 영광 | 471
3. 유다를 살리시는 하나님 | 477

29. 장대하고 준수한 백성 _사 18:1-7 • 481

1. 슬픈 구스 사람들 | 484
2. 구스가 붙들어야 할 것 | 487
3. 가지를 깨끗하게 하시는 하나님 | 492

30. 애굽의 무지 _사 19:1-15 • 498

1. 애굽에 관한 경고 | 501
2. 애굽의 부패한 정신 | 507
3. 하나님의 축복이 없어짐 | 512

31. 애굽의 구원 _사 19:16-25 • 519

1. 애굽에 일어날 변화 | 521
2. 하나님을 믿는 애굽 인 | 525
3. 애굽을 연단하시는 하나님 | 530

32. 포로 복장의 이사야 _사 20:1-6 • 535

1. 하나님의 이상한 명령 | 537
2. 이사야의 포로 복장 | 543
3. 유다 백성의 속셈 | 545

33. 혹독한 묵시 _사 21:1-17 • 552

1. 바벨론이라는 암초 | 554
2. 선지자의 충격 | 560
3. 사막의 오아시스에 있는 사람들 | 565

34. 환상의 골짜기 _사 22:1-14 • 569

  1. 환상의 골짜기에 일어날 일 | 571

  2. 인간의 생각과 그 결과 | 576

  3. 하나님께서 예루살렘에 원하신 것 | 582

35. 국고 대신 셉나 _사 22:15-25 • 586

  1. 불의한 청지기 셉나 | 588

  2. 셉나를 버리시는 하나님 | 593

  3. 새로운 국고 대신의 임명 | 596

36. 두로의 장래 _사 23:1-18 • 602

  1. 두로의 파산 | 605

  2. 두로가 망하는 이유 | 609

  3. 두로의 미래 | 614

37. 땅이 슬퍼하는 이유 _사 24:1-13 • 620

  1. 공허하게 되는 유다 땅 | 622

  2. 가나안 땅의 근거 | 627

  3. 지금 기뻐하지 말라 | 632

38. 위대한 정복 _사 24:14-23 • 636

  1. 땅 끝의 사람들 | 639

  2. 세 종류의 사람들 | 642

  3. 하나님께서 행하신 가장 놀라운 일 | 646

39. 하나님의 완전한 구원 _사 25:1-12 • 650

1. 하나님의 구원을 찬양함 | 651
2. 고난 중에 함께하신 하나님 | 656
3. 끝까지 용서받지 못하는 사람들 | 664

40. 하나님의 견고한 성 _사 26:1-10 • 667

1. 하나님의 견고한 성읍 | 669
2. 교만한 자를 내리치시는 하나님 | 676
3. 고난이 주는 유익 | 680

41. 하나님의 큰 계획 _사 26:11-21 • 685

1. 높이 들려진 하나님의 손 | 686
2. 다시 살아나는 나라 | 693
3. 부르짖으며 기도하는 백성 | 696

42. 희망의 노래 _사 27:1-13 • 702

1. 유브라데스 강 너머에 있는 괴물 | 703
2. 하나님께서 부르시는 희망의 노래 | 709
3. 하나님의 장래 계획 | 714

43. 던져진 면류관 _사 28:1-13 • 719

1. 술 취한 성 사마리아 | 721
2. 겸손한 자들에게 주실 복 | 727
3. 유다의 위치 | 731

44. 세상을 따라갔을 때 _사 28:14-29 • 738

   1. 사망과 맺은 언약 | 739

   2. 세상을 의지한 결과 | 746

   3. 다양한 타작 방법 | 749

45. 하나님께서 주시는 고통 _사 29:1-12 • 754

   1. 슬픈 아리엘 | 755

   2. 세상 나라의 비중 | 761

   3. 비틀거리는 유다 백성 | 766

46. 새 시대에 주실 축복 _사 29:13-24 • 771

   1. 입으로만 하나님을 좋아하는 사람들 | 773

   2. 진흙과 토기장이의 관계 | 780

   3. 하나님께서 미래에 주시는 복 | 784

47. 애굽으로 내려감 _사 30:1-14 • 790

   1. 유다 백성의 몸부림 | 791

   2. 도움이 되지 않는 애굽 | 796

   3. 유다가 세상을 의지한 결과 | 801

48. 하나님의 백성의 정체성 _사 30:15-33 • **808**

   1. 하나님의 백성이 정신을 차릴 때 | 810

   2. 유다를 치료하시는 하나님 | 815

   3. 하나님의 진노를 느끼라 | 821

49. 사람을 의지하지 말라 _사 31:1-9 • **828**

   1. 어려움이 찾아왔을 때 | 830

   2. 자기 백성을 지키시는 하나님 | 838

   3. 유다 백성에 대한 권면 | 843

The book of Isaiah

믿음의 눈으로 본 세상 (상)

The book of Isaiah

01

상처뿐인 예루살렘

이사야 1:1-9

성경을 보면 소선지서나 바울 서신같이 분량이 적은 책이 있는가 하면, 신명기나 시편, 이사야와 같이 방대한 내용을 담은 책들도 있습니다. 그런 의미에서 우리는 이사야서를 하나님의 진리의 바다에 비유할 수 있습니다. 아무리 수영을 잘하는 사람이라도 헤엄쳐서 바다를 건너갈 수는 없을 것입니다. 또한 거대한 바다는 헤엄은 고사하고 배를 타고 가더라도 자칫 항로를 잃으면 헤매다가 목숨을 잃기 쉽습니다. 누구든지 처음부터 이사야서를 설교하거나 공부해 보려고 덤벼들다가는 실패하기 쉽습니다. 그만큼 방대한 내용을 담고 있는데, 그럴 수밖에 없는 것이 이사야서는 이사야가 거의 60년이 넘도록 예루살렘에서 활동하면서 예언했던 것을 집대성한 예언집이기 때문입니다.

이러한 이사야서를 읽으면 우리는 이사야가 가지고 있는 시대적인 안목이나 정치적인 관점이 너무나 광대한 것에 놀라지 않을 수 없습니다. 선지자들 중에는 주로 시골에서 자라고 시골에서 경험한 것을 배경으로 예언한 선지자들이 있습니다. 그 대표적인 예가 아모스인데, 아모스서를 읽으면 시골 냄새를 실컷 맡을 수 있습니다. 그러나 이사야는 주로 유다의 수도인 예루살렘, 그것도 주로 왕궁에서 유다의 지도자들을 대상으로 말씀을 전했기 때문에 그 내용이 아주 정치적이면서 지적인 수준이 높은 것이 특징입니다. 그뿐만 아니라 이사야서는 유다가 하나님의 말씀에 충실하지 않고 세상을 따라가서 멸망하는 데서부터 시작해서 유다가 바벨론 포로에서 돌아올 것, 그리고 그 후 축복의 시대까지 방대한 내용을 예언하고 있습니다. 우리가 놀라게 되는 것은, 한 사람이 한평생에 걸쳐서 예언한 것이 어떻게 이렇게 논리적으로 일관될 수 있을까 하는 것입니다.

사람들은 대개 이사야서를 두 부분으로 나누고 있는데, 앞부분 1장에서 39장은 우상 숭배에 빠진 유다가 망할 것을 예언하고 있습니다. 사람들은 이것을 제1이사야서라고 부릅니다. 제1이사야서 후반부의 36장부터 39장까지는 히스기야의 이야기가 기록되어 있습니다. 그리고 그 다음 40장부터 66장까지를 제2이사야서라고 부르는데, 그 이유는 이 뒷부분이 하나님께서 바벨론에 망한 유다를 회복시켜서 돌아오게 하는 내용이기 때문입니다. 사람들 중에는 이사야 끝 부분인 55장부터 66장까지를 다시 분리해서 제3이사야서라고 하는데, 이 부분은 아주 먼 미래의 예언을 담고 있기 때문이라고 합니다. 그리고 학자들이 제2이사야서를 이사야가 쓰지 않고 후대의 다른 사람이 썼다고 생각하는 이유는 이사야 45장에 유다 백성을 포로에서 돌아오게 할 때 '내 종 고레스를 시켜서 하겠다'고 했는데 이때는 고레스가 태어나기 수백 년 전이기 때문입니다. 그러나 우리는 하나님께서 얼마든지 태어나지 않은 사람도 그 이름을 정해서 예언하실 수 있다고 생각합니다.

우리가 이사야서를 읽으며 놀라게 되는 것은 장차 태어나실 그리스도에 대하여 예언하고 있다는 사실입니다. 그중에서 '그가 처녀의 몸에서 태어날 것'을 예언했고(7:14), '그의 외모가 초라해서 흠모할 것이 없으며 그가 채찍에 맞을 것'을 예언하고 있습니다(53:2, 5). 그리고 '메시아가 오셨을 때 사람들은 칼을 쳐서 보습을 만들고 창을 쳐서 낫을 만드는 평화의 시대가 올 것'을 미가 선지자와 똑같이 예언하고 있습니다(2:4). 특히 이사야서에는 네 번에 걸쳐서 고난받는 여호와의 종의 노래가 나오는데, 하나님의 종이 왜 고난을 받는 종으로 오셔야 했는지 선지자에게는 큰 미스터리였습니다.

그런데 신약 성경에서 예수님이나 다른 사도들도 이사야서를 많이 인용하고 있는데, 그들은 누구도 이사야서를 이사야 외에 다른 사람이 쓴 것으로 생각하지 않고 있었습니다. 특히 20세기에 와서 어떤 양치는 목동에 의해서 사해 언덕 한 동굴에서 많은 두루마리 책들이 발견되었는데, 그중에서 거의 완벽한 형태의 이사야서가 발견되었습니다. 이것을 통해서 학자들은 지금 우리가 가지고 있는 히브리 성경이 얼마나 완벽하게 보존되었는가 하는 것을 알게 되었습니다.

최근 우리나라 사람들은 정치에 많은 관심을 가지게 되었습니다. 그 이유는 바로 정치가 사회 전체를 이끌어 가는 기관차 역할을 한다는 사실을 알게 되었기 때문입니다. 그래서 우리나라는 대통령 선거 때만 되면 나라 전체가 거의 물 끓듯이 뜨거운 정치판이 되는 것을 보게 됩니다. 그러나 우리가 알아야 할 것은, 나라의 정치는 우리가 원한다고 해서 그 방향으로 가는 것이 아니라 하나님이 원하시는 방향으로 움직인다는 것입니다. 사람들은 교회가 정치에 너무 무관심한 것이 아닌가라고 생각할지 모르지만, 우리는 이사야서를 통해서 정치에 대하여 하나님이 말씀하시는 소리를 충분히 듣게 될 것입니다.

칼빈은 이사야서 주석을 집필하여 에드워드 6세에게 헌정하면서, 옛날 격동하던 세계정세 속에서 히스기야가 이사야의 말씀을 잘 듣고 유다를 위기에서 지키고 부흥시켰던 것처럼, 이사야의 말씀을 통해 영국을 바른길로 이끌어 주기를 바란다고 말했습니다. 그러나 에드워드 6세는 병약해서 십대의 나이로 아깝게 죽고, 엘리자베스 1세가 즉위하면서 영국은 개신교를 버리고 성공회를 국교로 삼게 됩니다. 칼빈은 엘리자베스 1세가 즉위했을 때에도 이사야서 주석 개정판을 그에게 헌정했습니다.

이것은 이 이사야서의 메시지가 격동하는 시대에 위기에 처한 하나님의 백성에게 얼마나 중요한 교훈을 주는지 잘 보여 주고 있기 때문입니다. 아마도 우리 자신이나 우리나라 위정자들이 이사야의 설교를 다시 경청할 수 있다면, 현재의 위기에서도 얼마든지 나라를 지키고 큰 부흥을 일으킬 수 있을 것입니다.

1. 위기의 시대의 선지자

이사야는 유다의 전성기에 하나님의 말씀을 전하기도 했지만 유다가 처한 위기에서 하나님의 말씀으로 나라를 구한 선지자이기도 합니다.

:1절: "유다 왕 웃시야와 요담과 아하스와 히스기야 시대에 아모스의 아들 이사야가 유다와 예루살렘에 관하여 본 계시라."

이사야가 처음 예언 활동을 할 때는 웃시야 말기였습니다. 이사야는 아모스의 아들이라고 하지만 아모스서를 쓴 선지자 아모스의 아들은 아닌 것으로 알려졌습니다. 유대인의 전승에 의하면 이사야는 웃시야의 아버지 아마샤의 동생이었다고 하기도 하는데 그러면 나이가 너무 많습니다. 우리가 알 수 있는 것은 이사야서의 문체를 보아 이사야는 왕족이었고 대단히 지적 수준이 높았던 사람이었음을 알 수 있습니다. 이사야서 6장에 보면 웃시야가 죽던 해에 이사야는 성전에서 놀라운 환상을 체험하면서 하나님의 부르심을 받습니다. 물론 이사야는 웃시야가 죽기 전에도 하나님의 말씀을 전하기는 했던 것 같습니다. 그러나 하나님의 옷자락이 가득 채우고 있는 성전에서 하나님의 영광을 보기 전에는 자기 자신을 잘 모르고 의무감으로 하나님의 말씀을 전했던 것 같습니다.

그러다가 이사야는 성전에서 살아 계신 하나님을 체험하고 난 후에 자기 입술이 부정하다는 것을 깨닫게 되었습니다. 그래서 그는 성전에서 "화로다 나여 망하게 되었도다. 나는 입술이 부정한 사람이요 입술이 부정한 백성 중에 거하면서 만군의 여호와이신 왕을 뵈었음이로다."(사 6:5)라고 부르짖었습니다. 이때 하나님의 천사가 성전 제단에서 불이 핀 숯을 가지고 와서 이사야의 입술에 대며 "네 악이 제하여졌고 네 죄가 사하여졌느니라."(사 6:7)라고 말합니다. 그리고 "내가 누구를 보내며 누가 우리를 위하여 갈꼬?"(사 6:8)라는 주님의 음성이 들립니다. 우리는 대개 하나님의 은혜를 체험하기 전에는 다른 사람의 잘못이나 허물이 눈에 들어오고 자기 자신의 모습을 잘 보지 못합니다. 그래서 다른 사람의 잘못을 지적하고 책망하면 세상이 바로 될 것처럼 생각하고 열심히 다른 사람의 죄나 잘못을 찾아서 책망합니다. 그러나 어느 날 우리가 진짜 살아 계신 하나님을 체험하게 되면, 나야말로 오만하고 부정한 사람이며 내 입술과 마음과 생각이 모두 다 부정하고 악하다는 것을 고백하게 됩니다.

유다는 웃시야 때 나라가 매우 강성해집니다. 이때 이사야는 이것이 진정한 부흥이고 하나님의 축복이라고 믿었습니다. 이사야 선지자는 웃시야 왕에게 대단한 기대를 걸었던 것 같습니다. 즉, 웃시야 왕이야말로 옛날 솔로몬같이 유다를 부강하게 하며 통일까지 시킬 왕이 아닌가라고 기대했던 것 같고, 또 그런 축복의 메시지를 많이 전했던 것 같습니다. 그러나 웃시야는 어처구니없게도 교만의 늪에 빠지게 되었는데, 웃시야는 자기가 성전에서 분향하겠다고 고집을 부리다가 결국 분향하던 중 이마에 나병이 생기게 되었습니다. 웃시야는 성전에서 쫓겨나서 별궁에 갇혀 정사를 다스렸는데, 끝내 치료하지 못하고 죽고 말았습니다. 이때 이사야는 너무나 실망해서 성전에서 기도하게 되었는데, 그 가운데 하나님의 영광을 보게 되었고, 유다의 깊은 죄를 보게 되었으며, 지금까지 자기가 설교하고 예언했던 것이 부정한 설교였다는 것을 깨닫게 되었습니다. 그래서 이사야는 성전에서 '화로다 나여 망하게 되었도다. 나는 입술이 부정한 사람이요'라고 부르짖은 것입니다.

유다 나라는 웃시야 때 물질적으로는 잘살게 되었지만 그 결과 정신적으로는 많이 부패해졌습니다. 이사야는 하나님의 영광을 본 후 예전에 보지 못했던 유다 백성의 정신적인 부패를 보게 되었던 것입니다. 이 세상에는 좋은 것이 너무 많지만, 그 모든 좋은 것은 오래 가지 않아서 모두 썩고 부패하고 맙니다. 요리사가 아무리 맛있는 음식을 만들어도 그 음식은 며칠이 지나면 냄새나고 부패해서 결국 버릴 수밖에 없습니다. 우리가 피상적으로 세상을 보면 세상에 좋은 것이 너무 많지만, 모든 것은 얼마 지나지 않아 다 부패하고 맙니다. 정치도 부패하고 기업도 부패하고 교육도 부패하고 종교인들도 부패하게 됩니다. 나중에는 나라 전체가 도저히 숨을 쉴 수 없을 정도로 악취로 뒤덮이는 세상이 되고 맙니다. 그리고 바로 그 사회에는 위기가 닥치게 됩니다.

이사야는 웃시야 때부터 요담과 아하스와 히스기야 때까지 60년 정도 하나님의 말씀을 전하였습니다. 이때 유다는 두 번의 큰 멸망의 위기를 당하게 됩니다. 첫 번째는, 아하스 때 북쪽 이스라엘과 수리아가 연합해서 유다를 공격한 것입니다. 그때 유다는 거의 만신창이가 되어 머리부터 발끝까지 성한 데가 없게 됩니다. 그리고 두 번째 위기는 히스기야 왕 때로, 앗수르 군대

18만5천 명이 쳐들어와서 유다를 초토화하고 예루살렘을 포위한 것입니다. 이와 같은 두 번의 위기를 당했을 때 이사야는 정확한 하나님의 말씀으로 유다를 위기에서 벗어나게 합니다. 이사야 때는 아하스 같은 악한 왕도 있었지만, 히스기야와 같이 하나님의 말씀을 알아들을 수 있는 왕이 있어서 유다가 멸망의 위기에서 벗어나게 됩니다. 이것이 바로 하나님의 선지자로 사는 삶의 매력이며 보람입니다. 우리가 인간적으로 보면 현실은 망할 수밖에 없고 도저히 소생할 가능성이 없지만, 사람들이 하나님의 말씀을 듣고 부르짖었을 때 하나님은 그들을 다시 소생시켜 주셔서, 적은 모두 망하게 하시고 하나님의 백성은 부흥하도록 하시는 것입니다.

히스기야는 부모로부터 엄청난 부채만 잔뜩 물려받은 불행한 아들과 같았습니다. 이미 유다는 히스기야의 아버지 아하스 때 완전히 부도가 나서 망한 나라나 마찬가지였습니다. 거기에다가 밖으로는 앗수르라고 하는 무시무시한 불법의 세력이 유다를 압박하며 집어삼키려 하고 있었습니다. 그러나 히스기야는 하나님의 말씀을 붙들었기 때문에 이 모든 위기나 시련을 다 극복하고 유다를 다시 최고로 부흥하는 나라로 만들어 놓습니다. 이것을 보면 우리 개인이나 우리나라도 지금과 같은 위기나 어려움을 극복하고 얼마든지 다시 부흥할 수 있다는 것을 알게 됩니다.

2. 상처투성이 나라

사람이 산과 같이 높은 데서 떨어지면 뼈가 다 부러지게 될 뿐 아니라 움직일 수도 없습니다. 이럴 때 살 수 있는 길은 구조대에 연락해서 헬기를 통해 병원으로 후송되는 것입니다. 그러나 자신의 힘으로 산에서 내려갈 수 있다고 고집을 부리며 다른 사람의 도움을 받지 않는다면 결국 죽게 될 것입니다. 이사야는 먼저 하나님의 말씀을 전하기 전에 하늘과 땅을 초청해서 말하고 있습니다.

:2절: "하늘이여 들으라. 땅이여 귀를 기울이라. 여호와께서 말씀하시기를 내가 자식을 양육하였거늘 그들이 나를 거역하였도다."

이사야 선지자는 유다 백성에게 하나님의 말씀을 전하면서 '유다 백성이여 똑똑히 들으시오!'라고 말하지 않고 왜 '하늘이여 들으라. 땅이여 귀를 기울이라'고 하면서 하늘과 땅을 증인으로 초청하고 있는 것일까요? 그 이유는 두 가지로 생각할 수 있습니다. 우선 한 가지는 유다 백성에게 일어나는 일은 하늘과 땅과 모든 사람들이 관심을 가질 만한 가치가 있는 일이기 때문입니다. 즉, 하나님의 백성에게 일어나는 좋은 일이나 나쁜 일들은 단순히 그들이 운이 나빠서 그렇다거나 선택을 잘못해서 그런 것이 아니라, 하나님과의 관계에서 비롯되는 일이기 때문입니다.

예를 들어, 어느 집 수도에서 물이 잘 나오지 않거나 악취가 나는 것이 그 집의 문제일 때는 그 집 수도만 고치면 되지만, 유다 백성의 문제는 댐 전체의 물이 마르거나 오염된 것을 의미하기 때문에 근본적인 조치가 필요한 것입니다.

그래서 우리가 보기에는 세상 사람들의 문제를 해결하는 것이 더 어려울 것 같지만, 실제로는 하나님의 백성의 문제를 해결하는 것이 훨씬 더 어렵습니다. 예를 들면, 어떤 개인의 파산이나 어떤 회사의 부도를 막는 일이 쉽지는 않지만 돈이 있으면 해결할 수 있습니다. 그러나 하나님의 백성의 어려움은 돈만으로 해결되지 않습니다. 이들의 문제는 하늘을 열어야 해결되는 것입니다. 그래서 이사야 선지자는 지금 만신창이가 되어 있는 유다를 치료하기 위해 외국에서 원조를 받거나 혹은 부자들로부터 세금을 더 거두는 일부터 하지 않고 먼저 하늘과 땅을 증인으로 초청하고 있습니다. 그 이유는 하나님의 백성의 문제는 근본적인 것이 먼저 해결되어야 하기 때문입니다. 그래서 교회 성도들이나 청년들이 심각한 경제적인 문제를 겪거나 도저히 빠져나올 수 없는 곤경에 처하게 되면, 단순한 인간적인 도움으로 해결할 생각을 하지 말아야 합니다. 죽을 각오를 하고 먼저 내 속에 영적인 부흥이 일어나도록 해야 우리의 문제가 해결되는 것입니다.

그뿐만 아니라 유다의 문제를 두고 이사야가 하늘과 땅을 초청하는 이유는 유다 백성의 효과가 온 세상에 미치기 때문입니다. 즉, 하나님께서 유다 백성을 징계하시면 하늘 문이 닫히게 되고, 하늘이 닫히면 땅이 황폐하게 됩니다. 그리고 갑자기 적들이 쳐들어오기 때문에 다른 여러 나라까지 전쟁의 소용돌이에 휩쓸리게 됩니다. 그러므로 하나님의 백성은 자신의 문제가 개인 문제로 끝나는 것이 아님을 알아야 합니다. 사도 바울은 모든 피조물들이 탄식하면서 하나님의 아들들이 나타나는 것을 기다린다고 했습니다. 우리 하나님의 백성이 제 모습을 찾는 것이 온 세상 만물들이 복을 받는 길입니다.

하나님께서는 유다 백성에게 이렇게 말씀하십니다.

: 2절 하 :　"내가 자식을 양육하였거늘 그들이 나를 거역하였도다."

하나님께서는 먼저 아들을 양육하는 부모를 예로 들고 있습니다. 부모는 자식을 아주 어린아이 때부터 온갖 정성을 다해서 키웁니다. 최대한 좋은 옷을 입히고 좋은 물건, 좋은 책 등 자녀에게 필요한 것들은 부모의 능력이 닿는 한 가장 최선의 것으로 공급해 줍니다. 이에 대해 자녀들은 성인이 되기 전까지 부모의 말씀을 들을 책임이 있습니다. 왜냐하면 하나님께서 모든 자녀를 부모에게 맡겨 주셨기 때문입니다.

하나님께서는 유다 백성을 양육하셨습니다. 유다가 벌거숭이 아기일 때부터 하나님은 모든 것을 공급해 주시고 보호해 주시면서 유다를 키우셨습니다. 그래서 지금 유다는 아주 큰 나라가 되었습니다. 그런데 유다 백성의 생각은 달랐습니다. 성경은 '그들이 나를 거역하였도다'라고 말씀하고 있습니다.

물론 자녀가 자라면서 모든 면에서 다 부모의 뜻대로 순종할 수는 없습니다. 인간은 다 자기 나름대로 생각이 있고, 또 어떤 때는 자녀가 스스로의 생각이 부모의 생각보다 더 옳다고 생각할 때도 있습니다. 그럼에도 불구하고 자녀가 부모를 공경해야 하는 이유는, 자신들이 어려서 스스로의 힘으로는 아무것도 할 수 없을 때부터 부모가 헌신적인 사랑으로 길러 주었기 때문입니다. 한 걸음 더 나아가서 자녀는 부모가 없었다면 아예 존재할 수 없었습니다. 그러므로 자녀는 누가 더 똑똑한가 그렇지 않은가를 떠나서 자신들이 이렇게 살아 있는 것 자체가 부모의 사랑 때문이므로 공경해야 하는 것입니다. 그러나 자녀가 너무 교만해지면 자기 부모를 세상적인 눈으로 보게 되는데, 때로는 무식하거나 돈을 벌지 못한다고 해서 부모를 무시하게 됩니다. 이것은 그들 스스로가 못난 인간이 되는 것입니다.

이와 같이 유다 백성의 존재와 그들이 받은 모든 복은 하나님의 사랑 때문이었습니다. 그들은 하나님 때문에 존재하게 되었고, 오직 하나님께서 복 주심으로 이 정도로 부강해진 것입니다. 그런데도 유다 백성은 하나님을 경멸하게 되었습니다. 왜냐하면 그들의 생각에 하나님은 너무 케케묵으셨고 시대에 뒤떨어진 것 같았기 때문입니다.

사람들이 정신적으로 어리면 너무나 자기중심적이 되기 때문에, 정말 자기를 사랑하고 자기에게 중요한 것들을 무시하거나 부끄럽게 여기고, 심지어는 관계를 단절해 버리기도 합니다. 이 유다 백성은 하나님이 창피했습니다. 그들 생각에 하나님은 세련되시지도 않았고, 유다 백성을 자꾸 어린아이 취급을 하시는 것 같았기 때문입니다. 부모는 자녀가 다 자랐어도 차 조심,

길 조심하라고 일러 줍니다. 또한 늘 나쁜 친구들과 사귀지 말라고 합니다. 하나님은 유다 백성에게 이방인들과 사귀지 말고 그들의 신을 섬기지 말라고 하셨습니다. 그래서 유다 백성은 하나님이 언제나 자기들을 어린아이 취급한다고 여기며 더 반항하고 더 세상으로 나갔던 것입니다. 그러나 하나님께서 유다 백성에게 하지 말라고 금하신 것은 단순히 노파심 때문이 아니었습니다. 유다 백성은 죄의 병균을 가지고 있는 보균자와 같았기 때문에 언제나 하나님의 보호가 필요했던 것입니다. 그러나 유다 백성은 하나님의 간섭을 귀찮아했습니다.

하나님은 유다 백성을 소나 나귀에 비유하셨습니다.

:3절: "소는 그 임자를 알고 나귀는 그 주인의 구유를 알건마는 이스라엘은 알지 못하고 나의 백성은 깨닫지 못하는도다 하셨도다."

짐승들에 있어 분명한 것 하나는 자기에게 먹이 주는 사람만큼은 분명히 기억하고 고마워한다는 것입니다. 그래서 소는 임자를 압니다. 소는 주인을 신뢰하고 주인이 어디를 데려가든지 따라갑니다. 이것은 나귀도 마찬가지입니다. 원래 나귀는 고집이 세고 사람의 말을 잘 듣지 않는 편입니다. 그러나 나귀도 자기 주인이 가자고 하면 무거운 짐을 싣고 주인을 따라갑니다. 그 이유는 이들이 모두 자신의 부족한 것을 채워 주는 주인을 신뢰하기 때문입니다. 그러나 야생 동물들은 절대로 사람을 따르지 않고 좋아하지 않습니다.

하나님은 유다 백성에게 필요한 모든 것을 다 주셨습니다. 그런데 유다 백성에게 무서운 치매 현상이 나타나게 됩니다. 누가 자기를 먹이며 누가 자기를 키웠는지 다 잊은 것입니다. 이것이 바로 하나님의 백성에게 나타난 건망증이고 치매현상입니다. 하나님께서는 유다 백성의 기억력이 심지어 소나 나귀보다 못하다고 하셨습니다.

유다 백성은 하나님께서 그들을 축복하시는데도 누가 자기를 축복하는지 알지 못했습니다. 그리고 유다 백성은 적어도 하나님이 축복하시는 기간 동안이라도 하나님의 뜻에 순종해야 할 텐데 그런 것조차도 알지 못했습니다. 그 이유는 유다 백성이 스스로를 세상 사람들의 기준으로 생각했기 때문입니다.

하나님의 백성이 자기 자신을 세상 사람들의 눈으로 보게 되면 그때는 소보다 못하고 나귀보다 못한 존재가 되고 맙니다.

유다 백성은 어떤 사람들입니까? 그들은 하나님의 아들들입니다. 원래 구약 성경에서 '하나님의 아들'이라는 표현은 천사들에게 쓰는 표현입니다. 다시 말해서 하나님의 백성은 이 세상에서 천사들과 같은 자들입니다. 천사는 세상 사람들과 완전히 다른 존재입니다. 그런데 우리는 너무나 자주 이 사실을 잊어버리고 무지하고 전혀 길들지 않은 맹수같이 행동할 때가 많습니다.

결국 하나님의 백성에게 있어 가장 어려운 점은, 하나님의 자녀라고 하는데 세상의 욕망이 그대로 남아 있고 또 복도 세상을 통해서 오는 것입니다. 그래서 자칫 잘못 생각하면 스스로 땅의 아들인 것처럼 생각되는 것입니다. 그러나 우리는 우리를 낳으신 분이나 키우신 분이 하나님이심을 목숨 걸고 기억해야 합니다. 만일 우리가 이것을 놓치면 소나 나귀보다 못한 짐승이 되는 것입니다.

하나님께서는 성도 한 사람 한 사람에 대하여 이 세상에서 원하시는 뜻이 있습니다. 그런데 우리가 그 뜻은 생각하지 않고 너무나 지나치게 겸손(?)해서 다른 사람들과 똑같이 그저 밥이나 먹고 사는 사람이 되려고 한다면 우리는 소나 나귀보다 못한 야생 동물이 되는 것입니다. 우리는 굶더라도 하나님의 뜻을 품고 있고, 직장이 없어도 하나님의 천사와 같으며, 잠을 잘 곳이 없어도 하나님의 자녀인 것입니다.

오늘까지 우리를 이 세상에 살게 하시고 키워 오신 분은 하나님이십니다. 그렇다면 앞으로도 하나님께서 우리를 키워 가실 것입니다. 우리는 이것을 믿어야지. 세상을 따라가면 결국 높은 데서 떨어져 만신창이가 될 것입니다.

:4절: "슬프다 범죄한 나라요 허물진 백성이요 행악의 종자요 행위가 부패한 자식이로다. 그들이 여호와를 버리며 이스라엘의 거룩하신 이를 만홀히 여겨 멀리하고 물러갔도다."

유다는 세상을 따라가서 너무 나쁘고 악하게 변하였습니다. 하나님은 먼저 '슬프다'고 하시면서 유다는 '범죄한 나라요 허물진 백성이요 행악의 종자'라고 했습니다.

유다 백성이 하나님께 반항하면서 너무너무 나빠졌는데, 나중에는 정말 나쁜 짓을 많이 한 악한 사람들이 되고 말았습니다. 그런데 우리가 알아야 할 것은 인간의 마음속에는 바로 이런 행악의 종자, 부패한 본성이 있다는 것입니다. 아마 이 세상 누구이든 한 번도 죄를 짓지 않고 순전한 믿음의 길을 간 사람은 없을 것입니다. 그런데 우리가 하나님의 뜻에 반항하고 세상으로 가다가 이 지경에 이르기 전 미리 자신의 타락한 모습을 보게 될 때가 있습니다. 즉, 내가 지금 이 상태로 계속 나가다가는 완전히 파멸에 빠지고 말 것이라는 사실을 미리 어떤 큰 실수나 사고를 통해서 보게 되었을 때 우리는 하나님 앞에서 두 손 두 발을 다 들어야 살 수 있습니다.

그런데 유다 백성은 하나님을 버리고 하나님을 더 만홀히 여기며 멀리했습니다. 그들은 하나님을 우습게 생각한 것입니다.

우리가 한 번씩 큰 실수를 하거나 큰 사고를 저질러서 도저히 자기 자신을 용납할 수 없는 지경에 이른다면 이것은 하나님이 우리를 부르시는 사인입니다. 즉, '이것이 네 모습이니까 너는 더 이상 네 생각대로 가지 말고 나에게 완전히 두 손 들어야 한다'고 알려 주시는 것입니다. 그래서 우리가 하나님께 나아간다면 하나님은 우리에게 새 인생을 주십니다.

3. 유다에게 남은 것

세상 사람들이 하나님을 믿지 않아도 잘되고 성공하는 것을 보면, 우리도 하나님을 믿지 않아도 저 정도는 살 것이라고 생각할 때가 있습니다. 그러나 하나님의 백성의 길과 세상 사람들의 길은 완전히 다릅니다. 세상 사람들은 하나님을 믿지 않고 우상을 믿어도 잘됩니다. 왜냐하면 하나님은 세상 사람들을 그런 방식으로 놔두시기 때문입니다. 그렇다고 세상 사람들이 하나님의 자녀가 될 수 있는 것은 아닙니다. 그러나 하나님은 하나님의 자녀가 세상으로 나가고자 할 때는 망하게 하십니다. 하나님은 하나님의 백성을 절대로 버리지 않으시기 때문입니다.

: 5-6절 : "너희가 어찌하여 매를 더 맞으려고 패역을 거듭하느냐. 온 머리는 병 들었고 온 마음은 피곤하였으며 발바닥에서 머리까지 성한 곳이 없이 상한 것과 터진 것과 새로 맞은 흔적뿐이거늘 그것을 짜며 싸매며 기름으로 부드럽게 함을 받지 못하였도다."

옛날에는 자녀들이 못된 짓을 하면 바른 사람 되도록 부모가 회초리로 때렸습니다. 이때 자녀 가운데 자기가 잘못했다는 것을 인정하고 바른 행동을 하겠다며 용서를 구하는 아이는 더 이상 매를 맞았습니다. 그러나 끝까지 고집을 부리고 반항하면 더 많은 매를 맞았습니다. 마찬가지로 하나님은 하나님의 자녀가 하나님의 말씀을 버리고 세상으로 가면 매를 맞도록 하셨습니다. 하나님의 백성은 하나님의 말씀을 들어야 살 수 있기 때문입니다. 하나님의 백성이 하나님의 말씀을 거부하고 세상으로 가더라도 그들은 세상 사람들에게 환영받지 못합니다. 하나님의 백성이 하나님의 말씀을 버리고 세상으로 가면 형통하지 않습니다. 왜냐하면 하나님의 백성은 세상 사람들과 근본적으로 다르기 때문입니다. 예를 들어, 집에서 키우는 가축이 사람의 집이 싫어서 맹수들이 우글거리는 숲으로 간다면, 일단 고생을 죽도록 할 뿐 아니라 목숨까지 위험하게 됩니다. 그런데 유다는 얼마나 많은 고생을 하고 맞고 터졌는지 머리부터 발끝까지 상처투성이였는데도 깨닫지 못하고 있었습니다.

이사야 당시 유다 백성은 자기들이 세상을 따라가면 잘될 줄 알았습니다. 그런데 이스라엘과 수리아가 쳐들어와서 많은 사람을 잡아가고 거의 모든 성읍을 다 부수어 버렸습니다. 유다는 정말 황폐하게 되었고 망한 것이나 마찬가지였습니다. 여기서 유다가 살 수 있는 길은 이것을 빨리 인정하는 것입니다.

그런데 유다 사람들은 그들의 온 마음이 피곤하다고 했습니다. 여기서 피곤하다는 것은 마음이 지칠 대로 지쳤다는 말입니다. 즉, 그들은 나름대로 이 세상에서 잘 살아 보려고 할 수 있는 모든 짓은 다 했는데, 사기만 당했고 결국 몸까지 두들겨 맞고 부서지게 된 것입니다. 이들은 다시 일어날 힘이 없었습니다. 이들은 상처를 치료하고 터진 부분을 싸매야 할 텐데 그렇게 할 시간이 없었습니다. 왜냐하면 쉴 새 없이 계속 얻어맞았기 때문에 싸매고 약 바를 시간이 없었습니다. 그 이유가 무엇입니까? 그들이 하나님 앞에서 자신들의 존귀함을 잃어버렸기 때문입니다.

∶7-9절∶ "너희의 땅은 황폐하였고 너희의 성읍들은 불에 탔고 너희의 토지는 너희 목전에서 이방인에게 삼켜졌으며 이방인에게 파괴됨 같이 황폐하였고 딸 시온은 포도원의 망대 같이, 참외밭의 원두막 같이, 에워싸인 성읍 같이 겨우 남았도다. 만군의 여호와께서 우리를 위하여 생존자를 조금 남겨 두지 아니하셨더면 우리가 소돔 같고 고모라 같았으리로다."

겨울에 과수원에 가 보면 모든 과수들은 다 앙상한데 원두막만 쓸쓸하게 남아 있는 모습을 보게 됩니다. 유다의 모습이 바로 그랬습니다. 유다는 나라 전체가 황폐하게 파괴되고, 남아 있는 것은 오직 예루살렘뿐이었습니다. 그것도 하나님께서 그들을 위하여 조금 남겨 두셨기에 망정이지, 만일 그들의 죄 그대로라면 그들은 완전히 유황불로 멸망하듯 흔적도 없이 망할 수밖에 없었다고 말씀하고 있습니다.

유다 사람들은 자기 자신을 하나님 앞에서 너무 과소평가했습니다. 유다 사람들은 자기들이 타락하고 세상적인 방식으로 살아도 하나님이 내버려 두실 줄 알았습니다. 그러나 그 결과는 완전한 만신창이였습니다. 하나님은 유다 백성이 하나님 앞에 바른 모습으로 돌아올 때까지 계속 치셨습니다. 이것은 하나님께서 유다 백성을 포기하실 수 없었기 때문입니다.

오늘 우리에게 중요한 것은 무엇입니까? 이 세상에서 남들처럼 잘사는 것이 아닙니다. 우리에게 중요한 것은 지금 내가 누구이며, 나에게 회복되어야 할 것이 무엇인지를 깨닫는 것입니다. 우리의 삶이 엉망진창이 되고 회복될 수 없는 수렁에 빠졌다면 이것은 하나님께서 우리에게 완전한 항복을 요구하시는 것입니다.

오늘 우리가 자신의 위치를 찾지 못하면 하나님은 우리가 소나 나귀보다 못하다고 말씀하실 것입니다. 발람 선지자는 하나님의 선지자였지만 돈에 끌려가는 바람에 나귀의 책망을 들었습니다. 그는 짐승보다 못한 선지자였습니다. 욕심에 눈이 먼 백성은 짐승보다 가치가 없는 것입니다.

우리는 때때로 나 자신의 실수를 통해서, 혹은 나의 부족한 것을 통해서 내가 계속 이렇게 살아서는 안 된다는 것을 깨달을 때가 있습니다. 이때 우리가 완전히 하나님께 돌아오면 하나님은 우리에게 새로운 인생을 주실 것입니다. 그러나 우리가 고집을 부리고 하나님을 우습게 알면 그야말로 만신창이가 되어서 던져지게 될 것입니다. 오늘 하나님께서 우리를 싸매어 주시기를 바랍니다. 하나님이 우리의 부르짖는 소리를 들으시고 우리에게 새 인생을 주시기를 바랍니다. 오늘이 우리에게는 새로운 인생이 시작될 때입니다. 세상에서 성공하는 길을 택하지 말고 하나님 앞에서 우리의 모습을 찾고 영적 부흥을 일으킴으로 오히려 옛날과 비교할 수 없는 복을 받는 성도들이 되시기 바랍니다.

02

하나님과의 변론

이사야 1:10-20

물건이 고장 나거나 혹은 사람의 몸이 병들었을 경우에는 만든 회사에 전화를 하거나 혹은 병원에 찾아가면 얼마든지 고칠 수 있습니다. 하지만 정신적으로 문제가 생겼거나 혹은 도덕적으로 실패했을 때 사람들은 이것을 감추기에 급급하다가 결국 곪아 터져서 수습할 수 없게 되는 경우가 많습니다.

예를 들어, 어느 아이가 학교폭력에 시달리거나 혹은 범죄행위를 했을 경우, 부모가 아이에게 충분히 관심을 가진다면 무엇인가 행동이 이상하다는 것을 눈치 챌 수 있을 텐데, 별 관심 없이 방치하면 나중에 아이는 자살하거나 혹은 더 큰 범죄에 빠지게 되어 돌이킬 수 없는 상황을 맞게 됩니다. 특히 청소년 시기는 부모나 선생님에게 이야기하는 것을 고자질하는 가장 비겁한 행동으로 생각하기 때문에 말하려고 하지 않습니다. 그러나 우리가 겪는 어려움들 중에서 바른 대상을 만나서 이야기만 잘 해도 해결될 수 있는 일들이 아주 많습니다. 특히 하나님께서는 우리가 인생의 모든 실패와 도덕적인 타락과 죄 문제를 하나님께 가지고 나아오기를 원하십니다. 하나님은 우리의 모든 죄를 씻으실 수 있고, 실패한 우리 인생을 회복시키실 수 있기 때문입니다.

사람들이 경제적으로 잘살게 되면 모든 것이 다 좋아질 것 같은데, 어느 사회든지 먹고살 만해지면 오히려 윤리적인 탈선이나 도덕적인 타락이 뒤따라옵니다. 왜냐하면 사람은 먹고 사는 것만으로는 만족하지 못하는 존재이기 때문입니다. 우리 속담에도 '빛 좋은 개살구'라는 말이 있듯이, 겉으로는 그럴듯하게 잘사는 사람들이 도덕적으로는 엄청나게 타락한 삶을 살 때가 많습니다. 그런데 아예 못살아서 죄를 짓는 사람들과 잘사는데 죄를 짓는 사람들은 죄짓는 방법이 다릅니다. 즉, 생계형 범죄자들은 죄지은 것을 감추지 않습니다. 오히려 자기는 그렇고 그런 놈이기 때문에 이런 죄를 지었다고 떠들어대기도 합니다. 그러나 사회적인 지위가 있고 잘사는 사람이 죄를 지었을 때는 죄를 절대로 드러내지 않고 끝까지 은폐하려고 합니다.

웃시야 왕 이후로 유다의 경제는 급격하게 발전했습니다. 그러나 이런 경제적인 부흥은 신앙적으로나 사회적으로 심한 부패와 도덕적인 타락을 가져왔습니다. 그런데 유다 사회의 도덕적인 타락과 부패는 어느 개인의 문제가 아니라 사회 전체적인 현상이었기 때문에 사람들은 잘 느끼지 못했고, 또 누구 한 사람 감히 말을 할 수도 없었습니다.

이때 하나님께서는 이사야를 통해서 유다 사회를 향해서 '너희 소돔의 관원들아' 그리고 '고모라의 백성들아'라고 고발을 하십니다. 즉, 너희가 아무리 죄를 감추고 은폐시켜도 하나님은 다 보고 계시며, 너희는 지금 소돔과 고모라와 다를 바가 없다는 것입니다. 사실 유다나 예루살렘의 상태는 사람의 힘으로는 고칠 수 없을 정도로 타락해 있었습니다. 그러나 하나님은 지금이라도 나에게 나아와서 한번 논쟁을 해 보자고 말씀하십니다. 하나님께서는 우리 인생의 문제에 대하여 하나님과 의논하기를 바라십니다. 하나님은 우리 인생의 전문가이시기 때문에 얼마든지 우리 인생을 치료해서 새 인생처럼 만들어 주십니다.

1. 유다의 상태

우리 인생을 보면 마치 새의 날개를 단 것처럼 높이높이 올라갈 때가 있는가 하면, 어떤 때는 마치 날개가 부러진 것처럼 맨바닥을 향해 곤두박질칠 때도 있습니다. 그러나 그 어느 때든지 우리는 우리 자신의 문제를 하나님 앞에 내어놓고 상담을 받아야 합니다. 그렇지 않으면 어느 순간 우리는 이 세상의 죄에 휩쓸려서 정말 구제가 불가능해 보일 정도로 끔찍한 상태에 빠지게 됩니다.

하나님께서는 유다 백성을 부르시면서 너무나 끔찍한 호칭을 붙이셨습니다. 그것은 유다 백성을 인류 역사상 가장 추악한 범죄자들이었던 소돔과 고모라 백성이라고 부르신 것입니다.

: 10절 : "너희 소돔의 관원들아 여호와의 말씀을 들을지어다. 너희 고모라의 백성아 우리 하나님의 법에 귀를 기울일지어다."

보통 하나님께서 유다의 지도자들이나 백성을 부르실 때는 '거룩한 나의 종과 백성'이라고 부르십니다. 그러나 이제 하나님께서는 유다 지도자들을 '소돔의 지도자들'이라고 부르시고, 유다의 백성을 '고모라의 백성'이라고 부르시고 있습니다. 이것은 엄청나게 충격적인 말씀이 아닐 수 없습니다.

이 당시 예루살렘 사람들은 전 세계에서 가장 하나님을 잘 믿는 사람들이었습니다. 또 하나님의 성전은 유다 지도자들이나 백성으로 가득 채워져 있어서 마치 큰 부흥이 일어나고 있는 것 같았습니다. 그러나 사람들은 유다 백성이 드리는 이런 예배에 속을지 몰라도 하나님은 그들의 정확한 상태를 알고 계셨습니다.

소돔의 백성은 성적으로 매우 문란한 사람들이었습니다. 그래서 아브라함 때 조카 롯이 소돔에 살고 있었는데, 두 천사가 방문하자 동성연애자들이 성폭행을 하기 위해 몰려들어서 난동을 부렸습니다. 그러니까 소돔은 성적으로 타락할 대로 타락했고, 폭행이 난무하며, 사람들이 자기 정욕대로 사는 곳이었습니다. 그런데 이 소돔의 관원들은 백성의 이런 생활을 못 본 체하고 자신들도 이런 짓을 할 뿐 아니라 뇌물을 받고 정당하다고 하는 사람들이었습니다. 그러면 도대체 어떻게 해서 유다와 예루살렘 사람들이 하나님의 눈에 소돔과 고모라의 백성처럼 되고 말았을까요?

일단 우리가 인정해야 할 것은 모든 사람의 본성 속에는 소돔과 고모라의 타락한 본성이 들어 있다는 것입니다. 즉, 모든 인간의 본능 안에는 누구든지 성적으로 타락하고 싶고 술에 취해서 자기 멋대로 행동하고 싶은 충동이 있습니다. 그러나 사람은 맑은 정신으로는 도저히 그런 짓을 할 수 없습니다. 더욱이 하나님을 믿는 사람들은 양심 때문에 그렇게 할 수 없습니다. 그럼에도 불구하고 모든 인간의 내면에는 추악하고 나쁜 본성이나 충동이 있다는 것을 압니다. 다만 사람은 모두 하나님이 주신 양심을 가지고 있고, 지각이 있기 때문에 그런 행동을 자제합니다. 그래서 우리는 하나님께 우리의 생각을 정결하게 해 주시고 우리의 내면을 깨끗하게 해 달라는 기도를 자주 드립니다.

그런데 인간의 마음속에 있는 이 소돔과 고모라의 본성을 끄집어내는 것이 있습니다. 그것은 바로 술입니다. 어떤 사람은 겉으로는 멀쩡한데 술만

들어가면 말과 행동이 거칠어지거나 상상할 수 없을 정도로 방탕한 짓들을 합니다. 그것은 술이 인간을 미치게 만들기 때문입니다. 게다가 사람들은 돈을 많이 가지면 마음이 교만해지고 양심의 눈이 가려져서 남몰래 더러운 행위를 하고, 또 그러한 죄가 습관이 되어서 아예 타락한 생활에 빠지기도 합니다.

아무리 유다 백성이고 하나님을 믿는 백성이라고 해도 그들 속에는 소돔과 고모라 사람들 같은 타락한 본성이 있습니다. 다만 우리가 하나님 앞에 나와서 이런 악한 마음을 회개하고 은혜를 받으면 하나님은 우리에게 새로운 마음을 주십니다.

그런데 어느 순간부터 유다 지도자들이나 유다 백성이 경제적으로 잘살게 되면서 그들의 생활에서 이런 타락한 본성들이 나타나게 되었습니다. 유다 백성이 가난하고 힘들 때는 하나님 앞에서 감히 이런 죄를 짓는다는 것은 상상도 할 수 없었습니다. 그러나 유다 지도자들이나 백성이 잘살게 되면서 그들은 정상적인 생활에 만족하지 못하고 어느새 남모르게 죄짓는 생활을 하기 시작했던 것입니다. 그런데 이것이 한두 사람으로 그친 것이 아니라 유다의 많은 지도자와 백성 사이에서 암암리에 퍼지게 되어 유다 사회 전체가 극도로 타락한 곳이 되고 말았습니다.

하나님께서 유다의 지도자들을 '소돔의 관원'이라 부르고 유다 백성을 '고모라의 백성'이라 부르시는 것은, 다른 사람들은 너희의 죄를 잘 모르더라도 나는 다 알고 있다는 의미가 있는 것입니다. 그리고 지금 유다의 정신적인 상태는 이미 범죄 상태로서 이것은 신앙 상담만으로는 불가능하고 범죄 상담이 필요한 상태라는 의미가 들어 있습니다.

우리는 그리스도인의 신앙 상담과 불신자의 상담 내용이 근본적으로 차이가 있음을 볼 수 있습니다. 그리스도인의 상담에는 영적 침체나 불안 또는 우울증과 같은 내용이 많은 데 비해, 믿지 않는 자들의 상담 내용은 성폭행이나 마약 또는 조직 폭력 등 이미 그 내용이 범죄 수준의 상담인 것입니다. 지금 본문에서 하나님께서 유다 백성에게 하시는 말씀은, 유다나 예루살렘의 상태가 영적 침체나 불안 혹은 분노 등의 수준이 아니라, 성폭력이나 뇌물이나 폭력 같은 범죄 상담이 필요한 수준이라는 것입니다.

그런데 하나님께서는 유다 백성에게 무조건 이제 너희들은 끝장났다고 말씀하시는 것이 아니라, '여호와의 말씀을 들으라'고 하시고 '우리 하나님의 법에 귀를 기울이라'고 하십니다. 아무리 유다 백성의 죄가 심각한 상태에 있다 하더라도 일단 하나님의 말씀을 들으면 해결 방법이 생깁니다. 하나님의 말씀은 죄를 씻고 악을 수술하며 치료하는 능력이 있기 때문입니다. 그러므로 죄인들이 스스로 어떤 결심을 하기 전에 먼저 해야 할 일은 하나님의 말씀을 듣는 것입니다. 그래서 하나님께서 책망하시면 야단을 맞고 다른 사람으로부터 수치를 당해야 하면 수치 당할 각오를 해야 합니다. 그러면 다시 살길이 생깁니다.

2. 유다의 타락의 원인

유다 백성에게 가장 중요한 두 가지 보물이 있었는데, 하나는 율법의 말씀이었고, 다른 하나는 예루살렘 성전이었습니다. 하나님께서 모세와 선지자들을 통해 주신 말씀은, 하나님의 백성으로 하여금 죄를 이기고 하나님을 알아가게 하는 능력이 있었습니다. 특히 하나님의 말씀은 하나님의 백성을 보석처럼 만들기 때문에 보석의 자존감을 가진 백성은 죄의 유혹에 잘 넘어가지 않습니다. 그리고 하나님의 성전은 유다 백성으로 하여금 하나님께 나아가 제사 드림으로 죄를 씻게 하는 탁월한 능력을 갖추고 있습니다. 이 세상의 모든 도덕이나 윤리나 법은 죄를 신문지로 덮어서 보이지 않게 하는 수준이라면, 하나님의 성전에서 흘러나오는 생수는 거대한 소방 호스와도 같이 아무리 더러운 죄 덩어리라도 강력한 물줄기로 다 씻어내었습니다. 그렇기 때문에 유다 백성은 이 세상에서 가장 깨끗한 백성이어야만 했습니다. 그런데 어느 순간부터 유다와 예루살렘 사람들의 죄가 없어지지 않고 자꾸 쌓여갔습니다. 그리고 나중에는 완전히 더러운 오물로 가득 찬 세상이 되고 말았습니다.

: 11절 : "여호와께서 말씀하시되 너희의 무수한 제물이 내게 무엇이 유익하뇨. 나는 숫양의 번제와 살진 짐승의 기름에 배불렀고 나는 수송아지나 어린 양이나 숫염소의 피를 기뻐하지 아니하노라."

이와 같은 본문 말씀을 보면 유다 백성이 하나님께 제사를 드리지 않은 것은 아니라는 사실을 알 수 있습니다. 오히려 유다 지도자들과 백성은 하나님께 많은 제사를 드렸고 많은 제물을 바쳤습니다. 그럼에도 불구하고 그들의 마음에서 악한 죄의 충동은 없어지지 않고 점점 더 쌓여 가기만 했습니다. 그 이유가 무엇일까요? 그것은 어느 순간부터 제사가 진정한 제사로서의 효력을 발휘하지 못하게 되었기 때문입니다.

유다의 지도자나 백성은 하나님께 드리는 제사가 자기들의 죄를 속할 것으로 생각하고 많은 제사를 드리며 많은 제물을 바쳤습니다. 그들이 하나님께 바친 수송아지 제물은 아주 비싼 것으로 제물 중에서 최고였습니다. 그들은 그런 제물도 아낌없이 하나님께 마구마구 드렸습니다. 그들이 하나님께 얼마나 많은 제물을 드렸던지 하나님께서는 숫양의 번제와 살진 짐승의 기름에 배불렀다고 말씀하고 있습니다. 그런데 이상한 것은 유다 지도자들이나 백성의 마음은 전혀 변하지 않고, 오히려 제사를 드릴수록 더 마음이 강퍅해지고 악해졌습니다.

사실 인간에게 가장 어려운 문제는 죄를 씻는 일입니다. 이 세상에서 인간의 힘으로는 죄를 씻을 수 없습니다. 그래서 인간은 철학이나 도덕을 통해 죄를 보이지 않게 덮어 보고자 했습니다. 오직 유일하게 이스라엘에만 죄를 완전하게 씻는 방법이 있었는데, 그것은 하나님의 말씀에 순종해서 제사를 드리는 것이었습니다. 그런데 여기서 주목해야 할 것은, 제사 자체가 죄를 씻는 것이 아니라 하나님의 말씀에 순종하는 것이 죄를 씻는다는 사실입니다. 이스라엘 백성은 자기들이 번제를 드리고 화목제를 드리는 것이 어떻게 죄를 씻는 것인지 잘 이해하지 못했습니다. 단지 자신들이 지은 죄에 대하여 하나님의 말씀이 하라는 대로 했더니 죄가 씻어졌던 것입니다. 이처럼 죄를 지으면 제물을 가지고 제사 드리는 것이 습관이 되면서, 이스라엘 백성은 위험스럽게도 제사 행위 자체가 죄를 씻어 준다고 생각하게 되었습니다. 즉, 하나님의 말씀과 제사 사이에 불균형이 생긴 것입니다.

이스라엘 백성은 하나님의 말씀을 들으면 자신의 죄를 깨닫게 되어 하나님 앞에 제사를 드렸습니다. 그리고 제사를 드리고 난 뒤에 또 말씀을 들었습니다. 그래서 이스라엘 백성에게는 처음에도 하나님의 말씀을 듣는 것이 중요하고, 나중에도 하나님의 말씀을 듣는 것이 중요했습니다. 그런데 어느 순간부터 하나님의 말씀이 너무 잔소리 같으니까 말씀을 빼고 제사만 드리게 되었습니다. 그랬더니 처음에는 아주 편하고 좋았습니다. 하나님의 말씀, 즉 잔소리 없이 바로 제사로 나아가니까 바로 죄가 씻어지는 것 같았습니다. 그런데 이러한 일이 거듭되면서 제사가 무감각해지기 시작했습니다. 그래서 그들은 더 자극적인 제사를 드리기 위해 송아지도 바치고 더 자극적인 은혜를 받기 위해 더 많은 수양의 기름을 바쳤습니다. 결국 이스라엘 백성은 제사를 드린 후 깨끗한 마음을 얻는 것이 아니라 내가 이만큼 대단한 제사를 드렸다는 자만심에 빠지게 되었습니다. 그들에게 이것은 자기기만의 종교가 된 것입니다.

이 문제는 사무엘과 사울 사이에서 치열한 대립으로 드러난 적이 있습니다. 아말렉과의 전쟁에서 하나님은 사울에게 아말렉 사람들과 소유를 다 멸하라고 하셨는데, 사울은 좋은 가축이나 기름진 것들은 살려서 전리품으로 가지고 돌아왔습니다. 그러면서 사울 왕은 사무엘에게 그것들은 하나님께 제사를 드리기 위해 가져온 것이라고 변명했습니다. 그때 사무엘은 '순종이 제사보다 낫다'고 하면서 하나님의 말씀을 듣지 않고 제사를 드리는 것은 사신(邪神) 우상에게 절하는 것과 같다고 말했습니다. 즉, 말씀이 없는 예배는 하나님을 우상으로 만드는 것밖에 되지 않는 것입니다.

슐라이어마허는 종교의 본질은 직관과 감정이라고 말했습니다. 사실 얼마나 많은 사람들이 신앙에 대해 이런 식으로 생각하는지 모릅니다. 우리의 신앙에서 가장 중요한 것은 하나님의 말씀을 듣는 것입니다. 처음에는 잔소리같이 들릴지 모르지만, 사실 말씀이 죄를 씻고 말씀이 우리 마음을 깨끗하게 합니다. 그리고 제사에서의 기름과 피는 그것을 확인해서 인을 치는 것입니다. 말씀을 듣지 않은 채 행하는 종교행위는 처음에는 대단히 감동적이고 성숙한 것처럼 보이지만 나중에는 습관처럼 행하게 되면서 점점 무감각해져 갑니다. 그래서 더 자극적인 예배를 찾고 더 감동적인 예배를 드리기 위해 몸부림치게 되는데, 이것으로는 죄의 유혹을 이기지 못합니다.

본문에서 하나님은 그들의 제물에 배가 불렀다고 말씀하십니다. 이것은 그들의 제물에 만족하신다는 뜻이 아니라 더 이상 원하지 않으신다는 뜻입니다. 하나님은 이런 식의 숫염소나 어린 양의 피를 기뻐하지 않는다고 말씀하셨습니다.

:12-14절: "너희가 내 앞에 보이러 오니 이것을 누가 너희에게 요구하였느냐. 내 마당만 밟을 뿐이니라. 헛된 제물을 다시 가져오지 말라. 분향은 내가 가증히 여기는 바요 월삭과 안식일과 대회로 모이는 것도 그러하니 성회와 아울러 악을 행하

는 것을 내가 견디지 못하겠노라. 내 마음이 너희의 월삭과 정한 절기를 싫어하나니 그것이 내게 무거운 짐이라. 내가 지기에 곤비하였느니라."

하나님은 '너희가 내 앞에 보이러' 온다고 하셨습니다. 이것은 여전히 유다 백성이 하나님으로부터 복 받기를 원하고 있다는 뜻입니다. 그러나 하나님은 이런 식의 복은 주시지 않겠다고 말씀하셨습니다. 하나님은 그들에게 '너희는 내 마당만 밟는다'고 말씀하셨습니다. 즉, 유다 지도자들과 백성의 제사는 하나님의 성전을 구경만 하는 것이지, 진정한 예배를 드린 것이 아니라는 말씀입니다. 하나님은 유다 백성이 드리는 제물을 헛된 제물이라고 하셨고 분향은 가증히 여기는 것이라고 책망하셨습니다. 또한 유다 백성이 월삭이나 안식일에 드리는 제사를 싫어한다고 말씀하셨습니다.

우리가 싫어하는 사람들로부터 원치 않는 일을 잔뜩 부탁받으면 이 모든 것은 무거운 짐이 됩니다. 우리는 이것을 버릴 수도 없고 그렇다고 할 수도 없습니다. 유다 백성의 예배는 하나님에게 너무나 무거운 짐이었습니다. 하나님은 이런 예배를 너무 받기 싫으신데 그렇다고 완전히 거절하시자니 그들을 불신앙으로 빠지게 하는 것밖에 안 되니까 마음이 너무 답답하신 것입니다.

여기서 우리는 하나님과 인간 사이의 가장 큰 갈등을 보게 됩니다. 인간들은 하나님께 무조건 제사를 드리고 제물을 바치기만 하면 된다고 생각하는데, 하나님은 유다 백성의 생활 속에서 하나님의 말씀이 실천되기를 원하셨던 것입니다. 그래서 하나님은 유다 백성에게 '성회와 아울러 악을 행하는 것을 내가 견디지 못하겠다'고 말씀하십니다. 즉, 유다 백성은 하나님은 성전에만 계시고 우리가 가져다 드리는 제물로 만족하시라는 것이지만, 하나님은 우리 생활 전체를 말씀으로 이끌어 주시고 싶으신 것입니다.

:15절: "너희가 손을 펼 때에 내가 내 눈을 너희에게서 가리고 너희가 많이 기도할지라도 내가 듣지 아니하리니 이는 너희의 손에 피가 가득함이라."

유다 백성은 기도하면서 하나님을 향해 손을 펴고 기도했습니다. 그러나 하나님께서는 그들을 보지 않으셨으며 그들이 많은 기도를 드려도 듣지 않으셨습니다. 그 이유가 무엇입니까? 그들의 손에 피가 가득하기 때문입니다. 여기서 '피'는 그들이 자기 욕심을 위하여 다른 사람을 해친 것을 의미합니다. 물론 다른 사람을 죽게 한 것도 있을 것입니다. 하나님의 백성은 자기 욕심을 위하여 다른 사람의 행복을 빼앗아서는 안 됩니다. 그러나 그들은 죄를 많이 짓고도 예배만 잘 드리면 되는 줄 알았습니다. 그러나 예배와 생활은 별개의 것이 아닙니다. 예배와 생활은 하나로 연결되어 있습니다.

여기서 우리는 하나님의 백성에게 두 가지 문제가 있음을 발견합니다.

첫 번째 문제는, 하나님의 백성도 사람이라는 것입니다. 사람이라는 것은 우리에게도 소돔 사람들과 똑같은 악한 본성이 있다는 것입니다. 그래서 우리는 마음은 그렇지 않은데 육신의 정욕에 굴복해서 죄를 지을 때가 많습니다. 처음 죄를 지을 때는 하나님 앞에 잘못했다고 눈물 흘리며 회개합니다. 그러면 하나님은 우리 양심을 깨끗하게 해 주십니다. 하지만 이런 일이 반복되다 보면 미안해서 회개마저 하지 못하게 됩니다. 또 신분이나 지위가 올라가면 하나님 앞에서 눈물 흘리면서 회개하는 것이 품위 없게 여겨지기도 합니다. 그래서 하나님 앞에서 울고불고하기보다는 점잖은 예배로 때우고 맙니다. 그런가 하면 다른 사람의 잘못에 대해서는 엄격하게 지적하면 거룩해 보이는 것으로 생각하는데 이것은 위선입니다. 다윗은 죄를 짓고 난 후 위선적으로 행동하다가 나단 선지자를 통해 하나님의 책망을 받고 얼마나 회개하며 울었던지 침상을 다 적셨다고 했습니다. 우리가 늘 하나님의 말씀을 듣고 있다면 죄를 지어도 마음이 굳어지지 않고 어린아이같이 부드러워서 바로 회개하게 되지만, 말씀을 듣지 않으면 마음이 경직되어 형식적인 예배나 제사로 대신하려고 합니다. 이것은 하나님 앞에서 죄를 씻어내지 않고 자꾸 쌓여서 굳어지게 만드는 것입니다. 그러므로 항상 말씀을 듣고 어린아이같이 하나님 앞에 울며 회개하는 것이 잘하는 것입니다.

두 번째 문제는, 우리가 하나님의 말씀을 가지고 현실에 뛰어들어 보면 하나님의 말씀이 통하지 않는다는 것입니다. 세상에서는 돈이나 실력을 인정해 줄 뿐, 하나님의 말씀과 현실 사이에는 엄청난 간격이 있다는 것을 알게 됩니다. 하지만 우리는 하나님을 버릴 수는 없고, 그렇다고 세상에서 망할 수도 없으니까, 하나님은 성전에 모셔 두고 세상에서는 내 방법이나 내 생각으로 성공하고자 하는 것입니다. 어떻게 보면 이것이 하나님도 살리고 나도 살리는 가장 좋은 방법인 것 같은데, 결국 이것은 세상 사람들의 성공과 다를 바가 없습니다. 그렇게 되면 생각하는 것도 세상 사람들과 똑같아지는 것을 보게 됩니다.

이에 대해 하나님께서는 나는 너의 그런 위선적인 예배를 싫어한다고 말씀하십니다.

：16–17절： "너희는 스스로 씻으며 스스로 깨끗하게 하여 내 목전에서 너희 악한 행실을 버리며 행악을 그치고 선행을 배우며 정의를 구하며 학대 받는 자를 도와주며 고아를 위하여 신원하며 과부를 위하여 변호하라 하셨느니라."

하나님께서는 유다 백성에게 하나님 앞에서 깨끗해질 수 있도록 악을 버리라고 말씀하십니다. 그리고 선행을 배우며 공의를 구하라고 말씀하십니다. 이것은 하나님께서 유다 백성에게 아예 밑바닥에서부터 다시 시작하라고 말씀하시는 것입니다.

3. 하나님의 요청

사실 처음에 하나님은 '너희가 손을 펼 때에 내가 내 눈을 너희에게서 가리고, 너희가 많이 기도할지라도 내가 듣지 아니하겠다'고 말씀하셨습니다.

하지만 하나님은 유다 백성에게 이제 모든 것이 다 틀렸고 너희는 망해야 한다고 말씀하지 않으셨습니다. 하나님은 여전히 유다 지도자들과 백성에게 기대를 가지고 계셨습니다. 우리는 그것을 '너희는 스스로 씻으며 스스로 깨끗하게 하여 내 목전에서 너희 악한 행실을 버리며 행악을 그치라'는 말씀에서 보게 됩니다. 하나님은 유다 백성의 제사도 완전히 버리신 것은 아니었습니다. 하나님은 이제나저제나 그들이 바른 방법으로 나오기를 기대하셨던 것입니다. 이제 하나님은 더 이상 참지 못하시고 우리 한번 변론해 보자고 말씀하십니다.

:18절: "여호와께서 말씀하시되 오라, 우리가 서로 변론하자. 너희의 죄가 주홍 같을지라도 눈과 같이 희어질 것이요 진홍 같이 붉을지라도 양털 같이 희게 되리라."

여기서 '변론'이라는 것은 하나님께서 유다 백성과 무엇이 옳고 그른지를 따져 본다는 의미가 아닙니다. 여기서의 '변론'은 '법적인 변론'입니다. 법정에서는 재판장 앞에서 검사가 피고인이 지은 죄를 고발하면, 변호인은 피고인 입장에 서서 피고인을 대변하게 됩니다. 그러므로 법정에서 하는 변론은 그냥 밑져야 본전인 것처럼 해 보는 것이 아닙니다. 타당한 이유를 가지고 변론하지 못하면 죄를 그대로 인정할 수밖에 없는 심각한 변론인 것입니다. 어떤 피고인은 변론에 실패하여 사형 판결을 받기도 하고, 어떤 피고인은 변호사가 변론을 잘하여 무죄 판결을 받기도 합니다.

그러면 하나님께서는 유다의 지도자들이나 백성에게 무엇을 가지고 변론하라고 하시는 것일까요? 유다의 지도자들이나 백성은 지금 하나님 앞에서 자기들이 죄가 없다고 아무리 변명해 봐야 소용이 없습니다. 왜냐하면 하나님께서는 유다 지도자들의 모든 죄를 알고 계시며 백성의 모든 불의에 대한 증거를 다 가지고 계시기 때문입니다. 이때 유다 지도자들이나 백성이 하나님의 마음을 움직여서 무죄 판결을 받을 수 있는 변론에는 무엇이 있을까요? 그것은 오직 하나밖에 없습니다. 즉, 우리가 하나님이 주신 복을 받고 마음이 교만해지고 욕심에 미쳐서 죄를 지었다고 시인하는 것입니다. 또한 우리 마음이 너무 악해져서 하나님이 주신 가난이나 보잘것없는 것에는 만족하지 못하고 성공하고 싶은 욕심 때문에 하나님의 말씀을 싫어했다고 고백하는 것입니다. 그리고 지금 우리는 하나님의 마음을 아프게 한 것으로 마음이 비참하고 고통스러우며 하나님의 은혜를 받기를 원한다고 고백하는 것입니다. 하나님이 다시 한 번 기회를 주시면 우리는 다시 시작하고 싶다고 말씀드리는 것입니다. 우리가 앞으로 넘어지지 않는다는 보장이 없고 우리가 끝까지 하나님의 말씀대로 살지 못하겠지만, 하나님께서 불쌍히 여겨 달라고 부탁하는 것입니다. 만일 우리가 악한 방법으로 부자가 된 것이 있으면 그 부분을 포기하겠으며, 내가 기억하는 대로 다른 사람에게 손해 입힌 것들을 갚겠다고 말씀드리는 것입니다. 그리고 하나님이 기뻐하지 않는 사람과의 만남을 끊겠으며 하나님이 싫어하는 거래를 중단하겠다고 말씀드리는 것입니다. 그리고 내가 알고 있는 가난한 자나 어려운 자에게 도움을 베풀겠다고 말씀드리고 그렇게 행하는 것입니다. 이것이 결국 우리의 모든 죄를 씻음 받는 비결이고, 우리가 사는 길입니다.

우리가 하나님 앞에 겸비해져서 솔직하고 정직하게 말하며, 다른 사람에 대한 욕심을 버리고 어려운 자를 돕기 시작할 때 성전에서 생수가 나오기 시작합니다. 그렇게 되면 우리는 지금 가지고 있는 지위나 재물을 빼앗기지 않고도 얼마든지 하나님의 복을 받을 수 있습니다. 하나님은 이렇게 하나님 앞에 나아오는 죄인을 더 사랑하십니다.

하나님께서는 유다 백성에게 그들이 하나님께 나와서 변론하기만 하면 주홍 같은 죄를 눈같이 희게 해 주겠다고 말씀하셨습니다. 그리고 진홍같이 붉은 죄도 양털같이 희게 해 주겠다고 말씀하셨습니다.

이 당시 염료로 물들인 것 중에 가장 진한 색이 주홍이었던 것 같습니다. 이사야는 이것을 유다의 죄의 색으로 생각합니다. 그 당시 죄의 색깔은 빨간 색이었습니다. 이것은 어디서나 눈에 띄는 색깔이었습니다. 사람들은 그 빨간 색의 옷을 입고 다른 사람들 사이에 숨을 수 있을 것이라고 생각했지만, 그 색은 어디서나 표시 나는 색이었습니다. 유다 백성의 죄는 비누로 빨거나 양잿물에 씻어도 지워지지 않는 것들입니다. 그러나 하나님 앞에서 변론하면 희게 될 것이라고 말씀하십니다.

오직 나의 영혼만 새로워질 수 있다면 모든 것을 버려도 괜찮아야 합니다. 그래야 진홍 같은 우리의 마음이 양털같이 희게 될 수 있습니다. 그러므로 우리는 하나만 붙들어야 합니다. 그것은 내 자존심이나 부정한 수입을 버리고, 다른 사람들의 칭찬을 포기하고, 내 양심의 가치를 되찾는 것입니다. 그러면 우리는 살게 됩니다. 그러나 우리가 모든 것을 다 잡으려고 하고 아무것도 손해 보려고 하지 않는다면 모든 것을 다 잃고 말 것입니다.

여기서 하나님은 이렇게 말씀하십니다.

: 19절 : "너희가 즐겨 순종하면 땅의 아름다운 소산을 먹을 것이요."

하나님께서 기뻐하시는 것은 우리가 완전히 거룩해지거나 성자가 되는 것이 아닙니다. 우리가 하나님의 말씀을 기뻐하면 하나님께서 우리의 힘이 되어 주셔서 죄를 이기게 하십니다. 그리고 유혹을 이기게 하시며, 소돔 같은 정욕과 고모라 같은 본능을 씻어 주십니다. 또한 하나님은 땅의 아름다운 소산을 먹게 하십니다. 아름다운 소산과 반대되는 것은 원한에 찬 소산입니다. 우리가 다른 사람을 불행하게 함으로써 잘살게 되었다면 아름다운 소산을 먹는 것이 아니라 원한에 찬 소산을 먹는 것입니다. 누구든지 이런 식으로 잘살게 되었다면 그는 절대로 행복하지 않습니다. 그의 육체는 편할지 몰라도 그의 마음은 행복하지 않기 때문입니다.

하나님의 백성을 아름답고 행복하게 만드는 것은 그들이 완전한 데 있지 않습니다. 이것은 우리의 정서에 달렸습니다. 즉, 우리가 무엇을 할 수 있는가가 아니라, 무엇을 좋아하는가에 달린 것입니다. 예를 들어, 우리가 매우 우수한 성적으로 어려운 경쟁에서 이겨 성공한다는 것은 어려운 일입니다. 그러나 우리가 하나님의 말씀을 좋아하는 것은 어려운 일이 아닙니다. 우리가 하나님 앞에서 정직해지는 것은 얼마든지 할 수 있습니다. 결국 세상에서의 성공은 말을 잘하는 것이고 능력 있는 것이지만, 하나님 앞에서의 성공은 하나님의 말씀을 좋아하고 하나님 앞에서 솔직하고 겸손한 것입니다.

: 20절 : "너희가 거절하여 배반하면 칼에 삼켜지리라. 여호와의 입의 말씀이니라."

사람이 잘못된 길을 갔을 때 가장 좋은 해결책은 원래 위치로 돌아오는 것입니다. 물론 원래 위치로 돌아오려면 시간도 손해를 보고 사람들 보기에 체면을 구길 수도 있지만, 그래도 그것이 가장 확실한 방법입니다. 우리가 이미 세상에 이름이 나 있고 성공적인 삶을 살아가고 있다면, 우리를 추종하는 사람들이 많고 기대하는 사람들도 많을 것입니다. 그런데 나의 성공이 내 영성에 손해가 되고 가족들의 신앙에 손해를 입히며 심지어 내 건강마저 해친다면, 다른 사람들을 실망시키는 한이 있더라도 자신의 방법이나 계획이나 위치를 포기하고 물러서야 합니다. 이때 사람들은 그러한 우리의 행동을 이해하지 못하고 실망할 것입니다. 그러나 설사 다른 사람들을 실망시키더라도 내가 사는 것이 더 중요하고 내 가족들이 행복한 것이 더 중요합니다. 하나님께서는 만일 유다 백성이 하나님의 제안을 거부하고 계속 자기 방법을 고집하면 칼에 삼키울 것이라고 하셨습니다. 즉, 유다의 모든 성공과 부가 전쟁으로 다 날아가고 마는 것입니다.

지금 우리 모두는 하나님 앞으로 돌아왔습니다. 우리 모두에게는 마음속 깊은 곳에 소돔과 고모라의 추악한 본성이 있습니다. 우리 힘으로는 하나님의 말씀대로 살 자신이 없습니다. 그러나 분명한 것은 우리가 하나님을 사랑하며, 하나님의 말씀대로 살기를 원한다는 것입니다. 우리에게 이러한 마음만 있다면, 하나님은 우리의 인생을 치료하셔서 눈부시게 아름다운 새 인생으로 만들어 주십니다.

하나님께서 고치시지 못할 사람은 없고 고치시지 못할 인생도 없으십니다. 우리가 세상적으로 실패했고 가능성이 없다고 생각될 때가 바로 하나님과 변론할 때입니다. 하나님 앞에서 다른 변명은 아무 도움이 되지 않습니다. 내가 욕심을 부렸지만 지금은 하나님 손에 붙들렸으며, 하나님께서 나를 고쳐 주시기 원한다고 말씀드리시기 바랍니다. 오늘 하나님은 우리를 흰 눈같이 양털같이 만들어 주실 것입니다.

03

유다의 고난

이사야 1:21-31

우리가 일이 잘되고 성공 가운데 있을 때는 성공이 주는 꿀맛에 도취되어 아무 생각 없이 살다가 갑자기 큰 고난이 찾아오면 당황하게 됩니다. 이때 많은 사람은 짜증을 내면서 왜 이런 일이 하필이면 나에게 닥쳤을까 하는 생각을 합니다. 그러나 우리에게 고난이나 어려움이 닥쳤을 때 화를 내고 짜증을 부린다고 그 고난이 없어지는 것은 아닙니다. 어떤 사람들은 일단 그 고난을 받아들이면서 과연 내가 이것을 어떻게 감당해야 할지를 생각하기도 합니다. 그러나 더 중요한 것은 이런 고난이 찾아왔을 때 하나님의 말씀에 귀를 기울이는 것입니다. 고난이 왔을 때 하나님의 말씀에 귀 기울이면 무엇보다 하나님의 위로의 말씀을 듣게 됩니다. 그리고 하나님께서 그 능력으로 이 모든 고난을 책임져 주실 수 있다는 것을 깨닫고 안심하게 됩니다. 더 중요한 것은, 하나님의 말씀으로 내 안에 있는 잘못되었던 신앙을 바로잡아서 다시는 이런 고난이 오지 않도록 스스로 치료 받을 수 있다는 사실입니다.

하나님의 백성에게 고난이 올 때는 하나만 오는 것이 아니라 무더기로 올 때가 많습니다. 그러므로 처음 고난이 왔을 때 정신을 차려서 내가 하나님 앞에서 지금 잘못된 것이 무엇인지 찾아 빨리 바로잡으면 오히려 더 부흥할 수 있고 더 축복의 기회로 삼을 수 있습니다. 그런데 이런 환난이 닥쳤을 때 대충 피하려고 하고 위기만 모면하려고 하면 다음에 더 큰 환난이 왔을 때 완전히 망하게 되는 것입니다.

이사야가 예루살렘에서 하나님의 말씀을 전했을 때는 유다나 예루살렘이 큰 위기에 빠졌을 때였습니다. 이때 유다나 예루살렘의 형편은, 머리에서부터 발끝까지 성한 곳이 없을 정도로 매를 맞은 상처투성이라고 했습니다. 그리고 유다는 전국적으로 환난을 당했는데, 마치 겨울이 되면 모든 밭의 식물이 다 죽고 원두막만 남는 것처럼 유다의 모든 성읍은 다 불타고 예루살렘만 겨우 남아 있는 상태였습니다. 이때 이사야 선지자는 목소리를 높여서 유다가 지금 이렇게 된 것은 단순히 군사적인 이유나 정치적인 이유가 아니라고 했습니다. 유다가 이 지경까지 오게 된 것은 자신들에게 복을 주신 하나님을 잊었기 때문이며, 하나님의 백성의 아름다운 모습을 잊어버렸기 때문이라고 말했습니다. 이사야는 유다 지도자들이나 백성을 향해 너희는 소돔의 관원들이요 고모라의 백성이라고 하면서 하나님 앞에서 한번 변론해 보자고 말합니다.

사실 이사야의 말은 유다 백성에게 큰 혼란을 주었습니다. 이러한 상황에서 '지금 유다가 거의 망하게 되었는데 우리가 경제적으로 다시 힘을 모으자'라고 한다든지 혹은 '훌륭한 정치 지도자를 세워서 다시 한 번 나라를 일으켜 보자'고 외치는 것은 말이 됩니다. 하지만 이 모든 원인이 신앙적인 불순종에 있다면서 오직 신앙의 부흥만을 외친다면, 그들이 아무것도 하지 않아도 적이 저절로 물러가며 이 잿더미에서 자동적으로 다시 일어선다는 보장이 있느냐 하는 것입니다. 바로 이것이 오늘 우리 그리스도인들이 가장 많이 빠지게 되는 딜레마라고 할 수 있습니다. 즉, 우리가 경제적인 어려움에 빠지고 미래가 전혀 보이지 않을 때 이사야가 와서 이 모든 원인은 신앙적인 불순종에 있으니 먼저 신앙적으로 열심을 내자고 말한다고 해 봅시다. 그러면 사람들의 마음속에 과연 신앙적으로 열심을 낸다고 어려움이 해결되고 복이 다시 회복된다는 확신이 생길까 하는 것입니다. 그런데 여기서 확실히 알아야 할 것은, 우리에게 닥친 환난을 통해서 부흥의 불이 붙으면 이차, 삼차의 환난이 오는 것을 막을 수 있다는 사실입니다. 그리고 마치 마른 땅에 이슬이 내리듯이 우리도 모르게 하나님의 복이 내려서, 나도 모르는 사이에 싹이 트고 줄기가 자라 열매를 맺게 되는 것입니다. 그러므로 우리에게 어떤 어려움이 닥쳤을 때 먼저 신앙의 눈으로 보는 것이 중요합니다.

1. 예루살렘의 변질

이사야 당시 유다나 예루살렘의 현실은 생각지 못한 전쟁과 자연재해로 모든 땅이 거의 폐허가 된 것이었습니다. 이 당시 유다나 예루살렘이 거의 폐허가 되다시피 한 정확한 이유는 알 수 없지만, 아마 북쪽 이스라엘이 쳐들어와서 모든 성들을 다 불태웠거나 아니면 산불이 붙어서 모든 성이 다 탔을 수도 있습니다. 지금 유다의 가장 심각한 문제는 유다의 모든 식량이나 집이나 모았던 금이나 은이 다 불에 타서 재가 되어 버린 것입니다. 이때 유다가 입은 경제적인 손실은 어마어마했을 것입니다. 그러나 하나님께서는 유다의 문제를 경제적인 손실로 보시지 않았습니다. 하나님께서는 유다가 당한 경제적인 손해에 대해서는 일언반구도 하지 않으시면서 도대체 어떻게 해서 유다가 이렇게 타락한 나라가 되었느냐고 물어보고 계십니다.

:21절: "신실하던 성읍이 어찌하여 창기가 되었는고. 정의가 거기에 충만하였고 공의가 그 가운데에 거하였더니 이제는 살인자들뿐이로다."

'신실하던 성읍'은 그야말로 착실한 성을 말합니다. 어린아이로 치자면 거짓말을 할 줄 모르고 욕도 할 줄 모르는, 어른이 하라는 대로 하는 착실한 아이를 말합니다. 사람들은 누구나 이렇게 착실한 아이는 나중에 훌륭한 사람이 될 것이라고 생각합니다. 그런데 이 아이가 온 몸에 용 문신을 한 폭력배가 되어 경찰에 붙들린다면 '어떻게 그 착실하던 아이가 이렇게 되었을까?'라며 깜짝 놀랄 것입니다. 또 여학생 중에서 얌전하고 누가 말만 걸어도 얼굴이 빨개지는 순진하고 예쁘던 여학생이, 세월이 흐른 후에 매춘부가 되어 입에 담을 수도 없는 욕지거리를 하며 다른 사람을 유혹하다가 붙들려 왔다면, 그를 알던 사람들은 '그 착하던 여학생이 왜 이렇게 되었을까?'라며 충격을 받게 될 것입니다.

유다는 아주 신실하던 성읍이었습니다. 옛날 유다 백성이나 예루살렘 사람들은 그야말로 순진한 사람들이었고 거짓을 모르던 사람들이었습니다. 그런데 이제 하나님께서 유다 백성을 보시니 썩을 대로 썩었고 타락할 대로 타락한 사람들이 되어 있었습니다. 도대체 어떻게 해서 유다 백성이 이렇게 되었을까요? 대개 이 세상에서 착실하던 사람이 폭력배가 되거나 악당이 될 때는 그냥 되는 것이 아니라 그의 모든 자존감이나 양심을 불태워 버리고 악한 세력의 종이 되는 동기가 있습니다. 즉, 이 사람이 어떤 현실의 벽에 부딪혀서 '에라, 모르겠다. 될 대로 되라. 나는 악에게 내 자신을 바쳐서 악마의 종이 되겠다'고 하는 포기의 순간이 있는 것입니다.

그러나 하나님의 백성은 자기도 모르는 사이에 악하게 변할 수 있습니다.

사실 모든 인간은 죄인인데 하나님의 은혜로 아름답게 살아갈 수 있습니다. 특히 하나님의 백성은 매순간 하나님께서 주시는 말씀과 성령의 은혜로 죄를 이기고 천사같이 아름다운 삶을 살 수 있는 것입니다. 그러나 하나님의 백성이 마음이 교만해져서, 하나님의 말씀을 시시하게 생각하여 내버리고 세상을 따라가면 자기도 모르는 사이에 악하게 되고 맙니다. 겉모양은 천사같지만 실제로 안에서는 악마 같은 본성이 독버섯처럼 퍼지게 되는 것입니다. 이것을 처음에 잘 깨닫지 못하는 이유는 여러 종교적인 행위나 혹은 위선의 옷에 싸여서 겉으로 드러나지 않기 때문입니다. 그러다가 이런 죄가 자꾸 쌓이다 보면 멋진 종교 행위나 위선의 옷 안에서 썩은 물이 밖으로 흐르게 되는데, 그제야 옷을 벗기면 모든 것이 완전히 썩어 있음을 보게 되는 것입니다. 그래서 하나님의 백성에게 있어 가장 위험한 것은 성공하고 복을 받은 후에 하나님의 말씀을 가벼이 여기는 것입니다. 그리고 더 위험한 것은 하나님 앞에서 솔직하지 못하고 위선의 옷을 입고 있는 것입니다. 그러면 겉으로는 보이지 않지만 속은 썩어 들어가는데, 나중에 뚜껑을 열었을 때는 도저히 수습할 수 없을 정도가 되는 것입니다.

그래서 하나님께서는 유다 백성을 향해 '정의가 거기에 충만하였고 공의가 그 가운데에 거하였더니 이제는 살인자들뿐이로다'라고 말씀하셨습니다. 유다나 예루살렘은 철저하게 정의로운 곳이었고, 사람들이 약속을 잘 지키는 곳이었습니다. 그런데 이제 보니까 사람들은 모두 폭력배가 되었고, 칼이나 쇠파이프를 들고 세력 다툼을 하거나 복수의 칼을 가는 곳으로 변하고 만 것입니다. 그래서 이제는 모두 살인자라고 말씀하십니다. 물론 예루살렘이나 유다의 모든 사람이 살인자는 아니겠지만, 적어도 열심히 상대편을 미워하면서 복수의 칼을 갈고 있었던 것입니다.

우리가 아무리 하나님의 백성이라도 원래부터 선한 사람들은 아닙니다. 우리는 원래 서로 물어뜯고 싸우던 이리들이었는데, 하나님의 말씀이 우리를 양으로 만들었습니다. 이것이 하나님께서 하신 가장 위대한 일입니다. 하지만 우리가 하나님의 말씀으로 은혜받지 못하면 양이 도로 이리가 되든지, 아니면 겉으로는 양인 것 같지만 속은 양의 탈을 쓴 이리가 되는 것입니다. 그래서 진정으로 마음이 변하지 않은 하나님의 백성은 겉으로는 사랑을 이야기하지만 실제로는 자기 욕심만을 채우고, 또 여전히 다른 사람들을 미워하며 그들을 자기 이익을 위한 희생양으로 삼는 것입니다. 그래서 세상 사람들은 하나님의 백성은 그렇지 않을 것이라고 믿었다가 속게 되어 더 심한 타격을 받는 것입니다.

하나님께서는 유다 백성의 가치가 바닥으로 떨어지게 되었다고 말씀하십니다.

: 22절 : "네 은은 찌꺼기가 되었고 네 포도주에는 물이 섞였도다."

유다 백성이나 예루살렘 사람들은 자신들의 가치에 대하여 잘못 생각하고 있었습니다. 그들은 자신들의 가치가 자기들이 가지고 있는 부나 사회적인 직책이나 혹은 세상적인 성공으로 평가된다고 생각했던 것입니다.

이것은 오늘 우리도 마찬가지입니다. 우리는 어떤 사람의 가치를 그가 가지고 있는 재산의 양이나 혹은 그가 가지고 있는 지위나 세상적인 성공 여부로 판단합니다. 하지만 하나님 앞에서 가치 있는 것은 바로 우리 자신입니다. 오히려 사람들이 가진 재물이나 세상적인 지위는 보석을 담는 상자에 불과합니다. 어떤 사람이 비싼 다이아몬드 반지를 샀다면, 정작 비싼 것은 다이아몬드 반지이지 그 반지를 넣는 케이스가 아닙니다. 마찬가지로 오늘도 하나님께서 진짜 가치 있게 생각하시는 것은 하나님의 백성이지, 그들이 가진 집이나 재산이나 재능이 아닙니다. 그런 것들은 그들을 보호하고 빛나 보이게 하는 보석상자일 뿐입니다. 그런데 하나님의 백성이 보석이 되려면 자기 내면을 하나님의 말씀으로 채우고 불같은 고난을 통과해야 합니다. 자기 안에 하나님의 말씀이 없거나 환난을 통과하지 않으면 보석이 되지 못합니다. 그런데도 유다 백성이나 예루살렘 사람들은 자기 자신을 보석으로 생각하지 않고 오직 재물을 모아서 부자가 되고 세상적으로 성공하는 것에만 가치를 두었습니다.

그래서 하나님은 이제 유다 백성이 은 찌꺼기가 되었고 물이 섞인 포도주가 되었다고 말씀하십니다. 은 세공업자들은 은 광석을 녹여서 찌꺼기는 버리고 순은만을 가공해서 보석을 만듭니다. 은 찌꺼기는 아무 가치가 없기 때문에 버려야 합니다. 또 포도주는 그야말로 순수해야 하는데 거기에 대량의 물을 타 버리면 아주 맛이 싱거워질 것입니다. 결국 이렇게 물을 탄 가짜 포도주는 상품 가치가 없어 버릴 수밖에 없습니다.

하나님께서는 지금 유다에 이렇게 많은 환난이 찾아온 이유를 말씀하고 있습니다. 그것은 하나님의 백성을 연단하는 불이었던 것입니다. 그런데 더 심각한 것은 이런 시련을 당한 후에 나타났습니다. 원래 하나님의 백성은 이런 시련을 당하면 정신을 바짝 차리고 더 모여서 기도하고 말씀에 귀를 기울여서 뜨거운 부흥이 일어나야 합니다. 그런데 아무것도 남는 게 없는 것입니다. 유다 백성은 환난을 당한 후에 신앙적으로 더 미지근해졌고, 기도도 더 하지 않고 정신도 차리지 못하였습니다. 그래서 하나님께서는 이제 유다 백성을 버려야 되겠다고 생각하신 것입니다. 여기서 우리가 알 수 있는 것은 한번 어려움을 당할 때 가치 있는 보석이 나오지 않으면 통째로 버려질 수 있다는 사실입니다.

그러면 도대체 이미 은 찌꺼기가 되고 물이 섞인 포도주가 되었는데 어떻게 다시 순도 높은 은이 되고 포도주가 될 수 있을까요? 될 수 있습니다. 그것이 바로 하나님의 말씀의 능력입니다. 우리는 이미 가나 혼인잔치에서 예수님께서 물로 포도주를 만드신 사실을 알고 있습니다. 예수님이 사용하신 물은 마시는 물이 아니라 손발을 씻는 물이었습니다. 그러나 예수님의 말씀은 그러한 물을 최고급 포도주로 변화시켰습니다. 그러므로 아무리 물을 타서 맛이 없는 가짜 포도주라 하더라도 하나님의 말씀을 주입시키면 진짜보다 더 좋은 포도주가 될 수 있습니다.

하지만 이때 하나님의 말씀과 함께 다른 불순물이 들어가서는 안 됩니다. 철저하게 순수한 하나님의 말씀만 주입하면 진짜 포도주로 변하게 됩니다. 이것은 은도 마찬가지입니다. 은 찌꺼기에 하나님의 말씀을 집어넣으면 순수한 진짜 은으로 변하게 됩니다. 이것이 바로 하나님의 연금술입니다. 하나님은 우리의 찌꺼기 같은 가치 없는 인생을 보석으로 만들어 주셨습니다. 유다 백성의 부패는 하나님의 말씀 외에 다른 불순물이 들어가서 전체를 썩고 부패하게 만든 것이 원인이었습니다. 그러나 지금도 방법이 없는 것은 아닙니다. 유다 백성이 세상의 모든 가치를 다 차단하고 하나님의 말씀에만 목숨을 건다면 얼마든지 가능합니다.

: 23절 : "네 고관들은 패역하여 도둑과 짝하며 다 뇌물을 사랑하며 예물을 구하며 고아를 위하여 신원하지 아니하며 과부의 송사를 수리하지 아니하는도다."

우리는 이 세상에서 다른 사람을 섬길 수 있는 직분 자체로 만족해야 합니다. 그러나 그런 직분을 통해서 자기 이익을 구하고 자기 권력을 추구하려 한다면 세상 사람들과 같아지게 됩니다. 예를 들어, 하나님께서 우리에게 어떤 직업을 주시고 직분을 주신 것은 약한 자를 돌보아 주고 행복하게 해 주라고 주신 것입니다. 우리가 그렇게 하면 수입이 많든지 적든지, 가치 있는 일을 하는 것입니다. 그런데 만일 그런 일을 통해서 돈만을 더 많이 벌려고 하거나 자신의 출세만을 추구한다면 세상 사람들보다 더 악해지게 됩니다. 그래서 유다 고관들은 도둑과 한편이고 뇌물을 사랑하며 예물을 구하게 되었습니다. 그리고 고아나 과부는 아예 밥으로 여기고 그들의 억울함에 대해서는 관심도 가지지 않았던 것입니다. 하나님의 지도자들은 약자들의 소리에 귀를 기울여야 합니다. 그래야 원망과 불평이 없는 아름다운 세상을 만들 수 있습니다.

2. 하나님의 판결

하나님께서는 이번에 유다에 밀어닥친 큰 환난을 통해서 유다의 가치를 평가해 보셨습니다. 그리고 결론 내리시기를, 유다는 더 이상 보호하거나 지켜 줄 가치가 없는 찌꺼기라고 판단하셨습니다. 그리고 거기서 한걸음 더 나아가서 유다 백성이나 예루살렘 사람들은 하나님의 원수라는 판단을 내리셨습니다. 우리 모두는 어려운 일을 당했을 때 하나님의 도움을 바라고 또 하나님께서 자신을 축복해 주시기를 바랍니다. 만일 우리가 하나님 앞에서 가치 있는 자라면 하나님께서는 가치 있는 우리를 보호해 주시며 우리의 기도를 들어 주실 것입니다.

예를 들어, 어떤 부인에게 귀한 보석반지가 생기면 이 부인은 이 비싼 반지를 잃어버리지 않으려고 장롱 구석이나 혹은 서랍 맨 안쪽에 넣어 둘 것입니다. 하지만 쓸모없는 쓰레기가 모이면 이 부인은 그것을 장롱 안에 넣거나 서랍 안에 넣지는 않을 것입니다. 오히려 이 쓰레기를 집 바깥쪽에 두어서 누군가가 치워 주든지 가져가기를 바랄 것입니다. 이와 같이 하나님의 백성이 재앙이나 전쟁의 위기에서도 하나님의 도우심을 받으려면 스스로 가치 있는 자가 되어야 합니다. 그런데 만일 이들이 하나님의 말씀을 가치 없게 생각하고, 하나님의 말씀을 전하는 자들을 대적한다면, 이들은 무가치한 정도를 넘어 하나님의 원수가 될 것입니다.

∷ 24절 ∷ "그러므로 주 만군의 여호와 이스라엘의 전능자가 말씀하시되 슬프다 내가 장차 내 대적에게 보응하여 내 마음을 편하게 하겠고 내 원수에게 보복하리라."

본문에 보면 하나님을 '주 만군의 여호와 이스라엘의 전능자'라고 말씀하고 있습니다. 하나님께서 이렇게 자신의 전체 이름을 다 말씀하시는 것은 정식으로 유다 백성을 심판하시려는 것을 나타냅니다. 예를 들면, 집에서 엄마나 아빠가 아이를 부를 때는 애칭으로 부를 때가 많습니다. 하지만 어떤 사람에 대해 '직업은 ○○○이고, 본적과 주소는 ○○○인 ○○○씨!'라고 그 사람의 모든 정보와 함께 정식 이름을 호명하는 것은 그 사람에 대해 조사하거나 판단해야 할 일이 있을 경우입니다. 그리고 이러한 일을 집행하는 측에서도 공식적인 명칭을 사용합니다. '주 만군의 여호와 이스라엘의 전능자'가 판단하시기에 이제 유다 백성은 더 이상 하나님의 자녀나 하나님의 백성이 아니고, 그들은 하나님의 마음을 너무 불편하게 하고 고통스럽게 한 원수이며 대적이라고 말씀하십니다. 즉, 하나님의 원수들은 유다를 공격하고 괴롭히는 적들이 아니라 유다나 예루살렘 안에 있는 자들이었던 것입니다.

유다 백성은 더 이상 하나님의 사랑하는 자녀나 백성이 아니었습니다. 그들은 그동안 너무나 하나님의 마음을 괴롭게 하고 하나님의 마음을 답답하게 했던 원수들이었습니다. 가끔 부모가 말을 안 듣고 속 썩이는 자녀들을 두고 '자식이 원수'라는 말을 합니다. 그러나 이것은 부모가 자식 때문에 그만큼 힘들다는 뜻이지, 자녀가 진짜 원수라는 뜻은 아닙니다. 그러나 집안 식구 중 누군가가 정신적으로 문제가 생기거나 재물에 욕심이 생겨서 가족들을 죽인다면 이것은 진짜 원수가 되는 것입니다. 이런 사람은 잡아 가두지 않으면 다른 식구가 모두 해를 당하게 될 것입니다.

하나님께서 유다 백성을 보시니, 돈 많고 권력 있는 자들이 약한 자들을 전부 유다 땅에서 내쫓아 노예가 되게 하거나 모두 죽게 했습니다. 하나님께서는 유다의 가난한 자들을 사랑하시고 아끼셨지만, 유다의 성공한 사람들은 이들을 모두 해치고 죽이는 자들이었습니다. 이로 인해 하나님의 마음은 분노와 답답함으로 가득 차서 이제 복수하시고자 하십니다. 그렇게 해서 하나님은 마음을 편하게 하시겠다고 말씀하십니다. 그러면서 하나님은 이렇게 할 수밖에 없는 것이 슬프다고 하십니다. 하나님의 마음이 이렇게 슬픈 이유가 무엇일까요? 유다에서 그래도 밥 좀 먹고 사는 자들이 너무나 하나님의 마음을 읽지 못했기 때문입니다. 유다에서 안정을 누리며 살던 사람들은 자신들이 세상 기준에 비추어 문제가 없다고 생각했지만, 하나님의 기준은 세상 기준과 달랐습니다. 하나님은 그들에게 유다의 가난한 자들을 내쫓지 말고 그들이 함께 먹고 살 수 있도록 도와주라고 말씀하셨습니다.

: 25절 : "내가 또 내 손을 네게 돌려 네 찌꺼기를 잿물로 씻듯이 녹여 청결하게 하며 네 혼잡물을 다 제하여 버리고"

이제 하나님께서는 자신의 손을 바꾸겠다고 말씀하십니다. 본문을 보면 은을 제련하는 기술자의 솜씨를 잘 볼 수 있습니다. 일단 은 제련 기술자는 은을 녹입니다. 그래서 완전히 액체로 만든 후에 액체로 된 은을 손으로 붙잡고 다른 한 손으로는 기구를 사용해 그 위에 떠 있는 찌꺼기를 정교하게 걸러냅니다. 하나님은 지금까지는 유다에서 은을 찾아내려고 하셨지만, 이제는 유다를 찌꺼기를 가려내는 손으로 골라서 버리겠다고 하십니다. 지금까지 하나님은 유다를 은의 재료로 생각하셨는데, 이제는 찌꺼기로 버릴 생각을 하시는 것입니다.

이제 우리의 미래는 지금 우리의 믿음에 달려 있습니다. 우리가 지금 아무리 어려운 환난 가운데 있다 해도 하나님을 의지하고 믿으면 미래는 얼마든지 변할 수 있습니다. 하나님께서 우리 안에 있는 찌꺼기를 없애는 방식은 어려운 환난을 주시는 것입니다. 집에 불이 나면 모든 것을 싹 다 태워 버리고 남는 것이 아무것도 없게 됩니다. 마찬가지로 하나님께서는 하나님의 백성에게 불과 같은 어려움을 주셔서 오직 하나님의 말씀 하나만 붙잡게 하십니다. 왜냐하면 불이 나도 하나님의 말씀만은 타지 않기 때문입니다. 우리를 사랑하시는 하나님은 우리를 단련하시기 위해 우리 영혼과 말씀만 남겨 놓으시고 다른 것은 다 가져가십니다. 그러나 우리가 미리 말씀을 붙잡으면 말씀이 우리 신앙의 순도를 지켜 주므로 이런 불시험을 피할 수도 있습니다.

결국 하나님은 예루살렘을 회복시키시는데, 옛날 사사시대의 모습으로 회복시킬 것이라고 하셨습니다.

: 26절 : "내가 네 재판관들을 처음과 같이, 네 모사들을 본래와 같이 회복할 것이라. 그리한 후에야 네가 의의 성읍이라, 신실한 고을이라 불리리라 하셨나니"

하나님께서 유다와 예루살렘을 다시 회복시키시는데, 그것은 그들이 전성기였던 때의 모습이 아닙니다. 하나님은 유다와 예루살렘을 옛날 사사시대와 같이 회복시킬 것이라고 하셨습니다. 사사시대에는 이스라엘에 왕이 없었습니다. 오직 일반 백성 가운데 사사가 나타나서 성령의 능력으로 적을 물리치고 이스라엘을 위기에서 건져 내었습니다. 이처럼 앞으로 유다도 나라를 잃고 오직 말씀의 지도자만 남게 될 가능성이 많습니다.

'모사'는 지혜의 말씀으로 조언하는 자들인데, 옛날에는 이 역할도 대신들이 아니라 나이 많은 어른들이나 레위 인들이 했습니다. 다시 말해서 이것은 유다 백성이 다시 광야시대로 돌아가는 것을 의미합니다. 유다 백성이 광야로 돌아간다는 것은 결국 포로가 되는 것밖에 없습니다. 그러므로 유다 백성이 가나안의 축복에 집착하면 할수록 더 가나안 땅을 잃게 됩니다. 오히려 황폐한 광야로 쫓겨날 각오를 하고 결사적으로 말씀만을 믿으면 가나안 땅은 안식처가 됩니다. 마찬가지로 우리도 이 세상에서 성공하고 잘사는 일에만 집착한다면 세상의 복을 잃게 될 것입니다. 그러나 우리가 세상의 복을 잃을 각오를 하고 결사적으로 하나님의 말씀을 붙든다면, 놀랍게도 하나님께서 직장을 지켜 주시고 우리의 가정이나 회사를 돌보아 주실 것입니다.

그렇게 함으로써 하나님은 결국 유다나 예루살렘을 처음과 같은 '의의 성읍'과 '신실한 고을'이 되게 하겠다고 하셨습니다. 하나님은 자기 백성을 그냥 세상을 따라 썩어 가도록 내버려 두지 않으시고, 어떻게 해서든지 원래의 순수한 모습을 되찾게 하겠다고 말씀하셨습니다.

우리는 여기서 유다에 닥친 환난의 의미를 알게 됩니다. 즉, 지금 유다가 당하는 큰 환난은, 하나님께서 유다가 과연 은인지 찌꺼기인지를 확인하고자 하시는 환난의 불이었습니다. 그런데 여기서 유다는 하나님 앞에서 불합격 판정을 받게 됩니다. 즉, 유다는 은이 아니고 은 찌꺼기이며, 고급 포도주가 아니라 물을 탄 가짜 포도주이기 때문에 결국 다 버릴 수밖에 없는 것입니다. 그래서 하나님은 유다 전체를 더 큰 환난에 집어넣으신 후에 이제는 아주 소수의 진짜를 골라내시게 됩니다.

: 27절 : "시온은 정의로 구속함을 받고 그 돌아온 자들은 공의로 구속함을 받으리라."

여기서 '구속한다'는 것은 노예로 붙들려 있는 사람을 값을 치르고 데려오는 것을 말합니다. 그런데 하나님은 시온을 정의로 구속한다고 하셨습니다. 이것은 부자라고 봐주고 가난한 자는 함부로 대하는 것이 아니라, 모두 다 똑같은 몸값을 주고 데리고 온다는 뜻입니다. 옛날에 사람들이 해적이나 산적에게 붙들려 가면, 부자의 몸값은 가난한 자에 비하여 비쌌습니다. 그런데 유다 백성은 모두 공평하게 풀려나게 됩니다. 왜냐하면 모든 유다 백성은 다 똑같아졌기 때문입니다. 유다 백성은 가난한 자나 부자가 차별 없이 모두 다 똑같은 가치를 가진 사람들이 되었습니다.

우리는 모두 다 똑같은 하나님의 백성이며, 오직 하나님의 몸값으로 구원받았다는 사실을 기억해야 합니다. 왜냐하면 우리 한 사람 한 사람의 몸값은 너무나 비싸서 우리가 가진 돈으로는 값을 치를 수 없었기 때문입니다. 우리 한 사람이 죄에서 풀려나서 하나님의 자녀가 되는 가격이 몇백만 원이라면, 부자들은 자기가 가진 돈으로 지불할 수 있을 것입니다. 그러나 우리 몸값이 수백조 원이라면 부자이든 가난한 사람이든 자기 능력으로는 지불할 수 없습니다. 이처럼 지금 우리가 가지고 있는 재산이나 돈은 우리 몸값에 비하면 아무것도 아닙니다. 우리는 내가 가진 것이나 내 성공을 자랑하지 말고, 하나님께서 지불하신 몸값을 자랑해야 구원받을 수 있습니다.

3. 끝내 버림받는 자

은을 제련하는 사람들이나 재활용품을 취급하는 사람들도 쓸데없는 것들은 쓰레기로 한데 모아서 다 버립니다. 결국 하나님께서는 유다 백성 중에서 끝까지 하나님을 믿지 않는 자들은 쓰레기처럼 버려질 것임을 말씀하셨습니다.

:28절: "그러나 패역한 자와 죄인은 함께 패망하고 여호와를 버린 자도 멸망할 것이라."

하나님께서 아무리 연단을 하셔도 결국 구원받지 못하고 버림을 받는 자들이 있을 것입니다. 은 제련업자는 은을 다 따라낸 후에는 남아 있는 찌꺼기는 미련 없이 버립니다. 하나님께서 유다 백성을 연단하시는 이유는 순도 높은 은을 만들기 위해서입니다. 그러나 하나님이 아무리 연단하셔도 순도 높은 은이 되지 않는 사람들이 있습니다. 그런 사람들은 결국 구원받지 못하고 영원히 버림받을 수밖에 없습니다.

하나님으로부터 버림받는 자들을 '패역한 자와 죄인'이라고 했습니다. 여기서 '패역한 자'는 반항적인 사람을 의미합니다. 물론 모든 사람의 마음속에는 다른 사람이 자기에게 무언가 가르치려고 하면 반항하려는 기질이 있습니다. 그러나 사람들이 어려운 환난을 당하면 대개 마음이 가난해져서 하나님의 말씀을 듣게 됩니다. 그럼에도 끝까지 하나님께 반항하고 대적하는 자는 자기 스스로를 버리는 자입니다. 또한 '죄인'은 회개하지 않는 사람을 가리킵니다. 하나님의 말씀을 듣다 보면, 지금까지 내가 잘 믿는 줄 알았는데 사실은 하나님으로부터 매우 멀어졌고, 마땅히 받아야 할 복을 그동안 놓치고 있었다는 것을 알게 됩니다. 하나님의 백성이 하나님의 복을 받지 못하고 마귀에게 속아서 산 것을 깨달으면, 하나님께 나아가 은혜를 달라고 눈물로 부르짖게 됩니다. 그런데 끝까지 그것을 깨닫지 못하는 사람들이 있습니다. 이런 사람들은 모든 기준이 세상의 성공에 맞추어져 있기 때문에, 아무리 하나님의 말씀을 들어도 부흥할 줄 모르는 것입니다. 결국 부흥의 가치를 모르는 사람들은 망할 수밖에 없습니다.

이스라엘 백성이 출애굽 했을 때 그중 상당수가 끝까지 애굽의 종살이 시절을 그리워하며 애굽으로 돌아가기를 원했습니다. 이들은 하나님의 능력을 보았고 기적을 보았지만, 그들의 기준은 언제나 애굽의 부와 풍요로운 생활에 있었습니다. 그래서 그들은 광야시절 내내 모세를 대적하며 애굽으로 돌아가자고 부르짖었습니다. 결국 이 사람들은 가나안 땅에 들어가지 못했습니다. 물론 이스라엘 백성도 인간이기 때문에 애굽의 문화나 풍부한 양식을 동경할 수 있습니다. 그러나 그들은 적어도 하나님의 기적을 체험한 사람들이고, 모세와 같이 홍해를 건넌 사람들이었습니다. 하지만 이들은 영적인 부흥의 가치를 몰랐습니다.

세상 사람들은 배를 부두에 매어 놓고 거기서 선상파티를 하면서 행복하다고 생각합니다. 그런데 만일 항구 옆에 있는 화산이 폭발하려고 한다면, 매어 놓은 줄을 풀어 바다로 나가야 합니다. 우리의 신앙은 이 세상에 배를 묶어 놓고 먹고 마시는 것이 아니라, 망망대해를 향해 떠나는 것이 되어야 합니다. 이때 하나님의 말씀이 엔진이 되어 이 거대한 바다를 건너가도록 할 것입니다.

그리고 '여호와를 버린 자'도 멸망할 것입니다. 결국 이것은 연결되어 있는 것입니다. 사람들은 하나님에 대하여 반항적이기 때문에 말씀을 듣지 않고, 그래서 회개도 하지 않습니다. 그러다 결국 복을 주지 않는 신은 필요 없다며 여호와를 떠나 세상을 따라가는 것입니다. 그러나 우리가 이 세상에서 하나님의 백성으로 사는 것은 놀라운 축복이며, 하나님을 믿는 믿음으로 사는 것은 대단히 위대한 일입니다. 우리는 하나님의 백성의 자존심을 되찾아야 세상을 따라가지 않습니다.

: 29-30절 : "너희가 기뻐하던 상수리나무로 말미암아 너희가 부끄러움을 당할 것이요 너희가 택한 동산으로 말미암아 수치를 당할 것이며 너희는 잎사귀 마른 상수리나무 같을 것이요 물 없는 동산 같으리니"

본문의 유다 백성이 기뻐하던 상수리나무나 그들이 택한 동산은 우상 숭배를 일삼던 장소를 말합니다. 팔레스타인은 큰 나무가 많지 않았기 때문에 그들은 나무를 신성시했습니다. 유다 사람들은 상수리나무를 번영을 가져다주는 수호신으로 생각했던 것 같습니다. 그리고 동산 가운데 물 댄 동산은 나무가 우거진 보기 좋은 동산이었는데, 거기서 그들은 바알과 아세라 신에게 제사하고 그것을 숭배했습니다. 그런데 상수리나무가 그들을 부끄럽게 하고 그들이 택한 동산으로 말미암아 수치를 당할 것이라고 합니다. 이제 그들의 우상 숭배가 그들을 더 이상 지켜 주지 못하고 그들이 포로로 끌려갈 것이기 때문입니다. 이처럼 무성한 상수리나무나 다른 나무가 많은 동산은 유다 백성의 성공의 상징이었습니다. 유다 백성은 한창 잘될 것처럼 보였지만 결국 망하고 말았습니다. 그 이유는 유다 백성의 복은, 자기들이 똑똑해서 받은 것도 아니고 종교적인 열심 때문에 받은 것도 아니고, 하나님의 말씀을 붙든 결과로 하나님께서 주시는 상이었기 때문입니다.

그러나 이제 유다 백성은 잎사귀가 마른 상수리나무같이 되고 물 없는 동산이 됩니다. 하나님의 백성은 하나님이 선택하셨으므로 세상적으로는 성공할 수 없기 때문입니다. 하나님께서 한번 기름 바르신 사람이나 물건은 다른 용도로 쓸 수 없습니다. 왜냐하면 하나님은 자신의 영광을 결코 인간이나 다른 피조물에게 빼앗기지 않으시기 때문입니다.

혹시 우리가 믿음이 없는데도 복을 받고 잘되는 것은 하나님께서 우리 믿음이 너무 어리고 연약해서 봐주시는 것이지, 그것이 종국적으로 주시고자 하는 복은 아닙니다. 우리는 반드시 하나님의 말씀으로 연단을 받아서 순도 높은 보석이 되어야 가치가 있다는 것과, 우리의 복은 오직 하나님께로부터 나온다는 것을 믿어야 합니다.

:31절: "강한 자는 삼오라기 같고 그의 행위는 불티 같아서 함께 탈 것이나 끌 사람이 없으리라."

결국 순은이나 순금이 되지 못한 사람은 삼오라기 같아서 불씨만 붙으면 타서 없어지게 됩니다. 그런데 그 불은 다른 데서 옮겨붙는 것이 아니라 자기 스스로 일으키는 것입니다. 즉, 그들이 가만히 있으면 될 것을 스스로 욕심을 이기지 못해 일을 저지르고 마는데, 이것이 불티가 되어서 자기 자신을 불태우게 되는 것입니다. 하지만 아무도 이 불을 끄지 않습니다. 불이 붙은 삼오라기는 꺼 봐야 아무 데도 쓸 수 없기 때문입니다.

우리는 하나님의 백성이 되었습니다. 하나님의 백성은 하나님의 복으로 만족해야 합니다. 하나님은 아무 가치 없는 우리를 붙드셔서 순도 높은 보석이 되게 하셨습니다. 우리는 이 사실만으로도 감격하고 감사하며 너무 욕심을 부리지 말아야 합니다. 우리에게 주어진 것으로 만족하고 나에게 주어진 직분으로 열심히 다른 사람들을 섬길 때 하나님은 우리의 복을 지켜 주실 것입니다.

04

여호와의 산이 높이 들림

이사야 2:1-11

우리는 한때는 사람들이 별로 알아주지 않는 시시한 것이었는데 갑자기 사람들의 인기를 얻으면서 아주 유명하게 되는 경우를 종종 보게 됩니다. 그중 미국의 마이크로소프트사나 애플사 같은 경우를 생각할 수 있습니다. 이 회사들은 처음 시작할 때 집에 있는 차고를 빌려서 시작했는데, 나중에는 세계 최고의 컴퓨터 회사가 되었습니다.

원래 유대교나 기독교는 세계에서 별로 인정받지 못하던 사상이었습니다. 원래 그리스에서는 수많은 신들의 이야기나 호머의 서사시, 플라톤의 철학이 인기가 있었습니다. 로마에서도 웅변술이라든지 군사적인 능력이 인기가 있었지, 하나님의 사상은 사람들이 별로 좋아하지 않았습니다. 그런데 어느 순간 이 하나님의 사상은 세계 속에서 주목받기 시작하며 세계 최고의 사상으로 우뚝 서게 되었습니다.

이사야는 앞으로 그럴 때가 올 것이라고 예언했습니다. 그 이유는 이 하나님의 사상이 사람들에게 돈을 벌게 하거나 혹은 똑똑하게 만들어서 세상적으로 출세하도록 하기 때문이 아니라, 하나님께서 직접 우리에게 사람이 살아야 할 길을 가르쳐 주시기 때문이라고 말하고 있습니다.

1. 미래의 한 때

이사야 1장은, 거의 만신창이가 되다시피 한 유다와 예루살렘을 향해서, 이것은 너희가 매를 맞아서 그렇게 된 것이니 하나님 앞에 나와서 한번 변론해 보자고 말합니다. 그러면서 이사야는 국가나 개인의 모든 어려움이나 문제를 신앙의 관점에서 보아야 해결할 수 있다고 말합니다. 이사야는 "너희의 죄가 주홍 같을지라도 눈과 같이 희어질 것이요, 진홍 같이 붉을지라도 양털 같이 희게 되리라."(사 1:18)고 했습니다. 사실 사람의 몸에 병이 생기면 병원에 가서 실력 있는 의사의 진단을 받고 치료를 받아야 치료할 수 있습니다. 우리 몸이 병들면 여러 가지 증세가 나타납니다. 이때 증세 하나하나를 해결하려고 하기보다 병의 근본 원인을 치료할 때 놀랍게도 병이 점차 치료되는 것을 보게 됩니다.

마찬가지로 우리가 하나님의 복 아래 있지 않으면 여러 가지 좋지 않은 일들이 생기게 됩니다. 이것을 일일이 해결하려고 인간적인 방법을 쓰기보다, 하나님을 붙들고 회개하고 기도함으로 영적 부흥이 일어나면 많은 불행이 치료됩니다. 그러나 사람들 대부분은 하나님께서 이 모든 불행을 치료하는 분이라는 사실을 모르고 자신의 운명만 탓하면서 살아갑니다.

여기서 하나님께서는 미래의 어느 한 시점이 되면 하나님의 산이 모든 산 위에 높이 들리게 될 것이라고 말씀하십니다.

: 1-2절 : "아모스의 아들 이사야가 받은 바 유다와 예루살렘에 관한 말씀이라. 말일에 여호와의 전의 산이 모든 산 꼭대기에 굳게 설 것이요 모든 작은 산 위에 뛰어나리니 만방이 그리로 모여들 것이라."

이사야서 서두를 보면 "아모스의 아들 이사야가 유다와 예루살렘에 관하여 본 계시라."(사 1:1)고 하면서 너무나 불길한 예언을 하는 모습이 나옵니다. 하나님께서는 유다 백성의 정신적인 치매 현상에 대해 말씀하시면서 "소는 그 임자를 알고 나귀는 그 주인의 구유를 알건마는 이스라엘은 알지 못하고 나의 백성은 깨닫지 못하는도다."(사 1:3)라고 하십니다. 그리고 유다는 발바닥에서 머리까지 성한 곳이 없을 정도로 상하고 터지고 맞은 흔적밖에 없으며, 그들의 도덕적인 상태는 소돔과 고모라와 다를 바가 없다고 말씀하십니다. 또한 지금까지 유다가 당한 환난이 끝이 아니며, 이것은 그들의 믿음을 시험하는 것이라고 말씀하셨습니다. 하나님은 유다 백성이 환난을 대하는 태도를 보시고 믿음이 없다고 판단되면 폐기해 버리시겠다고 하십니다. 이것은 마치 은을 제련하는 기술자가 은을 녹였는데 찌꺼기밖에 없으면 모두 버리는 것과 같습니다. 이처럼 우리에게 어려운 시험이 오고 환난이 온다면 그것은 무조건 하나님께 돌아오라는 표시인 것입니다.

그런데 이사야 2장에서는 분위기가 완전히 정반대로 바뀌었습니다. 똑같은 아모스의 아들 이사야의 예언임에도 불구하고 2장은 희망에 차 있고 미래의 축복을 예언하고 있습니다. 바로 이것이 하나님의 말씀이 가지는 놀라운 축복입니다. 하나님의 백성이 현재는 아무리 어렵고 절망적인 상황에 처해 있더라도 하나님의 말씀으로 돌아오기만 하면 하나님은 그들의 불행을 복으로 바꿔 주시고 새로운 미래를 열어 주십니다. 그런데 하나님께서는 유다 백성의 미래를 축복하실 때 유다 백성에게만 복을 주시는 것이 아니라 이들을 통해 하나님을 알게 된 모든 이방인에게도 복을 주십니다.

본문에 보면 '말일에 여호와의 전의 산이 모든 산 꼭대기에 굳게 설 것이요'라고 말씀하십니다. 여기서 '말일에'는 앞으로 오게 될 미래의 한 때를 말합니다. 그런데 지금 당장은 아닙니다. 지금 이사야가 이 말씀을 하고 있는 때는 언제일까요? 아마도 웃시야와 요담이 죽고 난 후인 아하스 때일 가능성이 많습니다. 아하스 때 유다는 깊은 영적 침체기를 맞게 됩니다. 그 이유는 아하스가 하나님의 말씀을 믿지 않고 적극적으로 이방 종교를 유다에 끌어들였기 때문입니다.

아하스는 유다가 하나님을 믿는 신앙 때문에 세계에서 너무 고립되었다고 생각했습니다. 그래서 유다가 다시 부흥되고 잘살고 전쟁의 위기를 넘기려면 고립에서 벗어나야 한다고 보았습니다. 이를 위해 아하스는 다른 나라 이방 신의 제단 모형을 그려 와서 성전에 새로운 제단을 만들기도 하고, 적극적으로 우상 종교를 받아들였습니다. 그런데 이상한 것은 아하스가 아무리 유다를 부흥시키려고 애를 써도 유다는 부흥하지 않고 자꾸 만신창이가 되어 갔습니다. 그 이유가 어디에 있을까요? 유다 백성은 복을 받는 비결이 세상 나라와 다르다는 것을 몰랐기 때문입니다. 하나님의 백성은 세상의 유행이나 새로운 지식을 많이 끌어온다고 해서 부흥하는 것이 아니라, 하나님의 말씀 하나만 붙들고 모든 우상을 다 버려야 부흥이 일어납니다. 오히려 말도 하지 못하는 우상은 유다 백성에게 있어서 하나님의 능력을 빨아먹는 거머리와 같습니다.

옛날 우리나라 어린아이들에게는 회충이 많았습니다. 그래서 아무리 음식을 먹어도 기생충들이 영양분을 다 **빼앗아가니까** 아이들이 살이 찔 수 없었습니다. 마찬가지로 하나님의 백성이 부흥하고 성공하기 위해 몸부림친다고 해서 부흥과 성공이 오는 것이 아닙니다. 먼저 우상을 없애고 하나님의 말씀으로 영적인 부흥이 일어나면 신기하게도 하나님의 복이 오게 됩니다.

이사야가 하나님의 말씀을 외칠 때 유다나 예루살렘은 모든 힘을 거의 다 잃어버린 상태였습니다. 사람으로 치면 병이 깊이 들어서 맥이 없고 얼굴빛이 창백하며 앞으로 오래 살지 못할 것 같은 모습이었습니다. 그런데 이사야는 너무나 희망찬 예언을 하고 있습니다. 그것은 '말일에 여호와의 전의 산이 모든 산 꼭대기에 굳게 설 것이요'라는 말씀입니다. 즉, 앞으로 어떤 시점이 되면 하나님의 성전이 있는 산이 점점 더 올라가서 나중에는 세계 모든 산 위에 가장 높은 산이 된다는 것입니다.

여기서 '산'이라는 것은 어떤 유명한 기관을 말합니다. 옛날에는 나라의 어떤 중요한 건축물들은 평지에 짓지 않고 산 위에다 지었습니다. 예를 들어, 로마에도 일곱 개의 작은 산이 있는데, 국회의사당이나 수상 관저, 유명한 신전 등은 모두 이 작은 언덕 위에 세워서 사람들의 눈에 띄고 또 권위 있어 보이게 했습니다. 사람들이 아래로 내려다보지 못하고 우러러보도록 만든 것입니다. 아마 이사야가 하나님의 말씀을 전하던 예루살렘의 산은 세계 다른 나라의 수도나 신전이나 학교에 비교한다면 그렇게 인기가 있지 않았습니다. 오히려 여호와의 산의 인기는 바닥까지 내려가서 얼마 가지 않아 문을 닫게 될 것처럼 침체되어 있었습니다. 하지만 이 세상의 기준과 달리 하나님의 백성에게는 그들만의 놀라운 비밀이 하나 있습니다. 그것은 하나님의 백성이 모든 우상을 버리고 오직 하나님의 말씀만 붙들면 영적 부흥이 일어나는 것입니다. 그때 하나님의 백성은 다시 지혜로워지고 활기가 넘치며 생산력도 높아지고 물질적으로도 부유해집니다. 그러면 주위에 있는 나라들이 우습게 여기지 못할 뿐 아니라, 이들이 가진 복 받는 비결을 배우기 위해서 몰려오게 됩니다.

사실 이사야 당시 예루살렘이나 성전은 세상의 권력이나 지식이나 돈의 위세에 눌려서 순위로 치면 형편없이 낮았습니다. 그래서 세상 사람들 중에 예루살렘을 높이 평가하거나 대단하게 생각하는 사람은 아무도 없었습니다. 하나님의 백성이 하나님의 능력을 받지 못할 때는 힘을 낼 수 없기 때문입니다. 요즘도 많은 그리스도인들이 침체된 모습을 보게 되는데, 가장 큰 원인은 하나님의 말씀을 듣지 못해서입니다. 하나님의 말씀을 듣지 못한 상태에서 봉사나 많은 일을 하다가 영적 기갈이 와서 힘을 내지 못하는 것입니다.

그러나 하나님의 백성이 이 모든 침체의 원인이 하나님의 말씀을 제대로 듣지 못하고 믿지 못한 데 있다는 것을 깨닫고 결사적으로 하나님의 말씀으로 돌아오면 다시 힘을 내게 됩니다. 더 나아가서는 위대한 사상이나 정신이 세워지며, 물질적으로도 풍요롭게 되어 많은 사람이 우러러보는 대상이 됩니다.

본문에서의 '말일'은 근본적으로는 하나님의 아들이 오시는 때나 오늘날의 교회 시대를 의미하지만, 일차적으로는 그들에게서 가까운 히스기야 시대를 의미하기도 합니다. 히스기야는 요즘 말로 하자면 마치 부모로부터 부도 난 회사를 물려받은 상태와 같았습니다. 히스기야 때 유다는 모든 면에서 적자였고 빚투성이였습니다. 그렇지만 히스기야는 지금까지 자기 앞의 왕들이 했던 것과 달리 세상을 따라가지 않고 결사적으로 하나님의 말씀을 붙들었습니다. 그랬더니 히스기야에게 많은 시련이 찾아왔습니다. 그중 하나는 앗수르 대군이 쳐들어와서 은금을 있는 대로 가져갔는데, 다시 예루살렘을 멸망시키려고 포위한 것입니다. 또 하나는 히스기야 자신이 죽을병에 걸린 것입니다. 그런데 놀랍게도 히스기야가 하나님께 기도를 드리자 18만5천 명의 앗수르 군대가 하룻밤 사이에 다 죽어 버렸고, 다시 기도 드렸을 때 히스기야의 병도 기적적으로 치료되었습니다. 그래서 바벨론 왕은 사신을 보내어 도대체 어떻게 해서 앗수르 대군이 예루살렘에서 죽었으며, 어떻게 히스기야의 병이 나았는지 알아 오도록 했습니다.

하나님의 백성이 사는 길은 돈이나 권력을 붙드는 것이 아닙니다. 오직 하나님의 말씀을 붙들 때 하나님께서 주시는 영적인 부흥으로 일어서게 되는 것입니다.

그러나 히스기야 시대에 유다가 부흥한 것이 본문이 말하는 진짜 '말일'은 아닙니다. 앞에서도 언급했듯이 진짜 '말일'은 하나님의 아들이 오셔서 우리 위에 아예 하늘 문을 여시고 복을 부어 주시는 때를 의미합니다. 하나님의 아들은 우리에게 오셔서 그분의 입으로 하나님의 말씀을 전하시고, 하늘 문을 여셔서 성령이 우리에게 부어지도록 하셨습니다. 그러므로 오늘 우리에게 있어서 '여호와의 전의 산'은 바로 하나님의 말씀이 있는 교회를 말합니다. 교회에서 위대한 하나님의 말씀이 선포되고 성도들이 그 말씀을 아멘으로 믿을 때 하나님은 큰 부흥을 주십니다. 거기서 우리의 인생이 치료되고 하나님의 형상으로 인간성이 회복되며 우리의 영원한 미래를 보장받게 됩니다.

지금 세상적인 시각으로 보면 하버드대학이나 케임브리지대학 등이 최고의 대학으로 꼽히며, 기업 중에서는 애플사나 마이크로소프트사, 삼성과 같은 IT 관련 회사들이 선망의 대상입니다. 그에 비해 교회는 사람들에게서 점점 더 인기가 떨어지는 것처럼 보입니다. 하지만 하나님께서 인간에게 주시는 최고의 복은 바로 교회에서 흘러나오는 하나님의 말씀과 성령의 축복입니다.

2. 만민이 몰려오게 됨

본문을 보면 '만방이 그리로 모여들 것이라'고 말씀하고 있습니다.

: 3절 : "많은 백성이 가며 이르기를 오라 우리가 여호와의 산에 오르며 야곱의 하나님의 전에 이르자. 그가 그의 길을 우리에게 가르치실 것이라. 우리가 그 길로 행하리라 하리니 이는 율법이 시온에서부터 나올 것이요 여호와의 말씀이 예루살렘에서부터 나올 것임이니라."

여기에서 중요한 것은 왜 그렇게 많은 사람이 여호와의 산을 향하여 나가게 되느냐 하는 것입니다. 사람들이 떼를 지어 몰려가는 이유가 무엇입니까? 단순히 심심해서 구경삼아 가는 것이 아닙니다. 모든 사람 속에는 본질적인 필요가 있기 때문입니다. 물론 호기심 때문에 덩달아 몰려다니는 사람들도 있습니다. 그러나 호기심도 한두 번이지, 사람들의 주의를 끌려면 계속 새로운 이벤트가 필요합니다. 일 년, 열두 달 계속 이벤트를 진행하면 사람들이 많이 올 수도 있겠지만, 그것도 계속되면 식상하게 마련입니다. 그런데 사람들이 여호와의 산을 향하여 몰려가는 이유는 무엇입니까? 내 안에 있는 가장 기본적인 부분을 채워 주고 치료해 주기 때문입니다.

요즘 사람들이 주로 관심을 보이는 분야는 웰빙입니다. 그래서 건강 강좌에 많은 사람이 몰립니다. 병을 이기고 건강하게 사는 것을 매우 중요하게 생각하기 때문입니다. 그다음으로 사람들의 관심을 끄는 것은 재테크입니다. 하지만 말일에는 사람들이 여호와의 산으로 몰려가게 될 것입니다.

무엇 때문에 여호와의 산으로 몰려갑니까? 거기서 하나님의 말씀을 들을 수 있기 때문입니다. 인간에게 있어서 가장 중요한 것은 하나님의 말씀을 듣는 일입니다. 하나님의 말씀을 들어야 죄를 씻을 수 있고, 가치 있는 자아를 되찾을 수 있기 때문입니다. 놀라운 것은 하나님의 말씀에는 말씀만 있는 것이 아니라는 사실입니다. 그 안에서는 성령의 충만함과 영원한 생명수가 흘러나오는 것입니다.

예루살렘의 가르침이 하는 일이 무엇입니까? 돈을 벌게 하거나 육체의 병을 치료하는 일부터 하지 않습니다. 먼저 내 안에 있는 거대한 죄의 문제를 처리하고 나를 새사람이 되게 합니다. 과거의 그 무서운 죄책감과 두려움에서 해방되어 완전히 새사람이 되게 합니다. 바로 이것이 모든 인간의 가장 본질적인 필요입니다. 여기서 새사람이 된다는 것은 새롭게 살 기회와 능력을 받는다는 뜻입니다.

'그가 그의 길을 우리에게 가르치실 것이라'고 말씀하십니다. 이것은 하나님께서 직접 우리에게 하나님의 진리를 가르쳐 주신다는 뜻입니다. 만일 하나님께서 우리에게 직접 진리를 가르쳐 주신다면 얼마나 확실하고 얼마나 분명하겠습니까?

옛날에 학원에서 책을 쓴 저자가 직접 강의한다고 하면 많은 학생이 몰려들곤 했습니다. 그 저자 중에 『성문 종합영어』의 저자나 『수학의 정석』의 저자가 꽤 인기 있었습니다. 사람들은 다른 사람이 쓴 책으로 가르치는 강사보다는 직접 책을 쓴 저자가 가르치면 확실히 다를 것으로 여기는 것입니다. 인간은 하나님께서 만드신 피조물입니다. 인간이 인간에 대하여 아무리 많이 공부하고 연구해도 아직 인간은 자신에 대해 아는 것이 별로 없습니다. 그러나 하나님은 우리 인간을 만드신 분이고, 이 세상 모든 진리의 저자 자신이시기 때문에 우리에게 너무나 분명한 진리를 가르쳐 주실 수 있습니다. 진리를 가르쳐 주실 뿐만 아니라, 잘못된 부분은 바로 고치고 치료해 주시는 분입니다.

예수님께서는 중풍병자를 치료하시고 나병 환자를 치료하시고 귀신 들린 사람을 고치셨는데, 이것은 치료라기보다 창조자의 새로운 창조사역이었습니다. 하나님의 아들이 오셔서 우리에게 하나님의 진리를 말씀하셨습니다. 예수님께서 하나님의 진리를 가르쳐 주셨을 때 하나님의 모든 진리가 태양같이 환해졌고, 인간이 얼마나 가치 있고 소중한 존재인지 모두 다 알게 되었습니다. 모든 인간에게 진짜 필요한 것은 인간의 지식이 아니라, 하나님의 지식이며 하나님의 사상입니다.

세상 사람들이 추구하는 길은 무엇입니까? 이 세상 살면서 가능한 한 많은 것을 가지고 누리는 것입니다. 사람은 모두 남보다 돈을 더 많이 벌고 남보다 많이 배우고 남보다 많은 곳을 구경하려고 합니다. 이 세상 사람들은 좀처럼 가치 있는 것을 찾아서 새로운 길을 가 보려고 하지 않습니다. 그래서 그들은 모두 광야에서 주저앉고 가던 길에서 주저앉은 인생을 살고 있습니다. 그러나 이 세상이 주는 성공을 뿌리치고 담대하게 하나님의 율법(말씀)을 배우러 간 자들만이 새로운 인생을 얻게 됩니다.

세상 지혜의 특징은 다 맞는 소리인 것 같은데 무엇인가 중요한 핵심이 빠진 듯한 것입니다. 세상 지혜는 진짜 중요한 것에는 접근하지도 못하고 늘 주변적인 것만 가지고 이러쿵저러쿵 말을 늘어놓습니다. 그래서 세상적인 지식은 배우면 배울수록 무엇인가 빠진 것 같은 느낌을 받는 것입니다. 그 빠진 부분이 무엇일까요? 바로 인격적인 하나님을 알지 못하는 것입니다. 우리의 삶에서 인격적인 하나님이 빠지면 아무 결론도 얻을 수 없습니다.

이제 유다는 그저 그렇고 그런 나라로 전락하고 말았습니다. 그 이유가 무엇입니까? 그들이 더 이상 율법의 말씀에서 진리를 길어 내지 않기 때문입니다. 유다 백성은 율법의 말씀보다 이 세상에서 잘 먹고 잘사는 것을 중요하게 여겼기 때문에 더 이상 율법의 말씀을 가지고 씨름하지 않았습니다. 그들에게 율법은 깊은 우물과 같았습니다. 만일 그들이 끊임없이 율법을 묵상하며 그들의 현실 삶에 적용하고 실천하려고 몸부림쳤더라면 예루살렘은 여전히 우뚝 설 수 있었을 것입니다. 그러나 유다 백성은 하나님의 율법이 어렵기도 하고 현실에 적용하기도 쉽지 않으며 하루하루 먹고 사는 데 별 도움이 되지 않는 것 같으니까 더 이상 거기서 새 물을 길어 올리지 않았습니다. 그 결과 예루살렘은 이 세상에서 가장 시시한 도시가 되고 만 것입니다.

그런데 본문은 무엇이라고 말씀합니까? '말일에 여호와의 전의 산이 모든 산 꼭대기에 굳게 설 것이요' 이것은 이미 쇠퇴하고 한물간 예루살렘의 사상이 다시 전 세계 사람들의 주목을 받으며 다시 강력한 영향력을 미치게 될 때가 온다는 것입니다. 어떻게 한번 시들어 버린 예루살렘의 사상이 다시 전 세계 사람들에게 영향을 주게 됩니까? 그것은 유다 백성이 다시 아주 강력한 펌프가 되어 물을 퍼 올리게 되기 때문입니다.

한때 어느 지방에 아주 뜨거운 온천수가 솟아나서 아주 유명한 관광 명소가 되었습니다. 논이나 밭밖에 없던 곳에 좋은 효능을 지닌 온천수가 쏟아져 나오니까 전국적으로 소문이 나서, 사람들이 수많은 관광버스를 동원해 그곳으로 몰려왔습니다. 그곳에는 여러 호텔 많은 음식점이 들어서고, 놀이시설이 세워졌습니다. 그런데 세월이 삼십 년 정도 지나니까 온천수가 고갈되기 시작했습니다. 물이 그렇게 뜨겁지도 않고 양도 훨씬 적어지니까 이제는 사람들이 그곳을 더 이상 찾지 않게 되었습니다.

바로 구약의 율법이 그러했습니다. 전 세계 사람들은 한때 다윗과 솔로몬의 믿음과 가르침을 보고 신선한 충격을 받았습니다. 그것은 완전히 새로운 시각이었고 자신들의 오래된 가치관을 완전히 둘러엎는 것이었습니다. 그러나 구약의 온천수는 그리 오래 가지 않았습니다. 얼마 지나지 않아서 예루살렘의 사상은 다른 나라와 그다지 다를 것이 없게 되었습니다. 이들은 오히려 다른 나라의 사상을 빌려와서 자신들의 부족함을 채웠습니다. 실제로 예루살렘 사상은 약효가 떨어진 온천수와 같았고, 거기에서 새로움을 찾을 수 없었습니다. 옛날에는 예루살렘에 가면 무엇인가 새로움을 느낄 수 있었는데, 이제는 예루살렘이나 다메섹이나 니느웨나 다를 것이 없었습니다.

그런데 이 예루살렘에 어떤 일이 일어납니까? 하나님의 아들이 오셔서 하나님의 진리를 직접 가르쳐 주시고, 그 자신이 십자가에 달려 죽으시고 부활하신 후 성령을 아버지께 받아 교회에 부어 주셨습니다. 이때로부터 우리는 다시 하나님의 말씀 깊은 곳에 있는 엄청난 생수를 끌어 올리기 시작한 것입니다. 사람들이 예수님의 말씀을 들을 때 그들은 예수님의 가르침이 바리새인들이나 서기관들의 가르침과는 다르다는 것을 느꼈습니다. 즉, 예수님의 가르침은 인간의 의식 저 깊은 곳에 있는 본질적인 문제를 다루고 치료하는 말씀이었습니다. 예수님의 가르침은 끝없이 솟아나는 온천수였습니다. 예수님의 가르침은 한두 번 사람의 가려운 부분을 긁어 주다가 나중에는 효과가 떨어지고 마는 것이 아니라 끝없이 솟아나는 생명수였습니다.

우리가 분명하게 알고 있는 한 가지 사실이 무엇입니까? 이 세상 어느 곳에서도 해결되지 않는 문제가 예수님의 말씀 앞에 나아오면 확실하게 해결된다는 사실입니다. 예수님 앞에 나아와서 해결되지 않는 것이 없습니다. 이 세상에서 아무리 망가지고 도덕적으로 실패한 자라도 상관없습니다. 누구든지, 어떤 문제이든지 하나님의 말씀 앞으로 나아오기만 하면 깨끗이 낫게 되고 문제가 해결됩니다. 단순히 낫는 정도가 아니라, 가장 멋진 인생을 사는 사람이 됩니다.

예루살렘 사상이 다시 부흥하게 되는 이유는 어디에 있습니까? 성령께서 오셔서 율법의 본질을 다시 깊이 파서 새 물을 길어 올리시기 때문입니다. 산상설교에서 예수님이 가르치신 것은 결코 율법의 재탕이 아닙니다. 어떤 사람들이 흔히 하는 것처럼 한 말 또 하고 또 하는 것이 아니라, 율법을 완전히 새롭게 조명하는 것이며, 오히려 율법이 할 수 없었던 것까지 하게 하는 새 율법이었습니다.

오늘날 우리나라에서 기독교가 쇠퇴하고 있는 이유가 무엇입니까? 그것은 교회가 이미 가지고 있던 것들을 다 써 버렸기 때문입니다. 즉, 교회의 약효가 다 떨어진 것입니다. 많은 경우의 설교가 예전에 했던 말을 하고 또 합니다. 오늘 우리나라 교회는 우물이 말라 있는 것입니다. 우리는 성령의 능력으로 말씀의 우물을 깊이 파서 인간이 본질적으로 고민하고 두려워하는 그 부분에 대한 답을 주어야 합니다.

이사야가 말하는 예루살렘은 어디를 말합니까? 바로 하나님의 말씀이 늘 새롭고 신선하게 선포되는 교회를 의미합니다. 마치 샘물이 넘쳐나듯이 새로운 사상이 흘러넘치는 그곳이 온 세상을 이끌게 되어 있습니다. 요즘 무엇이든 반짝 나타났다가는 사라지는 이유가 무엇입니까? 그것은 그 우물이 깊지 못하기 때문입니다. 얕은 우물에서 세상의 유행하는 것들을 가져오기 때문입니다. 그러나 하나님의 말씀은 그렇지 않습니다. 우리가 가지고 있는 성경은 마치 끝없이 솟아나는 우물물과 같습니다. 역사적으로도 교회에서 계속 새로운 사상이 흘러나올 때 그것이 바로 전 세계에 영향을 주었습니다. 교회가 오늘 세상에 더 이상 영향을 주지 못하는 이유는 새로운 사상이 막혀 버렸기 때문입니다. 그곳에서 나오는 말들이 늘 그렇고 그런 말들이 되었기 때문입니다. 이 막힌 우물을 뚫어서 새로운 하나님의 사상이 콸콸 솟아나오게 해야 합니다. 그러면 교회는 이 세상의 어떤 산보다 높이 들리게 될 것입니다.

3. 하나님께서 주시는 선물

하나님께서는 누구든지 하나님의 율법을 배운 사람들에게 새로운 복을 주신다고 약속하셨습니다. 그것은 바로 다시 전쟁이 없는 완전한 평화의 시대가 도래함을 의미합니다.

:4절: "그가 열방 사이에 판단하시며 많은 백성을 판결하시리니 무리가 그들의 칼을 쳐서 보습을 만들고 그들의 창을 쳐서 낫을 만들 것이며 이 나라와 저 나라가 다시는 칼을 들고 서로 치지 아니하며 다시는 전쟁을 연습하지 아니하리라."

사람에게 있어서 전쟁 없는 평화의 시대만큼 중요한 것은 없습니다. 사람들이 아무리 잘살고 돈이 많아도 전쟁이 나면 모두 다 망합니다. 이 세상에 전쟁이 일어나는 것은 죄가 해결되지 않았기 때문입니다. 이러한 전쟁은 자부심이나 자신감만으로 이길 수는 없습니다.
그런데 하나님의 율법을 배운 자들 사이에는 전쟁이 없어지게 된다고 말씀하셨습니다. 그 이유는 하나님께서 판결을 내리시는데, 모든 것이 하나님의 말씀대로 되기 때문입니다. 우리가 주목할 것은, 하나님의 말씀을 들은 자들은 '칼을 쳐서 보습을 만들고 그들의 창을 쳐서 낫을 만들 것'이라고 했습니다. 칼과 창은 개인에게 중요한 무기였습니다. 지금도 사람들은 누구나 마음속에 분노의 칼이나 시기, 열등의식의 칼을 지니고 있습니다. 그래서 사람들이 말로 서로 논쟁할 때면 마치 혀를 칼처럼 사용해서 거의 상대방을 죽일 것처럼 공격하는 모습을 볼 수 있습니다.

이 세상 모든 사람의 마음속에는 누군가를 향한 분노의 칼이나 창이 있는 것 같습니다. 그래서 아버지에 대한 분노가 있는 사람은 직장 상사나 윗사람에 대해서도 분노의 칼을 갈다가 기회만 있으면 찌르고자 합니다. 또 자라면서 가난의 설움을 겪은 사람은 부자들에 대한 분노를 품고 있습니다. 못생긴 사람은 내면 깊은 곳에 잘생긴 사람에 대한 분노가 있습니다. 미국은 총기 소지가 자유롭기 때문에 얼마나 많은 사람이 분노의 총격에 무고하게 죽는지 모릅니다. 어떤 사람은 집을 수색해 보니 마치 무기고처럼 많은 무기와 탄약을 쌓아 두고 있었습니다. 이와 마찬가지로 사람들의 마음속은 무기고와 같아서 기회만 있으면 누군가를 공격하고 해치워야 분이 풀리는 것입니다.

그런데 우리가 하나님의 말씀을 배우고 보니 이 모든 원인이 다 죄에 있었습니다. 우리 안에 말씀이 들어가니까 자신이나 다른 사람을 이해할 수 있게 되었습니다. 모든 인간은 다 죄의 병에 걸린 환자이고 사랑과 이해가 필요한 존재인 것입니다. 더 중요한 것은, 어느 날 갑자기 문제는 내 안에 있는 분노의 감정이며 남을 용서하지 못하는 마음이라는 사실을 깨닫게 되었을 때 마음속에 있는 칼을 버리게 된다는 것입니다.

저에게도 마음속에 분노의 칼이 있었는데, 스스로는 이것을 정의라고 생각했습니다. 그런데 어느 날 이사야 말씀을 묵상하면서 내 안에 칼이 있고 창이 있다는 사실을 깨닫고 하나님 앞에서 이 칼을 버리고 창을 버리겠다고 약속했습니다. 물론 이 칼과 창을 완전히 버리진 못했지만, 그 후로는 모든 사람이 다 친구가 되었습니다. 예전에는 돈이 있고 지식이 있는 사람과 친해지는 것은 아부하는 것인 줄 알았는데, 알고 보니 모두가 사랑이 필요하고 이해가 필요한 사람들임을 알게 되었습니다.

하나님의 말씀인 진리는 사람의 심령이나 사람 사이에 직접 평화를 가져오기도 하지만 간접적으로 평화에 이바지하기도 합니다. 이 세상은 구조 자체가 죄가 일정한 수준 이상이 되면 저절로 전쟁이나 재앙이 터지도록 설계되어 있습니다. 그러므로 하나님의 말씀을 들은 자는 온 세상에 죄의 수위가 높아지지 않도록 기도하게 됩니다. 이 세상에서 전쟁이나 지진이나 전염병을 막을 수 있는 힘은 돈이나 의술이 아니라 영적인 부흥입니다. 우리가 하나님의 말씀을 붙들고 기도하면 부흥이 일어나는데, 이것은 회개를 동반합니다. 이것은 죄의 수위를 떨어뜨리며, 전쟁이나 지진이나 재앙이 비켜가게 합니다. 결국 하나님의 말씀만이 재앙을 막고 평화를 지킬 수 있는 것입니다.

그렇다고 해서 이 세상에 무기가 완전히 필요 없는 것은 아닙니다. 왜냐하면 세상에 죄가 있고 마귀가 있는 한, 전쟁은 피할 수 없기 때문입니다. 그러나 하나님의 허락 없이는 전쟁도 일어날 수 없습니다. 이것을 결정하는 것은 정치인이 아니라 영적인 부흥인 것입니다.

사람들이 칼을 쳐서 삽을 만들고 창을 쳐서 낫을 만들 수만 있다면 너무나 행복할 것입니다. 탱크를 녹여 굴착기를 만들고 전투기가 관광용 비행기가 되며 전투함이 유람선이 된다면 얼마나 좋을까요? 사실 구소련이 붕괴된 후 러시아는 많은 전투기와 항공모함과 탱크를 외국에 팔았습니다. 이것은 하나님이 보여 주시는 징조입니다. 사람들은 불안이나 두려움 때문에 무기를 만드는데, 하나님의 백성에게는 무기가 필요하지 않습니다. 우리는 사랑으로 얼마든지 악을 이길 수 있습니다.

하나님의 사상은 우리의 지각을 천 배, 만 배 커지게 하고, 인간의 본성과 죄에 대하여 상상할 수 없을 정도로 정확한 지각을 가지게 합니다. 이 사상은 우리의 성품까지도 바꾸어서 죄를 싫어하고 미워하게 합니다. 그러니까 죄가 떨어져 나가는 것입니다.

그러나 이사야는 예루살렘에서 가장 중요한 한 가지가 빠져 있는 것을 보았습니다. 그것이 무엇입니까?

:6-9절: "주께서 주의 백성 야곱 족속을 버리셨음은 그들에게 동방 풍속이 가득하며 그들이 블레셋 사람들 같이 점을 치며 이방인과 더불어 손을 잡아 언약하였음이라. 그 땅에는 은금이 가득하고 보화가 무한하며 그 땅에는 마필이 가득하고 병거가 무수하며 그 땅에는 우상도 가득하므로 그들이 자기 손으로 짓고 자기 손가락으로 만든 것을 경배하여 천한 자도 절하며 귀한 자도 굴복하오니 그들을 용서하지 마옵소서."

겉으로 보기에 예루살렘은 모든 것이 갖추어진 크고 화려한 도시였습니다. 거기에는 은금도 가득하고 보화도 무한했으며 마필이나 병거도 무수했습니다.

그런데 그 안을 자세히 들여다보니까 가장 중요한 하나가 빠져 있었습니다. 그것은 바로 믿음의 정신입니다. 하나님의 백성에게 가장 중요한 것은 물질적인 번영 이전에 믿음의 정신입니다. 물질적인 번영은 그 뒤에 따라오는 것입니다. 그런데 하나님의 자리를 우상들이 채우고 있었습니다. 예루살렘에는 동방 풍속이 가득하고 사람들은 블레셋 사람들처럼 술객이 되었으며 이방인과 손을 잡기 위하여 그들과 결혼을 했습니다. 그리고 그들은 사람의 손으로 만든 우상을 열심히 섬겼는데, 천한 자나 귀한 자나 차별이 없었습니다. 이사야는 하나님께 유다 사람들을 결코 용서하지 말아 달라고 기도합니다. 지금의 이 흐리멍덩한 정신으로는 아무리 용서를 받아 봐야 소용이 없기 때문입니다. 지금 유다에 필요한 것은 그들의 정신이 새로이 살아나는 것이었습니다.

교회에서부터 새로운 말씀이 솟아올라서 이 세상으로 흘러가야 세상이 새로워질 수 있습니다. 그런데 예루살렘은 돈이나 군사력으로는 잔뜩 무장되어 있었지만 새로운 정신이 없었고, 새 정신이 있어야 할 곳에는 케케묵은 우상이 자리 잡고 있었습니다.

이사야가 주장하는 것이 무엇입니까?

:5절: "야곱 족속아 오라. 우리가 여호와의 빛에 행하자."

이사야는 유다 백성에게 세상적인 삶의 방식을 버리고 하나님의 말씀 속에 난 길로 가자고 합니다. 세상에서 쉽게 살려고 하지 말고 다시 율법의 말씀을 붙들고 씨름해서 새로운 정신으로 이 세상을 이기자는 것입니다. '여호와의 빛'은 바로 하나님의 말씀의 빛입니다. 우리가 하나님의 말씀의 빛 앞으로 나오면 우리의 모든 부정함이 다 드러날 것입니다. 우리의 많은 허물이 드러나 부끄러움을 당하게 된다 해도, 우리는 하나님의 말씀의 빛으로 걸어가야 언제나 새 힘을 얻을 수 있습니다.

이사야는 하나님의 백성이 말씀대로 걸어가지 않을 때 반드시 하나님의 심판이 임할 것을 경고하고 있습니다.

:10-11절: "너희는 바위틈에 들어가며 진토에 숨어 여호와의 위엄과 그 광대하심의 영광을 피하라. 그 날에 눈이 높은 자가 낮아지며 교만한 자가 굴복되고 여호와께서 홀로 높임을 받으시리라."

지금 우리 시대의 어려움이 어디에서 왔습니까? 그것은 물질적인 풍요 가운데 정신이 썩어 버린 데서 왔습니다. 사람들이 모두 가난하게 살다가 갑자기 돈맛을 보자 흥청망청 돈 쓰는 재미에 현혹되어 참된 정신을 잃어버렸습니다.

오늘 우리가 눈물로 씨를 뿌리면 반드시 내일 기쁨으로 곡식을 거두게 될 것입니다. 우리에게 필요한 것은 하나님의 사상이고 하나님의 정신입니다. 어떻게 하든지 말씀대로 한번 살아보겠다는 정신이 필요합니다. 그리고 죄는 모양이라도 버리며 죽는 한이 있어도 말씀을 붙들겠다는 마음이 있으면, 다시 하나님의 산이 높이 들리고 소망 가득한 세상이 찾아오게 될 것입니다.

05

인간 능력의 왜소함

이사야 2:12-22

미국의 나사 본부 옆에 있는 우주 박물관에 가 보면 인간의 위대함을 볼 수 있습니다. 옛날에는 인간이 감히 하늘을 날 수 있을 것이라고 생각하지 못했습니다. 우주선을 타고 우주를 여행하는 것은 상상 속에서나 가능한 일이었습니다. 그런데 인간의 기술이 얼마나 대단한지, 지금은 우주선을 쏘아서 달에도 갔다 오고 우주에 정거장을 만들어서 몇 달씩 살다 올 수도 있게 되었습니다.

하지만 그럼에도 불구하고 이 엄청난 우주의 크기에 비하면 인간의 힘은 한없이 왜소하기만 합니다. 인간은 끝없이 하나님에 대하여 알려고 하고, 할 수만 있으면 하나님께 가까이 가 보고자 합니다. 그러나 하나님은 이 거대한 우주를 만드시고 거기에 또 수많은 별을 만드셔서 인간에게 '너희가 이 우주의 크기를 계산할 수 있겠느냐? 너희는 이 우주에 있는 별들의 숫자라도 헤아릴 수 있겠느냐?'고 질문하십니다. 이 넓은 우주 앞에서 우리 인간의 힘은 너무 작고 초라합니다.

몇 년 전 서울에 큰 비가 오면서 강남의 아주 좋은 빌라와 아파트가 있는 지역에 산사태가 나서 흙이 집들을 덮쳐 버린 일이 있습니다. 그때 벤츠 같은 비싼 외제차들이 쓰레기처럼 떠내려가고, 아파트 내부가 완전히 흙으로 채워지기도 하고 방 안에 큰 바윗덩어리가 들어앉기도 했습니다. 이를 보면서 인간은 자연 앞에서 아무 힘도 쓸 수 없는 존재임을 느낄 수 있었습니다. 그래서 옛날 사람들은 자연을 거스르지 않고 자연과 더불어 살아가는 지혜를 보였습니다. 그러나 자연을 거스르지 않고 살아가는 지혜보다 더 중요한 것은, 하나님의 말씀을 거스르지 않고 하나님을 나의 힘과 능력으로 삼아서 살아가는 것입니다.

성경 본문을 보면, 인간은 자신의 성공을 가지고 스스로 대단하게 생각하며 자기 힘으로 모든 것을 다 할 수 있을 것처럼 큰소리치지만, 하나님의 능력 앞에서 인간의 힘은 아무것도 아님을 말씀하고 있습니다. 그러므로 우리는 자신의 머리나 힘을 믿고 내 욕심만 채우려고 할 것이 아니라, 하나님의 말씀 앞에 스스로 겸손한 모습이 필요합니다. 성경은 우리에게 그것이 사는 길임을 말씀합니다.

I. 미래의 한 날

우리 인간의 치명적인 결함은 미래에 자신에게 일어날 일을 전혀 알지 못한다는 것입니다. 그래서 우리는 모든 미래를 현재의 연장이라고 생각합니다. 즉, 미래를 생각할 때 모든 조건이 지금과 같다는 가정 하에 계획을 세웁니다. 그러나 미래는 반드시 인간의 뜻대로 되지는 않습니다.

물론 우리의 미래가 우리가 생각한 대로 착착 맞아떨어질 때도 있지만, 그렇지 않은 때도 많습니다. 전혀 생각하지 못했던 태풍이나 지진이 일어나기도 하고, 전쟁이 나거나 엄청난 한파가 몰아쳐서 많은 사람이 죽고 건물들이 부서지기도 합니다. 그런데 인간은 미래에 일어날 이런 큰 재난에 대해 전혀 예측할 수 없고 또 미리 예방할 수도 없습니다. 단지 인간이 할 수 있는 일은 이런 재앙이 덮쳤을 때 온 힘을 다해 거기서 일어서는 수밖에 없습니다. 그런데 하나님께서는 앞으로 유다 백성에게 아주 엄청난 일이 일어날 것이라고 말씀하십니다.

: 12절 : "대저 만군의 여호와의 날이 모든 교만한 자와 거만한 자와 자고한 자에게 임하리니 그들이 낮아지리라."

하나님께서는 앞으로 유다와 예루살렘 사람들에게 어떤 한 날이 이를 텐데, 그때에는 유다와 예루살렘의 모든 교만한 자와 거만한 자와 자고한 자가 다 낮아지게 될 것이라고 말씀하십니다. 본문에 보면 세 부류의 사람이 나옵니다. 교만하고 거만하고 자고한 자입니다. 우리는 교만한 자나 거만한 자나 자고한 자가 구체적으로 어떻게 다른지 알 수 없습니다. 세상적으로 보면 스스로의 성공을 아주 뽐내고 자랑하는 사람도 있고, 또 자기가 최고라고 생각해서 남의 말은 도무지 들으려고 하지 않는 사람이 있는가 하면, 자기보다 못한 사람을 업신여기는 사람들도 있습니다.

그런데 성경이 말하는 '교만한 자'는 대개 하나님을 인정하지 않는 사람을 가리킵니다. 하나님을 믿지 않는 대부분의 사람은 자기 머리나 자신의 성공을 믿습니다. 잠언에서도 '오만한 자'는 대개 하나님의 말씀을 믿지 않고 세상의 지혜를 따라가는 사람을 가리킵니다. 여기서 우리는 유다 백성이나 예루살렘 사람 중에서 어느 날부터인지 하나님의 말씀을 믿지 않고 자신의 성공이나 자신의 머리를 믿는 사람들이 많아지게 되었다는 것을 알 수 있습니다. 하나님께서 유다 백성이나 이스라엘 백성에게 강조하신 것은 하나님의 말씀을 자기 생명처럼 사랑하라는 것이었습니다. 그런데 유다 백성은 이 세상에 너무나 좋은 지혜와 학문이 많은데 왜 하나님은 굳이 그 오래된 율법에만 목을 매도록 하시는지 이해가 가지 않았습니다. 유다 백성이 생각하기에 자신들이 온 힘을 다해 하나님의 말씀을 외우고 공부한다고 해서 저절로 부자가 되거나 세상에서 성공하는 것은 아닌 것 같았습니다. 오히려 세상에서 배울 지식이 너무 많은데 그런 것을 외면하고 하나님의 말씀만 배우면 세상에서 완전히 뒤떨어지는 사람들이 될 것입니다.

이것은 오늘 우리에게도 마찬가지입니다. 우리는 모두 이 세상에서 성공하기를 원합니다. 학생들은 누구라도 공부 잘해서 더 좋은 학교에 진학하기를 바랄 것입니다. 물론 우리가 세상에서 성공하려면 성경만 읽는다고 되는 것이 아니라 열심히 노력하고 공부해야 합니다. 그런데 하나님께서는 우리에게 하나님의 말씀을 생명처럼 사랑하라고 하시는 것입니다.

하나님께서 우리에게 이렇게 명하시는 이유가 있습니다. 우선 우리가 이 세상에서 성공하고 인정을 받으려면 세상 지식을 부지런히 공부해야 하는 것은 틀림없습니다. 세상 사람들은 우리가 아무리 하나님의 말씀을 사랑하고 많은 은혜를 받더라도 이것을 알아주지 않습니다. 그러나 우리가 세상 지식만을 열심히 공부해서 인정받고 성공하는 것은 마치 용광로에 불이 꺼졌는데 자꾸 철광석을 모아놓는 것과 같습니다. 용광로에 불이 꺼져 있으면 아무리 철광석이나 고철을 모아 놓아도 새로운 강철을 만들 수 없습니다. 이것은 고물만 자꾸 쌓아올리는 것밖에 되지 않습니다. 비가 오고 시간이 지나면 거기에서는 누런 녹물만 줄줄 흐르게 될 것입니다. 그런데 우리가 열심히 세상 공부를 하는 데 앞서 하나님의 말씀을 생명처럼 사랑하면 부흥의 불이 붙게 됩니다. 즉, 제철소의 용광로에 불이 붙으면서 모든 철광석과 고철을 녹여서 뻘건 쇳물을 만드는 것과 같습니다. 그래서 이렇게 만들어진 강철로 새로운 기계들을 만들게 되는 것입니다.

마찬가지로 우리에게 부흥의 불이 붙으면 고철과 같은 우리의 잘못된 부분이나 실패한 인생까지 녹여서 새 인생을 만들 수 있습니다. 이것이 바로 하나님의 지혜입니다. 그러나 미련한 인간은 하나님의 능력을 생각하지 못하기 때문에 자기가 붙들고 있는 것이 전부라고 생각하는 것입니다.

원래 하나님의 백성은 하나님의 복을 받아서 이 세상을 아름답게 만드는 사람들입니다. 그런데 세상 사람들은 수단과 방법을 가리지 않고 세상에 있는 것을 긁어모아서 부자가 됩니다. 하지만 하나님의 백성이 하늘의 복을 받아서 세상에 심어 변화를 일으키는 것은 너무 오랜 시간이 걸리고 수고와 고통을 수반합니다. 예를 들어, 우리가 땅에 떨어져 있는 열매를 주워서 광주리에 담는 것은 빠르고 쉬운 일이지만 나무가 양분을 빨아올리고 빛을 받아 광합성을 해서 열매를 만드는 것은 오래 걸리고 고통이 따르는 것과 같습니다.

하나님은 우리에게 복을 주시기 전에 먼저 우리를 깨어지게 해서 하나님의 말씀 앞에 겸손하게 하시고, 우리를 누르셔서 내 욕심대로 살지 못하게 하십니다. 그래서 우리가 인간적으로 볼 때는 하나님의 말씀을 붙드는 것이 얼마나 미련하고 바보스러워 보이는지 모릅니다. 왜냐하면 지금 우리 눈앞에 세상의 복들이 널려 있는데 그것을 차지할 생각은 하지 않고 눈에 보이지도 않는 하나님의 복을 붙드느라 시간만 낭비하는 것처럼 보이기 때문입니다. 우리의 눈에 보이는 짧은 시간 속에서는 분명 하나님의 말씀을 붙잡는 것이 손해이고 어리석은 것으로 보입니다. 그런데 문제는 인간의 힘으로 도저히 예측할 수 없는 곳에 있습니다. 인간이 전혀 손을 쓸 수 없는 재난이 일어나면 모든 것은 뒤집어집니다. 인간의 지혜를 믿고 인간의 머리로 성공한 사람은 바로 이 예측할 수 없는 위기에 치명타를 입고 실패하고 맙니다. 그런데 놀랍게도 하나님의 말씀을 붙잡은 사람은 이 예측하지 못한 위기를 이기고 승리하는데, 여기서 하나님의 축복이 나타나는 것입니다.

그래서 하나님께서는 유다의 교만하고 스스로 자신을 높이는 거만한 자들에게, '어느 한 날이 올 텐데 그때는 너희들이 낮아지게 될 것이다'라고 말씀하셨습니다. 그때는 바로 인간의 힘으로 전혀 예측할 수 없는 위기의 때입니다. 하나님은 위기를 통해서 쭉정이와 알곡을 구별하시는데, 하나님의 말씀을 붙잡지 않은 사람은 바로 이런 위기 때에 완전히 망하게 됩니다. 그러나 평소에 하나님의 말씀을 붙잡고 연단을 받은 사람은 위기의 때에 오히려 성공하고 더 높아지게 됩니다.

그러면 하나님께서 앞으로 임하게 하실 한 날은 어떤 날일까요? 그것은 아무도 알지 못합니다. 그것이 큰 지진의 날이 될지 아니면 전쟁의 날이 될지 아무도 알지 못합니다. 분명한 것은 그때가 되면 인간의 지혜는 먹혀들지 않고 오직 평소에 믿음을 준비한 사람의 기도만이 통하게 될 것입니다.

2. 하나님께서 심판하시는 것

하나님께서는 장차 어떤 날이 이르면 다음 몇 가지를 심판할 것이라고 하십니다.

: 13-16절 : "또 레바논의 높고 높은 모든 백향목과 바산의 모든 상수리나무와 모든 높은 산과 모든 솟아오른 작은 언덕과 모든 높은 망대와 모든 견고한 성벽과 다시스의 모든 배와 모든 아름다운 조각물에 임하리니"

본문을 보면 여러 가지가 열거되는데, 우리는 이것이 예루살렘의 교만과 무슨 관계가 있는지 잘 알 수 없습니다. 일단 세 가지로 나누어서 생각해 보면, 먼저 나무들이 나옵니다. 레바논의 백향목은 아주 높은 나무였습니다. 그리고 바산의 상수리나무는 가장 단단한 나무였습니다. 두 번째 나오는 것이 유다의 높은 산과 작은 언덕입니다. 세 번째는 예루살렘이나 유다의 여러 도시에 세워진 성벽과 망대였습니다. 그다음에는 무역과 관련된 것들로, 다시스의 배와 아름다운 조각물들이 나옵니다.

우선 레바논의 백향목과 바산의 상수리나무는 유다와 예루살렘의 높은 집이나 성전을 짓는 목재였습니다. 그러니까 예루살렘이나 유다의 부자들은 자기들이 가진 부를 가지고 이 나무들을 사용하여 아주 높고도 단단한 집들을 지었던 것입니다. 그리고 유다 사람들은 산이나 높은 곳에서 다른 민족들이 하던 것처럼 우상에게 제사 드리는 일을 했습니다. 이 유다 사람들은 조금이라도 다른 사람들에게 뒤지는 것을 싫어했습니다. 그래서 남들이 하는 것은 다 했습니다. 또한 유다와 예루살렘 사람들은 성벽을 아주 높고 튼튼하게 쌓았고 또 망대를 지어서 방어를 튼튼하게 하였습니다. 그들은 무역하는 다시스의 배를 통해 좋은 물건들을 많이 사서 모았는데, 그중에는 여러 조각 작품들도 많았습니다. 이것은 모두 우상으로 사용되었습니다. 이 모든 것을 통해 우리는 유다가 잘살게 되면서 급격하게 세계화되었음을 알 수 있습니다. 그동안 유다는 갇혀 있는 나라였는데 이제 먹고살 만하게 되면서 세상 나라들이 하는 것은 다 따라하게 된 것입니다. 유다 백성은 잘살게 되면서 상당히 생활이 안정되고 다른 나라와 비교해서 조금도 부족한 것이 없는 나라가 되었음을 알 수 있습니다. 유다 백성은 '모든 높은 망대와 견고한 성벽'을 쌓고 생활의 안정을 확보했습니다. 그러고 나니 그들은 더 이상 겁나는 것이 없게 되었습니다.

우리는 일단 인간의 삶에 있어 우선되는 조건은 먹고사는 일이라고 생각합니다. 그래서 인간에게는 의식주의 해결이 가장 중요합니다. 그러나 인간은 의식주가 해결되면 그것으로 만족하지 않고 더 안락하고도 안정된 생활을 원합니다. 또한 그렇게 생활이 안정되면 그것에 만족하지 못하고 명예와 권력을 추구합니다. 즉, 더 존경받고 더 높아지고 더 사랑받고 싶어 하게 됩니다. 그러다가 나중에는 성적 유혹이나 명예욕에 빠져서 말도 안 되는 심각한 죄를 짓고 실패하고 마는 것입니다.

하나님은 우리로 하여금 하나님만을 붙들게 하시려고 우리의 생활에 불안한 요소들을 주십니다. 우리에게 절대로 안정된 생활을 주지 않으십니다. 스스로 생각해 볼 때, 우리 생활이 안정되고 하나님을 덜 의지하는 것이 나을까요, 아니면 하루하루 먹고살 것이 부족해 불안하더라도 열심히 하나님을 의지하는 것이 나을까요? 우리는 누구라도 하나님을 덜 의지하더라도 생활의 안정을 원할 것입니다. 그래서 신앙의 연단은 하나님의 강제성이 들어가야 가능하지 자발적으로는 연단되지 않습니다.

유다 백성은 웃시야와 요담 시절 잘살게 되었을 때 돈을 모으고 힘을 모아서 성벽을 쌓아 올리고 망대를 만들어서 나라를 안정시켰습니다. 그런데 유다 백성은 성을 쌓고 망대를 만든 후에는, 예배를 드리면서도 별로 하나님을 의지하지 않게 되었습니다. 이제는 하나님이 도와주시지 않아도 얼마든지 적을 물리칠 수 있게 되었기 때문입니다. 예전에 성벽이 부실하고 망대가 없을 때는, 조금만 어려운 일이 닥쳐도 유다 백성은 결사적으로 하나님께 매달렸습니다. 하나님께서 도와주시지 않으면 망할 수밖에 없었기 때문에 그들에게 예배는 필사적인 것이었습니다. 그러나 성벽을 쌓고 망대를 올린 후부터 그들은 스스로의 성공에 만족했고 스스로의 지혜를 믿게 되었습니다. 하나님께서는 바로 이 교만하고 거만하고 자고한 자들을 심판하시겠다고 말씀하십니다.

여기에서 우리는 유다 백성이 적의 침공을 방어하기 위해 성벽을 올리고 망대를 쌓은 것이 잘못된 일인가 하는 의문을 갖게 됩니다. 다시 말해서, 과연 우리가 늘 엉성한 성벽을 가지고 망대도 없이 적이 침공할 때마다 기도만 드리는 것이 바람직한 일인가 하는 점입니다. 사실 미리 대비하는 것이 잘못이라고 생각되지는 않습니다. 생활의 안정을 추구하는 것은 인간의 본능이기 때문입니다. 그러나 우리는 생활이 안정되고 부가 축적될수록 더 하나님을 의지해야 합니다. 하나님께서 우리의 연약함을 아시고 이런 안정된 삶을 주셨으니 우리가 더욱 하나님을 의지해야겠다는 태도를 갖는다면 절대로 잘 사는 것이 죄가 될 수 없습니다. 그러나 유다 백성은 하나님을 의지하지 않아도 될 정도로 강해지려고 했습니다. 유다 백성이 '우리가 아무리 이런 것을 튼튼히 세워도 하나님께서 우리를 지켜 주셔야만 해. 하나님께서 우리를 지켜 주시지 않으면 우리의 노력은 아무 소용이 없어. 우리가 이렇게 성벽을 쌓는 것은 우리 믿음이 너무 연약하기 때문이야'라는 마음으로 성과 망대를 쌓았더라면 그들의 믿음이 변할 이유가 없었을 것입니다.

예를 들어, 늘 전세나 월세를 전전하던 사람이 새집을 가지게 되었을 때, '하나님께서 나에게 새집을 주신 것은 나를 사랑하신다는 증거야. 내 집이 없어도 하나님은 얼마든지 나를 지켜 주시지만 내가 너무 연약하니까 하나님께서 새집을 주시는 거야'라고 생각한다면 교만해질 이유가 없습니다. 오히려 이것은 하나님의 축복이 됩니다.

저는 예전에 식사 기도를 건성으로 한 적이 많았습니다. 제가 너무 오만하고 스스로 자신감이 넘쳐서 한 끼 식사를 위해서 기도를 그렇게까지 진지하게 할 필요는 없다고 생각했기 때문입니다. 그런데 하나님께서 저를 수년 동안 정기적인 수입 없이 살게 하셨습니다. 그때 하나님은 제가 예측할 수 없는 방법으로 채워 주셔서 그것으로 살게 하셨고, 그제야 제가 그동안 얼마나 하나님 앞에서 마음이 오만하고 교만하고 잘난 체하며 살았는지 알게 되었습니다. 그때 비로소 저는 매 순간 사는 모든 것이 하나님의 은혜라는 것을 깨달았습니다. 우리는 은행에 돈이 있고, 내 집이 있고, 정년이 보장된 직장이 있다고 해도 그것을 의지하지 말고, 매 순간 하나님이 주시는 힘으로 살아야 합니다. 그래야 생명력 있는 삶을 살 수 있고 재앙을 이기는 믿음을 가질 수 있습니다.

유다 백성이 성을 쌓고 망대를 세우며 군사를 준비한 것은 인간으로서 어쩔 수 없이 필요한 것이었습니다. 그리고 그들은 장사하는 사람들이 파는 사치품을 사서 집을 아름답게 꾸밀 수도 있었습니다. 그러나 유다 백성은 스스로 부자가 되면서 하나님으로부터 멀어졌습니다. 이것은 엄청난 손해이며 결국 스스로 망하는 길이었습니다.

:17절: "그 날에 자고한 자는 굴복되며 교만한 자는 낮아지고 여호와께서 홀로 높임을 받으실 것이요"

인간은 모든 것이 정상적일 때는 자기 머리나 노력을 발휘해서 무한히 성공을 추구합니다. 그러나 모든 인간은 예측하지 못한 돌발적인 상황에서는 실패할 수밖에 없습니다. 우리가 평소에 얼마든지 성공하고 더 잘 될 수 있음에도 불구하고 하나님이 해 주실 것을 믿고 기다리는 것이 세상 사람들 보기에는 한심한 것 같고 어리석어 보이겠지만, 위기를 만나면 그 사람은 높아지게 됩니다. 하나님께서 유다 백성에게 큰 위기를 주셨을 때 예루살렘이나 유다에서 성공한 모든 사람은 낮아지게 됩니다. 즉, 모두 망해서 밑바닥으로 떨어지게 되고, 오직 여호와만 높임을 받으십니다. 하나님의 능력은 인간의 힘으로 상상할 수 없이 크시기 때문입니다.

얼마 전 미국 뉴욕에 태풍이 들이닥치니까 뉴욕 시가 침수되고 전기 공급이 끊어져 버렸습니다. 이런 자연재해를 만나면 인간은 속수무책이 되고 맙니다. 하지만 하나님에게는 거대한 폭풍도 큰 홍수도 아무 문제가 되지 않습니다. 하나님은 이 모든 것을 하나님의 뜻대로 다스리십니다. 노아 시대에 일어났던 대홍수는 단순한 홍수가 아니라 세계적인 지진과 홍수가 합쳐진 거대한 재앙이었습니다. 홍수와 지진이 합쳐지면 엄청난 쓰나미가 됩니다. 그러나 하나님의 말씀을 믿고 오랫동안 큰 배를 준비한 노아와 그 가족은 대홍수 속에서도 살아남았습니다. 우리가 하나님의 말씀을 믿고 살아간다면 쓰나미가 아니라 그 이상의 어떤 재앙이라도 피할 수 있고 또 이길 수 있습니다.

3. 아무 소용이 없는 우상들

유다가 잘살게 되면서 부쩍 눈에 띄게 된 것이 우상들이었습니다.

: 18-21절 : "우상들은 온전히 없어질 것이며 사람들이 암혈과 토굴로 들어가서 여호와께서 땅을 진동시키려고 일어나실 때에 그의 위엄과 그 광대하심의 영광을 피할 것이라. 사람이 자기를 위하여 경배하려고 만들었던 은 우상과 금 우상을 그 날에 두더지와 박쥐에게 던지고 암혈과 험악한 바위틈에 들어가서 여호와께서 땅을 진동시키려고 일어나실 때에 그의 위엄과 그 광대하심의 영광을 피하리라."

유다 백성은 잘살게 되면서 우상을 많이 사서 집에 모셔 두었습니다. 하나님께서 그토록 우상을 섬기지 말라고 말씀하시는데, 사람들은 왜 조금만 잘살게 되면 우상 숭배로 빠지게 될까요?

우선 유다 백성은 하나님의 말씀을 대할 때 하나님이 자기들을 너무 어린아이 취급한다고 생각했습니다. 왜냐하면 율법은 이스라엘 백성에게 모든 것을 하지 말라고 말하기 때문입니다. "우상을 섬기지 말라. 살인하지 말라. 간음하지 말라. 도적질하지 말라. 거짓증거 하지 말라. 탐내지 말라. 안식일을 지키라."와 같이 말입니다. 사람들은 다른 사람이 자기에게 하지 말라고 하면 잔소리로 생각하여 죽어도 그 말을 듣기 싫어합니다. 그래서 자녀들은 어린아이에서 청소년이 되었는데도 부모가 사사건건 간섭하면 너무 듣기 싫어합니다. 또한 이 세상의 남자들 가운데 부인의 잔소리를 좋아하는 사람은 한 명도 없을 것입니다. 이스라엘 백성은 자신들이 충분히 성숙해서 분별력이 있는데 하나님께서 계속 어린아이에게 하듯 잔소리를 한다고 생각했습니다.

게다가 사람들은 자신들의 감정, 특히 종교적인 감정은 가장 순수하다고 믿었습니다. 그래서 종교를 통해 자신의 감정을 표현하려고 하지, 너무 딱딱한 말씀을 통해 강요당하는 것을 싫어합니다. 사람들이 돌에 절하고 바위에 절하는 것은 돌이나 바위를 믿어서가 아니라 자신의 정성이 통한다고 생각하기 때문입니다. 우상은 언제나 말이 없고 복을 빌어 주며 자신들의 욕망을 인정해 주는 것 같습니다. 특히 하나님의 백성은 세상 사람들의 삶의 방식이 자기들보다 더 세련되었다고 생각했습니다. 그래서 유다 백성도 어느 정도 잘살게 되면서 우상이 하나씩은 있어야 한다고 생각했습니다.

그러나 우상이 완전히 없어질 때가 올 것입니다. 왜냐하면 유다 백성이 다시 가난해질 것이기 때문입니다. 사람이 죄를 짓는 것은 돈이 있기 때문입니다. 사람이 먹고살 것이 없게 되면 죄를 지을 수가 없습니다.

사람들은 모두 암혈과 토굴에 들어가서 하나님께서 진동시키는 그 엄청난 일을 피할 것이라고 했습니다. 유다 사람들이 집에 있지 못하고 바위나 산에 있는 굴로 도망치는 것은 큰 변란이 일어났기 때문입니다. 예를 들어, 큰불이 났는데 도저히 끌 수 없으면 사람들은 산으로 도망칠 수밖에 없습니다. 전쟁이 터져도 사람들은 굴로 달아날 수밖에 없습니다. 큰 홍수가 나서 성이 물에 잠겨 버려도 사람들은 대피할 수밖에 없습니다. 결국 사람들이 안정되게 잘 살 수 있는 것은 하나님께서 자연을 붙들어 주셔서 정상적으로 돌아가기 때문이지, 만일 자연이 미쳐서 홍수나 태풍이 제멋대로 불어닥치면 결국 사람들은 보따리를 싸서 피난생활을 해야 하는 것입니다.

: 20절 : "사람이 자기를 위하여 경배하려고 만들었던 은 우상과 금 우상을 그 날에 두더지와 박쥐에게 던지고"

사람들이 점점 잘살게 되면 우상의 재질도 더 고급스러워집니다. 그래서 나중에는 은 우상이나 금 우상이 아주 비싼 가격에 팔리게 됩니다. 사실 유다 백성 중에는 우상을 버리고 싶어도 투자한 돈이 아까워서 버리지 못하는 사람도 있었습니다. 그러나 유다가 망하면 그 우상들을 어떻게 하겠습니까? 그 우상들은 무거워서 어디 들고 가지도 못합니다. 그제야 비로소 유다 백성은 우상을 땅속에 파묻어 버리고 떠나게 되는데, 그 우상은 결국 앞을 보지 못하는 두더지나 밤에만 날아다니는 박쥐의 차지가 되고 맙니다. 원래 두더지나 박쥐는 굴속이나 땅속에 있기 때문입니다. 만일 유다 백성이 일찌감치 이 우상들을 포기해서 땅속의 두더지나 박쥐에게 줘버렸더라면 이 지경까지는 오지 않았을 텐데, 미련을 가졌기 때문에 망하고 만 것입니다.

: 21절 : "암혈과 험악한 바위틈에 들어가서 여호와께서 땅을 진동시키려고 일어나실 때에 그의 위엄과 그 광대하심의 영광을 피하리라."

유다 백성은 아주 잘살다가 한순간에 큰 위기를 겪게 됩니다. 그것은 아마 지금까지 그들이 경험하지 못했던 큰 재앙이었던 것 같습니다. 지진일 수도 있고 대형 화재일 수도 있고 홍수일 수도 있습니다. 이때 유다 백성은 너무 급하니까 우상들도 모두 땅 구덩이에 던져 버리고, 집에 있는 물건들도 챙기지 못하고 거의 맨손으로 도망치다시피 해서 모두 바위에 난 굴이나 바위틈에 숨어서 하나님의 무시무시한 재앙을 겨우 피하게 됩니다. 그러나 감사한 것은 아직도 하나님은 유다를 멸망시키겠다고 말씀하시지는 않는 것입니다. 하나님께서는 유다 백성으로 하여금 자신들의 교만이나 헛된 생각을 깨닫고 겸손한 마음으로 하나님을 다시 붙들도록 하기 위해서 이 큰 재난을 내리시는 것입니다. 그러므로 우리에게 돈이나 인간의 힘으로 해결되지 않는 큰 시험이 닥친다면 우리는 하나님을 바라보아야 합니다. 즉, 하나님께서 다른 것은 아무것도 의지하지 말고 나만 믿으라고 말씀하시는 것으로 생각하시기 바랍니다. 그러면 우리는 집을 잃고 직장을 잃고 사람을 잃어도 하나님을 붙잡게 됩니다. 우리가 하나님을 붙잡는 것이 우리에게는 더 큰 이익입니다.

하나님은 결론적으로 이렇게 말씀하셨습니다.

: 22절 : "너희는 인생을 의지하지 말라. 그의 호흡은 코에 있나니 셈할 가치가 어디 있느냐."

하나님은 우리에게 인생을 의지하지 말라고 말씀하셨습니다. 왜냐하면 하나님의 눈에 인간의 능력은 너무 보잘것없기 때문입니다. 우리 인간은 모두 코로 숨을 쉬는 연약한 존재입니다. 하나님께서 코만 막으시면 우리는 바로 죽을 수밖에 없습니다. 그러나 인간은 모든 힘이 사람들의 숫자에서 나온다고 믿습니다. 정치인들이 아무리 똑똑하고 잘났어도 국민들이 지지하지 않으면 그들은 맥을 못 춥니다. 옛날 영웅들은 사람을 수십만 명 혹은 수백만 명씩 모아서 다른 나라를 정복하거나 큰 성을 쌓았습니다. 그러나 하나님은 그것들이 아무것도 아니라고 말씀하셨습니다. 예를 들어, 어떤 사람은 트위터 팔로워가 백만 명이 넘는다고 그것을 큰 힘으로 생각합니다. 그러나 하나님은 그런 숫자를 너무 믿지 말라고 말씀하십니다. 왜냐하면 그 많은 팔로 위들도 모두 코로 숨 쉬는 인간에 불과하기 때문입니다. 우리에게는 오직 하나님 한 분이 계시면 충분합니다.

예를 들어, 우리 인간에 비해 개미는 너무나 작고 힘이 없습니다. 어느 작가가 『개미』라는 소설을 써서 유명해지기도 했지만, 결코 개미는 인간만 한 힘을 가지고 있지 못합니다. 그래서 개미들이 아무리 많이 모여서 덤벼든다고 해도 사람이 발로 밟으면 죽을 수밖에 없습니다. 사자나 곰이 아무리 사납고 힘이 세다고 해도 사람의 총을 이길 수는 없습니다. 그런데 하나님 앞에서 인간은 모두 티끌로 만들어진 피조물에 불과합니다. 인간들이 하는 위대한 일도 결국 하나님 앞에서는 모래성을 쌓는 것밖에 되지 않습니다. 하나님 앞에서 가치 있는 일은 우리가 하나님을 의지하는 것이며, 하나님의 말씀을 배우는 것입니다. 우리가 하나님의 말씀을 가지고 이야기하면 하나님은 우리 이야기에 귀를 기울이실 것입니다.

또한 예를 들어, 우리가 외국에 가서 여러 나라 사람 사이에 섞여 있을 때 누군가가 한국말을 하면 귀에 분명히 들어오게 되고 그 사람을 한번 쳐다보게 될 것입니다. 만일 개나 닭이 사람의 말을 한다면 우리는 놀라서 쳐다보게 될 것입니다. 마찬가지로 우리가 하나님의 말씀을 가지고 이야기하면 하나님도 놀라서 들으실 것입니다. 더욱이 우리가 미친 듯이 하나님을 좋아하고 하나님을 의지한다면 하나님은 우리를 사랑하지 않으실 수 없습니다. 인간에게 가장 중요한 것은 사람의 숫자이지만 하나님은 사람을 셈할 가치가 없는 존재로 말씀하셨습니다. 인간은 모두 코로 숨 쉬는 피조물에 불과하기 때문입니다. 하나님은 우리가 아무리 잘살고 아무리 생활이 안정되어도 하나님만 의지하기를 원하십니다. 우리가 이 세상에서 안정된 삶을 살면서도 변함없이 하나님을 의지할 수 있다면 이것은 신앙에 성공한 것입니다.

하나님은 눈에 보이는 성이나 망대나 재물이나 우상을 의지하면서 하나님을 멀리하고 있는 유다 백성에게 이 모든 것들을 다 집어치우고 광야에서

했던 것처럼 하나님만을 붙잡으라고 말씀하십니다. 그러면 유다 백성은 살게 될 것입니다.

우리에게 있어서 나 개인이 잘사는 것보다 더 중요한 것은 우리 안에 영적인 부흥이 일어나는 것입니다. 너무 사람이나 세상을 의지하지 말고, 하나님을 의지하고 하나님의 말씀을 붙잡아서 모든 위기를 다 이기고 하나님의 큰 복을 받는 성도들이 되시기 바랍니다.

06

예루살렘이 의지하는 것

이사야 3:1-12

미국의 자동차 회사 GM이나 카메라 회사 코닥은 모두 한때 세계 최고의 기업이었습니다. 그러나 그들이 스스로 세계 최고라는 사실에 도취되어 기술 혁신을 하지 않았을 때 한순간에 몰락하고 말았습니다. 특히 GM의 한 회장은, GM이 기술에 신경 쓰지 않고 원가만 절감하려고 했을 때 자기도 모르게 조금씩 품질이 나빠지게 되었고, 어느 순간 일본 차나 독일 차에 밀리게 되었다고 했습니다. 이것은 비단 GM만이 아니라 코닥이나 소니나 많은 기업에 해당되는 이야기입니다. 그들은 기껏 막대한 투자를 했지만, 모두 다 한물간 것들에 쓸데없는 투자를 해서 기업이 더 빨리 망하게 되었습니다. 이것을 보면 바른 판단을 하면서도 생각이나 태도가 겸손하고 유연한 것이 얼마나 중요한 일인지 알 수 있습니다. 사람들은 기술이나 돈이나 인기나 무엇이든 자기가 의지할 만한 든든한 것이 있으면 안심합니다. 하지만 사람은 이상하게도 이렇게 든든하게 의지할 것이 생기면 어느새 마음이 자만해져서 더 이상 자기 개발을 하지 않고 생각이나 태도가 경직되다가, 어느 순간 자기도 모르게 다른 경쟁국이나 경쟁사에 잡아먹혀 버립니다.

하나님께서는 유다 백성에게 물질적으로 많은 복을 주셨습니다. 그랬더니 유다 백성은 하나님이 주신 복으로 자기 자신을 위하여 의지할 만한 것을 많이 확보해 놓았습니다. 그들이 하나님이 주신 복으로 확보해 놓은 것 중에는 양식도 있었고 물도 있었고 군인들도 있었습니다. 그러나 유다 백성은 의지할 수 있는 것들이 많아질수록 하나님을 점점 덜 의지하게 되었습니다. 그 결과 유다의 지도자들이나 백성은 어떤 중요한 결정을 내릴 때마다 최악의 결정을 내리게 되어 결국 나라는 거의 망하기 직전에 이르고 맙니다. 그들이 하나님을 두려워하지 않고 하나님의 말씀을 업신여겼을 때는 이미 생각이 경직되어서, 자신들은 가장 현명한 판단을 한다고 하지만 실제로는 가장 어리석은 결정을 내림으로 멸망을 가속화시킨 것입니다.

우리는 정치하는 사람들이나 기업하는 사람들에게 있어서 유연한 생각과 겸손한 태도가 얼마나 중요한지 알 수 있습니다. 그런데 우리 생각에는 하나님의 말씀이 우리의 생각이나 태도를 완고하고 고집스럽게 만들어서 세상에 적응하는 것을 어렵게 할 것만 같습니다. 하지만 실제로는 하나님의 말씀이 우리의 생각을 가장 유연하게 하고 바른 판단을 하게 해서 언제나 위기 가운데 최선의 길을 가게 합니다. 유다 백성은 이것을 정반대로 생각했습니다. 유다의 지도자들이나 부자들은 자기들이 하나님의 율법대로 하면 너무 딱딱하고 비현실적인 사람이 되기 때문에 세상에 적응하지 못할 것으로 생각해서 하나님의 말씀만 빼놓고 모든 것을 다 갖추었습니다. 그런데 이상하게도 유다의 왕이나 귀족들은 중요한 시기에 항상 어리석은 결정을 내려서 나라가 거의 다 망하게 되었습니다. 인간이 아무리 지혜 있다고 해도 하나님의 지혜를 능가할 수는 없습니다. 하나님은 유다 지도자들이나 백성에게 너희는 하나님께 지혜를 구하면 되는데 왜 어리석게 세상 지혜를 따라가서 망하느냐고 책망을 하고 계십니다.

1. 유다와 예루살렘이 의지하는 것

사람들은 무엇인가 자기가 의지할 만한 큰 힘이 있으면 미래에 대하여 안심하게 됩니다. 하지만 사람들은 자기의 것을 너무 의지하다 보면 마음이 교만해지고 생각이 굳어져서 오히려 그것 때문에 망하게 될 때가 많습니다. 사람들 가운데는 의지할 데가 없어서 스스로 죽을 둥 살 둥 노력함으로 성공하는 경우가 있는가 하면, 스스로의 노력 없이 다른 것들만 너무 의지해서 발전하지 못하는 경우도 많습니다. 하나님께서는 유다와 예루살렘에 그런 것이 더 많이 생기게 되었다고 말씀하십니다.

: 1-3절 : "보라, 주 만군의 여호와께서 예루살렘과 유다가 의뢰하며 의지하는 것을 제하여 버리시되 곧 그가 의지하는 모든 양식과 그가 의지하는 모든 물과 용사와 전사와 재판관과 선지자와 복술자와 장로와 오십부장과 귀인과 모사와 정교한 장인과 능란한 요술자를 그리하실 것이며"

유다는 늘 가난하다가 웃시야 왕 시대를 지나면서 경제 사정이 많이 좋아졌습니다. 유다 왕들과 귀족들과 백성은 자기들의 부를 사용해 스스로 의지할 수 있는 것들을 가지게 되었습니다. 그중 대표적인 것이 양식이었습니다. 아마도 예루살렘이나 여러 성에는 큰 곡물 창고를 지어서 양식을 사서 보관했던 것 같습니다. 그런가 하면 예루살렘의 고질적인 어려움은 물 문제였습니다. 예루살렘에는 풍부한 물을 공급해 주는 강이 없었습니다. 그래서 예루살렘 사람들은 성 안에 대대적인 수도 공사를 하고 인공 못을 만들어서 당장 전쟁이 나더라도 어느 정도 견딜 수 있도록 물을 확보했습니다. 나중에 히스기야 시대에는 바위를 뚫어서 대 수로를 완성하게 되는데, 아마 이것도 그 이전부터 공사를 시작하지 않았을까 생각됩니다.

거기에다가 유다 왕이나 백성은 전쟁이 언제 일어날지 모르니 용사와 전사를 준비해 두었습니다. 아마 이 사람들은 직업 군인이었던 것 같습니다. 요즘으로 치면 장교나 부사관 같은 직업 군인들을 확보해서 언제든지 전쟁이 나면 나가서 싸울 수 있도록 아예 월급을 주는 군인들을 만들었습니다. 그래서 뒤에 보면 오십부장도 있었다고 말합니다. 그리고 유다나 예루살렘 당국은 행정적으로도 모든 것을 완전하게 구비했는데, 재판관이나 장로나 귀인이나 모사 같은 사람들도 체계를 갖추게 되었습니다.

놀라운 것은 예루살렘의 체제를 세상의 다른 나라와 똑같이 만든 것이었습니다. 그래서 복술자들이 있고 능란한 요술가들이 나오고 정교한 장인들까지 있었습니다. 물론 유다 왕이나 지도자들은 이 사람들이 일종의 카운슬러라고 말할지 모르겠지만, 유다는 세상 나라와 똑같은 시스템을 만들어 놓고 그것을 너무나 절대적으로 믿고 의지하고 있었던 것입니다.

그동안 생활이 늘 불안정하던 유다 백성이 이제 어느 정도 경제적으로 안정되어 생활을 제대로 갖추고 사는 것에 대해 나쁘다고 말할 사람은 없을 것입니다. 인간은 누구나 다 좀 더 안정되기를 원하고, 또 안정되면 다른 사람들이 누리는 것을 누리며 살기를 바랍니다. 그래서 내내 집에 돈이 없다가 은행에 돈이 생기기도 하고, 또 공부를 더 해서 석사 학위나 박사 학위를 받기도 하고, 자녀를 외국에 유학 보내기도 하고, 집안에 여러 가지 악기나 액세서리를 갖추어 놓거나 화초를 키우는 일에 대해 좋지 않다고 말할 사람은 아무도 없을 것입니다.

그러나 하나님의 백성이 성공했다고 해서 믿지 않는 사람들이 하듯 양주를 진열해 놓고 마신다든지, 점쟁이를 친구로 둔다든지, 혹은 너무 자신의 성공이나 기술만을 믿고 기도도 하지 않는 것은 무엇인가 중요한 것이 빠져 있는 것입니다. 원래 하나님의 백성에게 가장 중요한 것은 하나님의 지혜와 영감입니다. 그래서 하나님은 이스라엘 백성이 하나님의 지혜와 영감을 잃지 않도록 일부러 광야에서 사십 년을 살게 하셨고, 또 모든 이스라엘 백성은 일 년에 한 번씩 초막절을 지켜서 광야 경험을 하도록 하셨습니다. 또한 하나님은 모든 이스라엘 백성에게 일 년에 한 주간은 무교절을 지켜서 누룩을 넣지 않은 딱딱한 떡을 먹게 하셨습니다. 하나님은 이스라엘 백성이 너무 잘사는 분위기에 빠져서 하나님을 잊어버리고 하나님의 말씀을 업신여김으로 하나님의 지혜가 없고 영감이 없는 상태에 빠지는 것을 우려하셨던 것입니다. 그래서 차라리 하나님의 백성이 못사는 일이 있더라도 하나님의 말씀을 붙들고 하나님의 지혜를 가지고 살아가는 것이 더 좋다고 말씀하셨습니다. 그런데 유다 백성은 정반대되는 쪽으로 흘러가고 말았습니다. 즉, 유다 백성은 하나님이 주신 경제적인 성공을 가지고 하나님의 말씀과 기도는 다 빼 버리고 세상적이고 불신앙적인 것으로 자기 집을 가득 채우고 만족했던 것입니다.

예를 들어, 어떤 집은 돈은 아주 많은데 자녀들이 너무 생각이 없어서, 신앙생활도 하지 않고 공부도 하지 않고 늘 침대에 드러누워 게임에나 빠져 산다면, 그 집은 그 많은 돈이 아이들을 망치고 있는 것입니다. 그런데 다른 어떤 집은 가난하지만 아이들이 인사성도 바르고 신앙도 좋고 공부도 열심히 한다면, 그 집은 사실 돈보다 더 좋은 재산을 가지고 있는 것입니다. 그 집 아이들은 나중에 분명히 성공할 것입니다. 그러므로 우리는 단순히 집이 잘 살고 못사는 문제를 떠나서, 그 집 식구들의 정신상태가 바른가 바르지 못한가가 더 중요한 문제라는 사실을 알 필요가 있습니다. 그런데 이 문제는 개인만이 아니라 나라에도 적용됩니다. 중동지역의 석유가 나는 나라들 중에 석유만 믿고 일하지 않아서 가난하게 사는 나라가 많습니다. 그런데 우리나라 같은 경우는 석유 한 방울 나지 않는 가난한 나라였지만 모든 국민과 청년들이 힘을 다해 공부하고 노력함으로 석유가 나는 나라보다 훨씬 잘사는 나라가 되었습니다.

우리는 유다가 의지할 수 있는 힘이 되는 것이 많으면 많을수록 더 잘사는 나라가 될 것으로 생각했습니다. 사실 어떤 의미에서는 평소에 그런 부분도 있었습니다. 하지만 위기의 순간이 오면 이상하게도 이 많은 준비나 제도들을 제대로 써먹을 수 없습니다. 이 세상의 어떤 지혜도 미래를 정확하게 예측하고 대비할 수 있는 지혜는 없기 때문입니다. 그래서 어떤 때는 너무 많은 준비나 너무 완벽한 제도가 오히려 유연성을 떨어뜨려 위기를 이겨 내지 못할 때가 있습니다.

일본에 쓰나미가 왔을 때 사람들은 당장 먹을 것과 마실 물이 없었고, 심지어는 무너진 건물에 갇혀 있는데도 일본 당국은 다른 나라의 원조를 거부했습니다. 이유는 자기 나라에는 그런 매뉴얼이 없다는 것입니다. 이런 점에서 우리나라는 유리한 점이 있는데, 우리는 일단 급하면 매뉴얼이나 법을 따지지 않고 각자 알아서 살 길을 찾는다는 것입니다. 원래 우리나라는 절차나 법 같은 것을 별로 중요하게 생각하지 않는 나라이기 때문일 것입니다.

때로는 교회도 너무 경직되면 교인이 죽어 가고 지진이 났는데도 당회나 제직회를 거치지 않았다고 해서 급하게 진행시킬 일을 거부하게 될지도 모릅니다. 물론 우리는 아직 이런 정도는 아니지만, 모든 것이 너무 매뉴얼화되고 규정화되면 위급한 상황임에도 불구하고 절차나 규정을 따지면서 시간을 다 보낼 수 있습니다. 그러므로 하나님의 백성에게는 이 두 가지가 항상 이율배반적이라는 사실을 생각하고 있어야 합니다. 즉, 아무것도 없을 때는 생각은 유연하지만 불안전하고, 모든 것을 갖추고 부요하게 되면 안정을 위해 규정을 만들고 절차를 복잡하게 만듦으로 실제로 아무것도 못하게 되는 것입니다.

한번 생각해 봅시다. 하나님의 백성은 아무것도 가진 것 없이 오직 하나님만 의지하는 것이 나을까요, 아니면 많은 것을 가지고 하나님을 의지하지 않는 것이 나을까요? 우리 생각에는 많은 것을 가지고 하나님을 의지하지 않는 것이 나을 것 같은데, 실제로 이것은 도덕적으로나 정신적으로 위험한 일입니다. 그러므로 우리에게 가장 좋은 것은, 하나님께서 주신 것은 주신 대로 취하면서 더 하나님을 의지하고 더 기도하고, 너무 많은 제도나 규정에 매이지 않고 하나님께서 마음껏 우리 가운데 일하시게 하는 것입니다. 사실 하나님께서 유다 백성에게 많은 부를 주신 것은 그들의 믿음을 테스트해 보는 것이었습니다. 즉, 유다 왕이나 귀족들이 믿음이 있으면, 돈이 있고 기술이 있어도 그것들을 의지하지 않고 변함없이 하나님을 의지할 것입니다. 그러나 유다 지도자들이 믿음이 없었기 때문에 스스로 많은 제도나 세상 방법을 만들어서 스스로 거기에 매여 꼼짝달싹하지 못했던 것입니다.

그래서 하나님께서는 예루살렘과 유다가 의뢰하며 의지하는 것들을 제하여 버리시겠다고 말씀하십니다. 유다의 많은 자랑을 없애겠다는 말은 두 가지 의미로 생각할 수 있습니다. 하나는, 이 많은 것이 위기 때 아무 도움이 되지 못한다는 의미입니다. 왜냐하면 하나님께서 이 많은 인재나 제도들을 바보가 되게 하셔서 위기 때 작동되지 않게 하시기 때문입니다. 우리 속담에 "사공이 많으면 배가 산으로 간다."는 말이 있듯이, 모사가 많고 말쟁이들이 많으면 아무리 회의를 해도 결론이 나지 않습니다. 또 다른 의미는, 하나님께서 유다를 망하게 하셔서 그 보기 싫은 것들이 모조리 다 잡혀가게 하신다는 것입니다. 유다에 이런 엉터리 지식인들이나 종교인들만 없어도 하나님을 믿기가 훨씬 나을 것입니다. 그런데 사실 이 두 가지가 모두 이루어지게 되었습니다. 유다가 준비하고 대비했던 많은 것은 위기 때 전혀 도움이 되지 못했고, 또 많은 인재와 귀족들이 인질이나 포로로 붙잡혀 가고 말았습니다.

2. 아이가 다스리는 나라

하나님께서 복 주셨음에도 불구하고 유다는 더욱 하나님을 의지함으로 영적인 부흥을 일으키지 못하고 오히려 세상적인 자랑에 빠지고 말았습니다. 이에 하나님은 유다를 징계하셔서 바보가 다스리는 나라가 되게 하겠다고 말씀하셨습니다.

:4절: "그가 또 소년들을 그들의 고관으로 삼으시며 아이들이 그들을 다스리게 하시리니"

하나님께서는 앞으로 유다에 소년들이 고관이 되게 하고 아이들이 나라를 다스리게 하겠다고 말씀하셨습니다. 여기서 고관은 지금의 장관 정도를 의미합니다. 유다는 경험이 부족하고 전혀 세상 물정을 모르는 바보 같은 아이들이 장관이 되고 국회의원이 되어 큰소리를 치게 되는 것입니다. 어렸을 때는 어린아이들만의 세상을 만들면 참 좋을 것 같다는 생각을 한 적이 있습니다. 어른들은 한 명도 없고 어린아이들이 자발적으로 학교도 운영하고 군대도 만들고 소방서도 운영하고 버스 운전도 하면 좋을 것 같았습니다. 그러나 그것은 불가능한 일입니다. 왜냐하면 아이들은 서로 자기가 옳다고 싸우거나 서로 좋은 것만 하려고 하고, 좋아 보이지 않는 일은 아무도 하지 않으려고 해서 결국 아무 일도 진행되지 못하게 될 것이기 때문입니다. 게다가 어린아이들이 엄마가 보고 싶다고 울기라도 하면 더더욱 아무것도 할 수 없습니다.

하나님께서 소년들을 고관으로 삼으시며 아이로 다스리게 한다는 것은 두 가지로 생각할 수 있습니다. 하나는, 결국 위기의 순간에는 아무리 똑똑하고 유학을 갔다 온 장관이라도 바보가 되고 어린아이가 될 수밖에 없다는 사실입니다. 왜냐하면 이런 사람들은 지식이 많고 이론에 강할지는 몰라도 실제로 위기를 이기는 지혜가 없기 때문입니다. 결국 위기를 이기는 것은 제도나 시스템이 아니라 경험 많고 지혜가 있는 사람인 것입니다. 애굽에 칠 년 동안의 대흉년이 오게 되었을 때, 바로 왕은 요셉에게 전권을 맡겨서 흉년에 대처하게 했습니다. 요셉에게 하나님의 지혜가 있는 것을 알았기 때문입니다. 이처럼 위기를 이겨 낼 수 있는 사람은 고난의 기간을 하나님의 말씀으로 살아 낸 사람이지 세상 공부를 많이 한 사람이 아닙니다. 하나님을 의지하지 않는 사람들은 중요한 결정을 내린 후 돈을 쏟아붓지만 전혀 엉뚱한 방향으로 진행되어 결과는 엉망진창이 되고 맙니다. 그러나 하나님의 지혜를 가진 사람은 하나님의 인도를 따라 바른 방향으로 행하므로 노련하게 위기를 감당하게 됩니다. 이것을 사도 바울은 넉넉하게 이긴다고 표현했습니다. 또 영어 성경은 정복자같이 이긴다고 번역하고 있습니다.

또 하나는, 신실하지 못하고 백성의 인기나 얻으려고 하는 왕은 실제 관료나 고관들을 세울 때 경험과 상관없이 자기에게 아부나 하고 비위를 맞추는 사람을 세운다는 사실입니다. 이런 장관들이나 관료들은 자기 일은 하지 않고 끊임없이 말만 만들어 내서 국민을 조롱하고 어리석게 만들어 버립니다. 그동안 우리나라도 장관이나 국회의원 중에 정말 기본적인 지식이나 자질조차 갖추지 못한 사람을 대통령과 코드가 잘 맞는다고 해서 많이 세웠는데, 이러한 사람들은 나라가 어떤 방향으로 가는지는 생각지도 않습니다. 결국 왕이나 지도자가 성실하지 않을 때는 어리석은 자들을 방백으로 세워서 나라가 전혀 발전하지 못하게 만듭니다. 왜냐하면 이런 사람들은 오직 자기의 인기 유지와 윗사람에게 아부하는 것밖에 생각하지 않기 때문입니다.

그런데 정말로 두려운 것은 세상이 아니라 우리 믿는 사람들의 이야기입니다. 사실 교인들은 수준이 높은 진리를 충분하게 들어야 창조적인 생각을 할 수 있고 세상에서 여러 시험이나 도전들을 다 이길 수 있습니다. 그러나 많은 경우 교회 지도자들이나 교인들이 하나님의 말씀의 가치를 모르고 세상의 성공만 추구하고 자랑하니까, 정말 유치한 설교를 듣고 유치한 수준의 신앙생활을 하는 경우가 많습니다. 어떤 때는 너무나 유치한 수준의 헌금을 강요받거나 신앙생활을 강요당하기도 합니다. 이것은 모두가 어린아이라는 증거입니다. 물론 예수님께서는 제자들에게 너희가 어린아이같이 되지 않으면 천국에 들어갈 수 없다고 말씀하셨지만, 그것은 어린아이의 유치함을 가리키는 말씀이 아닙니다. 우리의 신앙은 순수해야지 유치해서는 안 되는 것입니다.

: 5절 : "백성이 서로 학대하며 각기 이웃을 잔해하며 아이가 노인에게, 비천한 자가 존귀한 자에게 교만할 것이며"

결국 한 나라의 정치가 생각이 유연하고 참신한 사람에 의해서 이루어지지 않고, 실력은 없는데 유치한 사람들에 의해서 이루어지면 만날 싸움질만 하게 됩니다. 어린아이들은 큰 것을 보지 못하고 오직 자기가 생각하는 것만을 밀어붙이기 때문입니다. 그래서 그런 나라는 백성끼리 서로 학대하고 이웃을 해치며 아이가 어른에게 욕을 하고 비천한 자가 존귀한 자를 업신여기는 것입니다.

이런 유치한 사람들이 지배하는 사회는 말도 통하지 않고 어른이나 아이의 구별이 없이 아무나 서로 욕하고 멱살을 잡게 되는 것입니다. 우리는 주로 인생의 밑바닥에서 이런 일을 보게 됩니다. 물론 경우의 차이는 있겠지만, 주로 공사판이나 교도소 등에 가 보면 거기는 나이도 없고 상하관계도 없습니다. 공사판에서 싸우는 모습을 보면 새카맣게 젊은 사람이 자기 아버지뻘 되는 사람에게 '이 새끼, 저 새끼'라고 욕을 하면서 싸웁니다. 이런 것이 바로 밑바닥 인생입니다. 교도소에서도 나이가 통하지 않습니다. 죄를 지어 교도소에 먼저 들어온 것이 무슨 큰 벼슬이나 되는 양 먼저 들어온 사람이 어른 행세를 합니다.

하나님께서 유다 백성에게 보여 주시는 것은, 하나님께서 유다 백성에게 아주 좋은 물질적인 복을 주셨는데 그들이 이것을 신앙에 유익하도록 사용하지 않고 그것 자체를 하나님보다 더 의지함으로 결국 유치한 사람들이 되었다는 것입니다.

하나님께서 우리에게 좋은 집을 주시고 또 공부도 하게 하시고 물질도 주시고 모든 생활의 필요를 해결해 주시면 얼마나 좋습니까? 우리는 그것을 하나님의 사랑으로 받아들이고, 감사하는 마음으로 더욱 하나님을 사랑하고 이웃을 사랑하면 되는 것입니다. 그런데 그것이 내 공로인 양 세상적인 성공을 자랑하고 의지하면서 생각이 경직되고 태도가 오만해져서 결국 자기 자신이나 다른 사람이나 모두 유치해지고 마는 것입니다.

그러나 우리가 아무리 하나님의 복을 받아도 정신을 차리고 있으면 이런 복들이 걸림돌이 되지 않습니다. 우리는 얼마든지 복은 복대로 누리면서 또 지혜는 지혜대로 가질 수 있습니다. 그러나 가장 지혜로운 자는 우리가 연약할 때 오히려 더 강하다는 것을 믿는 자입니다. 그러므로 우리는 모든 것을 너무 완벽하게 갖추면 안 됩니다. 하나님은 이스라엘 백성에게 말이나 병거를 가지지 말라고 말씀하셨습니다. 그들에게 이런 것들이 있으면 하나님을 의지하지 않기 때문입니다. 마찬가지로 북한에 핵무기가 있더라도 우리에게는 핵이 없는 것이 더 나을지도 모릅니다. 그러면 우리는 만군의 하나님 여호와를 더 의지하게 되기 때문입니다.

예루살렘이 자랑해야 하는 것이 무엇입니까? 그곳에 계신 하나님의 임재입니다. 또한 우리가 자랑할 것은, 우리 한 사람 한 사람이 말씀으로 보석처럼 변화되는 것입니다. 예수님의 제자들이 예루살렘에 올라갔을 때, 그들은 예루살렘 성전 건물을 보고 감탄했습니다. 그때 예수님께서는 이 성전에서 돌 위에 돌이 하나도 놓이지 않고 파괴되는 일이 일어날 것이라고 말씀하셨습니다. 그 이유는 예루살렘 성전이 외모는 화려해도 영혼을 살리고 변화시키는 성전이 아니었기 때문입니다. 사람을 변화시키지 못하는 성전은 부서져야 합니다.

하나님께서는 예루살렘에 내려 주신 복들이 하나님을 더 사랑하고 말씀을 더 사랑하는 표시가 되기를 바라셨습니다. 그러나 유다 백성이 물질적인 복만 사랑하고 자만했을 때, 스스로도 유치해졌고 또한 백성이 유치한 다스림을 받을 수밖에 없었습니다.

3. 비참해지는 예루살렘

유다 주위에 있는 모든 나라는 이웃이기도 하지만 다른 한편으로는 경쟁자들이었습니다. 유다 주위의 나라들은 유다가 일관된 정책으로 밀고 나가지 못하고 유치하게 이리 기우뚱 저리 기우뚱 할 때 벌써 그들을 우습게 여기기 시작했습니다. 유다의 이런 유치함은 금방 위기로 나타났습니다. 유다를 우습게 본 주위 나라들이 수시로 공격해 와서 돈을 뜯어 가는 것입니다. 나중에는 모든 유다 백성이 극도로 가난해지고 말았습니다.

: 6-7절 : "혹시 사람이 자기 아버지 집에서 자기의 형제를 붙잡고 말하기를 네게는 겉옷이 있으니 너는 우리의 통치자가 되어 이 폐허를 네 손아래에 두라 할 것이면 그 날에 그가 소리를 높여 이르기를 나는 고치는 자가 되지 아니하겠노라 내 집에는

양식도 없고 의복도 없으니 너희는 나를 백성의 통치자로 삼지 말라 하리라."

본문을 보면, 장관 한 사람을 뽑는데 다른 조건은 없고 옷만 한 벌 있으면 장관을 시키고자 했습니다. 그러자 모두 기를 쓰고 나는 옷도 없고 돈도 없어서 장관을 하지 못하겠다고 말합니다. 이것을 문자적으로 보면, 결국 모든 유다 백성이 옷도 제대로 입지 못할 정도로 헐벗게 되었다는 말입니다. 왜 유다 사람들이 모두 거지가 되었을까요? 그것은 주위에 있는 나라들의 잦은 침략으로 모든 소유를 노략당했기 때문입니다.

사람이 정말 가난할 때는 버스나 지하철 요금도 내기 어렵거나, 누구를 만나도 커피 한 잔 살 돈이 없을 때가 있습니다. 이런 상황에서 누군가가 어느 단체의 감투를 맡으라고 한다면 기를 쓰고 사양할 것입니다. 왜냐하면 그 모임에 나갈 옷조차 없기 때문입니다.

또 다른 의미로는 나라가 너무 어려울 때는 장관을 맡거나 감투를 쓰면 돈을 더 뜯기게 되므로 사람들은 기를 쓰고 맡지 않으려고 합니다. 나라가 평안할 때는 서로 관직에 앉으려고 하지만, 적이 쳐들어오면 관직에 앉은 사람부터 돈을 빼앗기기 때문에 서로 그런 자리에 앉지 않으려고 하는 것입니다. 중세시대에 십자군 전쟁에서는 누구든 말만 소유하고 있으면 기사로 임명했습니다. 말이 너무나 비쌌기 때문입니다.

유다가 하나님을 의지하지 않고 자신들의 성공을 의지하고 물질을 의지하니까 더 잘살게 된 것이 아니라 형편없이 가난해지게 되었습니다. 왜냐하면 세상적인 성공으로 잘살게 되어 교만해지면 반드시 생각이 굳어지기 때문입니다. 그러므로 하나님의 백성은 생각이 굳어지지 않고 유연성을 가지도록 애써야 하는데, 놀랍게도 하나님의 말씀이 우리의 생각을 유연하게 합니다.

: 8-9절 :   "예루살렘이 멸망하였고 유다가 엎드러졌음은 그들의 언어와 행위가 여호와를 거역하여 그의 영광의 눈을 범하였음이라. 그들의 안색이 불리하게 증거하며 그들의 죄를 말해 주고 숨기지 못함이 소돔과 같으니 그들의 영혼에 화가 있을진저 그들이 재앙을 자취하였도다."

여기서 예루살렘이 멸망하였고 유다가 엎드러졌다는 것은 지금 당장 망한 것은 아니지만 이런 식으로 나가면 틀림없이 망하고 만다는 뜻입니다. 왜냐하면 그들의 말과 행동이 하나님의 눈을 아프게 했기 때문입니다. 여기서 하나님의 영광의 눈을 범했다는 것은, 하나님은 깨끗한 눈으로 모든 것을 바로 보시는데 유다 백성이 더러운 연기를 피우거나 먼지를 내거나 혹은 가시 같은 것으로 하나님의 눈을 아프게 했다는 뜻입니다.

유다 백성이 하나님을 전심으로 사랑하지 않을 때 그들의 마음속에는 소돔의 부패한 생각이 들어왔습니다. 그래서 하나님께서는 '그들의 안색이 불리하게 증거하며 그들의 죄를 말해 주고 숨기지 못함이 소돔과 같다'고 했습니다.

청소년들이 불량배와 어울리게 되면 일부러 머리 스타일이나 옷을 불량스럽게 만들어서 스스로 불량하다는 것을 나타내곤 합니다. 그러다가 폭력 조직에 들어가게 되면 몸에 무시무시한 문신을 하는데, 이것은 나는 진짜 조직 폭력배라는 표시입니다. 자기 자신은 그런 것을 자랑스레 하고 다닐지 몰라도, 다른 사람들은 이런 것을 보면 눈살을 찌푸립니다.

마찬가지로 유다 백성은 어느 정도 성공하고 난 후부터 태도가 껄렁해지기 시작했습니다. 하나님께 제사 드리면서도 태도가 불량하고, 말씀을 들을 때도 비딱하게 들었습니다. 그것은 나는 이제 제사나 하나님의 말씀 같은 것은 별로 중요하지 않다는 뜻이었습니다. 이것이 하나님의 눈에 굉장히 거슬렸습니다. 하나님은 '왜 유다 백성은 조금만 축복해 주면 이렇게 보기 싫게 변할까?' 하고 생각하셨습니다. 하나님께서 복을 주실수록 더 겸손하면 얼마나 보기 좋겠습니까? 그러나 유다 백성은 그렇지 않았습니다.

하나님께서는 유다 백성에게 지금 잘사는 것이 중요한 것이 아니며, 그들의 미래는 하나님의 말씀에 달렸다는 것을 분명히 하셨습니다.

∶10-11절∶ "너희는 의인에게 복이 있으리라 말하라. 그들은 그들의 행위의 열매를 먹을 것임이요. 악인에게는 화가 있으리니 이는 그의 손으로 행한 대로 그가 보응을 받을 것임이니라."

하나님의 말씀은 분명합니다. 지금 잘살거나 못살거나 상관없이 의인은 복을 받게 되어 있습니다. 여기서 의인은 하나님을 의지하고 말씀으로 사는 사람을 말합니다. 미래는 지금 잘사는 것으로 결정되는 것이 아니라, 하나님의 말씀을 의지하는 것으로 결정됩니다. 하나님의 말씀은 미래를 창조하는 능력이 있기 때문입니다. 그런데 지금 성공하고 잘산다고 해서 하나님의 말씀을 업신여기는 자는 악인입니다. 그들은 점점 복을 잃어버리게 될 것입니다. 왜냐하면 그들의 행위가 하나님이 보시기에 아름답지 않기 때문입니다.

우리가 하나님의 복을 받고 멸망하지 않으려면 그 복에 너무 신경을 쓰지 않는 것이 좋습니다. 그 대신 늘 하나님 앞에 가난한 마음으로 서야 합니다. 내가 가지고 있는 돈이나 직장이나 집이나 자동차가 나에게 하나님보다 더 큰 의미를 가지지 않도록 하는 것입니다. 하나님 앞에서 늘 가난한 마음으로 서면 죄가 들어오지 않습니다. 하나님의 백성은 이상하게 자기만족에 빠지면 '이 정도 죄는 지어도 되겠지' 하는 죄에 대한 용기가 생깁니다. 아이들 중에도 가장 버릇이 없는 아이는, 부모가 그 아이가 원하는 대로 다 해 주며 키운 아이입니다. 결국 그런 아이는 세상을 성공적으로 살기 어렵습니다. 사실 많은 하나님의 백성이 망할 수밖에 없는 짓을 했으면서도 왜 자신이 망했는지 이해하지 못합니다.

:12절: "내 백성을 학대하는 자는 아이요 다스리는 자는 여자들이라. 내 백성이여 네 인도자들이 너를 유혹하여 네가 다닐 길을 어지럽히느니라."

지금 유다는 물질적으로는 잘살고 있고 많은 제도를 갖추고 있지만 그들은 모두 유치한 어린아이였습니다. 어린아이는 힘이 없기 때문에 아무리 좋은 것을 가지고 있어도 결국 힘이 센 아이에게 빼앗기고 맙니다. 요즘은 운동화나 운동복을 비싼 것으로 입으면 불량배들이 빼앗아 간다고 합니다. 이처럼 바르게 지킬 수 있는 능력과 힘이 없으면 빼앗길 수밖에 없습니다.

또한 다스리는 자는 여자들이라고 했는데, 이것은 실력은 없으면서 아첨이나 하는 사람들을 말합니다. 결국 이런 사람들은 지금까지 실컷 고생해서 만든 길을 다 부수어서 옛날로 돌아가게 합니다. 우리는 그동안 정치나 교회에서 너무 유치한 모습을 많이 보았습니다. 자기 할 일이 무엇인지는 모른 채, 다른 사람에게 폭언이나 하고 인기몰이나 하는 중책을 맡은 어린아이를 많이 보았습니다. 그들이 차라리 정말 어린아이라면 말로 타이를 수 있겠지만, 스스로는 어른이라고 생각하니 말도 통하지 않습니다.

그러나 감사한 것은, 아직 우리에게는 시간이 있고 이런 말씀을 들을 기회가 있다는 사실입니다. 하나님께서 우리에게 성숙한 마음과 분별력을 주시며, 이 나라 위정자들이나 북한의 위정자들이 유치해지지 않도록, 우리의 기도로 지킬 수 있기를 바랍니다.

07

예루살렘의 가치관

이사야 3:13-26

우리나라 종교계에는 종교는 서로 다르지만 그 안에서 진정한 가치를 추구함으로 존경받는 분들이 계셨습니다. 그런데 그분들의 공통된 특징은, 모두 청렴하고 가난했다는 것입니다. 불교의 성철 스님은 옷이 누더기가 될 때까지 기워 입고 또 기워 입었으며, 팔 년 동안이나 등을 땅에 대지 않고 수도를 했다고 해서 사람들의 존경을 받았습니다. 천주교의 김수환 추기경은 추기경이라는 높은 신분으로 자기가 마음만 먹으면 모든 명예와 사치를 다 누릴 수 있었음에도 불구하고 가진 것 없이 검소하게 사셨고, 군사정권 당시 민주주의를 지키는 보루 역할을 했습니다. 또 개신교의 한경직 목사님은 서울에서 그 유명한 큰 교회를 목회하면서도 가진 것 없이 늘 검소하게 사셨고, 설교와 목회에 전념하셨습니다. 그들이 그 높은 지위나 신분에도 불구하고 사치나 축제를 하지 않았던 것은, 진정으로 가치 있게 생각하는 것이 따로 있었기 때문입니다.

가끔 외국의 유명한 대학 교수들을 보면, 우리나라 교수와는 달리 옷도 검소하게 입거나 팔꿈치 등을 가죽으로 덧댄 양복을 입으며 돈도 많이 쓰지 못하는 모습을 볼 때가 있습니다. 물론 외국의 유명한 교수 중에는 책이 많이 팔려서 돈을 많이 버는 사람도 있지만, 많은 경우 돈이면 돈, 공부면 공부 하나만 선택하기 때문에 가난한 교수가 많다고 합니다. 그중에는 결혼생활조차 제대로 못하는 사람들도 있다고 합니다.

사람은 누구나 자신이 추구하는 것에 따라서 가치 있게 생각하는 것이 달라집니다. 즉, 내면적인 가치를 중요하게 생각하는 사람은 외모에 소홀할 수밖에 없고, 종교적인 가치를 추구하는 사람은 명예나 돈을 멀리할 수밖에 없습니다. 그러나 이와 같이 자기가 중요한 가치로 생각하며 추구하는 것이 없는 사람은 무엇이든 눈에 좋아 보이는 것은 다 가지려고 할 것입니다.

이것은 오늘 이 시대를 살아가는 우리도 마찬가지입니다. 만약 우리 마음 속에 정말 가치 있게 생각하는 것이 있다면, 우리는 이 세상에 있는 모든 것을 다 가지려고 하지 않을 것입니다. 오히려 우리는 진정으로 가치 있다고 생각하는 것을 위해 때로는 가난해지기도 할 것이고, 아무도 알아주지 않는 무명의 생활을 즐기기도 할 것입니다. 그러나 이 세상에서 진정 가치 있는 것이 무엇인지 모르는 사람은 눈에 보이는 좋은 것들에 가치를 두어 외모도 멋지게 꾸미고 돈도 많이 가지려고 할 것입니다. 만일 모든 사람이 이런 식으로 산다면 그 사회는 진정한 가치를 모르는 사회가 되고 말 것입니다.

본문 말씀은 이사야 선지자가 예루살렘 여인들의 사치를 책망하는 내용입니다. 본문을 보면 예루살렘 여인들이 멋을 부리느라고 사용했던 장신구나 액세서리가 무려 스무 가지 이상 나오고 있습니다. 물론 이사야 선지자가 예루살렘 여인들이 멋진 장신구를 걸치고 화려한 옷을 입는 것을 책망한다고 해서 모든 유다의 여인들이 멋을 부려서는 안 된다는 뜻은 아닙니다. 가끔 인류학자들이 아프리카의 원시 부족들을 연구해 보면 그런 원시 부족의 여성들도 아름다운 액세서리를 만들어서 몸에 걸치는 것을 알 수 있습니다. 아마 모든 여성에게는 아름다운 옷을 입고 아름다운 장식을 몸에 걸침으로 아름다워 보이고 싶은 욕망이 있을 것입니다. 그러나 예루살렘 사람들에게는 이 세상 어떤 성공이나 지식이나 아름다움과 비교할 수 없는 축복이 있었습니다. 그런데 유다 백성은 그 가치를 모르고, 특히 여성들이 세상의 화려한 외모로 만족하고 모두가 그것을 따라갔을 때 예루살렘은 모든 하나님의 복을 다 빼앗기는 비참한 신세가 되고 말았습니다.

1. 하나님의 재판

우리나라에서 사람의 신세가 가장 많이 달라지는 것은 법정의 판결 앞에 서입니다. 특히 요즘 법정 구속이라는 제도를 많이 사용하고 있는데, 평소에는 감옥에 갇히지 않고 자유롭게 다니며 생활하다가 법정에서 구속이라는 판결이 떨어지면 그 자리에서 감옥으로 가게 되는 것입니다. 법정에 선 사람들은 모두 자신은 죄가 없다고 큰소리를 치지만, 재판장이 판결을 내리면 그 즉시 감옥에 갇히기도 하고 풀려나기도 합니다.

그러나 사실 이 세상에서 일어나는 모든 중요한 일들은 하나님 앞에서 결정되는 것입니다. 즉, 하나님께서 '그 사람의 모든 허물은 덮도록 하라'고 하시면 이 세상 그 누구도 그 사람에 대하여 조사하거나 고소하지 못합니다. 그러나 반대로 하나님께서 '그 사람에 대해서는 철저히 조사해서 처벌하도록 하라'고 하시면, 세상에서도 사람들이 벌 떼같이 달려들어 그 사람의 모든 것을 샅샅이 조사하고 고발하게 됩니다.

그러므로 예수님께서는 모든 일에 기도할 것을 말씀하셨습니다. 또한 사도 바울은 "하나님이 우리를 위하시면 누가 우리를 대적하리요."(롬 8:31)라고 말했습니다. 사실 사람들 중에 샅샅이 조사하면 걸려들지 않을 사람은 아무도 없을 것입니다. 이 세상 모든 사람은 다 죄가 있고 허물이 있습니다. 그러나 하나님께서는 예수님의 보혈을 의지하는 사람들, 하나님의 말씀을 사랑하는 자들은 허물을 막아 주셔서 이 세상에서 큰 시험을 당하지 않도록 해 주십니다.

하나님의 종들이 이 세상의 지식이나 이 세상의 상식을 가지고 사람들 앞에서 논쟁해 봐야 아무 소용이 없습니다. 모든 중요한 것은 다 하나님 앞에서 결판이 나기 때문입니다. 그러므로 하나님의 종들은 사람들이 어떻게 하면 하나님 앞에서 의롭다는 판결을 받으며 복을 받을 수 있는지 그것을 가르쳐 주어야 합니다. 이 세상에서 일어나는 모든 일은 하나님의 판정에 달려 있습니다.

그런데 이사야 선지자가 보니까 하나님 앞에서 예루살렘 사람들의 재판이 열리고 있었습니다.

:13절: "여호와께서 변론하러 일어나시며 백성들을 심판하려고 서시도다."

본문을 보면 여호와께서 변론하시기 위해 일어서시는 것을 볼 수 있습니다. 하나님의 변론은 유다 백성의 편에서 그들에게 유리하게 변론하시는 경우가 있는가 하면, 때로는 유다 백성의 반대편에서 그들의 모든 죄를 다 드러내시는 변론이 있습니다. 그래서 다윗은 하나님 앞에서 "허물의 사함을 받고 자신의 죄가 가려진 자는 복이 있도다."(시 32:1)라고 노래했습니다. 그러나 유감스럽게도 유다 지도자들이나 부자들은 하나님 앞에서 전혀 사함을 받지 못하고 하나님의 재판을 받게 되었습니다.

: 14절 : "여호와께서 자기 백성의 장로들과 고관들을 심문하러 오시리니 포도원을 삼킨 자는 너희이며 가난한 자에게서 탈취한 물건이 너희의 집에 있도다."

여기서 하나님께서는 먼저 유다의 장로들과 고관들을 심문하시는데, 그들의 죄는 전혀 용서받지 못했고 그들의 허물은 사하심을 받지 못했습니다. 하나님께서는 유다의 장로들과 고관들에게 '너희는 포도원을 삼켰고 가난한 자들의 물건을 탈취해서 자기 집에 두었다'고 말씀하셨습니다.

원래 유다는 그렇게 잘사는 나라가 아니었습니다. 유다나 예루살렘 사람들은 늘 북쪽 이스라엘과 전쟁을 하느라 가난했습니다. 그런데 북쪽 이스라엘이 망하고 나니까 갑자기 그들이 잘살게 되었습니다.

북쪽 이스라엘도 망하고 그 위에 있는 수리아도 망하고 남쪽의 애굽이 약해지게 되어 유다는 갑자기 잘살게 된 것입니다. 이제 유다는 주위에 괴롭히는 나라들도 없고 무역도 활발해져서 부를 축적하기 시작했습니다. 이렇게 유다가 잘살게 된 것이 하나님의 복인 줄 알았더니 그것이 아니었습니다. 유다의 지도자와 권력자들은 가난한 사람들의 포도원을 빼앗아서 자기 것으로 만들었고, 가난한 사람들의 물건들도 탈취하여 자기 것으로 만들었습니다.

하나님께서 유다는 항상 가난하게 살아야 하고 절대 잘살아서는 안 된다고 여기시는 것은 아닙니다. 하나님은 유다 백성에게 복 주시기를 원하셨습니다. 하지만 그들은 겉으로는 잘살게 되었지만 마음은 너무나 황폐해졌고 서로에게 사나워졌습니다. 하나님의 백성에게 가장 중요한 것은 물질적인 부가 아니었습니다. 물질적인 부는 하나님을 섬기는 믿음의 결과로 따라와야 하는 것입니다.

하나님의 백성에게 가장 중요한 것은 하나님의 말씀을 양식으로 삼는 것입니다. 마음이 좋은 밭이 되어서 하나님의 말씀을 받아들이고, 그 말씀을 믿음으로 순종하면 그들의 삶 가운데 하나님의 복이 나타나게 됩니다. 그러면 유다 백성은 이 복을 다른 사람과 나누는 것이 마땅합니다. 그런데 하나님의 눈에 비친 유다 백성은 믿음이나 사랑은 하나도 없고 오직 돈만 움켜쥐고 있었던 것입니다. 그들의 마음은 너무나 이기적이고 악독해졌으며, 사랑의 열매도 전혀 없었습니다. 이 모습을 보신 하나님께서는 포도밭이 황폐하게 되었다고 말씀하셨습니다.

"가난한 자에게서 탈취한 물건이 너희의 집에 있도다."(사 3:14) 이것은 부자들이 가난한 사람들에게 돈을 빌려주었는데 그들이 갚지 못하자 돈 대신 물건을 빼앗아다가 자기 집에 두었음을 말합니다. 물론 이 행위는 법적으로는 전혀 잘못된 것이 아닙니다. 오히려 잘못은 돈을 빌리고 제때 갚지 않은 사람에게 있습니다. 그러나 하나님께서는 유다 백성을 그런 식으로 가르치시지 않았습니다. 도리어 유다 백성에게 다른 사람을 위해 손해 볼 것을 가르치셨습니다. 모든 이스라엘 백성은 형제와 자매 관계이기 때문입니다. 남이 아닌 형제자매 사이라면 돈을 갚지 못하더라도 탕감해 줘야지, 저당 잡힌 것을 빼앗아 오거나 그 집 아이를 종으로 파는 일은 있을 수 없습니다. 왜냐하면 하나님의 백성은 이 세상을 하나님의 은혜로 살아가기 때문입니다. 사실 우리가 깨닫지 못할 뿐이지 하나님께서 지켜 주셔서 손해 입지 않은 때가 많고, 사고가 날 상황도 무사히 지난 적이 수도 없이 많습니다. 하나님께서 지켜 주시지 않아서 때마다 사고를 당하거나 죽는다면 우리의 피해는 막심할 것입니다. 그렇기 때문에 하나님의 백성이 받은 복 속에는 언제나 가난한 자들의 몫이 들어 있어야 합니다.

만일 우리에게서 하나님의 은혜가 떠난다면 우리는 바로 망하고 맙니다. 그러므로 우리가 늘 하나님의 은혜 안에 머물고자 한다면 돈에 너무 집착해서는 안 되고, 남을 위해 손해 볼 줄도 알아야 합니다. 자존심도 손해 보고, 시간도 손해 보고, 돈도 손해 볼 수 있어야 합니다. 그래야 하나님께서 '이 아이는 내가 돌보아 주지 않으면 안 되겠구나' 하시면서 끝까지 지켜 주시지 않겠습니까?

예수님은 제자들에게 "속옷을 가지고자 하는 자에게 겉옷까지도 가지게 하며 … 억지로 오 리를 가게 하거든 그 사람과 십 리를 동행하고" "누구든지 네 오른편 뺨을 치거든 왼편도 돌려대며"(마 5:40-41, 39)라고 말씀하셨습니다. 우리는 언제나 하나님의 은혜에 빚지고 살고 있기 때문에, 다른 사람의 악이라도 악으로 갚을 수는 없습니다. 우리가 참아 주고, 손해를 보고, 더 수고할 때 하나님은 끝까지 우리를 책임져 주실 것입니다.

그런데 우리가 이렇게 되려면 우리에게 돈보다 더 가치 있는 것이 있어야 합니다. 그것은 바로 하나님의 말씀이고 하늘의 복입니다. 우리는 이 세상에 있는 것보다 더 가치 있는 것을 알기 때문에 손해를 보거나 굴욕을 당해도 참을 수 있습니다. 그러나 우리가 하나님의 말씀의 가치를 모르고 하늘의 복이 소중한 것을 모른다면 세상 사람들과 똑같이 살 수밖에 없습니다.

∶15절∶ "어찌하여 너희가 내 백성을 짓밟으며 가난한 자의 얼굴에 맷돌질하느냐. 주 만군의 여호와 내가 말하였느니라 하시도다."

하나님께서는 예루살렘의 잘사는 자들에게 너희는 '가난한 자의 얼굴에 맷돌질'을 한다고 말씀하십니다. 사람의 얼굴을 맷돌에 대고 갈면 얼굴이 편편해질 것입니다. 이것은 부자들이 가난한 자들의 얼굴을 맷돌로 갈아 눈도 없고 코도 없고 입도 없게 만들어서 모두 무표정하게 되어 버린 것입니다. 즉, 유다 백성의 얼굴에는 감정이 없고 기쁨이 없어지게 되었으며, 그들은 모두 패배의식에 빠져 버렸습니다. 모든 가난한 유다 백성은 가난 중에 소망이 없어져 버린 것입니다.

2. 예루살렘 여인들의 사치

이 세상의 모든 여성들은 아름다워지기를 원합니다. 그래서 백화점이나 면세점에 가장 많이 진열되어 있고 가장 많이 팔리는 것은 여성 화장품입니다. 이 화장품들은 가격이 매우 비싸지만 인기리에 판매됩니다. 그리고 여성들의 명품 가방들도 비싼 가격에 팔려 나갑니다.

물론 하나님께서는 유다 백성이나 예루살렘 여인들이라고 해서 얼굴에 화장도 하지 말고 좋은 옷도 입지 말고 모두 죄수복 같은 옷만 입고 살아야 한다고 말씀하시지는 않았습니다. 그러나 이스라엘 여인들에게는 외적인 아름다움보다 수백 배, 수천 배 중요한 것이 있었는데 그것은 '하나님의 말씀에는 능치 못함이 없다'는 믿음이었습니다. 이스라엘 여인들의 믿음은 이스라엘을 위기에서 건지는 믿음의 사람을 만들어 내었습니다.

우리는 예루살렘 여인들의 아름다움을 아가서에서 찾아볼 수 있는데, 술람미 여인은 "내가 비록 검으나 아름다우니"(아 1:5)라고 말합니다. 즉, 술람미 여인의 외모는 많은 고난으로 거칠어졌지만, 그의 속사람은 누구보다도 아름다웠습니다. 이처럼 이스라엘 여인들의 아름다움은 좋은 옷을 입고 좋은 화장품을 쓰는 외모로 만들어지는 것이 아니라, 많은 연단을 통해 먼저 속사람이 아름다워지고 그 후 하나님의 채워 주시는 복으로 외모까지 아름다워지는 것입니다.

그래서 아가서에서 칭찬하는 술람미 여인의 아름다움 역시 단순히 외적인 미모를 말하는 것이 아니라, 하나님의 은혜로 속사람이 하나씩 다듬어져서 만들어진 진정한 아름다움이었던 것입니다.

특히 하나님의 백성이 하나님의 말씀으로 인해 고난을 받으면 보석으로 빚어지는데 이것은 최고의 보물이라고 할 수 있습니다. 그리고 하나님은 말씀을 사랑하는 자에게 지혜를 주시고 아름다운 성품을 주시며 나중에는 물질적인 복까지 부어 주십니다. 이것은 세상의 성공이나 외적인 아름다움과는 비교할 수 없는 것이었습니다.

그런데 이사야 당시 하나님께서 예루살렘 여인들을 살펴보시니 그들은 모두 하나님의 말씀이나 축복의 가치를 알지 못했습니다. 예루살렘 여인들은 속사람은 전혀 변하지 않은 채, 외국의 화장품이나 속옷이나 액세서리를 수입해서 몸에 칭칭 감고 다녔습니다. 예루살렘 여인들의 아름다움은 하나님이 주신 아름다움이 아니라 수입 화장품으로 인한 인위적 아름다움이었습니다. 예루살렘 여인들은 애굽이나 바벨론에서 수입한 화장품이나 액세서리나 속옷 등으로 겉만 번지르르하게 만들었던 것입니다. 그러나 이런 외적인 아름다움은 예루살렘을 살리는 데 아무 도움이 되지 못했습니다. 오히려 이런 아름다움은 유다의 정신을 부패하게 만들었습니다.

: 16절 :   "여호와께서 또 말씀하시되 시온의 딸들이 교만하여 늘인 목, 정을 통하는 눈으로 다니며 아기작거려 걸으며 발로는 쟁쟁한 소리를 낸다 하시도다."

예루살렘 여인들은 길을 걸을 때 똑바로 앞을 보고 걷는 것이 아니라 좌우로 몸을 살살 흔들면서 목도 좀 이상하게 늘어뜨리고 눈도 여기저기를 의식하면서 걸어 다녔습니다. 여기서 '늘인 목'은 목을 똑바로 세우지 않고 비스듬히 떨군 채 누군가가 자기를 보지 않는지 살피는 자세를 말합니다. 이 세상에서 가장 무서운 여자가 바로 이런 여자입니다. 이런 여자는 남자를 유혹하고 있습니다. '정을 통하는 눈'은 누군가를 유혹하려고 잘생긴 남자들을 찾는 모습입니다. 보통 길을 갈 때는 앞을 보고 걸어가는데, 옆의 남자들을 흘깃흘깃 쳐다보거나 소리를 내어 웃으면서 자기를 봐주길 바라며 지나가는 것입니다. 그러면 남자들은 이 여자들이 자기를 유혹하는 줄 알고 따라가게 됩니다. '아기작거려 걷는다'는 표현은 엉덩이를 흔들면서 자기 몸매를 자랑하며 걸어가는 모습입니다. 옛날에는 여성들이 전신을 옷으로 감쌌기 때문에 남자들이 여성들의 몸매를 볼 수 없었습니다. 그러니까 여성들은 할 수 있는 대로 몸을 흔들어서라도 자기 몸매를 자랑하려고 했습니다. 우리가 어렸을 때는 여성들이 조금만 짧은 치마를 입어도 남자들은 고개를 들지 못하고 지나갔습니다. 그럴수록 여성들의 옷은 더 짧아졌습니다. '발로는 쟁쟁한 소리를 낸다'는 것은 발에 장식을 많이 달아서 발을 움직일 때마다 쟁그랑쟁그랑하는 소리를 내는 것입니다. 요즘 여성들은 킬힐이라고 부르는 굽이 높은 구두를 신고 다닙니다. 그런 신발을 신으려면 보통 고생스럽지 않을 텐데, 여성들은 아름답게 보이기 위해서는 그 정도의 고통은 기꺼이 감내하는 것 같습니다.

예루살렘 여인들의 이런 모습은 원래 이방의 여인들이 하고 다니는 모습이었습니다. 그런데 지금은 예루살렘 여인들이 모두 이렇게 하고 다니게 되었습니다. 그 이유는 예루살렘 여인들이 하나님의 말씀의 가치를 다 잃어버렸기 때문입니다. 여성들은 아름다움도 좋아하지만 정신적인 사랑이나 가치를 아주 중요하게 생각합니다. 그래서 여성들이 진정으로 만족하는 때는 하나님의 말씀을 듣고 기쁨에 충만했을 때입니다. 이럴 때는 아무리 남루한 옷을 입어도 부끄럽지 않고 누구 앞에서나 당당할 수 있습니다. 그러나 하나님의 백성이 하나님의 말씀의 가치를 잃어버리면 그때는 세상 사람들과 달라야 할 이유가 없어집니다. 그래서 남자들은 다른 사람들처럼 돈에 집착하게 되고, 여인들은 외모나 사치품에 마음을 빼앗기게 되는 것입니다.

예루살렘 여인들의 신앙이 살아 있을 때는 이방 여인들의 아름다움이 전혀 부럽지 않았고, 자신들의 내면적인 아름다움으로 충분했습니다. 그러나 믿음이 식어 버리자 그들은 세상 여인들과 똑같아졌습니다. 게다가 예루살렘의 남자들도 외모로 아름다움을 판단했습니다. 남자들도 기도 많이 하고 말씀을 사랑하는 여인보다는 외모를 아름답게 꾸미는 여자를 더 좋아했던 것입니다. 또한 예루살렘 여인들도 고난을 거부하고 말씀을 멀리한 채 외모나 꾸미고 세상 이야기나 하면서 시간 가는 줄 몰랐습니다. 그러면서 유다 여인들의 정신은 점점 더 부패해졌습니다.

그래도 아직까지 유다가 덜 타락했던 이유는 여인들이 바른 신앙을 지켜 왔기 때문입니다. 유다의 여인들은 그들의 아름다움을 외모에 두지 않았습니다. 하나님의 말씀을 듣고 행복해하며 고난 중에 최선을 다하는 것을 아름다움으로 생각했습니다. 특히 유다 여인들은 메시아에 대한 약속을 믿었습니다. 자기가 낳은 아이가 메시아일지도 모른다는 소망 때문에 그들은 세상을 따라가지 않았습니다. 유다나 이스라엘을 부흥시킨 것은 아이를 낳지 못하는 어머니들의 신앙이었습니다. 이들은 아이 없이 지내는 고통을 통하여 전적으로 하나님만 의지하게 되었고, 아이를 얻게 되면 철저하게 하나님의 말씀대로 키웠습니다. 그런데 이제는 상황이 바뀌게 된 것입니다.

지금까지 말한 것이 예루살렘 여인들의 액세서리의 전부가 아니었습니다. 다음 본문을 보면 본격적으로 예루살렘 여인들이 몸에 걸치고 다니던 것들이 나오는데 정말 대단한 것이었습니다.

:18-23절: "주께서 그 날에 그들이 장식한 발목 고리와 머리의 망사와 반달 장식과 귀고리와 팔목 고리와 얼굴 가리개와 화관과 발목 사슬과 띠와 향합과 호신부와 반지와 코 고리와 예복과 겉옷과 목도리와 손 주머니와 손거울과 세마포 옷과 머리 수건과 너울을 제하시리니"

여기서 가장 먼저 나오는 것이 발목 고리입니다. 대개 머리 장식이나 목걸이 등은 여성이면 누구나 다 사용했습니다. 그러나 발목은 사람들이 잘 보는 곳도 아니고 그렇게 멋있어 보이는 부분도 아닌데 발에 발목 고리를 착용했습니다. 대개 유다 여성들은 머리에 두건을 썼습니다. 중동 여성들은 자기 머리나 얼굴을 외부인에게 잘 보여 주지 않습니다. 그런데 예루살렘 여인들이 사치하게 되니까 머리에 쓰는 것들이 고급이 되고 종류도 많아졌습니다. 이들은 머리에 망사를 쓰고 얼굴 가리개를 하고 머리띠를 하고 머릿수건을 쓰고 너울까지 했습니다. 그래서 예루살렘 여인들은 머리에 쓰는 것만 해도 다섯 가지 이상이 되었습니다. 예전에는 하나만 쓰면 되었는데 이제는 다섯 가지 이상을 써야 돈이 많다는 소리를 들을 수 있었습니다. 그리고 몸에 착용하는 장신구도 많았는데, 반달 장식, 귀고리나 팔목 고리, 발목 사슬, 띠, 향주머니, 부적과 같은 호신부 그리고 손 주머니와 손거울까지 가지고 다녔습니다.

물론 유다의 여인들이라고 굳이 남루한 옷을 입을 필요는 없습니다. 하지만 하나님의 백성이 진정한 아름다움을 잃게 되면서, 그들은 세상 사람들과 똑같이 외모만을 꾸미게 되었습니다.

정말 중요한 것은 유다 여인들의 정신이었습니다. 유다 여인들이 비록 가난하게 살아도 하나님의 말씀을 사랑했더라면 유다는 얼마든지 아름답고 건강하며 축복된 사회가 될 수 있었습니다. 그러나 예루살렘에 세상의 유행이 물밀 듯 밀려오면서 예루살렘 여인들은 그 유행을 따라가느라 정신을 차릴 수 없었던 것입니다. 사람이 가난하게 살다가 갑자기 잘살게 되면 이런 혼란이 생길 수 있습니다. 이제 좀 살 만하게 되었기 때문에 전에 하지 않던 짓도 해 보고 싶고, 좀 더 멋있고 아름답게 보이고도 싶은 것입니다. 그래도 하나님의 백성이라면 무엇이든 조금 해 보면 이것이 나에게 진정한 기쁨이나 복을 줄 수 없다는 사실을 알게 됩니다. 하지만 바른 말씀이 없으면 계속 세상을 따라갈 수밖에 없습니다.

왜 유다의 여인들이 이렇게 변했을까요? 그것은 하나님의 축복에 대한 소망이 없어졌기 때문입니다. 하나님 나라에서 여성의 신앙은 뿌리와 같고 기초와 같습니다. 이것은 교회나 가정에서도 마찬가지입니다. 물론 여성이 멋을 부려서는 안 된다거나 혹 여성은 늘 고생만 해야 한다는 뜻이 아닙니다. 하나님의 복 주심을 바라보는 소망이 없을 때, 조금 잘살게 되면 그대로 세상의 유혹에 빠져 버리고, 유행 따라 살아가게 되는 것입니다.

그래서 베드로 사도는 여성들에게 "너희의 단장은 머리를 꾸미고 금을 차고 아름다운 옷을 입는 외모로 하지 말고 오직 마음에 숨은 사람을 온유하고 안정한 심령의 썩지 아니할 것으로 하라. 이는 하나님 앞에 값진 것이니라."(벧전 3:3, 4)고 했습니다.

결국 여성들의 믿음과 소망이 나라를 살리기도 하고 죽이기도 합니다. 여성들이 미래에 대한 소망 없이 눈앞에 있는 것에만 마음을 빼앗긴다면 결국 나라 전체가 세속적으로 가게 됩니다. 그러나 여성들이 하나님에 대한 소망을 가지고 현재를 참고 인내한다면 희망이 있습니다.

3. 하나님의 가치를 잃어버린 결과

만일 우리나라 공직에 있는 사람이 자신의 신분을 생각하지 않고 부정한 방법으로 재산을 모으거나 불법적인 방법으로 자식의 군 입대를 면제시킨다면 어떻게 될까요? 우선 당장은 돈이 많이 생기고 또 자식도 군에 가지 않아 좋겠지만, 나중에 총리나 장관으로 지명되어 인사청문회를 거치다 보면 결국 망신만 당하고 낙선하게 될 것입니다. 사람들은 이런 사람에 대해 지도자가 될 자격이 없으며 썩었다고 생각하기 때문입니다. 마찬가지로 유다나 예루살렘의 부자들이 세상적인 방법으로 성공하고 부자가 되었을 때, 당장은 돈이 많아서 여유가 있고 좋은 집에 살아 자랑스럽겠지만 결국 하나님의 청문회를 무사통과할 수는 없습니다. 이 세상에 있는 모든 좋은 것은 다 썩어질 것들입니다. 이 세상에서 썩지 않는 것은 오직 하나님의 말씀밖에 없는

데, 말씀을 버리고 세상을 택한 사람들은 세상 재물과 함께 그들의 인생도 썩게 되는 것입니다.

: 17절 : "그러므로 주께서 시온의 딸들의 정수리에 딱지가 생기게 하시며 여호와께서 그들의 하체가 드러나게 하시리라."

하나님은 예루살렘에서 사치스럽던 여인의 머리 정수리에 딱지가 생길 것이라고 했습니다. 이 여인들이 너무 비참하게 되어서 너무 오랫동안 머리를 감지 못해 부스럼이 생겼는데, 그것을 떼면 딱지가 생기고 또 떼면 딱지가 생기는 것입니다. 또 그들은 하체를 드러내게 되는데, 노예들은 옷을 제대로 입지 못하기 때문에 어떤 경우에는 아예 벌거벗은 채로 사는 것입니다. 그들은 거의 벌거벗다시피 한 채로 죽도록 일을 했습니다.

: 24절 : "그 때에 썩은 냄새가 향기를 대신하고 노끈이 띠를 대신하고 대머리가 숱한 머리털을 대신하고 굵은 베옷이 화려한 옷을 대신하고 수치스러운 흔적이 아름다움을 대신할 것이며"

예루살렘 여인들은 몸에 비싼 향수를 뿌리고 다녔는데, 이제는 그 몸에서 썩은 냄새가 진동할 것입니다. 여인의 몸에서 썩은 냄새가 나면 좋아할 사람은 아무도 없을 것입니다. 예전에 이 여인들은 모두 허리에 멋진 띠를 두르고 다녔는데 이제는 가장 흔한 노끈을 매고 다니게 됩니다. 이 여인들은 이제 전혀 멋을 부릴 수 없게 되었습니다. 옛날에는 이들의 머릿결이 탐스러웠는데 이제는 숱이 너무 빠져서 대머리가 되었습니다. 한때는 이들의 얼굴이 고왔는데 이제는 타고 그을린 얼굴입니다. 여자는 한순간에 몰락할 수 있습니다. 한번 심하게 고생을 하고 나면 옛날의 고운 자태는 찾아볼 수 없게 됩니다.

하나님께서 이렇게 하시는 이유가 무엇입니까? 그것은 예루살렘 사람들이 진정한 보물을 잃어버려서 가치 없는 자들이 되어 버렸기 때문입니다. 하나님의 백성의 가치는 철저하게 하나님의 말씀을 붙잡는 데 있습니다. 하나님은 말씀 없는 행복은 인정하시지 않습니다.

이제 예루살렘 성은 어떻게 됩니까?

: 25-26절 : "너희의 장정은 칼에, 너희의 용사는 전란에 망할 것이며 그 성문은 슬퍼하며 곡할 것이요 시온은 황폐하여 땅에 앉으리라."

이스라엘은 엄청난 하나님의 복을 받은 나라였습니다. 하나님의 복은 모두 하나님의 말씀 속에 들어 있었습니다. 그러므로 이스라엘 백성에게 있어서 진정한 복을 받는 비결은 다른 나라의 것을 받아들이는 데 있지 않았습니다. 유다나 이스라엘 백성이 다른 나라의 복을 들여오는 것은 극히 위험할 수 있습니다. 왜냐하면 세상의 가치관이 가득한 이방의 지식이나 유행이 하나님의 말씀을 변질시키기 때문입니다.

이스라엘 백성이 사는 길은 다른 나라가 쳐들어오든 말든, 자기들이 잘살든 못살든, 오직 하나님의 말씀을 연구하고 가르치는 것입니다.

우리가 하나님의 말씀을 계속 가르치면 우리의 성품이 변화됩니다. 우리 안에 있는 이리와 같은 성품들이 양의 성품으로 변하게 됩니다. 이것이 하나님의 능력입니다. 우리가 이렇게 되기만 하면 하나님은 우리를 지켜 주시고, 물질적으로도 복을 주십니다. 그러므로 하나님의 백성은 절대로 물질적인 복에 집착해서는 안 됩니다. 이것은 부수적인 것이기 때문입니다.

하나님은 이스라엘에 말씀의 샘물을 주셨습니다. 물론 샘물은 한꺼번에 많은 양이 나지 않기 때문에 일시에 많은 사람이 마시기에는 부족하지만, 기다리면 물이 끊임없이 솟아납니다. 그러나 사람들은 이 감질나는 샘물로는 많은 사람을 끌어올 수 없으니까, 사람들이 모여들게 하여 많은 돈을 벌기 위해 유원지로 개발해 버렸습니다. 그래서 유다의 지도자들은 예루살렘을 말씀의 샘물이 아닌 음식점과 놀이 공원으로 만들어 버린 것입니다. 그런데 심한 가뭄이 와서 유원지의 물이 다 말라 버리고 말았습니다. 이때 하나님의 심판이 임하게 됩니다.

예루살렘에는 세상에 없는 어마어마한 두 가지 복이 있었습니다. 하나는 하나님의 율법의 말씀이었고, 다른 하나는 죄를 씻는 성전이었습니다. 이 두 가지만 지켜도 복은 저절로 오게 되어 있었습니다. 그러나 예루살렘이 이 두 가지 복을 버리고 세상 복을 붙잡았을 때 그들은 세상과 똑같이 망할 수밖에 없었습니다. 왜냐하면 예루살렘이 세상과 똑같이 부패했기 때문입니다.

이것은 오늘날 교회도 마찬가지입니다. 교회는 이스라엘이요 예루살렘입니다. 교회는 오직 하나님의 말씀과 성령의 은혜로 충만해야 합니다. 오직 하나님의 말씀을 듣고 은혜받은 눈물의 기도와 죄를 회개하는 눈물의 기도만 있으면 하나님의 복은 계속됩니다. 그러나 사람들은 이것으로 만족하지 못하고 말씀과 은혜의 샘물을 세상의 유원지로 개발해 버렸습니다. 그러나 이것은 결코 부흥이 아니고 축복이 아닙니다.

유다는 하나님과 맺은 약속이 있습니다. 그것은 그들이 하나님의 말씀을 붙잡고 사랑의 열매를 맺는 것입니다. 아무리 많은 권력이 주어지고 아무리 돈을 많이 벌 기회가 주어져도, 형제 사랑의 정신을 잃지 않는 범위 안에서 돈도 벌고 부자도 되어야 합니다. 만일 그들이 형제 사랑을 깨뜨리면 하나님과의 약속도 깨어지고, 그때부터 그들은 주위 모든 나라와의 싸움에서 자기 힘으로 자기를 지켜야 하는 처지에 빠지게 되는 것입니다. 그렇게 되면 장정들은 칼에 죽고 용사들은 전란에 망하며 여자들은 모두 노예로 끌려가고 말 것입니다.

우리가 가장 가치 있는 것을 붙들면 다른 복들은 저절로 따라오게 됩니다. 그러나 우리가 하나님께서 주시는 것보다 더 빨리 부자가 되고 더 빨리 높아지려고 할 때 우리는 모든 복을 다 잃고 비참한 노예가 될 수밖에 없습니다. 하나님의 은혜를 잊은 채 세상의 성공이나 아름다움을 따라가지 말고, 하나님의 가치 있는 약속의 말씀 안에서 하나님의 복으로 끝까지 아름다움을 지키는 성도들이 되시기 바랍니다.

여호와의 싹

이사야 4:1-6

쓰레기란 인간들이 다 쓰고 버린 폐기물을 가리킵니다. 거기에서는 무엇인가 새로운 것이 나올 수 없습니다. 그러나 우리나라 사람들은 쓰레기 더미에서 엄청난 새로운 것을 만들어 내었습니다. 옛날에 김포 공항에서 비행기를 타기 위해서 한강변을 차로 달리다 보면 한강 건너편에 거대한 쓰레기 산이 보였는데 그곳은 난지도였습니다. 난지도는 서울에서 나오는 모든 쓰레기를 쌓아 두던 하치장으로, 언제나 먼지와 악취 그리고 쓰레기를 태우는 연기 때문에 주변에 사는 주민들은 창문을 열어 놓을 수가 없었습니다. 이 난지도에 쓰레기가 가득 차서 더 이상 쓰레기를 받을 수 없게 되자, 서울시는 그 쓰레기 더미 전체를 흙으로 덮고 그 위에 나무를 심었습니다. 그리고 세월이 지나 이제 난지도는 유명한 자연공원이 되었습니다. 많은 야생 동물이 살게 되었고 각종 새들도 날아와 둥지를 틀어서 이제는 무려 다섯 개의 공원이 조성될 정도로 아름다운 곳으로 변하였습니다.

그러나 난지도 이상으로 놀라운 변화를 보인 것은 대한민국이라는 나라 자체였습니다. 우리나라는 일제 강점기를 거치면서 철저하게 무식하고 가난해졌으며, 더욱이 한국전쟁을 겪으면서 나라 전체가 폐허가 되었습니다. 그런데 전쟁이 끝난 후 오십 년 이상의 세월이 흐르면서 우리나라는 전 세계가 놀랄 정도로 발전한 나라가 되었습니다. 그래서 옛날 한국 전쟁에 참전했던 군인들이나 혹은 선교 초기에 우리나라를 방문했던 선교사들은, 이 나라가 이렇게 발전할 줄은 몰랐다고 입을 모아 칭송합니다.

우리는 가끔 주위에서 너무 가난해서 배우지도 못하고 도무지 성공할 것 같지 않던 사람이 나중에 열심히 공부해서 성공했다거나, 혹은 먹고살기 힘들 정도로 완전히 망했던 사람이 재기해서 큰 사업가가 되었다는 말을 들을 때 놀라게 됩니다. 또 우리는 가끔 운동선수나 음악가 중에서 부상당하거나 혹은 병으로 앞을 보지 못하게 되거나 듣지 못하게 되었는데도 불구하고 열심히 노력해서 나중에 더 큰 성공을 이룬 사람을 보면 놀라워합니다.

하나님의 백성에게는 놀라운 특징이 하나 있습니다. 그것은 그들이 망해서 다시 일어설 수 없을 정도로 인생 밑바닥에 있더라도, 자신의 교만을 회개하고 온 힘을 다해 하나님의 말씀을 붙잡으면 영적인 부흥이 일어나면서 다시 재기해서 복을 받게 되는 것입니다. 예를 들면, 옛날에 사용하던 호롱불은 기름이 떨어지면 불이 약해지면서 심지가 꺼지려고 합니다. 그러나 거기에 다시 기름을 부으면 심지의 불이 살아나면서 온 방을 환하게 비추게 됩니다. 마찬가지로 하나님의 백성이 힘을 다해 말씀을 붙들면 언제나 성령의 기름이 공급되기 때문에 망하려고 해도 망할 수 없습니다. 그런데 이상하게도 하나님의 백성은 복을 받아 잘살게 되면 꼭 하나님의 말씀을 우습게 여기고 세상을 따라가고 맙니다. 그래서 부흥의 불이 꺼지고, 개인이나 나라가 비참하게 되는 것입니다. 우리가 망하지 않으려면, 아무리 복을 받아 잘살게 되어도 가난하던 시절과 변함없이 결사적으로 하나님의 말씀을 붙잡고 부흥의 불을 꺼뜨리지 않아야 합니다.

본문과 같이, 이사야 당시 유다는 부패하기 시작했습니다. 그것은 유다 지도층의 부패와 여인들의 사치로 나타났습니다. 하나님께서는 예루살렘 여인들이 몸에 많은 장신구를 걸치고 향수를 뿌리고 다니지만 나중에는 온몸에서 썩은 냄새가 나서 아무도 가까이하지 않는 노예들이 될 것이라고 말씀하셨습니다. 그런데 하나님께서는 유다나 예루살렘이 쓰레기 같은 상태가 되어도 그 가운데 한 싹이 나게 하셔서 다시 많은 열매를 맺는 부흥이 일어날 것이라고 약속하셨습니다. 하나님의 백성은 아무리 비참한 상태로 전락해도 하나님의 말씀을 결사적으로 붙들면 다시 복을 받게 됩니다.

I. 예루살렘의 비참한 현실

사람이 자기에게 좋지 않은 일이 닥쳤을 때 이것을 하나의 도전으로 생각해서 신중하게 받아들이고, 자신에게 좋지 못한 것은 과감하게 바꾸고 버릴 것을 버리면 그것은 더 좋은 기회가 될 수도 있습니다. 예를 들어, 어떤 사람이 자신의 몸에 좋지 않은 증세가 나타났을 때, 이것을 심각하게 받아들여서 식생활과 생활 방식을 바꾸고 꾸준히 운동을 한다면 오히려 그 사람은 건강이 더 좋아질 수 있을 것입니다.

하나님의 백성은 축복의 말씀도 중요하지만, 때로는 책망하는 말씀 혹은 저주의 말씀도 귀담아듣고 자신의 삶의 방식을 근본적으로 수정한다면 얼마든지 망하지 않고 지속적으로 복을 받을 수 있습니다. 그러나 우매한 자의 특징은 책망하는 말씀은 듣고 싶어 하지 않는 것입니다. 결국 이런 사람들은 얼마든지 회복할 기회가 있음에도 불구하고 '괜찮겠지' 혹은 '별일 있겠어?' 라며 대수롭지 않게 여기다가 한순간에 몰락하고 맙니다. 예루살렘은 하나님께서 주신 물질적인 복으로 아주 잘살게 되었는데, 그 부를 가지고 자신들이 의지할 많은 것을 사서 부족함 없이 누렸습니다. 그러나 유다 백성은 하나님의 복을 가지고 하나님을 더 사랑하거나 하나님께 매달리지 않고, 어설프게 이방 사람 흉내를 내었으며 여인들은 사치하였습니다. 물론 여인들이 아름다워지려고 하거나 사치하는 것 자체가 나쁜 것은 아닙니다. 문제는 그들이 하나님의 복을 받으면서 오히려 말씀을 더 멀리하고 하나님을 무시하게 된 것입니다. 결국 유다 여인들은 노예가 되어 도저히 봐줄 수 없는 몰골로 붙들려 가게 되는데, 일곱 여자가 한 남자를 붙들고 남편이 되어 달라고 통사정을 하게 될 것이라고 했습니다.

∶1절∶ "그 날에 일곱 여자가 한 남자를 붙잡고 말하기를 우리가 우리 떡을 먹으며 우리 옷을 입으리니 다만 당신의 이름으로 우리를 부르게 하여 우리가 수치를 면하게 하라 하리라."

여기서 많은 성경학자는 이사야 4장 1절은 3장 끝부분에 붙어야 하는데 잘못 분류되어 4장이 되었다고 주장합니다. 1절의 내용을 살펴보면 3장의 끝부분에 이어지는 내용인 것 같습니다. 그러나 4장 1절이 3장 끝에 붙어 있지 않고 4장 첫 부분에 나온다고 해서 틀린 것이라고 볼 수는 없습니다. 왜냐하면 하나님께서는 유다와 예루살렘이 철저하게 망한 후에도 그 쓰레기더미 같은 데서부터 하나님의 새로운 복을 부어 주실 것이기 때문입니다.

1절 말씀은 '그 날에' 예루살렘의 일곱 여자가 한 남자를 붙들고 남편이 되어 달라고 부탁한다고 말합니다. 이를 통해 유다나 예루살렘에 남자가 여자에 비해 절대적으로 부족하게 됨을 알 수 있습니다. '그 날', 즉 하나님께서 예정하신 미래의 어떤 날에는 예루살렘이나 유다에서 여자와 남자의 비율이 칠 대 일이 되는 것입니다. 그 이유가 무엇일까요? 아마도 전쟁이 나서 남자들이 모조리 전쟁터에 나가서 죽었기 때문일 것입니다. 아니면 전쟁에 지는 바람에 남자들이 대부분 포로나 노예로 끌려갔을 것입니다. 그리고 지금 유다에 남은 남자들은 주로 전쟁을 할 수 없는, 나이가 아주 많은 노인이든지 아니면 나이가 아주 어린 아이든지 아니면 장애를 가진 사람들뿐이었을 것입니다. 또는 하나님께서 유다나 예루살렘에 복을 주시지 않아서 출산율이 저조하여 남자 수가 적든지, 아니면 남자들이 먼저 타락해서 이방화 되는 바람에 신앙을 가진 남자들이 적든지 하는 경우일 수도 있습니다.

여기서 일곱 명 중 하나라는 것도 여자와 남자의 비율이 정확히 칠 대 일이라는 것이 아니라, 쓸 만한 남자들은 다 죽고 남자들 중에는 노인이나 아이들이나 장애인 등이 적은 수만 살아남은 것을 의미합니다. 그래서 여자들은 무려 일곱 여자가 한 남자를 붙들고 먹는 것이나 입는 것은 내가 다 책임질 테니 당신은 제발 남편 구실만 해 달라고 사정하는 것입니다.

그들은 '우리가 우리 떡을 먹으며 우리 옷을 입으리니 다만 당신의 이름으로 우리를 부르게 하여 우리가 수치를 면하게 하라'고 합니다.

아마 자세한 사정은 알 수 없지만 남아 있는 유다의 여자들도 노예로 팔려가게 되는데, 남편이 있는 노예와 남편이 없는 노예의 대우가 달랐던 것 같습니다. 즉, 남편이 있는 여자는 멀리 팔려 가지 않고 가족과 같이 있게 되지만, 남편이 없으면 아예 멀리 팔아 버렸던 것 같습니다. 이처럼 여자가 노예로 멀리 팔려 가지 않기 위해서는 남편이 필요했고, 그래서 손해를 보더라도 원치 않는 결혼이라도 하려 했던 것입니다.

옛날 우리나라에도 조혼제도가 있었는데, 이것은 여자가 자기보다 훨씬 나이 어린 신랑과 결혼하는 풍습입니다. 심지어 어떤 신부는 신랑이 너무 어려서 업어서 재워야 하는 경우도 있었다고 합니다. 이것은 몽골 족이 쳐들어

와서 처녀를 자꾸 조공으로 잡아가니까 집집마다 딸을 빼앗기지 않기 위해 상대가 아무리 어려도 결혼을 시켰던 것입니다. 그래서 옛날 우리나라 여성들은 사랑하는 사람과 결혼한다는 것은 꿈도 못 꿀 일이었습니다.

일제 강점기 때 일제는 일본군 위안부로 이용하기 위해 우리나라 처녀들을 마구잡이로 잡아갔습니다. 그때 처녀들은 위안부로 끌려가지 않으려고 이 남자 저 남자 고르지 않고 그냥 부모가 정해 주는 대로 무조건 결혼해야만 했습니다.

우리가 이 세상에서 아무리 똑똑하고 유능해도 하나님께서 복을 주셔야 행복하게 잘 살 수 있습니다. 특히 젊은이들이 결혼 상대를 고를 때 인격적으로 나무랄 데 없고 나이도 잘 맞고 신앙적으로도 흠 없는 사람을 택해서 결혼하는 것이 얼마나 큰 복인지 모릅니다. 그런데 이렇게 자녀들이나 젊은이들이 아름다운 결혼을 하고 행복한 인생을 살기 위해서는 계속해서 부흥이 일어나야 합니다. 부흥이 계속되면 신앙 좋고 건전하며 유능한 젊은이들이 교회에 많아지게 되는데, 결국 이들이 아름다운 가정을 이룰 수 있습니다. 교회이든 이스라엘이든 부흥의 불이 꺼진다면, 젊은 사람들은 다 전쟁터에 나가서 죽어 버리든지 아니면 신앙 없는 상태가 되어 도저히 아름다운 가정을 이룰 수 없게 됩니다.

이사야 선지자는 지금 예루살렘 여인들이 조금 잘살게 되었다고 하나님의 말씀을 팽개치고 어설프게 이방 여인들의 사치품이나 몸에 걸치려고 하는 모습을 지적하며, 얼마 가지 않아서 그들이 아주 형편없는 가치로 몰락하게 된다고 경고합니다. 하나님의 백성이 계속 복을 받으려면 좋은 차를 타거나 좋은 직장에 다닌다고 되는 것이 아니라 자기 자신의 가치를 지켜야 합니다. 자신이 가치는 외모만 꾸며서 되는 것이 아니라, 내면을 하나님의 말씀으로 채워야 합니다. 그러므로 하나님의 백성은 복을 받을수록 더 하나님의 말씀을 사랑해야 합니다. 그렇지 않고 마음이 교만해져서 이 정도 믿으면 되었다고 생각하고 세상을 따라가기 시작하면, 어느 순간 자신과 그 자녀가 비참하게 몰락하고 마는 것입니다.

우리는 지금 당장 잘살고 못사는 것에 연연하지 말고, 우리 안에 있는 부흥의 불이 어떤 상태인지 살펴보아야 합니다. 부흥의 불이 꺼져 버리면 아무리 똑똑하고 유능한 사람도 결국 비참해질 수밖에 없습니다. 한때 우리나라에 부흥의 불이 붙으면서 많은 젊은이들이 좋은 신앙의 배우자들을 만나 가정을 이루었습니다. 그러나 최근 들어 또다시 젊은 여성들이 결혼할 만한 남자 상대를 만나지 못해 어려움을 겪고 있습니다. 이사야 시대처럼 칠 대 일이 되는 것이 아닌지 우려됩니다. 여성들은 왜 늘 이렇게 신앙의 배우자감이 모자라야 하는지 억울한 생각이 들지 모르겠습니다. 이것은 아마도 남자가 여자보다 제대로 믿기가 어려워서 그런 것 같습니다. 지금 우리의 상황은 부흥이 식어 가고 부흥의 불이 꺼져 가는 시점으로 보입니다. 이제 우리는 나 자신의 행복을 넘어서 다시 한 번 일곱 배나 더 큰 부흥이 일어나도록 기도하며 하나님 앞으로 나아가야 하겠습니다. 그러면 너무 늦기 전에 다시 하나님의 복이 회복될 줄 믿습니다.

2. 하나님의 새로운 싹

어떤 개인이나 기업이나 국가가 완전히 망한 줄 알았는데 그 폐허더미 속에서 다시 일어나 부흥하는 것을 보면 참 놀랍다는 생각을 하게 됩니다. 사실 우리나라가 바로 그런 나라입니다. 우리나라는 일제 강점기와 한국 전쟁으로 완전히 망했고 잿더미가 되었던 나라입니다. 그런데 이렇게 아름다운 축복의 나라가 되었습니다. 이것은 완전히 하나님께서 만드신 기적입니다. 하나님의 백성에게는 놀라운 특징이 하나 있는데, 그것은 그들이 아무리 절망적인 상황에 처해 있더라도 자신들의 교만과 불신앙을 회개하고 다시 하나님의 말씀으로 돌아오면 부흥이 일어나게 된다는 것입니다.

이사야 선지자는 앞으로 예루살렘이 파괴되어서 잿더미처럼 될 것이라고 예언합니다. 그러나 하나님께서는 그 비참한 잿더미 가운데 한 싹이 나서 자라게 하시는데, 결국 이 싹이 예루살렘을 다시 아름답고 영화롭게 회복할 것입니다.

:2절: "그 날에 여호와의 싹이 아름답고 영화로울 것이요 그 땅의 소산은 이스라엘의 피난한 자를 위하여 영화롭고 아름다울 것이며"

겨울이 되면 나무에서 잎은 다 떨어지고 앙상한 가지만 남습니다. 그리고 밭이나 들에 있던 풀들은 서리를 맞으면 다 죽어 버립니다. 산불이 났던 곳의 모습은 더 비참합니다. 산불이 크게 난 곳은 나무나 풀이 시커멓게 죽어서 몇 년이 지나도 풀 한 포기 나지 않고 새싹도 돋지 않습니다. 그러다가 어느 날 봄기운이 돌면서 파란 새싹이 하나둘 돋아나게 됩니다. 이것을 신호로 주위 모든 풀과 나무에서 새순을 틔우기 시작하는데, 이것은 어느 순간 무성하게 자라 온 세상을 파랗게 덮어 버립니다.

그런데 본문을 보면 식물이 아닌데 이런 싹이 있다고 말씀하십니다. 그것은 바로 하나님의 백성 가운데서 일어나는 부흥의 싹입니다. 우리가 성경을 읽다 보면 이스라엘 백성이나 믿는 사람들을 나무에 비유하는 것을 종종 볼 수 있습니다. 하나님께서는 이스라엘 백성을 포도나무에 비유하기도 하시고 또 예수 믿는 사람들을 감람나무에 비유하기도 하십니다. 식물에게 있어서 특히 중요한 것은 그 식물의 진액입니다. 돌감람나무나 들포도는 좋지 않은 진액이 올라가서 열매를 맺기 때문에 먹을 수 없는 열매가 맺힙니다. 그러나 이렇게 나쁜 과일나무를 좋은 나무에 접붙여서 좋은 진액을 빨아들이게 하면 정말 맛이 있는 좋은 열매가 맺힙니다. 그 진액이 바로 하나님의 말씀입니다.

그런데 유다 백성이나 하나님의 백성에게는 이상한 특징이 하나 있습니다. 그것은 그들이 하나님의 복을 받아 잘살게 되면 하나님의 진액은 밀쳐 버리고 세상의 진액을 받아들이는 것입니다. 왜냐하면 세상의 지식이나 유행과 문화가 하나님의 말씀보다 훨씬 더 세련되고 맛있고 만족감을 주는 것 같기 때문입니다. 그러나 하나님의 입맛에는 이 세상의 진액을 받아들인 하나님의 백성은 그야말로 들포도나 돌감람나무 열매와 같아서 너무 떫고 써서 뱉어 버릴 수밖에 없습니다.

하지만 놀라운 것은 하나님의 백성이 징계를 받아 인생 밑바닥에 내려가면, 자신의 교만을 회개하고 하나님 앞에 겸손해져서 다시 하나님의 말씀의 진액을 받아들이기 시작하는 것입니다. 하나님의 백성이 세상의 진액을 끊어 버리고 하나님의 말씀의 진액을 빨아올리면 다시 영적 부흥이 일어나는데, 그러면 하나님의 복이 회복되고 심지어는 포로로 붙들려 갔던 사람들이 돌아오기도 합니다. 특히 유다의 지도자 중에는 드물게 완전히 하나님의 말씀에 헌신한 종들이 있었습니다. 바로 히스기야 왕이나 요시야 왕 같은 사람들이었는데, 이들이 미친 듯이 하나님의 말씀을 붙들고 나갈 때 처음에는 반대가 많고 방해가 심했습니다. 그러나 어느 순간부터 하나님의 능력이 나타나고 부흥이 일어나기 시작하자 반대하는 소리가 줄어들면서 더 큰 하나님의 부흥이 일어났습니다. 유다의 역사 중에서 히스기야와 요시야 시대의 부흥은 그야말로 아름답고 영광스러운 축복이었습니다.

사실 히스기야나 요시야 같은 사람들은 장차 오실 메시아에 대한 예표였습니다. 즉, 유다 역사에서 히스기야나 요시야 같은 사람들이 하나님의 말씀을 붙들었더니 놀라운 부흥이 일어났는데, 장차 오실 하나님의 아들은 하나님의 말씀에 자신의 삶과 생명을 완전히 바치실 것입니다. 그렇게 되면 얼마나 놀라운 부흥과 회복이 일어나겠습니까? 사망의 권세가 깨어지고 사탄이 하늘에서 떨어지며 보혜사 성령께서 우리 믿는 자들에게 오시는 놀라운 역사가 있게 될 것입니다.

그런데 본문의 '여호와의 싹'이라는 말 자체가 모순을 안고 있습니다. 우선 '여호와'는 강력한 이름입니다. 그러므로 여호와와 관계되는 것은 모두 다 강한 것입니다. 왕의 이름이 붙는 것은 더욱 그렇습니다. 왕의 이름이 붙는 것은 모두 최고의 것이고 가장 훌륭한 것입니다. 예를 들어, 영국에서 '로열(royal)'이라는 이름이 붙은 발레단이나 연구원이나 도서관은 전부 최고의 것들입니다. 그런데 여기 본문에서는 연약한 것에 '여호와'의 이름이 붙었습니다. 그것은 '여호와의 싹'입니다. '싹'은 너무나 연약해서 사람들이 손으로 딸 수도 있고 발로 밟으면 뭉개집니다. 대개 하나님의 말씀의 종들은 처음에는 하나님의 말씀만 믿기 때문에 세상적인 힘이나 아무 권세가 없습니다. 그래서 처음에는 어린 싹처럼 힘이 없고, 강한 자가 발로 밟으면 망할 것 같습니다. 그러나 이상하게도 이렇게 연약한 싹들이 잘 견디다가 어느 순간부터 하나님의 능력을 나타내게 됩니다. 그리고 그때부터는 세상이 감당할 수 없는 능력의 종이 됩니다.

예수님도 마찬가지로 이 세상에 오실 때는 가장 연약한 인간의 모습으로 오셨습니다. 그분은 가난한 가정에서 태어나셨고, 전혀 힘이 없으셔서 아기 때부터 애굽으로 피난을 가야만 했습니다. 주님께서는 세상의 권세도 없었고 군사도 없었습니다. 그래서 유대의 지도자들은 예수님을 무시했으며, 결국 그분을 십자가에 못 박아 죽였습니다. 그러나 우리 주님은 음부에서 사망과 싸워 이기셨고, 자신의 피로 우리의 모든 죄를 다 해결하셨으며, 온 우주의 왕으로 하나님의 보좌 우편에 오르셨습니다. 그렇다면 왜 하나님의 아들이 그 연약한 싹으로 이 세상에 오셔야 했을까요? 그것은 바로 우리 안에 있는 죄를 감당하기 위해서입니다. 하나님은 다른 것은 쉽게 고치셔도 인간의 죄만큼은 쉽게 고치실 수 없었습니다. 그래서 인간을 만드신 하나님의 아들이 인간으로 오셔서 직접 우리의 죄를 감당해야만 했습니다.

우리 인간은 지금까지 모든 일을 다른 인간과의 관계에서만 살펴보았습니다. 그러나 더 중요한 것은 나의 처지를 하나님과의 관계에서 살펴보는 것입니다. 하나님과의 관계에서 죄가 해결되지 않은 사람은 영원한 저주 가운데 있습니다. 이제 우리에게 가장 심각한 문제는 잘사느냐 못사느냐 혹은 자유인이냐 노예냐가 아닙니다. 죄가 해결되었느냐 해결되지 않았느냐가 가장 심각한 문제입니다. 그런데 하나님과의 관계에서 이 연약한 싹인 예수님을 믿는 자는 죄와 죽음의 자리에서 축복의 자리로 옮겨졌습니다. 지금 우리가 어떤 형편과 처지에 있든 상관없이 죄 문제가 해결되었다면, 다른 모든 것은 하나님께서 알아서 인도해 주실 것입니다.

하나님의 지혜의 절정은, 이미 타락할 대로 타락한 인간들에게 하나님께서 새로운 기운을 주셔서 하나님을 믿게 하시고 하나님의 뜻에 순종하게 하시는 것입니다. 이것이 바로 하나님의 지혜 중의 지혜요 능력 중의 능력입니다. 이 세상의 어떤 지혜라도 죄만 짓던 사람을 바꾸어서 하나님을 사랑하게 할 수 없습니다.

원래 우리 몸으로는 하나님의 법을 감당할 수 없습니다. 그런데 우리 안에 하나님의 영광스러운 신적인 능력이 주입됨으로 불가능했던 그 삶을 살게 하십니다. 그래서 하나님은 우리 한 사람 한 사람이 하나님의 싹이 되게 하십니다.

본문은 '그 땅의 소산은 이스라엘의 피난한 자를 위하여 영화롭고 아름다울 것이며'라고 말씀하고 있습니다. 역시 '그 땅의 소산'은 하나님께서 주실 새 언약, 복음의 언약을 말합니다. 또 여기서 '이스라엘의 피난한 자'라는 것은, 이 세상에서 도저히 내 힘과 능력으로 살 수 없다고 생각해서 주님께로 피한 자를 말합니다. 우리가 예수님의 말씀을 듣고 예수님을 믿을 때 우리는 그분의 날개 아래로 피하게 됩니다. 그때 하나님은 우리 안에 하나님의 능력과 지혜를 부으셔서 결국 아름다운 열매를 맺게 하십니다.

3. 예루살렘에 남는 자들

이사야 선지자는 나중에 예루살렘이 망하는 일이 있어도 그중에 살아남을 자가 있을 것이라고 했습니다. 아마 유다 백성이 이 말씀을 들으면 기를 쓰고 예루살렘에 남아 있으려고 했을 것입니다. 그러나 유감스럽게도 이 예루살렘은 눈에 보이는 예루살렘이 아니었습니다.

> :3절: "시온에 남아 있는 자, 예루살렘에 머물러 있는 자 곧 예루살렘 안에 생존한 자 중 기록된 모든 사람은 거룩하다 칭함을 얻으리니"

이사야 선지자나 다른 선지자들의 예언 중에서 아주 중요한 것이 바로 이 '남은 자'가 있다는 것입니다. 얼핏 생각하면 '남은 자'는 예루살렘이 공격받아서 사람들이 붙들려 갈 때 돈을 써서 빠지거나 혹은 잘 숨어서 끌려가지 않은 자를 말하는 것으로 생각하기 쉽습니다.

그러나 여기서 말하는 '예루살렘'은 눈에 보이는 예루살렘 성이 아닙니다. 여기서 말하는 예루살렘은 하나님의 말씀을 믿고 붙드는 신앙의 공동체를 의미합니다. 그래서 실제로 예루살렘은 포로로 붙들려 간 사람들이었습니다. 오히려 포로로 붙들려 가지 않고 남은 자들은 끝까지 인간적인 방법을 의지했지만, 포로로 붙들려 간 자들 중에는 에스겔 같은 선지자가 나타나서 하나님의 말씀이 선포되고 있었습니다. 그러므로 우리에게 중요한 것은 우리가 어디에 있든지 말씀을 붙드는 신앙의 공동체를 찾아야 한다는 것입니다. 그래야 우리는 거기서도 안전하게 거하며 좋은 열매를 맺을 수 있습니다.

그러나 눈에 보이는 예루살렘을 믿고 돈을 믿었던 사람들은 비참하게 망하고 말았습니다. 오늘 이 시대를 사는 우리도 혼자서는 결코 사탄의 집요한 공격이나 시험을 이길 수 없습니다. 반드시 말씀을 붙드는 신앙 공동체의 일원이 되어야 이 불시험을 이길 수 있습니다. 이 세상은 죄와 분노의 불로 뜨겁지만, 말씀을 품은 우리 안에서는 계속 성령의 생수가 흘러나오기 때문에 우리가 타지 않고 이겨 낼 수 있는 것입니다.

이 신앙 공동체는 단순히 믿는 사람들만 많이 모인다고 해서 이루어지는 것이 아니고 말씀을 붙드는 공동체가 되어야 합니다.

영국은 청교도 시대를 지나 왕정이 복고되면서 많은 청교도가 신대륙을 향해 떠났습니다. 영국을 떠난 청교도들은 자신들이 누리던 지위나 재산을 다 포기하고 오직 신앙의 자유를 위해서 떠났습니다. 오직 하나님의 말씀이 자기 안에 풍성하게 거하도록 하기 위해, 전염병과 범죄가 우글거리는 곳임에도 불구하고 신대륙을 향해 떠난 그들이 바로 예루살렘이었습니다.

본문에 보면 그 이름이 '기록된 자들'이라고 말씀하고 있습니다. 이것은 하나님의 책에 이름이 기록되어 있다는 뜻입니다. 우리가 기억해야 할 것은, 하나님은 이미 오래전부터 우리를 알고 계시며, 우리의 이름은 하나님의 생명책에 기록되어서 지워지지 않는다는 사실입니다. 이것이 바로 하나님의 열정입니다. 그러면 왜 하나님은 다른 사람이 아닌 우리의 이름을 거기에 적으셨을까요? 우리는 그 이유를 모릅니다. 단지 하나님은 우리를 구원하시기를 기뻐하셔서 우리를 택하신 것뿐입니다.

우리가 볼 때 이 세상은 너무나 미래가 불안정해서 도저히 살아갈 수 없을 것 같습니다. 그런데 어떻게 끝까지 살아남을 수 있습니까? 그것은 오직 공동체가 함께 하나님의 말씀을 끝까지 붙드는 방법밖에 없습니다.

하나님의 구원 계획의 중심은 교회입니다. 그런데 그냥 교회가 아니라 말씀을 붙드는 교회입니다. 세상에서 마지막까지 살아남는 것은 바로 이러한 말씀의 공동체입니다. 만일 이런 말씀의 공동체가 없어진다면 세상도 없어집니다. 그러므로 목숨을 걸고 말씀의 공동체를 붙드는 것이 우리가 끝까지 소멸되지 않고 살아남는 유일한 방법입니다. 먹을 것이 없어 얻어먹고 나눠 먹더라도 말씀의 공동체의 일원이 되어야 합니다.

그런데 하나님은 이 적은 무리에게 성령을 부으셔서 하나님의 능력으로 큰 부흥이 일어나게 하십니다. 온 세계가 이 사람들을 주목하지 않을 수 없는 이유는 바로 그들에게 하나님의 능력과 축복이 나타나기 때문입니다.

앞으로 새로 만들어지는 예루살렘은 하나의 큰 특징이 있습니다. 그것은 바로 죄에 대한 비상한 인식입니다.

：4절： "이는 주께서 심판하는 영과 소멸하는 영으로 시온의 딸들의 더러움을 씻기시며 예루살렘의 피를 그 중에서 청결하게 하실 때가 됨이라."

여기서 '심판하는 영과 소멸하는 영'은 하나님께서 주의 백성의 양심을 성령으로 깨끗하게 하시는 것을 말합니다. 인간은 마치 짐승들이 배설물 위에 뒹굴고 토한 것을 다시 먹어도 더러운 줄 모르는 것처럼 죄를 인식하지 못했습니다. 그러나 하나님은 먼저 우리 믿는 자들에게 성령을 주시고 깨달음을 주셔서 죄를 알게 하십니다.

'심판하는 영'은 하나님께서 우리에게 죄를 깨닫게 하시는 것을 말합니다. 사람들은 죄를 죄로 생각하지 않습니다. 왜냐하면 하나님을 모르기 때문입니다. 그래서 죄를 깨닫지 못합니다.

사람들은 법을 어기거나 혹은 다른 사람에게 해를 끼쳐야 죄라고 생각합니다. 그런데 하나님의 말씀을 들으면, 우리가 피조물임에도 불구하고 하나님을 인정하지 않고 내 마음대로 산 것이 모두 죄라는 사실을 깨닫게 됩니다. 하나님의 말씀은 우리 모두를 하나님의 존전에 세워 놓습니다. 그러면 우리의 삶 가운데 죄 아닌 것이 없습니다. 때로는 숨 쉬고 사는 것 자체가 죄로 느껴질 때가 있습니다.

그때 우리의 양심은 먼저 성령으로 책망을 받게 됩니다. 우리는 하나님 앞에서 두려워 떨며 깨달아지는 모든 죄를 회개하게 되는데, 그것이 바로 심판하는 영이신 성령의 역사입니다. 만일 우리가 하나님의 말씀으로 이렇게 미리 심판을 받지 않으면 나중에 하나님의 심판대 앞에서 최후의 심판을 받게 되는데 그때는 긍휼이나 자비가 없습니다. 그러므로 이 세상에서 죄가 드러나지 않고 죽는 것이 복이 아닙니다. 결국 하나님 앞에서 다 드러나게 되기 때문입니다. 차라리 이 세상에서 죄가 들통나서 울고불고 회개함으로 긍휼하신 하나님 앞에서 용서받는 편이 훨씬 낫습니다.

다윗은 우리아의 아내를 범한 후 죄를 감추었다가 하나님께서 죄를 드러내시자 식음을 전폐하고 엎드려 회개했습니다. 그리고 난 후 다윗은 이렇게 해서라도 죄 사함을 받는 것이 복되다고 했습니다. 만일 다윗이 죄를 회개하지 않고 지옥에 갔더라면 그가 죽인 많은 원수가 지옥에서 그를 맞이했을 것입니다.

'소멸하는 영'은 죄를 심판만 하는 것이 아니고 태워 버리는 것을 말합니다. 우리가 하나님 앞에서 우리의 죄를 다 고백할 때 하나님은 우리 죄를 흔적도 없이 다 지워 버리십니다. 그렇게 하는 일이 가능한 것은 예수님의 십자가가 우리 모든 죄를 다 빨아들이기 때문입니다. 십자가는 죄의 진공청소기입니다.

그리고 하나님은 '예루살렘의 피를 그중에서 청결하게 하실' 것이라고 하셨습니다. 여기서 말하는 예루살렘의 피는 그들이 흘린 피를 말하는 것이 아니라 몸 안에 흐르는 피를 말합니다. 즉, 본질적으로 고쳐지기 어려운 사람의 본성을 말하는 것입니다. 하나님께서는 우리 안에 있는 기질이나 성품까지 새롭게 변화시켜 주십니다.

　신장 투석을 하는 사람은 일주일에 두세 번씩 혈액을 깨끗하게 해 주어야 합니다. 그렇지 않으면 몸 안에 노폐물이 쌓여 목숨을 잃게 됩니다. 마찬가지로 우리는 성령으로 우리 안에 있는 더러운 본성을 자꾸 씻어 내야 합니다. 그러한 이들에게는 하나님의 특별한 보호와 인도하심이 있습니다.

　:5절: "여호와께서 거하시는 온 시온 산과 모든 집회 위에 낮이면 구름과 연기, 밤이면 화염의 빛을 만드시고 그 모든 영광 위에 덮개를 두시며"

　이스라엘 백성이 애굽에서 탈출했을 때, 그들은 길도 알지 못한 채 낮에는 뜨겁고 밤에는 추운 광야를 지나야 했습니다. 그때 하나님은 이스라엘 백성을 구름기둥과 불기둥으로 인도하셨습니다. 사실 이백만 명 이상이 움직이다 보면 어디가 앞이고 어디가 뒤인지 알기 어렵습니다. 자칫 잘못하면 사람들이 서로 뒤엉켜서 넘어지거나 엉뚱한 길로 가기 쉽습니다. 밤에 교통 정리하는 분이 들고 있는 안전 지시봉은 차가 진행할 방향을 잘 안내해 줍니다. 이와 같이 하나님은 수많은 이스라엘 백성에게 구름기둥과 불기둥으로 나아갈 방향을 안내해 주셨습니다. 그리고 이스라엘 백성이 너무 덥지 않도록 구름으로 태양을 가리셔서 시원하게 해 주셨습니다.

　우리는 한 번도 살아 본 적이 없는 인생길을 가면서 매순간 수없는 선택을 해야 합니다. 요즘은 무엇 하나를 하려고 해도 일이 년 이상 준비하지 않으면 아무것도 할 수 없습니다. 그러나 하나님께서 우리의 갈 길을 인도해 주십니다. 하나님은 때로는 우리의 길을 막기도 하시고 때로는 열어 주기도 하십니다. 그런데 우리는 막힌 길을 가려고 부득부득 고집을 부릴 때도 있고, 길이 열렸는데도 가기를 망설일 때도 많습니다. 하지만 하나님은 우리에게 가야 할 분명한 길을 인도하십니다. 어떤 때는 방황한 것 같지만 가장 빠른 길을 걸은 사실을 발견할 때도 있습니다. 하나님께서는 우리에게 불필요한 고통을 주시지 않으십니다. 하나님께서 우리를 기다리게 하실 때는 기다리는 것이 가장 유익하기 때문입니다.

우리의 인생길에서 가장 문제가 되는 것은, 하루하루 삶에서 만나는 우리가 알지 못하는 수많은 위험입니다.

:6절: "또 초막이 있어서 낮에는 더위를 피하는 그늘을 지으며 또 풍우를 피하여 숨는 곳이 되리라."

하나님께서 우리 위에 천막을 치셔서 낮의 더위와 밤의 추위가 우리를 상하지 못하게 지켜 주십니다. 광야 길은 밤과 낮이 모두 위험합니다. 낮에는 타는 듯한 더위 때문에 위험하고 밤에는 추위 때문에 위험하며, 혹은 예상치 못한 모래 폭풍 때문에 길을 잃기 쉽습니다. 물론 이것은 예측할 수 없는 일상 가운데서도 하나님께서 우리를 지키심을 나타냅니다. 그런데 때때로 우리 안에 있는 분노의 감정이 낮의 더위보다 더 위험할 때가 있습니다. 분노는 다른 사람을 다치게 할 뿐 아니라 자기 자신도 다치게 만듭니다. 그러나 성령께서 우리 속에서 일어나는 분노로부터 우리를 지켜 주십니다. 어떤 사람은 분노 때문에 자살하기도 하고, 어떤 사람은 분노 때문에 다른 사람을 죽이기도 합니다. 그러나 하나님은 이런 분노로부터 우리를 지켜 주십니다.

하나님께서는 또한 예기치 못한 악의 공격으로부터 우리를 지켜 주십니다. 우리가 하나님을 온전히 의지하기만 하면 하나님은 우리의 반석이 되시고 목자가 되셔서 우리를 안전하게 지켜 주실 것입니다. 지금 내가 잘사는 것으로 만족하지 말고, 겸손하게 가난했던 처음의 자리로 돌아가 다시 하나님을 붙들고 의지하며 부흥이 일어나길 기도해야 합니다. 그래서 이 땅의 모든 젊은이들의 길이 열릴 수 있기를 바랍니다.

09

하나님의
포도원

이사야 5:1-17

요즘 우리나라나 외국의 중요한 회사들의 가치는 모두 그 회사의 주식 가격으로 평가받습니다. 예를 들어, 우리나라 어느 전자 회사의 물건이 세계적으로 많이 팔려서 많은 수익을 올리게 되면, 그 회사 주가는 올라가고 그 회사 주식을 산 사람들은 그만큼 돈을 벌게 될 것입니다. 반대로 또 다른 회사는 엄청나게 투자해서 새로운 상품을 개발했는데 전혀 팔리지 않아서 손해를 보게 되면, 그 회사 주가는 내려가고 그 회사 주식을 산 사람들은 그만큼 손해를 볼 것입니다.

이러한 투자에는 돈의 투자만 있는 것이 아닙니다. 사실 젊은이들은 자기 시간이나 열정을 어디에 투자해야 가장 좋은 결과를 얻을 수 있는지를 생각하는 사람들입니다. 외국 유학을 가장 좋은 투자라고 생각하는 사람은 직장을 포기하고 전세금까지 빼서 수년 동안 외국에서 공부한 후 학위 받는 길을 택합니다. 그런데 그 사람이 계획한 대로 학위를 받고 또 한국에 돌아와 좋은 자리를 얻게 되면 다행이지만, 그렇게 고생해서 공부했는데 학위를 받지 못하거나 직장을 구하지 못하면 그만큼 인생을 낭비하는 것입니다. 또 어떤 사람은 고시 공부를 해서 판사나 변호사가 되는 것을 가장 좋은 투자라고 생각합니다. 그래서 몇 년간 머리를 싸매고 공부했는데, 원하는 대로 사법시험에 합격해서 판사나 변호사가 되면 성공한 것이지만 공부만 하고 시험에 합격하지 못하면 그만큼 시간과 정력을 허비한 것이 됩니다.

마찬가지로 우리가 도서관에서 책을 읽거나 혹은 사람을 만나거나 일을 하는 것이 더 유익할 수도 있지만, 우리는 지금 시간과 열정을 하나님의 말씀과 기도에 투자하고 있습니다. 만일 우리가 말씀과 기도로 하나님의 응답을 받고 하나님의 능력과 복을 끌어올 수 있다면 우리는 다른 어떤 일을 하는 것보다 성공적인 시간을 보내고 있는 것입니다. 그런데 우리가 아무리 말씀을 듣고 기도해도 하나님의 응답도 없고 복도 없다면 우리는 가장 어리석은 사람들이며 시간과 열정을 허비한 것입니다.

본문 말씀은 '포도원의 노래' 또는 '포도원의 애가'라고 불리는 아주 슬픈 노래입니다. 어떤 사람이 아주 좋은 포도원이 있고 극상품의 포도나무들이 있다고 해서 자기가 가진 모든 재산을 이 포도원에 투자했습니다. 이 사람은 이 포도원이야말로 정말 가능성이 있고 자기에게 많은 수익을 가져다줄 것이라고 믿고 전 재산을 투자했는데 사실은 이것이 사기였습니다. 그래서 이 사람은 자기가 투자한 돈을 한 푼도 찾지 못하고 완전히 알거지가 되고 말았습니다. 그런데 놀라운 것은 이 포도원에 투자해서 사기를 당한 분은 다른 사람이 아니라 하나님이셨습니다. 그리고 사기를 쳐서 하나님의 사업을 망하게 한 장본인은 바로 이스라엘 백성이었습니다.

1. 포도원의 노래

　옛날 사람들은 어떤 기가 막힌 일을 당했을 때 자신의 슬픔을 노래로 표현하곤 했습니다. 본문 말씀은 앞으로 이스라엘 백성 사이에 유행하게 될 슬픈 노래를 하나 가르쳐 주고 있는데 그것은 바로 포도원의 노래입니다.

　:1-2절: "나는 내가 사랑하는 자를 위하여 노래하되 내가 사랑하는 자의 포도원을 노래하리라. 내가 사랑하는 자에게 포도원이 있음이여 심히 기름진 산에로다. 땅을 파서 돌을 제하고 극상품 포도나무를 심었도다. 그중에 망대를 세웠고 또 그 안에 술틀을 팠도다. 좋은 포도 맺기를 바랐더니 들포도를 맺었도다."

　여기서 이사야는 자기가 아주 잘 아는 사랑하는 한 사람이 있었다고 말합니다. 사람들은 이사야가 이렇게 사랑했던 사람이라면 그의 부모이든지 혹은 형이나 친구이든지 아니면 사랑하는 연인이라고 생각했을 것입니다. 본문을 보면 '나는 내가 사랑하는 자를 위하여 노래한다'고 했는데 '내가 사랑하는 자'라는 말이 무려 세 번이나 나옵니다. 이것을 보면 이사야가 얼마나 간절한 마음으로 이 노래를 만들었는지 알 수 있습니다.

　이사야가 사랑하는 그 사람은 돈이 있는 사람이었습니다. 이 사람은 자신의 재산을 좀 더 가치 있는 데 사용해서 재산을 더 불리려고 생각했습니다. 그래서 그는 자기가 가진 돈을 포도원에 투자하기로 결정했습니다. 그리고 이 사랑하는 사람은 가장 기름진 산을 사서 거기에 포도원을 만들 계획을 세웠습니다. 그는 먼저 땅을 파서 포도원을 만들고 거기에 최고로 좋은 극상품 포도나무를 심었습니다. 그는 이 포도나무가 최고로 좋은 열매를 많이 맺으리라고 생각해서 망대도 세우고 포도즙을 짜는 틀도 만들고, 수년간 투자하여 인부를 고용하고 거름을 주고 가지치기를 하면서 농사를 지었습니다. 그런데 이 포도원은 한마디로 사기였습니다. 즉, 이 사람이 샀던 포도원도 엉터리였고, 극상품이라고 말하던 포도나무도 엉터리였습니다. 그 결과 몇 년이 지난 후 드디어 포도 열매가 맺혔는데, 그 포도는 도저히 떫고 써서 먹을 수 없는 들포도였습니다. 이 사람은 자기가 투자한 돈을 한 푼도 건지지 못하고 고스란히 망하고 말았습니다.

포도나무는 참 특이한 나무입니다. 외모는 너무 볼품없고 힘이 없어서 그 가지는 기둥으로도 쓸 수 없고 작대기로도 사용할 수 없습니다. 오히려 포도나무는 스스로 열매를 받칠 힘조차 없어서 다른 나무를 가져다 받쳐 주어야 하는 형편입니다. 그런데 그 나무에서 나는 열매는 그렇게 맛있을 수가 없습니다. 또한 그 포도로 만드는 포도주는 최고급 술로 사용됩니다. 그래서 하나님께서는 자주 이스라엘 백성을 포도나무나 포도 열매로 비유하셨습니다. 이스라엘 백성은 다른 민족에 비해 약하고 보잘것없어서 스스로 설 수도 없을 정도로 약합니다. 그러나 이스라엘 백성이 하나님의 말씀에 순종해서 만들어내는 신앙의 열매는 전 세계에서 유례를 찾기 어려울 정도로 맛있는 열매인 것입니다. 하나님께서는 이스라엘 백성을 극상품 포도로 생각하셨습니다.

옛날 이스라엘에서는 가장 수지맞는 농사가 바로 포도 농사였습니다. 하나님께서는 아브라함에게서 그 맛있는 포도나무의 가능성을 보셨습니다. 아브라함은 하나님의 말씀을 듣고 난 후 이 세상의 안정된 삶에 안주하지 않고 오직 하나님의 말씀 하나만 붙들고 끝까지 믿음으로 살았습니다. 하나님은 아브라함의 신앙이야말로 극상품 포도라고 생각하셨습니다. 그리고 이삭이나 야곱이나 요셉의 믿음에서도 바로 이 극상품 포도를 보셨습니다. 사실 아브라함, 이삭, 야곱, 요셉은 결점이 많은 사람들이었습니다. 그러나 그들이 이 세상에서 결코 자기 자신을 믿지 않고 끝까지 하나님의 말씀을 붙들고 살아가는 것을 볼 때 하나님은 이 자손들이 정말 투자할 가치가 있다고 생각하셨던 것입니다. 그래서 하나님께서는 이 세상 누구에게도 해보지 않았던 결단을 내리셨습니다. 그것은 바로 하나님께서 가지신 모든 것을 이스라엘 백성에게 투자하는 일이었습니다.

하나님은 그분의 지혜와 능력과 복을 모두 오직 이스라엘 백성에게 투자하셨습니다. 그래서 하나님은 이스라엘 백성을 무려 열 가지 재앙으로 보호하시며 애굽에서 나오게 하시고, 홍해를 가르셔서 바로의 추격에서 건져 주시고, 시내 산에서 율법의 말씀을 주셨습니다. 이스라엘 백성은 광야에서 하나님의 말씀에 불순종하고 원망하고 불평할 때도 있었지만, 그럼에도 불구하고 좋은 믿음의 열매를 맺었습니다. 하나님께서는 광야에서 이 정도 열매를 맺는 백성이라면 기름진 가나안 땅에 넣으면 백배의 결실을 보겠다고 생각하셔서 이스라엘 백성을 가나안 땅에 심으셨습니다. 그런데 그 결과는 실패였습니다. 왜냐하면 하나님은 최고로 좋은 포도가 맺히기를 원하셨는데 실제로 맺힌 것은 모두 들포도였기 때문입니다. 그래서 하나님의 농사는 완전히 망치게 되었고, 하나님의 투자는 실패했습니다.

: 3-4절 : "예루살렘 주민과 유다 사람들아 구하노니 이제 나와 내 포도원 사이에서 사리를 판단하라. 내가 내 포도원을 위하여 행한 것 외에 무엇을 더할 것이 있으랴. 내가 좋은 포도 맺기를 기다렸거늘 들포도를 맺음은 어찌 됨인고."

이사야는 유다 백성에게 누군가가 이렇게 포도원을 잘못 사는 바람에 망하게 되었는데 어떻게 하면 좋겠냐고 묻습니다. 그때 거의 대부분의 사람은 말하기를 '이제 와서 포도원을 잘못 산 것을 후회해 봐야 무슨 소용이 있겠느냐? 이제 그만 그 포도원을 포기하고 새로 시작하는 것이 낫겠다'고 충고해 줄 것입니다.

이제 드디어 포도원 투자를 잘못해서 망하게 된 이 사랑하는 사람은 이 포도원을 포기할 수밖에 없다고 말합니다.

: 5-6절 : "이제 내가 내 포도원에 어떻게 행할지를 너희에게 이르리라. 내가 그 울타리를 걷어 먹힘을 당하게 하며 그 담을 헐어 짓밟히게 할 것이요 내가 그것을 황폐하게 하리니 다시는 가지를 자름이나 북을 돋우지 못하여 찔레와 가시가 날 것이며 내가 또 구름에게 명하여 그 위에 비를 내리지 못하게 하리라 하셨으니"

이 사람은 자기가 투자를 잘못했다는 것을 인정하고 돈 한 푼 건질 수 없는 이 포도원을 드디어 포기하게 됩니다. 그래서 그는 울타리를 걷고 담도 헐어서 포도원에 들짐승이나 사람들이 마음대로 들어와서 짓밟아도 내버려두고, 더 이상 가지를 치거나 뿌리에 흙을 돋우어 주지 않아서 이 포도원이 완전히 버림받게 할 것이라고 말합니다. 이제 이 포도원은 다시 잡초가 무성하고 돌투성이가 되고 잡목이 우거진 버려진 땅이 되고 마는 것입니다.

그런데 놀라운 것은 이 사람이 '구름에게 명하여 그 위에 비를 내리지 못하게 하리라'고 말한 것입니다. 그는 보통 사람이 아니라 구름에게 명령을 할 수 있는 분이신 것입니다. 이분은 바로 하나님이셨습니다. 그리고 하나님께서 투자하신 포도원은 이스라엘 백성과 유다 백성이었습니다. 하나님께서는 더 이상 좋은 포도를 맺지 않고 먹을 수 없는 들포도를 맺는 이 포도원은 가치가 없다고 판단하셔서 완전히 버리기로 하십니다. 하나님은 더 이상 이 포도원에 투자하실 가치를 느끼지 못하시는 것입니다.

여기서 우리가 알 수 있는 것이 무엇입니까? 하나님은 이 세상에서 많은 농사를 지으십니다. 하나님은 문화나 학문도 발전시키시고 정치도 발전시키십니다. 그런데 하나님의 최고의 투자처는 바로 하나님의 백성, 즉 하나님의 포도원입니다. 하나님은 하나님의 백성에게 자신의 전 재산을 다 투자하십니다. 그런데 만일 우리가 하나님께서 기뻐하시는 열매를 맺지 못하면 하나님의 농사는 실패하고 하나님의 사업은 망하고 마는 것입니다. 물론 우리는 '과연 하나님이 망하실까?'라고 생각할 것입니다. 그러나 이것은 하나님이 그만큼 우리를 중요하게 생각하신다는 의미입니다. 우리가 보기에 하나님은 우리에게 많은 투자를 하시지 않는 것처럼 보이지만, 실제로 우리는 하나님께서 가장 소중하게 생각하시는 기업이고 최고의 재산인 것입니다.

2. 하나님께서 원하신 열매

포도원의 노래에서 가장 중요한 것은, 포도원 주인은 극상품 포도가 맺히기를 기대했는데 실제로는 들포도가 맺힌 것이었습니다. 이 포도원 주인은 땅값이라든지 혹은 주가 폭락 때문에 망했다고 말씀하시는 것이 아니라 포도 열매의 품질을 두고 말씀하시는 것입니다.

: 7절 : "무릇 만군의 여호와의 포도원은 이스라엘 족속이요 그가 기뻐하시는 나무는 유다 사람이라. 그들에게 정의를 바라셨더니 도리어 포학이요 그들에게 공의를 바라셨더니 도리어 부르짖음이었도다."

여기서 우리는 이 포도원 애가의 내용을 분명히 알 수 있습니다. 그것은 본문의 사랑하는 자는 하나님이시고, 하나님께서 투자하신 포도원은 바로 이스라엘 백성이며 유다 백성이었던 것입니다. 여기서 가장 중요한 것은 과연 하나님께서 이스라엘 백성에게 기대하셨던 열매가 무엇이었느냐 하는 것입니다.

이스라엘 백성이 좋은 열매를 맺는다는 것은 무엇을 말할까요? 여기서 이스라엘 백성과 하나님의 생각에는 엄청난 차이가 있었습니다. 이스라엘 백성이나 유다 백성은, 자신들이 극상품 포도를 맺는다는 것은 나라나 예루살렘의 외형이 커지고 화려해지며 이 세상에서 성공하고 잘사는 것이라고 생각했습니다. 많은 사람이 성공을 물질적인 복이나 세상에서 높아지는 것으로 보는 것은 틀림없는 사실입니다. 예를 들어, 기업의 성공은 물건을 많이 팔아서 매출액이 커지는 것을 말할 것입니다. 개인의 성공은 돈을 많이 벌어서 큰 집을 사고 유명해지는 것을 떠올립니다. 그런데 하나님께서 원하시는 열매는 이런 외형의 열매가 아니었습니다. 하나님께서 원하시는 열매는 순종의 열매로, 하나님의 백성이 하나님의 말씀에 순종할 때 맺히는 열매는 말로 표현할 수 없는 독특한 맛을 내었습니다.

우리가 과일을 좋아하는 이유는 바로 그 과일만이 가지고 있는 상큼한 맛 때문입니다. 만약 사과나 배가 아주 크고 잘생겼는데 맛은 썩은 무 같은 맛이라면 아무도 그 과일을 먹으려고 하지 않을 것입니다. 과일은 크기도 중요하지만, 그 과일만이 가지고 있는 독특하고 상큼한 맛이 더 중요합니다. 이것은 우리 인간의 힘으로 만들어지지 않습니다. 인간은 모두 타락한 본성을 가지고 있기 때문에 우리가 맺는 열매는 모두 떫고 쓴맛을 내는 돌감람나무 열매나 들포도입니다. 그런데 우리가 우리의 욕망을 하나님의 말씀에 복종시켜서 그 말씀에 순종하면, 하나님의 능력이 우리 안에 들어오면서 아주 상큼하고 신선한 맛을 내게 됩니다. 이것이 바로 하나님이 원하시는 열매입니다. 즉, 열매는 크기로 말하지 않습니다. 열매가 아무리 커도 그 열매 고유의 맛이 나지 않으면 그 열매는 아무 가치가 없는 것입니다. 그래서 세상 사람들이 생각하는 열매와 하나님의 백성이 생각하는 열매는 완전히 정반대일 때가 많습니다.

이스라엘 백성이나 유다 백성은 자기들이 이 세상에서 욕심껏 일해서 외형이 커지고 화려해지는 것이 축복의 열매를 맺는 것이라고 생각했습니다. 그런데 하나님께서는 이것을 도저히 먹을 수 없는 들포도라고 말씀하신 것입니다.

하나님께서 이스라엘 백성이나 유다 백성에게 기대하신 것은, '나는 내가 가진 모든 것을 너희에게 다 투자할 테니 너희는 원래 가졌던 그 극상품 포도의 맛을 잃지 말라'는 것이었습니다. 즉, 하나님은 이스라엘 백성에게 옛날 아브라함과 이삭, 야곱이나 요셉이 했던 것처럼 하나님의 말씀만 붙들고 가 보라는 것이었습니다. 그러나 이스라엘 백성과 유다 백성은 가나안 땅에 들어가자마자 탐욕을 꽃피워서 가질 수 있는 것을 다 가지면서 이것이 축복의 열매라고 생각했습니다.

처음에는 좋은 포도나무였는데 나중에 나쁜 포도나무가 될 뻔했던 사람이 바로 다윗입니다. 다윗은 그야말로 목동 시절부터 하나님의 말씀을 얼마나 사랑했는지 모릅니다. 그런 다윗을 하나님은 이스라엘의 왕으로 세우시고 그에게 복이란 복은 다 주셨습니다. 그런데 다윗은 성공한 후에 자기 신하인 우리아의 아내를 탐내어 남편이 전쟁터에 가 있는 동안 그 아내를 가로챘고, 심지어는 남편을 전쟁터에서 죽게 만들었습니다. 바로 나쁜 포도나무가 된 것입니다. 그런데 하나님께서 다윗을 치셔서 그는 통회하며 회개하고 온갖 곤욕을 치른 후에 좋은 포도나무로 돌아오게 되었습니다.

다윗의 아들 솔로몬은 왕이 될 수 없는 서열이었는데, 하나님이 사랑하셔서 이스라엘의 왕이 되게 하셨습니다. 솔로몬은 왕이 되었을 때 하나님께 일천 번제를 드렸고, 하나님이 솔로몬에서 무엇을 해 주기를 바라느냐고 물으셨을 때 백성을 바르게 다스릴 수 있는 지혜를 구했습니다. 하나님께서 이 솔로몬의 기도를 얼마나 기뻐하셨는지, 그가 구한 것 외에도 온갖 복을 그에게 다 주셨습니다. 그러나 솔로몬은 점차 변질되어 우상을 섬기는 많은 이방의 공주와 정략결혼을 하였고, 나중에는 예루살렘 안에 많은 우상의 신전도 짓고 그 신들에게 제사하기까지 했습니다.

이것을 통해 우리가 알 수 있는 것은, 우리가 좋은 열매를 맺는 데 있어서 안정과 성공이 얼마나 위험한가 하는 것입니다. 하나님은 이스라엘 백성을 기름진 땅에 심으면 더 많은 열매를 맺을 줄 알았는데, 실제로는 뿌리부터 썩고 말았습니다. 이것은 오늘날 한국 교회에도 그대로 적용됩니다. 우리가 가난하고 어려웠을 때 하나님은 기쁨의 열매, 부흥의 열매를 주셨습니다. 그리고 하나님은 우리가 더 많은 열매를 맺도록 놀라운 부흥과 물질적인 복을 부어 주셨습니다. 그런데 지금 우리가 맺고 있는 열매는 어떤 열매입니까? 화려한 외형과 교만과 타락의 열매입니다. 지금 우리 기독교는 돈이나 명예나 성적인 문제로 인해 그야말로 타락할 대로 타락한 모습을 보여 주고 있습니다. 이에 대하여 하나님은 '내가 극상품 포도가 맺히기를 바랐는데 실제로는 도저히 써서 먹을 수 없는 들포도가 맺혔다'고 말씀하시는 것입니다.

예수님께서는 신약 성경에서도 우리를 포도나무에 비유하셨습니다.

:요 15:1-2: "나는 참포도나무요 내 아버지는 농부라. 무릇 내게 붙어 있어 열매를 맺지 아니하는 가지는 아버지께서 그것을 제거해 버리시고 무릇 열매를 맺는 가지는 더 열매를 맺게 하려 하여 그것을 깨끗하게 하시느니라."

하나님께서 우리를 축복하시고 사랑하시는 것은 좋은 열매를 맺게 하기 위해서입니다. 여기서 열매를 맺는다는 것은 우리가 하나님의 말씀에 순종하며 사는 것을 의미합니다. 우리가 나무에 붙어 있어서 주님의 말씀의 진액을 먹으면 열매는 저절로 맺힌다고 하셨습니다. 우리는 가뭄이나 포도 값이 내려갈 것을 걱정할 필요가 없습니다. 왜냐하면 이것은 농부가 다 걱정할 것이기 때문입니다. 우리는 오직 그 맛을 잃지 않고 좋은 열매를 맺기만 하면 됩니다.

예수님은 잎만 무성한 무화과나무를 보시고 저주하셨는데 그 나무는 즉시 말라서 죽어버렸습니다. 이 잎만 무성한 나무는 열매는 없으면서 사람들에게 헛된 기대감만 주었습니다. 그런데 이스라엘에 들포도가 맺혔다는 것은 이스라엘 백성이 세상 나라와 똑같아졌다는 것을 의미합니다. 결국 극상품 포도는 세상적으로 돈을 잘 벌거나 성공하는 것이 아니라 믿음의 열매였습니다. 즉, 이스라엘 백성 한 사람 한 사람이 말씀으로 변화되는 것이었습니다.

3. 유다 백성의 욕심

하나님께서 유다 백성에게 기대한 것은 아름다운 믿음의 열매였습니다. 하나님은 유다 백성이 하나님의 율법을 믿고 그대로 살면 아름다운 열매를 맺게 된다고 약속하셨습니다. 그 믿음의 열매는 두 가지로 말할 수 있는데 하나는 의의 열매이고, 다른 하나는 선한 열매입니다. 여기서 '의롭다'는 것은 정확한 것을 말합니다. 쉽게 말해서 의로운 것은 줄 것은 주고 받을 것은 받는 것으로, 다른 사람의 것을 욕심내지 않는 것입니다. 사람이 의로워지려면 일단 자기에게 있는 것에 만족하고 감사하는 마음이 있어야 합니다. '선한 것'은 하나님의 말씀과 일치하는 것으로, 이것은 '의로운 것'보다 한 차원 높은 것입니다. 즉, '선한 것'은 자기가 손해를 보면서 다른 사람을 돕는 것입니다. 사람이 자기 돈을 손해 보거나 자기 이익을 포기하면서도 이웃을 돕는 것이 선한 것입니다. 사람이 선하고자 하면 다른 사람의 행복을 소중하게 생각합니다.

그런데 지금 유다 백성에게서 나타나는 모습은 포학이고 강탈이었습니다.

: 7절 하 : "그들에게 정의를 바라셨더니 도리어 포학이요 그들에게 공의를 바라셨더니 도리어 부르짖음이었도다."

유다 백성은 가난한 사람들이 양식이나 돈을 빌려갔다가 제때 갚지 못하면 강제로 그들의 집이나 밭을 빼앗았습니다. 물론 이것이 세상 법으로는 문제가 없었습니다. 모든 나라가 다 그렇게 하기 때문입니다. 그러나 이 세상에서 가장 수준 낮은 것이 법과 힘으로 해결하는 것입니다. 하나님의 백성은 적어도 세상 사람들이 하는 것과는 달라야 합니다. 모든 것을 덕스럽고 순리에 맞게 해결해야 합니다. 그러나 유다 백성은 탐욕에 사로잡혀 아무도 손해를 보려고 하지 않았습니다.

하나님께서는 유다와 예루살렘에게 사기를 당했다고 말씀하셨습니다. 그 이유는 하나님은 유다와 예루살렘을 온 마음을 다해서 사랑하고 지켜 주셨는데, 그들은 조금도 손해를 보려고 하지 않았기 때문입니다. 하나님은 유다 백성에게서 다른 사람을 위하여 손해 보고 기꺼이 희생하는 사랑을 찾아볼 수 없었습니다. 하나님께서 이스라엘 백성을 애굽에서 건져내시고 또한 가나안 땅에 뿌리내리게 하신 것은 욕심을 버리고 오직 하나님의 말씀 하나만 붙들고 살도록 하기 위해서였습니다. 즉, 너희가 아무것도 없는 광야에서도 살아남았으니, 가나안 땅에서는 더욱 먹을 것이나 입을 것을 위해 걱정하지 말고 오직 하나님의 말씀에 순종하라는 것이었습니다. 그러나 누구든지 가난하다가 잘살게 되면 더 물질에 매이고 더 잘살고 싶은 욕심이 생기게 됩니다.

우리는 내가 얼마나 많이 가지고 있고 얼마나 높은 자리에 올랐는가 하는 것으로 자신을 평가해서는 안 됩니다. 우리는 내가 얼마나 남을 가치 있게 했으며 얼마나 남을 행복하게 했으며, 얼마나 하나님의 말씀대로 살았는가 하는 것으로 자신을 평가해야 합니다. 만일 우리가 다른 사람들과 똑같이 행동하고 똑같이 살아간다면 우리는 하나님의 사업을 망치고 있는 것입니다.

아마 오늘날도 하나님께서는 이때의 심정과 똑같은 심정으로 우리를 보고 계실 것입니다. 하나님이 우리에게 안정된 삶을 주시고 물질적으로 많은 복을 주신 것은 더욱 하나님의 말씀을 붙들고 살라는 것이지 더 많은 것을 갖기 위해 애쓰라는 것이 아닙니다. 만일 우리가 여기서 극상품 포도를 맺지 못한다면 다시 한 번 하나님의 사업을 망치는 것입니다.

: 8-9절 : "가옥에 가옥을 이으며 전토에 전토를 더하여 빈틈이 없도록 하고 이 땅 가운데에서 홀로 거주하려 하는 자들은 화 있을진저 만군의 여호와께서 내 귀에 말씀하시되 정녕히 허다한 가옥이 황폐하리니 크고 아름다울지라도 거주할 자가 없을 것이며"

'가옥에 가옥을 잇는' 것은 여러 집이 다닥다닥 붙어 있는 곳에서 이 집을 다 사든지 아니면 내쫓아 버리고 하나의 큰 저택을 짓는 것을 의미합니다. 그리고 '전토에 전토를 더하는' 것은 여러 사람 소유의 밭을 한꺼번에 구매해서 거대한 자신의 농장을 만드는 것입니다.

물론 우리가 큰 집을 짓고자 하면 작은 집들을 사서 합쳐야 할 것입니다. 그리고 누군가가 큰 농장을 경영하려고 하면 작은 밭들을 모두 사서 합쳐야 할 것입니다. 그러나 이스라엘이나 유다는 이 작은 집이나 밭을 사서 합칠 수 없었습니다. 왜냐하면 이스라엘은 아무리 무능하고 못난 사람이라도 하나님께서 자기 땅과 집을 가지고 행복하게 살 권리를 주셨기 때문입니다. 그런데 부자들은 자기 집을 더 키우기 위해서 이 가난한 자들의 밭이나 집을 강제로 빼앗았습니다. 물론 우리가 돈이 많아서 작은 집들을 제값 주고 사서 합칠 수는 있습니다. 하지만 갈 데가 없는 가난한 사람들을 내쫓고 큰 집으로 개발하는 것이 문제입니다. 개발하더라도 거기에 사는 가난한 사람들이 살 곳을 마련해 주어야 합니다.

하나님께서는 유다 백성이나 예루살렘 사람들이 아무리 큰 집을 짓고 아무리 큰 농장을 가지고 있어도 그들은 거기에 살지 못할 것이라고 말씀하셨습니다. 그 이유는 하나님께서 그들을 지켜 주시지 않아서 적들이 그들을 잡아갈 것이기 때문입니다.

하나님의 백성에게 가장 중요한 것은 아무리 가난하고 많이 배우지 못하고 못생긴 사람이라도 모두 행복하게 살 권리가 있음을 인정하는 것입니다. 그러므로 힘이 있다고 해서 그것을 빼앗아서는 안 됩니다. 그런데 유다 사람들은 자기 집을 더 키우기 위해서, 또 자기 밭을 더 넓히기 위해서 가난한 자들을 값도 치러 주지 않고 그 집이나 밭에서 내쫓았습니다.

사람에게는 재산을 늘리고 싶어 하는 기본적인 욕구가 있습니다. 사람에게는 발전에 대한 욕망이 있습니다. 그래서 재산이 하나라도 늘어나고, 자신의 위치가 높아져야 이 세상에 살 재미가 있지, 아무런 변화 없이 매일 똑같은 삶을 살아야 한다면 재미가 없을 것입니다.

또 사람들은 미래의 불안에 대비하고 싶은 욕망이 있습니다. 만일 우리의 미래가 보장되기만 한다면 돈을 모을 필요가 없을 것입니다. 만약 앞으로 우리의 삶이 영구적으로 위기도 없고 어떤 어려움도 없을 것이 분명하다면 우리는 돈을 모을 필요가 없을 것입니다. 그러나 이 세상을 살다 보면 예상치 못한 어려운 일이 생길 때가 많습니다. 그래서 사람들은 할 수 있는 대로 재산을 축적해 놓으려고 합니다. 하지만 우리는 재산을 의지하지 말고 하나님을 믿어야 합니다.

진정한 이스라엘의 정신은 땅에 있는 것을 많이 차지하는 것이 아니라 하나님의 복이 오도록 하는 것입니다. 하나님의 백성이 하늘에 구멍을 뚫어야 하늘의 복이 쏟아져서 이 세상도 복을 받을 수 있습니다. 그러므로 하나님의 백성은 이 세상을 복되게 하는 사람들입니다. 그런데 세상 사람들과 똑같이 오직 세상에서 많은 것을 차지하려고 한다면 이것은 죄를 짓는 것입니다.

하나님께서는 진정한 믿음의 열매가 없는 유다의 번영을 얼마 가지 않아서 다 빼앗아 가시겠다고 말씀하십니다.

┊10-12절┊ "열흘 갈이 포도원에 겨우 포도주 한 바트가 나겠고 한 호멜의 종자를 뿌려도 간신히 한 에바가 나리라 하시도다. 아침에 일찍이 일어나 독주를 마시며 밤이 깊도록 포도주에 취하는 자들은 화 있을진저 그들이 연회에는 수금과 비파와 소고와 피리와 포도주를 갖추었어도 여호와께서 행하시는 일에 관심을 두지 아니하며 그의 손으로 하신 일을 보지 아니하는도다."

지금 유다 백성은 다른 사람들의 포도원을 빼앗아 아주 큰 농사를 짓고 있습니다. 그러나 하나님께서는 그들의 소출을 십 분의 일로 줄이겠다고 말씀하십니다. '열흘 갈이 포도원'은 밭을 다 갈려면 열흘이 걸리는 거대한 포도원을 의미합니다. 그런데 그렇게 큰 포도원에서 겨우 한 드럼의 포도주가 생산되는 것입니다. 그리고 열 드럼의 포도주가 나던 곳에서는 겨우 한 통 정도의 포도주가 생산될 것이라고 말씀하십니다.

하나님의 백성이 사는 원리는 세상 사람들의 원리와 다르다는 것을 인정해야 합니다. 우리는 하나님이 우리의 미래이고 하나님이 우리의 담보입니다.

물론 성도에게도 미래에 대한 두려움은 있습니다. 그러나 믿음으로 그 두려움을 이기고 말씀 중심으로 나가면 계속 하나님의 복이 임하게 됩니다. 하지만 우리가 세상 복을 잡으려고 하면 결국 하나님의 복이 그칠 때가 올 것입니다. 그 이유는 하나님의 눈에 더 이상 투자 가치가 없기 때문입니다. 그러나 그것이 전부가 아닙니다. 본문에서 하나님은 앞으로 유다가 철저하게 망할 것이라고 말씀하십니다.

┊13절┊ "그러므로 내 백성이 무지함으로 말미암아 사로잡힐 것이요 그들의 귀한 자는 굶주릴 것이요 무리는 목마를 것이라."

여기서 '내 백성이 무지하다'는 것은 그들이 세상적으로 무식하다는 의미가 아닙니다. 그들은 하나님의 말씀과 원리에 너무 무지했습니다. 그들은 하나님의 말씀대로 살지 않았습니다.

하나님의 백성은 총과 칼로 나라를 지키지 않습니다. 의와 사랑으로 나라를 지킵니다. 다시 말해서 하나님의 백성이 하나님의 말씀에 순종하면 나라는 지켜집니다. 그러나 유다 백성이 자기 힘으로 나라를 지키려고 하면 나라를 지킬 수 없다는 것입니다. 그러면 우리는 연약한 인간인데 앞으로 생길지도 모르는 어려움을 어떻게 대비해야 합니까? 하나님의 말씀에 투자하는 것이 가장 확실한 대비입니다. 왜냐하면 그렇게 할 때 하나님께서도 그분의 모든 것을 우리에게 투자해 버리시기 때문입니다. 이것이 이 세상에서 가장 복 받는 길이고 가장 성공하는 길입니다.

: 14-15절 : "그러므로 스올이 욕심을 크게 내어 한량없이 그 입을 벌린즉 그들의 호화로움과 그들의 많은 무리와 그들의 떠드는 것과 그 중에서 즐거워하는 자가 거기에 빠질 것이라. 여느 사람은 구푸리고 존귀한 자는 낮아지고 오만한 자의 눈도 낮아질 것이로되"

여기서 '스올'은 사망을 말합니다. 사망이 한없이 입을 벌리기 때문에 수도 없는 사람이 죽임을 당할 것입니다. 그리고 천한 자나 귀한 자 모두 포로로 잡혀갈 것입니다. 왜 그렇습니까? 그들은 모든 것을 믿음의 눈으로 보지 못했기 때문입니다. 여느 사람이 구푸린다는 것은 영적으로 천한 자가 굴욕을 당할 것을 말합니다. 오만한 자는 믿음으로 변화되지 못한 자로서 그들의 기가 꺾이게 될 것입니다.

: 16-17절 : "오직 만군의 여호와는 정의로우시므로 높임을 받으시며 거룩하신 하나님은 공의로우시므로 거룩하다 일컬음을 받으시리니 그 때에는 어린 양들이

자기 초장에 있는 것 같이 풀을 먹을 것이요 유리하는 자들이 부자의 버려진 밭에서 먹으리라."

하나님은 공평하신 분입니다. 그러므로 사람들은 하나님 앞에서 누구나 다 심은 대로 거둡니다. 영으로 심는 자는 성령의 열매를 거둘 것이고, 육으로 심는 자는 육체로부터 썩어질 것을 거둘 것입니다. 또한 하나님의 말씀대로 순종한 어린 양은 초장에서 먹을 것입니다. 그러나 세상으로 인해 살진 자는 유리하는 자가 될 것입니다.

우리는 하나님의 최고의 기업이고 하나님께서 소중하게 여기시는 재산입니다. 우리는 세상의 눈으로 우리를 보면 안 됩니다. 더 성공하려는 욕심을 버리고, 어떤 형편과 처지에 있든지 감사하고 만족함으로 상큼한 맛이 나는 극상품 포도를 많이 맺어서 하나님을 기쁘시게 하는 성도들이 되시기 바랍니다.

10

유다가 거둘 열매

이사야 5:18-30

농사를 짓는 것은 참 신비로울 때가 많습니다. 농부들이 땅에 심는 작은 씨앗은 아무것도 아닌 것처럼 보이지만, 얼마 지나지 않아서 싹이 나고 자라 결실할 때면 농부는 자기가 뿌린 그 씨앗의 열매를 가득 거두게 됩니다. 쌀을 심은 사람은 쌀을 거두고, 보리를 심은 사람은 보리를 거두게 됩니다. 그래서 우리는 어떤 사람의 미래를 알고자 하면 그 사람이 하는 말을 듣기보다는 지금 그 사람이 심고 있는 것이 무엇인지를 보아야 합니다. 왜냐하면 사람은 시간이 지나면 결국 자기가 심은 대로 거두기 때문입니다. 그런데 우리는 꼭 땅에만 농사를 짓는다고 생각해서는 안 됩니다. 어떤 사람은 바다에 농사짓고 어떤 사람은 사람의 마음에 농사짓고 심지어는 하늘에 농사짓는 사람도 있기 때문입니다.

예를 들어, 바다에서 양식업을 하는 사람은 바다에 농사짓는 사람입니다. 어떤 사람은 굴 양식을 하고 어떤 사람은 가두리 양식을 하고 어떤 사람은 김 양식을 합니다.

사람의 마음에 농사짓는 사람들도 있습니다. 예수님은 사람의 마음에 대해 비유하시기를 길가 같은 마음도 있고 돌짝밭 같은 마음이나 가시덤불 같은 마음도 있다고 하셨습니다. 대개 사람의 마음은 처음에는 돌짝밭이나 길가 같지만, 그것을 꾸준히 갈고 돌을 골라내면 옥토가 됩니다. 이때 씨를 뿌리면 삼십 배, 육십 배, 백 배의 결실을 거두게 되는 것입니다. 하나님의 말씀을 전하는 사람들은 마음에 농사짓는 사람들입니다. 처음에는 말씀을 듣는 사람들의 마음이 돌짝밭 같아서 굉장히 고생을 하지만, 나중에 옥토가 되면 뿌려진 말씀의 씨앗이 수백 배의 결실을 거두게 됩니다.

그런데 예수님은 제자들에게 "오직 너희를 위하여 보물을 하늘에 쌓아 두라."(마 6:20)고 말씀하셨습니다. 이것은 하늘에 농사짓는 것입니다. 우리가 하나님의 말씀을 꾸준히 연구하고 그 말씀을 붙들고 기도하면 영적인 부흥이 일어나게 되는데, 이것이 바로 하늘에 농사짓는 것입니다.

어떤 사람들은 앞으로 자신에게 일어날 일을 알지 못하기 때문에 악한 씨를 뿌립니다. 예를 들어, 어떤 사람이 열심히 일하지 않고 조금씩 남의 물건을 빼내어 살려고 한다면, 언젠가 이 사람은 도둑질한 죄로 감옥에 들어갈 것입니다. 또 공직에 있는 사람이 자꾸 다른 사람으로부터 뇌물을 받는다면 언젠가는 이것이 들통나면서 쇠고랑을 차거나 공직에서 쫓겨날 것입니다. 또 어떤 학생이 자꾸 주위에 있는 약한 학생을 괴롭히거나 때리면 언젠가는 그것이 화근이 되어 결국 다른 사람을 불행에 빠뜨리고 자신의 인생도 망치게 될 것입니다.

사람이 만일 자기가 지금 하고 있는 일의 결과를 미리 알 수만 있다면 절대로 악한 짓을 하지 않을 것입니다. 그러나 사람은 죄가 주는 달콤한 맛은 즐기면서 그 뒤에 오는 무시무시한 쓴맛은 생각하지 않습니다. 그래서 결국 죄를 끊지 못해 미래에 큰 심판의 열매를 거두는 것입니다.

본문 말씀은 유다 백성이 장차 거두게 될 심판의 열매를 예언하고 있습니다. 지금 유다 백성은 자신들이 저지르고 있는 악행을 재미로 여기며, 자신들은 운이 좋다고 생각하고 있었습니다. 유다 백성은 지금 자신들이 하는 행동이 자신들의 인생의 밭에 씨를 뿌리고 있는 것이며, 장차 이것이 꽃이 피고 열매를 맺게 되었을 때 얼마나 무서운 심판으로 나타날지 생각하지 않고 있는 것입니다.

오늘날도 악을 행하는 많은 사람은 스스로 생각하기를, 이것은 재미로 하는 것이며 사람의 눈만 피하면 된다고 생각합니다. 하지만 자신들이 불행의 씨를 뿌리고 있다는 것은 알지 못합니다. 오늘 우리가 하는 모든 행동은 미래의 씨를 뿌리는 것이고, 사람들은 언젠가는 그 열매를 거두게 됩니다. 참고 인내하면서 믿음의 씨를 뿌리는 자는 축복의 열매를 거두게 되고, 사람의 눈을 속이고 악의 씨를 뿌리는 자는 심판의 열매를 거두게 됩니다. 본문 말씀은 유다 백성이 악을 뿌린 결과 앞으로 어떤 것을 거두게 될지를 말씀하고 있습니다.

1. 유다 백성이 뿌리는 씨

이사야 선지자는 먼저 포도원 비유를 통해서, 하나님께서 모든 재산을 다 투자해서 포도원을 만드셨는데 들포도가 맺힘으로 투자를 망쳤다고 이야기합니다. 하나님은 이 세상에서 많은 일을 하시지만, 하나님께서 하시는 많은 일 가운데서 가장 중요한 일이 하나님의 백성으로 하여금 말씀에 순종해서 의의 열매를 맺도록 하는 것입니다. 우리의 생각에는 이 세상에서 성공해서 유명해지거나 돈을 많이 버는 것이 중요할 것 같지만, 하나님에게는 우리가 하나님의 말씀에 순종해서 믿음과 부흥과 선행의 열매를 맺는 것이 가장 중요한 사업입니다. 그러나 우리는 인간이므로 이런 믿음의 열매의 가치를 알지 못하고, 돈의 열매, 인기의 열매, 어떤 때는 탐욕의 열매, 죄의 열매를 맺게 되는데 이렇게 되면 하나님의 농사를 망치는 것입니다.

그러므로 우리가 이 세상에서 가치 있는 축복의 삶을 살기 위해 중요한 것은, 우리 자신을 세상의 눈이 아닌 하나님의 눈으로 보는 것입니다. 우리는 끊임없이 하나님의 말씀을 들음으로 자신이 세상으로 떠내려가지 않도록 스스로를 지켜야 합니다. 그런데 하나님의 백성의 마음이 교만해져서 하나님의 말씀을 듣지 않으면, 겉으로는 멋진 하나님의 백성인데 속은 썩은 냄새가 나는 부패한 백성이 됩니다. 그렇게 되면 하나님의 백성은 열심히 믿음의 농사를 짓는 것이 아니라 세상의 악한 죄악의 농사를 짓게 됩니다.

：18절： "거짓으로 끈을 삼아 죄악을 끌며 수레 줄로 함 같이 죄악을 끄는 자는 화 있을진저"

본문을 보면 옛날 유다 백성이 끌던 수레의 모습을 보게 됩니다. 아마 이 당시 수레는 밑에는 바퀴가 달렸고, 앞에서 줄로 잡아당기는 구조였던 것 같습니다. 어떤 사람이 수레를 잡아당기는데 줄이 다 비슷비슷해서 잘 구별이 되지 않았습니다. 그런데 그 사람은 정직한 줄이 아니라 거짓된 줄을 잡아당기고 있었습니다. 그랬더니 나중에 이 사람 뒤에는 죄악의 수레가 따라왔습니다. 결국 줄은 비슷한 것 같았는데 작은 차이가 나중에는 전혀 다른 수레를 끌게 했던 것입니다. 이와 비슷한 것이 씨를 뿌리는 것입니다. 대개의 씨앗들은 모두 작고 비슷하게 생겨서 잘 구별되지 않습니다. 그러나 나중에 싹이 나고 열매가 맺히는 것을 보면 틀림없이 뿌린 그 씨의 열매가 맺히는 것입니다.

예수님께서 가라지 비유를 말씀하신 적이 있습니다. 어느 날 아침에 주인과 종이 밭에 나와 보니 가라지가 잔뜩 자라고 있었습니다. 이때 종들이 주인에게 "우리가 좋은 씨를 뿌렸는데 어떻게 이런 가라지들이 자랍니까?"라고 물었더니 주인은 "원수가 이렇게 했다."고 대답했습니다. 그때 종들이 "이 가라지를 지금이라도 다 뽑아 버릴까요?" 하니까 주인은 그냥 두라고 하면서 가라지를 뽑으려다가 알곡을 잘못 뽑을까 걱정된다고 했습니다. 이 가라지는 추수 때에 한꺼번에 제하여질 것입니다.

하나님은 우리 마음속에 좋은 믿음의 씨를 뿌리셨습니다. 그러나 이미 사탄은 우리 마음에 좋지 못한 가라지를 뿌려 놓았습니다. 그래서 아무리 믿음이 좋은 사람이라 하더라도 마음속에는 알곡과 가라지가 함께 자라게 됩니다. 이때 우리는 우리가 완전히 거룩할 수 없다는 것을 인정해야 합니다. 하지만 우리가 온전히 하나님의 말씀대로 살지 못하는 것 때문에 자포자기해서는 안 됩니다. 다만 끊임없이 가라지는 눌러서 자라지 못하게 하고 하나님의 말씀의 알곡이 자라도록 하면 됩니다. 우리가 하나님의 말씀에 자신을 쳐 복종시키는 것을 게을리하면 어느 순간부터 바른 믿음에서 떠내려가게 됩니다. 처음에는 조금씩, 조금씩 하나님의 말씀에서 멀어지다가 나중에는 완전히 거짓된 줄을 잡고 죄악의 수레를 끌고 가게 되고 맙니다. 그러므로 무엇이든지 처음 아주 작을 때부터 바로잡는 것이 중요합니다.

유다 백성이 처음 줄을 당길 때 인간이기 때문에 욕심의 줄을 당길 수도 있고 거짓의 줄을 당길 수도 있습니다. 그러나 거짓의 밧줄을 잘못 잡았음을 알았을 때 빨리 그 줄을 버리고 바른 줄을 다시 잡으면 되는 것입니다. 그러나 유다 백성은 미련하게도 남들이 모를 거라고 생각하면서 자꾸 거짓된 줄을 잡아끌었습니다. 그러자 나중에는 엄청난 죄악의 수레가 따라오게 되었습니다.

이때 유다 백성은 이렇게 말했습니다.

∶19절∶ "그들이 이르기를 그는 자기의 일을 속속히 이루어 우리에게 보게 할 것이며 이스라엘의 거룩한 이는 자기의 계획을 속히 이루어 우리가 알게 할 것이라 하는도다."

일단 유다 백성이 하는 말만 들으면 조금도 잘못된 것이 없습니다. 유다 백성은 자신들이 너무나 하나님을 잘 믿고 있고 떳떳하기 때문에, 하나님께서 속히 우리가 하는 일의 결과를 보게 하셔서 우리가 얼마나 깨끗한 사람들인지 나타내기를 원한다고 했습니다. 우리는 간혹 사람들이 하는 말만 들으면 그 사람은 조금도 잘못한 것이 없고 너무나 의로운 사람 같은 생각이 들 때가 있습니다. 그 사람은 자신은 전혀 잘못한 것이 없으므로 하나님께서 빨리 모든 것을 다 밝혀 주셔서 나의 정당함을 나타내시기를 바란다고 큰소리를 칩니다. 그런데 나중에 조사를 해 보면 그 사람의 모든 불의한 행위가 다 드러남을 볼 수 있습니다. 이런 것을 보면 죄는 사람의 생각을 마비시킨다는 것을 알 수 있습니다.

사람이 한번 죄에 빠지면 자기가 무엇을 하고 있었는지도 모르고 아예 죄의식조차 없는 것을 보게 됩니다. 이미 탐욕이 그 사람의 눈을 어둡게 해서 정상적인 분별력을 빼앗아가 버렸기 때문입니다. 이런 사람은 이미 자기가 걸어온 길 자체가 옳은 길이라고 생각하기 때문에 사람들이 왜 자기를 욕하는지 이해하지 못합니다. 그러므로 우리는 사람들이 하는 말을 신뢰해서는 안 됩니다. 사람들이 하는 말만 들으면 그 사람이 하는 모든 것이 옳고 의로운 것 같지만, 그가 평소에 철저하게 하나님 앞에서 자신을 돌아보지 않는다면 자기도 모르는 사이에 죄에 물들고 마는 것입니다. 그래서 어떤 의미에서 우리는 이 세상에 사는 자체가 죄를 먹고 마시는 것이라고 할 수 있습니다.

우리가 아예 처음부터 철저하게 하나님의 말씀만을 붙들고 세상 사람들이 추구하는 것을 거부하면서 믿음으로 걸어가지 않으면 결국 죄의 올무에 걸려들게 됩니다.

드디어 이사야 선지자는 유다 백성에게 화를 선포합니다.

: 20절 : "악을 선하다 하며 선을 악하다 하며 흑암으로 광명을 삼으며 광명으로 흑암을 삼으며 쓴 것으로 단 것을 삼으며 단 것으로 쓴 것을 삼는 자들은 화 있을진저"

가장 먼저, 유다 백성은 기준을 바꾸었습니다. 악한 것을 악하다고 하고 선한 것을 선하다고 해야 하는데, 그들은 반대로 말했습니다. 일반적으로 선한 것은 힘이 없고 악한 것은 힘을 가지고 있습니다. 사람들은 악한 것을 건드려 봐야 두고두고 고통을 겪게 될 테니까 은근히 악한 자의 편을 들어 주었습니다. 오늘날도 사람들은 비록 악하더라도 힘을 가진 자의 주장을 정의로 생각합니다. 그래서 누군가가 힘이 있는 쪽을 반대하는 의견을 내면, 벌떼 같은 공격을 받으며 굉장히 괴롭힘을 당하게 됩니다. 사람들은 이처럼 골치 아프고 손해 보는 것이 싫어서 일단 악한 것을 선하다고 말함으로 위기를 넘어가지만, 자신은 이미 악한 쪽에 서게 되는 것입니다.

사람들이 흑암을 광명으로 삼는다고 했습니다. 광명과 흑암은 분명히 다릅니다. 그런데 사람들은 모든 것이 너무 밝으면 죄가 다 드러나니까 좀 모호하게 흑암 속에 가려서 두루뭉술하게 넘어가려고 합니다. 그래서 현대인일수록 회색지대를 좋아합니다. 이것도 아니고 저것도 아닌 것이 사람의 마음을 편하게 하는 것입니다. 사람들은 종교인 가운데 불교도 아니고 기독교도 아니면서 좋은 소리는 다 갖다 붙이는 사람을 아주 좋아합니다. 그러나 그는 거짓으로 사람을 속이는 것입니다. 결국 그는 사람들로 하여금 진리를 깨닫고 바른길을 갈 수 있는 기회를 빼앗아 버리고 있습니다.

그리고 쓴 것을 달다고 하고 단 것을 쓰다고 합니다. 이것은 고난과 축복을 뒤바꿔 버리는 것입니다. 예를 들어, 어떤 사람이 믿음으로 살기 위해서 고난받는 것은 좋은 것입니다. 그러나 교만한 사람들은 이런 사람을 실패한 자라고 욕합니다. 또한 하나님의 말씀을 버리고 세상적으로 잘되는 것은 고통의 길을 가는 것입니다. 그러나 거짓 선지자는 이런 자들에게 축복받았다고 말함으로써 회개할 기회를 빼앗아 버립니다. 성경은 하나님의 말씀은 예리하고 분명해서 모든 것을 다 밝힌다고 했습니다. 하나님의 말씀이 우리 속에 들어 있는 죄를 다 밝히고 모든 어두운 것을 빛 앞에 다 드러내야 하는데, 하나님의 말씀 자체를 모호하게 이해하니까 사람들은 위험한 길을 가면서도 알지 못합니다.

: 21절 : "스스로 지혜롭다 하며 스스로 명철하다 하는 자들은 화 있을진저"

우리가 매일 하나님의 말씀을 듣고 자신에게 적용하면 지혜가 생기고 명철이 생기게 됩니다. 이 지혜와 명철은 죄를 깨닫고 버리는 지혜입니다. 그러나 스스로 지혜 있고 스스로 명철한 것은 사람들 앞에서 말을 잘하거나 죄를 짓고도 잘 숨길 수 있는 지혜를 말합니다. 이러한 사람들은 자기 스스로 엄청나게 머리가 좋고 지혜 있다고 생각합니다. 왜냐하면 죄를 짓고도 전혀 들통나지 않고 남들보다 훨씬 돈도 잘 벌고 성공하기 때문입니다. 하지만 이 사람들은 지금 자기가 하고 있는 일이 악한 씨를 뿌리는 일이며, 언젠가는 이것이 자라서 터지게 될 때 엄청난 심판을 받게 된다는 사실을 모르고 있습니다.

: 22절 : "포도주를 마시기에 용감하며 독주를 잘 빚는 자들은 화 있을진저"

여기서 포도주를 마시고 독주를 빚는다는 것은 스스로 자신의 성공을 축하하는 것을 말합니다. 우리는 사람들이 성공했을 때 '샴페인을 터뜨린다'는 표현을 합니다. 그런데 아직 성공한 것도 아닌데 자기 혼자 성공했다고 생각해서 미리 자축하는 모습을 보면 '저 사람은 너무 일찍 샴페인을 터뜨렸다'는 말을 합니다. 즉, 우리가 스스로 성공했다거나 혹은 정상에 올라섰다는 말을 할 때는 상당히 신중해야 합니다. 왜냐하면 단순히 사람들이 보기에 성공했다고 해서 다 된 것이 아니기 때문입니다. 우리가 진정한 성공을 하려면 하나님께서 인정하실 때까지 기다려야 합니다. 그런데 유다 백성은 겉으로 나타난 결과만 보고 스스로 성공했다고 포도주를 마시고 독주를 마시면서 자축했습니다. 그러나 사실 하나님 앞에서는 대실패였습니다. 예를 들어, 어떤 육상선수가 세계 신기록을 세우고 금메달을 받은 후 샴페인을 터뜨리면서 자축했습니다. 그런데 바로 그 시각에 심판들은 이 선수의 약물 투여 여부를 조사하고 있었습니다. 이 선수는 실컷 포도주도 마시고 샴페인도 마셨는데, 검사 결과 자격 박탈 판정을 받고 말았습니다. 그러므로 우리는 자신의 성공에 대하여 신중하게 판단해야 합니다. 왜냐하면 누구라도 하나님의 말씀을 떠난 성공은 진정한 성공이 아니기 때문입니다. 얼마 후에 그 사람이 잘못한 것이 드러나게 된다면 모든 재산을 벌금으로 추징당할 수 있습니다.

: 23절 : "그들은 뇌물로 말미암아 악인을 의롭다 하고 의인에게서 그 공의를 빼앗는도다."

유다 백성은 돈을 많이 벌었는데, 그 돈이 모두 뇌물이었기 때문에 추징을 당하게 되었습니다. 더욱이 그들은 악인을 의롭다고 하고 의로운 자를 악하다고 했기 때문에 그 책임을 져야 했습니다.

유다는 처음에는 하나님의 말씀에서 멀어지면서 거짓의 줄을 조금 잡았습니다. 그런데 이 줄을 버리지 않고 계속 잡아당겼기 때문에 이것이 나중에는 무서운 심판의 수레를 끌고 오게 되었습니다.

2. 유다를 향한 하나님의 진노

유다 백성은 자신들이 조금씩 하나님의 말씀을 어기고 자신들의 욕심을 차리는 것을 지혜로운 행동으로 여기고 스스로 머리가 좋다고 생각했습니다. 그러나 그들은 모르는 가운데 유다를 향한 하나님의 진노에 불이 붙고 있었습니다.

:24절: "이로 말미암아 불꽃이 그루터기를 삼킴 같이, 마른 풀이 불 속에 떨어짐 같이 그들의 뿌리가 썩겠고 꽃이 티끌처럼 날리리니 그들이 만군의 여호와의 율법을 버리며 이스라엘의 거룩하신 이의 말씀을 멸시하였음이라."

여기서 '그루터기'는 실제로 '검불'입니다. 마른 짚과 같은 것입니다. '불꽃'은 불의 혀입니다. 그야말로 강한 불길입니다. 검불은 불길이 닿기도 전에 타서 없어져 버립니다. 마른 풀이 불 속에 떨어지면 타는 데 몇 초도 걸리지 않습니다. 하나님께서는 그 당당하게 잘난 체하던 유다 나라가 소멸하는 데 한순간도 걸리지 않을 것이라고 말씀하십니다. 그 이유가 무엇입니까? 그것은 유다 백성이 자기 자신을 스스로 검불로 만들어 버렸기 때문입니다. 이것에 대하여 사도 바울은 분명히 말하기를, 각 사람의 공적을 불로 시험하는데 금이나 은이나 보석으로 지은 집은 불에 타지 않지만 나무나 풀이나 짚으로 지은 집은 금방 불타서 없어질 것이라고 했습니다(고전 3:10-15). 우리가 하나님의 시험의 불에 타서 없어지지 않으려면 자기 스스로를 보석이 되게 해야 합니다. 우리가 스스로를 보석으로 만드는 비결은, 우리 안을 하나님의 말씀으로 채우고 고난을 통과하는 것입니다. 하나님의 말씀을 듣지도 않고 고난을 통과하지도 않은 사람은, 겉으로 보기에 아무리 멋있고 아름다워도 역시 나무나 풀이나 짚이기 때문에 시험이 오면 바로 타서 없어지게 됩니다.

본문에 보면 '그들이 만군의 여호와의 율법을 버리며 이스라엘의 거룩하신 이의 말씀을 멸시하였음이라'고 했습니다. 하나님께서 주신 말씀은 그냥 모세가 준 말도 아니고 선지자가 지어내서 생각한 말씀도 아닙니다. 그것은 만군의 여호와께서 주신 말씀입니다. 이 세상을 살다 보면 사람은 저절로 편한 길을 가려고 하고 저절로 죄짓는 쪽으로 가게 됩니다. 그래서 하나님의 말씀에 붙들려 있지 않으면, 다른 사람이 하자는 대로 하게 되고 주면 받게 되어 있습니다. 그러면서도 스스로는 '다른 사람들도 다 하는데 뭐!'라고 자위하면서 전혀 죄의식을 느끼지 못합니다. 하지만 다른 사람이 문제가 아니라 내가 문제가 될 때 결국 불에 타서 없어지고 마는 것입니다.

오늘날도 주위를 둘러보면 숨어서 죄를 짓는 사람이 수도 없이 많습니다. 그런데 일단 한번 들통나거나 공론화 되면 마치 검불이 불꽃에 타서 없어지듯이 그 사람의 명성이나 돈이나 인기가 타서 사라지게 됩니다. 그러므로 나중에 성공하고 난 뒤에 하나님을 잘 믿겠다는 것은 이미 늦은 것입니다. 사람은 아예 처음부터 길을 잘 들어서야 합니다.

:25절: "그러므로 여호와께서 자기 백성에게 노를 발하시고 그들 위에 손을 들어 그들을 치신지라. 산들은 진동하며 그들의 시체는 거리 가운데에 분토 같이 되었도다. 그럴지라도 그의 노가 돌아서지 아니하였고 그의 손이 여전히 펼쳐져 있느니라."

유다 백성 개개인은 조금씩 서서히 하나님의 말씀을 떠났는지 모르겠지만, 예루살렘에 영적인 부흥의 불이 꺼지게 되었을 때 그들은 안전할 수 없었습니다. 하나님께서 그들에게 노하시고 손을 들어 치시기 때문입니다. 산들이 진동하며 시체들이 거리에 깔렸다고 했습니다. 그럼에도 불구하고 하나님의 노는 돌아서지 않았고 하나님의 손은 움츠러들지 않았다고 말씀하고 있습니다.

하나님의 백성이 부패하면 세상 사람들이 더 먼저 알아차리는 모습을 볼 수 있습니다. 왜냐하면 부패한 곳에 파리가 끓고 구더기가 생기기 때문입니다. 그리고 사람들이 악한 자들에게 걸려드는 이유는 자기도 마음속에 야망이 있고 욕심이 있기 때문입니다. 우리가 아예 욕심을 포기하고 야망을 내버리면 악한 자는, 이 사람은 전혀 씨가 먹히지 않는다는 것을 알기 때문에 포기하게 됩니다. 그런데 자기 마음에 탐욕이 있고 야망이 있는 사람은 누군가가 나쁜 미끼를 던지면 스스로 그 미끼를 집어삼키게 되는 것입니다.

유다 백성이 가장 조심해야 할 것은, 유다의 안전은 하나님의 말씀에 순종하는 데 달려 있다는 사실이었습니다. 그런데 유다 백성이 하나님의 말씀대로 살려고 하면 경제적으로나 세상적으로 손해를 볼 때가 있습니다. 즉, 하나님의 말씀 때문에 받을 것도 다 받지 못하고, 또 줄 필요가 없는 것도 줘야 하기 때문에 자기 것을 다 챙기지 못하게 되는 것입니다. 그러나 유다 백성이 비록 당장은 조금 손해를 볼지 몰라도 일단 적의 공격을 당하지 않고 예루살렘에서 쫓겨나지 않는 것만 해도 엄청난 이득입니다. 하지만 유다 백성이 약간의 돈이나 이익에 눈이 어두워서 하나님의 말씀은 아랑곳하지 않고 모든 것을 악착같이 받아 챙긴다면, 눈에 보이지 않게 지켜 주던 불말과 불병거가 사라지면서 적이 쳐들어와서 집을 불태우고 사람들을 죽이고 가축을 다 빼앗아가게 됩니다. 그러므로 하나님의 백성은 큰 것을 생각하며 작은 손해를 감수해야 합니다. 그런데 우리가 참기 어려운 것은, 하나님의 말씀 때문에 손해를 보고 바보같이 살아갈 때 주위에 있는 사람들이 우리를 업신여기고 욕하고 바보 취급하는 것입니다. 우리가 이런 것까지도 기쁨으로 잘 감당해야 하나님의 사랑과 축복을 받을 수 있습니다.

3. 더 강해진 적들

유다 백성이 눈앞의 이익에 급급해서 하나님의 말씀을 버리고 자기 욕심을 위해 달려갈 때 그들이 모르는 가운데 무엇인가가 진행되고 있었습니다. 그것은 바로 자기들이 알지도 못하는 적들이 엄청나게 강해진 것입니다.

: 26-27절 : "또 그가 기치를 세우시고 먼 나라들을 불러 땅 끝에서부터 자기에게로 오게 하실 것이라. 보라 그들이 빨리 달려올 것이로되 그 중에 곤핍하여 넘어지는 자도 없을 것이며 조는 자나 자는 자도 없을 것이며 그들의 허리띠는 풀리지 아니하며 그들의 들메끈은 끊어지지 아니하며"

유다 백성에게서 부흥의 불이 꺼지고 그들이 세상 나라와 같아지게 되었을 때, 자신들이 모르게 한 깃발이 세워졌습니다. 그것은 바로 먼 곳에 있는 민족을 부르시는 하나님의 깃발이었습니다. 물론 그 깃발에 이런 글이 쓰인 것은 아니지만, 그것은 '너희들은 이 도성에 와서 마음껏 약탈해도 좋다'는 표시였습니다. 그런데 먼 곳에 있는 민족들이 어떻게 유다가 돈이 많다는 냄새를 맡았는지 땅 끝에서부터 빨리 달려올 것이라고 했습니다.

유다 백성이 하나님을 멀리하고 기도하지 않는 동안 적은 너무 강해져 있었습니다. 유다의 적들은 먼 곳에서 달려오는데 피곤해서 넘어지는 자도 없고, 조는 자나 자는 자도 없고, 그들의 허리띠는 풀리지 않고 들메끈도 끊어지지 않는다고 했습니다. 즉, 유다의 적들은 그동안 너무 준비가 잘 되어 있었습니다. 여기서 우리는 하나님의 백성의 영적인 무장과 사탄의 영적인 무장은 완전히 반비례한다는 사실을 알 수 있습니다. 그러므로 하나님의 백성이 정신을 차리고 언제나 기도와 말씀으로 깨어 있고 부흥이 일어나면, 사탄의 세력은 맥을 추지 못하고 무저갱에 갇히게 됩니다. 하지만 하나님의 백성이 하나님의 말씀은 멀리하고 돈이나 세상 인기를 자랑할 때, 원수의 세력은 너무나 잘 무장되어서 이들을 쉽게 물리칠 수 없게 되어 버리는 것입니다. 우리는 가끔 우리가 방심하는 사이에 적을 너무 키워 버렸다는 말을 합니다. 반대로 우리가 원수의 세력을 약하게 만드는 방법은 오직 하나님의 말씀을 붙들고 죽도록 기도해서 부흥의 불길이 타오르게 하는 것입니다. 그렇지 않고 우리가 편하게 믿고 세상 사람들과 똑같이 살려고 한다면 우리의 적은 더욱 강해질 것입니다.

∶28-29절∶ "그들의 화살은 날카롭고 모든 활은 당겨졌으며 그들의 말굽은 부싯돌 같고 병거 바퀴는 회오리바람 같을 것이며 그들의 부르짖음은 암사자 같을 것이요 그들의 소리 지름은 어린 사자들과 같을 것이라. 그들이 부르짖으며 먹이를 움켜 가져가 버려도 건질 자가 없으리로다."

유다 백성은 눈앞에 있는 적들만 보았기 때문에 자기들 주위에는 감히 자기들을 공격할 자가 없을 것이라고 생각했습니다. 그러나 유다가 모르는 무시무시한 적이 준비되고 있었습니다. 그것은 바로 바벨론 제국이었습니다.

그들의 활은 아주 날카로웠습니다. 그런데 이미 모든 활이 당겨져 있었습니다. 이것은 요즘 말로 하면 이미 장거리 미사일의 발사 준비가 끝났다는 것입니다. 본문 말씀을 보면 지금 우리나라의 상황과 너무 비슷하다는 생각을 하게 됩니다. 북한은 이미 강해져서 누구의 말도 듣지 않게 되었습니다. 그들은 핵무기를 가지고 있고, 이미 대륙간 탄도미사일을 발사할 준비를 갖추었습니다.

본문에 말굽은 부싯돌 같다고 했는데, 이 당시 부싯돌은 가장 단단한 돌이었습니다. 그리고 병거 바퀴는 회오리바람같이 잘 돌아간다고 했습니다. 또한 이미 원수들은 먹이를 잡아 놓고 빼앗기지 않으려고 소리 지르는 암사자같이 소리를 지른다고 했습니다. 새끼 사자는 소리는 크지 않을지 몰라도 맹수이기 때문에 일단 먹이를 움켜쥐면 놓치지 않을 것입니다. 이미 유다는 적의 손에 걸려들었고 물려 죽기 직전인 것입니다.

동물의 왕국을 보면 사자가 사냥할 때 주로 암사자가 사냥을 합니다. 암사자는 주로 약한 짐승이나 새끼 한 마리를 목표로 해서 전력을 다해 따라가는데, 일단 사슴이나 노루를 한번 물어서 붙잡으면 그 짐승은 죽은 것이나 다름없습니다. 아직 숨이 붙어 있지만, 숫사자나 새끼 사자들이 다가오면 어느 누구도 구해 줄 수 없습니다. 결국 이 불쌍한 노루나 사슴은 잠시 후 사자들에게 잡아먹히고 맙니다.

하지만 하나님께서는 그 백성이 완전히 적에게 패망하도록 준비하셨다 하더라도 그들이 전심으로 회개하면 오히려 적을 쳐서 패망하게 하십니다. 그래서 우리는 엘리야 때 이스라엘의 아합 왕이 몇 번이나 수리아와의 전쟁에서 질 수밖에 없었는데 이기는 모습을 볼 수 있습니다. 그것은 하나님께서 결정적인 순간에 그 백성의 기도를 들으시고 상황을 바꾸시기 때문입니다. 그러므로 우리는 지금이라도 하나님 앞에서 모든 교만과 거짓을 버리고 자기 자신을 낮추어서 회개하고 하나님을 의지해야 합니다.

:30절: "그 날에 그들이 바다 물결 소리 같이 백성을 향하여 부르짖으리니 사람이 그 땅을 바라보면 흑암과 고난이 있고 빛은 구름에 가려서 어두우리라."

본문을 보면 캄캄한 밤에 배가 난파되어 바다에서 구조의 손길을 기다리는 안타까운 사람들의 모습이 나옵니다. 그들은 자기들이 탄 배가 파선할 줄 모르고 배에서 먹고 마시고 즐거워하였는데, 배는 그만 암초에 부딪혀서 파선되고 사람들은 나무 조각을 붙들고 구조의 손길을 기다리고 있습니다. 그러나 구조선은 보이지 않고 더 큰 파도 소리만 그들의 귀를 울리고 있습니다. 달빛이라도 있어야 혹시 구조선이 오면 그 빛 속에서 자기들을 찾을 텐데, 달빛마저 구름에 가려서 온 세상이 칠흑같이 어두워지면 너무나 절망하고 두려워할 것입니다.

이 파선한 배와 같은 유다의 백성은 캄캄한 바다에서 하나님의 건지심을 받지 못하고 한 명 한 명씩 깊은 바다에 빠져 죽게 될 것입니다. 그 이유가 무엇일까요? 유다 백성이 바로 이런 씨를 뿌렸기 때문에 그 열매를 거두는 것입니다. 유다 백성은 평소에 기도하지 않았습니다. 그들은 평소에 만군의 여호와의 말씀을 업신여겼습니다. 그러다가 환난의 때가 오자 그들은 부르짖으며 기도했습니다. 하지만 아무리 기도해도 이미 하나님과 그들의 관계는 가로막혀서 하나님께서는 듣지 않으십니다. 우리에게 어려운 상황들이 벌어지면 부르짖으면서 기도하겠지만 그때는 이미 늦습니다. 어려움이 오기 전에 하나님께 부르짖어서, 하나님이 언제나 우리의 빛이 되시고 재앙을 이기는 반석이 되어 주셔야 합니다.

11

이사야가 본 환상

이사야 6:1-13

인간의 생각은 놀라운 능력을 가졌는데, 실제로는 없는 것을 있는 것처럼 상상할 수 있습니다. 그래서 인간에게는 비전이라는 것이 있습니다. 인간의 비전에는 여러 가지가 있는데, 그중 하나는 자신이 아주 간절하게 바라는 것을 어떤 때는 현실인 것처럼, 마치 눈앞에 보이는 것처럼 느끼는 것입니다. 사막을 여행하는 사람들은 신기루라는 것을 볼 때가 있습니다. 이것은 실제로는 없지만 사막의 열기 때문에 마치 있는 것처럼 보이는 것입니다. 이처럼 때로는 상상력이 너무 지나쳐서 없는 것을 마치 있는 것처럼 느낄 때가 있습니다. 또한 자기가 평소에 생각하고 있거나 신경 쓰는 것들이 낮에는 느끼지 못하다가 잠을 잘 때 꿈으로 나타날 때가 있습니다. 즉, 사람에게는 잠재의식이라는 것이 있는데 그 잠재의식 속에 들어 있는 생각이나 욕망이 낮에는 억제되어 있다가 밤에 잘 때 꿈의 형태로 나타나는 것입니다. 그래서 어린아이들은 낮에 하고 싶었는데 하지 못했던 것을 꿈에서 하기도 하고, 또 어른들은 평소에 신경 쓰던 것들이 꿈으로 나타나기도 합니다.

그런데 어떤 때에는 나 자신의 의사와는 상관없는 꿈이나 환상을 보는 경우가 있습니다. 이것은 바로 하나님께서 주시는 꿈으로, 이것은 구약 시대에 하나님께서 선지자들이나 하나님의 백성에게 하나님의 뜻을 보여 주는 방식 중 하나였습니다. 그런데 마귀가 이것을 흉내 내어서 어떤 사람에게 아주 나쁜 꿈이나 영감을 주는 경우도 있습니다.

그러나 오늘날에는 하나님께서 성경 말씀을 통해 우리에게 비전을 주시고, 또 성령 충만을 통해 우리에게 하늘의 영광을 체험하게 하십니다. 이처럼 우리는 때때로 하나님의 큰 은혜를 체험하고 하나님의 영광에 사로잡히는 경험을 할 필요가 있습니다. 이 세상을 살아가다 보면 우리는 사람들의 악함에 마음이 상할 때가 많고, 또 우리 안에 세상의 독이 들어올 때도 많습니다. 그러면 우리는 자신도 모르게 세상의 독에 오염되어서 시름시름 앓게 되는데, 이때 강력한 하나님의 은혜를 체험하고 성령의 충만함을 입음으로써 우리의 마음이 다시 깨끗해지며 새 힘을 얻기 때문입니다.

모세는 미디안 광야에서 하나님의 부르심을 받을 때, 불타는 떨기나무에서 살아 계신 하나님의 음성을 듣고 하나님의 말씀에 붙들립니다. 그러나 이스라엘 백성이 시내산 아래에서 금송아지를 만들어 놓고 하나님을 배반했을 때, 너무 실망하여 시름하던 그는 하나님께 하나님의 얼굴을 보게 해 달라고 구합니다. 그때 모세는 하나님의 얼굴은 보지 못하고 하나님의 등을 보게 되는데, 이후로 모세의 얼굴에서는 광채가 나서 수건으로 얼굴을 가릴 정도였습니다. 그는 하나님께서 주신 새로운 소명을 가지고 죽을 때까지 이스라엘 백성을 인도합니다.

마찬가지로 이사야 선지자도 유다의 부패와 불신앙 앞에 크게 실망합니다. 이사야는 목이 터져라 유다 백성을 꾸짖고 책망하지만 유다 백성은 변하지 않았습니다. 그러다가 이사야가 그렇게도 신뢰하고 기대했던 웃시야 왕마저 죽자 그는 너무 절망하고 좌절합니다. 그래서 이사야는 성전에 가서 기도하게 되는데, 그 가운데 살아 계신 하나님을 체험하고 자신이 하나님 앞에 죄가 많고 문제가 많다는 사실을 깨닫습니다. 이사야는 성전의 이 체험을 통해 죽을 때까지 하나님의 말씀에 충성하게 됩니다. 사랑하는 성도님들도 사람에게 실망하고 세상에서 실망하셨다면, 이제 성전에서 살아 계신 하나님을 체험하시고 다시 새로운 소명을 되찾으시기 바랍니다.

1. 이사야가 幻상을 보았을 때

: 1절 : "웃시야 왕이 죽던 해에 내가 본즉 주께서 높이 들린 보좌에 앉으셨는데 그의 옷자락은 성전에 가득하였고"

이사야가 성전에 들어가서 환상 가운데 살아 계신 하나님을 보았던 때는 웃시야 왕이 죽던 해였습니다. 웃시야 왕은 유다에게 아주 중요한 일을 했던 왕이었습니다. 즉, 그동안 유다는 북쪽 이스라엘과 주위 강대국에 눌려서 늘 가난하게 지냈는데, 웃시야는 탁월한 지도력으로 유다를 부흥시켜서 물질적으로 부강하게 만들었습니다. 그래서 유다 백성 가운데서 웃시야의 인기가 얼마나 높았는지 모릅니다. 이사야는 웃시야 왕에 대한 절대적인 기대를 가지고 있었던 것 같습니다.

그러나 불행하게도 웃시야 시대는 유다가 물질적으로는 많은 복을 받았지만 영적으로는 아주 심하게 침체되고 부패한 시기였습니다. 그것을 보여 주는 대표적인 예가 웃시야 자신의 어처구니없는 실수였습니다. 즉, 웃시야가 성전에서 하나님께 분향을 하겠다고 나선 것입니다. 분향은 오직 제사장만 할 수 있는데, 웃시야는 자기도 기름부음을 받았으니 분향을 하겠다고 우겼습니다. 이것을 보면 웃시야는 마음이 교만해져서 자기는 못할 것이 없다고 생각한 것 같습니다. 이미 웃시야의 눈에는 제사장들이 모두 다 시시하게 보였고, 자기 같은 왕은 제사장을 통하지 않고 하나님께 직접 분향해도 된다고 생각했던 것입니다. 그러나 웃시야는 분향하던 중에 하나님께서 치셔서 얼굴에 나병이 생기고 말았습니다. 그래서 그는 분향하던 중 성전에서 쫓겨나 죽을 때까지 별궁에 갇혀서 살았습니다.

이것은 유다의 영적인 상태를 보여 주는 아주 중요한 사건이었습니다. 나병은 사람의 살이 썩어들어가는 병입니다. 즉, 유다는 웃시야 시대에 물질적으로는 큰 복을 받았지만, 그들의 영혼은 모두 나병에 걸려서 썩어 가고 있었던 것입니다. 그러나 이사야 선지자는 유다의 정신적인 부패는 잘 보지 못했습니다. 그래서 오직 웃시야의 병이 치료되어 다시 웃시야가 유다를 잘살게 해야 한다고 생각했습니다. 이사야는 그동안 너무 인간을 바라보고 있었고 사람의 힘을 의지하고 있었던 것입니다.

그러다가 웃시야 왕이 죽어 버리자 이사야는 절망스럽고 마음이 답답해서 성전에 들어가서 기도하게 되었습니다. 이 세상에서 기대하던 사람이 없어지자 어쩔 수 없이 하나님의 성전에 나아간 것입니다. 그는 '하나님, 웃시야가 죽었으니 이제 우리는 어떻게 해야 합니까?'라는 마음으로 기도를 드렸습니다. 이처럼 웃시야가 죽던 해에 이사야가 여호와의 성전에 들어간 것은 잘한 일이었습니다. 왜냐하면 이 세상에서 인간적인 소망이 끊어진 그때가 바로 하나님을 바라볼 때이기 때문입니다. 우리가 이 세상을 바라보면 너무나 실망스럽고 도무지 길이 보이지 않지만, 하나님 앞에 기도하면 길이 생기게 됩니다.

:1절 하-2절 : "주께서 높이 들린 보좌에 앉으셨는데 그의 옷자락은 성전에 가득하였고 스랍들이 모시고 섰는데 각기 여섯 날개가 있어 그 둘로는 자기의 얼굴을 가리었고 그 둘로는 자기의 발을 가리었고 그 둘로는 날며"

우선 이사야는 성전에서 기도하던 중에 높이 들린 보좌에 앉아 계신 하나님의 환상을 보게 되었습니다. 여기서 '높이 들린 보좌에 앉으신 하나님'이라는 것은 아주 높은 곳에서 온 세상을 통치하시고 다스리시는 하나님을 말합니다. 그동안 이사야가 보아 온 것은 이 세상 왕의 통치였습니다. 즉, 유다의 왕이 유능하면 유다가 더 잘살고 발전하게 되지만, 유다의 왕이 무능해서 나라를 잘 다스리지 못하면 나라가 쇠퇴하고 약해졌습니다. 그동안 이사야는 머리로는 하나님을 믿었지만, 실제로는 눈에 보이지 않는 하나님보다 인간 왕을 더 바라봤던 것입니다. 그리고 유다가 잘되고 못되는 것도 모두 인간 왕의 손에 달렸다고 생각했습니다. 그런데 성전에서 이사야는 실제로 살아 계셔서 세상과 유다를 다스리고 계시는 하나님을 직접 보게 되었습니다. 알고 보니 그 유능하던 웃시야 왕이 나병에 걸려 왕위에서 쫓겨난 일도 우연이 아니라 보좌에 앉으신 하나님이 웃시야를 쫓아내셨기 때문이었습니다.

우리는 보통 하나님을 믿는다고 해도 머리로만 생각하지 실제로는 모든 것이 사람의 힘이나 노력으로 이루어진다고 믿을 때가 많습니다. 그러다가 진짜 살아 계신 하나님을 체험할 때가 있습니다. 우리가 살아 계신 하나님을 만나면 인간의 노력이나 의지는 아무것도 아님을 알게 됩니다. 예를 들면, 우리가 그림책이나 사진첩에서 호랑이를 본다면 전혀 무서워하지 않습니다. 그러나 길을 가다가 실제로 동물원을 탈출한 집채만 한 호랑이를 만나게 되면 이야기는 달라질 것입니다. 아마 우리는 호랑이는 고사하고 미친개 한 마리만 만나도 목숨이 위험하게 될 것입니다.

그러나 대부분의 사람이 믿는 하나님은 그림책의 하나님과 같습니다. 그래서 우리가 교회에 다니고 예배는 드리지만, 실제로 우리 눈에는 하나님은 보이지 않고 유능하고 똑똑하고 말 잘하는 사람들이 모든 것을 이끄는 것처럼 보입니다. 그러다가 우리가 불행하게 말기 암 선고를 받거나, 혹은 죄가 들통나서 신문에 대문짝만하게 실리거나, 혹은 사업에 부도가 나서 가진 것을 모두 날리게 되었을 때, 우리는 내가 정말 하나님 앞에서 아무것도 아니라는 사실을 깨닫습니다. 그때 하나님께서 우리에게 오셔서 '그동안 너는 나를 신뢰하지 않고 네가 가진 직장이나 네 머리만 믿고 살아왔으니, 이제 네게는 죽는 일밖에 남지 않았다'라고 말씀하셔도 우리는 하나님 앞에서 별 도리가 없게 됩니다.

그런데 신약 성경 요한복음을 보면 이사야가 본 하나님은 성부 하나님이 아니라고 말씀합니다. 성부 하나님은 아무도 본 사람이 없습니다. 그래서 이사야가 살 수 있었던 것입니다. 요한복음 12:41에는 "이사야가 이렇게 말한 것은 주의 영광을 보고 주를 가리켜 말한 것이라."고 해서 이사야가 그리스도의 영광을 본 것이라고 해석하고 있습니다. 이사야는 이 세상에서 유다가 다시 부강해지는 것을 원했습니다. 그러나 하나님께서는 이사야로 하여금 그리스도를 보게 하셨고, 부강한 유다가 아닌 하나님 나라를 보게 하셨습니다.

하나님께서 우리에게 하나님의 영광을 보게 하시는 것은 우리를 죽게 하시려는 것이 아닙니다. 이것은 하나님 자신을 우리에게 주시려는 것입니다. 이사야는 사람의 능력을 원했지만, 하나님께서는 이사야에게 하나님의 능력과 비전을 주시기를 원하셨습니다. 이 세상 모든 일은 정치인들의 말이나 생각에 따라 결정되는 것이 아닙니다. 이 세상의 그 어떤 일도 주님의 허락 없이는 일어날 수 없습니다. 주님의 허락 없이는 그 누구라도 우리의 머리털 하나도 건드리지 못합니다.

그런데 이사야는 보좌에 앉으신 하나님만 본 것이 아니라 '그 옷자락이 성전에 가득한' 것을 보았습니다. 여기서 '옷자락'은 하나님의 보호하심을 나타냅니다. 즉, 성전 안에 있는 하나님의 옷자락이 얼마나 큰지, 하나님께서는 그 앞에 나아오는 모든 사람을 덮고도 남는 옷자락으로 그들을 덮으시는 것입니다. 하나님의 옷자락은 방탄 옷자락이기 때문에 사람이 총으로도 뚫을 수 없고 핵무기로도 공격할 수 없습니다. 언론이 파헤칠 수도 없고 강대국도 감히 이 옷자락을 들치고 하나님의 백성을 잡아갈 수 없는 능력의 옷자락입니다. 우리는 하나님의 옷자락 안에 숨으면 안전합니다.

어미 닭이 병아리를 품으면, 병아리들은 어미 닭 품속을 왔다 갔다 합니다. 그래서 강아지가 쫓아오거나 사람이 병아리를 잡으려고 하면 병아리들은 얼른 엄마의 품속으로 도망칩니다. 그러면 모든 것을 어미 닭이 해결해 줍니다. 어미 닭의 품과 같이 하나님의 품속은 안전합니다. 바로 이 하나님의 옷자락은 하나님의 말씀 안에 있는데, 사람들은 하나님의 말씀을 시시하게 여기다가 망하는 것입니다.

2. 거룩하신 하나님 찬양

이사야는 성전에서 두 가지 큰 은혜를 체험하게 됩니다. 그 하나는, 천사들의 찬양을 통해 하나님께서 얼마나 거룩하신지를 깨닫게 된 것입니다. 그런데 이 천사들의 찬송이 얼마나 큰지 문지방이 흔들릴 정도였습니다. 그리고 다른 하나는, 자신의 부정함과 죄악을 깨달은 것입니다. 우리가 하나님 앞에 서면 반드시 이 두 가지를 체험하게 됩니다. 바로 하나님의 거룩하심, 그리고 우리 인간들의 죄와 곤경입니다.

：2-3절： "스랍들이 모시고 섰는데 각기 여섯 날개가 있어 그 둘로는 자기의 얼굴을 가리었고 그 둘로는 자기의 발을 가리었고 그 둘로는 날며 서로 불러 이르되 거룩하다 거룩하다 거룩하다 만군의 여호와여 그의 영광이 온 땅에 충만하도다 하더라."

이사야는 '스랍'들을 보았는데, 여기서 '스랍'이라는 말은 '불'이라는 뜻을 가지고 있습니다. 이 스랍들은 하나님의 가장 가까운 곳에서 하나님을 섬기면서 하나님을 찬양하는 천사일 것으로 생각됩니다. 그런데 이 스랍에게는 여섯 날개가 있었습니다. 공중에 나는 새를 보면 보통 두 개의 날개를 달고 있는데, 이 스랍들은 날개가 여섯이니까 새보다 몇 배나 빨리 날 수 있을 것입니다. 그러나 스랍들의 날개는 단순히 날기 위한 것이 아니었습니다. 사실 천사들은 말할 수 없이 거룩하고 깨끗한데 하나님의 거룩하심 앞에서는 천사들도 감히 하나님을 대할 수 없어서 두 날개로는 얼굴을 가리고, 또 두 날개로는 발을 가리고, 나머지 두 날개로는 날았습니다. 바로 이것이 이사야가 본 하나님의 거룩하심입니다. 하나님의 영광이 얼마나 빛나고 두려운지 천사들 중 가장 하나님께 가까이 있는 천사들도 하나님을 보지 못했습니다. 그리고 천사들은 하나님 앞에서 감히 자신들의 발을 보이지 못했습니다. 우리는 대개 높은 분 앞에서 맨발을 보이는 것을 큰 실례로 생각합니다. 우리가 맨발로 대하는 사람이라면 진짜 친한 사이일 것입니다. 그런데 천사도 하나님 앞에서는 맨발을 보일 수 없었다면, 이 세상 더러운 곳을 다 밟고 다니는 인간이 어떻게 감히 하나님 앞에 나아갈 수 있을까요? 그것은 불가능한 일입니다.

거기서 이사야는 이 스랍들이 서로 주고받는 찬송 소리를 듣게 되는데, 그 소리가 얼마나 큰지 성전 문지방이 흔들릴 정도였습니다. 스랍들이 찬송을 서로 주고받으면서 합창을 하는데 그 노래 내용은 하나님의 거룩하심이었습니다.

'거룩하다. 거룩하다. 거룩하다'라는 말은 대개 성삼위 하나님께 영광을 돌리는 것입니다. 그러나 우리는 세 번의 거룩을 통해서 하나님의 존재의 거룩하심, 하나님의 계획의 거룩하심, 그리고 하나님께서 이루신 일의 결과의 거룩하심으로도 생각할 수 있습니다. 여기서 스랍들이 하나님의 거룩하심을 선포하는 말은 모든 죄인들로 하여금 하나님의 거룩하심 앞에 무릎 꿇게 하는 말씀입니다. 이것은 옛날 암행어사가 탐관오리들 앞에 등장할 때 '암행어사 출두요!'라고 소리치는 것과 같습니다.

우리 인간 세상은 하나님의 거룩하심이 선포될 때 모든 것이 끝장납니다. 왜냐하면 인간들이 한 모든 일이 하나님의 거룩하심 앞에서는 완전한 죄 덩어리요 심판의 대상이기 때문입니다.

그러면서 스랍들은 '만군의 여호와여 그의 영광이 온 땅에 충만하도다'라고 선포합니다. 이것은 온 우주가 하나님께서 하신 일로 충만하다는 것입니다. 이 하나님의 영광 앞에 인간의 존재나 인간이 한 일은 너무나 미미해서 거의 눈에 보이지도 않습니다. 인간은 스스로가 무엇인가 대단한 일을 하는 것처럼 생각하지만, 하나님의 눈으로 보면 아무 가치도 없는 것들이 대부분입니다.

스랍들이 하나님의 거룩하심을 찬양할 때 두 가지 결과가 나타났습니다. 그 하나는 위협적인 것이고 다른 하나는 감사한 것입니다.

: 4절 : "이같이 화답하는 자의 소리로 말미암아 문지방의 터가 요동하며 성전에 연기가 충만한지라."

여기서 '문지방의 터가 요동했다'는 것은 성전이 폭삭 무너질 수도 있다는 뜻입니다. 천사들이 하나님의 거룩하심을 외치기만 해도 인간이 만든 모든 것들은 그 자리에서 폭삭 주저앉고 맙니다. 예를 들면, 강도 7이나 8 정도의 지진이 일어나면 집이며 다리며 모든 건물이 그 자리에서 폭삭 주저앉는 것과 같습니다. 감사한 것은 그럼에도 불구하고 성전이 무너지지 않고, 하나님께서 그 안을 연기, 즉 하나님의 영광의 구름으로 채우신 것이었습니다. 하나님은 때때로 이 세상을 뿌리부터 흔들어서 인간들로 하여금 자신의 연약함과 비참함을 보게 하십니다. 그러나 누구든지 하나님 앞에 회개하고 나아오면 하나님께서 빛나는 구름으로 인간의 수치를 덮어 주시고 감싸 주시며 하나님의 은혜 가운데로 인도해 주십니다.

이때 이사야는 하나님의 거룩하심 앞에 자신이 얼마나 부정한 자인지를 보게 되었습니다.

:5절: "그 때에 내가 말하되 화로다 나여 망하게 되었도다. 나는 입술이 부정한 사람이요 나는 입술이 부정한 백성 중에 거주하면서 만군의 여호와이신 왕을 뵈었음이로다 하였더라."

이사야는 지금까지 유다 사회 안에서 대단히 유능하고 능력 있는 선지자로 인정받아 왔습니다. 이사야는 아마도 날카로운 설교를 통해서 유다의 지도자나 백성의 죄를 사정없이 지적하고 책망했던 것 같습니다. 그러나 이사야가 하나님 앞에 서서 자신의 모습을 보니까 자신이야말로 하나님 앞에 큰 죄인이며, 그동안 자신이 너무나 교만하게 살아왔다는 것을 깨닫게 되었습니다. 특히 이사야는 자신의 입이 얼마나 부정한지 알게 되었습니다. 그래서 그는 하나님 앞에서 '화로다 나여 망하게 되었도다. 나는 입술이 부정한 자로다'라고 부르짖었습니다.

우리가 하나님의 영광을 체험하지 못했을 때는 자신의 죄를 알지 못합니다. 마치 사람이 거울을 보지 않으면 자기 얼굴을 알 수 없는 것처럼 하나님을 체험하지 않으면 자기 죄를 보지 못합니다. 그래서 사람들은 언제나 다른 사람의 죄를 지적하고 책망하지만 자신이 죄인인 줄 알지 못합니다. 그러다가 어느 날 하나님의 은혜가 임하면 그때 자신의 오만함과 그동안 감추어졌던 죄들을 보게 되는데, 정말 자신이 지금껏 살아온 모든 것이 하나님 앞에서 죄라는 사실을 깨닫게 됩니다.

특히 이사야는 자기는 입술이 부정하다고 고백했습니다. 이 세상에는 특별히 입으로 먹고 사는 사람들이 있습니다. 그들 중에는 교수도 있고 정치인도 있고 언론인도 있고 목사도 있습니다. 이렇게 입으로 먹고 사는 사람들은 정말 입이 깨끗하고 양심적이어야 하는데, 자기 안에는 온갖 더러운 욕심이 가득하면서도 위장을 하고 쉴 새 없이 거짓말을 내뱉는 경우가 많습니다. 결국 이런 사람들이 이 세상을 더러운 말로 가득 채우게 됩니다. 게다가 요즘은 사람들의 말이 더욱 거칠어져서 그야말로 입으로 독사의 독을 내뿜는 것 같은 말을 하는 모습을 많이 보게 됩니다.

물론 이사야가 그 정도로 저속하거나 악한 말을 쏟아내지는 않았을 것입니다. 그러나 이사야는 자신이 다른 사람들처럼 타락하지 않았다는 자부심으로 오만하게 설교할 때도 많았고, 다른 사람들을 정죄하는 예언을 할 때도 많았던 것입니다. 그런데 그가 하나님의 영광을 보고 나니 이런 하나님의 말씀을 전할 때 얼마나 두렵고 떨리는 마음으로 했어야 하는지를 뒤늦게 깨달은 것입니다. 이사야는 오만한 마음으로 남을 정죄하며 쉽게 저주하는 말을 퍼부었는데 이 모든 것이 죄라는 사실을 깨달았습니다. 그러면서 이사야는 자기는 입술이 부정한 사람 중에 거하였다고 말합니다. 즉, 이사야가 알고 보니 유다 백성 전부가 입이 더럽고 부정한 사람들이었던 것입니다.

과연 더러운 입이 어떤 입일까요? 물론 누군가가 더러운 욕설을 하면 더러운 입이 될 것입니다. 그뿐 아니라 화를 내는 입도 부정한 입이고, 남을 저주하는 입도 부정한 입이고, 죄를 지었으면서도 안 지은 것처럼 속이는 입도 부정한 입이고, 자기가 지은 죄를 회개하지 않고 남을 책망하는 입도 부정한 입이며, 나쁜 의도를 감추고 겉으로만 그럴 듯한 말을 하는 것도 모두 다 더러운 입입니다.

3. 이사야의 소명

이사야가 하나님 앞에서 자신의 죄를 깨닫고, 특히 자기가 입술이 부정한 자라는 것을 하나님 앞에 고백했을 때, 하나님은 천사를 보내어서 이사야의 입을 깨끗하게 해 주셨습니다.

:6-7절: "그 때에 그 스랍 중의 하나가 부젓가락으로 제단에서 집은 바 핀 숯을 손에 가지고 내게로 날아와서 그것을 내 입술에 대며 이르되 보라 이것이 네 입에 닿았으니 네 악이 제하여졌고 네 죄가 사하여졌느니라 하더라."

스랍 중 하나가 성전 제단에 있는 핀 숯을 가지고 날아와 이사야의 입술에 대면서 그의 죄가 사하여졌다고 선언합니다. 여기서 핀 숯은 불이 붙은 뜨거운 숯을 말합니다. 우리는 때때로 우리 자신이나 다른 사람에 대해서 '저 사람은 입을 좀 지져야 한다'는 말을 합니다. 그 사람이 너무 함부로 말하기 때문에 입을 불로 좀 지져서 함부로 말하지 못하게 해야 한다는 뜻입니다. 사실 이 세상에서 가장 어려운 것이 나쁜 말을 하지 못하게 하는 것입니다. 사람들이 입을 벌려서 악한 말을 쏟아놓는 것은 그 어떤 것으로도 막을 수 없습니다.

그러나 하나님의 제단 숯불은 그것을 할 수 있습니다. 이 제단 숯불은 인간의 모든 죄를 태우는 불입니다. 이것은 나중에 예수님의 십자가로 나타나게 됩니다. 하나님께서는 우리의 입술의 악을 태우기 전에 먼저 우리 마음을 예수님의 십자가 보혈에 가져다 대셔서 깨끗하게 하십니다. 천사는 이사야에게 '네 악이 제하여졌고 네 죄가 사하여졌느니라'라고 선포합니다. 사람들이 악한 말을 하고 남을 저주하는 것은 모두 마음에 분노가 있고 악이 가득 차 있기 때문입니다. 그러나 예수님의 보혈은 우리 속마음을 성령으로 깨끗하게 하셔서 사랑의 마음이 되게 하십니다. 그래서 우리는 좋은 말을 하게 됩니다. 이제 성령의 불로 우리 마음을 태워 깨끗하게 하시기를 바랍니다. 우리가 은혜를 받으면 가장 먼저 표정이 변하고 말이 달라집니다.

그리고 이사야는 이스라엘 백성을 깨우치고 그들에게 영적인 부흥을 일으키기 위해 누가 갈 것인가 하는 하나님의 음성을 듣게 됩니다.

: 8절 : "내가 또 주의 목소리를 들으니 주께서 이르시되 내가 누구를 보내며 누가 우리를 위하여 갈꼬 하시니 그 때에 내가 이르되 내가 여기 있나이다 나를 보내소서 하였더니"

하나님께서는 유다 백성이 하나님의 바른 말씀을 듣고 회개함으로 위기에서 구원받고 멸망하지 않게 하시려고 '누가 우리를 위하여 갈꼬?'라고 질문하십니다. 여기서 '우리'는 하나님 나라 전체를 말합니다. 지금 유다 백성이 이렇게 만신창이가 되면서도 깨닫지 못하고 더욱더 멸망을 향하여 가고 있는 이유는 하나님을 바르게 만나지 못했고 바른 말씀을 듣지 못했기 때문입니다. 하나님께서는 과연 누가 가서 이 백성을 깨닫게 하며 이 백성으로 하여금 하나님께 돌아오도록 할 것인지, 하나님의 말씀을 듣고 갈 사람을 찾고 계셨습니다. 그때 이사야는 하나님 앞에 '내가 여기 있나이다. 나를 보내소서'라고 자원합니다.

여기서 우리가 놀라게 되는 것은 어떻게 조금 전에 자기가 부정한 죄인이라고 고백했던 이사야가 자기를 보내 달라고 할 수 있는가 하는 것입니다. 하나님의 천사들을 보내시면 이스라엘 백성이 더 잘 듣지 않을까요? 그러나 이사야는 자기가 이 유다 백성과 같은 죄인이기 때문에 이들을 잘 안다고 생각했습니다. 그뿐만 아니라 하나님의 은혜를 체험한 사람은 가슴이 불붙는 것 같아서 도저히 다른 것을 하며 살 수 없습니다. 그래서 하나님께서 부르시는 사람은 하나님께서 보내시는 곳에 가지 않으면 견디지 못하는 것입니다.

특히 하나님의 종들은 하나님의 말씀을 들었을 때 이것을 전하지 않으면 견디지 못하는 답답함을 가지게 됩니다. 결국 그는 하나님의 말씀을 전하고 불을 토해야만 마음이 시원해집니다.

우리는 가끔 도로에서 구급차가 사이렌을 울리며 거리를 질주하는 것을 봅니다. 그때 다른 차들은 모두 비켜야 합니다. 왜냐하면 그 차 안에는 지금 목숨이 위태로운 사람이 있기 때문입니다. 사람의 목숨을 구하는 일은 다른 어떤 것보다 긴급한 일입니다. 마찬가지로 영혼을 구하기 위해 말씀을 전하는 일은 다른 어떤 것보다 긴급한 일입니다. 그래서 말씀을 전하는 자에게는 무슨 일이 있어도 이 말씀을 전하지 않으면 안 되는 뜨거운 열정이 있어야 합니다. 이 열정은 천사들에게 있지 않습니다. 이 뜨거운 마음은 바로 우리에게 있습니다.

그러나 하나님께서는 이사야의 말을 들으시고 '참 잘 생각했다. 너는 누구보다 이 일을 잘 감당할 수 있을 것이다'라고 격려하시지 않았습니다. 오히려 하나님께서는 이사야가 말씀을 전하기는 하겠지만 유다 백성은 전혀 듣지 않을 것이며, 이사야가 하나님의 말씀을 전하면 전할수록 그들은 더욱더 깨닫지 못하고 더 나쁘게 반응할 것이라고 주의를 주셨습니다.

∷ 9-10절 ∷ "여호와께서 이르시되 가서 이 백성에게 이르기를 너희가 듣기는 들어도 깨닫지 못할 것이요 보기는 보아도 알지 못하리라 하여 이 백성의 마음을 둔하게 하며 그들의 귀가 막히고 그들의 눈이 감기게 하라. 염려하건대 그들이 눈으로 보고 귀로 듣고 마음으로 깨닫고 다시 돌아와 고침을 받을까 하노라 하시기로"

하나님께서는 이사야가 유다 백성에게 분명한 하나님의 말씀을 전하겠지만, 유다 백성은 그 말씀을 듣기는 들어도 깨닫지 못할 것이라고 말씀하셨습니다. 하나님은 이사야에게, 이 백성에게 말씀을 전하기는 하지만 그들의 귀는 막히게 하고 그들의 눈은 감기게 해서 하나님께 오지 못하도록 하라고 말씀하셨습니다.

하나님께서는 이사야에게 '네가 유다 백성에게 말씀을 전하기만 하면 폭발적인 부흥이 일어날 것이니 아무 걱정 말고 말씀만 전하여라'라고 하지 않으셨습니다. 오히려 '네가 말씀을 전하면 전할수록 유다 백성의 마음은 더 둔하여지고 그들의 귀는 닫히고 그들의 눈은 감겨서 결국 하나도 깨닫지 못할 것이다'라고 말씀하셨습니다. 그 이유가 무엇입니까? 하나님의 말씀에 무뎌지는 것이 그만큼 무섭기 때문입니다. 예를 들어, 몸이 조금만 아파도 항생제를 쓰는 사람은 나중에는 아무리 항생제를 많이 써도 듣지 않게 됩니다. 마찬가지로 유다 백성이 스스로 하나님의 말씀을 잘 안다는 오만함에 빠져서 말씀에 민감함을 잃어버리면, 아무리 하나님의 말씀을 들어도 깨닫지 못할 것입니다. 우리는 주위에서 이런 현상을 간혹 보게 됩니다. 즉, 오래 믿은 분들 중에 아무리 설교를 들어도 남에게만 적용시키지, 자기 자신은 전혀 듣지 않는 분이 있습니다. 유명한 목회자들을 불러서 설교를 들어도 어느 설교가 좋고 어느 설교가 나쁘다는 둥 판단만 합니다. 또 이 설교는 아무개 집사가 들어야 할 말씀이라고 생각합니다. 이것은 영적 불감증입니다. 예수님께서 이 땅에 오셔서 말씀을 전하실 때, 이방인이나 세리나 창기는 주님의 말씀을 듣고 잘 받아들였습니다. 그런데 하나님을 잘 섬긴다고 하는 바리새인이나 서기관들은 예수님의 말씀을 받아들이지 않고 오히려 예수님을 십자가에 못 박았습니다. 우리는 절대로 하나님의 말씀 앞에서 교만한 마음을 가져서는 안 됩니다.

하나님은 유다 백성에게 좋은 설교를 듣는다고 해서 구원받는 것이 아니라고 말씀하십니다. 그 말씀을 자기 것으로 만들어야 귀가 열리고 눈이 뜨여서 하나님의 놀라운 세계를 보게 되는 것입니다. 그러나 유다 백성은 듣기는 들어도 깨닫지 못하고 보기는 보아도 알지 못할 것이라고 하십니다. 이사야가 하나님께 언제까지 이렇게 하실지 물으니까 하나님은 유다가 망할 때까지라고 대답하셨습니다.

: 11-12절 : "내가 이르되 주여 어느 때까지니이까 하였더니 주께서 대답하시되 성읍들은 황폐하여 주민이 없으며 가옥들에는 사람이 없고 이 토지는 황폐하게 되며 여호와께서 사람들을 멀리 옮기셔서 이 땅 가운데에 황폐한 곳이 많을 때까지니라."

이것은 하나님의 강한 경고의 말씀입니다. 즉, 유다 백성이 이사야의 예언을 듣지 않으면 결국 성읍은 황폐해지고 사는 사람이 없어지며 토지는 버려진다고 하셨습니다. 그래도 이사야는 유다가 망할 때까지 중간에 포기하지 말고 계속해서 하나님의 말씀을 전해야 합니다.

: 13절 : "그중에 십 분의 일이 아직 남아 있을지라도 이것도 황폐하게 될 것이나 밤나무와 상수리나무가 베임을 당하여도 그 그루터기는 남아 있는 것 같이 거룩한 씨가 이 땅의 그루터기니라 하시더라."

사람이나 도시가 십 분의 일만 남는다는 것은 거의 멸종된 것으로 볼 수 있습니다. 그런데 유다에 대한 하나님의 진노가 얼마나 큰지, 십 분의 일 남은 그것마저도 없어질 것이라고 하십니다. 하나님의 계획에 의하면 유다는 완전히 없어지게 될 것입니다.

옛날 사람들은 땔감으로 상수리나무나 밤나무를 많이 사용했습니다. 특히 전쟁을 할 때는 나무가 하나도 남지 않을 정도로 다 베었기 때문에 숲은 사라지게 됩니다. 그러나 시간이 흐른 후에 그 베인 나무 그루터기에서 싹이 나와 다시 숲을 이루게 되는데, 유다도 그렇게 될 것이라고 했습니다. 그들은 바로 하나님의 거룩한 씨입니다. 이들은 어떤 역경 가운데서도 끝까지 하나님의 말씀을 붙드는 백성입니다. 하나님께서는 결국 이 보석들을 만들어 내기 위해 많은 연단과 어려움을 주십니다. 우리 모두 미리 하나님의 말씀으로 연단을 받아서 이 모든 재앙을 물리치고 축복 받는 성도들이 되시기 바랍니다.

12

임마누엘
하나님

이사야 7:1-25

우리는 어떤 문제에 부딪히면 어떻게 하는 것이 바른 해결 방법인지 모를 때가 있습니다. 예를 들어, 내 몸이 아픈데 빨리 병원에 가서 치료를 받아야 하는지 아니면 쉬면서 참아야 하는지 잘 모릅니다. 그때 우리는 자기 생각대로 해서는 안 되고 반드시 의사의 진찰을 받고 조언을 따라야 합니다. 그런데 심각한 것은 개인적으로나 국가적으로 크게 어려운 문제가 생겼을 때 이것을 그냥 기도하면서 기다려야 하는지 아니면 더 늦어지기 전에 무슨 수를 써야 하는지 알 수가 없는 경우입니다. 그럴 때 우리는 무엇을 어떻게 해야 할지 모르지만 하나님은 아십니다. 왜냐하면 하나님은 악을 다스리시는 분이시기 때문입니다. 그래서 우리는 스스로 해결할 수 없는 어려운 문제가 발생했을 때 반드시 하나님의 말씀을 들어야 합니다.

유다는 아하스 왕 때 북쪽 이스라엘과 수리아의 연합 공격으로 나라가 거의 망할 지경에 이르렀습니다. 사실 유다에게는 북쪽에 있는 이스라엘 하나만도 힘든 상대였습니다. 그런데 거의 이스라엘과 맞먹는 힘을 가진 수리아가 이스라엘과 동맹해서 쳐들어오니까 유다의 운명은 바람 앞의 등불처럼 위태로웠습니다. 이때 하나님은 이사야 선지자를 아하스 왕에게 보내십니다. 그리고 지금 유다를 공격하는 이스라엘 왕 베가와 아람 왕 르신이 대단하게 보이지만, 그들은 타다 만 부지깽이 나무토막에 불과하므로 잘 참고 내버려두기만 하면 된다고 하시면서 아하스 왕에게 하나님만을 의지하라고 하셨습니다. 이것이 하나님의 뜻이고 하나님의 명령이었습니다. 그러나 아하스는 하나님을 의지하지 않고 인간적인 방법을 의지함으로 또다시 큰 환난과 시련을 겪게 됩니다. 그만큼 우리는 눈에 보이지 않는 하나님을 믿는 것이 어렵습니다. 우리의 눈에 보이는 군대나 눈에 보이는 인간적인 방법은 너무나 확실하고 분명해 보이지만, 눈에 보이지 않는 하나님의 말씀을 믿고 따라가는 것은 어려운 일입니다. 그러나 하나님의 백성은 눈에 보이는 인간의 말이나 방법보다는 눈에 보이지 않는 하나님의 말씀을 믿어야 살 수 있습니다.

1. 유다에 닥친 위기

이사야 선지자가 성전에서 하나님의 환상을 본 후 어느 정도 세월이 흘렀습니다. 웃시야가 죽은 후에 그 아들 요담이 왕이 되고 그 다음에 아하스가 왕이 되었을 때입니다. 이때 예루살렘과 온 유다는 북쪽 이스라엘 왕 베가의 공격으로 큰 어려움을 겪은 데다, 이스라엘 왕 베가와 아람 왕 르신이 동맹을 맺어 유다를 공격한다는 소문을 듣게 되었습니다.

:1절: "웃시야의 손자요 요담의 아들인 유다의 아하스 왕 때에 아람의 르신 왕과 르말랴의 아들 이스라엘의 베가 왕이 올라와서 예루살렘을 쳤으나 능히 이기지 못하니라."

유다와 이스라엘은 같은 민족이었지만 사이가 좋지 않았습니다. 이때 이스라엘은 남쪽 유다와 비교하면 군사력이나 재력이 몇 배나 강했습니다. 그런데 유다의 입장에서 보면 같은 민족인 이스라엘이 다른 민족보다 더 원수 같은 짓을 하고 있었습니다. 그 이유를 유다는 잘 알지 못했습니다. 왜 이스라엘은 같은 민족이고 같은 하나님을 믿는 유다를 다른 이방 민족보다 더 미워할까요? 그것은 유다에게 하나님을 믿는 존귀함이 있었기 때문입니다. 사람들은 자신도 잘 알지 못하는 사이에 바른 신앙을 가진 자들을 시기하고 미워하게 됩니다. 그러면 하나님의 백성은 더 정신을 차리고 겸손해야 하는데, 오히려 자신의 성공을 자랑하고 더 잘난 체하면 사람들은 더 미워하게 되고 나중에는 공격해 오는 것입니다.

이때 이스라엘 왕 베가와 아람 왕 르신이 유다를 쳐들어와서 예루살렘을 공격했는데 완전히 멸망시키지는 못했습니다. 그렇지만 이스라엘과 아람은 유다에 엄청난 피해를 주었습니다. 역대하 28장에 이때의 일이 기록되어 있는데, 이스라엘 왕은 하루 만에 유다 백성 십이만 명을 죽이고 이십만 명을 포로로 끌고 갔습니다. 그리고 아람 왕이 유다 백성을 얼마나 죽였는지는 통계조차 나오지 않습니다. 유다 백성이 하나님을 전적으로 의지하지 않은 결과는 너무나 치명적이었습니다. 그런데 놀라운 일이 일어났습니다. 유다 백성 이십만 명이 전쟁 포로로 사마리아에 끌려갔을 때, 오뎃이라는 선지자가 나와서 유다가 하나님을 제대로 믿지 않아서 하나님이 치게 하셨는데 너희가 어떻게 형제를 포로로 잡아 올 수 있느냐면서 그들을 돌려보내라고 한 것입니다. 그러자 이스라엘 사람들은 이 선지자의 말을 듣고 유다 포로 이십만 명을 그냥 돌려보냈습니다. 하나님의 말씀 한마디로 십만 명이 하루에 죽기도 하고 이십만 명의 포로가 돌아오기도 하는 것입니다.

그런데 우리가 너무나 인정하기 어려운 것은, 우리는 하나님의 백성이기 때문에 세상 사람들과 달라야 한다는 점입니다. 우리는 마음속으로 '우리가 하나님을 믿으면 됐지, 왜 우리가 다른 사람들과 달라야 하는 거야?' 하고 반문할 때가 많습니다. 이것을 받아들이고 그냥 '우리는 하나님의 백성이기 때문에 살든지 죽든지 하나님만 믿어야 한다'고 생각하면 되는데, 그것이 안 되어서 수십만 명이 죽거나 포로로 끌려가는 일이 일어나게 됩니다. 그런데 이것으로 끝이 아니었습니다. 누군가 전해 주는 소식에 의하면 이스라엘과 아람 왕이 아예 군사 동맹을 맺어서 또 유다를 쳐들어온다는 것입니다.

: 2절 : "어떤 사람이 다윗의 집에 알려 이르되 아람이 에브라임과 동맹하였다 하였으므로 왕의 마음과 그의 백성의 마음이 숲이 바람에 흔들림 같이 흔들렸더라."

유다 왕 아하스는 북쪽 이스라엘과 아람의 공격으로 정말 혼쭐이 났습니다. 그리고 아직 유다 왕과 백성이 마음을 추스르기도 전에 누군가가 소식을 전해 주는데 아람과 이스라엘이 동맹을 맺었다는 것이었습니다. 이 말은 두 나라가 아예 힘을 합해서 유다를 멸망시키기로 작정했다는 뜻입니다. 이 말을 들은 아하스의 마음과 유다 백성의 마음은 마치 숲에 바람이 불어서 나무 전체가 흔들리듯이 흔들렸습니다. 북쪽 두 나라의 소문을 듣고 유다 왕과 온 백성의 마음이 마치 사시나무 떨듯이 떨게 된 것입니다.

전쟁은 마치 도박과 같은데 강대국은 손해 볼 것이 없습니다. 왜냐하면 강대국은 이미 전쟁 준비가 되어 있으므로 가서 부수기만 하면 되기 때문입니다. 그러나 약한 나라는 전쟁이 터지면 모두 다 잃든지 아니면 겨우 조금

남기든지 둘 중의 하나입니다. 그래서 약한 나라는 전쟁에 휘말리지 말아야 합니다. 전쟁이 터지면 무조건 손해입니다. 더욱이 유다는 북쪽 이스라엘 하나만도 이기기 어려운데, 두 나라가 손을 잡고 쳐들어오면 이번에는 틀림없이 망하게 될 것입니다.

이때 하나님은 아하스 왕에게 이사야 선지자를 보내어 말씀을 주셨습니다.

: 3-4절 : "그 때에 여호와께서 이사야에게 이르시되 너와 네 아들 스알야숩은 윗못 수도 끝 세탁자의 밭 큰 길에 나가서 아하스를 만나 그에게 이르기를 너는 삼가며 조용하라. 르신과 아람과 르말리야의 아들이 심히 노할지라도 이들은 연기 나는 두 부지깽이 그루터기에 불과하니 두려워하지 말며 낙심하지 말라."

이때 아하스는 이스라엘과 아람이 다시 쳐들어올 것에 대비해 수로를 확인하고 있었던 것 같습니다. 예루살렘 성은 자체에서 솟아나는 샘이 없으므로 외부에서 물을 끌어와야 했습니다. 아마도 윗못 수도는 전쟁 때 아주 중요한 저수지 역할을 했던 것 같습니다. 그래서 왕이 직접 밖에 나가서 수로를 점검하고 있을 때 하나님께서 이사야로 하여금 아들 '스알야숩'을 데리고 가서 아하스 왕에게 하나님의 말씀을 전하게 했습니다.

하나님께서는 아하스에게 너무 두려워하지 말며 떠들지 말라고 하셨습니다. 왜냐하면 북쪽 두 나라에 대한 하나님의 계획이 있기 때문입니다.

그런데 하나님께서는 이사야에게 자기 아들 '스알야숩'을 데리고 가게 하셨습니다. '스알야숩'이라는 이름은 '남은 자가 돌아오다'라는 뜻을 가졌습니다. 즉, 하나님께서는 아하스 왕에게 지금 유다의 남은 자들이 할 일은 전쟁 준비가 아니라 하나님께 돌아오는 것이라는 의미를 전하시는 것입니다. 이사야 선지자가 어린 아들의 손을 잡고 왕을 만나러 갔으면 왕은 분명히 아이의 이름을 물어보았을 것입니다. "이사야 선지자여, 당신의 아들은 상당히 똑똑하게 생겼구려. 이 아이의 이름이 무엇이오?" 이때 이사야 선지자는 대답하기를 "왕이시여, 제 아이의 이름은 스알야숩입니다. 왕이 진정한 신앙으로 돌아오도록 하나님께서 지으신 이름입니다. 왕이시여, 더 큰 낭패를 당하기 전에 여호와께로 돌아오소서."라고 말했을 것입니다.

하나님께서는 옛날 다윗 왕과 언약을 세우셨습니다. 그 언약은 하나님께서 이스라엘에서 다윗의 등불을 꺼뜨리지 않으시겠다는 약속입니다. 더 구체적으로는, 아무리 다른 사람들이 반대하고 훼방해도 다윗의 후손 한 사람만 하나님의 말씀을 붙들고 나가면 부흥을 주시겠다는 약속이었습니다. 그러나 하나님은 다윗의 자손들이 하나님의 말씀을 버리고 세상을 따라가면 인생 막대기로 그들을 치시며 징계하겠다고 하셨습니다(삼하 7:14, 15). 그러므로 지금 유다를 이스라엘이나 아람이 공격하는 것은 하나님께서 그들을 막대기로 치시는 것이지, 죽이시려는 것은 아닙니다. 이때 다윗의 자손은 다른 사람을 원망하거나 불평할 것이 아니라, 스스로 정신을 차리고 하나님 앞에서 자신을 돌아봐야 합니다. 하나님과 자신 사이에 죄가 될 만한 것을 다 버리고 하나님을 의지하고 신뢰하면 얼마든지 살 수 있습니다.

우리는 하나님을 믿는다고 하면서도 너무 미련하고 고집스러워서 어떤 치명적인 일이 터지지 않으면 정신을 차리지 못합니다. 그런데 하나님께서 큰 어려움을 주셨을 때, 나를 바른 신앙으로 돌아오게 하시려고 이런 어려움을 주시는 줄 깨닫는다면 그것이 하나님의 은혜입니다. 이때 곰곰이 생각해 보면 우리가 입으로는 믿는다고 하면서 얼마나 교만하고 오만했으며, 얼마나 하나님 앞에서 철저하지 못했는지 알게 됩니다. 그러면 우리가 하나님 앞에서 울면서 회개하고 정신을 차리면 되는 것입니다.

그러면서 하나님께서는 지금 아람 왕 르신과 이스라엘 왕 베가의 계획까지 알려 주셨습니다.

∶ 5-6절 ∶   "아람과 에브라임과 르말리야의 아들이 악한 꾀로 너를 대적하여 이르기를 우리가 올라가 유다를 쳐서 그것을 쓰러뜨리고 우리를 위하여 그것을 무너뜨리고 다브엘의 아들을 그 중에 세워 왕으로 삼자 하였으나"

지금 이스라엘 왕 베가와 아람 왕 르신이 동맹을 맺고 다시 유다를 치러 오려는 이유는 바로 다윗 자손의 대를 끊어 놓기 위해서였습니다. 그래서 이스라엘 왕과 아람 왕은 다시 쳐들어와서 아하스를 죽이고 다브엘의 아들을 왕으로 앉힐 계획을 세워 놓았습니다. 여기서 다브엘의 아들이 누구인지는 알 수 없지만, 유다 정치인 중에서 친아람주의와 친이스라엘주의를 주장하는 방백이나 왕족이었던 것 같습니다. 사실 아하스는 철저하게 하나님을 믿는 사람이 아니었는데, 주위에서는 그를 시기하고 그를 죽여서 없애려는 계획을 세우고 있었습니다. 이때 아하스와 유다 백성은 너무나 두려워서 벌벌 떨었습니다.

우리나라는 언제나 북한의 공격을 의식하고 긴장하며 살아갑니다. 우리나라 국민들은 북한이 좀 잠잠하면 위협적인 그들의 존재를 망각한 채 먹고 마시고 즐기며 긴장감 없이 살아갑니다. 그러다가 북한이 공격을 하거나 무력도발을 준비하면 갑자기 전 국민의 마음이 무거워지고 비참해집니다. 사실 우리는 커다란 암 덩어리를 가지고 사는 사람들입니다. 그러나 이 모든 것을 하나님께서 주장하시는 줄 믿어야 합니다. 우리가 자기 생각을 믿고 자기 욕심대로 살아서 이렇게 암 덩어리가 커진 것인데, 우리가 하나님의 말씀을 듣고 겸손하게 하나님을 의지하는 신앙으로 돌아가면 살 길이 보일 것입니다.

2. 연기 나는 부지깽이 나무

:8-9절: "대저 아람의 머리는 다메섹이요 다메섹의 머리는 르신이며 육십오 년 내에 에브라임이 패망하여 다시는 나라를 이루지 못할 것이며 에브라임의 머리는 사마리아요 사마리아의 머리는 르말리야의 아들이니라. 만일 너희가 굳게 믿지 아니하면 너희는 굳게 서지 못하리라 하시니라."

하나님께서 믿음도 없는 아하스에게 장차 일어날 일을 미리 알려 주시는 이유가 무엇입니까? 전 세계가 하나님의 손안에 있으며 모든 것이 하나님의 말씀대로 된다는 것을 깨우쳐 주시기 위해서입니다.

하나님께서는 아하스 왕에게 놀라운 말씀을 하셨습니다. 그것은 지금 이스라엘 왕 베가와 아람 왕 르신이 세력을 가지고 큰소리치지만, 실제로 이들은 그렇게 대단한 존재가 아니라는 것입니다. 하나님께서는 이스라엘 왕 베가와 아람 왕 르신은 연기 나는 부지깽이 그루터기라고 말씀하셨습니다. 마르지 아니한 장작이나 나무 밑동은 불을 붙여도 연기만 잔뜩 나지 불이 잘 붙지 않습니다. 그리고 불이 붙어도 연기만 많이 피우다가 내버려 두면 저절로 꺼집니다. 그런데 정말 무서운 것은 바짝 마른 소나무 같은 나무들입니다. 옛날 사람들은 송진으로 횃불을 만들었는데, 송진은 불이 잘 붙고 한번 붙으면 잘 탑니다. 전문가들에 의하면 우리나라 산에 불이 잘 나는 이유는 소나무가 너무 많아서라고 합니다. 오히려 활엽수는 잎은 불이 잘 붙지만 나무는 잘 타지 않는다고 합니다. 건조기에 강한 바람이 불 때 산불이 한번 붙으면 정말 걷잡을 수 없는 불길이 일어납니다. 하나님께서는 이스라엘 왕과 아람 왕은 무서운 산불이 붙는 나무가 아니라 연기만 잔뜩 내다가 내버려 두면 저절로 꺼지는 불이라고 말씀하셨습니다.

그러면서 하나님은 아예 햇수까지 말씀하시는데, 앞으로 육십오 년 내에 이스라엘과 아람은 완전히 망해서 나라가 되지 못할 것이라고 말씀하셨습니다. 그러니까 유다 왕은 앞으로 육십오 년만 잘 견디면 되는 것입니다. 물론 육십오 년이라는 시간이 짧은 시간은 아닙니다. 그런데 유다 왕이 이 육십오 년을 연단의 기간으로 생각해서 자존심을 죽이고 영적인 부흥에 힘쓴다면 다시 축복의 시간이 오게 될 것입니다.

하나님께서는 '아람의 머리는 다메섹이요 다메섹의 머리는 르신'이라고 말씀하십니다. 그리고 이스라엘의 머리는 사마리아요 사마리아의 머리는 베가라고 말씀하십니다. 모든 것을 끌고 가는 것은 머리입니다. 모든 것은 다 머리에서 나옵니다. 그런데 아람의 머리를 보라는 것입니다. 르신의 머리에서 무엇이 나오겠으며 베가의 머리에서 무엇이 나오겠느냐는 것입니다. 그들은 단지 일시적으로 하나님께서 사용하시는 몽둥이에 불과할 따름입니다. 그러나 예루살렘의 머리는 그리스도요 그리스도의 머리는 하나님이십니다. 그런데 왜 하나님을 머리로 모시는 하나님의 백성이 이 세상에서 벌벌 떨어야 합니까? 그것은 그들이 하나님을 제대로 몰라서 그런 것입니다. 하나님의 백성이 하나님만 바로 믿는다면, 인간의 머리로는 절대로 하나님의 백성을 이기거나 해칠 수 없습니다. 그러므로 위기 때 하나님의 말씀을 듣는 것이 중요합니다. 우리가 하나님의 백성의 위치만 바로 찾으면 우리를 망하게 하려는 불은 연기만 내면서 꺼져 버립니다. 그런데 우리가 끝까지 하나님의 백성으로서의 모습을 보이지 않고 세상적으로 해결하려고 하면 꺼져 가던 불도 다시 살아납니다. 하나님께서는 아하스 왕에게 이 두 왕은 그냥 두면 저절로 꺼지는 불이니 상대하려고 하지 말고 너만 정신을 차리라고 말씀하셨습니다.

우리가 평소에는 하나님의 말씀을 듣고 믿음이 생길 수 있지만 극단적인 위기 중에는 하나님의 말씀만 붙들고 믿음을 가지기가 너무 어렵습니다. 예를 들어, 기드온은 나름대로 믿음이 있었지만, 미디안의 십만 명이 넘는 적과 싸울 용기는 없었습니다. 이때 기드온은 자기가 가지고 있는 양털에만 이슬이 내리게 해 달라고 기도해서 응답을 받습니다. 왜냐하면 기드온은 그만큼 다급했기 때문입니다. 하나님은 기드온의 기도대로 양털에만 이슬이 내리게 하셨는데, 기드온은 그것이 우연일지 모른다고 생각해서 양털에만 이슬이 내리지 않고 다른 데는 이슬이 내리게 해 달라고 다시 기도를 했고, 하나님은 그대로 응답해 주셨습니다.

우리에게 이런 표적이 필요한 이유는, 우리가 너무 긴장하거나 겁을 먹으면 믿음도 경직되어서 작동하지 않을 수 있기 때문입니다. 그래서 하나님께서는 아무리 하나님의 말씀이 긍정적이더라도 아하스가 믿지 못할 것을 아시고, 무엇이든지 좋으니까 표적을 구하라고 말씀하셨습니다.

: 10-11절 : "여호와께서 또 아하스에게 말씀하여 이르시되 너는 네 하나님 여호와께 한 징조를 구하되 깊은 데에서든지 높은 데에서든지 구하라 하시니"

하나님께서는 아하스에게 깊은 데에서든지 높은 데에서든지 무엇이든 좋으니까 징조를 구하라고 하셨습니다. 높은 곳에서의 징조 같으면 기드온이 구한 것처럼 하늘에서 이슬이 내리는 것일 수도 있고, 또 비가 내리는 것이거나 죽을병이 낫는 것일 수도 있습니다. 히스기야는 병이 나을 때 해시계가 물러가는 표적을 구했습니다. 이처럼 하나님께서 징조를 구하라고 하시면 우리는 징조를 구해야 합니다. 왜냐하면 하나님은 우리 믿음의 수준을 아시고 우리로 하여금 믿음을 가지게 하려고 이 말씀을 하시는 것이기 때문입니다. 그런데 놀랍게도 아하스는 자신이 아주 믿음이 좋은 사람인 것처럼 하나님께 징조를 구하지 않겠다고 대답했습니다.

┊12절┊ "아하스가 이르되 나는 구하지 아니하겠나이다. 나는 여호와를 시험하지 아니하겠나이다 한지라."

아하스가 하나님께 징조를 구하지 않겠다고 말하는 것을 들으면 믿음이 좋아서 징조 같은 것은 필요 없고 그냥 말씀만 믿겠다는 뜻으로 생각할 수 있습니다. 마치 어느 백부장이 하인이 병들었을 때 예수님이 고쳐 주시려고 그 집에 가시고자 하니까 오시지 말고 말씀만 하시라고 한 것과 비슷하다는 생각이 듭니다. 사실은 표적을 구하지 않고, 하나님의 말씀만 듣고 이것을 믿으며 돌아가는 것이 가장 좋은 믿음입니다. 이런 사람은 앞으로도 하나님의 말씀만 믿고 기도하면 모두 다 응답받을 것입니다.

그런데 아하스가 하나님께 징조를 구하지 않겠다고 대답한 것은 말씀으로 충분했기 때문이 아니었습니다. 오히려 정반대로 그에게는 인간적인 계획이 이미 서 있기 때문이었습니다. 아하스의 계획은 앗수르 왕을 돈으로 매수하여 그와 손을 잡고 앗수르 군대가 아람과 이스라엘을 쳐서 물리친다는 것이었습니다. 사실 아하스의 이 계획은 외교적으로는 너무나 탁월하고 훌륭한 것이었습니다. 그리고 실제로 이 계획은 성공을 거두어서 앗수르 왕 디글랏 빌레셀은 아람과 이스라엘을 공격하여 두 나라를 멸망시켜 버립니다. 그리고 아하스는 앗수르 왕 디글랏 빌레셀이 아람의 수도 다메섹을 함락했을 때 찾아가서 거기에 있는 이방 제단의 모형을 그려 와서 성전에 있던 제단을 대신해 세우게 했습니다. 여기까지만 보면 아하스의 전략은 천재적이고 성공적으로 보입니다. 하지만 그 후에 앗수르는 유다까지 공격하게 됩니다. 즉, 유다가 굳이 앗수르를 끌어들이지 않았어도 앗수르는 공격할 예정이었던 것입니다. 옛말에 "불장난 함부로 하지 말라."는 말이 있습니다. 어떤 사람이 괜히 쓰레기를 태우려고 불을 붙였다가 집도 태우고 산도 태우고 사람도 죽게 된 격입니다. 하나님은 아하스의 악한 생각을 아시고 그를 책망하셨습니다.

：13절： "이사야가 이르되 다윗의 집이여 원하건대 들을지어다. 너희가 사람을 괴롭히고서 그것을 작은 일로 여겨 또 나의 하나님을 괴롭히려 하느냐."

하나님은 '다윗의 집'을 책망하셨습니다. 다윗의 후손인 유다 왕들이 하나님의 말씀대로 통치하지 않아서 유다가 많은 고통을 당했기 때문입니다. 유다 지도자들이 믿음만 붙들고 있었으면 고통당하지 않아도 되는 것이었습니다. 그런데 이제는 하나님까지 괴롭히려 한다고 말씀하십니다. 이것은 하나님께서 유다를 치셔서 망하게 하시는 것을 말합니다.

하나님의 백성이나 교회에는 세상과 다른 원칙이 있습니다. 즉, 하나님의 백성은 하나님의 말씀대로 행해야 사람들의 마음을 답답하게 하지 않고 부흥이 일어나게 됩니다. 그러나 하나님의 백성이나 교회 지도자들이 하나님의 말씀에 대한 믿음이 없어서 인간적인 방법으로 나라나 교회를 운영하면, 백성이나 교인들의 마음이 답답해지고 부흥의 불이 꺼지게 됩니다. 그런데 하나님께서 최후통첩으로 주시는 말씀마저 거부해 버리면 그때는 어쩔 수 없이 하나님께서 자기 집을 치셔야 하는 것입니다. 그렇게 되면 하나님의 마음은 너무나 괴로워집니다. 왜냐하면 하나님의 이름이 이방인들 중에서 조롱당하고 가십거리가 되기 때문입니다.

3. 하나님께서 주신 징조

하나님께서는 아하스의 부족한 믿음을 아시고 징조를 구하라고 하셨습니다. 그런데 아하스는 마치 신앙이 좋은 것처럼 자기는 하나님을 시험하지 않겠다며 징조를 구하지 않았습니다. 이때 하나님은 아하스에게 친히 징조를 주셨습니다. 그것은 아하스에게 충격적인 것이었는데, 바로 처녀가 잉태해서 아이를 낳는 것이었습니다.

:14-17절: "그러므로 주께서 친히 징조를 너희에게 주실 것이라. 보라 처녀가 잉태하여 아들을 낳을 것이요 그의 이름을 임마누엘이라 하리라. 그가 악을 버리며 선을 택할 줄 알 때가 되면 엉긴 젖과 꿀을 먹을 것이라. 대저 이 아이가 악을 버리며 선을 택할 줄 알기 전에 네가 미워하는 두 왕의 땅이 황폐하게 되리라. 여호와께서 에브라임이 유다를 떠날 때부터 당하여 보지 못한 날을 너와 네 백성과 네 아버지 집에 임하게 하시리니 곧 앗수르 왕이 오는 날이니라."

하나님께서 아하스에게 직접 주신 징조는 한 처녀가 임신해서 아이를 낳는 것입니다. 바로 이 구절은 앞으로 예수님이 처녀 마리아의 몸에서 태어날 것을 말하는 중요한 예언이 됩니다. 하나님은 이 아이의 이름을 '임마누엘'이라고 짓게 하셨는데, 그 뜻은 '하나님이 우리와 함께하신다'는 뜻이었습니다. 그런데 본문을 유심히 살펴보면 이것이 그냥 허공으로 막연하게 던져진 메시아에 대한 예언이 아니라, 그 당시에 실제로 이런 일이 있었음을 알 수 있습니다. 즉, 아하스 당시에 처녀인 어떤 여성이 아이를 낳았고, 아이의 이름을 임마누엘이라고 지었던 것 같습니다.

그런데 '그가 악을 버리며 선을 택할 줄 알 때'는 어떻게 보면 이 아이가 악한 짓을 하다가 나중에 회개한다는 의미로도 보이고, 어떻게 보면 이 아이가 철이 들어서 나쁜 버릇을 고치고 착한 아이가 된다는 의미로도 보입니다. 아무튼 유다에 임마누엘이라는 아이가 태어나기는 했던 것 같습니다. 그러면 이 임마누엘이라는 아이도 예수님처럼 완전히 동정녀의 몸에서 성령으로 태어났을까요? 그렇지는 않습니다. 왜냐하면 동정녀 탄생은 마리아가 예수님을 낳은 때 단 한 번밖에 없기 때문입니다. 그러면 여기서 하나님께서 말씀하시는 처녀는 누구를 말할까요? 어떤 사람은 이 본문에 사용된 '처녀'라는 단어, 히브리어 '알마아'는 젊은 여성을 가리키는데 아마 불임의 어느 여성을 가리킨다고 해석합니다. 또 어떤 사람은 이사야의 둘째 부인이 처녀로 결혼했는데 임마누엘은 이사야의 두 번째 아들일 것이라고 말하기도 합니다. 그러나 여기의 '처녀'가 단순히 젊은 부인을 가리킨다면, 마태 사도가 예수님의 탄생에 관해 본문을 인용한 것은 상당한 무리가 될 것입니다. 그래서 가장 유력한 추측은 이 처녀가 아하스의 딸이 아니었겠느냐 하는 것입니다. 마치 아하스가 하나님을 잘 믿는 것처럼 위선적인 모습을 하고 있지만 그의 마음속에는 우상과 인간적인 생각이 가득했듯이, 아하스의 처녀 딸이 가장 정숙한 공주인 줄 알았는데 알고 보니까 임신을 해서 사생아를 낳게 된 것입니다. 하나님께서는 그 아이의 이름을 임마누엘이라고 짓게 하시고, 그 아이 생전에 이스라엘과 아람 두 나라는 망하게 된다는 표징으로 삼으시는 것입니다.

그러면 이 아이가 엉긴 젖과 꿀을 먹는다는 것은 무슨 뜻일까요? 원래 가나안 땅은 젖과 꿀이 흐르는 땅이어서 엉긴 젖과 꿀을 먹는다는 것은 축복을 의미합니다. 하지만 여기서는 농사짓는 사람들이 모두 포로로 붙들려 가게 되어 결국 농사지은 것이 없어서 다시 목축의 소산인 엉긴 젖과 꿀을 먹게 된 것을 말합니다. 그래서 본문의 예언은, 아하스가 하나님의 말씀을 믿지 않고 인간적인 방법을 썼기 때문에, 하나님께서 예언하신 대로 이스라엘과 아람이 망하지만 유다도 망해서 거의 황무지로 변하게 된다는 뜻입니다.

하나님께서 말씀하셨으면 그대로 이루어지는 것은 사실이지만, 과연 이 복을 누리느냐 누리지 못하느냐는 믿음에 달려 있습니다.

엘리사 시대에 사마리아에 아람 군대가 쳐들어와서 포위했을 때, 사마리아 성은 사람들이 아이를 삶아 먹을 정도로 굶주렸습니다. 그때 엘리사는 "내일 이맘때에 사마리아 성문에서 고운 밀가루 한 스아를 한 세겔로 매매하고 보리 두 스아를 한 세겔로 매매하리라."(왕하 7:1)고 했는데, 왕의 한 신하는 하나님이 하늘에 창을 열어도 그것은 불가능하다고 말했습니다. 이때 엘리사는 "네가 네 눈으로 보리라. 그러나 그것을 먹지는 못하리라."(왕하 7:2)고 했습니다. 결국 그 신하는 백성들에게 떠밀려서 사람들의 발에 밟혀 죽고 맙니다. 하나님의 말씀은 이처럼 말씀하신 대로 이루어지고 믿는 대로 누리게 되는 두려운 것입니다.

:17절: "여호와께서 에브라임이 유다를 떠날 때부터 당하여 보지 못한 날을 너와 네 백성과 네 아버지 집에 임하게 하시리니 곧 앗수르 왕이 오는 날이니라."

에브라임이 유다를 떠났다는 것은 최근에 공격하고 떠났다는 이야기가 아니라 유다와 이스라엘의 분열을 말하는 것 같습니다. 유다는 이스라엘과 분열 이후 가장 큰 환난을 당하게 되는데, 겉으로는 처녀같이 순결해 보이지만 속으로는 음란하고 부정한 것을 끝까지 회개하지 않았기 때문입니다. 결국 유다는 당장 눈앞에 있는 이스라엘과 아람은 물리쳤지만, 앗수르 군대에 의해서 거의 멸망 직전까지 가게 됩니다. 사실은 망할 수밖에 없었는데, 이때 히스기야라는 믿음의 사람이 나타나서 부흥의 불을 일으킴으로 다시 살아나게 됩니다.

하나님은 죄를 회개하지 않고 끝까지 감추는 위선적인 아하스와 유다 백성에게 세 가지 징계가 있을 것을 예언하셨습니다.

첫 번째는 파리와 벌 떼의 공격이었습니다.

:18-19절: "그 날에는 여호와께서 애굽 하수에서 먼 곳의 파리와 앗수르 땅의 벌을 부르시리니 다 와서 거친 골짜기와 바위틈과 가시나무 울타리와 모든 초장에 앉으리라."

나일 강 하류나 상류에는 파리 떼가 아주 많았습니다. 그래서 사람들이 애굽 군대를 파리 떼라고 부를 때가 있었습니다. 그리고 앗수르 군대는 벌 떼에 비유하셨습니다. 우리나라 땅벌은 성질이 고약해서 땅벌 집을 잘못 건드리면 온몸을 벌에 쏘이게 됩니다. 또 이 땅벌은 화가 나면 끝까지 쫓아가기 때문에 가능하면 벌집은 건드리지 않는 것이 좋습니다. 그런데 이 바보같은 아하스는 파리 떼에 불과한 애굽과 벌 떼 같은 앗수르를 끌어들이려고 했습니다. 파리 떼는 숫자는 엄청나지만 실속은 거의 없고 오히려 사람만 귀찮게 합니다. 그런가 하면 벌 떼는 한번 건드리면 그때부터는 수습할 길이 없습니다. 아하스는 바로 그런 자들을 끌어들이고 있는 것입니다. 결국 파리 떼나 벌 떼를 이길 수 있는 것은 불의 공격입니다. 화염방사기로 불을 쏘면 파리 떼나 벌 떼를 죽일 수 있습니다.

우리나라 사람 중에도 벌 떼 같은 북한을 자꾸 건드리려는 사람들이 있습니다. 결국 북한을 잘못 건드린다면 벌에 쏘여서 죽을 수 있습니다. 그러나 불길을 일으켜 파리나 벌들을 죽일 수 있듯이, 우리는 결사적으로 부흥의 불을 일으켜야 합니다.

두 번째는 수치를 당하게 하십시오.

 : 20절 :   "그 날에는 주께서 하수 저쪽에서 세내어 온 삭도 곧 앗수르 왕으로 네 백성의 머리털과 발 털을 미실 것이요 수염도 깎으시리라."

하나님께서는 하수 저편 앗수르에서 면도날을 세내어 와서 유다 백성의 털을 다 밀어 버리겠다고 하셨습니다. 요즘은 그렇게 생각하지 않지만 옛날 사람들은 몸에 있는 털을 아주 중요하게 여겼습니다. 특히 사람은 남자나 여자나 머리털을 아주 중요하게 생각했고, 중동 사람들은 수염을 어른의 증표로 보았습니다. 그래서 수염을 기르지 않은 사람은 어린아이 취급했습니다.

그런데 하나님께서는 앗수르 왕을 유다 백성의 털을 모두 밀어 버리는 세 낸 면도날에 비유하고 있습니다. 이것은 앗수르 왕이 유다의 모든 자존심이나 체면을 완전히 짓밟아 버려서 극도로 수치심을 느끼게 할 것이라는 뜻입니다. 그러나 하나님의 백성에게 털을 민다는 것은 새사람으로 태어난다는 의미도 있습니다. 그래서 옛날 나실인들은 규정을 어기면 털을 모두 밀고 다시 시작했습니다. 하나님의 백성이 사람들로부터 수치를 당할 때, 하나님께서 나를 낮추심을 깨닫고 수치를 당하면 다시 시작할 수 있습니다. 그렇지 않고 자꾸 부인하고 발뺌하면 욕은 욕대로 먹고 만신창이가 되어 새 출발을 하지 못하게 됩니다.

세 번째로 유다는 다시 황무지가 됩니다.

∶21-22절∶ "그 날에는 사람이 한 어린 암소와 두 양을 기르리니 그것들이 내는 젖이 많으므로 엉긴 젖을 먹을 것이라. 그 땅 가운데에 남아 있는 자는 엉긴 젖과 꿀을 먹으리라."

예루살렘에 남는 것은 어린 암소 하나와 양 두 마리입니다. 그런데 그것이 만들어 내는 젖을 먹을 사람이 없어서 젖으로 버터를 만든다는 것입니다. 이것은 젖과 꿀이 너무 많아서가 아니라, 농사짓던 사람들이 다 붙들려 가서 먹을 사람이 없으니까 젖으로 버터를 만들어 먹는 것입니다. 그리고 하나님은 유다에서 고급 포도를 생산하던 포도원이 가시가 나고 찔레가 나서 이제는 사람들이 활을 가지고 사냥을 하는 곳이 된다고 하셨습니다. 결국 영적으로 고갈되면 세상도 고갈될 수밖에 없는 것입니다.

이처럼 아하스 왕은 하나님의 말씀에 불순종하고 위선적으로 신앙이 좋은 체해서 나라를 거의 망하게 만듭니다. 그러나 믿음의 사람 히스기야가 등장하여 철저하게 하나님의 말씀을 붙듦으로 부흥이 일어나서 유다는 앗수르를 이기게 됩니다. 오늘 우리는 하나님 앞에서 솔직해져야 합니다. 그리고 수치를 당하게 되면 당해야 합니다. 그렇게 함으로써 심판의 말씀은 없어지고 축복의 말씀이 이루어지게 만드는 성도들이 되시기를 바랍니다.

13

마헬살랄하스바스

이사야 8:1-8

 사람이 어려운 위기에 처했는데 아무것도 포기하지 않고 모든 것을 다 움켜쥐려고 하면 오히려 모든 것을 다 잃어버릴 수 있습니다. 그래서 할 수 있으면 지금 많은 것을 희생하더라도 위기에 대비해 놓는 것이 좋습니다. 그러나 만일 대비하지 못했다면, 어느 한쪽을 과감하게 포기하고 다른 부분이라도 살려야 피해를 줄일 수 있습니다. 그런데 어리석고 탐욕스러운 사람들은 미래의 위기에 대비해서 지금 아무것도 손해 보지 않으려 하고, 또 막상 위기가 왔을 때도 아무것도 포기하지 않으려고 해서 모든 것을 다 잃어버리게 됩니다.
 유다 왕 아하스 때 유다는 북쪽 이스라엘과 아람의 공격으로 큰 위기에 놓였습니다. 이때 아하스 왕의 생각과 이사야 선지자의 생각은 정반대였습니다. 이사야의 생각은, 지금 나라가 처한 위기를 신앙의 눈으로 보고, 설령 갈 데까지 가더라도 이번 기회에 제대로 하나님을 믿어 보자는 것이었습니다. 반면에 아하스의 생각은, 아무것도 하지 않고 하나님만 바라보는 것은 자살행위와 같으므로, 외교적인 수단을 써서 돈을 주고 앗수르를 끌어들여 아람과 이스라엘을 치게 하겠다는 것이었습니다. 인간적으로 생각할 때는 아하스의 생각은 탁월한 전략이었습니다. 즉, 북쪽 이스라엘과 아람이 유다를 치는 동안 그 위에 있는 강대국 앗수르가 이스라엘과 아람의 뒤를 치면 이들의 군대는 후퇴할 수밖에 없을 것입니다. 그러나 문제는 유다가 이렇게 위기를 돈으로 해결한다면 믿음이 전혀 생기지 않는다는 것입니다. 이사야의 주장은, 하나님의 말씀이 없었으면 몰라도 하나님께서 그냥 기다리라고 말씀하시니까 죽을 각오로 기도하면서 하나님을 기다려 보자는 것입니다. 만일 유다가 기도하고 기다리는 중에 아람과 이스라엘이 망하면 이것은 틀림없이 하나님이 하신 것이기 때문에 유다 백성은 하나님에 대한 믿음이 생길 것입니다. 그러나 아하스가 돈으로 앗수르를 끌어들여서 이 문제를 해결한다면 유다는 전혀 믿음이 생기지 않고, 앞으로도 어려움이 생길 때마다 돈으로 해결하려고 할 것입니다. 그리고 앞으로 아하스와 유다 백성에게는 앗수르가 처치 곤란한 시험거리가 될 것입니다.

1. 하나님의 메시지

아하스 때 유다는 북쪽 이스라엘 왕 베가와 아람 왕 르신이 군사 동맹을 맺고 연합해서 유다를 공격한다는 정보를 들었습니다. 사실 유다의 군사력이나 재정으로는 이스라엘 한 나라도 이기기 어려웠습니다. 그런데 국력이 거의 이스라엘 정도 되는 아람 군대까지 가세하니까 유다는 도저히 감당할 수가 없었습니다.

이때 유다 왕 아하스나 유다 백성이 생각해야 할 것은 '왜 하나님께서 이런 대적을 주셨는가?' 하는 것입니다. 하나님께서 유다에 이렇게 강한 대적을 주신 것은 유다를 다스리는 몽둥이로 준비하신 것입니다. 유다는 이 세상에서 정말 유일하게 여호와 하나님에 대한 순수한 신앙을 가진 나라였습니다. 하나님은 유다에 독점적으로 하나님의 말씀을 주셨고, 그들에게 성전이 있게 하셨습니다. 이것은 하나님의 입장에서 보면 가장 중요한 보물을 유다에 맡기신 것입니다. 그러나 세상은 하나님의 말씀이 있느냐 성전이 있느냐로 인정하는 것이 아니라 겉으로 나타나는 성공이 기준이 되므로, 유다는 언제나 이스라엘에 대한 열등감을 가지고 있었습니다. 유다는 하나님의 말씀으로 만족하지 못하고 세상적으로 성공하고 싶은 마음이 있었습니다. 그래서 하나님께서는 유다가 높아지지 못하도록 이스라엘이나 아람 같은 몽둥이를 준비하셔서 이들이 세상으로 가기만 하면 공격하게 하셨던 것입니다. 유다 왕 아하스가, 한 나라도 아니고 두 나라가 유다를 공격해 오는 것을 보고 '아, 우리가 모르는 사이에 이렇게 세상적으로 흘러갔구나. 이런 나라에게 공격당하는 것을 겸허히 받아들이고 지금이라도 하나님 앞에 정신을 차리자'라고 결단만 한다면 몽둥이는 쑥 들어가게 될 것입니다.

이것은 우리의 신앙생활이나 사회생활에서도 마찬가지입니다. 어느 날 누군가가 나를 심하게 대적하고 또 이유 없이 욕하거나 손해를 끼칠 때, 우리가 그 사람을 상대로 싸워서 이기려면 같이 소리를 지르거나 욕을 하면 됩니다. 그러나 우리는 일단 그 사람을 상대하기 전에 하나님 앞에서 나 자신을 돌아보아야 합니다. 즉, 저 사람이 나를 공격하고 욕하는 것이 혹 내가 교만했고 스스로 잘난 체했기 때문이 아닐까 생각하고, 그 사람과 똑같이 행하는 것이 아니라 잘 참고 대적하지 않으면 이 시험을 이기는 것입니다. 물론 그 사람이 나를 욕하고 공격할 때 우리가 한 걸음 더 나가서 "이렇게 욕을 해 주서서 고맙습니다. 이제라도 제가 정신을 차리겠습니다."라고 말할 수 있다면 너무 훌륭하겠지만, 사실 그렇게 할 사람은 없습니다. 그러나 우리가 마음속으로라도 '하나님은 저 사람을 통해서 나의 겸손을 시험해 보시는 거야. 나는 저 사람을 대적하거나 이기려고 하지 말고 잘 참아야 해'라고 생각하고 자신의 입을 잘 지키면 하나님께서 주시는 겸손의 테스트에 합격하는 것입니다.

하나님께서 이스라엘과 아람이 유다를 대적하게 하신 것은 이런 몽둥이를 들지 않으면 유다가 교만해져서 마음이 세상으로 흘러가 버리기 때문이었습니다. 만약 유다 왕이나 백성이 스스로 죄를 깨닫고 이 두 나라를 통해서 때리시는 하나님의 매를 기꺼이 맞았다면, 하나님은 다시 그들을 싸매어 주셨을 것입니다. 그래서 하나님은 전쟁을 준비하는 아하스 왕에게 특별히 이사야 선지자를 보내셔서 '이스라엘 왕 베가나 아람 왕 르신은 연기 나는 두 부지깽이 그루터기에 불과하니 신경 쓰지 말고 네 하나님을 제대로 믿으라'고 말씀하신 것입니다. 우리는 누군가가 나를 대적하거나 경제적인 피해를 줄 때, 너무 억울하고 또 피해를 본 돈이 아깝겠지만 있는 그대로 잘 받아들이면 시험에 이기게 됩니다. 그러나 악한 자와 대항해서 싸워 이기려고 하면 똑같은 사람이 됩니다.

드디어 하나님께서는 유다 왕에게만이 아니라 일반 백성에게도 하나님의 말씀을 주셨습니다. 물론 이 말씀은 수수께끼처럼 알쏭달쏭한 말씀이지만 바르게 해석하면 엄청난 복이 되는 말씀이었습니다.

:1절: "여호와께서 내게 이르시되 너는 큰 서판을 가지고 그 위에 통용 문자로 마헬살랄하스바스라 쓰라."

여호와께서는 이사야 선지자에게 큰 서판에 하나님의 말씀을 적으라고 하셨습니다. 대도시의 번화가에서는 대형 전광판에 뉴스 속보가 나올 때가 있습니다. 마찬가지로 옛날 유다의 수도 예루살렘에서도 일반인들에게 급히 알릴 내용이 있으면 큰 서판에 써서 걸어놓았던 것 같습니다.

하나님께서 이사야에게 쓰라고 한 글자는 '마헬살랄하스바스'라는 말이었습니다. 하나님께서는 이것을 통용 문자로 쓰라고 하셨는데, 아마 이때 유다는 귀족들이 쓰는 문자와 일반 백성이 쓰는 문자가 서로 달랐던 것 같습니다. 영어도 어떤 책에 쓰는 문자를 보면 이상하게 멋을 부려서 도대체 무슨 글자인지 알아보기 어려운 글자들이 있습니다. 하나님께서는 모든 백성이 읽을 수 있는 통용 문자로 글을 쓰라고 하셨는데, 그 내용은 '마헬살랄하스바스'였습니다. 이 말의 뜻은 '노략은 빠르고 약탈은 급하다'는 것입니다. 즉 '마헬'(노략)은 '살랄'(빠르고)하고 '하스'(약탈)는 '바스'(급하다)하다는 것입니다. 그런데 이 말씀에는 주어와 목적어가 없습니다. 그래서 이 말씀만 보면 도대체 누가 누구를 노략하고 약탈하는지 알 수가 없습니다. 하지만 우리가 짐작할 수 있는 것은 누군가가 노략하고 약탈하는데 오래 하는 것은 아니고 순식간에 해치워 버린다는 뜻으로 이해할 수 있을 것입니다.

그래서 최소한 유다의 약탈이나 시련은 오래가지 않고 머지않으면 끝나겠구나 하는 추측을 할 수 있습니다. 때때로 하나님의 백성에게 어려운 시험이 찾아왔을 때는 사실 누구의 도움도 받을 수 없을 때가 많습니다. 이런 때 더 답답한 것은 이 시험이 언제 끝날지 모른다는 것입니다. 그러나 하나님은 성도들에게 불필요하게 시험을 오래 끄시는 분이 아닙니다. 하나님은 우리가 부족해도 힘을 다해 하나님을 붙들면 시험이 끝나게 하십니다. 그래서 우리가 시험 중에는 연단 받는 기간이 긴 것 같지만 지나고 보면 절대로 길지 않음을 알게 됩니다.

예를 들어, 어떤 환자가 큰 병에 걸려서 수술을 받게 되었을 때 병원에 입원한 기간이 너무 긴 것 같아도 병이 다 나아서 퇴원하고 보면 역시 입원했던 기간은 짧았고 건강하게 살아갈 기간이 더 긴 것과 같습니다.

그런데 이 말씀의 해석을 들으면 우리는 더 놀라게 됩니다. 그것은 '노략은 빠르고 약탈은 급하다'는 말의 주어와 목적어가 우리가 생각하는 것과 완전히 다르기 때문입니다. 여기서 하나님께서 말씀하시는 것은 유다의 노략이나 약탈이 아니라, 유다를 위협하는 이스라엘과 아람의 노략과 약탈이 급하다는 것입니다. 즉, 사람의 눈으로 보면 유다가 위협당하고 재산을 약탈당하지만, 하나님의 계획에 의하면 이스라엘과 아람이 급하게 노략당하며 약탈당하게 되는 것입니다. 결국 이스라엘이나 아람은 자기들이 망하기 전에 마지막으로 유다를 겸손하게 하고 유다가 하나님을 바로 믿도록 하기 위해서 봉사하고 있는 것입니다. 그러므로 유다 백성은 이스라엘 왕 베가나 아람 왕 르신을 너무 두려워하거나 대적하려고 하지 말고, 오히려 이번 기회에 하나님께 철저하게 회개하고 이번에 당한 고난과 인명 피해나 재산 피해를 큰 교훈으로 생각하면 되는 것입니다.

그래서 하나님은 이사야로 하여금 아예 이 말씀에 대한 공증을 받아 놓게 하셨습니다.

:2절: "내가 진실한 증인 제사장 우리야와 여베레기야의 아들 스가랴를 불러 증언하게 하리라 하시더니"

우리 사회는 누군가가 무슨 말을 하면 잘 믿지 않습니다. 그래서 자기가 한 말을 문서로 만들어서 서명 날인을 하고 공증을 받아 놓곤 합니다.

본문에서 이사야는 '진실한 증인 제사장 우리야'라고 했는데, 그는 신앙적으로는 진실하지 못했습니다. 왜냐하면 나중에 아하스가 다메섹에 앗수르 왕을 만나러 가서 앗수르 제단을 보고 그림을 그려 대제사장 우리야에게 보냈는데, 우리야가 그 설계대로 제단을 만들고 오래전부터 있던 놋 제단을 치워 버렸기 때문입니다. 그러므로 여기서 진실하다는 것은 그의 신앙이 진실하다는 것이 아니라 그의 직책상 공증의 효력이 있다는 것을 의미합니다. 그리고 '여베레기야의 아들 스가랴'는 아마도 정부의 서기 정도 되지 않을까 짐작됩니다.

지금 유다 왕 아하스와 유다 백성은 이스라엘 왕 베가나 아람 왕 르신이 다시 예루살렘을 공격하려고 한다는 소문을 듣고 굉장히 긴장하고 있습니다. 지난번에도 이 두 나라가 예루살렘을 공격해서 큰 피해를 주었는데 또다시 공격하면 더 큰 피해를 입게 될 것입니다. 그러나 하나님은 이사야를 통해서 말씀하시기를, 이번에는 공격하지 못하고 큰소리만 치다가 말 것이니 두려워하지 말고, 오히려 지난번에 공격당한 것을 교훈 삼아 하나님께 돌아오라고 하시는 것입니다. 그러면 이스라엘 왕이나 아람 왕은 순식간에 노략당하고 약탈당해서 유다를 치지 못할 것이라고 하셨습니다. 유다 백성은 이스라엘 왕과 아람 왕이 자기들을 정신 차리게 하는 몽둥이였다는 것을 깨달아야 했습니다. 이스라엘 왕과 아람 왕은 유다가 이겨야 할 대상이 아닙니다. 아하스는 이 두 왕의 처분은 하나님께 맡기고 자신들만 정신을 차리면 됩니다. 그러나 아하스는 자존심이 너무 강해서 이사야의 말을 듣지 않고 이스라엘과 아람에 복수할 계획을 세웠습니다.

2. 이사야의 아들 이름

이사야가 큰 서판에 '마헬살랄하스바스'라고 쓰고 두 사람의 공증까지 받았지만 유다 왕이나 백성의 마음은 하나님의 말씀으로 돌아오지 않았습니다. 유다 왕과 백성이 가졌던 생각은 하나님의 말씀은 어디까지나 하나의 이론에 불과하고, 실제로 이 세상에서 필요하고 유용한 것은 인간의 힘이라는 것이었습니다. 그래서 이들은 하나님의 말씀만 붙들기보다는 자신의 힘으로 원수를 이기려고 했습니다. 하나님께서는 또다시 유다 백성에게 하나님의 말씀을 반복해서 주셨습니다. 그것은 이사야에게 새로 태어난 아기 이름을 통해서였습니다.

: 3-4절 : "내가 내 아내를 가까이 하매 그가 임신하여 아들을 낳은지라. 여호와께서 내게 이르시되 그의 이름을 마헬살랄하스바스라 하라. 이는 이 아이가 내 아빠, 내 엄마라 부를 줄 알기 전에 다메섹의 재물과 사마리아의 노략물이 앗수르 왕 앞에 옮겨질 것임이라 하시니라."

본문에 보면 이사야의 사생활에 해당하는 내용이 나옵니다. 그것은 이사야가 자기 아내와 관계를 맺는 것이었습니다. 여기에는 '내 아내'라고 나오지만 원문에는 '여선지자'로 되어 있습니다. 그러나 이 '여선지자'는 이사야의 부인이 틀림없으므로 '아내'라고 번역한 것입니다. 이사야는 아내와 동침해서 아이를 낳게 되는데, 하나님은 그 아이 이름을 지난번에 서판에 썼던 '마헬살랄하스바스'라고 짓게 하셨습니다. 아마 아이들의 이름 중에는 아주 특이하고 긴 이름이었을 것입니다. 일단 이 이름은 부르기도 쉽지 않습니다. 어떻게 들으면 염불 외는 소리 같기도 한데, 아마 이 아이는 이름 때문에 스트레스를 많이 받았을 것입니다. 그러나 하나님은 사람들이 이 아이의 이름을 부를 때마다 '노략은 빠르고 약탈은 급하다'는 하나님의 말씀을 입으로 말하게 하셨습니다.

이사야 선지자의 아이들의 이름은 죄다 이상합니다. 형의 이름은 '스알야숩'으로 '남은 자가 돌아온다'는 뜻입니다. 그리고 동생은 '마헬살랄하스바스'로 '노략은 빠르고 약탈은 급하다'는 뜻입니다. 그런데 하나님께서는 '이는 이 아이가 내 아빠, 내 엄마라 부를 줄 알기 전에 다메섹의 재물과 사마리아의 노략물이 앗수르 왕 앞에 옮겨질 것임이라'고 하셨습니다. 여기서 우리가 알 수 있는 것은, '마헬살랄하스바스'라는 말의 의미가 완전히 풀리게 된 것은 이사야가 자기 아들의 이름을 지을 때였다는 것입니다. 이사야의 아기가 태어날 때까지는 사람들은 이 마헬살랄하스바스의 정확한 의미를 몰랐습니다. 여기서 우리는 하나님의 말씀이 더 발전하는 것을 볼 수 있습니다. 즉, 하나님께서는 주어와 목적어를 분명하게 말씀하셔서 그 뜻을 명확하게 하셨습니다. 처음에는 그냥 유다 백성이 당하는 노략이나 약탈이 빨리 끝난다는 말인 줄 알았는데, 알고 보니까 유다를 공격하는 사람들이 약탈당한다는 뜻이었습니다. 이것은 정말 이해가 되지 않습니다. 예를 들어, 우리가 어떤 힘 센 사람에게 실컷 얻어맞고 있는데 선지자가 오더니 너를 때리던 사람이 도리어 매를 맞게 된다고 하면 잘 믿어지지 않을 것입니다.

그러나 이스라엘 역사를 보면 이런 일들이 많이 있었습니다. 하나님의 계획에 의하면 분명히 이스라엘이 전쟁에서 망해야 하는데, 막상 전쟁이 일어나면 하나님께서 마음을 돌이키셔서 적을 쳐 버리시는 것입니다. 그 이유는 아직 이스라엘에는 바알에게 무릎 꿇지 않은 주의 백성이 남아 있어서 하나님께서 치실 수 없으셨던 것입니다. 이처럼 우리가 어려울 때 하나님께 부르짖으며 기도하면 하나님은 적을 때리시고 망하게 하실 것입니다. 우리는 그것을 믿어야 합니다.

그리고 하나님의 말씀은 정적인 데서 동적으로 변하고 있습니다. 즉, 큰 서판에 쓰인 마헬살랄하스바스는 정적인 메시지입니다. 서판에 써 놓은 것이기 때문에 움직이지 않고 사람들이 한번 쓱 보고 지나가면 끝입니다. 그러나 아이의 이름을 마헬살랄하스바스로 지었기 때문에 아이가 움직일 때마다 이 아이의 이름을 부르게 됩니다. 엄마는 아기에게 젖을 주면서 "마헬살랄하스바스야, 젖 먹자."라고 말할 것입니다. 또 아기가 너무 심하게 울면 엄마는 계속 "마헬살랄하스바스야, 울지 마라."고 하며 아이의 이름을 부르게 될 것입니다. 이처럼 하나님의 말씀을 자꾸 입으로 이야기하는 것은 하나님의 말씀이 곧 이루어진다는 것을 의미합니다. 그래서 우리는 책에 쓰인 하나님의 말씀을 살아서 움직이는 말씀으로 만들어야 합니다.

하나님께서는 드디어 말씀하시기를 '이 아이가 엄마, 아빠라고 말하기 전에 다메섹의 재물이 약탈당해 앗수르에 끌려가고 사마리아의 재물이 약탈당해 앗수르에 끌려가게 된다'고 하셨습니다. 보통 아기들이 엄마, 아빠라는 말을 하는 시기는 돌 지나거나 두 돌이 되기 전입니다. 결국 마헬살랄하스바스는 하나님의 무서운 예언을 성취시키는 이름이었습니다. 오늘 우리에게 중요한 것은, 우리 어른들이 모든 것을 다 가지고 누리는 것보다 우리의 청소년이나 어린아이들에게 어떤 미래를 물려줄 것이냐 하는 것입니다. 우리는 모든 것을 심은 대로 거둘 것입니다. 우리가 육체를 위해서 이 세상일에 모든 정력을 다 쏟는다면, 우리 아이들은 세상의 썩은 것을 먹게 될 것입니다. 그러나 우리가 하나님의 말씀을 가지고 내 마음에 농사를 짓는다면, 아이들은 미래에 부흥을 열매로 거두게 될 것입니다.

3. 유다 백성이 버린 샘물

하나님께서는 지금 유다 백성이 선택하는 것에 따라서 그들의 미래는 엄청나게 달라질 것이라고 말씀하셨습니다.

: 6절 : "이 백성이 천천히 흐르는 실로아 물을 버리고 르신과 르말리야의 아들을 기뻐하느니라."

하나님께서는 유다 왕 아하스와 유다 백성이 지금 걸어가는 길이 어떤 길이며 그 결과가 앞으로 어떻게 될 것인지 말씀하셨습니다.

하나님은 유다 왕과 백성에게 그들이 아주 천천히 흐르는 실로아의 물을 버리고 북쪽의 르신과 르말리야의 아들 베가를 기뻐했다고 말씀하십니다. 여기서 우리는 실로아는 무엇이며 왜 이 실로아와 북쪽의 르신과 베가가 비교되어야 하는지 이해가 필요합니다.

아마도 실로아는 요단 강으로 흘러드는 작은 실개천인 것 같습니다. 우리는 잘 모르지만 예루살렘 사람들은 잘 아는 개천이었던 것 같습니다. 나중에 이 실로아와 비슷한 샘이 예루살렘에 생기게 되는데 그것은 실로암이라는 못이었습니다. 이 못은 예루살렘 성 밖의 수원을 터널을 통해 성 안으로 연결해서 물을 모으는 곳이었습니다. 그러나 아하스 때는 아직 이 수로가 만들어지지 않았던 것 같습니다.

그리고 유다 백성은 실제로 르신과 베가를 아주 싫어했는데 오히려 그들을 기뻐했다고 하니까 학자 중에는 '싫어했다'는 말이 잘못 기록되었을 것이라고 해석하는 사람도 있습니다. 그러나 이것은 꼭 르신과 베가를 좋아했다는 말이 아니라 그들의 스타일을 좋아했다는 뜻으로 생각됩니다.

예를 들어, 어느 지역에 물이 계속 솟아나는 작은 샘이 있었다고 합시다. 누구든지 이 샘에 와서 늘 솟아나는 깨끗한 샘물을 마실 수 있었습니다. 그러나 이 샘은 너무 작아서 사람들이 알아주지 않았고, 이것으로 장사를 할 수도 없었습니다. 이 샘은 그저 목마른 이 지역 사람들을 시원하게 해 줄 뿐이었습니다. 그런데 어느 날 아주 돈 많은 부자가 와서 이렇게 좋은 샘을 시시하게 그냥 두어서는 안 된다며, 이곳에 많은 돈을 투자해서 큰 댐과 유원지를 만들어 많은 관광객을 유치하기로 했습니다. 계획대로 된다면 이 부자나 동네 사람들은 큰 부자가 될 것입니다. 그런데 이 샘을 개발하던 중 실수를 해서 수원이 막혀 버렸습니다. 이제 큰 기근이 닥치게 되면 계속 솟아나던 샘물마저 말라 버려서 이 지역 사람들은 모두 갈증에 허덕이게 될 것입니다.

마찬가지로 하나님의 말씀은 언제나 졸졸 흘러나오는 작은 샘물과 같습니다. 우리가 하나님의 말씀을 들을 때 하나님의 말씀은 순결해서 우리 영혼을 깨끗하게 하고 침체된 영혼에 새 힘을 주며 영혼을 소생시켜 줍니다. 하나님의 말씀을 가져도 세상은 알아주지 않고 유명해지지도 않고 부자도 될 수 없습니다. 단지 하나님의 말씀은 하루하루 우리를 하나님의 은혜로 살아가게 할 뿐입니다. 그런데 어느 날부터 사람들은 욕심을 내기 시작했습니다. 언제까지 하나님의 말씀에만 집착하겠느냐는 것입니다. 유다 백성도 좀 화끈하게 살아 보고 세상적으로도 부자가 되고 강한 자가 되어 보자는 생각으로 세상을 끌어들이기 시작했습니다. 하나님의 백성이 세상을 끌어들이니까 얼마나 효과가 좋은지, 예전에 하나님의 말씀만 붙들 때보다 열 배 이상 부자가 되었습니다. 그러나 하나님의 백성이 세상을 끌어들이는 순간 그들은 하나님의 말씀의 샘물을 자기들도 모르게 막아 버렸습니다. 결국 유다는 거대한 썩은 물로 변하기 시작했습니다.

유다 백성이 깨닫지 못했던 사실은 두 물의 근원이 다르다는 것입니다. 즉, 유다 백성이 실로아의 작은 물을 사랑했을 때 그 근원은 바로 하나님의 무한한 능력이었습니다. 그래서 실로아의 물은 양이 많지 않아도 그 뿌리가 하나님께 연결되어 있어 수원이 마르지 않았습니다. 그러나 유다 백성이 자기 생각으로는 하나님을 버린 것은 아니라고 하였지만 세상의 원리를 받아들였을 때, 그들은 자기도 모르게 앗수르의 물을 끌어들이고 있었던 것입니다. 세상이 주는 물의 뿌리는 멸망입니다.

: 7절 : "그러므로 주 내가 흉용하고 창일한 큰 하수 곧 앗수르 왕과 그의 모든 위력으로 그들을 뒤덮을 것이라. 그 모든 골짜기에 차고 모든 언덕에 넘쳐"

하나님의 백성이 하나님의 말씀에 매달리지 않고 세상을 끌어들이는 순간 하나님의 은혜는 막히게 됩니다. 이 세상과 하나님의 은혜가 함께할 수는 없기 때문입니다. 그래서 너무 빨리 교회를 키우고 유명해지고 인정받으려고 하다 보면 결국 하나님의 은혜는 마르고 거기에 엄청난 심판의 세력이 밀려들게 됩니다. 이제 하나님의 백성의 물이 썩은 물이 되었기 때문입니다. 그러므로 하나님의 백성은 늘 조심하며 자신이 지금 말씀대로 살고 있는지 살펴야 합니다.

고고학자들이나 고미술을 연구하는 사람들이 옛날 그림을 복원할 때는 하루에 몇 밀리미터씩 천천히 조심해서 작업해야 작품들을 손상 없이 복원할 수 있습니다. 그런데 자기 욕심 때문에 빨리 복원하기 위해 나무 기둥 대신 시멘트 기둥을 세우고, 그림을 복원하면서 덧칠을 해 버린다면 본래의 작품을 망쳐 놓게 됩니다. 이처럼 세상의 유적이나 그림에 대해서도 함부로 하지 않고 조심스럽게 접근해야 한다면, 하나님의 말씀과 은혜에 대해서는 더욱더 조심스럽게 접근해야 할 것입니다.

유다 백성이 살 길은 아주 천천히 그리고 조금씩 공급되는 하나님의 은혜에 만족하는 것입니다. 그들이 결사적으로 하나님의 말씀을 붙들면, 이 물은 끊임없이 솟아나기 때문에 조금만 기다리면 점점 더 차오르고 조금 더 지나면 부흥의 불이 붙습니다. 그러나 이것을 기다리지 못해서 세상을 끌어들이면 은혜는 없어지고 세상의 죄가 들어오며, 나중에는 이것이 큰 재앙으로 발전하게 됩니다. 그래서 유다 왕 아하스와 유다 백성이 하나님의 말씀을 믿지 않고 난폭한 앗수르를 의지했을 때, 결국 앗수르는 유다까지 밀고 들어오게 되는 것입니다.

∶8절∶ "흘러 유다에 들어와서 가득하여 목에까지 미치리라. 임마누엘이여 그가 펴는 날개가 네 땅에 가득하리라 하셨느니라."

아하스와 유다 백성이 하나님의 말씀을 믿었더라면 이스라엘이나 아람이 연기 나는 부지깽이가 되는 것으로 끝났을 것입니다. 그러나 그들이 하나님의 말씀을 믿지 않고 앗수르를 의지하는 바람에 앗수르가 유다 백성의 목까지 차서 그들의 생명을 위협하게 됩니다. 홍수가 나서 물이 목까지 차면 가진 것을 다 버리고 살려달라고 소리를 질러야 합니다. 결국 유다 백성은 모든 것을 잃고 난 후에야 하나님께 살려달라고 부르짖습니다. 그런데 놀랍게도 그때 임마누엘이 나타납니다. 여기서는 임마누엘을 큰 새로 비유합니다. 하나님의 큰 새가 날아와서 유다 백성을 건지는데, 그 날개가 온 유다를 다 덮는 것입니다. 결국 앗수르의 물은 유다를 삼키지 못하고 물러가게 됩니다.

여기서 유다 백성이 깨닫게 되는 것은 절대로 하나님의 샘물을 자신들의 뜻대로 좌지우지해서는 안 된다는 것입니다. 하나님의 백성은 하나님께서 주신 그대로, 부족하면 부족한 대로 없으면 없는 대로 하나님의 말씀만 붙들고 살아가야 합니다. 하나님의 축복이 시시하다고 이것을 세상 것과 섞어 버리면 그때는 세상 물이 너무 많이 흘러들어서 물에 빠져 죽게 됩니다. 또한 이 세상 물은 온갖 것이 뒤섞인 흙탕물이기 때문에 깨끗이 씻을 수도 없고 마실 수도 없어서 결국 목말라 죽게 됩니다. 그런데 유다 백성이 깨닫지 못했던 것은 바로 임마누엘의 큰 날개였습니다. 하나님의 백성이 하나님만 믿고 의지할 때 임마누엘의 날개는 모든 적으로부터 우리를 안전하게 지켜 줍니다.

유다 백성이 좀 일찍 깨닫고 부르짖었더라면 이 정도까지 오지는 않았을 텐데, 그들은 거의 죽기 직전에야 하나님을 불렀습니다. 지금 우리는 하나님을 찾을 때이고 하나님을 붙잡을 때입니다. 임마누엘 하나님께서 그 큰 날개로 이 나라를 덮으시고, 우리에게 이 영원한 성령의 생수를 주셔서 세상의 악이 우리를 이기지 못하도록 막아 주시게 되길 바랍니다.

14

사람의 말을 믿지 말라

이사야 8:9-22

국가적으로나 사회적으로 큰 사건이 터지거나 위기가 발생하면 정확한 발표보다도 전혀 근거 없는 소문이 많이 퍼지게 됩니다. 사람들이 그런 소문을 믿는 바람에 더 불안해하거나 혼란에 빠지는 경우를 자주 봅니다.

옛날 그리스나 로마 장군들이 전쟁할 때도 점술가의 말을 믿을 때가 많았습니다. 그리스 장군들은 전쟁에 나갈 때 신전에 있는 무녀들의 예언을 의지했는데, 가장 인기 있는 신전이 델포이 신전이었습니다. 그런데 이 신전 무녀들의 예언은 대개 이해하기 어려워서 장군들은 자기에게 유리하게 해석하고 전쟁에 임했습니다. 그래서 전쟁에 이기면 예언이 맞은 것이고, 지면 해석을 잘못한 것이라고 생각했습니다. 로마 장군들은 전쟁하기 전에 닭이 모이를 쪼아 먹는 것으로 점을 치곤 했는데, 대개 머리가 좋은 부하들은 그 전날 닭을 굶겨서 점을 칠 때 닭들이 모이를 열심히 쪼아 먹게 만들어서 전쟁에 이기는 점괘가 나오도록 했습니다. 그런데 똑똑하지 못한 부하는 그 전날 닭에게 모이를 잔뜩 주는 바람에 아침이 되어도 닭이 모이를 먹지 않아 나쁜 점괘가 나오게 했습니다. 그래서 어떤 장군은 닭을 모두 집어 던지고 전쟁에 나갔는데, 전쟁에 지는 바람에 예언을 무시한 죄로 처벌을 당하기도 했습니다. 이것을 보면 인간이 똑똑한 것 같지만, 위기의 순간이 오면 얼마나 비합리적이고 근거 없는 말에도 우왕좌왕하는지 알 수 있습니다.

유다는 아하스 왕 때 북쪽 이스라엘 왕 베가와 수리아 왕 르신이 연합해서 다시 쳐들어온다는 소문을 믿고 왕과 온 국민의 마음이 사시나무처럼 떨었습니다. 그때 이사야는 이스라엘 왕 베가와 수리아 왕 르신이 아무리 대단한 것 같아도 하나님 앞에서는 연기 나는 부지깽이에 불과하니까 두려워하지 말고 하나님만 의지하라고 예언했습니다. 그럼에도 불구하고 아하스나 유다 지도자들의 마음에는 도저히 믿음이 생기지 않아서 그들은 자꾸 인간적인 방법을 쓰려고 했습니다.

그래서 하나님은 다시 이사야를 통해서 말씀을 주셨는데, 그것은 '마헬살랄하스바스'라는 예언이었습니다. 이것은 '노략은 빠르고 약탈은 급하다'는 뜻인데 이것이 이사야의 아들의 이름이 되었습니다. 하나님은 이사야의 이 아들이 엄마, 아빠라는 말을 하기 전에 이스라엘과 아람은 약탈당할 것이라고 말씀하셨습니다. 그러나 유다 지도자들은 하나님의 말씀을 믿지 않고 앗수르 군대를 끌어들였는데, 결국 앗수르 군대가 거의 목구멍까지 차 올라와서 죽기 직전에 이르렀습니다. 그래도 앗수르가 유다를 멸망시키지 못한 것은 임마누엘이 날개로 유다를 지켰기 때문이라고 말씀하셨습니다.

하나님께서는 이제 유다 백성에게 세 부류의 말을 믿지 말라고 말씀하십니다. 첫 번째는, 외국인이 하는 말을 믿지 말라는 것입니다. 그 이유는 외국인이 아무리 뭐라고 말해도 유다는 임마누엘 하나님이 지키시는 나라이기 때문에 그들의 말대로 되지 않는다는 뜻입니다. 그리고 두 번째는, 유다 정부에서 하는 말도 듣지 말라고 하십니다. 그 이유는 아하스나 유다 귀족들이 하나님의 말씀을 믿지 않고 인간적인 방법을 쓰고 있기 때문입니다. 세 번째는, 점술가의 말이나 혹은 근거 없는 뜬소문을 믿지 말라고 하십니다. 왜냐하면 이것은 믿음 없는 사람들이 불안해서 제멋대로 떠들어 대는 소리이기 때문입니다. 이 말을 들으면 점점 더 마음이 캄캄해질 뿐입니다. 따라서 하나님의 백성은 오직 여호와를 두려워하며 하나님의 말씀만 들어야 합니다. 모든 것을 결정하시는 분은 하나님이시기 때문입니다.

본문 말씀을 보면 이 말씀이야말로 얼마나 지금 우리들의 상황에 딱 맞아떨어지는 말씀인지 알 수 있습니다. 우리는 적들이 떠드는 소리로 두려워할 것도 아니고 사람들이 자기 멋대로 예측해서 하는 소리도 들을 필요가 없습니다. 우리는 이런 기회를 통해서 하나님 앞에서 회개할 것은 회개하고 부르짖을 것은 부르짖어야 합니다. 왜냐하면 모든 것을 결정하시는 분은 하나님이시기 때문입니다.

1. 적들이 하는 말을 두려워 말라

유다 백성은 위기의 순간이 오자 주변의 강대국에서 흘러나오는 많은 말을 듣게 되었습니다. 그 말은 유다가 이렇게 약해진 틈을 타서 공격하자는 것이었습니다. 그런데 이사야 선지자는 이 강대국들을 향해서 '너희는 마음대로 소리 지르고 공격하자고 떠들어 보아라. 너희가 아무리 소리를 지르고 전쟁 준비를 해서 공격해도 너희는 반드시 패망할 것이다'라고 선포합니다. 그 이유는 지금 유다에는 하나님이 계시기 때문입니다. 다른 나라 군대가 유다를 공격해서 이익을 얻을 수 있는 때는 오직 하나님께서 다른 나라 군대를 불러서 공격하라고 하실 때입니다. 그런데 하나님께서 오라고 하지 않았음에도 불구하고 자기 멋대로 유다를 공격하면 그 나라 군대는 반드시 패망하게 됩니다. 하나님께서 그들을 용서하시지 않기 때문입니다.

:9-10절: "너희 민족들아 함성을 질러 보아라. 그러나 끝내 패망하리라. 너희 먼 나라 백성들아 들을지니라. 너희 허리를 동이라. 그러나 끝내 패망하리라. 너희 허리에 띠를 띠라. 그러나 끝내 패망하리라. 너희는 함께 계획하라. 그러나 끝내 이루지 못하리라. 말을 해 보아라. 끝내 시행되지 못하리라. 이는 하나님이 우리와 함께 계심이니라."

이사야는 다른 강대국들을 향해서 큰소리로 외칩니다. 그는 여러 민족을 향해서 '너희 민족들아 함성을 질러 보아라'라고 소리칩니다. 대개 군대는 공격할 때 일제히 소리를 지르면서 진격합니다. 그러나 지금 유다는 이스라엘과 수리아의 공격으로 큰 타격을 입어서 나라가 만신창이가 된 때였습니다. 이때 누구든지 유다를 다시 공격하면 얼마든지 이길 것 같은데, 이사야는 아무도 유다를 이기지 못한다고 말하고 있습니다. 왜냐하면 지금 이렇게 유다를 다치게 하신 분은 하나님이신데, 하나님의 계획은 여기까지이고 그 이상은 절대로 다치지 않게 하실 것이기 때문입니다. 하나님께서 주의 백성에게 어려움을 주실 때는 반드시 한계를 정하셔서 그 안에서만 어려움을 허락하십니다. 그래서 때로는 망하기 직전에 이상하게 어려움이 딱 멈추는 것을 볼 때가 있습니다. 그 이유는 바로 거기까지가 하나님이 정하신 한계선이기 때문입니다. 마귀나 악한 자가 그 선을 넘어서 하나님의 백성을 공격하면 하나님은 절대로 그냥 두지 않으시고 박살을 내십니다. 이사야는 너희가 소리 지르면서 유다를 공격하면 반드시 패망한다고 했습니다.

이사야는 또 먼 나라 백성들에게 허리띠를 동이라고 했습니다. 허리띠를 동이는 것은 무장하고 공격하는 것을 말합니다. 그러나 그들이 반드시 망한다고 했습니다. 그 이유는 여호와 하나님이 유다와 함께하시기 때문입니다. 또 이사야는 강대국들을 향해서 너희가 함께 계획하라고 합니다. 이것은 유다를 공격할 핑곗거리를 만들고 전략을 짜는 것입니다. 그러나 그들은 반드시 망할 것입니다. 또 이사야는 그들을 향해서 말을 해 보라고 합니다. 즉, 이사야는 다른 나라 왕들에게 성명을 발표하고 협박하는 말을 마음대로 해 보라는 것입니다. 그러나 그들은 반드시 망할 것입니다. 그 이유는 하나님이 함께하시기 때문입니다.

여기서 이사야가 말하는 민족이나 먼 나라는 유다를 치려고 하는 이스라엘과 수리아, 앗수르를 다 포함하는 말입니다. 그들이 아무리 유다를 치고 집어삼키려고 해도 하나님께서 정해 놓으신 한계 이상은 공격할 수 없습니다. 유다는 하나님께서 책임지시는 나라이기 때문입니다. 하나님께서 포기하시기 전에는 어느 누구도 멸망시킬 수 없는 나라인 것입니다. 이 시대를 사는 우리에게 이 말씀보다 더 위로가 되는 말씀은 없을 것입니다. 왜냐하면 그동안 북한에서 툭하면 서울이나 남한을 불바다로 만들겠다고 위협해 왔고, 지금은 그 수위가 한층 높아졌기 때문입니다. 그러나 하나님께서 우리를 포기하시기 전에는 그들이 하나님의 정하신 한계를 벗어나서 우리를 공격할 수 없습니다. 본문은 '이는 하나님이 우리와 함께 계심이라'고 말합니다. 임마누엘 하나님의 능력은 너무도 크기 때문에 그분의 허락 없이는 아무도 공격해서 이길 수 없습니다.

그런데 이사야는 한 걸음 더 나아가서 지금 유다 정부가 하는 말도 믿을 필요가 없다고 말합니다. 지금 아하스 왕이나 귀족들도 하나님 편에 서 있는 사람들이 아니기 때문입니다.

:11절: "여호와께서 강한 손으로 내게 알려 주시며 이 백성의 길로 가지 말 것을 내게 깨우쳐 이르시되"

여기서 강한 손으로 알게 하셨다는 것은 '하나님께서 강권적인 손으로 깨닫게 하신 것'을 말합니다. 이사야도 인간이기 때문에 인간적인 말을 듣고 인간적인 생각을 따라갈 수 있었습니다. 이사야도 다른 강대국이 하는 말이나 정부에서 하는 말을 믿을 수 있는 것입니다. 사실 사람은 누구나 위기가 닥치면 지푸라기라도 잡는 심정으로 누구의 말에든 귀를 기울여 보려고 합니다. 하지만 하나님은 이사야의 마음속에 아주 강한 믿음을 일으켜 주셨습니다. 바로 이 믿음이 인간의 말은 믿을 필요가 없다는 자신감을 주었습니다. 하나님께서 주신 감동은 다른 강대국이 떠드는 말도 믿지 말아야 하지만 아하스 왕이나 정부 관리들이 하는 말도 따라가서는 안 된다는 것이었습니다.

"이 백성의 길로 가지 말 것을 내게 깨우쳐 이르시되"

아마 지금 아하스가 돈으로 앗수르를 끌어들이려는 생각은 모든 백성에게 좋은 계획으로 보였고, 백성을 안심시키는 생각이었던 것 같습니다. 그러나 하나님께서는 위기가 발생했는데 별일 아닌 것으로 처리하려는 생각은 더 위험하다고 말씀하십니다. 왜냐하면 위기는 우리를 경성하게 만드는 것으로, 무조건 외면한다고 어려움이 자동으로 해결되는 것은 아니기 때문입니다.

영국의 역사학자 아놀드 토인비는 도전에 응전하지 않는 나라나 문화는 멸망한다고 주장했습니다. 우리에게 어떤 좋지 않은 현상이 일어나는 것은 분명 우리의 현 상태에 대한 하나의 도전입니다. 예를 들어, 가슴이 답답하든지 머리가 어지럽다든지 하는 것은 건강상태를 한번 점검해 보라는 신호입니다. 그런데 아무것도 아니겠지 생각하고 넘어간다면 나중에 큰 병이 생깁니다. 마찬가지로 우리에게 여러 가지 좋지 않은 일이 생길 때 무조건 아무 일도 아니라고 생각하는 것은 지나치게 낙천적이고 미련한 자세입니다. 우리는 냉정하게 우리에게 좋지 않은 일이 일어나고 있다는 사실을 인정해야 하고 이것을 어떻게 받아들여야 하는지 생각해야 합니다.

2. 하나님의 도전

우리는 하나님을 믿지 않는 자에게 일어나는 위기와 하나님을 믿는 백성에게 일어나는 위기는 그 원인이나 정도나 해결방법이 다르다는 것을 알아야 합니다. 즉, 하나님을 믿지 않는 자들에게 발생하는 위기는 그동안 그들에게 누적되었던 죄가 드디어 폭발하는 것으로 보아야 합니다. 예를 들어, 사람들이 오랫동안 쓰레기를 제대로 처리하지 않고 쌓아 두었다면, 그것은 이제 썩어서 본격적으로 악취와 썩은 물이 나오게 됩니다. 또한 오래 사용한 기계에 이상이 생겼다면, 그동안 무엇인가 잘못 연결되었거나 고장 난 부속이 있었는데 무리하게 사용하다가 결국 이상이 생긴 것입니다. 하지만 하나님의 백성에게 위기가 발생하는 것은 단순한 잘못이 아니라, 하나님과의 관계가 잘못되어서 그동안 축복이었던 것이 재앙으로 변하고 있는 것입니다. 만일 정유소에서 기름이 새고 있다면 이것은 엄청난 재앙으로 발전할 것입니다. 한 걸음 더 나아가서 원전에서 방사능이 새고 있다면 이것은 더 큰 재앙이 될 것입니다. 그래서 하나님의 백성은 당장 눈앞에 나타난 위기나 어려움 자체만을 생각해서는 안 됩니다. 모든 것을 근본적으로 하나님과의 관계에서 생각해야 바르게 해결할 수 있습니다.

:12절: "이 백성이 반역자가 있다고 말하여도 너희는 그 모든 말을 따라 반역자가 있다고 하지 말며 그들이 두려워하는 것을 너희는 두려워하지 말며 놀라지 말고"

여기서 '반역자'는 다른 사람 몰래 적과 밀약을 하고 협조하는 것을 말합니다. 그래서 어떤 의미로는 적과 내통한 자로 볼 수 있습니다. 하나님께서 이사야 선지자를 통해 아하스에게 무조건 하나님만 믿으라고 말씀하셨을 때, 유다 백성은 이것을 대단히 위험한 생각으로 여겼습니다. 왜냐하면 국가가 위기에 처했으면 국민들은 살기 위해 무엇인가를 해야 하고, 왕을 중심으로 모두가 하나로 뭉쳐야 하는데, 이사야는 아무것도 하지 말고 오직 하나님만 믿으라고 말했기 때문입니다. 사실 나라가 위기에 처했을 때 국민의 마음이 하나 되는 것보다 더 중요한 일은 없을 것입니다. 그러나 많은 경우 나라가 위기에 처했을 때 균열을 일으키는 사람들이 나타나서 더 나라를 어지럽게 만듭니다.

여기서 우리가 알아야 할 것은 위기의 순간에 국민의 마음이 무조건 하나 된다고 해서 반드시 전쟁에 이기거나 전쟁이 일어나지 않는다는 보장이 없다는 것입니다. 어떤 때는 국민의 마음이 하나 되는 것이 더 위험할 수도 있습니다. 위정자들이 그 국민의 지지를 힘입어서 얼마든지 피할 수 있는데도 전쟁을 하려고 하기 때문입니다.

그런데 위기의 순간에 가만히 있는 것보다 더 사람들을 불안하게 하는 것은 없습니다. 어떤 사람은 안전한 곳으로 이사해야 한다고도 하고, 어떤 사람은 라면이나 식수라도 사 두어야 한다고 말합니다. 그러나 하나님께서는 사람들이 두려워하는 것에 두려워하지 말고 사람들이 놀라는 것에 놀라지 말라고 말씀하십니다. 하나님의 백성은 위기를 해결하는 방법이 세상 사람과 다르기 때문입니다. 하나님의 백성의 위기는 지금 하나님의 능력이 다른 곳으로 새고 있어서 생긴 것입니다. 이것은 단순히 기계의 한 부분이 고장 난 것보다 훨씬 더 위험합니다. 기름 탱크에서 기름이 새고 있다면 이것은 앞으로 큰 폭발로 이어질 것이기 때문입니다. 그런데 하나님은 기름 탱크보다 훨씬 크고 위대한 분이십니다. 만일 원전에서 방사능이 새고 있거나 온도가 자꾸 올라간다면 이것은 앞으로 엄청난 폭발을 일으킬 것입니다. 이때 하나님의 백성이 해야 할 일은 새는 곳을 찾아서 기름 탱크를 고치고, 원전에서 고장 난 냉각장치를 고치는 일입니다.

∶13절∶ "만군의 여호와 그를 너희가 거룩하다 하고 그를 너희가 두려워하며 무서워할 자로 삼으라."

하나님은 유다 백성에게 위기가 닥쳤을 때 적들의 협박에 대해 두려워하거나 혹은 인간적으로 살 수 있는 방법을 찾으려고 몸부림칠 것이 아니라, 하나님 앞에서 바른 신앙을 찾을 기회로 삼으라고 말씀하십니다.
"만군의 여호와 그를 너희가 거룩하다 하고"
그동안 유다 백성은 평안하게 살다 보니 하나님 중심으로 살지 못하고 자기 중심으로 살았습니다. 자기도 모르는 사이에 조금씩 하나님과의 바른 관계에서 멀어지면서 위기에 빠진 것입니다. 하나님과 그 백성의 관계는 완전히 밀착되어서 일체의 틈이 없어야 하나님의 복이 새지 않고 공급됩니다. 그런데 하나님을 뒷전으로 밀어 버리고 세상 중심으로 살아가면, 하나님의 은혜가 중간에서 막히거나 새게 됩니다. 이것이 바로 위험한 재앙으로 발전하는 것입니다. 결국 우리는 최우선적으로 은혜를 받고 말씀을 듣고 영적으로 충만해져야 하는데, 세상을 따라가면 복이 재앙으로 변합니다.
그래서 하나님은 하나님의 백성에게 두 가지 역할을 하십니다. 그들이 하나님을 바르게 믿을 때는 지켜 주는 곳이 되시지만, 그들이 하나님을 멀리할 때는 걸려 넘어지는 장애물이 되십니다.

∶14절∶ "그가 성소가 되시리라. 그러나 이스라엘의 두 집에는 걸림돌과 걸려 넘어지는 반석이 되실 것이며 예루살렘 주민에게는 함정과 올무가 되시리니"

하나님의 백성이 자기 목숨을 다해 하나님을 의지하면 하나님은 그들의 피할 곳이 되어 주십니다. 얼마 전 신문에서, 만일 북한에서 핵탄두 미사일을 발사하거나 포탄을 쏘면 우리나라는 피할 만한 대피소가 별로 없다는 기사를 읽었습니다. 그러나 우리가 사력을 다해 하나님을 의지하면 하나님은 미사일이나 포탄 한 방이라도 떨어지지 못하는 대피소가 되어 주실 것입니다. 그래서 하나님의 백성에게는 가장 미련한 것이 가장 현명한 것입니다. 즉, 우리가 하나님을 의지하고 죽을 각오로 믿으면 하나님은 우리를 모든 적대세력으로부터 지켜 주십니다.

그러나 하나님의 백성이 하나님을 믿지 않고 인간적인 방법으로 살려고 하면 하나님은 재앙의 근원이 되십니다. 본문은 하나님께서 '걸림돌과 걸려 넘어지는 반석'이 된다고 했습니다. 이것은 사람이 가만히 있을 때가 아니라 밖으로 뛰어나갈 때 걸림돌에 걸려 넘어지는 것입니다. 그 바람에 더 다치기도 하고, 불이나 재앙도 피하지 못하게 됩니다. 하나님의 백성의 위기는 신앙으로 해결할 수 있는데, 그들이 신앙으로 돌아오지 않기 때문에 해결되지 않고 위기는 더 커지는 것을 의미합니다. 하나님은 예루살렘 사람들에게 함정과 올무가 되시는데 예루살렘 사람들이 거기서 빠져나오지 못해서 적을 이기지 못하게 됩니다. 즉, 예루살렘 사람들이 아무리 도망치려고 해도 하나님께서 잡으시기 때문에 다 망하고 마는 것입니다. 그러므로 위기일수록 죽을 각오로 하나님만 믿고 살아야 합니다.

그러나 눈에 보이지 않는 하나님을 믿는 것은 너무 어려운 일입니다. 그래서 이사야 선지자가 아무리 하나님을 믿으라고 권면해도 사람들은 믿지 않고 인간적인 방법을 따라가서 망하게 되었습니다.

:15절: "많은 사람들이 그로 말미암아 걸려 넘어질 것이며 부러질 것이며 덫에 걸려 잡힐 것이니라."

여기서 '그'는 아하스를 말합니다. 아하스는 죽을 각오로 하나님만 믿으면 되는데, 그는 하나님을 믿다가는 죽을 것 같았습니다. 그래서 아하스는 돈으로 살길을 찾는데, 많은 사람이 그를 따라갑니다. 유다 백성이 하나님을 따라가면 대로가 열리는데, 인간의 말을 따라가니까 서로 밀쳐서 넘어지고 밟히고 결국 다리가 부러져서 붙들려 포로가 되고 마는 것입니다.

3. 봉함되는 하나님의 말씀

하나님께서는 처음에 이사야에게 모든 유다 백성이 하나님의 말씀을 볼 수 있도록 공개하라고 하셨습니다. 그래서 이사야는 아주 큰 서판에 '마헬살랄하스바스'라고 써서 하나님의 말씀을 모든 유다 백성에게 공개했습니다. 그것은 '노략은 빠르고 약탈은 급하다.'는 뜻이었습니다. 그러나 아하스나 유다 백성은 하나님의 말씀을 믿지 않았습니다. 그래서 하나님은 이제 이 말씀을 봉함하게 하셨습니다.

: 16-17절 : "너는 증거의 말씀을 싸매며 율법을 내 제자들 가운데에서 봉함하라. 이제 야곱의 집에 대하여 얼굴을 가리시는 여호와를 나는 기다리며 그를 바라보리라."

하나님께서는 하나님의 백성이 하나님의 말씀의 가치를 모를 때 말씀을 거두어 가셨습니다. 하나님은 이사야에게 하나님의 말씀을 싸고 봉함해서 이사야의 제자 중에 감추어 두게 하셨습니다. 그래서 이제 유다 사회에서 더 이상 하나님의 말씀이 들리지 않게 되었습니다. 이제부터 유다 사회에는 아하스의 소리나 이방인이 위협하는 소리만 들리게 될 것입니다.

하나님께서 우리에게 말씀을 주시는 것은 우리에게 프러포즈하시는 것이며, 하나님의 모든 것을 우리에게 다 주시려는 것입니다. 이때 우리는 이미 가진 것을 다 놓아 버리고 하나님의 말씀을 붙잡아야 합니다. 그런데 멀뚱멀뚱 보고만 있으면 그때부터 하나님의 말씀은 다른 사람에게로 넘어가 버립니다. 즉, 부흥의 촛대가 다른 원수의 나라로 넘어가는 것입니다. 그래서 역사적으로 정통 교회에서 하나님의 말씀이 무시되었을 때 부흥은 수도원이나 작은 공동체에서 일어났고, 정통 교회는 오히려 미신과 나쁜 권위로 더 부패해졌습니다. 그런데 교회가 이렇게 부패한 곳은 전쟁이 일어나면서 나라 전체가 망할 때가 많습니다. 왜냐하면 교회는 세상의 등대이기 때문입니다. 등대의 불이 꺼지면 배들은 파선하여 침몰하고 맙니다.

그런데 본문을 보면 이사야의 제자들에게는 말씀이 남아 있습니다. 하나님은 유다 백성에게서 모든 은혜를 거두지 않고, 이사야의 말을 믿고 따르는 자들을 남겨 두셔서 그들에게서는 말씀을 거두지 않으셨습니다.

이제부터 하나님은 야곱의 집에 얼굴을 가리시는데, 유다 백성은 더 이상 능력 있는 설교를 듣지 못하게 됩니다. 그러나 이사야는 여호와를 기다리며 하나님을 바라보겠다고 말합니다. 이것은 하나님께서 다시 이사야에게 말씀을 주셔서 예언하게 하실 때를 기다리는 것입니다.

본문을 보면 하나님께서 말씀을 봉함하시자 두 가지 현상이 나타납니다. 하나는 그래도 하나님의 증표를 믿고 깨닫는 사람들이 있는 것입니다.

: 18절 : "보라 나와 및 여호와께서 내게 주신 자녀들이 이스라엘 중에 징조와 예표가 되었나니 이는 시온 산에 계신 만군의 여호와께로 말미암은 것이니라."

하나님은 이사야에게 큰아들의 이름을 스알야숩이라고 짓게 하셨습니다. 이 말은 '포로 된 자가 돌아온다'는 뜻입니다. 이스라엘이 유다에 쳐들어왔을 때 그들은 무려 이십만 명이나 되는 포로를 잡아갔습니다. 당시 이십만 명은 엄청난 숫자였습니다. 그런데 이 포로들이 사마리아에 끌려갔을 때 하나님은 선지자를 보내셔서 이스라엘을 책망하셨습니다. 하나님은 너희 형제가 하나님의 연단을 받아서 이렇게 환난을 당했는데 어떻게 너희가 그들을 포로로 잡아오느냐고 하시면서 그들에게 옷을 입히고 음식을 먹여서 돌려보내라고 하셨습니다. 그러자 놀랍게도 이십만 명의 포로가 돈 한 푼 내지 않고 모두 무사히 집으로 돌아왔습니다. 이것이 바로 하나님의 말씀의 능력입니다.

그리고 이사야의 또 다른 아들의 이름은 '마헬살랄하스바스'인데 '노략은 빠르고 약탈은 급하다.'는 뜻입니다. 하나님께서는 이 아이가 엄마, 아빠라는 말을 하기 전에 이스라엘과 수리아는 약탈당한다고 말씀하셨습니다. 이 엄청난 불신의 시대에, 이사야와 하나님께서 그에게 주신 사람들은 이 아이의 이름을 믿고 하나님의 말씀이 성취되는 것을 보았습니다. 그러므로 우리는 어린아이라도 우습게 생각해서는 안 됩니다. 어린아이의 존재 자체를 통해서도 하나님은 역사하십니다. 어떤 엄마는 아이를 키우면서 많은 것을 깨닫는다고 말합니다. 어느 날 어려운 일이 생겨서 걱정하고 있는데 아이가 엄마에게 "엄마, 걱정하지 말고 기도해야죠!"라고 말하더랍니다. 그래서 엄마가 정신을 차리고 기도했는데 하나님께서 그 기도에 응답하셨다는 것입니다.

모세의 어머니는 아직 모세가 갓난아기였지만, 그의 초롱초롱한 모습을 보고 이 아기를 죽일 수 없다는 믿음을 가지게 되었습니다. 결국 모세는 이스라엘을 구해 내는 위대한 하나님의 종이 되었습니다. 예수님은 천국이 바로 이런 어린아이의 것이라고 말씀하셨습니다. 어린아이는 하나님의 말씀을 들은 그대로 믿기 때문입니다. 예수님은 한 소년이 드린 보리떡 다섯 개와 물고기 두 마리로 오천 명을 먹이는 기적을 행하셨습니다. 그러나 어느 부자 청년은 예수님이 "네 소유를 팔아 가난한 자들에게 주라. … 그리고 와서 나를 따르라."(마 19:21)고 하셨을 때 근심하며 돌아갔습니다. 우리는 너무 복잡하게 잘 믿으려고 할 것이 아니라 어린아이같이 단순하게 믿어야 합니다. 포로 된 자가 돌아온다고 하면 돌아올 것으로 믿어야 하고, 이스라엘이 빨리 약탈당한다고 하면 약탈당할 것으로 믿어야 합니다.

그러나 하나님의 말씀을 믿지 않는 자들은 미신을 믿고 점치는 자들의 말을 믿습니다.

:19절: "어떤 사람이 너희에게 말하기를 주절거리며 속살거리는 신접한 자와 마술사에게 물으라 하거든 백성이 자기 하나님께 구할 것이 아니냐. 산 자를 위하여 죽은 자에게 구하겠느냐 하라."

사람들은 위기가 오면 누가 무슨 말을 하든지 쉽게 믿습니다. 그중에는 원수들이 퍼뜨리는 유언비어가 많습니다. 그런데 사람들은 정확한 정보를 듣기보다는 이런 자극적인 유언비어를 더 잘 믿게 됩니다. 이런 유언비어는 믿고 들을 때는 좋은데 듣고 나면 불안이 점점 더 커져서 결국 난동을 부리거나 소요가 일어나기도 합니다. 또 어떤 사람은 불안을 이기지 못해서 점치는 사람을 찾아가 앞으로 자기가 어떻게 될지 물어봅니다.

본문에 보면 '주절거리며 속살거리는 신접한 자와 마술사'가 나옵니다. 이렇게 점을 치는 사람들이 하는 말의 특징은 도무지 알아들을 수 없는 중얼거림입니다. 왜냐하면 사탄이 명확하게 말할 리가 없기 때문입니다. 그래서 점치는 사람들은 상대방이 알아듣지 못하는 이상한 소리를 중얼거리고는 자기 멋대로 해석해서 돈을 받아 냅니다. 그때 하나님의 백성은 분명하게 '백성이 자기 하나님께 구할 것이 아니냐. 산 자를 위하여 죽은 자에게 구하겠느냐'고 이야기해야 합니다. 지금 살아 있는 사람들의 당면한 문제는 살아 있는 사람이 풀어야지 어떻게 죽은 사람의 힘으로 풀 수 있겠습니까? 죽은 사람에게 이 세상 일을 물으면 무슨 소용이 있겠습니까? 살아 있는 사람의 문제는 살아 있는 사람이 알아서 해야지요.

어떤 사람들은 자기 미래를 점치는 사람들에게 가서 묻습니다. 하지만 그 사람들도 자기 운명을 몰라서 원치 않는 점쟁이가 되었는데 어떻게 다른 사람의 미래를 알 수 있겠습니까? 하나님의 백성은 당연히 하나님께 물어야 합니다. 하나님의 말씀을 듣지 못한 사람에게는 아침이 오지 않을 것이며, 그는 계속 어두운 밤 가운데 헤매다가 죽게 될 것입니다.

: 20-22절 : "마땅히 율법과 증거의 말씀을 따를지니 그들이 말하는 바가 이 말씀에 맞지 아니하면 그들이 정녕 아침 빛을 보지 못하고 이 땅으로 헤매며 곤고하며 굶주릴 것이라. 그가 굶주릴 때에 격분하여 자기의 왕과 자기의 하나님을 저주할 것이며 위를 쳐다보거나 땅을 굽어보아도 환난과 흑암과 고통의 흑암뿐이리니 그들이 심한 흑암 가운데로 쫓겨 들어가리라."

우리는 모든 말을 다 들을 것이 아니라, 그것이 하나님의 말씀과 일치하는지 확인해야 합니다. 다른 말씀을 따라가면 깊은 밤을 이기고 새벽이 오지 않습니다. 하나님의 말씀은 처음에는 고통과 역경이 따르지만 반드시 축복의 아침이 오게 되어 있습니다. 그러나 하나님의 말씀이 아닌 인간의 생각을 따라가면 계속 어둠 속으로 들어가게 되는데, 나중에는 하늘을 쳐다보거나 땅을 쳐다보아도 환난과 흑암뿐이고 더욱더 어둠 속으로 빨려 들어가게 됩니다.

사람이 산이나 광야에서 길을 잃으면 길을 찾기 위해서 이리 뛰고 저리 뛰게 됩니다. 어떤 사람은 길 비슷하게 생긴 곳은 다 가 보는데, 자기도 모르는 사이에 같은 곳을 계속 빙빙 돌거나 아니면 점점 더 외진 곳으로 들어갑니다. 결국 자기가 길이라고 믿는다고 해서 길이 되는 것이 아니라 길을 아는 인도자가 있어야 찾을 수 있습니다.

: 요 8:12 : "예수께서 또 말씀하여 이르시되 나는 세상의 빛이니 나를 따르는 자는 어둠에 다니지 아니하고 생명의 빛을 얻으리라."

많은 사람이 세상이라는 광야나 산에서 길을 잃고 있습니다. 인간은 광야나 산에서 멋진 텐트를 치고 행복하게 살겠다고 생각하지만, 이 세상은 결코 영원히 살 곳이 아닙니다. 물론 지금 당장은 편하고 좋을지 모르지만 머지않아 지옥 불이 모두를 다 삼키고 말 것입니다. 우리에게 생명의 길을 가르쳐 주실 분은 이 세상을 만드시고 우리를 위하여 죽었다가 다시 사신 예수님밖에 없습니다. 우리 인생의 길은 우리가 생각하는 것처럼 간단하지 않습니다. 우리는 결국 하나님의 은혜와 복을 받아야 이 세상에서 안전하게 살 수 있습니다. 그러나 하나님을 믿는다고 하면서도 말씀을 믿지 않고 자기 생각을 따라간 사람은, 아침을 만나지 못하고 어둠 가운데 헤매다가 하나님을 저주하면서 죽게 될 것입니다. 우리는 하나님의 말씀을 붙잡아야 그분이 나의 하나님이 되어 주십니다. 사람의 말을 두려워할 것이 아니라, 오직 하나님을 두려워하고 그 말씀에 죽도록 순종함으로 모든 위기를 이기고 축복 받는 성도들이 다 되시기 바랍니다.

15

메시아의 오심

이사야 9:1-7

오래 전 제가 서울에서 개척 목회를 할 때였습니다. 그때 교회 가까운 곳에 허름한 무허가촌이 있었는데, 거기에 사는 아이들은 누구도 돌보아 주지 않는 버려진 아이들과 같았습니다. 그런데 우리 교회 전도사님이 아이들에게 복음을 전하고 함께 축구를 하면서 그들과 사귀었습니다. 그러다가 아이들이 조금씩 교회에 따라오면서 결국 예배까지 드리는 데 성공했습니다. 그때 선생님들의 열정이 얼마나 대단했던지, 옷도 더럽고 얼굴도 더러운 아이들을 목욕탕에 데리고 가서 남선생님들은 남자아이들을 씻기고 여선생님들은 여자아이들을 씻겨 주었고, 또 새 옷을 하나씩 사 입혔습니다. 그리고 책이라고는 없는 아이들에게 선생님들이 전과책을 하나씩 사 주자 아이들은 굉장히 행복해했습니다. 이후로 아이들은 열심히 교회에 나오기 시작했습니다. 그런데 불행하게도 그 건물이 팔리게 되어 우리 교회가 그곳을 떠나야 했습니다. 그때 가장 먼저 교회를 걱정했던 사람들은 바로 그 아이들이었습니다. 아이들은 교회에 와서 선생님들에게 "우리는 앞으로 어느 교회를 가야 해요?"라고 묻곤 했습니다.

이 세상을 보면 참 불공평하게 느껴질 때가 많습니다. 어느 집 아이는 부모가 돈도 많고 사회적인 지위도 있어서 어렸을 때부터 과외수업도 받고 외국 생활도 하고 경제적인 어려움 없이 좋은 학교를 졸업합니다. 그런데 어떤 아이는 어렸을 때부터 집도 찢어지게 가난한 데다 부모님이 아프시거나 혹은 알코올 중독자이고, 또 자신마저도 몸에 선천적인 병이 있어서 공부도 잘 못하고 가난과 빈곤 속에서 고생만 합니다. 그런데 참 이상한 것은 하나님께서는 세상의 그 어떤 사람들보다 이렇게 가난하고 병들고 어려운 사람에게 먼저 찾아가셔서 천국 복음을 듣게 하시는 것입니다. 그래서 이렇게 가난한 집 사람들이 복음을 듣고 난 후에는 하나님을 깊이 사랑하고 믿음으로 사는 모습을 볼 수 있습니다.

놀라운 것은 바로 이것이 하나님의 뜻이고 성품이라는 사실입니다. 하나님은 이 세상에서 가장 연약하고 가난하고 힘들고 비참한 자들에게 먼저 찾아가셔서 천국 복음을 듣게 하시고 믿음의 부자가 되게 하십니다. 예수님께서도 "천지의 주재이신 아버지여 이것을 지혜롭고 슬기 있는 자들에게는 숨기시고 어린 아이들에게는 나타내심을 감사하나이다. 옳소이다. 이렇게 된 것이 아버지의 뜻이니이다."(마 11:25-26)라고 말씀하셨습니다. 하나님 앞에서는 가난하거나 무식한 것이 큰 문제가 아니라, 하나님의 말씀을 믿지 못하는 것이 문제입니다. 우리가 하나님과 그분의 말씀을 믿기만 한다면 어려운 환경에서 훨씬 더 큰 복을 받을 것입니다.

1. 가장 소외된 사람들

이사야 당시에 같은 이스라엘 자손이면서도 가장 소외되고 비참한 상태에서 사는 사람들이 있었습니다. 그 사람들은 바로 스불론과 납달리 땅의 사람들이었습니다. 북쪽 이스라엘 왕국은 여러 차례 쿠데타로 정권이 뒤집어지면서 매우 불공평한 정치를 했던 것 같습니다. 그런 와중에서 가장 많이 박해를 받고 따돌림을 당한 사람들이 스불론과 납달리 땅의 사람들이었습니다. 요즘 말로 표현하면 스불론과 납달리 지방 사람들은 지역 차별을 가장 심하게 당했던 사람들이었습니다. 즉, 스불론과 납달리 지방은 정부의 지원도 받지 못했고 교육 수준이 낮았으며 범죄율은 높았고 너무나 가난하게 사는 사람들이었던 것 같습니다. 그런데 이사야는 이 어두운 곳에 있는 사람들을 하나님께서 영화롭게 하실 것이라고 예언했습니다.

:1절: "전에 고통 받던 자들에게는 흑암이 없으리로다. 옛적에는 여호와께서 스불론 땅과 납달리 땅이 멸시를 당하게 하셨더니 후에는 해변 길과 요단 저쪽 이방의 갈릴리를 영화롭게 하셨느니라."

본문은 '전에 고통 받던 자들에게는 흑암이 없으리로다'라고 말합니다. 옛날 감옥은 어두컴컴한 토굴과 같은 곳이었습니다. 그래서 사람들이 죄를 짓거나 혹은 미움을 받아서 감옥에 갇히면, 그곳은 빛이 없는 데다 오물이 옆에 그대로 쌓이고 제대로 씻지 못해서 거의 짐승 같은 모습으로 살 수밖에 없었습니다. 그런데 놀라운 것은 스불론과 납달리를 그렇게 비참하게 하신 분이 바로 하나님이셨다는 것입니다. 왜 하나님은 그 많은 이스라엘 백성 중에 하필이면 스불론과 납달리 사람들을 그렇게 가난하고 비참하게 하셨을까요? 그것은 하나님께서 그들의 마음을 낮추셔서 하나님에 대한 믿음을 가지게 하기 위해서였습니다. 그리고 때가 되었을 때 하나님은 스불론과 납달리의 어둠을 물러가게 하셨습니다. 한때는 그들이 멸시당하게 하셨지만 이제 영화롭게 하실 것이라고 약속하셨습니다.

본문에서 '해변 길과 요단 저쪽 이방의 갈릴리'라고 했는데, 이 '해변'은 지중해 쪽 해변이 아니라 갈릴리 해변을 말하는 것 같습니다. 즉, 갈릴리 해변 길과 동쪽에 있는 이방 갈릴리 지방은 쿠데타가 일어날 때마다 엄청난 박해를 받았고, 아마 거의 버려지다시피 한 상태에서 짐승 같은 모습으로 가난하고 비참하게 살았던 것 같습니다. 그런데 하나님께서 바로 이 비참하고 가난한 자들에게 은혜를 주셔서 영화롭게 하겠다고 하셨습니다. 이것은 무엇을 의미합니까? 하나님께서 어떤 사람을 가난하고 비참하게 하시는 것이 꼭 나쁜 것은 아니라는 것입니다. 왜냐하면 가난하고 어려운 환경에 있는 사람은 하나님의 말씀을 듣고 믿기만 하면 잘사는 사람이나 좋은 환경에 있는 사람보다 믿음에 있어서 최고의 복을 받을 수 있기 때문입니다. 그러나 만일 스불론과 납달리 지방에 사는 가난한 사람이 돈도 없는데 믿음마저도 없다면 정말 비참한 사람이 될 수밖에 없습니다.

따라서 이사야 선지자가 말하는 스불론과 납달리 사람들은 문자적으로 꼭 스불론과 납달리 지역에 사는 사람들만을 가리키는 것이 아니라, 이 세상에서 여러 가지 이유로 가난하고 병들어서 매우 비참한 삶을 사는 사람을 다 포함하는 것으로 생각하면 좋을 것입니다.

이사야는 이렇게 비참하게 사는 사람들에 대하여 좀 더 말하고 있습니다.

:2절: "흑암에 행하던 백성이 큰 빛을 보고 사망의 그늘진 땅에 거주하던 자에게 빛이 비치도다."

본문에 보면 '흑암에 행하던 백성'이라고 말하고 있습니다. 이 사람들은 모두 캄캄한 밤중에 끊임없이 걸어야 하는 사람들입니다. 어떤 사람들이 밤에 잠도 못 자고 캄캄한 밤길을 걸어야 했을까요? 그들은 주로 전쟁에 져서 포로로 끌려가는 사람들이었습니다. 이 사람들에게는 희망이라고는 전혀 없습니다. 포로로 끌려가는 사람들에게는 아침이 오더라도 그것은 아침이 아니라 밤중입니다. 이런 사람들은 자기들에게 다시 축복의 날이 온다는 것을 기대하지 못합니다.

더욱이 사망의 그늘에 앉은 자들이 있습니다. 그곳은 전쟁이 일어나서 성이 포위되었는데 먹을 것이 전혀 없습니다. 게다가 전염병까지 돌게 되어, 나무 그늘이나 컴컴한 기둥에 기대어 죽을 시간만 기다리고 있는 패잔병과 같은 사람들입니다. 이 사람들은 의욕이라고는 전혀 찾아볼 수 없고 죽음만을 기다리는 소망 없는 사람들을 말합니다. 그런데 놀라운 것은 누구도 도와주지 않고 불쌍히 여겨 주지 않는 이 사람들을 하나님께서 불쌍히 여기셔서 말씀으로 찾아가시는 것입니다. 하나님은 이 흑암에 있는 자들에게 큰 빛을 비추어서 다시 의욕이 생기게 하시고, 더 복을 주셔서 추수의 기쁨과 정복의 즐거움을 누리게 하신다고 약속하셨습니다.

: 3절 : "주께서 이 나라를 창성하게 하시며 그 즐거움을 더하게 하셨으므로 추수하는 즐거움과 탈취물을 나눌 때의 즐거움 같이 그들이 주 앞에서 즐거워하오니"

옛날에 캄캄한 밤중에 야반도주를 하는 사람들이 있었습니다. 이 사람들은 장사나 사업을 하다가 크게 빚을 지고 부도가 나는 바람에 돈이 없어서 모든 것을 다 팽개치고 도망을 가는 것입니다. 이 사람들은 빛도 없는 캄캄한 밤길을 걷다가 돌부리에 걸려 넘어지면서 서러움의 눈물을 흘립니다. 캄캄한 밤중에 어느 집 창문에서 흘러나오는 불빛을 보면 그렇게 부러울 수가 없습니다. 그 집에 가서 밥이라도 한 끼 얻어먹고 싶지만 쉬운 일이 아닙니다. 빚 때문에 도망치는 사람은 고향이나 자기가 살던 곳에서 가능한 한 먼 곳, 즉 아무도 아는 사람이 없는 곳으로 도망쳐야 하는데, 어디로 가야 할지도 모르고 언제까지 도망쳐야만 하는지도 모릅니다. 그런 사람들은 다시는 자신의 생애에 행복한 날이 오지 않을 것이라고 생각합니다. 그들은 자신들이 이렇게 캄캄한 밤길을 걸을 때 그들과 함께 걷는 한 분이 계시다는 사실을 모르고 있습니다. 그분은 바로 우리 주님이십니다. 이것은 마치 예수님이 십자가에 못 박히신 후 낙심해서 엠마오로 가던 두 제자의 상황과 비슷합니다. 제자들은 너무 슬픔에 빠져 낙심하고 있었기 때문에 자기들과 함께 걸어가는 분이 누구이신지 몰랐습니다. 그런데 길에서 예수님이 이 두 제자에게 성경을 가지고 풀어서 가르쳐 주셨을 때 이들의 마음은 뜨거워졌습니다. 즉, 이 두 제자의 마음이 그동안 얼어붙어 있었고 절망에 빠져 있었는데, 다시 무엇인가 뜨거운 감동이 일어나기 시작했던 것입니다. 그때 이 두 제자가 자기들과 함께 오신 그분을 보니 바로 예수님이셨습니다.

하나님께서는 이 세상에 우리를 찾아오실 때 잘살고 부족한 것이 없는 성공한 사람보다는 어둠 가운데 빠져 있고 사망의 그늘에 앉아 있는 자를 먼저 찾아오셔서 복을 주십니다.

조지 휘트필드가 처음 목사가 되었을 때, 그의 설교를 듣기만 하면 사람들이 미친 듯이 은혜를 받으니까 당시의 영국 기성교회는 그를 받아들이지 못했고 그를 목사로 청빙하지 않았습니다. 그래서 휘트필드가 찾아간 곳은 킹스우드라는 탄광촌이었습니다. 그곳은 교회도 병원도 학교도 없는 철저하게 소외되고 버려진 곳이었습니다. 휘트필드는 탄광에서 일하고 나오는 광부들을 모아 놓고 설교하기 시작했는데, 석탄을 캐다가 나온 광부들의 검은 얼굴에 흰 두 줄이 생기기 시작했습니다. 그것은 바로 그들이 설교를 듣고 기뻐서 흘리는 눈물이었습니다. 처음에는 조지 휘트필드의 설교를 듣는 사람이 이백 명 정도였는데, 나중에는 수천 명으로 늘어났습니다. 그리고 바로 그 킹스우드 탄광촌에서부터 부흥의 불길이 솟아오르기 시작했습니다.

전에 교회에 어떤 자매가 있었는데 이 자매는 세상에 태어났을 때 어머니가 키울 수 없는 형편이어서 다른 집 앞에 버려졌습니다. 처음에는 그 집에서 이 아기를 키웠는데, 그 집도 형편이 어려워져 또 다른 집에 맡겨졌습니다. 새로 가게 된 집에서는 이 아이에게 공부도 시키지 않고 일만 시켰습니다. 이 자매는 나중에야 예수님을 믿게 되었는데, 그때까지의 자아상은 '이 세상에 나보다 더 재수 없고 불행한 사람은 없다'는 것이었습니다. 이 자매는 자라면서 제대로 먹지도 못해서 뼈 안에 고름이 생기는 병으로 고생하고 있었고, 신장도 좋지 않았습니다. 그는 자기야말로 이 세상에 태어나지 말았어야 할 사람이라고 생각했습니다. 그런데 이 자매가 예수님을 믿고 난 후 한 가지 깨달은 것은, 자기가 그렇게 빛이 없는 절망적인 삶을 살아오는 동안 누군가가 자기 옆에 있었다는 사실입니다. 그분은 바로 예수님이셨습니다. 이후로 예수님은 그 자매에게 정말 뜨거운 믿음을 가지게 하셨습니다.

우리는 스불론과 납달리를 생각할 때, 옛날 우리나라가 스불론과 납달리임을 깨닫게 됩니다. 불과 백 년 전 우리나라 사람들은 그야말로 어두운 사망의 그늘에 앉은 자들이었습니다. 이 세상에 누구도 우리를 불쌍히 여기는 사람이 없었고, 나라를 빼앗긴 후 우리는 캄캄한 어둠 속을 끝없이 걸어가고 있었습니다. 그 상황에서 시인 이상화는 "빼앗긴 들에도 봄은 오는가"라는 저항시를 썼습니다. 이처럼 어둠 속에 있던 이 민족에게 하나님은 말씀으로 찾아오셨습니다. 이때 우리 민족은 하나님의 말씀을 믿음으로 받아들였고, 부흥의 큰 빛을 보았습니다. 그리고 일본 제국주의는 망하고 우리나라는 갑자기 해방을 맞았습니다. 하나님은 이후로 이 나라가 겪은 전쟁의 폐허 가운데도 이 민족 위에 복을 물 붓듯이 부어 주셨습니다.

하나님께서 우리에게 말씀하시는 것은 이 세상에서의 부요가 진짜 부요가 아니고 이 세상의 성공이 진짜 성공이 아니라는 것입니다. 우리가 하나님의 말씀을 믿고 믿음에 부요한 것이 진짜 부요이고, 죄와 미신에서 해방되어 열심히 하나님을 믿는 것이 진정한 해방이요 자유입니다. 그러므로 중요한 것은 우리의 처지나 형편이 아니라 믿음입니다.

추운 겨울이 계속되다가 봄이 왔을 때 그것을 가장 먼저 느끼는 사람은 최고급 아파트에 사는 사람이 아니라 추운 움막에 사는 사람입니다. 마찬가지로 이 세상에 하나님의 축복의 때가 왔다는 것을 가장 먼저 느끼는 사람은 부요한 사람이 아니라 가난하고 비참한 가운데 있는 사람입니다.

옛날 엘리사 선지자 때에 사마리아가 수리아에 포위되어 수많은 사람이 굶어 죽어 가고 있었습니다. 그때 하나님께서 엘리사를 통하여 "내일 이맘때에 사마리아 성문에서 고운 밀가루 한 스아를 한 세겔로 매매하고 보리 두 스아를 한 세겔로 매매하리라."(왕하 7:1)고 말씀하셨습니다. 이 말을 들은 한 장관은 하나님이 하늘에 창을 내어도 이런 일은 없을 것이라고 했습니다. 그런데 하나님께서 한밤중에 '병거 소리와 말소리'를 내셔서 아람 군대를 다 쫓아 버리시니까 엄청난 식량과 재물이 들판에 그냥 쌓여 있었습니다. 하지만 성 밖에 이렇게 많은 식량과 재물이 쌓여 있다는 것을 모르는 사마리아 사람들은 계속 굶어 죽어 가고 있었습니다. 그때 성 안에 있지 못하고 쫓겨나 성 밖에서 살던 나병환자들이 죽을 각오를 하고 아람 진영에 양식을 구걸하러 갔다가 아람 군대가 도망친 것을 가장 먼저 알게 되었습니다. 그래서 그들은 성으로 돌아와 이 사실을 알려 주었지만 성 안의 사람들은 믿으려고 하지 않았습니다. 그러다가 나중에 확인하게 된 사람들이 먹을 것을 차지하기 위해 밀려 나올 때, 그 장관은 성문 입구에 섰다가 넘어져서 사람들의 발에 밟혀 죽고 말았습니다.

결국 믿음이 없는 것이 문제이지, 우리의 어려운 형편과 처지는 문제가 되지 않습니다. 오히려 아무것도 없기 때문에 더 은혜와 복을 받는 기회가 될 수 있습니다.

그런데 하나님은 왜 예루살렘과 사마리아의 성공하고 잘난 사람들을 두고 스불론과 납달리의 비참한 자들에게 먼저 은혜를 주시는 것일까요? 그 이유는 이 사람들은 자랑할 것이 아무것도 없기 때문에 은혜를 받으면 오직 하나님께 감사할 것이기 때문입니다.

이상하게도 사람들은 성공하거나 남들보다 낫다고 생각하는 것이 있으면 자기도취에 빠지게 됩니다. 자기도취에 빠진 사람은 스스로가 하나님 앞에서 대단한 줄 알고 은혜 받는 것을 당연하게 생각하며, 할 수 있으면 더 높아지고 더 유명해지려고 합니다. 하나님은 이런 사람들을 기뻐하지 않으십니다. 왜냐하면 우리는 하나님 앞에서 다 똑같은 죄인이기 때문입니다.

죄인 중에서 더 잘난 죄인이 무슨 소용이며, 더 똑똑한 죄인이 무슨 소용이 있을까요? 죄를 지어서 감옥에 갇혔는데 그중에서 더 예쁜들 무슨 소용이 있으며 그중에서 머리가 좋고 좋은 학교를 나온들 무슨 소용이 있을까요? 그들은 모두 똑같은 죄인입니다.

그런데 한 가지 이해되지 않는 것은, 예수님은 그 뛰어난 능력과 말씀을 가지고 사람이 많이 모이는 예루살렘에서 사역하지 않으셨다는 사실입니다. 예수님은 대부분의 시간을 갈릴리에서 보내시면서 무식하고 가난한 자들의 병을 고치시고 그들에게 말씀을 전하셨습니다. 그 이유는 예수님께서 이 가난하고 비참한 자들을 더 사랑하셨기 때문입니다. 마태 사도는 예수님의 이러한 사역을 보고 이사야의 예언이 성취된 것이라고 말했습니다.

: 마 4:13-16 : "나사렛을 떠나 스불론과 납달리 지경 해변에 있는 가버나움에 가서 사시니 이는 선지자 이사야를 통하여 하신 말씀을 이루려 하심이라. 일렀으되 스불론 땅과 납달리 땅과 요단 강 저편 해변 길과 이방의 갈릴리여 흑암에 앉은 백성이 큰 빛을 보았고 사망의 땅과 그늘에 앉은 자들에게 빛이 비치었도다 하였느니라."

오늘도 마찬가지입니다. 하나님은 똑똑하고 잘난 사람보다는 무식하고 가난한 사람을 사랑으로 찾아가셔서 믿음의 부자가 되게 하십니다. 그러므로 우리가 세상 욕심을 내려놓고 믿음의 부자가 된다면 하나님의 뜻이 이루어진 것이고 우리는 성공한 것입니다.

2. 메시아의 오심

유다 백성이 이사야의 말을 들으면서 가장 이해되지 않았던 부분이 바로 임마누엘의 비밀이었습니다. 이사야는 아하스 왕에게 '처녀가 잉태하여 아들을 낳을 것이요 그의 이름을 임마누엘이라 할 것'이라고 말했습니다. 그리고 아하스가 하나님의 말씀을 믿지 않고 앗수르를 끌어들여서 앗수르의 세력이 목구멍까지 차게 되지만, 임마누엘이 그 날개로 예루살렘을 지켜 주어서 망하지는 않는다고 했습니다.

이스라엘 백성에게 함께하시는 신비로운 한 분이 계셨는데, 그분은 이스라엘 백성을 깊이 사랑하시는 여호와의 사자였습니다. 그분은 어떤 때는 여호와라고도 하고 어떤 때는 여호와의 사자라고도 하였는데, 일반적인 천사는 아니었습니다. 이 여호와의 사자는 여러 이름을 가지고 있었습니다. 즉, 여호와 이레, 여호와 라파, 여호와 닛시 등 여러 이름을 가진 여호와의 사자는, 이스라엘 백성이 부르짖기만 하면 달려와서 구원해 주었습니다. 그런데 이 여호와의 사자의 도우심을 가로막는 경우가 있는데 그것은 이스라엘 백성의 불신앙이었습니다. 이스라엘 백성이 결심하고 하나님을 불신할 때는 여호와의 사자도 이들을 죽일 수도 살릴 수도 없었던 것입니다. 결국 이스라엘 백성이나 유다 백성은 불신앙으로 망하게 됩니다. 그러나 하나님은 절대 실패하시지 않습니다. 왜냐하면 그 여호와의 사자가 완전한 인간으로 이 세상에 오시기 때문입니다.

：4절： "이는 그들이 무겁게 멘 멍에와 그들의 어깨의 채찍과 그 압제자의 막대기를 주께서 꺾으시되 미디안의 날과 같이 하셨음이니이다."

이스라엘 백성은 하나님의 백성이기 때문에 누구도 그들을 압제할 수 없었습니다. 그러나 아무리 하나님의 백성이라도 죄를 지으면 압제당할 수밖에 없습니다. 이스라엘 백성에게 가장 고치기 어려운 고질병이 있었는데, 그것은 바로 불신앙이었습니다. 하나님은 그런 이스라엘 백성에게 하나님을 믿기만 하면 '미디안의 날과 같이' 그들을 구원하실 것이라고 하셨습니다. 여기서 '미디안의 날'이라는 것은 기드온 때를 말합니다. 하나님은 기드온의 때에 무기도 들지 않은 삼백 명의 용사로 십만 명이 넘는 미디안 군사를 이기게 하셨습니다.

：5절： "어지러이 싸우는 군인들의 신과 피 묻은 겉옷이 불에 섶 같이 살라지리니"

전쟁을 하거나 전쟁의 위협이 있을 때 가장 멋진 사람은 군복을 입은 군인입니다. 한창 전쟁 중일 때 멋진 군복을 입고 무기를 들고 나서는 군인들은 그렇게 믿음직스러울 수가 없습니다. 특히 전투할 때 적진 속으로 깊이 파고 들어가 좌충우돌하면서 적을 죽이는 장수는 영웅으로 불립니다. 승리하면 그의 피 묻은 옷은 가장 값진 옷이 될 것입니다. 하지만 전쟁이 다 끝나면 군복은 더 이상 필요 없으므로 모두 불에 집어넣어서 태워 버립니다. 이제 더 이상 전쟁할 일이 없기 때문입니다.

이 세상에서 전쟁이 완전히 없어지는 길은 죄가 없어지는 방법밖에 없습니다. 모든 전쟁이나 비극은 하나님 앞에 지은 죄로 말미암아 생기는 것이기 때문입니다. 그래서 인류 역사상 가장 위대한 일은 하나님의 사자가 인간의 죄를 대신 책임지기 위해 이 세상에 직접 오시는 것입니다. 그러나 이 하나님의 사자는 빛나는 천사의 옷을 입고 이 세상에 오시는 것이 아니라 완전히 우리와 똑같은 갓난아기로 태어납니다.

:6절: "이는 한 아기가 우리에게 났고 한 아들을 우리에게 주신 바 되었는데 그의 어깨에는 정사를 메었고 그의 이름은 기묘자라, 모사라, 전능하신 하나님이라, 영존하시는 아버지라, 평강의 왕이라 할 것임이라."

이사야는 장차 한 아기가 태어날 것이라고 했습니다. 하나님의 메시아는 인간으로, 그것도 아기로 이 세상에 태어납니다. 구약 시대의 이스라엘 역사 가운데서도 하나님의 아들은 종종 인간의 몸으로 이스라엘을 찾아오셨습니다. 그러나 그때는 완전한 인간으로 오신 것이 아니었습니다. 단지 인간의 형체로 찾아오셔서 메시지를 주시거나 적을 물리치셨습니다. 그러나 이사야는 장차 어느 시점에 하나님의 사자가 인간의 모든 죄를 책임지기 위해 아기로 태어나실 것을 말합니다. 물론 이 일은 이사야 때로부터 칠백 년 후의 일이지만, 하나님의 행위는 그 일이 언제 일어나든지 영원한 현재의 효과를 가집니다. 그래서 예수님께서 이천 년 전에 십자가 위에서 죽으셨지만, 우리에게는 그것이 현재의 사건으로 영향을 미칩니다.

본문은 하나님께서 아들을 우리에게 주셨다고 하셨습니다. 여기서 주셨다는 것의 정확한 의미는, 우리를 대신해서 몸값으로 주셨다는 뜻입니다. 예를 들어, 어떤 사람들이 인질로 붙들려 있으면 원하는 만큼의 돈을 주어야 그 인질들이 풀려날 수 있습니다. 그런데 신분이 매우 높은 사람이 자진해서 인질이 되겠다고 하면 다른 인질들은 다 풀어 줄 것입니다. 마찬가지로 이 하나님의 아들은 장차 모든 인간의 죗값을 위해 인질처럼 내어줌을 당할 것입니다. 그리고 악한 자들은 이 세상을 자기 세상으로 만들기 위해 그를 죽일 것입니다.

그런데 그 어깨에는 정사를 메었다고 했습니다. 이 정사는 온 세상을 다스리는 권세를 말합니다. 물론 이 여호와의 사자는 옛날에도 이스라엘을 도우시고 전능하신 능력으로 그들을 지키셨습니다. 그러나 그가 죽었다가 살아나신 후에는 더 강하고 존귀해져서 온 세상을 다스리는 통치자가 되실 것입니다. 그가 아기로 계셨을 때도 온 인류의 운명은 그 한 분의 어깨에 달려 있었습니다. 만약 그분이 원치 않으시면 인간은 모두 영원히 멸망할 수밖에 없었습니다. 그러나 그분은 우리가 구원받기를 원하셨습니다.

본문에 보면 그의 별명이 나오는데 별명이 '기묘자'였습니다. 많은 영어 성경에서는 '기묘한 모사'라고 번역하고 있지만, 한글 번역에서는 '기묘한 모사'가 아니라 '기묘자'이며 또한 '모사'이십니다. 그 자신이 '기묘', 즉 영어로 '원더풀'(wonderful)입니다. 우리는 그의 출생을 이해할 수 없습니다. 우리의 머리로는 영원한 신성을 가지신 하나님께서 여자의 태 안에서 아기가 되는 상황을 이해할 수 없습니다. 그는 영원한 하나님이시면서 또한 인간이셨습니다. 그는 하나님의 본성을 가지셨지만 다른 아이들과 똑같은 성장 과정을 거쳤으며, 그러면서도 죄가 없으신 분이었습니다. 그는 인간이기 때문에 주리기도 하셨고 피곤하기도 하셨으며 때로는 눈물도 흘리셨습니다. 그는 결국 십자가에 못 박혀 죽으셨습니다. 그런데 그는 하나님이셨고 하나님의 아들이셨습니다. 우리는 하나님의 아들의 죽음을 이해할 수가 없습니다.

삼손이 태어나기 전에 여호와의 사자가 삼손의 아버지 마노아에게 나타났습니다. 마노아가 여호와의 사자에게 '당신의 이름이 무엇입니까?'라고 물었을 때 그는 '기묘자'라고 대답했습니다. 그리고 여호와의 사자는 마노아가 드리는 제물로 뛰어드셔서 하늘로 올라가셨습니다. 천국에서 '기묘자'라는 별명을 가진 천사는 아무도 없습니다. 그는 하나님의 아들이셨던 것입니다.

그런데 그는 정말 삼손을 기묘하게 하셨습니다. 바로 삼손에게서 성령의 능력이 물리적인 힘으로 나타나게 하신 것입니다.

하나님은 정말 기묘하시고 신묘막측하십니다. 하나님은 이스라엘 백성을 애굽에서 건져내실 때 한 번도 같은 기적을 여러 번 행하지 않으셨습니다.

하나님의 아들이 평범한 아기로 이 세상에 오신 것은 너무나 기묘합니다. 그러나 그가 태어나셨을 때 큰 별이 떠올랐고, 동방의 박사들이 찾아와 경배했습니다. 예수님은 세상에서 모든 정의를 위해서 싸우시지 않으시고 오직 하나님의 말씀에 자신을 쳐 복종시키셨습니다. 그 결과 예수님은 십자가에 못 박혀 죽으셨습니다. 그런데 예수님은 하나님의 놀라운 구원을 이루시고 죽은 자 가운데서 다시 살아나셨습니다.

그의 별명은 또한 '모사'입니다. 모사라는 말은 '상담자'(counselor)라는 뜻입니다. 우리는 어려운 일을 당하면 '상담자'와 상담을 합니다. 그러나 인간 상담자는 우리에게 지혜를 빌려줄지 모르지만 우리 인생을 대신 살아 줄 수는 없습니다. 현대 상담의 원칙은 상담자가 내담자로 하여금 스스로 자신의 문제를 파악하여 일어서게 하는 데 있습니다. 그러나 주님은 우리의 인생을 대신 사십니다. 아무리 엄마가 아들을 사랑해도 대신 군대에 갈 수 없고, 딸을 사랑해도 대신 아기를 낳아 줄 수는 없습니다. 그러나 예수님은 우리 안에 오셔서 내 인생을 설계하시고 인도하시고 나를 주장하셔서 하나님의 뜻대로 살게 하십니다. 주님은 우리에게 성령을 주셔서 누구도 이해하지 못하는 것을 이해하게 하시고, 누구도 보지 못하는 것을 보게 하십니다. 우리에게 있어서 가장 어려운 것이 하나님의 말씀을 이해하는 것인데, 예수님께서 보내신 성령을 통해 우리는 천사들도 이해하지 못하는 것까지 다 이해하게 됩니다.

우리는 눈에 보이지 않는 마귀와의 싸움을 믿음과 지혜로 이깁니다. 성령님은 우리의 기도를 대신 해 주십니다. 엄마가 아기를 키울 때, 아기가 말을 잘 하지 못해서 떼떼떼 하면서 이야기해도 엄마는 그것을 다 알아듣고 아기가 원하는 것을 해 줍니다. 아이를 키우는 엄마들은 방언 통역의 은사가 있는 것 같습니다. 엄마는 아이를 대신해서 병원에서 어디가 아프다는 것을 설명해 주기도 하고, 학교에 데리고 가기도 하고, 필요한 것을 채워 주기도 합니다. 마찬가지로 예수 그리스도는 우리의 모든 필요를 채워 주시는 분이십니다.

그리고 그는 '전능하신 하나님'이십니다. 가장 놀라운 것은 그분이 하나님이시며 못하시는 것이 없으시다는 사실입니다. 예수 그리스도는 우리를 위해서라면 모든 것을 다 하십니다. 구약의 여호와는 이스라엘 백성이 부르기만 하면 달려오셔서 그들이 간구하는 것을 해결해 주셨습니다. 그분은 여호와 이레이셨고 여호와 라파이셨고 그는 여호와 닛시이셨습니다. 주님은 우리가 예수님의 이름을 부를 때, 우리의 모든 간구를 하나님 보좌 우편에서 다 들어 응답하여 주십니다. 그러므로 우리에게 필요한 것은 무엇이든 구할 수 있습니다. 그러나 주님은 우리가 이 세상의 욕심을 위해 기도하기보다 하나님의 복을 위해 기도하기를 원하십니다.

그는 또한 '영존하시는 아버지'이십니다. 그가 아버지라는 말은 여기에 처음 나옵니다. 우리는 주로 성부 하나님을 아버지라고 부르지 성자는 아버지라고 하지 않습니다. 그러나 그는 진리의 성령으로 우리를 낳으셨습니다. 예수님께서 십자가 위에서 죽으신 것은 우리를 영적으로 해산하신 것입니다. 사도 바울도 갈라디아 교인들을 향해서 내가 다시 너희를 위해서 해산하는 수고를 하겠다고 했습니다.

그는 '평강의 왕'이십니다. 예수님은 하나님과 우리의 화해를 위해서 이 세상에 오셨습니다. 그래서 누구든지 예수님을 믿는 자는 다시 심판이나 정죄함이 없습니다. 또한 주님은 이 세상에서 악한 자를 누르셔서 함부로 전쟁하거나 하나님의 백성을 해치지 못하게 하십니다. 그럼에도 이 세상에 전쟁이 일어나는 것은 죄악이 하나님의 선을 넘었기 때문입니다. 이것을 막을 수 있는 것은 영적인 부흥입니다. 그러므로 전쟁을 막는 책임은 우리 믿는 자들에게 있습니다.

3. 메시아의 영원한 통치

옛날 이스라엘 역사를 보면 참 좋은 왕도 있었지만 악한 왕도 많았습니다. 이스라엘이나 유다를 믿음의 왕들이 다스릴 때는 부흥이 오고 복이 임했지만, 믿음이 없는 왕이 다스릴 때는 전쟁에서 지기도 하고 백성이 죽거나 포로로 붙들려 가기도 했습니다. 그래서 이스라엘이나 유다 왕국의 가장 큰 숙제는 어떻게 하면 믿음이 좋은 왕이 계속 다스릴 수 있느냐 하는 것이었습니다. 그러나 인간 왕은 그것이 불가능했습니다. 아무리 믿음이 좋은 왕이라도 인간이므로 늙으면 죽을 수밖에 없었기 때문입니다. 그러나 메시아의 통치는 바뀌거나 중단되지 않습니다. 왜냐하면 그는 죽음을 영원히 정복하시기 때문입니다.

:7절: "그 정사와 평강의 더함이 무궁하며 또 다윗의 왕좌와 그의 나라에 군림하여 그 나라를 굳게 세우고 지금 이후로 영원히 정의와 공의로 그것을 보존하실 것이라. 만군의 여호와의 열심이 이를 이루시리라."

본문에 보면 '그 정사와 평강의 더함이 무궁하다'고 했습니다. 이것은 그의 통치가 연장되고 또 연장되면서 평화가 지속되기 때문입니다. 우리가 이 세상 나라의 역사를 살펴보면 평화가 백 년이나 이백 년 이상 지속되는 경우가 많지 않습니다. 인간은 평화가 오래 지속되면 지겨워하는 것 같습니다.

그래서 모두 손이 근질근질하니까 교만한 마음으로 전쟁을 일으켜서 많은 사람이 죽고 붙들려 가는 것입니다. 그러나 이스라엘이나 유다가 망하는 것은 그들의 마음속에 있는 죄, 특히 그들의 불신앙 때문이었습니다.

하지만 예수님의 통치는 우리에게 하나님의 말씀을 폭격하듯이 부어 주시고, 우리가 하나님의 말씀을 붙드는 한 부흥의 불이 계속되게 하십니다.

메시아는 다윗의 왕좌와 그의 나라에 군림하여 그 나라를 굳게 세운다고 했습니다. 하나님은 다윗에게 약속하시기를 그 후손이 영원히 그 나라를 다스릴 것이라고 하셨습니다. 이 다윗 언약의 중요한 점은, 오직 다윗의 후손이 하나님의 말씀을 붙들면 다른 사람이 아무리 믿음이 없어도 하나님은 구원을 주시고 부흥을 주신다고 약속하셨다는 점입니다. 그러므로 주님께서 포기하시지 않는 이상 아무도 망하게 할 수 없습니다.

그럼에도 불구하고 우리는 자주 부흥의 불이 꺼지는 것을 보게 됩니다. 이것은 주님에게 문제가 있는 것이 아니라 우리에게 문제가 있는 것입니다. 즉, 주님과 우리 사이에 교만과 죄와 불신앙의 이물질이 끼어서 부흥의 불이 꺼지는 것입니다. 그러나 주님은 아무리 보잘것없는 사람이라 하더라도 하나님의 말씀을 붙들면 언제 어디서나 부흥의 불이 일어나게 하십니다. 그러므로 부흥의 불이 꺼지는 것은 주님께서 잘못하셔서가 아니라 주님께서 공평하셔서 그런 것입니다.

본문에 보면 정의와 공의로 그 나라를 보존하신다고 했는데, 이것은 누군가 공식적인 직책을 가진 사람만을 통해서 이루어지는 것이 아닙니다. 메시아께서 누구든지 하나님의 말씀을 믿고 붙드는 자를 통해서 부흥을 주시는 것이 정의이고 공의입니다. 그러므로 지금까지 아무리 잘 믿었던 자라 하더라도 그 마음이 교만해졌다면 촛대를 빼앗길 것입니다. 우리는 지금까지 잘 믿은 것을 자랑하지 말고, 겸손하게 다시 처음 믿은 사람의 심정으로 돌아가 하나님께 매달려서 부흥을 위해 기도해야 합니다.

그런데 이것은 우리의 열심이 아니라 만군의 여호와의 열심이라고 했습니다. 즉, 아무것도 자랑할 것이 없는 우리를 바꾸셔서 말씀의 부자가 되게 하시고 부흥의 주인공이 되게 하신 것은 하나님의 열정의 결과입니다. 우리가 여기까지 이르게 된 것은 나의 공로나 열심이 아니라 하나님의 열심 때문임을 깨닫고, 더욱 하나님 앞에 겸손히 나를 드림으로 하나님의 뜻을 끝까지 이루는 성도들이 다 되시기 바랍니다.

16

이스라엘의
욕심의 불장난

이사야 9:8-21

호주 북부의 노던 테리토리(Northern territory)에는 악어 강이 있습니다. 그곳의 악어들을 호주 정부에서 관리하는데, 언제부터인가 해마다 악어 숫자가 줄어들었습니다. 그래서 이유를 조사해 보니 큰 악어들이 새끼 악어들을 잡아먹어서 개체 수가 줄어든다는 사실을 알게 되었습니다. 그래서 호주 정부에서는 악어 알을 인공적으로 부화한 뒤, 악어 새끼가 어느 정도 자랄 때까지는 격리시켰다가 풀어 놓음으로써 악어의 숫자가 줄어들지 않게 되었습니다.

자연 상태의 야생 동물은 자신들의 생존에 대한 전체적인 시각이 없기 때문에, 당장 배가 고프면 무엇이든지 잡아먹고 나중에는 서로 잡아먹다가 결국 멸종당하게 됩니다. 그러나 인간은 생태계 전체를 보는 눈이 있기 때문에 당장 배가 고프다고 눈앞에 있는 것을 다 잡아먹지 않습니다. 오히려 더 보호함으로 나중을 대비합니다. 그런데 하나님을 믿지 않는 사람들은 어려운 일을 당하면 당장 그 어려움을 피하는 것이 목적이 되어 미친 듯이 어려움에서 벗어나려고 몸부림칩니다. 그렇게 해서 어려움에서 벗어나면 안도의 숨을 내쉬면서 옛날 생활로 돌아갑니다.

그러나 하나님의 백성은 삶에 어떤 어려움이 닥치면 당장 어려움에서 벗어나는 것이 중요한 것이 아니라 생각을 해야 합니다. 그리고 도대체 왜 나에게 이런 어려움이 왔을까, 나는 지금 하나님 앞에서 무엇을 해야 하며, 지금 내가 버리고 회복해야 할 것은 무엇인가를 생각해야 합니다. 그런데 하나님의 백성에게 있어 가장 미련한 태도는, 자신에게 어려움이 닥치면 이것을 신앙적으로 바라보지 않고 믿지 않는 사람들과 같이 행동하는 것입니다. 그리고 단순히 어려움만 없어지고 나면 다 해결되었다고 생각하고 옛날 생활로 다시 돌아가 버리는 것입니다. 그런데 본문 말씀은 하나님의 백성이 근본적인 치료를 하지 않고 단지 어려움만 없어졌다고 다 해결되었다고 생각하는 것은 굉장히 위험하다고 말씀합니다. 왜냐하면 아직 하나님의 진노가 끝나지 않았고 하나님의 재앙의 팔이 여전히 펼쳐져 있기 때문입니다. 여기서 우리가 알 수 있는 것은, 단순히 어려움을 극복하는 것보다 신앙적인 자세나 태도를 고치는 것이 몇십 배 더 어렵다는 사실입니다.

본문 말씀은 하나님께서 북 이스라엘에게 하신 말씀입니다. 하나님께서는 이스라엘 왕이나 백성이 깨달을 수 있도록 어려움을 주신 적이 있습니다. 그러나 이스라엘 왕이나 백성은 인간적인 방법으로 그 어려움을 해결해 버린 후 모든 어려움이 다 끝났다고 생각했습니다. 하지만 얼마 지나지 않아서 이스라엘은 더 큰 재앙을 당하면서 완전히 망하게 됩니다. 그 이유는 하나님께서 경고하셨지만 그들이 그 경고를 받아들이지 않았기 때문입니다.

1. 하나님께서 보내신 메시지

우리는 이사야 9장에서 놀라운 하나님의 위로를 받게 됩니다. 그것은 하나님께서 그동안 이스라엘에서 가장 소외당하고 고통받아 온 지역의 사람들에게 큰 빛을 주시고 큰 복을 주신다는 말씀이었습니다. 우리가 이 세상에서 가난하고 어려운 것이 꼭 나쁜 것은 아닙니다. 하나님은 오히려 이 세상에서 가난하고 교육의 혜택을 별로 받지 못한 자들을 말씀으로 더 부요하게 하셔서 더 큰 부흥을 주실 때가 많기 때문입니다. 신앙생활을 하더라도 지식이 있고 돈이 많은 사람들은 하나님의 말씀을 일단 자기 생각으로 한번 걸러서 받아들일 때가 많습니다. 이런 사람들은 자신들의 부나 지식을 중요하게 생각하므로 자신의 생각과 충돌하는 말씀은 받아들이려고 하지 않기 때문입니다. 그러나 가난하고 배운 것이 많지 않은 사람들은 일단 자신들이 잘난 것이 없기 때문에 하나님의 말씀을 여과 없이 액면 그대로 받아들이므로 더 큰 부흥의 역사를 경험하는 것입니다.

하나님은 이 일을 위해서 전능자요 영존하신 하나님을 아기로 이 세상에 보내실 것을 약속하셨습니다. 이것은 인간에게 가장 기쁜 소식입니다.

만약 이 세상에 우리 인간만 산다면 잘사는 것과 못사는 것 혹은 많이 배우거나 적게 배운 것이 매우 중요할 것입니다. 그러나 하나님께서 오셔서 우리를 도우시고 복 주신다면 우리가 가진 것들은 그리 중요하지 않습니다. 만약에 의사 없이 환자들만 모여 산다면 많이 아프거나 조금 아픈 것이 중요하겠지만, 의사가 와서 모든 병을 다 고쳐 준다면 병의 경중을 따지지 않고 오직 의사의 치료를 받기만 하면 될 것입니다. 그럼에도 불구하고 인간은 자존심이 있어서 하나님의 말씀을 액면 그대로 받아들이려고 하지 않습니다.

하나님의 눈으로 보시기에 이스라엘 나라는 아주 중병에 걸린 중환자였습니다. 그래서 하나님은 이스라엘 백성이 자신의 상태를 깨달을 수 있도록 그들에게 메시지를 주신 적이 있습니다. 그러나 이스라엘 백성은 하나님의 메시지를 전혀 깨닫지 못하고, 이 어려움을 인간적인 방법으로 멋있게 포장한 후 다 끝났다고 생각했던 것입니다. 그러나 하나님은 이스라엘 백성의 문제는 해결된 것이 아니라 점점 죄악이 깊어지고 상처가 곪아 간다고 말씀하셨습니다.

:8-9절 상: "주께서 야곱에게 말씀을 보내시며 그것을 이스라엘에게 임하게 하셨은즉 모든 백성 곧 에브라임과 사마리아 주민이 알 것이어늘"

본문은 하나님께서 북쪽 이스라엘 사람들에게 '말씀을 보내셨다'고 말씀합니다. 보통 '말씀을 보냈다'는 것은 하나님께서 어떤 선지자를 통해서 하나님의 말씀을 설교하게 하신 것으로 볼 수 있습니다. 그러나 히브리어로 '말씀'이라는 단어는 '따발'이라고 하는데, 이 단어는 '사건' 또는 '일'이라는 뜻이 있습니다. 이런 의미에서 본다면 하나님은 단순히 이스라엘에 말씀만 주신 것이 아니라, 어떤 큰 사건이 일어나게 하셔서 그것을 통해 이스라엘 백성이 하나님 앞에서 자신들의 상태를 생각하게 하셨다고 보는 것이 더 좋을 것입니다.

그러면 하나님께서 이스라엘에 보내신 '따발', 즉 '사건'은 무엇이었을까요? 그것은 모든 이스라엘 백성이 놀라고 두려워할 만한 큰 재앙이었을 것입니다. 아마도 얼마 전에 이스라엘에 일어났던 큰 지진이나 화재 또는 전쟁을 의미하는 것 같습니다. 그래서 이스라엘의 많은 집이 파괴되고 성이나 신전들이 무너졌던 것 같습니다. 하나님께서는 이스라엘의 왕이나 백성이 이 사건을 통해서 하나님 앞에서 자신의 모습을 생각하기 원하셨던 것입니다.

예수님께서는 하나님의 허락 없이는 참새 한 마리도 땅에 떨어지지 않으며, 하나님은 우리의 머리털까지도 다 헤아리고 계신다고 말씀하셨습니다.

그러나 우리는 머리로는 이 사실을 알지만, 실제로는 설마 하나님이 우리에게 일어나는 모든 일을 신경 쓰실까 생각하면서 믿지 않을 때가 많습니다. 그래서 우리는 다치거나 사기를 당하거나 아니면 교통사고로 죽을 뻔했을 때, 단순히 큰 손해를 봐서 화가 난다든지 죽지 않아서 다행이라는 식으로만 생각하기 쉽습니다. 하지만 하나님의 백성은 큰 어려움을 만날 때, 나에게 왜 이런 일이 일어나게 되었으며, 이런 일을 통해서 하나님께서 나에게 주시는 메시지가 무엇일까를 생각해야 합니다. 물론 우리에게 일어나는 모든 어려움이 하나님께서 일으키신 것은 아니겠지만, 그래도 하나님께서 허락하셨으므로 일어나는 것입니다. 이런 일이 생겼을 때 우리는 차라리 돈으로 피해를 해결하고 원래 상태로 회복하기가 쉽지, 하나님의 메시지가 무엇인지를 생각하기는 쉽지 않습니다. 하지만 우리가 이런 일을 통해서 자신을 깊이 돌아보면, 우리가 정말 어처구니없을 정도로 교만했고 자기도취에 빠졌던 사실을 깨닫게 될 것입니다.

그러나 이스라엘 사람들은 하나님께서 주신 어려움을 진지하게 생각하지 않고 재빨리 돈으로 해결해 버렸습니다.

: 9절 하–10절 : "그들이 교만하고 완악한 마음으로 말하기를 벽돌이 무너졌으나 우리는 다듬은 돌로 쌓고 뽕나무들이 찍혔으나 우리는 백향목으로 그것을 대신하리라 하는도다."

물론 우리는 어려운 일을 만났을 때 할 수 있는 대로 피해를 복구해서 원상회복되거나 더 좋아지게 만드는 것이 현명한 자세입니다. 그러나 하나님께서는 어떤 문제가 발생했는데 아무 생각 없이 피해만 복구하려는 것을 교만하고 완악한 마음이라고 말씀하십니다. 즉, 하나님을 믿지 않는 사람은 아무리 큰 어려움을 당해도 아무것도 깨닫지 못하고 넘어가는 것이 정상이지만, 하나님의 백성은 달라야 한다는 것입니다.

그런데 하나님께서는 이스라엘 백성에게 나라가 망하기 전에 모든 백성이 알 만한 큰 사건을 통해서 분명히 경고하셨는데, 이스라엘 백성은 피해 복구에만 열심을 내었지, 왜 자기들에게 이런 일이 일어났는지 진지하게 생각하지 않았다는 것입니다.

즉, 큰 지진과 화재와 전쟁으로 이스라엘 백성의 집과 성이 다 무너졌습니다. 그리고 이스라엘에서 뽕나무로 지었던 많은 집이 불타 버렸습니다. 이때 이스라엘 백성은 '아, 우리가 하나님을 멀리하고 죄에 빠지니까 하나님께서 우리를 정신 차리게 하시려고 이런 어려움을 주시는구나. 그래도 하나님이 우리를 버리지 않으시고 포기하지 않으시니까 기쁘고 감사하다'라고 생각했어야 합니다. 그런데 오히려 이스라엘 백성은 빨리 피해를 복구해서 피해의 흔적을 없애는 데 급급했습니다. 왜냐하면 이스라엘 백성은 자존심이 강했고, 또 돈을 가지고 있었기 때문입니다. 그래서 이스라엘 백성은 벽돌로 지었던 집이나 성전이나 성이 무너지자 다듬은 대리석으로 그것들을 다시 복구했습니다. 그리고 뽕나무로 만든 집이 불타 버리자 더 비싼 백향목으로 집을 짓거나 수리했습니다. 이스라엘 백성은 전혀 신앙적으로 반성하거나 하나님 앞에서 회개하지 않았습니다.

사실 모든 것을 신앙적으로만 생각하려 한다면 너무 지나쳐 보일 수도 있고 비정상적으로 보일 수도 있습니다. 예를 들어, 아이가 아프고 열이 나는데 무조건 하나님께서 진노하셨다고 회개를 시킨다든지, 아이 성적이 떨어진 것을 보고 네가 요즘 기도하지 않았기 때문이라고 공격한다면 남들이 보기에도 비정상적으로 보일 것입니다. 이런 것은 어떤 어려움에 대한 책임을 자신이 아닌 다른 사람에게로 전가하는 행위입니다. 그러나 우리에게 일어나는 일을 통해서 요즘 내가 하나님과의 관계가 멀어져서 이런 일이 일어나고 있고, 내가 어떤 일에 집착하기 때문에 하나님께서 나를 깨닫게 하시려고 이런 어려움을 주셨다고 생각하는 것은 아주 아름답고 바른 믿음의 행위입니다.

그런데 이스라엘 백성은 자기에게 어떤 어려움이 닥쳤을 때 한편으로는 창피하기도 하고, 다른 한편으로는 돈도 있으니 피해당한 것을 오히려 더 좋은 것으로 빨리 복구해 버리고는 아무 생각도 하지 않았던 것입니다. 하지만 하나님께서는 이스라엘 백성이 피해를 복구했다고 해서 끝난 것이 아니라고 말씀하십니다.

요셉 시대의 어느 날, 애굽의 바로 왕이 한 꿈을 꾸었습니다. 바로는 이 꿈을 신이 자기에게 주는 숙제요 경고라고 생각했습니다. 그래서 그 꿈을 풀기 위해 애굽의 모든 박사와 술사들을 다 불러서 물어보았지만 풀지 못했습니다. 답답했던 바로는 감옥에 있는 요셉을 불러서 그 꿈에 대해 묻게 되었습니다. 하나님의 지혜로 대답한 요셉의 꿈 해석을 들은 바로는, 그 말이 옳다는 생각이 들자 요셉에게 애굽의 모든 통치권을 맡기고 그가 지시하는 대로 따랐습니다. 그 결과 애굽 사람들은 칠 년 동안 그 땅에 든 큰 흉년에서 살아남을 수 있었습니다.

하나님은 오늘도 우리에게 일어나는 크고 작은 사건을 통해서 우리에게 질문하십니다. '너는 지금 바른 목적을 가지고 살고 있다고 생각하느냐? 자꾸 옳지 않은 죄에 빠져들지는 않느냐? 하나님을 멀리한 채 세상을 따라가고 있지 않느냐?' 우리는 이런 하나님의 질문에 대한 답을 찾아야 합니다.

우리가 하나님의 복을 받으려면 복을 받을 수 있는 위치로 돌아와야 합니다. 우리의 영혼은 강 위에 띄워 놓은 배와 같아서 자기도 모르는 사이에 조금씩 바른 위치를 벗어나 아래로 떠내려갑니다. 그런데 아래쪽에는 무엇이 있습니까? 거대한 폭포가 있습니다. 그런데도 배는 전혀 모르고 떠내려가는 것입니다. 우리는 하나님께서 경고하실 때 진지하게 생각해 보아야 합니다. 물론 아직 시간이 있을 때는 배를 돌리면 됩니다. 그러나 폭포 가까이 왔을 때는 배를 버려야 합니다.

　예수님의 소문을 들은 세리장 삭개오는 예수님을 만나기 위해 뽕나무 위에 올라갔습니다. 예수님께서 그에게 "내가 오늘 네 집에 유하여야 하겠다."(눅 19:5)라고 하셨을 때 그는 기쁨으로 예수님을 자기 집으로 모시고 갔습니다. 그리고 그동안 자기가 지은 죄를 다 자복하고 재산의 많은 부분을 포기하고 하나님의 백성이 되었습니다. 이처럼 예수님을 만남으로 삭개오는 재산에 많은 손해를 보았지만 하나님의 말씀을 다시 붙잡을 수 있었습니다.

　그런가 하면 한 부자 청년은 예수님께서 "네 소유를 팔아 가난한 자들에게 주라. … 그리고 와서 나를 따르라."(마 19:21)고 말씀하셨을 때 순종하지 못하고 근심하며 집으로 돌아갔습니다. 아마도 이 청년은 겉보기에는 성실하고 성공한 사람인 것 같았지만, 영적으로는 멸망을 향해 가고 있었던 것 같습니다. 그래서 예수님은 이 부자 청년에게 네 영혼은 지금 폭포 앞에 있는 배와 같으니 배를 포기하고 예수님에게 뛰어들라고 말씀하신 것입니다. 그러나 그는 많은 재물을 포기하기 어려워서 예수님의 말씀에 순종하지 못했습니다.

　왜 우리는 어떤 어려움을 당해도 진지해지지 못할까요? 그 이유는 우리의 삶의 태도를 바꾸고 싶지 않기 때문입니다. 우리는 하나님 앞에서 자신의 삶이 틀렸다는 것을 인정하고 싶지 않은 것입니다. 그러나 하나님을 거역하고 하나님의 말씀에 불순종하고 죄를 지으면서 잘되는 것은 결코 잘되는 것이 아닙니다. 그는 지금 점점 더 멸망의 폭포를 향하여 떠내려가고 있기 때문입니다. 그러나 하나님은 우리가 완전히 하나님 앞에서 의로워져야 복을 주시는 분이 아니십니다. 내가 틀렸다는 것을 깨닫고 하나님께 돌아가기 위하여 부르짖으면 이미 하나님은 들으시고 은혜를 회복시켜 주십니다.

2. 포기하지 않으시는 하나님

우리는 우리가 하나님을 포기하면 하나님도 우리를 포기하실 것이라고 생각합니다. 그래서 어떤 어려움이 생겼을 때 이것을 하나님이 주시는 메시지로 생각하지 않고 우연히 생긴 일이라고 생각합니다. 그러나 하나님은 자기 백성을 절대로 잊지 않으시고 포기하지 않으십니다.

: 11-12절 : "그러므로 여호와께서 르신의 대적들을 일으켜 그를 치게 하시며 그의 원수들을 격동시키시리니 앞에는 아람 사람이요 뒤에는 블레셋 사람이라. 그들이 모두 입을 벌려 이스라엘을 삼키리라. 그럴지라도 여호와의 진노가 돌아서지 아니하며 그의 손이 여전히 펴져 있으리라."

하나님께서는 이스라엘 백성을 포기하지 않으셨습니다. 그래서 이스라엘 백성에게 르신이라는 대적을 일으켜서 고통을 주셨습니다. 여기서 르신은 아람 왕을 말합니다. 그랬더니 이스라엘 왕은 머리를 굴려서 르신과 동맹을 맺어 버렸습니다. 이스라엘은 르신과 조약을 맺으면 아무 어려움이 없을 것으로 생각한 것입니다. 그러나 하나님은 르신 뒤에 르신의 원수를 준비해 놓으셨습니다. 그 원수는 바로 앗수르였습니다. 하나님은 이스라엘 백성에게 너희에게는 당장 눈앞의 르신과 블레셋이 보일 것이라고 하셨습니다. 그래서 이스라엘 백성은 르신과 블레셋의 위협만 해결하면 이스라엘은 안전할 것으로 생각하지만, 진짜 이스라엘을 망하게 하는 것은 앗수르였습니다. 결국 지금 눈앞에서 이스라엘을 위협하는 적은 진짜가 아니었고, 진짜 적은 눈에 보이지 않는 데 있었습니다.

이스라엘 백성이 아무리 아람 왕과 잘 지내고 블레셋과 화해를 해도 하나님과의 관계가 해결되지 않으면 아무 소용이 없습니다. 하나님은 앗수르가 이스라엘을 삼켜도 '여호와의 진노가 돌아서지 아니하며 그의 손이 여전히 펴져 있으리라'고 했습니다. 즉, 이스라엘이 앗수르에게 아무리 고통받는다 해도 하나님의 진노는 그것으로 해결되지 않는다는 뜻입니다. 하나님의 진노는 다른 방법으로 해결해야지 고통을 참거나 많은 고통을 받았다고 해서 끝나지 않는다는 것입니다. 하나님의 진노를 해결하는 길은 바른 신앙으로 돌아오는 방법밖에 없습니다. 우리가 하나님께 돌아온다는 것은 내 인생을 하나님께 다 맡기고 내 모든 자존심을 버리고 결사적으로 하나님의 말씀만 붙드는 것입니다. 왜냐하면 우리가 결사적으로 믿을 때 죄가 죽기 때문입니다. 우리의 욕심이 살아 있고 생각이 살아 있는 한 죄는 절대로 죽지 않습니다.

: 13절 :　"그리하여도 그 백성이 자기들을 치시는 이에게로 돌아오지 아니하며 만군의 여호와를 찾지 아니하도다."

이스라엘 백성에게 어려운 일이 일어나는 것은 하나님께서 치시는 것이었습니다. 이것은 그들에게 모든 인간적인 생각이나 계산을 버리고 무조건 성경적인 신앙으로 돌아오라는 뜻이었습니다. 그러나 이스라엘 백성은 하나님께 돌아오지 않고 또 하나님을 찾지도 않았습니다. 그 이유는 설마 하나님이 이렇게까지 자기들에게 신경 쓸 리가 없다고 생각했기 때문입니다.

요즘 우리가 하루하루 아무 일 없이 사는 것 자체가 기적이요 하나님의 은혜입니다. 하나님께서는 그 앞에 나아와서 무릎 꿇고 용서와 긍휼을 간구하는 자를 결코 버리지 않으십니다. 우리가 위기 가운데 살 수 있는 유일한 길은 다른 나라를 붙드는 것이 아니라 결사적으로 성경적인 신앙으로 돌아오는 것입니다. 우리가 바보가 되고 내 모든 자존심을 다 버리더라도 결사적으로 하나님을 붙들 때 부흥의 불이 일어나게 되는데, 이것이 멸망을 막는 증표입니다.

결국 하나님은 이스라엘의 머리와 꼬리를 치겠다고 말씀하셨습니다.

∶14-16절∶ "그러므로 여호와께서 하루 사이에 이스라엘 중에서 머리와 꼬리와 종려나무 가지와 갈대를 끊으시리니 그 머리는 곧 장로와 존귀한 자요 그 꼬리는 곧 거짓말을 가르치는 선지자라. 백성을 인도하는 자가 그들을 미혹하니 인도를 받는 자들이 멸망을 당하는도다."

이스라엘의 머리는 왕과 장로들이었습니다. 그러나 이스라엘은 머리부터도 하나님의 말씀을 믿는 자들이 아니었습니다. 이스라엘은 나라가 시작될 때부터 하나님의 말씀을 듣지 않기 위해 시작되었습니다. 그러나 어느 나라이든지 지도자가 나라를 이끌 때 바른길로 가고 있는지는 그 결과가 나타나기 전까지는 잘 알 수 없습니다. 머리가 잘못된 생각을 해도 몸은 머리를 따라가게 되어 있습니다. 그러므로 우리는 머리가 틀렸다고 생각될 때, 하나님께 머리를 바꾸어 주시든지 아니면 하나님께서 머리가 바른길로 가도록 인도해 달라고 구해야 합니다.

이스라엘의 꼬리는 거짓 선지자들이었습니다. 원래 하나님의 선지자는 꼬리가 아닙니다. 그러나 사람들의 비위나 맞춰 주고 거짓된 엉터리 예언을 하는 자들은 꼬리의 가치밖에 없습니다. 머리와 꼬리가 틀렸을 때, 몸뚱이로만 바른길을 갈 수는 없으므로 하나님께 부르짖어야 합니다.

'종려나무와 갈대를 끊으신다'는 말씀이 나옵니다. 종려나무는 대개 전쟁에서 이겼거나 좋은 일이 있을 때 가지를 베어 흔드는 나무입니다. 그리고 갈대는 아궁이에 불을 때거나 짐승의 여물로 쓰는 흔한 풀이었습니다. 하나님께서는 이스라엘의 좋은 일이나 일상생활이나 모두 하나님의 뜻에서 너무 벗어났기 때문에 자를 수밖에 없다고 말씀하셨습니다. 즉, 종려나무는 바른 일에 흔들어야 하고 아무리 갈대라도 바른 용도가 있는데, 악한 자가 등장하는데도 종려나무 가지를 흔들고, 갈대밭에 숨어서 강도짓이나 하고 불륜을 저지른다면 그런 종려나무와 갈대는 불에 태워야 합니다. 갈대에 나쁜 사람이 숨었거나 맹수가 숨어 있으면 갈대를 다 태워서라도 쫓아야 합니다.

: **17절 상** : "이 백성이 모두 경건하지 아니하며 악을 행하며 모든 입으로 망령되이 말하니"

여기서 '망령되다'는 것은 그야말로 쓸데없는 헛소리나 농담을 지껄여 대는 것을 말합니다.

이스라엘에 하나님의 말씀이 없으니까 두 가지 현상이 나타났습니다. 첫째로, 경건이 없어졌습니다. 무엇인가 열심히 믿는 것 같기는 한데 핵심이 빠져 있어서 도무지 하나님 앞에서 자신의 모습을 알 수 없었습니다. 이런 사람은 열심히 믿는 것 같지만 그것은 '자기 의'에 도취되어 열심히 믿는 것입니다. 이런 사람은 다른 사람들을 존중하지도 않습니다. 마음속에 하나님의 사랑이 없으므로 자기 기준에 조금이라도 맞지 않으면 저주를 퍼붓습니다. 그리고 정작 자신은 자기 멋대로 삽니다. 둘째로, 하나님의 말씀이 없으면 생각이나 말이나 행동이 통제되지 않습니다.

그래서 하나님은 '주께서 그들의 장정들을 기뻐하지 아니하시며 그들의 고아와 과부를 긍휼히 여기지 아니하시리라'고 하셨습니다. 이것은 뒤집어서 말하면 하나님은 원래는 이 사람들을 기뻐하시며 긍휼히 여기셨다는 뜻입니다. 하나님은 이스라엘 장정들이 일꾼들이므로 너무나 기뻐하셨고, 과부나 고아는 불쌍히 여기셨습니다. 그러나 이스라엘 전체가 오염되니까 하나님은 이런 사람들까지도 다 버려야겠다고 생각하신 것입니다. 즉, 하나님께서 이스라엘을 보실 때 건질 만한 사람이 없었던 것입니다. 몇몇 사람이라도 기뻐하시고 사랑할 만해야 하는데, 아무도 불쌍히 여길 만한 사람이 없으니까 하나님은 이스라엘 전체를 다 버리시기로 작정하셨습니다.

하나님께서는 아브라함의 기도를 들으시고 소돔과 고모라에 의인 열 명만 있으면 그들을 모두 살려 주시겠다고 약속하셨습니다. 하나님 앞에서 악인의 숫자는 중요하지 않습니다. 하나님은 하나님을 두려워하고 죄를 무서워하는 의인 열 명만 있으면 악인들은 덤으로 다 살려 주시겠다고 약속하셨는데, 소돔과 고모라에는 열 명의 의인이 없었습니다.

3. 이스라엘의 불장난

한여름에는 나무에 물기가 많아서 불이 붙지 않습니다. 그러나 봄철 건조기에는 모든 나무나 풀이 바싹 말라 있고 또 강한 바람이 불기 때문에 아주 작은 불장난도 큰 산불을 일으킵니다.

그런데 하나님께서는 이스라엘 백성 각자가 욕심을 부리는 것이 결국은 몹시 나쁜 불장난을 하는 것이라고 말씀하셨습니다. 왜냐하면 이스라엘 백성 한 명 한 명이 하나님의 말씀을 무시하고 욕심을 향하여 달려갈수록 이스라엘의 영성은 마르게 되고, 더 욕심을 부릴수록 죄의 불꽃이 일어나기 때문입니다.

마찬가지로 이스라엘에 영적인 부흥이 일어나고 모든 백성이 성령 충만할 때는 누군가가 죄의 불꽃을 튀게 해도 큰 산불이 나지 않습니다. 그런데 모든 사람의 마음이 은혜를 받지 못해서 강퍅한 데다 성령의 역사가 고갈되어 있으면, 한 사람 한 사람이 죄를 지을 때마다 심판의 불꽃을 일으킵니다. 그러나 사람들은 이것이 얼마나 무서운지 알지 못합니다.

:18절: "대저 악행은 불타오르는 것 같으니 곧 찔레와 가시를 삼키며 빽빽한 수풀을 살라 연기가 위로 올라가게 함과 같은 것이라."

이스라엘은 오랫동안 부흥이 없어서 영적으로 심히 고갈된 상태였습니다. 이때 이스라엘 백성의 모습은 마치 찔레와 가시 같다고 했습니다. 즉, 모든 이스라엘 백성의 영성이나 가치는 바짝 마른 가시나무 같은 상태였습니다. 이때 이들이 해야 할 일은 다른 것은 다 집어치우고 성령의 비가 내리도록 해야 합니다. 그런데 이스라엘 사람들은 자기 이익을 손해 보지 않으려고 작은 이익에만 급급해 있었습니다. 이것은 바로 바짝 마른 나무에 불꽃이 튀게 하는 것과 같습니다. 만일 이때 누군가가 큰 손해를 감수하고 자존심을 내려놓고 결사적으로 하나님께 매달리면 한번 비가 쏟아져서 산불이 날 위기를 모면할 수 있습니다. 그러나 이스라엘 백성의 마음이 옹졸해서 아무도 손해 보려 하지 않고 끝까지 자기 욕심을 지키고 자존심을 세우려고 하면, 그들의 행동 하나하나가 불꽃을 일으켜서 결국 수풀 전체를 태워 연기가 위로 올라가게 되는 것입니다.

여기서 찔레와 가시는 가시덤불을 말합니다. 가시덤불은 별로 가치가 없습니다. 이런 가시덤불은 태워도 전혀 아깝지 않습니다. 그런데 어떤 사람이 가시를 태우려고 하다가 큰 숲을 태우게 되는데, 그러면 큰 피해를 입습니다. 큰 산불이 나면 상상할 수 없이 많은 나무가 불에 타서 죽게 되고, 많은 야생 동물도 불을 피하지 못해 타 죽게 되고, 심지어는 엄청난 가치를 지닌 문화재도 다 불에 타서 없어지게 됩니다.

본문에서 '연기가 위로 올라간다'는 것은 한쪽에서 시작된 산불이나 들불이 퍼지기 시작하는 것입니다. 실제로 산불이 붙었을 때 강풍이 불게 되면 이 불꽃은 정말 걷잡을 수 없이 날아다닙니다. 그런데 성경은 바로 이 큰 화재의 불씨가 이스라엘의 악행이라고 말씀하고 있습니다. 이스라엘 백성의 마음이 아주 메말라 있는데 그것도 모르고 사람들이 자꾸 못된 짓을 하니까 생각지도 못한 재앙이 터지는 것입니다.

: 19절 : "만군의 여호와의 진노로 말미암아 이 땅이 불타리니 백성은 불에 섶과 같을 것이라. 사람이 자기의 형제를 아끼지 아니하며"

지중해성 기후 지역의 나무들에는 기름이 많습니다. 예를 들어, 지중해성 기후에서 자라는 올리브나 유칼립투스 같은 식물은 나무 자체에 식물성 기름이 아주 많기 때문에 한번 불이 붙으면 마치 화약고에 불을 지른 것 같습니다. 여기서 '섶나무'는 기름 나무로 번역할 수 있습니다. 즉, 이 지역 나무들은 모두 기름을 잔뜩 머금고 있는 식물들이기 때문에 한번 불이 붙으면 마치 폭탄이 터지듯이 산불이나 들불이 퍼지게 되는 것입니다.

이스라엘의 파괴는 하나님께서 주신 것으로 만족하지 못하는 욕심에서 나왔습니다. 그런데 그 욕심은 부메랑처럼 자기 자신에게 돌아와서 자기를 죽이는 것이 되었습니다.

: 20절 : "오른쪽으로 움킬지라도 주리고 왼쪽으로 먹을지라도 배부르지 못하여 각각 자기 팔의 고기를 먹을 것이며"

하나님께서는 스스로 욕심을 포기하지 않는 이스라엘 백성 때문에 온 땅을 태울 것이라고 말씀하셨습니다. 즉, 이 세상이 망하지 않으려면 항상 하나님의 은혜가 충만해야 하는데, 사람들이 자꾸 욕심을 부리며 더 가지려고 하고 더 높아지고 유명해지려고 하니까 자꾸자꾸 세상이 메말라 가게 되는 것입니다. 온 세상이 바짝 마르면 그 결과는 자기에게로 돌아옵니다. 온 세상에 산불이나 들불이 번지면 그 불은 자기 집이나 식구들도 태울 것이기 때문입니다. 멸망을 막으려면 누군가가 자기 욕심을 내려놓고 성령의 비가 내리도록 하나님께 매달려야 하는데, 사람들은 그것을 시간 낭비로 생각하고 하지 않으려고 했던 것입니다.

사람의 욕심만큼 무서운 것은 없습니다. 욕심이 들어가면 일단 자기 가까이 있는 약한 사람부터 잡아먹기 시작합니다. 이 욕심은 이상하게 채워도 채워도 배가 부르지 않습니다. 욕심은 무서운 중독성이 있어서 아무리 채워도 만족이 없습니다. 그래서 자기 가족과 자기 자신마저 잡아먹게 되는데, 나중에 보면 이미 자신은 오래전에 가치를 잃어버렸다는 사실을 알게 됩니다.

우리는 어디서 만족을 얻으며 어느 선에서 행복할 수 있을까요? 우리가 하나님으로 만족하면 하나님은 우리를 가치 있는 존재로 만들어 주시고 또 모든 것을 더하여 주십니다. 때로 우리는 욕심을 발전과 혼동할 때가 있습니다. 과연 어느 것이 욕심이며 어느 것이 발전일까요? 그렇다고 아무것도 하지 않는 것이 신앙이 좋은 것일까요? 우리가 사람의 인기나 인정, 자신이 높아지는 것을 삶의 목표로 삼는다면, 결국 우리는 욕심을 위해서 살 수밖에 없습니다. 그러나 우리가 하나님의 말씀으로 충만해지고 다른 사람을 사랑하는 것을 목표로 삼는다면 우리는 욕심의 노예가 되지 않을 것입니다.

그런데 과연 이 세상에 욕심 없는 사람이 있을까요? 아마 이 세상에 욕심이 전혀 없는 사람은 한 사람도 없을 것입니다. 단지 하나님께서 사랑하는 자들을 어찌하든지 욕심에 미혹되지 않도록 지켜 주시기 때문에 우리가 세상으로 나가지 않고 말씀을 붙들고 살아갈 수 있는 것입니다. 그러므로 하나님이 우리에게 세상의 복을 많이 부어 주시지 않는 것이 우리를 살리는 길임을 알아야 합니다. 또 우리가 욕심을 부릴 때마다 그 길을 막으시는 것이 멸망으로 가는 길을 막아 주시는 것임을 알아야 합니다.

사람의 마음에 욕심이 가득하면 끝내 자기 가족을 망하게 만들고, 형제들 사이도 돈 때문에 원수가 됩니다.

:21절: "므낫세는 에브라임을, 에브라임은 므낫세를 먹을 것이요 또 그들이 합하여 유다를 치리라. 그럴지라도 여호와의 진노가 돌아서지 아니하며 그의 손이 여전히 펴져 있으리라."

결국 온 세상을 불태우는 것은 이방인의 욕심 때문이 아니라 이스라엘이 하나님의 축복을 업신여기고 욕심으로 나갔기 때문입니다. 그런데 이 세상에 우리의 욕심을 막을 수 있는 것이 과연 있을까요? 사람은 한번 욕심이 생기면 무슨 이유를 갖다 대서라도 욕심을 향해 달려가고야 맙니다. 하지만 부흥의 불이 붙으면 욕심의 불은 꺼지게 됩니다. 하나님께서는 우리에게 욕심으로 나갈 기회를 아예 주시지 않으십니다. 우리는 하나님의 복으로 만족하고 이 세상 복에 대하여 좀 더 여유를 가지고 바라볼 수 있어야 합니다. 주님은 "너희는 먼저 그의 나라와 그의 의를 구하라. 그리하면 이 모든 것을 너희에게 더하시리라."(마 6:33)고 하셨습니다. 그 말씀을 믿고 성령 충만을 구하고 영적인 부흥을 구해서 전쟁의 불, 재앙의 불을 막는 성도들이 다 되시기 바랍니다.

17

하나님의 몽둥이

이사야 10:1-15

최근에 학교에서 힘이 약한 아이들이 힘이 센 친구들에게 지속해서 매를 맞고 따돌림을 당하는 바람에 이것을 견디지 못해 자살하는 일들이 많이 일어나고 있습니다. 어른들의 눈에는 힘이 세거나 약하거나 다 비슷한 아이들로 보이기 때문에 별 문제가 아닌 것 같지만, 힘이 약한 아이의 입장에서는 힘이 센 아이가 너무 거대해 보이기 때문에 절대로 이길 수도 없고 피할 수도 없는 장벽으로 생각됩니다. 그렇다고 부모에게 이르거나 담임교사에게 이야기해도 모두 귀담아 듣지 않거나 귀찮게 여기며 쓸데없는 생각을 한다고 핀잔만 줄까 봐 혼자 고민하다가 이 아까운 아이들이 자살하고 마는 것입니다. 그런데 막상 가해 학생에게 물어보면 자기는 그저 장난으로 그랬을 뿐이지 피해 학생이 그렇게 심각하게 받아들일 줄 몰랐다고 말합니다. 즉, 힘이 있는 사람에게는 장난으로 생각되는 일이 약하고 어린 사람에게는 생명을 위태롭게 하는 위협이 됩니다. 예를 들어, 사람이 길을 가다가 개미가 줄지어서 가는 모습을 보고 발로 밟는다면, 사람은 재미로 그렇게 하는 것이지만 발에 밟힌 개미에게는 생존의 문제가 되는 것입니다.

우리 그리스도인이 가장 상대하기 어려운 대상은 술에 취해서 난동을 부리거나 혹은 전혀 대화가 통하지 않는 악한 사람입니다. 일단 대화가 통하는 사람은 어떻게든 설득해 보겠는데, 술에 취해서 난동을 부리거나 폭력배 같은 악한 사람은 도저히 상대할 수 없어서 일방적으로 폭력을 당하거나 피해를 볼 수밖에 없습니다.

한번은 제가 아는 한 부인이 먼 곳에서 장거리 전화를 했는데, 저는 처음에 전화 목소리를 알아듣지 못했습니다. 왜냐하면 그 부인은 제가 전화를 받자마자 완전히 겁에 질린 목소리로 비명을 지르듯이 말했기 때문입니다. 그런데 차근차근 말을 시켜 보니 제가 잘 아는 사람이었습니다. 이분은 지방에 살았는데, 그 남편의 형제 중 술만 마시면 난동을 부리는 형이 있었습니다. 이번에도 그가 술을 마시고 난동을 부리면서 전화로 다 죽이러 갈 테니까 꼼짝 말고 있으라고 했다는 것입니다. 그래서 저는 잠시 기도하며 생각한 뒤, 일단 그 사람이 말로만 그렇게 하지 실제로 오지는 못할 것이라고 그분을 안심시켰습니다. 그리고 혹시 모르니까 일단 아이들과 함께 다른 곳으로 피해 있는 것이 좋겠다고 말했습니다. 하지만 그 사람은 말로만 폭언을 퍼부었을 뿐 실제로 오지는 않았습니다.

우리가 살다 보면 도저히 상대할 수 없는 악한 사람에게 걸려들어서 엄청난 고통을 당할 때가 있습니다. 이때 우리가 기억해야 할 것은 악한 자가 하나님의 백성을 해칠 수 없는 경계선이 있다는 사실입니다. 마치 주인이 사나운 개의 목을 줄로 매어 놓은 것처럼 하나님은 악한 자의 목을 줄로 매어 놓습니다. 그래서 악한 자가 하나님의 백성을 무한정 해치지는 못합니다. 우리는 악한 자를 직접 상대해서는 안 되고, 그런 상황을 만나면 일단 우리의 죄를 다 자백하고 하나님을 끝까지 붙들어야 합니다. 그러면 하나님은 어느 순간 이 악을 완전히 패망하게 하십니다.

고대 이스라엘 백성과 유다 백성에게는 도저히 대화가 통하지 않는 무지막지한 나라가 있었습니다. 이 나라가 바로 앗수르였는데, 요즘으로 치면 조직 폭력배 같은 나라였습니다. 앗수르는 오직 다른 나라를 침략해서 사람을 죽이고 물건을 약탈하고 파괴하는 일만 생각했습니다. 그래서 앗수르는 이스라엘 주위에 있는 모든 나라를 멸망시키고 결국 이스라엘과 유다도 공격하게 됩니다. 이때 사람들은 이스라엘과 유다도 다른 나라들처럼 앗수르에 의해 망할 것으로 생각했습니다. 그중에도 약한 유다가 더 쉽게 망할 줄 알았습니다. 그런데 앗수르의 공격으로 이스라엘은 멸망하지만 유다는 살아남았습니다. 그 이유는 하나님께서 앗수르가 유다를 멸망시키는 것을 막으셨기 때문입니다. 오히려 하나님은 유다 때문에 앗수르가 망하게 하셨습니다. 왜냐하면 유다에는 부흥의 불길이 남아 있었기 때문입니다. 하지만 부흥의 불이 남아 있지 않았던 다른 모든 나라는 앗수르에 의해 망하고 말았습니다. 결국 사탄의 불을 끌 수 있는 것은 군사력이나 돈이 아니라 부흥의 불입니다.

1. 두 가지 가치관의 충돌

하나님께서는 하나님의 백성이 자신을 지키는 원리가 세상의 원리와 다르다고 누누이 말씀하셨습니다. 그러나 이스라엘 백성이나 유다 백성은 점점 더 똑똑해지면서 하나님의 말씀을 멀리하고 세상의 법을 따라가기 시작했습니다. 그래서 이스라엘과 유다 안에서 하나님의 법과 세상의 법이 충돌하게 되었습니다.

: 1-2절 : "불의한 법령을 만들며 불의한 말을 기록하며 가난한 자를 불공평하게 판결하여 가난한 내 백성의 권리를 박탈하며 과부에게 토색하고 고아의 것을 약탈하는 자는 화 있을진저"

원래 하나님께서 이스라엘 백성에게 주신 법은 율법 하나밖에 없었습니다. 그런데 세월이 흐르면서 이스라엘이나 유다 지도자들은 새로운 법을 반포하였습니다. 물론 시간이 흐름에 따라서 인간관계나 세상은 더 복잡해져서 옛날 법은 맞지 않고 새로운 법이 필요합니다. 예를 들어, 우리나라 일제 강점기에 만들어진 민법은 지금 시대에는 적용할 수 없는 법입니다. 그러나 지금 이사야 선지자는 그런 의미의 새로운 법령을 말하는 것이 아닙니다. 원래 하나님께서는 이스라엘 백성에게 모세 율법을 주셨습니다. 이 모세 율법은 다른 사람의 물건이나 재산을 탐하지 못하게 했고, 또 약한 자가 어려울 때 법으로 그들의 땅이나 재물을 빼앗지 못하게 했습니다. 즉, 모세 율법의 정신은 모든 것을 법대로 처리하는 것이 아니라, 약한 자를 불쌍히 여겨 주고 배려해 주는 긍휼의 법이었습니다. 그런데 이스라엘 백성이나 유다 백성이 다른 나라와 교류하다 보니까, 다른 나라에서는 이렇게 가난한 자를 기다려 주고 또 빚을 갚지 못하는 자를 보호해 주지 않았습니다. 다른 나라는 모든 것을 법대로 처리했는데, 아무리 같은 민족이라도 빚을 갚지 못하면 당장 그 집이나 땅을 압류하고 그래도 빚을 갚지 못하면 사람을 노예로 팔았습니다.

이스라엘 백성이나 유다 백성이 다른 나라의 법을 보니까 부자가 굳이 가난한 자를 봐주거나 손해 볼 필요가 없었습니다. 모든 것을 법대로 하니까 가난한 자는 종으로 팔려 가고 사회에서 무능한 자가 다 없어지니까 세상이 오히려 정의로워지고 깨끗해지는 느낌이 들었습니다. 이스라엘과 유다의 부자들과 권력자들은 도저히 옛날 율법을 가지고는 사회가 발전할 수 없다고 생각했습니다. 그래서 율법 외에 새로운 법을 만들어서, 빚을 갚지 못하는 자는 더 이상 봐주지 않고 집을 처분해서 빚을 갚든지 아니면 종으로 팔려 가게 함으로써 각자가 자기 빚에 책임을 지게 했습니다. 그렇게 되니까 가난한 자들은 대개 집을 빼앗기거나 밭을 잃고 노예로 팔려 갔습니다.

: 2절 : "가난한 자를 불공평하게 판결하여 가난한 내 백성의 권리를 박탈하며 과부에게 토색하고 고아의 것을 약탈하는 자는 화 있을진저"

물론 부자나 가진 자의 입장에서 본다면, 분명히 자기들이 쓸 돈이나 양식을 가난한 자에게 빌려주었고 그들은 이자는 쳐서 갚는 것이 옳습니다. 하지만 부자가 가난한 자의 이자나 빚을 잠시 받지 못한다고 해서 가난해지거나 당장 굶어 죽는 것은 아닙니다. 단지 부자는 이자나 빚이 회수되지 않아서 기대한 만큼 더 부자가 되지 못하는 것이 불만일 수 있습니다. 이것이 부자에게는 조금 더 부자가 되느냐 아니냐의 문제이지만 가난한 자에게는 종으로 팔려 가느냐 마느냐 하는 생존의 문제였습니다.

하나님께서는 이스라엘 백성 모두에게 똑같이 나누어 가지라고 말씀하시지는 않으셨습니다. 하나님은 부자의 돈을 빼앗아서 가난한 자에게 강제로 나누어 주라고 하지는 않으셨습니다. 그러나 이스라엘 백성은 부자나 가난한 자나 모두 애굽에서 종살이하다가 백지상태에서 하나님의 복을 받은 자들이므로, 부자는 가난한 자들 때문에 조금 덜 부자가 되고 받을 것을 조금 덜 받는 수준에서 약한 자를 돌보아 주라고 하셨습니다. 그렇게 하면 하나님은 어떻게 해 주실까요? 하나님은 이스라엘과 유다가 당한 큰 심판을 막아 주실 것이라고 하셨습니다.

: 3절 : "벌하시는 날과 멀리서 오는 환난 때에 너희가 어떻게 하려느냐. 누구에게로 도망하여 도움을 구하겠으며 너희의 영화를 어느 곳에 두려느냐."

아무리 이스라엘 백성이나 유다 백성이라 하더라도 하나님 앞에서 죄를 짓거나 말씀대로 살지 못한 부분이 있을 것입니다. 그런데 하나님의 백성이 욕심을 조금 내려놓고 약한 자를 돌보아 준다면, 하나님은 그들이 벌 받을 일이 있을 때 감하여 주십니다. 하지만 이스라엘 백성이나 유다 백성이 약한 자를 세상의 방식으로 대한다면, 하나님은 먼 곳에서 오는 환난을 막아 주지 않으십니다.

그렇지만 이스라엘 백성이나 유다 백성은 세상의 법을 따라 빚이나 이자를 다 받으며 잘사는 길을 따라갔습니다. 그러던 어느 날 조직폭력배 같은 앗수르가 쳐들어오자 어디든 도망쳐서 도와달라고 손을 내밀 데가 없었습니다. 이에 하나님은 이스라엘과 유다 백성에게 '너희 영화를 어느 곳에 두려느냐?'고 질문하십니다. 즉, 우리가 지금 당장 누리는 행복을 안전한 데 맡겨 두어야 할 텐데 그 안전한 곳이 어디냐는 것입니다.

이스라엘 백성이나 유다 백성이 자신들이 조금도 손해 보지 않고 이익을 다 챙기는 법을 제정한 것은 다른 나라에서 하는 것을 보고 흉내 내었기 때문입니다. 이처럼 그들이 다른 나라를 따라 하는 것은 결국 자신의 영화나 행복을 다른 나라에 맡기는 것과 같습니다. 사람들 가운데 자기에게 가장 중요한 보석이나 보물을 모르는 사람에게 맡기는 바보는 없을 것입니다. 만약 나에게 있는 금덩이나 다이아몬드 반지를 전혀 모르는 외부인에게 맡긴다면 그것을 받은 사람은 좋아하며 당장 달려가서 팔아 버릴 것입니다. 그런데 나에게 가장 중요한 행복은 내가 끝까지 붙들 수도 없습니다. 이 세상에는 나보다 힘이 센 사람이 얼마든지 많기 때문입니다. 만일 우리가 가진 행복과 축복을 영원히 빼앗기지 않으려면 이것을 나보다 훨씬 힘이 세고 믿을 만한 분에게 맡겨야 합니다. 이렇게 안심하고 우리의 행복을 맡길 수 있는 유일한 분은 하나님 한 분뿐이십니다. 그 하나님께 나의 모든 영화를 맡기는 길은 하나님의 말씀대로 사는 방법밖에 없습니다.

우리는 인간이기 때문에 때로 내 돈이 다른 사람에 의해 손해를 입으면 화가 나기도 하고 당장 가서 도로 빼앗아 오고 싶은 마음도 들 것입니다. 그때 우리는 하나님의 말씀 앞에 자신을 쳐서 복종시켜야 합니다. 그러므로 우리는 너무 부자가 되지도 말고 너무 유명해지지도 말아야 합니다. 당장 굶주리지 않음에 감사하고, 매일 은혜의 말씀을 들으며 은혜로 사는 것에 만족할 때, 하나님은 내 잘못을 감추어 주시고 먼 데서 오는 환난을 막아 주셔서 평화를 계속 누리게 하실 것입니다. 이처럼 하나님의 백성이 행복하게 사는 비결은 작은 데 손해를 보면서 큰 환난을 면하는 것입니다. 그런데 하나님의 백성의 마음이 옹졸해져서 자기의 이익을 극대화하기 위해 약한 자들의 것까지도 전부 자기의 것으로 챙긴다면 하나님은 더 이상 그들을 도와주시지 않습니다.

: 4절 : "포로 된 자 아래에 구푸리며 죽임을 당한 자 아래에 엎드러질 따름이니라. 그럴지라도 여호와의 진노가 돌아서지 아니하며 그의 손이 여전히 펴져 있으리라."

이스라엘 백성과 유다 백성의 마음이 욕심으로 가득 차서 이 세상에서 하나도 손해 보지 않고 모든 것을 다 받아 챙긴다면, 이상하게 자기들도 포로 된 자처럼 고개를 숙이게 되고 죽은 자들 밑에 깔려서 엎드러지게 됩니다. 왜냐하면 그들은 욕심으로 작은 이익은 챙겼지만 하나님의 도우심을 잃어버림으로써 더 큰 것을 빼앗겼기 때문입니다. 즉, 나라 전체가 망하고 온가족이 죽임을 당하는 것입니다. 우리가 일상의 삶 속에서 너무 유명해지지 않고 너무 부자가 되지도 않고 하나님의 말씀만 붙들고 살아가는 것이 이런 미친 세상에서 폭력적인 멸망을 당하지 않는 비결입니다. 그래서 하나님은 사랑하는 백성이 완전히 멸망하지 않도록 미리 어려움을 주셨습니다. 어떤 종은 너무 교만해지지 않도록 명예를 깎으셨고, 어떤 종은 병으로 고통받게 하셨으며, 어떤 사람은 가난하게 하셨습니다. 이는 우리가 이 세상에서 가지고 싶은 것을 다 가지고 유명해지고 싶은 대로 유명해지면 반드시 교만해져서 멸망의 길을 가기 때문입니다. 사람이 성공하거나 유명해지는 것이 얼마나 위험한지, 마치 술 취한 자처럼 자기도 모르게 세상을 따라가게 됩니다. 그것이 성공한 사람에게는 너무 당연한 것이고 당연한 권리라고 생각하기 때문입니다. 그러나 하나님께서 사랑하는 자들에게는 경계선을 그으셔서 그 이상 유명해지지 못하게 하시고 그 이상 부자가 되지도 못하게 하심으로 하나님의 말씀 앞으로 돌아오게 하십니다.

2. 하나님께서 쓰시는 몽둥이

요즘 때때로 신문을 통해 청부 폭력이나 청부 살인에 대한 기사를 보게 됩니다. 이것은 자기가 직접 상대방에게 폭력을 가하는 것이 아니라 이런 일을 전문으로 하는 사람을 고용해서 나쁜 짓을 하는 것입니다. 어떤 사람이 거액의 돈을 빌려주었는데 상대방이 돈을 갚지 않으면, 폭력배를 고용해서 보복하거나 협박하여 강제로 빚을 갚게 하는 것이 그것입니다. 빚이 있는 사람이 이런 청부 폭력업자에게 걸려들면 돈을 갚지 않을 수 없습니다. 이들은 돈을 받아 내기 위해 수단과 방법을 가리지 않기 때문입니다.

고대 사회에서 앗수르는 폭력을 전문으로 삼는 나라였습니다. 그런데 하나님께서 바로 이 앗수르를 고용해서 모든 나라를 두들겨 패도록 끌어들이셨다고 말씀하십니다.

:5절: "앗수르 사람은 화 있을진저. 그는 내 진노의 막대기요 그 손의 몽둥이는 내 분노라."

하나님께서는 앗수르에 대해 '그는 내 진노의 막대기요 그 손의 몽둥이는 내 분노라'고 말씀하십니다. 놀라운 것은 하나님께서 앗수르 제국을 청부 살인업자나 청부 폭력업자로 고용하셔서 그동안 하나님의 말씀을 듣지 않고 자기 멋대로 사는 나라에게 마음껏 폭력을 행사하고 사람을 죽이도록 허용하셨다는 것입니다.

그래서 앗수르는 하나님의 진노의 막대기이고, 앗수르 사람들이 폭력을 행사하고 사람들을 죽이는 것은 하나님 자신의 분노라고 말씀하십니다. 우리에게 이해되지 않는 것은 어떻게 하나님께서 청부 살인이나 청부 폭력을 사주하실 수 있느냐는 것입니다. 사람도 악하다고 여기는 일을 어떻게 하나님께서 하실 수 있습니까? 바로 이것이 오늘 우리가 신앙생활을 하면서 맞닥뜨리는 가장 어려운 문제입니다.

물론 하나님은 악한 자를 끌어들이시거나 고용하시는 분은 절대로 아닙니다. 여기서 하나님께서 앗수르를 끌어들이셨다는 것은 일종의 비유적인 표현입니다. 실제로는 하나님은 악을 억제하시는 분이십니다. 즉, 악한 자들은 매일 미친 듯이 때려 부수고 사람을 죽이려고 하지만, 하나님께서 악한 자를 붙잡으셔서 악한 짓을 하지 못하도록 하십니다. 예를 들면, 어떤 사나운 개가 있는데 주인이 이 개를 튼튼한 밧줄로 묶어서 사람들에게 덤벼들지 못하게 하는 것과 같습니다. 하나님은 이 세상에서 악을 일분일초라도 억제하지 않으실 때가 없습니다. 만일 하나님께서 악한 자의 목을 줄로 매어서 억제하지 않으신다면 세상은 단 하루도 편할 날이 없을 것입니다.

그런데 인간이 하나님께서 주신 평화를 악용해서 점점 더 교만하게 되고 악한 자가 된다면 하나님은 더 이상 이러한 자들의 평화를 지켜 주실 이유가 없습니다. 하나님께서 지금까지 악한 자를 잡아 누르고 계시던 손을 놓아버리시자, 갑자기 앗수르 같은 나라가 제철을 만난 것처럼 주위에 있는 약한 나라들을 침공해서 마음껏 사람들을 죽이고 약탈하고 패망하게 했습니다. 근현

대사에서는 히틀러 같은 독재자가 등장해서 유대인들을 학살하고 주위에 있는 나라들을 다 지배하려고 했습니다. 또 공산주의가 등장해서 지식인이나 돈 있는 사람을 다 죽이고 땅이나 건물을 빼앗아 버렸습니다. 이러한 상태를 성경은 비유적으로 표현해서 '하나님이 악한 자를 몽둥이로 쓰신다'고 말하는 것입니다. 그러나 실제로 하나님은 이 악한 자를 막아 주시는 분이십니다.

그렇지만 하나님은 조그만 이익을 위해서 다른 사람의 행복을 빼앗고 눈에서 피눈물 흘리게 하는 이기적인 자들은 이런 미친 나라로부터 지켜 주실 이유가 없습니다.

예수님은 제자들에게 기도를 가르치시면서 "우리를 시험에 들게 하지 마시옵고 다만 악에서 구하시옵소서."(마 6:13)라고 기도하게 하셨습니다. 여기서 '악에서 구한다'는 것은 언제 우리를 덮칠지 모르는 악의 세력을 두고 하시는 말씀입니다. '하나님, 제 주위에는 늘 상어가 돌아다니고 악어가 우글거립니다. 한 순간이라도 그런 세력이 저를 덮치지 못하도록 지켜 주소서'라고 기도하는 것입니다. 이 세상은 결코 안전하지 않습니다.

우리가 지속해서 행복하려면 무엇인가를 손해 보아야 합니다. 하나님의 말씀 때문에 내가 하고 싶고 받아야 할 것을 다 챙기지 못하고 손해를 보는 것입니다.

하나님은 참새 한 마리도 하나님의 허락 없이는 절대로 땅에 떨어지지 않는다고 말씀하셨습니다. 그런데 이런 무지막지한 세력이 사람을 닥치는 대로 죽이도록 놓아 두는 것은 하나님께서 크게 진노하셨기 때문입니다. 하나님은 '왜 너희는 하나님의 백성답게 살지 못하느냐?'라고 책망하십니다. 하나님의 자녀들이 왜 그렇게 큰 것을 보지 못하고 사소한 것 때문에 하나님의 말씀을 무시하고 버리느냐는 것입니다. 하나님의 백성이 하나님의 말씀을 버린 대가는 이런 악한 자를 만나서 실컷 당하거나 망하게 되는 것입니다.

그런데 이제는 하나님께서 도리어 앗수르 백성에게 진노하신다고 말씀하십니다. 하나님은 '앗수르 사람은 화 있을진저'라고 말씀하십니다. 하나님은 이제 앗수르에 대하여 진노하고 계신 것입니다. 왜 하나님은 앗수르에 대하여 화가 나셨을까요? 그것은 하나님께서 앗수르를 단지 몽둥이로 쓰셨을 뿐인데, 앗수르는 자기가 잘나고 능력 있는 것으로 착각해서 진실한 하나님의 백성까지 멸망시키려고 했기 때문입니다.

: 6절 : "내가 그를 보내어 경건하지 아니한 나라를 치게 하며 내가 그에게 명령하여 나를 노하게 한 백성을 쳐서 탈취하며 노략하게 하며 또 그들을 길거리의 진흙 같이 짓밟게 하려 하거니와"

하나님은 앗수르 왕에게 한 나라를 치라고 명령하셨습니다. 그러면서 하나님은 그 나라에 대해서는 마음껏 약탈하고 사람들을 죽이고 짓밟으라고 명령하셨습니다. 여기서 그 나라가 어떤 나라인지는 알 수 없습니다. 사람이 진흙을 밟을 때는 그야말로 인정사정없이 밟기 때문에 아무 형체도 남지 않을 것입니다. 하나님께서 앗수르에게 이렇게 밟으라고 명령하신 나라는 분명히 가장 교만한 나라였을 것입니다. 하나님께서는 악한 자에게 어떤 악한 일을 허락하실 때에도 한계를 그어서 허락하십니다. 그의 돈을 빼앗든지 아니면 명예를 빼앗든지, 몸의 건강을 친다든지 아니면 마지막으로 목숨까지 가져가도 좋다든지 한계를 정하시는 것입니다. 그래서 아무리 마귀라 하더라도 자신의 선을 지켜야 하는데, 대개 마귀는 이 선을 지키지 않으려고 합니다. 그래서 하나님께서 돈만 건드리라고 하셨는데 목숨까지 건드려서 자살하게 하는 것입니다.

그러나 아무리 마귀라 하더라도 하나님의 백성은 욥의 경우처럼 결코 그 선을 넘어서 건드리지 못합니다. 그래서 환난 때에는 하나님의 백성과 믿지 않는 자 사이에 근본적인 차이가 생깁니다. 믿지 않는 자는 마귀의 종이기 때문에 마귀가 그야말로 진흙을 밟듯이 밟아 버립니다. 마귀는 망하는 자에게서 자존심이나 희망이나 삶의 의욕 등을 다 빼앗아 가고, 그가 모든 사람으로부터 융단폭격을 당하듯이 욕을 먹게 만드는데 그러면 그 사람은 대개 자살을 생각하게 됩니다. 그러나 하나님의 백성은 하나님께서 마귀에게 위탁 교육을 하는 것이기 때문에 하나님께서 정하신 선을 넘지 못합니다. 그래서 하나님의 백성은 돈만 손해 본다든지, 명예만 빼앗긴다든지, 자살 충동은 느끼지만 결코 죽지 못한다든지 하는 한계가 있게 되는 것입니다.

그런데 앗수르 사람들은 하나님께서 몽둥이로 쓰시자마자 하나님의 말씀을 듣지 않고 엇나가기 시작했습니다.

:7절: "그의 뜻은 이 같지 아니하며 그의 마음의 생각도 이 같지 아니하고 다만 그의 마음은 허다한 나라를 파괴하며 멸절하려 하는도다."

하나님은 앗수르 왕과 백성에게 오직 한 나라만 시범 사례로 '매우 쳐라'라고 명령하셨습니다. 그러나 앗수르 왕은 이미 전 세계를 다 두들겨 부술 계획을 하고 있었습니다. 아마도 하나님께서 부수어도 된다고 말씀하신 나라는 아람 나라였던 것 같습니다. 즉, 하나님은 아람 나라는 완전히 쳐부수고 이스라엘은 적당하게 부수고 유다는 부수는 흉내만 내다가 철수하라고 명령하신 것 같습니다. 그러나 앗수르는 이미 하나님의 말씀을 듣지 않기 시작했습니다. 앗수르 왕은 전 세계 왕이 모두 자신의 부하이고 그 신들도 자신의 부하이기 때문에 사마리아나 예루살렘이나 모두 다 부수어 버리겠다고 결심한 것입니다.

:8-10절: "그가 이르기를 내 고관들은 다 왕들이 아니냐. 갈로는 갈그미스와 같지 아니하며 하맛은 아르밧과 같지 아니하며 사마리아는 다메섹과 같지 아니하

냐. 내 손이 이미 우상을 섬기는 나라들에 미쳤나니 그들이 조각한 신상들이 예루살렘과 사마리아의 신상들보다 뛰어났느니라."

이 세상에 등장한 악한 세력은 절대로 절제하지 않습니다. 악한 세력의 최고 약점은 스스로 절제가 되지 않는 것입니다.

마찬가지로 악한 나라는 하나님께서 고삐를 풀어 놓으시면 절제하지 못해서 모든 나라를 빼앗고 다 차지하려고 덤벼들다가 결국 힘이 떨어져서 덜미가 잡히는 것입니다. 여기에 나오는 갈로나 갈그미스나 하맛은 모두 아람이나 그 주위에 있는 도시들로, 이미 앗수르의 디글랏 빌레셋 왕에 의해 멸망한 장소들입니다.

그런데 잘 살펴보면 앗수르의 공격 대상은 모두 우상 숭배하는 나라였습니다. 하지만 이스라엘이나 유다는 하나님을 믿기 때문에 우상이 없어야 합니다. 그래서 앗수르의 공격 대상이 되지 않아야 합니다. 그러나 바보같이 세상 나라를 흉내 내느라고 쓸데없이 우상을 갖다 놓았던 이스라엘은 앗수르의 공격을 받고 결국 망하게 되는 것입니다.

하나님께서 악의 세력을 허용하시는 것은 마치 금 원석에서 돌과 금을 분리하는 것과 같습니다. 악한 세력이 이렇게 미친 듯이 날뛰면 돌은 모두 부서져 없어지고 결국 진정한 신앙을 가진 자만 정금으로 남는 것입니다. 이것은 마치 농부가 곡식을 타작하는 것과 같습니다. 농부가 곡식을 떨고 난 후 멍석 위에 펼쳐놓고 그 위를 도리깨로 치면 결국 쭉정이는 벗겨져서 따로 분리되고 알곡만 남을 것입니다.

∶11절∶ "내가 사마리아와 그의 우상들에게 행함 같이 예루살렘과 그의 우상들에게 행하지 못하겠느냐 하는도다."

앗수르는 사마리아와 예루살렘을 같이 취급했습니다. 왜냐하면 이스라엘과 유다는 뿌리가 같고, 같은 언어를 쓰고 같은 신을 믿었기 때문입니다. 그러나 사마리아와 예루살렘은 달랐습니다. 사마리아의 신앙은 하나님을 믿기는 하지만 말씀 중심의 신앙이 아니었습니다. 그래서 사마리아의 신앙은 우상 숭배와 같았습니다. 물론 예루살렘도 지식인들이나 귀족들은 이방 민족을 따라가려고 열심히 우상을 갖다놓았지만, 그래도 이것은 일부의 소행이었고 많은 사람은 아직 하나님의 말씀을 믿었습니다. 결국 앗수르 왕은 예루살렘의 성벽을 넘지 못하고 18만5천 명이 하룻밤 사이에 멸망하고 말았습니다. 아직 예루살렘에는 임마누엘이 계셨기 때문입니다.

3. 하나님의 계획

하나님께서 악한 앗수르를 사용하셔서 여러 나라를 쳐부수는 것은 어떤 선한 계획을 세우고 계시기 때문입니다. 하나님께서는 의로우신 분이신데 왜 이렇게 앗수르같이 악하고 저질인 나라가 못된 짓을 하도록 내버려 두시는 것일까요? 그것은 하나님께서 악한 나라를 청소하시기 위해서 그렇게 하시는 것입니다. 하나님은 앗수르를 청소부로 쓰시는 것입니다.

:13-14절: "그의 말에 나는 내 손의 힘과 내 지혜로 이 일을 행하였나니 나는 총명한 자라. 열국의 경계선을 걷어치웠고 그들의 재물을 약탈하였으며 또 용감한 자처럼 위에 거주한 자들을 낮추었으며 내 손으로 열국의 재물을 얻은 것은 새의 보금자리를 얻음 같고 온 세계를 얻은 것은 내버린 알을 주움 같았으나 날개를 치거나 입을 벌리거나 지저귀는 것이 하나도 없었다 하는도다."

앗수르 왕은 자기 손에 힘이 있고 지혜가 있었기 때문에 다른 나라를 멸망시켰고 재물을 약탈했으며 용감한 자들을 낮추었다고 말합니다. 앗수르는 자기 힘만 믿고 자기 머리를 써서 주위에 있는 모든 나라를 정복하고 보물을 빼앗고 사람들을 죽였습니다. 사실 이것은 세상 모든 사람이 하고 싶어 하는 일입니다. 사람들은 힘 있고 머리만 있으면 무한정으로 세력을 넓히고자 합니다. 앗수르 왕은 이것을 새의 둥지를 터는 것에 비유하고 있습니다. 앗수르는 사람이 새의 둥지를 털듯이 손쉽게 다른 나라를 약탈했습니다. 머리 좋고 힘 있는 사람들은 세상에서 성공하는 것이 아무것도 아니라고 말합니다. 이들은 자기 머리와 힘만으로 자기가 원하는 모든 것을 얼마든지 가질 수 있다고 말합니다. 왜냐하면 하나님을 믿지 않는 자들은 이 세상을 주인 없는 빈 땅으로 생각하기 때문입니다. 주인도 없는 집이나 밭에 들어가면 자기가 원하는 것은 무엇이든 가지고 나올 수 있을 것 같습니다. 그러나 이 세상은 결코 주인 없는 세상이 아닙니다. 주인이신 하나님께서 CCTV를 통해 악한 자들이 도둑질하는 것을 다 보고 계십니다. 그런데 왜 하나님은 악한 자들을 미리 쫓거나 붙들지 않으시고 조용히 보기만 하실까요? 그것은 일단 이 놈들이 어느 정도까지 나쁜 짓을 하는지 보시려는 것입니다.

이 세상에서 권력 있고 돈 있는 사람 중에 그 돈과 권력을 남용하지 않는 사람은 없을 것입니다. 이스라엘 주위에 있는 왕이나 귀족들은 자신의 권력과 돈으로 힘없는 자들을 약탈하며 모든 것을 누리고 살았습니다. 그러나 더 큰 야망과 힘을 가진 앗수르 앞에서 모두 종이 되거나 비참한 신세가 되고 맙니다. 앗수르는 하나님께서 악을 심판하고 청소하시려고 사용하신 도구였던 것입니다. 모든 인간의 마음속에는 앗수르 같은 야망이 있습니다. 인간이 모든 것을 자기하고 싶은 대로 하다 보면 앗수르 같이 되고 맙니다. 하나님은 이러한 앗수르의 야망과 악을 사용하셔서 하나님의 백성의 잘못된 야망과 악을 심판하십니다. 그리고 이를 통해서 하나님의 백성을 회개시키려고 하십니다.

:12절: "그러므로 주께서 주의 일을 시온 산과 예루살렘에 다 행하신 후에 앗수르 왕의 완악한 마음의 열매와 높은 눈의 자랑을 벌하시리라."

하나님의 백성이 하나님의 사랑만 받고 살면 사실 현실 감각이 떨어질 수 있습니다. 아무리 많은 잘못을 해도 다 받아 주면 너무 버릇없어질 때가 많습니다. 그래서 하나님의 백성일수록 더 겸손해야 하는데, 어떤 의미에서는 오히려 더 교만하고 오만하며 하나님의 복과 세상의 성공 모두를 움켜잡으려고 욕심을 부립니다. 그러면 하나님께서 악한 자를 세우셔서 어려움을 겪도록 하시는 것입니다. 그제야 비로소 자신들의 신앙이 이 세상의 힘 앞에서 얼마나 무기력한지를 깨닫고 하나님 앞에 나아와 회개하고 기도하게 되는데, 이때 한평생 기도하지 못한 것을 다 기도하고 회개하게 됩니다. 그들은 하나님의 백성이라는 자부심이 강하기 때문에, 다른 것은 몰라도 자존심이 상하는 것은 견디지 못합니다. 그러한 하나님의 백성이 이 악한 자들로부터 온갖 조롱을 당하고 욕을 먹으면서 얼마나 많은 눈물을 흘리게 되는지 모릅니다. 그제야 그들은 자신의 죄를 뉘우치게 됩니다.

사실 이 악한 자들이 하나님의 백성을 욕하는 것은 하나님의 책망을 대신해 주는 것입니다. 유다 왕 히스기야 때에 예루살렘을 공격하였던 앗수르 군대가 패망하기는 했으나, 앗수르 왕의 신하 랍사게가 히스기야 왕과 귀족, 백성이 듣는 앞에서 온갖 욕을 다 퍼부었습니다. 사실 그 욕은 히스기야나 예루살렘 사람들이 들을 만한 것이었습니다. 그동안 그들은 욕 들을 만한 짓을 많이 했기 때문입니다. 그러므로 때때로 어떤 사람이 우리에게 욕을 퍼붓는다면 '아, 내가 그동안 욕 얻어먹을 짓을 많이 했구나'라고 생각하며 고마워하시기 바랍니다. 그들이 욕을 하는 것과 상관없이 악한 자는 망하게 되어 있습니다.

하나님은 시온과 예루살렘을 철저하게 회개시킨 후에 앗수르를 심판하실 것이라고 하셨습니다. 하나님은 앗수르의 역할에 대해 분명하게 말씀하십니다.

: 15절 : "도끼가 어찌 찍는 자에게 스스로 자랑하겠으며 톱이 어찌 켜는 자에게 스스로 큰 체하겠느냐. 이는 막대기가 자기를 드는 자를 움직이려 하며 몽둥이가 나무 아닌 사람을 들려 함과 같음이로다."

도끼가 아무리 날카롭고 힘이 있어서 나무를 쪼갠다 해도 나무 패는 사람을 이길 수는 없습니다. 그런데 도끼가 건방지게 나무 패는 사람의 발이나 다리를 자꾸 찍으면 나무 패는 사람은 그 도끼를 부수고 녹여 버릴 것입니다. 톱이 아무리 나무를 잘 자른다 해도 목수 앞에서 자랑할 수는 없습니다. 톱이 녹슬면 목수가 버릴 것이기 때문입니다. 또한 몽둥이도 주인의 손을 다치게 하거나 해를 끼치면 주인은 그 몽둥이를 불쏘시개로 던져 버릴 것입니다.

우리는 하나님을 믿으면서도 세상 사람들처럼 높아지고, 유명해지고, 돈을 많이 벌고 싶어 합니다. 또한 우리는 하나님의 많은 사랑을 받다 보니 버릇없어져서 겸손하지 못하고 오히려 세상적인 성공을 가지고 약한 자를 책망하며 잘난 체할 때가 많습니다. 이것은 모두 악을 부르는 위험한 행위입니다. 하나님의 심판이 있기 전에 먼저 하나님 앞에 모든 죄를 회개하고, 하나님께서 책망하시기 전에 먼저 하나님 앞에서 스스로를 쳐야 합니다. 그렇게 함으로써 하나님께서 무서운 전쟁을 사용해 심판하시는 일이 생기지 않도록 하는 지혜로운 기도의 용사들이 되시기 바랍니다.

18

남은 자가 돌아옴

이사야 10:16-34

현대에 들어서 대리석이나 금속 조각으로 인간의 육체의 아름다움을 가장 잘 표현해 낸 조각가는 로댕일 것입니다. 그가 조각한 작품을 살펴보면 여성의 머릿결을 실제 머리털처럼 섬세하게 조각해 내었고, "생각하는 사람" 같은 작품은 남성의 근육이 좀 과장된 느낌이 들지만 고뇌하는 사람의 모습을 생생하게 잘 살려 내었습니다. "입맞춤"은 실제로 남녀가 포옹하고 입을 맞추는 것처럼 보일 정도로 남녀의 육체의 곡선이나 손을 사실적으로 조각했습니다.

멋진 작품을 조각하려면 아무리 실력이 좋은 조각가라도 우선 큰 대리석을 구해야 합니다. 그 후에 조각가는 자신의 구상에 따라서 대리석을 끌과 망치로 쪼아서 작품을 만들게 됩니다. 대리석을 끌로 쪼면 남는 쪽과 부서지는 쪽으로 나뉘는데, 조각가는 아무리 대리석이라도 부서지는 쪽은 아낌없이 버리고 작품이 된 부분만 남길 것입니다.

또한 금을 만드는 기술자는 금이 든 원석 덩어리를 전혀 아까워하지 않고 모두 부수어 불에 넣고 녹입니다. 그러면 뜨거운 불에 찌꺼기는 다 녹아서 제거되고 아주 소량의 금만 남는데, 금을 만드는 기술자는 그 금만 남기고 나머지 찌꺼기는 미련 없이 전부 버립니다.

마찬가지로 이사야 당시 북쪽 이스라엘과 남쪽 유다는 아주 덩치가 크고 나름대로는 세상적으로 성공한 하나님의 백성인 것 같았습니다. 그러나 이제 하나님께서 그분의 백성을 순금으로 만들 때가 되었습니다. 하나님께서는 앗수르라는 불방망이를 사용하셔서 이스라엘과 유다를 사정없이 깨부수고 녹이심으로 진정으로 하나님을 믿는 자들만 남기셨습니다.

이사야 당시에 유다 백성이나 다른 나라 백성들의 가장 큰 관심사는 과연 앗수르가 어느 정도로 다른 나라를 괴롭히고 정복할 것인가 하는 부분이었습니다. 그런데 하나님께서는 이사야 선지자를 통해 유다 백성에게 앗수르의 의도에 대해 신경 쓸 필요 없다고 말씀하셨습니다. 왜냐하면 앗수르는 하나님의 손에 붙잡힌 몽둥이였기 때문입니다. 즉, 이스라엘이나 유다가 거대한 대리석 덩어리라면 하나님께서는 앗수르를 망치와 끌로 삼으셔서 하나님의 백성을 조각하기 시작하셨던 것입니다. 하나님은 원하시지 않는 부분은 다 버리시고 오직 하나님의 마음에 맞는 부분만 남기셨습니다. 그래서 성경 본문에서 아주 중요한 것은 '이스라엘의 남은 자'이고, 이 남은 자를 만드는 데 앗수르가 사용되었습니다. 결국은 아무리 많은 이스라엘 백성이 있고 아무리 많은 나무가 있고 아무리 큰 대리석 덩어리가 있어도 하나님의 뜻대로 만들어진 것만 남게 되는 것입니다.

1. 하나님의 불 시험

원래 목수나 기술자에게는 자기가 가장 좋아하는 도구가 있습니다. 그래서 가장 아끼는 도구는 다른 사람에게 함부로 빌려주지 않습니다. 그런데 아무리 훌륭한 기술자라도 남의 도구를 사용하면 실수도 하고 자기 손이나 다리를 다치게도 합니다. 원래 하나님께서는 자신의 종들을 수십 년에 걸쳐 연단하셔서 사용하시는데, 모세나 사도 바울 같은 사람은 워낙 하나님의 손에 딱 맞는 도구였기 때문에 하나님께서 마음대로 쓰셔도 실수나 오차가 없었습니다. 하지만 하나님께서 전혀 길들이지 않으셨던 앗수르를 도구로 쓰시려니 부작용이 많이 나타났습니다.

:15절: "도끼가 어찌 찍는 자에게 스스로 자랑하겠으며 톱이 어찌 켜는 자에게 스스로 큰 체하겠느냐. 이는 막대기가 자기를 드는 자를 움직이려 하며 몽둥이가 나무 아닌 사람을 들려 함과 같음이로다."

숲에 있는 큰 나무로 집을 지으려면, 일단 톱으로 나무를 자르고 다시 도끼나 끌로 패고 다듬어야 합니다. 그리고 이렇게 잘라 놓은 나무는 밑에 막대기를 끼워서 들고 이동시켜야 합니다. 그런데 하나님께서 전혀 하나님의 말씀으로 훈련받지 않은 앗수르 왕이나 군대를 사용해서 일하시니까 사고가 많이 일어났습니다. 즉, 도끼가 나무만 잘라야 하는데 사람을 다치게도 하고, 톱은 나무만 베어야 하는데 사람을 베기도 했습니다. 그런데 하나님께서 이런 악한 도구를 사용하신 이유는 너무 버릴 것이 많아서 좋은 도구를 쓸 수 없었기 때문입니다. 원래 아무리 뛰어난 조각가라 해도 큰 나무나 대리석을 떼어내는 일은 자신이 직접 하지 않고 벌목하는 사람이나 채석장의 인부를 시키기 때문에 사고가 생길 수 있습니다. 이런 사고가 생기는 것까지는 어쩔 수 없지만, 문제는 채석장 인부가 조각까지 하려고 하고 벌목하는 사람이 집까지 지으려고 하는 데 있습니다. 다시 말해서, 앗수르 왕이나 군대가 이 세상에서 썩을 대로 썩어 쓸모없는 나라를 심판하는 도구로 사용되는 것은 상관없지만, 이들이 하나님의 백성까지 심판하려고 하는 것은 하나님이 하시는 일을 넘보는 것입니다.

예수님께서도 제자들에게 다른 사람을 비판하지 말라고 하시면서, 자기 눈에 들보가 있는 사람이 어떻게 다른 사람의 눈에 있는 티를 빼내겠느냐고 말씀하셨습니다(마 7:3). 마찬가지로 하나님의 백성을 연단하고 다듬는 것은 아주 고차원적인 일이기 때문에 마치 눈에서 티를 빼내는 것처럼 섬세하고 예민한 일입니다. 그런데 하나님께서 앗수르 왕이나 군대처럼 힘깨나 쓰는 사람들에게 권세를 주었더니, 그들은 자신들이 하나님이나 되는 것처럼 하나님의 백성을 마구잡이로 심판하려고 했던 것입니다. 그래서 하나님께서는 앗수르를 오래 사용하지 않으시고 버리시기로 작정하셨습니다.

:16절: "그러므로 주 만군의 여호와께서 살진 자를 파리하게 하시며 그의 영화 아래에 불이 붙는 것 같이 맹렬히 타게 하실 것이라."

하나님께서 악한 자를 심판하시는 방법은 두 가지인데, 하나는 살찐 자가 점점 말라서 나중에는 완전히 피골만 남아 죽는 것이고, 다른 하나는 한창 잘 나갈 때 한 번에 전부 태워 버리는 것입니다. 예를 들어, 어떤 분은 오래도록 병을 앓다 돌아가시는가 하면, 어떤 분은 멀쩡한 것 같았는데 하루아침에 갑자기 돌아가시기도 합니다. 중요한 것은 어떻게 돌아가시느냐가 아니라 그분 안에 믿음이 있느냐 하는 것입니다. 왜냐하면 이 세상에서 인간이 당하는 고통이나 환난이나 죽음은 모두 다 하나님께서 허락하신 연단인데, 결국 믿음이 있는 사람은 정금으로 남게 되지만 그 속에 믿음이 없는 사람은 모두 홀랑 타 버리고 남는 것이 없게 되기 때문입니다.

하나님은 이 모든 시험의 불은 이스라엘의 하나님으로부터 시작된다고 말씀하십니다.

:17-18절: "이스라엘의 빛은 불이 되고 그의 거룩하신 이는 불꽃이 되실 것이니라. 하루 사이에 그의 가시와 찔레가 소멸되며 그의 숲과 기름진 밭의 영광이 전부 소멸되리니 병자가 점점 쇠약하여 감 같을 것이라."

원래 이스라엘 백성의 성전에는 빛이 있었습니다. 그 빛은 하나님의 영광이고 하나님의 말씀이었습니다. 사람들은 이 세상의 성공이나 지식이 너무 매력적이다 보니 하나님의 영광과 말씀을 아주 케케묵은 골동품으로 생각하게 되었습니다. 그런데 알고 보니 모든 심판은 하나님의 빛에서부터 시작하고, 모든 것은 하나님의 말씀대로 이루어졌습니다. 사람들은 하나님이 안 계시다고 생각하며 제멋대로 죄를 지었는데, 그것이 하나님 앞에서 쌓이다가 어느 선 이상이 되니까 갑자기 불꽃이 튀기 시작했습니다. 즉, 하나님의 심판의 말씀이 작동되기 시작한 것입니다. 예를 들면, 집에 있는 전기가 누전되면 과열되어 갑자기 스파크가 일면서 불이 나는 것과 같습니다.

그러면서 가장 먼저 타는 것은 그의 가시와 찔레였습니다. 가시와 찔레는 가시덤불로, 불이 아주 잘 붙는 것들입니다. 여기서의 가시와 찔레는 세상을 따라간 이스라엘 백성이었습니다. 이들은 하나님의 심판이 시작되자 가장 먼저 타 버리고 남는 것도 없었습니다. 그다음은 숲이었는데, 이것은 나무가 우거진 빽빽한 숲을 말합니다. 이 빽빽한 숲에는 불에 잘 타는 나무도 있고 잘 타지 않는 나무도 있습니다. 그중 불에 잘 타는 나무는 다 타 버렸습니다. 그리고 기름진 밭에도 불이 붙었는데, 밭에 있는 기름진 작물이며 나무며 모든 것이 타 버렸습니다.

본문은 여기서 두 가지 말씀을 하고 있습니다.

: 18절 하-19절 : "병자가 점점 쇠약하여 감 같을 것이라. 그의 숲에 남은 나무의 수가 희소하여 아이라도 능히 계수할 수 있으리라."

하나님께서 앗수르라는 몽둥이로 한번 때리시고 불을 붙이시자 북쪽 이스라엘은 거의 다 타 버려서 남은 것이 없었습니다. 그리고 남쪽 유다는 거의 병자처럼 피골이 상접한 상태로 남았는데, 예전에는 나무가 빽빽하던 숲이 이제는 아이가 셀 수 있을 정도로 적은 나무만 남게 되었습니다. 아이가 셀 수 있는 숫자라면 그야말로 몇 그루 남지 않은 상태일 것입니다.

이처럼 한때는 이스라엘이 부흥하고 유다가 성공하는 것처럼 보였는데, 하나님께서 불로 시험하시니 전부 타 버려서 남은 것은 너무도 적었습니다. 사실 불로 시험하면 적은 양만 남을 수밖에 없습니다. 금의 원석도 순금이 아닌 이상 불로 녹이면 전부 찌꺼기로 제거되므로 아주 적은 양의 순금만 남습니다. 하나님께서 우리에게 요구하시는 것은 세상의 화려한 성공이 아닙니다. 바로 하나님의 불에 살아남는 순금이 되는 것입니다. 우리가 이런 불 같은 시험을 넘어 순금이 될 수 있는 비결은 무엇일까요? 하나님께서는 우리에게 순수한 하나님의 말씀 외에는 아무것도 먹지 말 것을 말씀하십니다. 우리가 세상에서 조금 성공했다고 거들먹거리면 이미 상당량의 불순물이 들어와서 결국 불 시험을 당하고 남는 것이 거의 없게 됩니다. 그러므로 우리가 하나님 앞에서 인정받는 신자가 되려면 세상의 가치관과는 담을 쌓아야 합니다. 그리고 철저하게 자기 자랑이나 세상적인 성공을 피하면서 온힘을 다해 말씀을 먹어야 순금에 가까운 신앙이 될 수 있습니다.

최근에 교회가 많이 대형화되고 또 교인들이 거의 말씀과는 동떨어진 신앙생활을 하는 모습을 자주 보게 됩니다. 이때 하나님께서 심판의 스파크를 일으키시면 가시덤불 같은 신앙이나 기름진 나무들은 모두 타 버리고 남는 것이 없게 될 것입니다. 처음 신앙생활을 할 때부터 철저하게 하나님의 말씀을 먹고 연단도 제대로 받고 회개할 것들은 다 회개해야 살아남게 됩니다. 하나님께서 이스라엘과 유다를 시험해 보시니, 건강한 줄 알았던 이스라엘과 유다는 병자처럼 되어서 목숨만 유지하고 있었고, 빽빽하던 숲은 나무가 몇 그루 남지 않은 황량한 곳이 되어 버렸습니다.

2. 하나님의 남은 자

하나님께서는 앗수르라는 몽둥이와 불을 사용하시는 이유를 설명하셨습니다. 그것은 결국 이스라엘과 유다에서 '남은 자'를 골라내기 위함이었습니다.

:20절: "그 날에 이스라엘의 남은 자와 야곱 족속의 피난한 자들이 다시는 자기를 친 자를 의지하지 아니하고 이스라엘의 거룩하신 이 여호와를 진실하게 의지하리니"

이 말씀에 보면 드디어 '이스라엘의 남은 자'라는 말이 나옵니다. 원래 남은 자는 환난에서 살아남은 생존자를 말합니다. 예를 들면, 옛날에는 때때로 도둑떼나 적군이 갑자기 쳐들어와서 양식을 약탈하고 가축이나 사람을 잡아갔는데, 그때 요행히 잘 숨어서 살아남은 자가 남은 자가 되는 것입니다. 어른들은 숨지 못해서 모두 적의 칼에 찔려 죽고 아이만 마루 밑에 숨었다가 살아남기도 하고 혹은 동네 사람들은 다 죽었는데 혼자 나무하러 숲에 갔다가 난리를 피하여 살아남기도 했습니다. 그러나 하나님께서 말씀하시는 남은 자는, 이런 환난과 고통을 다 겪은 후에 정신을 차리고 하나님의 말씀을 믿고 하나님을 붙들게 된 자를 가리킵니다. 사실 우리가 평안할 때는 하나님의 말씀을 붙드는 자와 세상을 의지하는 자가 잘 구별되지 않습니다. 그리고 하나님의 말씀을 붙든다고 하면서도 실제로는 세상을 붙들고 살 때가 많습니다. 그런데 어느 날 무시무시한 불 시험이 닥쳐와 많은 사람이 죽거나 없어지는 상황에서 어떤 사람들은 불 시험의 의미를 깨닫고 사력을 다해 하나님의 말씀을 붙들고 믿게 됩니다. 이것은 마치 금이 있는 원석을 부수어서 불에 녹였을 때 결국 순금이 남는 것과 같습니다.

하나님께서 이스라엘과 유다를 앗수르라는 불로 연단하셨을 때 많은 사람이 죽고 포로로 끌려갔는데, 그중에 철저하게 하나님의 말씀을 믿는 사람들이 생겨났습니다. 하나님께서는 그 사람들을 '남은 자'라고 말씀하시는 것입니다. 이 사람들은 다시는 자기를 친 자를 의뢰하지 않고 이스라엘의 거룩하신 자 여호와를 진실하게 의뢰할 것이라고 했습니다. 이 사람들이 자기를 친 앗수르를 의뢰했던 것은 이 세상을 다스리는 존재가 누구인지를 제대로 알지 못했기 때문입니다. 결국 이 사람들도 신앙을 연단받기 전에는 세상 정치를 의지하고 사람을 의지했습니다. 그러나 이들은 한때 그렇게 믿었던 앗수르에게 철저하게 배신당하고 난 후 오직 하나님의 말씀만 믿게 되었습니다.

: 21절 : "남은 자 곧 야곱의 남은 자가 능하신 하나님께로 돌아올 것이라."

이 사람들은 자기들이 하나님을 떠난 줄 알지 못했습니다. 왜냐하면 그들은 한 번도 이스라엘을 떠난 적이 없고, 늘 예배를 드렸기 때문입니다. 그러나 이들이 정신을 차리고 보니 자기들의 마음이 하나님을 멀리 떠났다는 사실을 알게 되었습니다. 그리고 그들과 하나님 사이에 얼마나 많은 장벽이 있고 얼마나 많은 쓰레기가 쌓여 있는지 알게 되었습니다.

원래 하나님의 백성과 하나님의 사이가 아무 장애물 없이 바른 관계라면 언제나 부흥이 일어나고 기도 응답과 복이 임하게 되어 있습니다. 그러나 인간이 교만해서 하나님의 말씀을 집어치우고 그 자리에 세상 자랑과 세상의 방법을 갖다 놓으면 자기도 모르게 하나님과 멀어지게 됩니다. 그러면 하나님의 복은 중간에 다 새 버리고 쓸데없는 가시덤불 같은 자랑만 가득 차게 됩니다. 그러나 하나님의 백성이 하나님의 말씀을 들으면 자신이 얼마나 하나님의 복에서 멀리 벗어났으며, 얼마나 마귀에게 속고 있었고, 하나님의 능력 아닌 것을 붙들고 마귀에게 종노릇했는지를 깨닫고 울게 됩니다. 하나님의 백성이 하나님께 돌아오려면 그동안 자랑하던 것들, 세상의 성공이나 자랑, 불필요한 관습이나 제도들을 다 버리고 완전 밑바닥에서 하나님의 말씀 하나 붙들고 다시 시작해야 합니다. 그때 하나님은 그분의 백성에게 다시 부흥의 불을 붙여 주십니다.

:22절: "이스라엘이여 네 백성이 바다의 모래 같을지라도 남은 자만 돌아오리니 넘치는 공의로 파멸이 작정되었음이라."

여기서 우리는 하나님께서 외모를 보시지 않고 중심을 보시는 분이심을 알아야 합니다. 하나님께서 앗수르를 치시기 전까지만 해도 이스라엘은 아주 좋은 나라였고 발전하는 나라였으며, 유다도 열심히 이스라엘을 따라 발전하고 있었습니다. 그러나 하나님은 아무리 이스라엘 백성의 수가 바다의 모래처럼 많아도 정금이 아닌 자는 없어진다고 말씀하셨습니다. 그래서 실제로 나타난 결과는, 이스라엘은 전부 타서 나라 자체가 없어져 버리고 유다는 거의 피골이 상접한 환자로 남게 된 것입니다.

여기 본문에서는 '넘치는 공의'라고 했습니다. 즉, 지금까지는 하나님께서 공의를 한꺼번에 적용하지 않으시고 얼마간 미루셨기 때문에 대부분의 비리는 숨어 있었습니다. 그러다가 하나님께서 이스라엘과 유다의 모든 비리를 다 캐내시자 결국 이스라엘은 나라 자체가 훼멸되어 버렸습니다. 왜냐하면 나라 전체가 부정으로 세워졌기 때문입니다. 그리고 이스라엘을 따라갔던 유다도 치명적인 손상을 입고 겨우 예루살렘만 남은 처지가 되었습니다.

:23절: "이미 작정된 파멸을 주 만군의 여호와께서 온 세계 중에 끝까지 행하시리라."

하나님은 기왕 앗수르를 불방망이로 쓰시기로 작정하셨기 때문에 일차적으로 전 세계를 시험하겠다고 하셨습니다. 그래서 앗수르의 공격 앞에서 대부분의 나라가 멸망하게 됩니다. 그 이유는 그들이 모두 찌꺼기 같은 세상 영광을 붙들고 있었기 때문입니다. 결국 앗수르의 공격 앞에 살아남은 것은 예루살렘 정도였습니다.

3. 앗수르를 두려워하지 말라

이사야 당시 전 세계에서 가장 무서운 나라는 앗수르였습니다. 아마 당시에 앗수르가 쳐들어온다고 하면 모든 사람이 두려워서 떨었을 것입니다. 그러나 하나님은 유다 백성에게 앗수르를 두려워하지 말라고 하셨습니다. 앗수르는 하나님께서 쓰시는 몽둥이에 불과했기 때문입니다.

:24절: "그러므로 주 만군의 여호와께서 이르시되 시온에 거주하는 내 백성들아 앗수르가 애굽이 한 것처럼 막대기로 너를 때리며 몽둥이를 들어 너를 칠지라도 그를 두려워하지 말라."

앗수르는 당시에 온 세상을 두들겨 패는 몽둥이였는데, 그것도 그냥 몽둥이가 아니라 불이 붙은 몽둥이여서 모든 나무나 풀을 다 태워 버렸습니다. 그러나 하나님께서는 유다 백성에게 앗수르를 무서워하지 말라고 말씀하십니다. 더욱이 하나님은 앗수르가 옛날 애굽과 같이 너희를 때리며 몽둥이로 치더라도 두려워하지 말라고 하셨습니다. 왜냐하면 유다 백성은 서 있는 위치가 다르기 때문입니다. 지금 유다 백성이 서 있는 곳은 시온이고 하나님께서 계신 곳입니다. 하나님께서는 아무리 앗수르가 불이 붙은 몽둥이라 하더라도 결국 몽둥이 자체를 불로 태워 없애실 것입니다. 옛날 이스라엘 백성이 애굽의 노예였을 때, 애굽은 이스라엘 백성을 멸망시키려고 마치 풀무불로 연단하듯이 못살게 굴었습니다. 그러나 하나님께서는 모세를 통해 열 가지 재앙으로 애굽 왕 바로를 KO시키시고 당당하게 이스라엘 백성을 이끌어 내셨습니다.

: 25절 : "내가 오래지 아니하여 네게는 분을 그치고 그들은 내 진노로 멸하리라 하시도다."

머지않아서 하나님의 진노의 불은 유다 백성에게 붙다가 금방 앗수르로 옮겨붙게 될 것입니다. 아무도 이 말씀을 믿지 않았습니다. 그러나 실제로 예루살렘을 포위해서 멸망시키려던 앗수르 군대는 하룻밤 사이에 18만5천 명이 멸망하고 말았습니다.

하나님은 과거 이스라엘 백성을 위기에서 건지신 두 가지 예를 들어서 말씀하셨습니다.

: 26절 : "만군의 여호와께서 채찍을 들어 그를 치시되 오렙 바위에서 미디안을 쳐 죽이신 것 같이 하실 것이며 막대기를 드시되 바다를 향하여 애굽에서 하신 것 같이 하실 것이라."

하나님께서 채찍을 들어 원수를 치신다는 것은 원수를 마치 짐승을 다루듯이 때려서 쫓아내신다는 뜻입니다. 예를 들어, 사람이 사는 동네에 곰이나 멧돼지 같은 맹수가 들어오면 사람들이 막대기나 몽둥이를 들어서 쫓아낼 것입니다. 그러나 아프리카에서는 사자나 표범 같은 경우 워낙 빠르니까 채찍을 휘둘러서 소리를 내어 쫓아 버리기도 합니다. 기드온 시대에 이스라엘 백성이 하나님 앞에 목숨 걸고 충성했을 때, 하나님은 단 삼백 명으로 십만 명이 넘는 미디안 군사를 오렙 바위에서 죽이셨습니다. 모세 당시에도 바로와 그 군병들이 병거를 이끌고 추격해 왔을 때 하나님은 막대기(지팡이)를 가지고 바다를 갈라서 이스라엘 백성을 건져 내셨습니다.

그런데 하나님은 또다시 앗수르에 대하여 위대한 일을 행하겠다고 말씀하셨습니다. 그러나 유다 백성 중에서 이 말을 믿는 사람은 아무도 없었고, 오히려 앗수르를 의지하려고 했습니다.

: 27절 : "그 날에 그의 무거운 짐이 네 어깨에서 떠나고 그의 멍에가 네 목에서 벗어지되 기름진 까닭에 멍에가 부러지리라."

유다 백성에게는 앗수르나 이스라엘이나 아람이 모두 무거운 짐이었습니다. 유다 백성은 그들에게 조공을 바치느라 무거운 짐을 지고 있었습니다. 그런데 하나님께서 한번 손을 움직이시니까 앗수르라는 몽둥이는 부러지고 모든 유다 백성의 목과 어깨에서 멍에가 벗겨져서 자유를 얻게 되었습니다. 여기에서 어려운 말이 하나 있는데 '기름진 까닭에 멍에가 부러지리라'는 말입니다. 어떤 학자는 '기름진 까닭'을 지명으로 보아서 '베네에 림몬'에서 멍에가 부러진다고 해석하는데 '베네에 림몬'이 어디를 말하는지 알 수 없습니다. 또 다른 학자는 '기름진 까닭'을 '기름 받은 사람 때문에'로 해석합니다. 즉, 유다에 기름 부음을 받은 종이 있어서 그 사람의 기도와 믿음 때문에 앗수르가 부러진다고 보는 것입니다. 이것이 좋은 해석인 것 같습니다. 하나님의 기름 부음 받은 종이 목숨 걸고 기도하면 하나님은 그 기도를 들어 주시는 것입니다.

그리고 이 뒤에 나오는 지명은 대개 앗수르 군대가 예루살렘으로 쳐들어오는 지명을 말합니다. 아직 히스기야가 왕이 되기도 전에 이미 하나님은 이사야를 통해서 앗수르 군대가 예루살렘으로 쳐들어오는 경로를 예언하셨습니다.

: 28-32절 : "그가 아얏에 이르러 미그론을 지나 믹마스에 그의 장비를 두고 산을 넘어 게바에서 유숙하매 라마는 떨고 사울의 기브아는 도망하도다. 딸 갈림아 큰 소리로 외칠지어다. 라이사야 자세히 들을지어다. 가련하다 너 아나돗이여. 맛메나는 피난하며 게빔 주민은 도망하도다. 아직 이 날에 그가 놉에서 쉬고 딸 시온 산 곧 예루살렘 산을 향하여 그 손을 흔들리로다."

앗수르 왕이 아얏, 즉 아이 성 쪽에서 예루살렘으로 쳐들어오는 모습입니다. 앗수르 왕은 믹마스에 본부를 설치하고 거기에서 기다리는데, 선발부대는 고개를 넘어서 게바에 또 진을 칩니다. 그때 라마는 떨고 기브아 사람들은 놀라서 도망칩니다. 이때 갈림은 큰 소리로 외치고 라이사는 자세히 듣게 됩니다. 그런데 그 소리는 예루살렘이 불쌍하다는 것이 아니고 아나돗이 가련하다는 소리였습니다. 여기서 아나돗은 블레셋 땅을 말합니다. 이때 예루살렘 주위에 있는 맛메나 사람이나 게빔 사람은 도망칩니다. 그리고 앗수르 부대는 놉에서 하루 쉬고 딸 시온 예루살렘까지 와서 손을 흔들게 됩니다.

여기서 궁금한 것은 왜 앗수르 군대가 딸 시온에게 손을 흔들까요? 어떤 사람은 드디어 예루살렘까지 다 왔기 때문에 공격하는 신호라고 해석합니다. 어떤 사람은 이제 드디어 예루살렘을 공격하겠지만 반갑다는 신호라고 합니다. 그러나 제가 생각하기에는 '안녕'이라는 뜻으로 손을 흔드는 것 같습니다. 왜냐하면 앗수르 군대는 결국 예루살렘을 치지 못하고 작별해야 하기 때문입니다.

하나님께서는 앗수르를 통해 두 가지 일을 하십니다.

:33-34절: "보라 주 만군의 여호와께서 혁혁한 위력으로 그 가지를 꺾으시리니 그 장대한 자가 찍힐 것이요 그 높은 자가 낮아질 것이며 쇠로 그 빽빽한 숲을 베시리니 레바논이 권능 있는 자에게 베임을 당하리라."

우선 하나님께서는 그 엄청난 힘으로 큰 나무들의 가지를 다 꺾으신다고 하셨습니다. 그런데 가지를 꺾으시는 것은 시작에 불과하고 장대한 자들도 다 꺾으십니다. 그리고 하나님은 레바논의 빽빽한 나무를 전부 다 베어 버리십니다. 여기서 우리가 알 수 있는 것은 실제로 앗수르 군대는 전쟁을 하면서 레바논의 숲을 거의 다 베어 버린 것입니다. 앗수르 군대는 이것을 통해 아람과 이스라엘과 유다의 부자나 높은 자를 전부 다 잘라 버렸습니다. 즉, 하나님께서는 앗수르를 통해서 교만한 자들을 다 치신 것입니다. 그러고 난 후 하나님은 앗수르까지 꺾어 버리셨습니다. 그래서 결국 하나님의 말씀만 붙들고 결사적으로 하나님만 의지하는 자들이 남게 되는 것입니다.

비유하건대, 하나님은 이 세상에 있는 악한 자나 성공한 사람을 모두 나무로 보십니다. 이때 하나님의 불이 세상을 태우면 부자나 지식 있는 자나 악한 자나 모두 다 타는데, 결국 하나님의 말씀을 믿는 정금 같은 사람만 남습니다.

하지만 하나님의 기름 부음을 받은 자, 즉 성령의 불과 부흥의 불만 있으면 얼마든지 앗수르의 불, 전쟁의 불, 사탄의 불을 이길 수 있습니다. 우리가 이 세상에서 아무리 돈을 벌고 성공한다 해도 이 무서운 전쟁의 불이 붙으면 아무 소용이 없습니다. 세상에서 손해를 좀 보더라도 미리 하나님의 말씀을 붙들어서 기드온과 모세와 같이 악의 세력을 물리치는 성도들이 다 되시기를 바랍니다.

19

메시아 시대

이사야 11:1-16

우리 몸에는 손톱이나 머리털이나 피부같이 손상을 입어도 다시 재생되는 것이 있는가 하면 뇌, 척추와 같이 한번 손상 입으면 다시 재생되지 않는 기관들도 있습니다. 이런 기관들이 손상을 입으면 죽을 때까지 장애를 가지고 살아야 합니다. 그런데 만일 의료진이 환자의 병을 치료할 수 있는 줄기세포 개발에 성공한다면 척추 장애나 파킨슨씨병 또는 알츠하이머병 등 난치병을 치료할 수 있을 것이고, 이것은 인류 의학 역사에서 엄청난 발전이 아닐 수 없을 것입니다. 그러나 줄기세포를 연구하는 학자의 말에 따르면 우리가 살아 있는 동안에는 이런 줄기세포의 개발은 불가능하다고 합니다.

그런데 본문 말씀은 인류 역사상 인간이 도저히 생각할 수 없었던 엄청난 발전이 우리 인간에게 일어날 것이라고 말씀하십니다. 그것은 인간의 줄기세포가 아니라 하나님의 줄기세포가 개발되는 것인데, 인간이 이 세포를 이식받으면 인간에게 가장 치명적이던 장애가 치료됩니다. 바로 인간이 하나님에 대한 엄청난 지식을 가지게 되는 것입니다. 우리 인간에게 가장 치명적인 것은 신체적인 장애나 낮은 학력이 아니라, 하나님에 대한 완전한 무지였습니다. 모든 인간은 하나님에 대한 지식에 있어서 백치였습니다. 그러나 하나님의 줄기세포는 식물인간인 우리를 깨어나게 해서 하나님을 알게 하는데, 인간의 본성까지 완전히 치료해 줍니다. 이것이야말로 인간에게 일어나는 최고의 발전이고 축복입니다.

사실 최근 들어 현대 의학이 눈부시게 발전해서, 과거에는 죽을 수밖에 없었던 많은 사람을 살게 했습니다. 특히 많은 약이 개발되고 또 심장 이식이나 간 이식 같은 많은 수술법이 성공해서 사람들을 치료했습니다. 그러나 아직도 인간에게는 고치지 못하는 병이 많습니다. 이러한 인간에게 있어서 최고의 발전은 하나님을 아는 데 엄청난 변화가 생긴 것입니다.

1. 하나님의 한 줄기세포

하나님께서는 앞으로 우리 인간을 위해서 엄청난 일을 한 가지 하시겠다고 말씀하셨습니다. 인간의 치명적인 불행을 치료하기 위해 하나님께서 하나의 줄기세포를 만드신다는 것입니다.

이사야 당시 유다는 식물로 치면 거의 말라 죽은 나무나 마찬가지일 정도로 피폐해 있었습니다. 아마 유다 백성 스스로나 다른 나라 사람이 보기에도 이 정도로 나라가 피폐하면 다시 일어서기는 어렵다고 생각했을 것입니다. 그런데 하나님은 거의 죽다시피 한 다윗의 뿌리에서 한 줄기가 올라올 것이라고 약속하셨습니다.

:1절: "이새의 줄기에서 한 싹이 나며 그 뿌리에서 한 가지가 나서 결실할 것이요"

여기서 '이새의 줄기'라고 했는데, 이새는 다윗의 아버지 이름입니다. 다윗이 어린 시절 아버지 이새의 밑에 있을 때, 다윗의 집은 가난했고 유다에서 정말 별 볼 일 없는 집이었습니다. 그래서 이스라엘 백성 중 누구도 이 이새의 집에서 이스라엘의 왕이 나오리라고 생각하지 못했습니다. 이러한 이새의 아들 중에서 다윗이 왕이 될 수 있었던 것은 이새의 혈통이 뛰어났기 때문이 아니라 전혀 새로운 능력이 들어왔기 때문입니다. 그것은 바로 하나님의 말씀의 능력이었습니다. 특히 다윗은 아무도 알아주지 않는 목동이었지만 하나님의 말씀을 사랑했습니다. 그냥 좋아한 정도가 아니라 거의 미치도록 하나님의 말씀을 사모했습니다. 그랬더니 참으로 놀라운 일이 일어났습니다. 보잘것없는 다윗의 마음에 하나님의 능력이 들어가기 시작한 것입니다. 그 후 다윗을 통해서 기적이 일어나고 부흥이 시작되었습니다. 그리고 하나님께서 다윗을 이스라엘의 왕으로 세우시자 그 부흥이 더 커지면서 이스라엘 전체에 부흥이 일어났습니다. 그런데 하나님께서는 앞으로 다윗과 비교도 할 수 없는 하나님의 한 줄기를 보내 주실 것이라고 약속하셨습니다.

본문을 보면 다윗이 아니라 '이새의 줄기에서 한 싹이 나며 그 뿌리에서 한 가지가 나서 결실할 것이요'라고 했습니다. 이새는 다윗이 이스라엘의 왕이 되기 전 무식하고 가난하던 시절의 그의 아버지 이름입니다. 그런데 여기에 하나님의 말씀이 접붙여지자 새로운 싹이 나오게 되었습니다. 물론 이 싹은 처음에는 연약해서 사울로부터 많은 어려움을 당했지만, 나중에는 굉장히 강한 나무로 자라게 되었습니다. 그런데 두 번째는 '뿌리에서 한 가지가 난다'고 했습니다. 나무의 밑동이 잘리면 나무뿌리는 아예 사람들의 눈에 보이지도 않는데 거기에서 한 가지가 나온다는 것입니다. 더욱 놀라운 것은 그 가지가 열매까지 맺게 되는 것입니다. 여기서 열매 맺는다는 것은 하나님의 말씀이 현실 속에서 어떤 결과로 나타나는 것을 말합니다.

하나님의 백성의 놀라운 점은 그들이 인간적으로 아무리 보잘것없고 실패해서 인생 밑바닥에 있다 하더라도 하나님의 능력이 공급되기만 하면 거기서 다시 일어선다는 사실입니다. 그런데 인생 밑바닥에 있는 하나님의 백성에게 하나님의 새 능력을 공급해 주는 것이 바로 하나님의 말씀입니다.

본문에서 '이새의 줄기에서 한 싹이 난다'는 것은 옛날 다윗 같은 왕이 다시 태어난다는 의미도 있지만, 사실은 그것보다 훨씬 더 엄청난 것을 예언하고 있습니다. 물론 하나님께서는 이사야 때에 침체된 유다에 히스기야 같은 왕이 나게 하셔서 다시 부흥이 일어나게 하십니다. 그러나 이제는 옛날 다윗 왕과 같은 인물이 아니라, 인간은 비교도 할 수 없는 새로운 줄기를 보내실 것입니다. 우리가 이것을 알 수 있는 이유는, 이 새로운 줄기 이후로 나타나는 현상은 옛날 다윗 시대나 히스기야 시대에 일어났던 부흥과는 비교도 할 수 없는 놀라운 일들이기 때문입니다. 이것은 마침내 하나님의 아들을 이 세상에 연약한 줄기로 태어나게 하셔서 우리 인류의 치명적인 죄 문제를 해결하실 것을 말씀하시는 것입니다.

본문을 보면 장차 하나님께서 이 세상에 보내실 메시아의 두 가지 특징이 나옵니다.

먼저, 그는 인간적으로 연약한 몸으로 태어나실 것입니다. 대개 추운 겨울이 지나고 봄에 새로 나는 '싹'은 아주 연약한 것이 특징입니다. 그래서 이렇게 연약한 싹은 사람들이 손으로 뜯어 버리거나 발로 밟으면 쉽게 죽습니다. 원래 하나님의 메시아는 결코 연약한 분이 아니셨습니다. 메시아는 아주 강한 분이시고 천사들도 그 앞에서 벌벌 떨 수밖에 없는 전능하신 분이셨습니다. 그런데 그 강하고 전능하신 하나님의 아들이 인간을 위해 가장 연약한 싹으로 이 세상에 오시는 것입니다.

하나님의 아들이 연약한 인간으로 이 세상에 오시는 이유는 자신을 우리에게 만능 줄기세포로 주시기 위함입니다. 그래서 예수님은 제자들에게 "인자가 온 것은 섬김을 받으려 함이 아니라 도리어 섬기려 하고 자기 목숨을 많은 사람의 대속물로 주려 함이니라"(마 20:28)고 말씀하셨습니다.

요즘 사회에서는 장기 기증 문화가 확산되어서, 장기 이식 수술을 통해 많은 환자를 살립니다. 특히 젊은 나이에 뇌사 상태에 있다가 장기 기증을 하면 그의 몸으로 많은 사람을 살릴 수 있습니다. 예를 들어, 안구는 보지 못하는 사람에게 이식하고, 심장이나 간이나 콩팥 등도 필요한 사람에게 이식할 수 있는 것입니다. 아직 우리 기술로는 장기 하나를 한 사람에게만 이식할 수 있습니다. 하지만 하나님의 아들은 전능하시므로, 그분 한 분의 죽음으로 고침 받으러 나오는 모든 자를 다 살릴 수 있습니다.

그런데 아무리 하나님의 아들이라도 인간을 살리려면 자신이 인간의 몸으로 이 세상에 와야 하고 또 반드시 죽어야만 했습니다. 그러므로 예수님의 십자가는 죄인 된 우리 몸이 예수님과 교환되는 장소입니다. 즉, 십자가를 통해서 우리의 모든 죄와 불의는 예수님에게 넘어가고, 예수님의 모든 의와 깨끗함은 우리에게 넘어오게 됩니다. 우리가 예수님을 믿는 것은 단순히 어떤 신념을 받아들이는 것이 아니고, 하나님의 아들의 줄기세포를 우리에게 이식시키는 것입니다. 아무리 건강한 사람이라도 심장 이식 수술을 하고 난 후에는 상당 기간 적응하고 회복하기 위해 조심해야 합니다. 마찬가지로 우리가 예수 믿고 난 후에는 아무리 하나님의 세포가 내 안에 이식되었어도 이것이 충분히 적응되고 능력으로 나타나는 데는 상당한 시간이 필요합니다.

인간적으로 보면 예수님은 정말 연약한 싹으로 오셨습니다. 예수님은 강한 장군이나 정치인도 아니셨고, 세상의 엄청난 가문이나 지식으로 무장된 분도 아니셨습니다. 그때 예수님은 아예 말라비틀어져서 죽은 것 같은 이새의 줄기에서 싹으로 나셨고, 이미 밑동이 잘려서 죽은 나무인 다윗 왕가의 뿌리에서 한 가지로 나셨습니다.

그런데 하나님께서 보내신 메시아에게는 이런 인간적인 측면 외에 또 하나의 특징이 있었습니다. 그것은 바로 그의 내면적인 모습, 그의 신적인 능력이었습니다.

:2절: "그의 위에 여호와의 영 곧 지혜와 총명의 영이요 모략과 재능의 영이요 지식과 여호와를 경외하는 영이 강림하시리니"

메시아는 겉으로 보기에는 정말 연약한 인간이었고 내세울 만한 것이 없는 분이셨지만 속사람은 완전히 달랐습니다. 예수님의 내면은 완전히 하나님의 신성으로 충만했습니다. 예수님은 이 세상에 오실 때 자기 안에 하나님의 모든 신성과 능력과 지혜를 다 담아 오셨습니다. 예수님은 이 땅 위를 걸어 다니시는 하나님이셨습니다. 그래서 예수님은 자신에 대해 '움직이는 성전'이라고 말씀하셨습니다. 옛날 구약 시대의 성전은 겉은 양이나 염소 가죽으로 덮여 있었지만 그 안은 하나님의 영광과 능력이 충만했습니다. 마찬가지로 예수님은 겉으로는 인간의 육체를 입고 계셨지만, 그분의 인격은 하나님 자신이었습니다. 그래서 요한은 예수님에 대해 말하기를 "우리가 다 그의 충만한 데서 받으니 은혜 위에 은혜러라."(요 1:16)고 했습니다. 예수님은 겉으로 보면 영락없는 한 유대인 청년이었지만, 누구든지 예수님과 대화를 나누어 보면 내 모든 것을 알고 계시는 하나님이심을 알 수 있었습니다.

그런데 예수님께서 십자가 위에서 두 손이 못 박히시고 옆구리가 창에 찔려 운명하셨을 때, 성전 휘장이 위로부터 아래까지 찢어져 버렸습니다. 이것은 예수님의 육신이 찢어지면서 예수님 안에 있던 모든 은혜와 축복이 우리에게 다 쏟아져 내렸음을 나타냅니다. 예수님께서 우리에게 주신 것은 엄청난 것입니다. 예수님은 우리에게 조건 없는 죄 용서함을 주셨고, 특히 하나님을 아는 지식을 주셨습니다. 예수님은 우리 안에 있는 악한 본성을 바꾸어 주셨고, 무한정으로 성령을 받게 하셨는데, 성령님은 우리로 하여금 하나님의 깊은 진리를 통달하게 하셨습니다.

본문은 예수님 안에 있던 하나님의 신, 곧 성령님에 대하여 말씀하고 있습니다.

：2절： "그의 위에 여호와의 영 곧 지혜와 총명의 영이요 모략과 재능의 영이요 지식과 여호와를 경외하는 영이 강림하시리니"

이사야 선지자는 하나님의 성령에 대하여 정말 놀랍게 설명하고 있습니다. 그런데 우리 인간에게 가장 치명적인 문제는 하나님에 대하여 전혀 알지 못한다는 것입니다. 인간은 죄에 빠짐으로 하나님에 대하여는 완전히 백치가 되고 말았습니다. 그러므로 성령께서 우리 안에서 가장 먼저 하시는 일은 하나님을 알고 믿게 하는 것입니다. 인간의 힘으로는 아무리 하나님을 믿으려고 해도 믿을 수가 없습니다. 하지만 성령께서 우리의 고장 난 지각을 고쳐서 하나님을 믿게 하시면, 우리는 지금까지 살아온 모든 것이 다 하나님 앞에서 죄라는 사실을 알게 됩니다. 내가 지금까지 살아오면서 사람들에게 못된 짓도 하고 나쁜 말도 했지만, 가장 무서운 죄는 피조물인 내가 창조주 하나님을 인정하지 않고, 내가 신인 것처럼 내 마음대로 산 것이라는 사실을 깨닫는 것입니다. 성령님은 우리에게 하나님의 진리와 하나님께서 주시는 복에 대하여 하나씩 하나씩 깨닫게 하십니다.

이처럼 하나님의 줄기세포를 우리에게 주시는 것은, 하나님의 신을 우리 안에 보내셔서 하나님을 알게 하시기 위함입니다. 성령님은 '지혜와 총명의 영'입니다. 우리는 어떤 사람이 정신을 잃었다가 되찾으면 '총기가 돌아왔다'고 말합니다. 성령님은 우리로 하여금 하나님을 알게 하시고 또 총기가 돌아오게 하시는데, 무감각했던 우리가 아주 아름다운 감정을 가진 자로 살아나게 됩니다.

우리가 이 세상을 살아가려면 많은 도전을 이겨야 합니다. 예를 들어, 아이들은 힘이 센 친구들과도 잘 지내야 하고 어려운 시험에도 합격해야 하고 나쁜 친구들과의 싸움에서도 이겨야 합니다. 그래서 성령님께서 우리에게 이 세상을 살아갈 지혜를 주시는데, 그것이 재능과 모략입니다. 특히 '모략'은 '전략' 또는 '작전'이라는 의미를 가지고 있습니다. 또 우리가 이 세상에 살면서 필요한 많은 지식과 기술이 여기서 말하는 '재능'입니다. 성령님은 우리가 이 세상을 살아가는 데 필요한 모든 힘과 지식과 재능을 주십니다.

우리가 지속적으로 하나님의 복을 받으려면 결국 우리 안을 하나님의 진리로 채워야 하고 하나님께 예배하는 가운데 불이 붙어야 합니다. 그래서 성령님은 '지식과 여호와를 경외하는 영'이십니다. 하나님은 우리에게 어마어마한 진리를 부어 주셔서 우리를 보석같이 되게 하시고 여호와를 경외하게 하십니다. 우리는 예배에서 하나님과 하나가 되며, 하나님의 사랑과 복을 독차지하게 됩니다. 이것이 하나님께서 우리 인간에게 주시는 최고의 큰 복이며 가장 놀라운 일입니다. 결국 우리 안에 하나님의 성령이 오시면, 우리는 옛날의 우리 자신과는 전혀 다른 사람이 될 것입니다.

2. 완전히 새로운 세상이 오게 됨

하나님의 메시아는 자신을 완전히 우리에게 주심으로 우리의 고장 나고 병든 전 존재를 다시 새롭게 하십니다. 예를 들면, 어떤 자동차가 여러 군데 고장 나서 쓸 수 없게 되었을 때 자동차 회사가 안에 있는 엔진이나 부속품을 통째로 새것으로 갈아 주는 것과 같습니다. 그러면 이 자동차는 겉으로 보기에는 오래된 자동차 같지만 실제 성능은 완전히 새것입니다. 그런데 하나님의 종은 우리만 바꾸는 것이 아니라 세상을 완전히 새롭게 바꾸십니다. 그래서 이 하나님의 종은 더 이상 사람을 외모로 보지 않습니다.

: 3절 : "그가 여호와를 경외함으로 즐거움을 삼을 것이며 그의 눈에 보이는 대로 심판하지 아니하며 그의 귀에 들리는 대로 판단하지 아니하며"

우선 하나님의 종이 우리를 대하시는 방식이 예전과는 완전히 다르십니다. 옛날 이스라엘 백성이 경험했던 가장 큰 어려움은 머리로는 하나님의 말씀을 순종하고자 하는데 인간이기 때문에 몸이 말을 듣지 않는 것이었습니다. 그래서 억지로 하나님의 말씀에 순종하려다 보니 어느 선까지는 순종하지만 그 뒤부터는 '모르겠다'는 식으로 자포자기하며 넘어지고 말았습니다. 예를 들면, 누구나 공부해야 한다는 사실은 알고 있습니다. 하지만 공부하기 싫어하는 아이를 억지로 가르치면 처음에는 조금 하는 것 같지만, 어느 정도가 지나면 서로 지쳐서 더 이상은 공부하지 못하게 됩니다. 마찬가지로 이스라엘 백성은 자신들이 복을 받고 능력 있게 살기 위해서는 하나님의 말씀에 순종해야 한다는 것을 너무 잘 알았습니다. 하지만 그들의 머리와 몸은 항상 따로 놀았습니다. 머리로는 하나님의 말씀에 순종해야 한다고 생각하지만, 몸은 죄에 길들어서 하나님의 말씀대로 살기를 싫어했던 것입니다. 그래서 이스라엘 백성은 좀 잘나가다 죄에 빠져 하나님의 심판을 받고, 어려워지면 회개하고, 그러다가 또 죄에 빠지는 일을 수도 없이 반복했습니다. 이것은 사실 우리도 마찬가지입니다. 예수님께서 말씀하신 것처럼 '마음은 원하지만 육신이 약한' 것입니다. 그러나 예수님께서 우리를 조금씩 바꾸어 주십니다. 그래서 우리가 정말 하나님을 사랑하게 되고 하나님의 말씀을 즐거워하게 되는 것입니다.

본문에 보면 하나님의 종이 '여호와를 경외함으로 즐거움을 삼을 것'이라고 했습니다. 하나님의 종은 하나님께 예배하고 하나님의 말씀을 순종하는 것이 너무나 즐거우셨습니다. 하나님의 종은 우리와 성품이 다르셨기 때문입니다. 하나님의 종은 세상보다는 하나님을 만나서 예배하고 말씀 듣는 것이 너무나 즐거우셨습니다.

그 하나님의 종, 즉 하나님의 아들은 우리에게도 그런 마음을 주십니다. 우리의 체질과 성품이 변하게 하셔서 세상의 시끄럽고 잔인하고 더러운 관계는 싫어지고, 이제는 정말 하나님을 찬송하고 예배하며 말씀 듣는 것을 좋아하게 만드시는 것입니다. 결국 우리의 체질이 변하고 성품이 변해야 하나님을 좋아하게 되지, 억지로 되지는 않습니다. 시편기자는 "하나님께 가까이함이 내게 복이라."(시 73:28)고 했습니다. 우리가 하나님을 좋아하고 가까이하는 이것이 복입니다.

또한 하나님의 종은 더 이상 우리를 겉모습으로 판단하지 않으십니다. 왜냐하면 하나님의 종은 인간이 아니시기 때문입니다. 인간은 다른 사람의 속을 알 수 없으므로 겉모습으로 판단할 수밖에 없습니다. 그래서 사람들은 좋은 옷을 입고 유식하며 높은 자리에 있는 사람을 보면 훌륭한 사람이라고 판단하기 쉽습니다.

그러나 사람을 그런 겉모습만으로 판단할 수는 없습니다. 그 이유는 대략 세 가지로 볼 수 있는데, 첫째로, 모든 인간에게 내재하는 광기 때문입니다. 모든 인간에게는 겉으로 보이는 점잖은 모습과 달리 어떤 충동이 들면 정욕이나 분노에 차서 날뛰는 짐승 같은 면이 있습니다. 사람은 이것 때문에 죄를 짓거나 살인을 하고 악한 행동을 하기도 합니다. 그런데 이것을 제일 많이 부채질하는 것이 술입니다. 사람은 술만 마시면 짐승이 되는데도 술을 끊지 못합니다. 그러나 예수 믿는 사람은 예수님이 십자가에 그 짐승을 못 박았기 때문에 그 광기를 다스릴 수 있습니다.

둘째로, 사람은 정말 다양한 가능성을 가지고 있기 때문입니다. 이런 다양한 가능성 가운데 중요한 것은, 어떻게 생각하고 그것을 어떻게 행동으로 옮기느냐 하는 것입니다. 예를 들어, 말이 아무리 잘 달려도 말을 탄 사람의 손에 길들지 않으면 제대로 달릴 수 없습니다. 마찬가지로 인간은 생각하는 것에 따라 악마가 될 수도 있고 천사가 될 수도 있습니다. 또한 많은 생각을 하더라도 그것을 행동으로 옮기는 것이 매우 어렵습니다. 결국 인간에게는 바른 생각으로 이끌어 줄 주인이 필요하고, 그 주인을 의지하는 믿음이 필요한 것입니다.

셋째로, 인간은 모두 그릇과 같아서 담기는 것에 따라 가치가 달라지기 때문입니다. 우리 안에 인간적인 욕망을 가득 채우면 악한 짐승처럼 날뛸 수 있지만, 하나님의 말씀과 성령으로 채우면 천사같이 변하게 됩니다.

그러므로 하나님의 아들은 눈에 보이는 겉모습으로 판단하지 않고 그 사람의 중심을 보고 판단하십니다. 그는 절대 인간의 겉모습에 속지 않습니다. 또한 그는 귀에 들리는 대로 판단하지 않습니다. 인간의 말은 부정확한 정보를 전달하기 때문입니다. 하나님의 아들은 우리를 보시기만 하면 한순간에 우리의 모든 것을 아십니다. 내가 지금까지 살아온 삶과 지금 힘들어하고 있는 것, 병든 것을 모두 다 알고 계십니다. 그래서 메시아로 오신 하나님의 아들은 우리를 고치시고 회복시켜 주십니다.

:4절: "공의로 가난한 자를 심판하며 정직으로 세상의 겸손한 자를 판단할 것이며 그의 입의 막대기로 세상을 치며 그의 입술의 기운으로 악인을 죽일 것이며"

여기서 '공의로 가난한 자를 심판'한다는 것은 불공정했던 재판을 공의롭게 회복시켜 주는 것을 말합니다. 또 '정직으로 세상의 겸손한 자를 판단'한다는 것도 그들을 보상해 주시는 것을 말합니다. 그 대신 그의 입의 막대기, 즉 하나님의 말씀의 능력으로 세상을 치고, 입술의 기운으로 악인을 죽일 것입니다. 여기서 입술의 기운은 바람을 말합니다. 하나님의 강한 바람이 마치 미국의 토네이도와 같이 그들의 거짓된 성공과 자랑을 다 부수어서 쑥대밭으로 만들어 버릴 것입니다. 그분은 언제나 준비되어 있으십니다.

: 5절 : "공의로 그의 허리띠를 삼으며 성실로 그의 몸의 띠를 삼으리라."

띠를 띠고 있다는 것은 언제나 준비되어 있는 상태라 무슨 일이든지 바로 시행할 수 있음을 의미합니다. 하나님의 종은 공의와 성실로 허리띠를 띠고 있어서 언제나 우리가 그 앞에 나아가기만 하면 모든 것을 다 바로잡아 주실 것입니다.

3. 새로운 인간

인간이 하나님께 가까이 갈 수 없었던 이유는, 인간이 죄에 빠진 후부터 너무나 본성이 사나워지고 악해지고 더러워졌기 때문입니다.

예를 들면, 야생 동물은 어느 것 할 것 없이 인간을 좋아하지 않고 절대로 믿지 않습니다. 그중 특히 맹수들은 사납고 잔인해서 절대로 인간과 같이 있을 수 없습니다. 마찬가지로 우리 인간은 죄에 빠진 이후로 맹수와 같은 습성이 생겨서, 절대로 하나님을 믿지 않고 다른 인간에 대해서도 적대적이 되었습니다. 그러나 하나님의 메시아가 오시면 우리의 본성을 변화시키셔서 하나님을 믿게 하시고 다른 인간들과도 평화롭게 지내게 하실 것이라고 약속하셨습니다.

:6-7절: "그 때에 이리가 어린 양과 함께 살며 표범이 어린 염소와 함께 누우며 송아지와 어린 사자와 살진 짐승이 함께 있어 어린 아이에게 끌리며 암소와 곰이 함께 먹으며 그것들의 새끼가 함께 엎드리며 사자가 소처럼 풀을 먹을 것이며"

이리는 정말 사납고 공격적인 짐승입니다. 그런데 메시아가 오셔서 우리에게 하나님의 새 마음을 주시면 그때는 더 이상 공격적이지 않게 됩니다. 그래서 이리가 어린 양과 함께 살게 됩니다. 즉, 이리가 마음만 먹으면 얼마든지 어린 양을 잡아먹을 수 있는데도 불구하고 절대로 잡아먹지 않는 것입니다. 그리고 표범이 어린 염소와 함께 눕습니다. 왜냐하면 표범의 눈에 더 이상 염소가 먹이로 보이지 않고 친구로 보이기 때문입니다. 또한 우리 안에 송아지도 있고 어린 사자도 있고 살진 짐승도 있는데 어린아이 하나가 이 전부를 돌볼 것입니다.

더 놀라운 것은 암소와 곰이 함께 먹이를 먹는 데 전혀 문제가 없습니다. 또 송아지와 곰의 새끼가 같이 엎드려서 놀며, 사자가 풀을 뜯어 먹습니다. 즉, 야생의 맹수들 안에 있던 공격적인 성향이 다 없어진 것입니다. 그리고 이런 야생 동물의 본능 속에 있는 의심과 적대감이 없어져 버렸습니다.

:8절: "젖 먹는 아이가 독사의 구멍에서 장난하며 젖 뗀 어린아이가 독사의 굴에 손을 넣을 것이라."

젖 먹는 아이는 정말 아무것도 모르는 아이인데 독사의 굴에 손을 넣고 장난쳐도 독사가 물지 않는 것입니다. 아마 아이가 독사를 손으로 당기고 자기 팔에 감아도 독사는 물지 않을 것입니다.

여기서 말하는 모든 맹수는 인간의 마음속에 있는 타락한 본성을 의미합니다. 우리가 겉으로는 모두 다 점잖고 교양 있는 것처럼 보이지만, 우리 입에는 독사의 독이 있어서 말로 남을 공격하면 상대방은 그 독으로 죽습니다. 또 우리 인간에게는 무서운 공격 본능이 있어서 약한 경쟁자에게는 단숨에 덤벼들어서 목을 물어뜯을 것입니다. 특히 요즘은 사람들이 얼마나 사나운지 나이 어린 사람이나 여성 혹은 노약자는 먹이로 생각해서 잡아먹을 듯이 덤벼드는 세상입니다. 그러나 우리 안에 하나님의 신이 임하시면 이런 공격적인 성향이 없어집니다. 더욱이 우리는 다른 사람들도 행복할 자격이 있음을 깨닫게 됩니다. 이 세상의 모든 사람은 다 사랑받을 자격이 있습니다.

하나님께서 행하신 가장 놀라운 일은 이리 같은 우리를 양으로 바꾸신 것입니다. 예수님은 제자들을 세상에 보내시면서 "내가 너희를 보냄이 양을 이리 가운데로 보냄과 같도다."(마 10:16)라고 말씀하셨습니다. 왜 하나님은 이렇게 위험한 일을 하실까요? 양을 이리 가운데로 보내면 이리가 양을 다 잡아먹을 텐데, 왜 우리를 이렇게 위험한 곳에 보내실까요? 그것은 과거에는 우리도 이리였기 때문입니다. 그런데 하나님 앞에서는 단 한 마리의 이리가 양으로 변해도 이것은 온 우주를 가지는 것보다 더 값진 일이 됩니다.

하나님의 말씀은 맹수 같은 우리를 하나님의 양으로 바꾸는 능력이 있습니다. 맹수와 양은 이 세상을 사는 원리와 목적 자체가 다릅니다. 맹수는 다른 약한 짐승을 잡아먹는 것 자체가 목적이지만, 양은 사람들로 하여금 자신의 고기를 먹게 하고 털로 옷을 만들어 입게 합니다. 우리의 목적은 결코 남을 잡아먹는 것이 아닙니다.

그런데 이 모든 것은 하나님의 성산에서 하나님의 말씀으로 이루어지게 됩니다.

: 9절 : "내 거룩한 산 모든 곳에서 해 됨도 없고 상함도 없을 것이니 이는 물이 바다를 덮음 같이 여호와를 아는 지식이 세상에 충만할 것임이니라."

하나님의 거룩한 산은 신약의 교회를 말합니다. 이곳에서는 해 됨도 없고 상함도 없어야 합니다. 하나님의 교회는 이제 더 이상 사람들에게 상처를 주어서는 안 됩니다. 그리고 그들이 지금까지 안고 있는 모든 병을 다 치료하는 곳이 되어야 합니다. 바다에 무엇이 있든지 간에 물이 덮어 버리면 아무것도 보이지 않는 것처럼, 하나님의 말씀으로 덮어 버리면 인간의 허물이나 실수는 모두 가려집니다.

하나님은 인간을 위하여 너무나 놀라운 일을 행하시는데, 그것은 우리를 바꾸어서 새사람이 되게 하시는 것입니다. 그리고 온 세상을 그리스도에게로 모아서 하나님께로 돌아오게 하시겠다고 말씀하셨습니다.

우리는 여기서 돌아온다는 것이 얼마나 대단한 축복인지를 놓치기 쉽습니다. 알렉스 헤일리의『뿌리』라는 소설이 있습니다. 이 소설은 아프리카 감비아에 있는 주프레 마을에서 시작되는데, 주인공 쿤타 킨테는 북을 만드는 나무를 구하러 마을 밖으로 나갔다가 노예 사냥꾼들에게 붙들려서 배를 타고 대서양을 건너가게 됩니다. 많은 흑인이 배를 타고 가던 중 병으로 죽지만, 쿤타 킨테는 신대륙에 도착해 노예로 팔려갑니다. 그는 여러 번 탈출을 시도하다 붙들려서 죽도록 채찍에 맞고 나중에는 도끼로 발등이 잘려서 장애를 입게 됩니다. 그의 딸은 다른 흑인이 도망치는 것을 도와준 죄로 못된 백인에게 팔려간 후 강간을 당하여 아기를 낳게 되는데, 그 아이는 한평생 닭싸움으로 돈을 벌어서 자유를 얻습니다. 그가 첫 번째 자유인이었습니다. 이후로 남북전쟁이 일어나서 흑인들이 노예에서 해방되는데, 결국 그의 칠대 후손에 이르러서야 아버지의 고향까지 찾아오게 됩니다. 이것을 보면서 한번 노예로 팔린 자들이 자유를 얻어서 자기 발로 돌아오는 것이 얼마나 어려운 일인지를 볼 수 있었습니다.

그런데 하나님께서는 또다시 이새의 뿌리에서 한 싹이 나서 기치로 높이 설 것이라고 말씀하셨습니다.

: 10절 :　"그 날에 이새의 뿌리에서 한 싹이 나서 만민의 기치로 설 것이요 열방이 그에게로 돌아오리니 그가 거한 곳이 영화로우리라."

여기서 말하는 이새의 줄기에서 나오는 싹은 앞에서 말씀하시는 메시아를 말합니다. 그런데 하나님께서는 그가 한 줄기로 나올 뿐 아니라 '기치'가 될 것이라고 말씀하셨습니다. '기치'는 어떤 표시를 의미합니다. 즉, 사람들이 모이도록 할 때 소속별로 나누어 모이도록 알려 주는 깃발이나 안내표지를 말합니다. 본문은 온 민족이 그 기치를 보고 몰려드는데, 그곳이 영화로울 것이라고 말합니다. 왜냐하면 하나님께서 지금 이 사람들을 모으시는 것은 노예로 팔려는 것이 아니라 세상에서 택함 받은 승리자로 모으시기 때문입니다. 하나님은 온 세상 사람 중에서 하나님의 백성을 축복의 사람으로 모으시는 것입니다.

이처럼 모든 사람을 모으는 이 기치는 단순한 깃발이나 표시가 아닙니다. 이것은 이새의 뿌리에서 나오는 것으로 온 세상이 볼 수 있는 기치입니다. 그것은 바로 영적 부흥의 깃발입니다. 하나님의 백성이 목숨 걸고 하나님의 말씀을 믿으면 부흥이 일어나는데, 이것을 온 세상이 보고 따라오게 됩니다.

: 11-12절 :　"그 날에 주께서 다시 그의 손을 펴사 그의 남은 백성을 앗수르와 애굽과 바드로스와 구스와 엘람과 시날과 하맛과 바다 섬들에서 돌아오게 하실 것이라. 여호와께서 열방을 향하여 기치를 세우시고 이스라엘의 쫓긴 자들을 모으시며 땅 사방에서 유다의 흩어진 자들을 모으시리니"

여기서 중요한 것은 '남은 백성을 돌아오게' 한다는 것입니다. 여기서 '남은 백성'은 그냥 죽지 않고 살아남은 자를 말하지 않습니다. 이 사람들은 한때 하나님의 말씀의 가치를 모르고 열심히 세상을 따라가다가 엄청난 고난을 당하면서 하나님의 말씀의 가치를 깨닫게 된 사람들입니다. 이들이 고난 중에 하나님의 말씀의 가치를 깨달은 것은 하나님의 은혜요 가장 고귀한 일입니다. 놀라운 것은 그들이 하나님의 말씀을 찾으니까 하나님께로 돌아오게 된 것입니다. 이 사람들은 정말 세상 끝에서부터 하나님께로 돌아오게 됩니다.

본문을 보면 앗수르와 애굽과 바드로스와 구스와 엘람과 시날과 하맛과 바다 섬들에서 돌아온다고 하였는데, 앗수르는 북쪽이고, 애굽과 바드로스와 구스는 아프리카입니다. 그리고 엘람과 시날은 메소포타미아이고, 하맛은 팔레스타인 땅입니다. 이처럼 사방으로 흩어졌던 그곳으로부터 돌아오는 것입니다. 결국 우리가 목숨 걸고 하나님의 말씀을 붙들면 부흥이 일어나는데, 이것이 바로 하나님께 돌아갈 수 있는 기치입니다. 우리가 언제 어느 곳에 있든지 부흥이 일어나면 망하지 않습니다. 그리고 놀랍게도 하나님께서 주신 복이 회복됩니다. 왜냐하면 부흥이 축복의 기치이기 때문입니다.

또한 우리에게 부흥이 일어나면 사람들 속에 있는 적대감이 없어지게 됩니다.

:13절: "에브라임의 질투는 없어지고 유다를 괴롭게 하던 자들은 끊어지며 에브라임은 유다를 질투하지 아니하며 유다는 에브라임을 괴롭게 하지 아니할 것이요"

하나님의 말씀이 없으면 사람은 모두 야생 동물처럼 되어서 서로 의심하고 틈만 나면 공격하려고 합니다. 그것이 자신이 사는 길이라고 생각하기 때문입니다. 그런데 부흥이 일어나면서 적대감이 없어지게 됩니다. 그리고 하나님을 불신하는 자들도 부흥의 불을 무서워하게 됩니다. 이것은 아프리카 너른 들판에서도 맹수들이 불을 무서워하는 것과 같습니다. 반면에 부흥의 불이 꺼지면 맹수의 세상이 되므로 맹수들이 덤벼들게 됩니다.

:14절: "그들이 서쪽으로 블레셋 사람들의 어깨에 날아 앉고 함께 동방 백성을 노략하며 에돔과 모압에 손을 대며 암몬 자손을 자기에게 복종시키리라."

하나님의 백성이 강해지면 주위에 있는 나라들이 복종하게 됩니다. '블레셋 사람의 어깨에 날아 앉는다'는 말은 블레셋 사람을 가볍게 누른다는 뜻입니다. 마치 레슬링 선수들이 시합을 할 때에 한 선수가 몸을 날려서 상대방 선수를 쓰러뜨린 후 가볍게 폴승을 거두는 것과 같습니다.

물론 이방인 중에 하나님을 끝까지 믿지 않는 자도 있지만, 하나님의 백성 가운데서 부흥이 일어나면 이상하게 이방인들이 맥을 못 춥니다. 왜냐하면 하나님의 능력이 그들의 어깨를 누르기 때문입니다. 그리고 많은 사람이 주의 백성의 말에 복종하게 됩니다.

또한 하나님은 기적을 행하셔서 주의 백성을 위기에서 건져 주시고, 대로를 통해 하나님께로 오게 하십니다.

:15-16절: "여호와께서 애굽 해만을 말리시고 그의 손을 유브라데 하수 위에 흔들어 뜨거운 바람을 일으켜 그 하수를 쳐 일곱 갈래로 나누어 신을 신고 건너가게 하실 것이라. 그의 남아 있는 백성 곧 앗수르에서 남은 자들을 위하여 큰 길이 있게 하시되 이스라엘이 애굽 땅에서 나오던 날과 같게 하시리라."

여기서 '해만'은 바다가 육지 속으로 파고들어 와 있는 곳을 말하는데, 홍해같이 안으로 쑥 들어간 곳을 가리킵니다. 하나님은 또다시 홍해를 가르시고 유브라데는 일곱 개로 갈라지게 하셔서 신을 신고 건너게 하겠다고 약속하셨습니다. 우리가 세상을 이기고 전쟁에서 이기는 방법은 남은 자가 되어서 우리에게 하나님의 부흥의 깃발이 서도록 하는 것입니다.

20

구원의
노래

이사야 12:1-6

최근에 여러 학생이 학교 폭력을 견디다 못해 고층 건물에서 뛰어내려 자살하는 사건이 일어났습니다. 심지어 어떤 학생은 자살하기 전 죽는 것이 무서워서 엘리베이터 안에 쪼그리고 앉아 우는 모습이 CCTV에 찍혀 방송되기도 했습니다. 많은 부모가 방송에서 그 장면을 보며 울었습니다. 만약 부모가 자기 아이가 학교 폭력을 당하고 지금 자살하려고 한다는 사실을 분명히 알았다면 절대 그 아이를 죽도록 내버려두지 않았을 것입니다. 또한 그 아이도 살 수 있는 길이 있다는 것을 알았더라면 절대로 그런 식으로 죽지는 않았을 것입니다. 자살을 생각하는 사람들이 꼭 알아야 할 사실은 '하나님이 우리의 구원'이시라는 것입니다. 하나님은 우리의 모든 정신적, 육체적 고통으로부터 우리를 구원하시는 분이십니다. 얼마 전 어느 젊은 부인이 잠을 일주일 정도 자지 못하고 우울증이 심해져서 아파트에서 투신자살을 하려고 했다고 합니다. 그런데 자살을 하려는 순간 자던 아이가 깨어 우는 바람에 투신하지 못했는데, 그 아이가 얼마 전 유아세례를 받은 아이였습니다. 하나님께서 아이를 통해 엄마를 살린 것입니다.

이 시대는 많은 사람이 자살 충동을 느끼며, 또 죽음을 앞에 두고 누구에게 도움을 요청해야 할지 몰라서 절망하고 좌절합니다. 그러나 하나님은 모든 고통으로부터 능히 우리를 건지시는 분이십니다.

유다 백성은 자신들의 구원이신 하나님을 믿지 못하고 다른 민족이 믿던 우상을 따라 섬기는 바람에 커다란 위기를 겪을 때가 많았습니다. 그때마다 우상은 아무 도움도 되지 않았지만 하나님은 언제나 도움을 주셨습니다.

본문 말씀은 유다 백성이 앗수르 군대의 대대적인 공격을 당하기 전에 하신 말씀으로 생각됩니다. 그러나 하나님께서는 지금 눈앞에서 유다 백성이 적을 물리치고 승리하고 있는 것처럼 생생하게 말씀하십니다. 즉, 아직 유다 백성이 이런 위기까지 가지는 않았지만 앞으로 이런 위기에 빠지게 되는데, 그때 하나님이 유다 백성에게 힘과 능력이 되어 주셔서 그들을 위기에서 구원해 주시겠다는 것입니다.

우리 생각에는 차라리 유다 백성이 이런 위기에 빠지지 않고 구원받는 것이 더 나을 것 같은데, 왜 하나님은 유다 백성을 죽을 수밖에 없는 구석으로 몰아넣으신 후에 구원해 주시는 것일까요? 그것이 바로 본문 말씀의 아주 중요한 핵심입니다. 즉, 왜 우리는 극단적인 위기에 빠지지 않으면 하나님 앞에 나오지 않고, 왜 죽을 지경이 되기 전까지는 하나님 앞에 간절히 기도하지 않는 것일까 하는 것입니다.

1. 두 가지를 경험한 유다 백성

우리가 하나님을 믿는 데 있어서 가장 어려운 점은 하나님이 눈에 보이지 않는다는 사실입니다. 그래서 눈에 보이지 않는 하나님을 눈에 보이는 것처럼 믿기가 참으로 어렵습니다. 또한 성경 말씀은 아무리 하나님의 선지자가 말하고 기록한 것이라 해도 그냥 종이나 양피지에 기록된 글에 불과합니다. 그런 하나님의 말씀이 그대로 이루어진다는 보장이 있는가 하는 것이 어려운 문제입니다. 이스라엘 백성이나 유다 백성은 이 점에서 늘 혼돈을 겪었습니다.

:1절: "그 날에 네가 말하기를 여호와여 주께서 전에는 내게 노하셨사오나 이제는 주의 진노가 돌아섰고 또 주께서 나를 안위하시오니 내가 주께 감사하겠나이다 할 것이니라."

오늘도 우리는 어려운 일을 당하면 하나님께 도와달라고 결사적으로 기도합니다. 그런데 막상 기도가 응답되고 어려운 문제가 해결되면 이것이 정말 기도의 응답이었는지 아니면 그냥 저절로 해결된 일인지 의심합니다. 또 우리는 복을 받으면 굉장히 기뻐서 하나님께 감사드립니다. 하지만 시간이 지나면 우리는 '이 세상에 이렇게 많은 사람이 있는데 하나님이 굳이 나 한 사람에게 그렇게 관심을 가지겠는가?' 하는 의심을 하게 됩니다. 우리는 사실 머리로는 하나님께서 나를 사랑하실 것이라고 생각하지만 감정적으로는 '설마, 하나님께서 내가 하는 일거수일투족에 관심을 가지실까?' 하고 의심할 때가 많습니다. 이때가 우리에게 개인적인 체험이 필요한 때입니다. 예를 들어, 우리는 하나님의 사랑을 믿는다고 하면서도 조금씩 죄를 짓습니다. 그러면 어느 날 하나님께서 '너 정말 그렇게 야금야금 죄를 지을 거냐!' 하시면서 하나님의 몽둥이를 사용하여 징계하십니다. 그제야 우리는 매를 맞으면서 하나님을 두려워하게 됩니다. 하나님의 징계 가운데서 '정말 하나님은 다 보고 계시고 알고 계시는구나' 하는 것을 깨닫기 때문입니다.

우리는 하나님께서 모든 것을 알고 계신다는 사실을 머리로만 생각하지 실제로 매일의 생활에는 적용시키지 않을 때가 많습니다. 그러다가 분명하게 하나님의 말씀에 불순종하여 하나님께서 징계하시면 그제야 죽었구나 하는 생각을 가지게 됩니다. 하나님께서 징계하실 때는 다른 사람은 모르고 나만 알도록 때리시는데 얼마나 아프고 두려운지 모릅니다. 이때 비로소 우리는 죄가 '하나님이 정말 나를 아시며 사랑하신다는 사실을 믿지 않는 것'임을 깨닫게 됩니다. 비록 아프고 고통스럽지만 우리가 이런 체험을 하는 것은 참으로 감사한 일입니다. 이런 구체적인 일을 통해서 하나님께서 나에게 관심을 가지고 계시며 나를 사랑하신다는 사실을 깨닫기 때문입니다.

유다 백성도 두 가지를 경험하였습니다. 하나는 하나님의 진노였고, 다른 하나는 회개할 때 주시는 하나님의 회복과 기쁨이었습니다. 1절 상반절은 '그 날에 네가 말하기를 여호와여 주께서 전에는 내게 노하셨사오나'라고 고백하고 있습니다. 하나님은 우리가 하나님의 사랑을 믿지 않고 제멋대로 죄를 지으며 천한 행동을 할 때 우리가 분명히 깨달을 수 있도록 진노하십니다. 하나님께서 우리에게 진노하실 때는 우리에게 길이 보이지 않고 당장 죽을 것만 같습니다. 그러나 나에게 생긴 이 모든 어려움을 하나님께서 주셨다는 사실을 깨닫는 순간, 지금까지 가지고 있던 자존심이나 체면을 다 내려놓고 하나님 앞에서 진심으로 회개하게 됩니다. 이때 우리는 하나님 앞에 간절히 기도합니다. "하나님, 정말 제가 미련했습니다. 저는 사람들 앞에서 잘난 체할 줄만 알았지, 하나님께서 이렇게 나를 사랑하시는 줄은 몰랐습니다. 주님, 이제부터 정신을 차리고 절대로 죄를 짓지 않겠습니다. 저를 이 어려움에서 건져 주세요." 놀라운 것은 이렇게 하나님 앞에 간절히 기도하면 이상하게도 절대로 해결될 것 같지 않던 어려움이 물러가기 시작합니다.

또한 하나님께서는 우리에게 많은 기쁨과 위로를 주십니다.

:1절 하 : "이제는 주의 진노가 돌아섰고 또 주께서 나를 안위하시오니 내가 주께 감사하겠나이다 할 것이니라."

우리는 하나님 앞에 간절하게 회개한 후 하나님의 노가 그친 것을 느낍니다. 그리고 하나님께서는 우리를 위로하시면서 이제 두려워하지 말라고 하십니다. 그때 우리는 살아 계신 하나님께 진심으로 감사드리게 됩니다.

이런 일을 겪으면서 우리는 눈에 보이지 않는 하나님을 체험합니다. 즉, 하나님과 나만의 관계가 쌓이게 되는 것입니다. 이것은 아주 귀한 일입니다. 바로 하나님의 임재를 항상 느끼면서 살 수 있기 때문입니다.

우리는 하나님의 백성이 되면서 야생 동물의 습성을 버리고 양이 되었습니다. 양은 맹수가 우글거리는 이 세상을 도저히 자기 힘으로 살아갈 수 없습니다. 그런 데다 우리 안에는 죄성이 남아 있어서 몰래몰래 죄를 지을 때도 많습니다. 만일 우리가 이 세상에서 하나님의 도움을 받지 못한다면 그야말로 맹수에게 물려 죽을 수밖에 없습니다. 그래서 하나님의 백성에게 가장 위험한 것은 하나님을 믿지 않고 자기 힘만으로 사는 것입니다. 우리가 자기 힘으로 살려고 하면 하나님은 분명한 경고를 통해 하나님 앞에 무릎 꿇게 하십니다. 그제야 비로소 우리는 살아 계신 하나님을 나의 능력으로 모시게 됩니다.

아마 본문 말씀은 하나님께서 앞으로 앗수르 군대가 예루살렘을 에워쌀 것을 미리 보여 주신 말씀으로 생각됩니다. 그런데 앗수르 군대가 이렇게 예루살렘을 에워쌌던 것은 유다 백성이나 히스기야의 어떤 불순종과 관계가 있었던 것 같습니다. 그들은 말로는 하나님을 믿노라 하면서도 하나님을 믿지 못하고 우상도 숭배하고 하나님이 싫어하시는 행동을 했던 것 같습니다. 그러자 어느 날 진짜 앗수르 군대가 새카맣게 쳐들어와서 예루살렘을 포위하고 그들을 굶겨 죽이려고 했습니다. 이때 히스기야와 유다 백성은 즉시 이것이 하나님 앞에 지은 죄에 대한 심판이라는 것을 깨닫습니다. 그래서 앗수르 군대에 대항하려고 하지 않고 하나님 앞에 무릎을 꿇고 회개했습니다. 그러자 온갖 욕설을 하며 절대 물러갈 것 같지 않던 앗수르 군대가 다음날 모두 시체로 변해 있었습니다. 이때 하나님은 히스기야와 유다 백성을 위로하시면서, '다시는 앗수르 군대가 너희를 해치지 못한다. 그러니까 너희는 적을 두려워하거나 다른 나라를 겁내지 말고 나만 의지하도록 하라'고 말씀하셨습니다. 이 일을 통해 히스기야와 유다 백성은 하나님의 능력을 분명히 보았습니다.

이러한 경험을 통해 우리는 우리가 믿는 하나님이 얼마나 크시며 얼마나 우리를 사랑하시는지를 깨닫고, 하나님께서 우리의 하나님 되어 주신 것에 감사하게 됩니다.

2. 구원이신 하나님

우리가 하나님에 대하여 머리로만 생각할 것이 아니라, 하나님의 말씀과 역사하심에 대하여 하나하나 체험해 보는 것이 중요합니다. 그것이야말로 우리 영혼에 엄청난 힘과 능력이 됩니다.

:2절: "보라 하나님은 나의 구원이시라. 내가 신뢰하고 두려움이 없으리니 주 여호와는 나의 힘이시며 나의 노래시며 나의 구원이심이라."

'보라!'는 아주 강한 표현입니다. 이것은 다른 모든 사람을 향해서 '이제 너희 모두 똑똑히 봐. 하나님은 내 힘이시고 노래이시며 구원이시란 말이야!'라고 당당히 외치는 것입니다.

본문은 '하나님은 나의 구원이시라'고 노래하고 있습니다. 여기서 '구원'은 내가 처한 모든 어려움에서 건져 주는 것을 말합니다. 예를 들어, 내가 탄 배가 침몰해서 모두 바다에 빠져 죽게 되었는데 구조 헬기가 와서 나를 안전하게 건져 주는 것이 구원입니다. 혹은 어떤 집에 불이 났는데 소방관이 들어와 그 불 속에 갇혀 있던 사람을 구조해서 데리고 나가는 것도 구원입니다. 또 우리가 중한 병에 걸려서 죽게 되었는데 훌륭한 의사가 와서 수술하고 치료해 주어서 병이 완전히 낫게 되는 것도 구원입니다.

우리 주위에는 많은 시험과 위기가 곳곳에 놓여 있습니다. 아무리 사나운 맹수라도 숲에 밀렵꾼이 몰래 쳐 놓은 덫을 다 알 수는 없습니다. 그래서 호랑이나 곰이나 늑대도 이런 덫에 한번 걸리면 죽게 됩니다. 아무리 정부에서 야생 동물을 보호하려고 애써도 밀렵꾼이 쳐 놓은 덫을 다 찾아내기는 어렵습니다. 마찬가지로 이 세상을 살다 보면 우리가 모르는 사이에 사탄이 여기저기에 쳐 놓은 덫이나 함정이 수두룩합니다. 그래서 우리는 잘나가던 사람이 어쩌다 정욕의 덫에 걸려서 한순간에 매장되고 마는 모습을 종종 보게 됩니다. 하지만 하나님은 우리를 이 모든 위기나 시험으로부터 지켜 주십니다. 하나님은 어떻게 우리를 지켜 주실까요?

가장 중요한 것은 하나님의 말씀입니다. 사실 이 세상에서 가장 위험한 맹수는 다른 사람이 아니라 바로 자기 자신입니다. 우리가 하나님의 말씀을 들으면 이 세상에서 가장 위험한 적은 자신이라는 사실을 알게 됩니다. 하나님의 말씀은 우리로 하여금 자신을 아주 조심하게 합니다. 요즘 세상은 조금만 잘못하면 바로 인터넷에서 이슈가 되어 망신을 당하므로 신중하게 행동하는 것이 필요합니다. 그래서 하나님은 우리에게 하나님을 의뢰하는 연습을 시키십니다. 우리가 내 생각이나 기분대로 행하지 않고 하나님께 붙어 다니는 훈련을 하는 것입니다.

하나님께서는 우리를 두 가지 방면으로 훈련하십니다. 먼저, 하나님은 우리가 몰래 죄를 지으면 우리에게 하나님의 진노를 나타내십니다. 그래서 하나님께서 모든 것을 보고 계시고 또 알고 계시므로 이렇게 죄를 지어서는 안 된다는 것을 깨닫게 하십니다. 그리고 난 후, 하나님의 말씀으로 우리 마음을 속속들이 위로하고 격려해 주십니다. 이로 인해 우리 안에는 두려움이 사라지게 되는데, 내가 하나님께 붙어 있다는 사실을 깨닫기 때문입니다.

참 놀라운 것은 우리가 어떤 위기 가운데서 기도할지라도 하나님은 반드시 구원해 주신다는 사실입니다. 만약 우리가 하나님께 기도할 때 하나님께서 틀림없이 내 기도를 들어 주신다는 확신만 있다면 우리는 아무것도 두렵지 않을 것입니다.

그런데 우리에게 하나님에 대해 이해하기 어려운 점이 하나 있습니다. 그것은 '왜 위대하신 하나님께서 정말 보잘것없는 나 같은 사람의 하나님이 되려고 하실까?' 하는 것입니다. 우리는 그것을 이해할 수 없습니다. 단지 그것을 믿을 뿐입니다. 만약 우리가 하나님의 사랑을 머리로 이해하려고 한다면 절대로 불가능할 것입니다. 왜냐하면 우리는 하나님 보시기에 아름다운 것이나 내세울 것이 하나도 없기 때문입니다.

여기서 이사야 선지자는 '보라, 하나님은 나의 구원이시라. 내가 신뢰하고 두려움이 없으리니'라고 선포하고 있습니다. 만약 우리가 하나님을 의지했는데 하나님께서 도와주실지 안 도와주실지 모른다면 불안할 것입니다. 그러나 우리가 하나님을 제대로 알고 의지하면, 하나님은 틀림없이 우리의 구원이 되어 주시고 능력이 되어 주십니다. 도대체 어떻게 하면 하나님이 내 구원이 되시도록 할 수 있을까요? 다른 방법은 없습니다. 오직 하나님의 말씀을 붙들고 살면 되는 것입니다.

세상 사람들은 눈에 보이지 않는 하나님보다는 실제로 힘 있어 보이는 돈이나 권력을 의지하고 큰소리칩니다. 하지만 위기의 순간이 오면 돈이나 권력은 아무 힘도 발휘하지 못하고 무너져 버립니다. 그러나 하나님의 능력은 어떠한 위기라도 넉넉히 이기게 하십니다. 그런데 하나님은 우리가 하나님의 말씀을 적당히 붙드는 것은 원치 않으십니다. 하나님은 우리가 하나님의 말씀을 절대적으로 붙들고 순종하기를 원하십니다. 그럴 때 하나님의 구원의 능력이 나를 통하여 나타나게 됩니다.

본문에서 이사야는 '주 여호와는 나의 힘이시며 나의 노래시며 나의 구원이심이라'고 노래합니다.

먼저 하나님은 '나의 힘이시라'고 했습니다. 하나님께서는 나를 통해서 하나님의 능력이 나타나기를 원하십니다. 우리가 하나님을 의지하면 슈퍼맨과 같은 힘을 가질 수 있을까요? 사실 남을 때리고 남의 물건을 부수는 폭력배들의 힘은 위협적으로 보일지는 몰라도 진정한 의미에서의 힘이라고 볼 수 없습니다. 하나님께서 우리에게 주시는 가장 큰 힘은 부흥의 능력입니다. 우리가 하나님의 말씀을 붙들고 합심해서 기도할 때, 하나님은 하늘 문을 여셔서 부흥을 부어 주십니다. 이 세상에서 가장 큰 힘은 하늘 문을 여는 힘입니다. 그리고 이 세상에서 가장 위대한 힘은 기도의 응답을 가져오는 힘입니다. 사실 인간이 어떻게 감히 하나님께 이래라저래라 할 수 있습니까? 그것은 불가능한 일입니다. 그러나 우리가 하나님의 말씀을 붙들고 기도하면 하나님께서 응답해 주십니다. 더 놀라운 사실은 하나님의 능력은 악한 자를 변화시키는 힘이 있다는 것입니다. 이 세상 모든 것은 더 나빠지는 방향으로 진행됩니다. 사물들은 퇴색하게 마련이며, 악한 자는 더 악해집니다. 하지만 하나님은 악한 자로 하여금 은혜받아서 회개의 눈물을 흘리게 하시고, 변하여 새사람이 되게 하십니다. 이것이 가장 위대한 힘입니다.

그리고 하나님은 '나의 노래'가 되십니다. 하나님께서 나만 알 수 있는 방식으로 나를 징계하셔서 정신을 차리게 하시고, 또 나만 알 수 있는 방식으로 위로하시고 복을 주실 때 우리는 하나님과 많은 대화를 나누게 됩니다. 이때 벅차오르는 감동을 조목조목 냉철하게 논문으로 기록하는 사람은 없을 것입니다. 어떤 사람은 감사의 눈물을 흘릴 것이고, 어떤 사람을 기쁨에 겨워 춤을 출 것입니다. 그리고 이 감사와 감격을 오래 간직하기 위해 시와 노래로 만들고, 하나님께서 내게 하신 일을 두고두고 노래할 것입니다. 사람이 멋진 노래를 만들어 부른다는 것은 멋진 경험을 간직하고 있다는 뜻으로, 참으로 아름다운 것입니다.

아브라함의 부인 사라는 아름다운 여인이었지만 아이를 낳지 못해서 잘 웃지 않았던 것 같습니다. 그런데 구십 세에 이삭을 낳은 후 "하나님이 나를 웃게 하시니 듣는 자가 다 나와 함께 웃으리로다."(창 21:6) 하면서 그 의미를 담아 아이 이름을 이삭이라고 지었습니다. 우리가 하나님을 노래할 수 있다는 것은 정말로 위대한 일입니다.

또한 하나님은 '우리의 구원'이십니다. 하나님은 우리를 이 악한 세상에 그냥 내버려 두시지 않고 모든 위기로부터 우리를 구원해 주십니다. 우리가 도저히 살아갈 길이 없을 때 하나님께 간절히 기도하면 하나님은 반드시 살 길을 열어 주십니다. 그런데도 우리가 하나님의 구원을 많이 체험하지 못하는 이유는 자꾸 세상 성공을 취하려고 하기 때문입니다. 하나님은 우리가 하나님을 가지기를 원하십니다. 우리가 하나님만 가진다면 이 세상 전체보다 더 큰 것을 가진 것인데, 자꾸 사람들의 인기를 의식하고 유명해지는 데만 관심을 두니까 하나님이 작아 보이고 아무것도 아닌 것처럼 생각되는 것입니다.

: 3절 :   "그러므로 너희가 기쁨으로 구원의 우물들에서 물을 길으리로다."

처음 이스라엘 백성이 광야에 들어설 때는 그 길이 그렇게 엄청난 고난의 시작인지 몰랐습니다. 그러나 이스라엘 백성은 광야로 들어가면서 사실 죽음의 길로 들어선 것이었습니다. 우리는 이스라엘 백성이 여러 번 모세에게 대들면서 '우리를 이 광야에서 죽이려고 여기로 데리고 왔느냐?'고 항의하는 모습을 보게 되는데 그것은 전혀 이상한 일이 아닙니다. 왜냐하면 그 많은 수의 백성을 물도 없고 양식도 없는 광야로 데리고 들어간 자체가 죽으러 들어간 것이나 마찬가지였기 때문입니다. 사실은 모세도 대단한 사람입니다. 그런 그가 아무런 대안도 없이 그 많은 인원을 광야로 데리고 들어간 것은 하나님의 말씀을 붙들고 죽을 각오를 한 것이었습니다. 광야에서 이스라엘 백성을 늘 절망하게 하고 불안하게 한 것은 물입니다. 광야에는 그 많은 이스라엘 백성이 마실 물이 없었습니다. 설령 한 번은 요행히 반석에서 물이 나와서 목을 축였다고 해도 광야 내내 그런 기적이 일어난다는 보장이 없었습니다. 그래서 이스라엘 백성은 광야에서 물 문제로 늘 시험에 들었고, 하나님의 사랑을 의심했습니다. 그런데 놀랍게도 이스라엘 백성이 가는 곳마다 기적이 일어났습니다. 하나님은 사십 년 내내 이스라엘 백성이 있는 곳에서는 반석을 쳐서 물이 나오게 하셨습니다. 이스라엘 백성은 조금 전까지는 물이 없어서 목말라 죽을 지경이었는데 어김없이 그들의 눈앞에서 구원의 샘이 터지는 것을 보고 기쁨으로 구원의 우물로 달려가서 물을 길어 왔습니다.

마찬가지로 예루살렘은 난공불락의 성이지만 물이 나지 않는 곳이었습니다. 그래서 나중에 히스기야는 바위를 뚫어 수로를 만듭니다. 그러나 이런 수로가 있든 없든 상관없이 하나님은 이스라엘 백성에게 구원의 우물이 되어 주셨습니다.

여기서 우리가 알아야 할 것은, 하나님께서 우리를 구원하시는 시점은 우리가 감당할 수 있는 한계를 지난 때라는 것입니다. 예를 들어, 우리가 물속에 들어가면 견딜 수 있는 한계가 있습니다. 그 시간이 지나면 우리는 죽게 됩니다. 그러나 하나님은 우리가 죽음을 체험하는 시간이 지나야 응답해 주십니다. 그렇게 해야 우리가 목숨 걸고 하나님을 의지하게 되고, 또 하나님의 능력이 온전히 나타나기 때문입니다. 그러므로 기도할 때 '아, 내가 응답받으려면 죽도록 기도하고 조금 더 시간이 흘러야 하는구나'라고 생각하시기 바랍니다. 왜냐하면 인간으로서는 죽을 수밖에 없는 그 시간이 바로 하나님께서 내 믿음을 시험해 보시는 시간이고, 하나님의 구원의 시간이기 때문입니다. 우리는 바로 그 시험에 합격해야 구원의 노래를 부를 수 있습니다.

신약 성경에 보면 회당장 야이로가 자기의 병든 딸을 위해 예수님을 모시고 갑니다. 사실 회당장이 예수님을 자기 집으로 모시고 가는 것 자체가 얼마나 큰 결단인지 모릅니다. 그런데 가는 길에 혈루증 걸린 여인이 예수님의 시선을 끄는 바람에 예수님께서 지체하셨습니다. 그동안 야이로의 딸은 죽고 말았습니다. 그때 야이로는 낙심하고 절망합니다. 하지만 예수님은 그에게 "두려워하지 말고 믿기만 하라. 그리하면 딸이 구원을 얻으리라"(눅 8:50)고 말씀하십니다. 그리고 방으로 들어가셔서 소녀의 손을 잡고 "아이야, 일어나라."(눅 8:54)고 말씀하시자 아이가 살아났습니다. 아마도 아이의 부모는 놀라움 가운데 울면서 예수님께 자신의 믿음 없음을 고백하였을 것입니다. 사실 우리는 너무나 믿음이 없습니다. 그러나 하나님께서 우리의 연약한 믿음을 붙들어 주시기 때문에 우리는 끝까지 견디는 것입니다.

다니엘의 세 친구 사드락과 메삭과 아벳느고가 느부갓네살 왕 앞에서 "우리가 왕의 신들을 섬기지도 아니하고 왕이 세우신 금 신상에게 절하지도 아니할 줄을 아옵소서."(단 3:18)라고 했을 때도 하나님께서 즉시 구원해 주시면 좋았을 것입니다. 하지만 하나님은 이 세 사람을 풀무불 속으로 들어가게 하심으로 더 큰 영광을 받으셨습니다. 우리에게 어려움이 닥쳐올 때 길이 보이지 않으면 얼마나 속이 타는지 모릅니다. 입술도 바짝바짝 타들어 갈 것입니다. 그러나 하나님은 그분을 의뢰하는 자에게 큰 구원을 내려 주셔서 이 구원의 우물로 그동안 말랐던 목을 실컷 축이도록 하십시다.

3. 하나님의 구원을 선포함

하나님께서 우리의 믿음이 느슨해질 때 어려움을 당하게 하시고, 그 후에 하나님의 구원과 능력을 체험하게 하시는 것은 결국 온 세상에 하나님의 위대하심을 선포하시기 위해서입니다.

: 4-6절 : "그 날에 너희가 또 말하기를 여호와께 감사하라. 그의 이름을 부르며 그의 행하심을 만국 중에 선포하며 그의 이름이 높다 하라. 여호와를 찬송할 것은 극히 아름다운 일을 하셨음이니 이를 온 땅에 알게 할지어다. 시온의 주민아 소리 높여 부르라. 이스라엘의 거룩하신 이가 너희 중에서 크심이니라 할 것이니라."

하나님께서 이스라엘이나 유다 백성을 하나님의 택한 백성으로 두신 이유는 하나님을 온전히 나타내시기 위해서입니다. 물론 이 세상 모든 사람을 하나님께서 다 만드셨고, 그들의 마음속에는 하나님을 알 만한 본능이 있습니다. 하지만 그것은 전부 죄로 오염되었고, 하나님에 대해 왜곡된 지식을 갖게 했습니다. 그래서 하나님은 온전히 하나님의 백성을 통해서만 하나님을 나타내기 원하셨습니다. 하나님은 이스라엘 백성으로 하여금 하나님을 충분히 경험하게 하신 후, 그들이 입으로만 하나님을 믿는 것이 아니라 실제로 두렵고 떨림으로 하나님을 느끼면서 살기를 원하셨습니다.

예를 들어, 사람이 사는 동네에 큰 사자가 한 마리 들어왔다면, 그것을 본 사람은 사자가 왔다고 소리치면서 다른 사람들을 집 안으로 피하게 할 것입니다. 하지만 막상 사자를 보지 못한 사람들은 믿으려 하지 않을 것입니다.

그래도 너무나 분명히 사자를 본 사람은 다른 사람들이 믿든 말든 그들을 강제로라도 집 안으로 피하게 할 것입니다. 사실 하나님은 한 마리 사자와 비교되지 않을 만큼 크고 두려운 분이신데, 인간은 하나님을 보지 못하고 하나님을 믿지 않습니다. 그래서 하나님은 우리 믿는 자로 하여금 하나님을 온 힘을 다해서 선포하게 하십니다. 왜냐하면 우리는 하나님을 알고 또 하나님을 실제로 체험한 사람들이기 때문입니다.

그래서 하나님께서는 유다 백성에게 '그 날에 너희가 또 말하기를 여호와께 감사하라. 그의 이름을 부르며 그의 행하심을 만국 중에 선포하며 그의 이름이 높다 하라'고 명하셨습니다.

왜 우리가 하나님께 감사해야 합니까? 하나님은 너무나 좋으신 분이시기 때문입니다. 하나님께서 우리를 도우시기 때문에 우리는 절망적인 순간에도 살아남을 수 있습니다. 세상 사람은 자기가 가지고 있는 것을 의지하고 자랑하지만 우리는 만군의 하나님을 자랑합니다. 하나님은 온 세상보다 더 크신 분이시기 때문입니다. 다윗은 골리앗과 싸울 때 "너는 칼과 창과 단창으로 내게 나아오거니와 나는 만군의 여호와의 이름 곧 네가 모욕하는 이스라엘 군대의 하나님의 이름으로 네게 나아가노라."(삼상 17:45)고 외치며 나아가 물맷돌을 던짐으로 골리앗을 쓰러뜨렸습니다.

:5절: "여호와를 찬송할 것은 극히 아름다운 일을 하셨음이니 이를 온 땅에 알게 할지어다."

이스라엘 백성이 하나님을 찬송할 수밖에 없는 이유는, 하나님께서 그들을 애굽의 노예 상태에서 열 가지 재앙으로 건져 내셨기 때문입니다. 또한 하나님은 바다를 가르셔서 이스라엘 백성을 추격하는 바로의 군대로부터 구원하여 주셨습니다. 히스기야 때 유다 백성과 예루살렘 사람들은 앗수르 군대에 포위되어서 굶어 죽거나 칼에 찔려 죽거나 모두 다 죽을 수밖에 없었습니다. 그러나 하나님은 밤중에 한 천사를 보내셔서 앗수르 군대를 다 죽게 만드셨습니다. 그리고 하나님은 병으로 죽을 수밖에 없었던 히스기야의 눈물의 기도를 들으셔서 해시계가 뒤로 가는 기적을 행하시고 히스기야를 살려 주셨습니다. 우리는 하나님께서 나같이 악한 자를 구원하셔서 하나님의 백성으로 삼으신 이 아름다운 이야기를 온 세계에 선포해야 합니다.

그런데 히스기야는 이 하나님의 놀라운 구원을 두 번씩이나 체험하고서도 어리석게 행했습니다. 후에 바벨론의 사신들이 방문했을 때 하나님의 영광을 드러낸 것이 아니라 왕궁에 있는 보물들을 자랑하는 바람에 결국 유다는 바벨론에 포로로 붙들려 가는 신세가 됩니다.

여기서 우리가 깨달을 수 있는 사실은 하나님의 백성은 결코 평범하게 살아서는 안 된다는 것입니다. 우리가 하나님께서 주신 복을 누리면서 세상 사람처럼 살려고 한다면 우리는 결국 세상의 포로가 될 것입니다. 그러므로 우리는 '나는 하나님을 나타내기 위해 택함 받은 자이므로, 남들이 뭐라고 하든지 상관없이 하나님만 나타내겠다'고 결심해야 합니다. 그리고 살든지 죽든지 오직 하나님만 나타내면 하나님의 능력이 나를 통해서 나타나게 됩니다. 이것이 바로 우리가 이 악한 세상을 살아가는 길입니다.

:6절: "시온의 주민아 소리 높여 부르라. 이스라엘의 거룩하신 이가 너희 중에서 크심이니라 할 것이니라."

시온의 주민은 예루살렘 사람을 의미하는데, 시온은 예루살렘의 아주 큰 바위산을 말합니다. 우리는 하나님을 의지하는 자들이며, 하나님은 우리 안에 계십니다. 하나님은 크신 분이신데, 그분이 우리 안을 다 채우시면 우리는 하나님께 포함되어 버리므로 나 자신은 없게 됩니다. 그때에 하나님은 아주 작은 우리를 통해서 하나님의 엄청난 능력을 나타내실 것입니다. 우리는 이 불신앙의 세상을 두려워하지 말고 오직 결사적으로 하나님을 드러낼 때 하나님의 능력이 나타나게 될 것입니다.

21

하나님의 검열

이사야 13:1-12

요즘 신문이나 TV 뉴스를 보면 하루가 멀다 하고 일어나는 성추행 사건 때문에 놀라게 됩니다. 왜 최근 들어 갑자기 성추행이 많아지게 되었는지 의문스럽습니다. 지금까지는 사람들이 도덕적이었는데 갑자기 잘살게 되면서 성추행이 많아진 것인지, 아니면 옛날에도 성추행은 있었지만 그때는 쉬쉬하면서 넘어갔고 이제는 숨김없이 드러나서 이렇게 많아진 것처럼 보이게 되었는지 궁금한 것입니다. 그런데 최근 우리나라 사람들이 변한 것은 사실인 것 같습니다. 옛날에는 성공이나 성취라는 목표가 있어서 성적인 욕망이 좀 억눌려 있었다면, 이제는 더 이상 삶의 목표가 없어져서 당장 눈앞의 정욕을 참지 못하고 일을 저지르는 것이 아닌가 생각됩니다. 또 다른 이유는 이제는 사람들이 더 사나워지고 맹수같이 변해서, 약하고 아름다운 대상을 보면 덤벼들어서 자기 욕망을 채우고 상대방을 망쳐 버릴 정도로 잔인해졌기 때문인 것 같습니다. 다시 말해서, 이제 우리 사회는 더 이상 미래에 대한 비전을 갖지 않게 되었고, 또 자신이나 다른 사람의 아름다운 삶보다는 육체의 본능대로 살려고 하는 악한 마음이 지배하게 된 것입니다. 그래서 옛날에는 맹수를 들판이나 산에 가야 만났는데, 이제는 맹수들이 우리 사회 곳곳에서 인간의 모습으로 돌아다니는 모습을 볼 수 있습니다. 평소에는 점잖은 인간의 모습을 하고 있다가 약한 자가 틈만 보이면 맹수로 돌변해 덤벼드는 사회가 된 것입니다.

우리는 하나님을 믿는 백성으로서 스스로에게 한 가지 질문을 해야 할 필요가 있습니다. 그것은 하나님을 믿는 백성도 다른 사람과 똑같은 정욕을 가진 인간인가, 아니면 이런 욕정을 버린 천사 같은 존재인가 하는 것입니다. 여기서 우리 그리스도인에게 엄청난 갈등이 생깁니다. 사실 그리스도인도 다른 사람과 똑같은 욕정을 가진 인간임이 틀림없기 때문입니다. 그러나 하나님의 백성에게 요구되는 삶은 이런 욕정을 다 버린 천사 같은 삶입니다. 그래서 우리의 속에서는 두 마음이 싸우게 됩니다. 즉, '나는 하나님의 택함을 받은 거룩한 백성이니까 모든 추하고 더러운 생각은 버리고 천사 같은 마음이 되어야 해'라는 생각과, '왜 나는 다른 사람처럼 그들이 보는 것을 보지 못하고 그들이 즐기는 것을 즐기지 못해? 이것은 공평하지 않아'라는 생각이 공존하는 것입니다. 물론 우리는 인간이기 때문에 누구도 하나님 앞에서 완전할 수 없습니다. 그러나 스스로 갈등하면서 죄와 싸우는 모습과, 아무 갈등 없이 세상 사람과 똑같이 행동하려고 하는 것 사이에는 엄청난 차이가 있습니다.

이사야 13장부터는 이사야 선지자가 유다 주위에 있는 여러 나라의 죄와 미래에 대하여 예언하는 말씀이 나옵니다. 특히 이사야 13장 본문 말씀은 바벨론의 앞날에 대해 이사야 선지자가 예언하는 내용입니다.

이사야가 이 말씀을 전할 때는 아직 바벨론이 세계적인 강대국이 되기 전으로, 여전히 앗수르가 강대국일 때였습니다. 즉, 당시 앗수르는 정글로 비유하면 맹수 중의 최강자였고, 바벨론은 앞으로 정글의 강자가 될 맹수였습니다. 그런데 본문 전반부를 보면 하나님께서 땅끝까지 군대를 소집해서 어느 나라를 멸망시킬 것이라고 말씀하십니다. 대개 성경학자들은 이 나라가 바벨론이라고 해석합니다. 그러나 저는 해석을 달리해서 앞부분에서 공격당하고 망할 나라는 바벨론의 공격을 받는 유다이고, 후반부에 도망쳐서 망하는 나라를 바벨론으로 해석하려고 합니다. 그 이유는 두 가지인데, 하나는 이 당시 바벨론은 아직 강대국이 되기 전이었고, 아직 유다를 공격하기 전이었습니다. 그리고 두 번째는 '여호와의 날'이라는 표현이 나오는데, 이것은 대체로 유다가 바벨론의 공격을 받을 때 선지자들이 사용한 표현이었습니다.

우리나라에서는 아프리카 초원에서 사는 사자나 표범이나 악어 같은 맹수를 볼 수 없습니다. 우리가 그런 맹수를 구경하려면 비행기를 타고 열대지방의 초원이 있는 국립공원에 가야만 합니다. 마찬가지로 세계적인 강대국과 하나님의 백성은 전혀 서로 만날 일이 없는 나라로 살아갈 때가 많습니다. 그러나 때때로 이런 강대국과 하나님의 백성이 충돌할 때가 있습니다. 이때 대개 강대국이 만나는 하나님의 백성은 신실하고 좋은 상태가 아니라 부패하고 썩은 상태입니다.

하나님께서는 하나님의 백성에게 말씀을 주셔서 자발적으로 하나님의 말씀대로 살게 하셨습니다. 하나님의 백성이 노예가 아닌 자유로운 상태에서 자발적으로 하나님의 말씀을 따라 산다는 것은 엄청난 복이었습니다. 그러나 하나님의 백성도 인간이므로 '왜 우리가 꼭 하나님의 말씀대로 살아야 해? 왜 우리는 욕심을 부리면 안 되고, 항상 욕망을 포기해야만 해?'라고 하면서 하나님의 말씀에 순종하지 않으면 그들 안에 많은 불의가 쌓이게 됩니다. 이것은 마치 사람들이 쓰레기를 치우지 않아서 그것이 쌓여 썩는 냄새가 진동하는 것과 같습니다. 이때 하나님께서는 이방 강대국을 끌어오셔서 하나님의 백성을 치게 하십니다. 하나님께서 한번 하나님의 백성을 치실 때는 인정사정없이 치시기 때문에, 많은 사람이 죽고 집이나 재산이 불타게 됩니다. 이것이 바로 하나님의 백성이 하나님을 두려워하지 않고, 스스로 불의를 청산하지 않고 믿지 않는 사람들처럼 살려고 한 결과입니다. 특히 지금 우리나라는 여러 강대국에게 에워싸여 있습니다. 이때 우리가 하나님을 두려워해서 스스로 죄를 청산하면 강대국들이 위협하지 않지만, 자꾸 세상 사람을 따라가려고 하면 하나님께서 강대국을 사용하여 치게 하실 것입니다.

1. 적을 부르시는 하나님

:1-2절: "아모스의 아들 이사야가 바벨론에 대하여 받은 경고라. 너희는 민둥산 위에 기치를 세우고 소리를 높여 그들을 부르며 손을 흔들어 그들을 존귀한 자의 문에 들어가게 하라."

본문은 '아모스의 아들 이사야가 바벨론에 대하여 받은 경고'라고 말합니다. 여기서 '경고'라는 말은 '무거운 짐'이라는 뜻이 있습니다. 즉, 하나님의 말씀은 결코 가벼운 것이 아니라 무거운 짐과 같습니다. 그래서 선지자들은 하나님의 말씀을 받을 때 가벼운 마음이 아니라 완전히 탈진할 정도로 심한 심리적 압박 가운데 받았고, 말씀을 받은 후에는 전하지 않으면 안 되는 심한 심리적 압박을 받았습니다.

예를 들어, 어떤 왕이 한 신하만 불러서 다른 신하들 몰래 밀명을 내린다면 왕의 지시를 받은 그 신하는 엄청난 심리적 압박을 느낄 것입니다. 그리고 그 신하는 모든 일을 다 제쳐 놓고 그 일을 하게 될 것입니다. 그런데 왕은 왜 오직 한 신하만 불러서 비밀 지시를 내렸을까요? 그것은 다른 신하들은 왕의 명령을 반대하거나 왜곡할 가능성이 있거나 아니면 반역자들이기 때문일 것입니다.

하나님께서 우리에게 주시는 말씀은 아주 중대한 말씀이며, 다른 어떤 일보다 우선순위를 가지는 절대적인 명령입니다. 그런데 하나님께서 이사야에게 주신 비밀 명령은 어떤 산에 깃발을 꽂아서 군사들을 불러 모으라는 것이었습니다.

본문에 보면 '너희는 민둥산 위에 기치를 세우고'라고 했습니다. 팔레스타인이나 바벨론 같은 나라는 나무 한 그루 없는 벌건 언덕이나 작은 산들이 많습니다. 하나님께서는 '너희'라는 사람들에게 나무 하나 없는 민둥산에 깃발을 세워서 '그들을 부르라'고 했습니다. 여기서 깃발을 세우는 '너희'는 어떤 사람이며, 또 그들이 불러들이는 '그들'은 누구를 말할까요? 여기서 본문 해석이 달라지는데, 대부분의 성경학자는 바벨론을 멸망시킬 메대와 바사 사람들이라고 말합니다. 그러나 아직은 바벨론이 최강대국이 되기 전이고 유다와 예루살렘을 공격하기 전이므로, 누군가가 바벨론 군대를 불러들이는 것으로 해석하면 좋을 것입니다.

2절 하반절에는 '손을 흔들어 그들을 존귀한 자의 문에 들어가게 하라'고 했습니다. '존귀한 자의 문'은 바벨론 왕궁 문이라고 볼 수도 있지만, 예루살렘 성문으로 생각하는 것이 좋을 것 같습니다. 즉 유다는 앗수르의 공격은 물리치게 되겠지만 장차 어느 한순간에는 바벨론의 공격을 받고 그들의 군대가 예루살렘 성문 안으로 들어오게 된다는 뜻입니다. 그런데 이렇게 바벨론 군대를 불러서 예루살렘을 망하게 하는 분은 다른 이가 아니라 바로 하나님이십니다. 하나님께서는 잘 보이는 산에 깃발을 세워서 바벨론 군대를 유다와 예루살렘으로 오게 하시고 결국 예루살렘을 삼키게 하시는 것입니다. 그 이유가 무엇일까요? 하나님의 백성이 그들의 책임과 의무를 포기하고 이방인과 같아졌기 때문입니다.

하나님께서는 이스라엘 백성에게 율법을 주셔서 스스로의 욕망을 포기하고 나쁜 본성을 누르면서 하나님의 백성답게 살게 하셨습니다. 그러나 이스라엘 백성이 어느 정도 똑똑해지고 힘이 생기자 정욕과 욕망이 넘쳐서 하나님의 말씀대로 살지 않게 되었습니다. 이스라엘 백성이나 유다 백성이 '우리도 인간인데 왜 우리는 늘 바보처럼 욕심을 포기하면서 수도승같이 살아야 해? 나는 그렇게 바보같이 살 수 없어. 나는 앞으로 내가 하고 싶은 대로 다 하면서 살 거야'라고 할 때 그들 안에는 불의가 쌓이게 되는 것입니다. 즉, 하나님의 백성은 아모스 선지자가 예언했던 것처럼 "정의를 물같이 공의를 마르지 않는 강같이"(암 5:24) 흐르게 해야 할 책임이 있습니다.

예를 들어, 논밭에 비가 많이 내렸을 때 쓰레기나 흙더미 때문에 물이 잘 내려가지 않으면 논이나 밭이 침수되기 때문에 농부들은 비옷을 입고 나가서 빗물이 잘 흘러가도록 쓰레기나 흙더미를 치웁니다. 그러면 정말 빗물이 잘 흘러내려 가서 보는 사람의 마음도 시원할 것입니다. 그런데 대개의 사람은 무엇인가 쥐꼬리만 한 권력이라도 있으면 일부러 일이 꼬이게 해서 자신의 이익을 챙기고 자기 권위를 내세울 때가 많습니다. 그렇게 되면 하나님의 백성 사이에도 자기도 모르게 쓰레기가 쌓이고 불의가 축적되면서 사회가 썩기 시작합니다. 우리 몸의 구석구석이 병들거나 썩지 않으려면 온 몸의 혈액 순환이 잘 되어야 하는 것처럼, 하나님의 백성이 살아가는 공동체가 썩지 않으려면 관계의 흐름이 막히지 않아야 합니다. 서로 적극적으로 도와주고 살피고 배려함으로 사랑의 물줄기가 시원하게 흘러가도록 해야 합니다. 그런데 하나님의 백성이 사랑을 베풀지는 않고, 오직 자신의 권위를 내세우고 자기 이익만 챙기려고 하면 어느 새 가로막힌 관계 가운데 물이 고이게 되고 어느 한쪽부터 썩어들어 가게 됩니다.

하나님의 백성이 정체되었는지 정체되지 않았는지를 스스로 분별하는 방법은 자기 안에 뜨거운 사랑과 기도 응답이 있고 부흥의 불이 있는지를 살펴보는 것입니다. 자기 안에 미움이 있고 서로 대적하여 편을 나누고 으르렁거리는 모습이 있다면 이것 자체가 이미 썩은 것이며 부흥의 불이 꺼진 것입니다. 하나님의 백성은 이런 상태가 되면 모든 것을 다 내려놓고 부흥의 불이 다시 붙을 수 있도록 금식하며 기도해야 합니다. 서로 주도권을 장악하기 위해 싸우고 건물을 차지하기 위해 싸운다면 하나님은 이들과 전혀 상관없는 세상의 권력을 끌어들이게 될 것입니다. 그래서 하나님의 존귀한 자들이 세상 법정에서 재판 받는 일이 생깁니다. 놀라운 것은 최근 우리나라에서 교회 분쟁 때문에 세상 법정의 재판을 받는 경우가 너무나 많고, 더욱이 목회자들이 실형을 선고받는 일이 많아지고 있다는 사실입니다.

그러나 하나님의 심판은 이것으로 그치지 않습니다. 하나님은 하나님의 백성이 이 정도 수준이라면 절대로 스스로의 힘으로는 깨닫지 못한다는 사실을 아시기 때문에 결국 전쟁이나 지진 같은 무서운 심판을 내리십니다. 그러므로 하나님의 종이나 백성은 결코 욕망이나 야망대로 살아서는 안 됩니다. 우리는 끊임없이 자기 안에 있는 욕망이나 야망과 싸워서 스스로 정의의 피가 돌게 해야 합니다. 그래서 하나님의 백성은 누군가가 듣기 싫은 소리를 하더라도 기꺼이 그 말을 경청할 필요가 있습니다. 왜냐하면 하나님의 백성은 그만큼 존귀하지만 자칫 잘못하면 불의를 저지를 가능성이 높기 때문입니다.

예수님은 마태복음 5:14에서 "너희는 세상의 빛이라. 산 위에 있는 동네가 숨겨지지 못할 것이요."라고 말씀하셨습니다. 산 위에 있는 동네는 골짜기에 꼭꼭 숨어 있는 동네와 달리 천지 사방에서 다 볼 수 있습니다. 이 산 위에 있는 동네를 보이지 않게 하려면 온 세상을 캄캄하게 해야만 할 것입니다. 마찬가지로 산 위에 있는 동네와 같은 하나님의 백성이 자기의 죄를 감추려면 온 세상을 칠흑같이 어둡게 해야 할 것입니다. 이것은 하나님의 백성의 책임이 얼마나 큰지를 보여 주는 것입니다.

: 3절 :　"내가 거룩하게 구별한 자들에게 명령하고 나의 위엄을 기뻐하는 용사들을 불러 나의 노여움을 전하게 하였느니라."

여기서 '내가 거룩하게 구별한 자'나 '나의 위엄을 기뻐하는 용사'는 하나님께서 부르셔서 사용하시는, 하나님의 백성의 적을 가리킵니다. 즉, 하나님의 백성이 스스로 알아서 자신을 고치지 않으면 하나님께서는 하나님을 믿지 않는 적을 끌어들여서 하나님의 백성을 치시는 것입니다. 하나님은 이 적들로 하여금 하나님의 노를 풀게 하십니다. 이것을 보면 하나님의 백성이 하나님의 말씀을 업신여기고 자기 힘만으로 세상에서 성공해 보겠다고 어리석게 굴 때 하나님께서 얼마나 진노하시고 하나님의 마음이 얼마나 답답하실지 알 수 있습니다. 결국 하나님은 적을 불러들여서 하나님의 진노의 도구로 사용하십니다. 그러면 어떻게 될까요? 하나님의 백성은 망하고 하나님의 이름은 모든 이방인 가운데서 조롱받을 것입니다. 또한 이 세상에 하나님을 믿는 자는 적어질 것입니다. 하나님은 이 모든 것을 다 각오하십니다. 하나님은 하나님의 백성이 엉터리로 부흥하고 엉터리로 복 받는 것보다는 차라리 망하더라도 정직하고 깨끗한 것이 더 낫다고 보시는 것입니다.

　그렇다고 하나님의 백성에게 소망이 없는 것은 아닙니다. 이때 누군가가 이스라엘을 위하여 결사적으로 기도한다면 하나님은 또 용서해 주시기 때문입니다. 이스라엘 백성은 모세가 시내 산에 올라갔을 때 사십 일을 기다리지 못하고 금송아지를 만들어 그 앞에서 절하면서 춤을 추었습니다. 그때 하나님은 모세에게 "내가 그들에게 진노하여 그들을 진멸하고 너를 큰 나라가 되게 하리라."(출 32:10)고 말씀하셨습니다. 불의한 이스라엘을 다 멸망시키고 모세 한 사람으로부터 다시 시작하시겠다는 말씀입니다. 그러나 모세가 하나님 앞에서 결사적으로 그 뜻을 거두어 주시도록 기도했을 때 하나님은 이스라엘을 살려 주셨습니다. 중요한 것은 이러한 위기 상황에서 세상 욕심을 버리고 자신의 죄인 것처럼 결사적으로 기도할 모세와 같은 사람이 있느냐 하는 것입니다. 하나님의 백성은 그 가운데 기도하는 사람만 있으면 살 수 있습니다. 이 적을 불러서 사용하시는 분은 하나님이시기 때문입니다.

2. 왜 하나님을 두려워하지 않을까?

사람은 죄를 지었을 때 하나님께서 아시게 되는 것보다는 다른 사람들이 알게 되는 것을 더 두려워합니다. 사람은 눈에 보이지 않는 하나님보다 눈에 보이는 사람들을 더 두려워하는 것입니다.

언젠가 한 자매가 큰 잘못을 저지른 후 제게 상담을 하러 왔습니다. 그 자매는 저에게 "이것을 제 아버지께서 아시면 큰일 나요. 절대로 모르게 해 주세요."라고 당부했습니다. 그때 제가 그 자매에게 "하나님은 어떻게 하지?"라고 묻자 하나님은 생각하지 못했다고 대답했습니다. 저는 그 자매에게 하나님 앞에서 먼저 해결해야 사람의 문제도 해결된다고 말해 주었고, 그제야 자매는 그렇게 하겠다고 대답했습니다.

우리는 인간이기 때문에 다 하나님의 말씀대로만 살 수는 없습니다. 그러나 우리가 하나님의 말씀대로 살지 않아도 다른 사람들은 알지 못합니다. 우리가 하나님의 말씀대로 살지 못한 것을 다른 사람들이 알게 될 때는 그것이 곪고 곪아서 결국 터졌을 때입니다. 하지만 하나님은 우리 안에서 작은 불순종이 시작되었을 때부터 이미 다 알고 계십니다. 이때 우리가 살 길은 하나님을 두려워하는 것입니다. 우리가 하나님을 두려워하면 어떻게 해서든지 하나님 앞에 죄를 자백하고 버릴 것입니다. 그러나 우리가 사람의 눈만 가리는 것으로 만족하고 하나님 앞에서 정직하게 살지 않으면 나중에 큰 두려움에 빠지게 될 것입니다.

: 4절 :   "산에서 무리의 소리가 남이여 많은 백성의 소리 같으니 곧 열국 민족이 함께 모여 떠드는 소리라. 만군의 여호와께서 싸움을 위하여 군대를 검열하심이로다."

하나님의 말씀에 불순종하면서도 회개하지 않던 유다의 왕족이나 귀족들은 모든 것이 원하는 대로 되었기 때문에 자신들이 성공했다고 생각했습니다. 그런데 어느 날 산 위에서 많은 무리가 떠드는 소리를 듣게 되었습니다. 유다의 왕족이나 귀족들은 도대체 어떤 사람들이 저렇게 산 위에서 떠드는지 알지 못했습니다. 지금 유다 백성은 저렇게 산 위에 올라갈 처지가 아니고 무슨 큰 구경거리가 있는 것도 아닐 텐데, 왜 저 산 위가 저렇게 시끄러운지 알지 못했습니다. 그런데 알고 보니 그곳에는 수많은 민족이 예루살렘을 공격하려고 모였는데 하나님께서 검열하시는 중이었습니다. 즉, 하나님께서 부르셨는데 빠진 민족이 있는지, 그들이 전쟁 준비는 다 되었는지, 또 예루살렘을 공격하는 방법은 잘 알고 있는지를 확인하는 중이었습니다.

유다의 지도자들이 하나님의 말씀에 목숨 걸고 헌신하지 않고 자기의 배나 채우고 세상 사람들처럼 게으르게 살았을 때, 하나님께서 그렇게 많은 폭력배를 몰고 오셔서 공격하실 줄은 알지 못했던 것입니다.

: 5절 :   "무리가 먼 나라에서, 하늘 끝에서 왔음이여 곧 여호와와 그의 진노의 병기라 온 땅을 멸하려 함이로다."

지금까지 하나님은 유다 주위에 있는 나라를 불러서 유다를 치게 하셨는데, 하나님은 그것이 소용없다는 것을 아셨습니다. 왜냐하면 유다 백성은 하나님께서 가까운 나라들을 불러 봐야 실컷 겁만 주고 결국 물러나게 하시리라는 것을 알고 있었기 때문입니다. 그런데 먼 나라에서 온 사람들은 일단 말도 통하지 않고 법도 달라서 인정사정 봐 주지 않았습니다.

그제야 유다 백성과 지도자들은 애통하기 시작했습니다.

:6절: "너희는 애곡할지어다. 여호와의 날이 가까웠으니 전능자에게서 멸망이 임할 것임이로다."

여기서 참 안타까운 것은 '전능자'라는 말입니다. '전능자'는 이스라엘 백성이 가장 사랑하던 하나님의 이름이었습니다. 즉, '샤다이'는 못하는 것이 없으신 전능하신 하나님의 이름이었습니다. 그리고 '여호와의 날'은 하나님께서 악의 세력을 심판하시고 하나님의 백성을 위기에서 구원하시는 날이었습니다. 그러나 유다 백성이 하나님을 두려워하지 않고 사람들의 눈치만 보면서 세상 것들을 챙기고 세상에서 성공하려고 했을 때, 이미 그들은 하나님을 잃어버리고 말았습니다. 유다 백성이 하나님을 잃어버렸다는 것은 단순히 하나님과 멀어진 것이 아니라 하나님을 적으로 만드는 것이었습니다. 유다 왕족이나 귀족들은 하나님의 진노에 대해서는 두려워하지 않았는데, 눈앞에 쳐들어온 수많은 군대를 보고는 부들부들 떨었습니다. 왜 유다 백성은 미리 하나님의 진노하실 것을 두려워하지 않았을까요? 유다 왕족이나 귀족들이 미리 하나님을 두려워했더라면 지금 이 많은 먼 나라 군대의 공격을 당할 필요가 없었습니다.

예를 들어, 요즘은 사람들이 미리미리 건강검진을 하면서 암을 초기에 발견합니다. 그래서 미리 걱정하고 병원에 가서 수술을 받고 치료받음으로 완치율이 꽤 높습니다. 그러나 암에 걸린 줄도 모르고 언제나 술을 즐기며 자기 하고 싶은 대로 다 하던 사람들은 나중에 심한 통증으로 병원에 가 보면 이미 늦고 맙니다. 그때는 의사도 손쓸 도리가 없게 되어 죽을 수밖에 없습니다. 그래서 하나님의 백성은 미리 자백하고 애통하는 것이 중요한데, 왜 꼭 일이 닥친 후에야 후회하며 애통하는 것일까요? 그것은 미리 하나님 앞에서 죄를 고하고 애통하면 아무것도 내 마음대로 하지 못하기 때문입니다. 그래서 사람들은 하나님은 안 보시는 것으로 치고 일단 내가 하고 싶은 대로 하는 것인데, 그렇게 되면 이미 늦습니다. 하나님 앞에서는 내가 하고 싶은 대로 다 하지 않는 것이 복된 것입니다.

:7-8절: "그러므로 모든 손의 힘이 풀리고 각 사람의 마음이 녹을 것이라. 그들이 놀라며 괴로움과 슬픔에 사로잡혀 해산이 임박한 여자 같이 고통하며 서로 보고 놀라며 얼굴이 불꽃같으리로다."

하나님께서 진노하시면 인정사정 봐 주시지 않고 자기 백성의 죄를 다 폭로하시기 때문에 사람들은 정신을 차릴 수 없습니다. 지금까지는 모든 것이 자기 생각이나 계획대로 되었는데, 이때부터는 그가 할 수 있는 것이 아무것도 없습니다. 온 세상이 그를 정죄하며 그의 모든 숨겨진 죄가 다 폭로되기 때문입니다. 여기서 '손의 힘이 풀리고'는 손을 너무 떨어서 아무것도 쥘 수 없게 된 상태를 말합니다. 그래서 지금까지 그가 두 손으로 꽉 쥐고 있던 모든 것은 이제 그의 손에서 빠져나가게 될 것입니다. 이들은 서로를 보면서 놀라는데, 서로 얼굴을 쳐다보며 '당신도 망했소? 또 당신도 망했소? 나도 망했는데…' 하면서 놀라게 되는 것입니다. 왜냐하면 자기들은 권세 있고 똑똑해서 절대로 망하지 않을 줄 알았던 것입니다. 이렇게 그들은 모두 놀라서 괴로움과 슬픔에 잠기게 됩니다. 그리고 해산이 임박한 여자같이 고통스러워합니다. 이제 남은 것은 고통밖에 없기 때문입니다. 이들의 얼굴은 불꽃과 같은데, 이는 너무 화가 나고 부끄럽고 창피하기 때문입니다.

3. 하나님께서 진노하시는 날

결국 하나님께서는 맹렬한 진노와 심판을 통해서 정말 순수한 하나님의 백성을 골라내십니다. 고린도전서 3장에서 사도 바울은 누구든지 그리스도의 터 위에 금이나 은이나 보석이나 나무나 풀이나 짚으로 집을 지으면 각 사람의 업적이 드러나는데, 불로 심판하면 불에 타는 것과 타지 않고 남는 것으로 그 업적이 드러날 것이라고 했습니다. 결국 하나님께서 진노의 불로 심판하시면 엉터리로 복 받고 부흥하고 믿은 것은 전부 불에 타서 없어질 것입니다. 결국은 처음부터 철저히 하나님의 말씀으로 이루어진 것만 남을 것이고, 목숨 걸고 하나님을 붙드는 사람만 남게 될 것입니다. 아무리 입으로 잘 믿는다고 떠드는 사람이 많아도, 이처럼 물질만능주의가 가득하고 정욕으로 인한 성범죄가 신문지상을 도배하는 세상에서는 대부분의 축복이나 부흥이 엉터리일 가능성이 높습니다. 우리가 하나님 앞에 온전히 서려면 지금이라도 내가 자랑하며 붙들고 있는 것을 다 내려놓고 오직 하나님의 말씀에 목숨을 걸어야 합니다.

:9-10절: "보라 여호와의 날 곧 잔혹히 분냄과 맹렬히 노하는 날이 이르러 땅을 황폐하게 하며 그중에서 죄인들을 멸하리니 하늘의 별들과 별 무리가 그 빛을 내지 아니하며 해가 돋아도 어두우며 달이 그 빛을 비추지 아니할 것이로다."

하나님의 백성이 끝까지 하나님 앞에 자신의 교만과 불법을 회개하지 않고 잘난 체할 때, 하나님은 그들의 성공과 복이 진짜 하나님께서 주신 것인지 시험하십니다. 하나님께서 시험하실 때는 전혀 사정을 봐주지 않고 철저하게 그 모든 죄를 들추어내십니다. 그 때에는 하늘의 별이 빛나지 않고 태양과 달도 빛을 내지 않는다고 했습니다. 즉, 하나님께서 이들을 아주 캄캄한 토굴에 집어넣어서 빛을 보지 못하게 하시는 것입니다. 여기서 빛은 하나님의 긍휼과 자비를 상징합니다. 하나님께서는 겉으로 하나님을 믿는다고 하면서도 전혀 하나님을 의지하지 않는 자들을 철저하게 심판하시는데, 이제 그들에게는 희망이 없게 됩니다.

그러므로 하나님의 백성에게는 겸손이 아주 중요합니다. 우리가 하나님을 두려워하고 하나님께서 내 삶을 인도하시기를 기다리는 것이 다른 사람이 보기에는 무능하고 어리석은 것 같을지라도 우리는 망한 것이 아닙니다. 하늘에는 여전히 별이 빛나고 매일 태양이 떠오릅니다. 우리가 하나님의 말씀을 붙들고 있으면 우리 주위에 있는 모든 것이 하나님이 우리에게 보내시는 사랑의 편지임을 알 수 있습니다. 우리가 하나님을 두려워하고 하나님의 말씀을 믿는다면 적어도 우리는 마음대로 죄를 짓지는 못합니다. 이것이 바로 큰 재앙을 막을 수 있는 길입니다. 하나님은 우리를 복된 삶으로 인도하십니다.

하나님은 심판하실 때 하나님께서 주신 복에 대해서는 절대 심판하지 않으십니다. 유다나 예루살렘이 망하는 것은 하나님께서 주시지 않은 복으로 도시 전체를 가득 채웠기 때문입니다. 그러나 하나님께서 주신 복은 어떤 심판도 이기고 살아남게 됩니다.

:11절: "내가 세상의 악과 악인의 죄를 벌하며 교만한 자의 오만을 끊으며 강포한 자의 거만을 낮출 것이며"

하나님의 계획으로는 이 세상의 오만한 자나 악한 자는 언젠가는 심판을 받게 되어 있습니다. 그런데 하나님의 백성이 세상의 오만한 자나 강포한 자를 부러워하여 자신이 교만하고 강포한 자가 된다면 하나님은 그들을 먼저 심판하실 것입니다. 만일 유다 백성이 진정으로 하나님 앞에 겸손했다면 얼마든지 바벨론에 망하지 않을 수 있었습니다. 그러나 유다 백성이 하나님의 말씀을 싫어했기 때문에, 자존심만 내세우며 굽히지 않고 끝까지 싸우다가 멸망하고 마는 것입니다.

: 12절 : "내가 사람을 순금보다 희소하게 하며 인생을 오빌의 금보다 희귀하게 하리로다."

하나님께서 유다에 행하시려는 것은 무조건 인구가 많고 성공한 백성, 복 받은 백성을 만드시는 일이 아닙니다. 하나님은 정금같이 연단 받은 백성, 적은 수라도 오빌의 순금같이 불순물이 전혀 없는 하나님의 백성을 남게 하겠다고 말씀하십니다.

하나님은 결국 하나님의 백성을 연단하셔서 순금만 남게 하실 것입니다. 그것은 사람들에게는 상상할 수 없는 재앙의 날이 될 것입니다. 우리가 그 날을 피하려면 미리 정금이 되고 순금이 되어야 합니다. 그래서 지혜로운 성도들은 굳이 이런 무서운 심판이 아니라 스스로 정금이 되는 방법을 택할 것입니다. 지금 우리가 사는 세상은 성공만을 알아주고, 하나님을 기다리는 사람이나 겸손한 사람은 무시당하는 세상입니다. 그러나 우리가 설령 사람에게 무시를 당한다 하더라도 하나님의 손에 망하는 것보다는 나을 것입니다. 아무리 많은 것을 가지고 있어도 하나님께서 주신 것이 아니면 다 타서 없어집니다. 미리 포기하고 미리 작은 것을 택해서 전능하신 하나님을 나의 하나님으로 모시고 끝까지 하나님의 복을 받는 성도들이 다 되시기 바랍니다.

22

바벨론의 미래

이사야 13:13-22

예전에 공상 과학 영화를 보면 엉뚱한 호기심을 가진 과학자들이 타임머신을 만들어서 과거의 세계로 가 보는 영화들이 있습니다. 그래서 과거로 돌아가 보면, 사람들이 미개하게 살기도 하고 또 어떤 시대는 전쟁을 하고 있기도 한데, 대개 과거의 세계는 옷차림이나 머리 스타일이 지금과는 많이 다릅니다. 만일 요즘의 젊은이가 짧은 치마나 청바지에 티셔츠를 입고 조선시대로 돌아가서 한복을 입고 상투를 튼 사람들 사이를 돌아다닌다면, 사람들은 그를 보고 미쳤다고 하든지 아니면 수상한 사람이라며 당장 잡아갈 것입니다.

그런데 미래의 세계는 상상하기 쉽지 않습니다. 우리는 미래를 경험해 보지 않았기 때문입니다. 만일 우리가 미래의 세계를 한번 가볼 수만 있다면 현재를 대하는 태도가 많이 달라질 것입니다. 예를 들어, 지금 어느 기업이 사람들에게 인기가 있는데, 몇십 년 후의 세계에 가 보니까 그 기업이 망하고 그 기업 출신들이 모두 비참하게 된 모습을 본다면 다른 사람이 아무리 그 회사에 들어가라고 권해도 절대로 들어가지 않을 것입니다. 또한 들어가더라도 결국 다른 곳으로 옮겨 버릴 것입니다. 이미 그 회사가 망할 것이라는 사실을 알기 때문입니다. 또 어느 나라가 아주 강대국이 되어 이웃 나라를 침공해서 정복하였는데, 몇십 년 후의 그 나라에 가 보니 완전히 망해서 사람들은 죽임을 당하고 나라는 완전히 폐허가 되었다면 그 나라를 별로 두려워하지 않을 것입니다. 물론 아직은 그 나라가 대세이고 큰 힘을 가지고 있으므로 당장 그 나라를 대적하지는 않을 것입니다. 하지만 마음으로는 절대로 그 강대국에 겁을 집어먹거나 복종하지 않고 언젠가는 망할 나라임을 생각할 것입니다. 만일 악한 자가 미래에 망할 것을 미리 안다면 우리는 절대로 악한 자와 동업하지 않을 것이며 악한 자와 한편이 되지도 않을 것입니다.

하지만 우리에게는 결과만 중요한 것이 아니라 과정도 중요합니다. 우리가 지금부터 바른길을 가야 앞으로도 바른길을 갈 수 있습니다. 그렇게 할 수 있는 것은 하나님의 말씀을 붙드는 길밖에 없습니다.

1. 하나님의 시험

아이들이 가장 이해하기 어려운 것은 왜 날 사랑하는 엄마 아빠가 저 무서운 매를 잘 보이는 데 세워 두고 한 번씩 위협하실까 하는 것입니다. 저 매만 없으면 너무나 살기 좋을 텐데 엄마 아빠는 매를 집 안에 두십니다. 엄마 아빠가 매를 그곳에 두는 이유는 아이를 불행하게 하려는 것이 아닙니다. 오히려 아이가 버릇이 없어져서 말을 듣지 않고 고집만 부리게 될까 봐 매를 세워 놓는 것입니다.

마찬가지로 하나님께서는 사랑하는 주의 백성을 위해서 무서운 시험들을 준비해 놓고 계십니다. 하나님께서 주시는 시험 중에는 가난도 있고 질병도 있고 강대국과의 전쟁도 있습니다. 하나님께서 이런 무서운 시험을 준비해 놓으시는 이유는, 하나님의 백성이 버릇없는 나쁜 자녀가 되지 않게 하시려는 것입니다. 그래서 하나님의 자녀가 미리 자신을 돌아보고 살펴서 스스로 하나님의 말씀에 순종하고 하나님 앞에 겸비하다면 이런 매는 필요 없게 될 것입니다. 그러나 우리는 마치 버림받은 거지 아이 같아서 매를 들지 않으면 절대로 착한 자녀가 되지 않습니다. 하나님의 매는 얼마나 무서운지 한번 들었다 하면 우리는 죽을 각오를 해야 합니다. 왜냐하면 하나님은 원석 같은 우리를 부수고 불로 녹여서 형체도 없이 만드신 후에 순도 백 퍼센트의 정금이 되게 하시기 때문입니다. 하나님의 백성에게 가장 무서운 것은 성공을 향한 욕심입니다. 우리가 성공을 향해 달려가면 갈수록 겉은 화려하지만 안에는 불순물이 가득 차서 결국 하나님의 불 시험을 받게 됩니다.

여기서 우리가 알아야 할 것은, 불 시험에는 두 가지 불이 있다는 사실입니다. 하나는 하나님의 무서운 심판의 불이고, 다른 하나는 하나님의 말씀과 성령의 불입니다. 우리가 미리 하나님의 말씀으로 은혜를 받고 스스로 하나님 앞에 겸비하면 굳이 무서운 전쟁의 불 시험을 당할 필요가 없습니다.

이사야 13장은 장차 유다 나라와 가장 깊은 관계를 맺게 될 바벨론에 대하여 하나님께서 예언하시는 말씀입니다. 바벨론에 대한 하나님의 예언은 전반부와 후반부로 나눌 수 있습니다. 전반부의 말씀은 하나님께서 바벨론을 유다로 불러들이시는 내용입니다. 하나님께서는 나무도 없는 민둥산 위에 깃발을 세워서 바벨론 군대를 불러들이시는데, 바벨론 군대는 유다를 철저하게 진멸합니다. 그래서 사람들은 나라가 망하는 것을 보고 놀라고 절망하게 되며, 유다의 모든 오만하고 교만했던 자가 다 철저하게 심판을 당하게 됩니다. 유다가 이렇게 바벨론에 의해서 망하게 되는 것은 유다를 향한 하나님의 시험이었습니다. 즉, 하나님은 유다가 얼마나 순도 높은 금인지 시험해 보시기 위해 바벨론 군대를 불러서 공격하게 하셨습니다. 그런데 예루살렘이 함락되었다는 것은 예루살렘이 시험을 이기지 못했다는 것입니다.

유다 백성은 나라가 망하고 모두 바벨론에 포로로 붙들려 간 후에야 목숨 걸고 하나님의 말씀을 붙들게 되는데, 이들이 바로 남은 자들이고 하나님께서 찾으셨던 정금 같은 신앙인 것입니다. 여기서 우리가 깨달아야 할 것은 만일 유다 백성이 하나님의 말씀을 미리부터 목숨 걸고 믿었더라면 바벨론이라는 나라는 올 필요가 없었다는 사실입니다. 그리고 설사 바벨론이 예루살렘으로 쳐들어와서 공격했더라도 유다 사람들이 바른 믿음을 붙들고 있었더라면 바벨론의 공격을 얼마든지 이길 수 있었을 것입니다. 왜냐하면 예루살렘은 임마누엘의 하나님이 함께하시는 성이었기 때문입니다. 이 세상에 불같은 시험이 많지만 불같은 시험을 이기는 비결은 결코 세상적인 성공에 있지 않습니다. 불같은 시험을 이길 수 있는 길은 하나님의 말씀에 목숨을 거는 믿음에 있습니다. 하나님의 백성이 하나님의 말씀에 목숨을 걸면 그 자체가 정금이기 때문에 시험을 이길 수 있습니다. 그래서 예루살렘이 무너질 이유가 없는 것입니다.

여기서 우리는 두 가지 사실을 알 수 있습니다. 하나는, 우리 주위에 있는 많은 시험은 하나님께서 우리를 사랑하셔서 우리 안에 있는 마귀의 자녀의 본성을 제거하고 하나님의 자녀의 성품을 갖게 하시려고 준비하신 불 시험이라는 것입니다. 그런데 우리가 성공을 향하여 달려간다면 보석이 되지 못하고 불 시험에 실패하게 될 것입니다. 유다 백성도 더 성공하고 잘살기 위해 이방 나라들의 세상적인 성공을 따라갔고 그 결과 그들은 쭉정이 신앙이 되고 말았습니다. 다른 하나는, 우리에게 부흥의 불이 일어나면 마귀의 시험을 물리치게 된다는 사실입니다. 산불을 진화할 때 맞불을 놓아서 불을 끌 때가 있습니다. 맹렬하게 산불이 퍼질 때 산불의 진행 방향에 맞불을 놓아 탈 것을 미리 제거하면 불이 꺼지게 되는 것입니다. 이처럼 우리가 하나님의 말씀을 붙들고 결사적으로 기도하면 우리 안에서 일어난 부흥의 불이 마귀의 시험에 맞불을 놓게 되는 것입니다.

우리는 스스로의 힘으로 하나님의 자녀가 될 수 없습니다. 그러나 우리가 목숨을 걸고 하나님의 말씀을 붙들면, 말씀과 성령으로 정금같이 되어 세상의 시험을 이기게 됩니다. 여기서 우리가 유의할 점은 정금의 함량이 떨어지면 떨어질수록 망하는 정도가 심하다는 것입니다. 예를 들어, 유다가 평소에 순도 구십 퍼센트의 금이었다면 바벨론이 쳐들어와도 절대로 망하지도 않고 예루살렘이 불타지도 않고 저절로 물러갔을 것입니다. 그런데 만일 예루살렘이 오십 퍼센트 정도의 순수한 신앙을 지켰다면 반 정도 깨어질 각오는 해야 하는 것입니다. 그런데 예루살렘의 신앙은 거의 엉터리였기 때문에, 예루살렘은 무너지고 유다 백성은 포로로 붙들려 가게 되었습니다. 그들은 그제야 하나님의 말씀을 붙들게 됩니다.

결국 하나님께서 바벨론을 불러들이시는 목적은 12절에 나타나게 됩니다.

: 12절 : "내가 사람을 순금보다 희소하게 하며 인생을 오빌의 금보다 희귀하게 하리로다."

물론 이 말씀은 유다 백성이 많이 죽어서 유다 땅에 백성이 거의 남지 않게 된다는 것을 하나님께서 금에 비유하신 것입니다. 그러나 실제로 하나님이 원하셨던 것은 백성의 숫자가 아니라 정금같이 불순물이 없는 하나님의 백성이었습니다.

2. 바벨론의 전환점

바벨론의 느부갓네살 왕은 바벨론 제국을 영원히 번성하는 제국으로 만들기 원했습니다. 그래서 모든 나라를 정복하여 바벨론을 대국으로 만들었을 뿐 아니라, 각 나라의 수도를 파괴하고 인재들을 포로로 끌어가 교육시켜서 바벨론의 관리로 사용하였습니다. 또한 전 세계의 금은이나 보물을 다 탈취해 와서 화려한 바벨론 왕궁을 건설했습니다. 느부갓네살은 바벨론 성 주위에 큰 호수를 파고 다리로만 사람들을 다니게 하여 아무리 많은 군대가 쳐들어와도 쉽게 바벨론 성을 함락시킬 수 없게 만들었습니다. 이러한 바벨론이 갑자기 망하게 됩니다. 본문에 의하면 하나님께서 맹렬하게 진노하시면서 바벨론은 망하게 된다고 말씀합니다.

:13절: "그러므로 나 만군의 여호와가 분하여 맹렬히 노하는 날에 하늘을 진동시키며 땅을 흔들어 그 자리에서 떠나게 하리니"

하나님께서는 '나 만군의 여호와가 분하여 맹렬히 노하는 날에'라고 말씀하십니다. 즉, 어느 날 하나님께서 바벨론에 대하여 극심하게 진노하십니다. 그러면서 바벨론의 운명은 세계 최강대국에서 아무도 살지 않는 비참한 나라로 전락하게 됩니다. 당시 세계 최강대국이었던 바벨론을 한순간 아무도 살지 않는 폐허의 나라로 만든 것은 하나님의 진노였습니다. 왜 하나님께서 바벨론에 대하여 그렇게 갑자기 진노하셨을까요? 왜 하나님은 바벨론을 들어 사용하여 세계 최강대국으로 만드시더니 갑자기 바벨론을 미워하셔서 한순간에 망하게 하셨을까요? 그것은 바로 유다 백성과 관계가 있습니다.

하나님께서 바벨론에 대하여 본격적으로 진노하기 시작하신 시점은 바로 유다 백성의 연단이 거의 끝난 때였습니다. 물론 하나님께서 바벨론에게 진노하신 것은 유다 백성에게 진노하신 것과 그 성격이 근본적으로 다릅니다. 하나님께서 유다에 내리신 진노는 겉으로 보기에는 진노 같았지만 실제로는 알곡과 쭉정이를 골라내기 위한 계획이었고, 또 알곡으로 하여금 더 알곡이 되게 하기 위한 사랑의 진노였습니다. 그래서 하나님은 유다 백성을 사랑하셨지만 바벨론의 손에 붙여서 마음대로 점령하게 하셨던 것입니다.

그러나 하나님은 바벨론은 사랑하신 적이 없습니다. 하나님은 바벨론이 예루살렘을 공격하고 성전을 파괴할 때 크게 진노하셨지만 참고 계셨습니다. 하나님께서 바벨론에 대하여 본격적으로 진노를 나타내시게 된 시점은 유다 백성이 바벨론 포로로 고생하면서 거의 알곡이 다 되었을 때였습니다. 즉, 바벨론으로 끌려 온 유다 백성은 다른 의지할 것이 없자 다시 하나님의 말씀을 붙들게 되었습니다. 이처럼 유다 백성이 하나님의 말씀의 가치를 깨닫고 말씀을 믿으며 하나님을 붙들게 되자 바벨론은 급격히 몰락하게 됩니다. 이것을 보면 하나님의 백성이 하나님을 바로 믿는 것이 얼마나 중요한 일인지 알 수 있습니다.

하나님은 '하늘을 진동시키며 땅을 흔들어 그 자리에서 떠나게 하리니'라고 말씀하셨습니다. 대개 하늘이 진동한다는 것은 천둥과 번개가 치면서 천지가 개벽하는 상황을 나타냅니다. 이것은 완전히 세상이 뒤집어지는 것입니다. 또 땅이 흔들리는 것은 지진을 가리키는 것으로, 지진이 일어나면 땅 위에 세워진 집이나 건물은 다 무너지게 됩니다. 즉, 하나님은 세상을 완전히 뒤집어엎으셔서 새로운 세상을 만들겠다고 말씀하시는 것입니다. 이와 같이 바벨론이 망하는 시점은 유다 백성이 믿음으로 준비된 시점입니다.

이를 통해 알 수 있는 것은 우리 주위에 있는 악한 나라나 악한 세력들의 운명이 모두 하나님의 백성의 믿음에 달렸다는 사실입니다. 우리가 평소에 하나님의 말씀에 목숨을 걸고, 교만하지 않으며, 스스로 자기 안에 있는 모든 불의를 버리고 하나님 앞에 알곡이 되면, 하나님은 모든 악의 세력이 저절로 무너지게 하십니다. 반대로 하나님의 백성이 자신의 가치를 깨닫지 못하고 이 세상의 아들들을 따라가면, 악한 세력이 활개 치게 되고 결국 하나님의 자녀들을 삼켜서 모든 것을 다 파괴하고 맙니다.

3. 미리 가 본 바벨론의 모습

이사야 당시 바벨론은 막 신흥세력으로 떠오르고 있었는데, 바벨론의 느부갓네살 왕은 유다와 예루살렘을 멸망시킴으로 전성기를 맞이하게 됩니다. 아마 당시 바벨론 왕의 눈에 드는 것은 엄청난 축복으로 여겨졌을 정도로 바벨론 왕은 모든 권력과 부를 다 가지게 됩니다.

그러나 이사야 선지자가 믿음의 눈으로 미래의 바벨론에 가 보니, 바벨론은 미래 어느 한 시점에서 완전히 몰락해서 사람이나 건물이 하나도 남지 않은 폐허로 변해 있었습니다.

:14절: "그들이 쫓긴 노루나 모으는 자 없는 양 같이 각기 자기 동족에게로 돌아가며 각기 본향으로 도망할 것이나"

바벨론은 전 세계에서 사람들을 사로잡아 와서 군대를 만들고 일꾼들을 만들었습니다. 바벨론을 그렇게 강대국으로 만들 수 있었던 것은 엄청난 군사력 때문이었습니다. 바벨론의 느부갓네살 왕은 자기 말을 듣지 않는 나라는 완전히 멸망시켜 버리고 금은이나 사람들을 끌어갔습니다. 지금까지 바벨론 군대는 열을 지어서 자기들이 가고 싶은 곳은 어느 곳이나 쳐들어갔습니다. 그런데 어느 한 시점부터는 쫓기는 노루같이 도망을 칠 것입니다. 사냥꾼에게 쫓기는 노루는 결사적으로 도망치기 때문에 붙잡아 둘 수 없습니다. 어느 시점이면 노루는 나무숲으로 도망쳐서 보이지 않게 될 것입니다. 또한 모으는 자가 없는 양은 제멋대로 가고 싶은 대로 도망쳐서 흩어져 버리게 됩니다. 결국 바벨론은 한때 전 세계에 있는 금은이나 사람들을 다 끌어갔지만, 하나님께서 한번 입김으로 부시니까 다 흩어져서 남아 있는 것이 아무것도 없었습니다.

사람들이 보기에 이 세상에는 너무나 좋은 보물이 많이 있는 것 같습니다. 그러나 이 세상에 있는 보물은 모두 모래와 같아서 아무리 많이 쌓아도 영구적인 건물을 만들 수 없습니다. 어느 시점이 지나면 인기나 돈이나 권력이 자기 손을 떠나 흩어지는데, 아무리 이것을 붙잡으려고 해도 잡을 수가 없습니다. 정권이 무너지고 인기가 떨어지고 기업이 망해도 막을 수가 없습니다. 결국 바벨론의 성공은 해변에 쌓은 모래성에 불과했습니다. 하나님께서 한번 큰 변화를 일으키시면 바벨론은 아무것도 남지 않는 폐허가 되고 말 것입니다. 지금까지는 바벨론 사람이라고 하면 가장 명예스럽고 자랑스러운 이름이었으나, 앞으로 바벨론 사람은 가장 비참하고 불쌍한 사람으로 변하게 될 것입니다. 왜냐하면 바벨론 사람이란 것을 알면 사람들은 가장 잔인한 방법으로 그들을 죽일 것이기 때문입니다.

:15절: "만나는 자마다 창에 찔리겠고 잡히는 자마다 칼에 엎드러지겠고"

예전에 바벨론 사람들은 누구든지 만나기만 하면 자기 마음대로 살리기도 하고 죽이기도 했습니다. 어떤 사람은 창으로 찔러 죽이고 어떤 사람은 칼로 베어서 죽였습니다. 그런데 바벨론 사람들이 그렇게 죽임을 당할 것입니다.

:16절: "그들의 어린아이들은 그들의 목전에서 메어침을 당하겠고 그들의 집은 노략을 당하겠고 그들의 아내는 욕을 당하리라."

이제 바벨론의 적들은 바벨론 사람들에 대해 일절 자비나 긍휼을 베풀지 않을 것입니다. 왜냐하면 그들 자신이 다른 사람들에게 자비나 긍휼을 베풀지 않았기 때문입니다. 그래서 바벨론의 적들은 바벨론 아이들의 다리를 잡고 돌에 메쳐서 죽일 것입니다. 바벨론 사람들의 집은 자기들이 모은 것이나 가진 것을 전부 약탈당하고 여인들은 모두 겁탈을 당하게 될 것입니다.

물론 바벨론이 이렇게 비참하게 망하는 것은 이사야가 이 예언을 한 때로부터 백 몇십 년 후의 일입니다. 그렇지만 앞으로 바벨론이 이렇게 된다는 사실을 확실히 안다면 사람들은 바벨론의 성공을 그렇게 부러워하지 않을 것입니다. 그리고 누구도 절대로 바벨론에 충성하려고 하지 않을 것입니다. 안타까운 것은 곧 망할 나라의 손에 망하게 되는 나라는 얼마나 어리석고 원통한가 하는 것입니다. 어떤 나라가 지금 당장은 강하더라도 앞으로 망할 것이 분명하다면 그 나라의 성질을 건드리지 말고 잘 참으면 될 텐데, 사람들은 하나님의 계획을 모르기 때문에 자기 마음대로 날뛰다가 앞으로 망할 나라에게 패망하고 마는 것입니다.

하나님은 바벨론이 망하기 백 몇십 년 전에 이미 바벨론을 멸망시킬 계획을 가지고 계셨습니다. 그것은 바로 메대 사람을 사용하시는 것이었습니다.

: 17절 : "보라 은을 돌아보지 아니하며 금을 기뻐하지 아니하는 메대 사람을 내가 충동하여 그들을 치게 하리니"

메대는 지금의 이란 지역에 해당하는 엘람에 있는 사람들이었는데, 한때 페르시아를 지배했습니다. 그런데 고레스 왕이 메대와 페르시아를 연합한 군대를 이끌고 바벨론을 멸망시킵니다. 그때가 바로 유다 백성이 바벨론 포로가 된 지 칠십 년이 되는 해였습니다. 바벨론은 사람들의 기대와 달리 너무 빨리 멸망하고 말았습니다. 고레스는 메대를 페르시아에 복속시켜서 결국 페르시아 제국이 되게 합니다.

다니엘서를 보면 바벨론 마지막 왕인 벨사살이 예루살렘 성전의 잔들을 꺼내 와서 술을 부어 마시는데, 벽에 이상한 손가락이 나와서 글을 쓰는 일이 벌어집니다. 아무도 그 글을 해석할 수 없었는데, 다니엘을 불러서 물어보자 그는 이 글이 '메네메네 데겔 우바르신'으로 '왕을 하나님의 저울에 달아 보니 부족함이 보였고, 왕의 시대가 끝나고 나라가 나뉘어 메대와 페르시아에 넘어간다는 뜻'이라고 예언합니다. 그리고 그날 밤 고레스의 군대가 왕궁에 들어와서 벨사살을 죽이고 바벨론 왕국을 멸망시켜 버립니다. 고레스는 금이나 은에는 관심이 없었습니다. 왜냐하면 그의 목적은 바벨론을 멸망시키는 것이었고, 바벨론을 멸망시키면 자동으로 그 모든 금은이 자기 것이 되기 때문입니다. 고레스는 바벨론과 달리 각 나라의 종교와 풍습을 인정하는 정책을 써서, 유대인들로 하여금 예루살렘에 돌아가서 성전을 짓도록 칙령을 내립니다. 그래서 유대인들은 돈 한 푼 들이지 않고 자유를 얻어 예루살렘으로 돌아가게 되는데, 이것 역시 하나님께서 준비하신 일이었습니다.

:18절: "메대 사람이 활로 청년을 쏘아 죽이며 태의 열매를 긍휼히 여기지 아니하며 아이를 애석하게 보지 아니하리라."

메대 사람들은 어렸을 때부터 세 가지를 배운다고 했습니다. 그 첫 번째는 말 타는 것이고, 두 번째는 활 쏘는 것이고, 세 번째는 바른 말을 하는 것입니다. 우리가 생각하기에는 한순간에 바벨론이 망하고 페르시아가 강대국이 된 것 같지만, 이 모든 강대국은 하나님의 백성을 연단하기 위해 하나님께서 사용하신 도구였습니다. 그래서 유다 백성은 바벨론의 지배 아래 정금으로 연단 받게 되고, 페르시아의 지배 아래서 예루살렘으로 돌아와 성전을 짓고, 그곳에 남아 있던 에스더는 하만과 그 대적하는 자들을 물리치게 됩니다.

하나님께서는 세계적 강대국인 바벨론이 메대 사람에 의해 멸망한다는 것까지 예언하셨는데, 당시에는 누구도 하나님의 말씀을 믿지 않았습니다. 그러나 결국은 모든 것이 하나님의 말씀대로 되었습니다.

: 19-22절 : "열국의 영광이요 갈대아 사람의 자랑하는 노리개가 된 바벨론이 하나님께 멸망 당한 소돔과 고모라 같이 되리니 그 곳에 거주할 자가 없겠고 거처할 사람이 대대에 없을 것이며 아라비아 사람도 거기에 장막을 치지 아니하며 목자들도 그 곳에 그들의 양 떼를 쉬게 하지 아니할 것이요 오직 들짐승들이 거기에 엎드리고 부르짖는 짐승이 그들의 가옥에 가득하며 타조가 거기에 깃들이며 들양이 거기에서 뛸 것이요 그의 궁성에는 승냥이가 부르짖을 것이요 화려하던 궁전에는 들개가 울 것이라. 그의 때가 가까우며 그의 날이 오래지 아니하리라."

바벨론은 그 당시 전 세계에서 영광을 누리며 부러움을 사던 나라였습니다. 바벨론은 세계의 노리개라고 했습니다. 노리개는 옛날 귀부인들이 착용하던 장식품이었습니다. 그런데 불과 이백 년 후의 바벨론은 완전히 소돔과 고모라같이 파괴되어서 아무도 살지 않는 곳이 되고 말았습니다. 온 세계의 장군들과 물건들이 모이던 곳이, 망하고 나니 완전히 유령 도시가 되어서 누구도 가까이하지 않는 불길한 장소가 된 것입니다. 아라비아 대상들이 지나가도 바벨론이 있던 곳에는 장막을 치려고 하지 않을 것입니다. 왜냐하면 물도 없고 사람도 없는 곳에 장사하는 그들이 머물 이유가 없기 때문입니다. 장사하는 사람들은 철저하게 사람이 있고 돈이 있는 곳을 찾아가지, 옛날 명성만 있고 아무도 살지 않는 곳에는 갈 이유가 없습니다. 바벨론은 완전히 유령 도시가 되어서 오직 들짐승이나 들고양이, 들개들의 서식지로 남게 됩니다. 바벨론 궁이 있던 자리는 들개들과 타조 그리고 들 양들이 사는 곳이 될 것이라고 했습니다.

우리나라에 IMF가 터졌을 때 지방을 가 보니 문을 닫는 공장들이 많았습니다. 그 공장들 주변에는 사람은 없고 오직 도둑고양들이만 돌아다니며 쓰레기통을 뒤지고 있었습니다. 또한 아파트를 건설한다고 무리하게 돈을 빌려 집을 짓던 사람들이 부도가 나자 골조만 세운 채 버려두고 달아나 버렸는데, 정말 골조가 흉물스럽게 서 있는 곳이 많았습니다. 하나님 앞에 겸손하지 못하고 자신의 힘을 자랑하던 바벨론은 이처럼 황폐하게 버려질 것입니다. 놀라운 것은 하나님께서 이미 바벨론이 세계적인 강대국이 되기도 전에 장차 메대 사람 특히 활을 쏘는 메대 사람에 의해서 망할 것을 분명하게 예언하셨다는 사실입니다. 바벨론은 자기도 망할 나라이면서 일시적인 힘을 가지고 수많은 나라를 망하게 하고 쓸데없는 영광만 자랑하고 잘난 체하다가 하나님께서 말씀하신 대로 메대에 의해 멸망하고 말았습니다.

하나님께서 오늘 우리를 향하여 이 말씀을 하시는 이유는, 우리가 어디를 향하여 가고 있는지를 질문하시는 것입니다. 우리 앞에 보이는 이 세상 영광은 모두 바벨론 같은 영광으로 결국 바벨론의 최후와 같이 되고 말 것입니다. 우리가 수고하고 애쓴 모든 것은 바벨론에 충성한 것밖에 되지 않을 것입니다. 그것을 안다면 우리는 인생을 더 영원하고 가치 있는 일에 투자해야 합니다. 바벨론이 장차 망할 나라라면 왜 군이 망할 나라에게 멸망을 당하겠습니까? 오래 참기만 하면 바벨론은 저절로 망하게 될 텐데 무엇 때문에 바벨론을 상대로 싸워서 멸망당하고 종노릇 하겠습니까? 그렇게 되는 것은 모두 세상을 따라가고자 하는 우상 때문입니다. 유다 백성의 마음속에 있는 우상이 없어지는 데는 바벨론 포로 생활 칠십 년이 걸렸습니다. 사실 그들이 세상의 영광이나 욕심을 버리고 미리부터 하나님의 말씀을 따라감으로 스스로 알곡이 되었다면 군이 바벨론에 의해 망할 필요가 없었습니다.

바벨론의 영광은 풀의 꽃과 같이 허무한 것이었습니다. 오늘 사람들은 영원한 것이 무엇인지 모르기 때문에 한평생 허무한 것을 따라다니다가 망할 나라에 의해서 망하고 맙니다. 결국 이 세상의 성공은 우리의 믿음을 달아 보는 시험입니다. 우리가 이 세상의 성공을 따라가면 바벨론같이 되든지 아니면 바벨론에 의해 연단을 받든지 할 것입니다. 우리는 스스로 쭉정이는 다 버리고 하나님의 알곡만 가져야 합니다. 세상 것을 많이 가지고 스스로 성공하려고 하면 불 시험 당할 때 다 타서 없어지게 될 것입니다. 지금 나 스스로 하나님 앞에서 줄일 것은 줄이고, 버릴 것은 버리고, 포기할 것은 포기함으로 정금이 되시기 바랍니다. 그러면 바벨론의 공격을 당할 필요도 없고 다시 한 번 하나님의 위대한 승리를 체험하게 될 줄 믿습니다.

23

뒤바뀐 운명

이사야 14:1-11

언젠가 신문에 미국에서 노숙자 생활을 하던 어느 흑인 여자 고등학생이 하버드 대학생이 된 기사를 보았습니다. 이 학생은 집에 돈이 없어서 살던 집에서 쫓겨나 노숙자들이 사는 곳을 전전해야 했는데, 그 가운데서도 열심히 공부해서 고등학교를 우수한 성적으로 졸업하고 하버드 대학에 입학하였다고 합니다. 특히 우리나라 강남 엄마들 중에는 하버드라고 하면 깜빡 죽는 엄마들이 많은데, 노숙자인 여학생이 하버드에 합격했다는 사실은 강남 엄마들에게는 더욱 놀라운 이야기일 것입니다.

제가 어렸을 때 《검사와 여선생》이라는 감동적 영화가 인기 있었습니다. 어느 소학교 여선생이 병든 할머니를 모시고 사는 가난한 한 학생을 돌보아 주고 따뜻하게 대해 줍니다. 세월이 흘러 이 여선생은 결혼하여 행복하게 사는데, 어느 날 어린 딸 때문에 탈옥한 죄수를 안타까이 여겨 숨겨 주다 남편의 오해를 받게 됩니다. 부인이 외간남자를 들인 것으로 오해한 남편이 흥분하여 권총을 빼들고 옥신각신하다가 권총 오발로 죽게 되자 이 여선생은 살인의 누명을 씁니다. 그런데 이 사건의 담당 검사가 바로 소학교 때 여선생이 돌보아 주던 그 제자였고, 결국 이 검사는 여선생의 정당방위를 밝혀 내어 무죄로 석방됩니다. 이처럼 사람의 운명은 뒤바뀔 수 있습니다.

본문에서 하나님은 이사야 선지자를 통해 앞으로 유다 백성의 운명이 바뀔 날이 있을 것이라고 말씀하십니다. 이사야 당시에는 아직 유다가 망하지 않았습니다. 그러나 하나님께서는 유다 백성이 장차 바벨론이라는 나라에 의해 무지막지한 공격과 억압을 당하게 될 것이라고 말씀하셨습니다. 그래서 유다 백성은 다른 나라에 포로로 끌려가 아무 소망도 없는 밑바닥 인생을 살게 되는데, 어느 한순간 다시 유다 백성의 운명이 달라지게 될 것입니다. 즉, 유다는 다시 높아지고 바벨론은 완전히 망해서 없어지게 되는 것입니다. 이러한 변화가 일어나는 시점은 바로 유다 백성이 회개하고 하나님께 돌아올 때입니다.

그러면 유다 백성이 하나님 앞에서 진정으로 회개했다는 증거가 무엇일까요? 사실 사람은 어려워지면 누구든지 후회하게 되고 자신의 잘못에 대하여 반성하게 됩니다. 하지만 반성하고 뉘우치는 것이 하나님 앞에서 회개하는 것은 아닙니다. 하나님께서는 회개하는 증거로 두 가지를 확인하십니다. 첫 번째는, 하나님의 말씀을 자기 생명처럼 붙들고 사랑하는 것입니다. 사람들이 아무리 자신이 회개했고 변했다고 말해도, 하나님의 말씀을 자기 생명처럼 붙들지 않는다면 진짜 회개한 것이 아닙니다. 두 번째는, 진정으로 회개한 사람은 겸손합니다. 여기서 겸손은 더 이상 높아지는 것이나 야망을 위해 살지 않고, 하나님 앞에서 자신이 아무것도 아님을 인정하는 것을 말합니다.

하나님은 본문을 통해 장차 유다 백성과 바벨론 사람의 운명이 뒤바뀔 것이라고 말씀하십니다. 이사야 앞부분의 장들을 보면 하나님께서 바벨론 사람을 불러서 유다를 심판하시는 모습을 볼 수 있습니다. 그러나 하나님의 때가 되면 바벨론은 망합니다. 유다 백성이 어리석은 것은 장차 망할 나라에 의해서 망하는 것입니다. 그런데 왜 하나님은 유다를 장차 망할 나라에 의해서 망하게 하실까요? 그것은 지금 유다 백성이 너무나 어리석은 짓을 하고 있음을 깨닫게 하시기 위해서입니다. 그리고 하나님께서 유다 백성을 바벨론에 의해 고난받게 하시는 것은 유다 백성 중에 정금이 있기 때문입니다. 하나님은 정금을 가려내기 위해 유다 백성에게 환난을 주셨습니다. 우리가 이 사실을 알고 미리 정금이 되고 미리 하나님 앞에서 겸손하게 된다면 굳이 망할 필요가 없습니다.

우리나라는 가까이에 북한이라는 무시무시한 몽둥이가 준비되어 있습니다. 전문가들은 북한에 대해 망할 나라라고 말합니다. 그런데 우리가 자칫 잘못하면 망할 나라에 의해서 망할 수 있습니다. 우리가 정금인 줄 모르고 세상을 사랑하고 세상을 따라가다 보면 그렇게 되는 것입니다.

1. 유다 백성에 대한 하나님의 긍휼

:1절 상: "여호와께서 야곱을 긍휼히 여기시며 이스라엘을 다시 택하여 그들의 땅에 두시리니"

유다 백성에게 도무지 이해할 수 없는 것이 하나 있었는데, 그것은 왜 하나님께서 이렇게 사랑하시는 유다 백성을 무지막지한 바벨론 군대의 손에 망하게 하시는가 하는 점입니다. 이사야 당시 유다 백성은 이 세상에서 성공하고자 많은 애를 쓰고 있었습니다. 유다 백성은, 우리가 이렇게 성공하려고 애쓸 때 하나님께서 조금만 도와주시면 얼마든지 이 세상에서 성공하고 잘 살 수 있으리라고 생각습니다. 그런데 하나님은 유다 백성을 축복하시기는커녕 망하게 하셔서 완전히 밑바닥이 되어 나라도 없고 집도 없는 노예 민족이 되게 하셨습니다. 바로 이 점이 우리가 생각하는 것과 하나님의 생각이 다른 부분입니다.

우리는 하나님을 믿기 때문에 하나님께서 우리를 도와주시고 복 주시기를 바랍니다. 특히 하나님께서 조금만 도와주시면 우리는 얼마든지 세상에서 성공할 수 있을 것이라고 믿습니다. 그러나 이 점에서 하나님의 생각과 우리의 생각은 많이 다릅니다. 우리는 이 세상에서의 성공을 원하지만, 하나님은 우리에게 정금같이 순수한 믿음을 요구하십니다. 그래서 하나님은 가끔 주의 백성을 뜨거운 용광로에 집어넣으셔서 불순물이나 찌꺼기는 다 없어지게 하시고 순도 백 퍼센트의 순수한 정금으로 만드십니다. 그것은 바로 하나님의 말씀에 목숨을 걸고 참으로 하나님 앞에서 겸손한 사람이 되는 것입니다. 하나님께서는 유다 백성에게서 바로 이 모습을 찾기 위해 바벨론이라는 무시무시한 불 용광로를 끌어들이셨던 것입니다.

놀라운 것은 하나님 앞에서 바로 이 정금 같은 모습을 되찾았을 때 유다 백성의 운명이 달라진 것입니다. 우리 생각으로는 세상의 모든 야망을 다 버리고 하나님만 붙들면 아무것도 이룰 수 없을 것 같은데, 갑자기 유다 백성과 바벨론 사람들의 운명이 서로 뒤바뀌게 되었습니다. 다시 말해서 유다 백성은 다시 살아나고 바벨론은 망하고 말았습니다.

본문 1절은 '여호와께서 야곱을 긍휼히 여기시며 이스라엘을 다시 택하여'라고 말씀합니다. 유다 백성에 대하여 하나님의 태도가 달라지신 것입니다. 하나님은 야곱을 긍휼히 여기신다고 했습니다. 여기서 긍휼히 여기신다는 것은 유다 백성의 비참한 생활에 대하여 하나님께서 굉장히 안타깝게 생각하시고 그것을 책임져 주시는 것을 의미합니다. 예를 들어, 우리가 길에서 불쌍한 사람을 보고 긍휼한 마음이 들면 도와주려고 할 것입니다. 그때 우리가 할 수 있는 일은 약간의 돈을 주거나 위로의 말을 하는 것이 전부입니다. 그러나 하나님께서 우리를 긍휼히 여기시면, 약간 도와주시는 정도가 아니라 우리의 모든 불행을 책임져 주십니다. 하나님께서 우리의 불행을 책임지시는 순간 우리는 그 모든 불행에서 벗어납니다. 그리고 누구도 우리의 과거에 대해 잘잘못을 따질 수 없게 됩니다. 왜냐하면 지금까지 우리의 불행을 허락하신 분이 하나님이시기 때문입니다.

오늘날 대부분의 사람은 자신의 불행했던 과거의 짐을 짊어진 채 살아갑니다. 누구나 과거를 생각해 보면 '이런 일은 일어나지 말았어야 했는데', '저 사람을 믿지 말았어야 했는데', '내가 그때 그 사람들의 말을 듣지 말았어야 했는데' 등등 많은 후회가 있을 것입니다. 그러나 인간의 과거는 엎질러진 물과 같아서 다시 주워담을 수 없습니다. 그렇지만 우리가 하나님 앞에서 정금 같은 신앙이 되는 순간 하나님은 우리의 모든 과거를 책임져 주십니다. 지금까지 우리가 힘들게 겪은 모든 일은 하나님께서 우리를 정금 같은 신앙으로 만들기 위해 허락하셨던 일들입니다. 이제 우리는 하나님의 손에 붙들린 지팡이가 되어 마음껏 믿음으로 살고, 하나님의 능력을 나타내고, 다른 사람들을 축복하면 되는 것입니다.

모세의 인생은 참 기가 막힌 인생이었습니다. 모세는 모든 히브리인 남자아이는 죽이라는 바로의 명령 때문에 신생아 때부터 죽음의 위협 가운데 있었습니다. 그런데 차마 아이를 죽일 수 없었던 어머니 요게벳이 모세를 갈대 상자에 넣어 강에 띄워 보내자 목욕하러 나온 바로의 공주의 눈에 띄어 아들로 입양되었습니다. 바로의 궁에서 공주의 아들로 잘 성장하던 모세는 공연히 히브리 노예들을 도와주려고 하다가 노예 감독을 죽이게 되어 도망치는 살인자가 되었습니다. 그 후로 모세는 광야에서 사십 년 동안 양치기로 세월을 보냅니다. 그러나 모세가 자기 앞에 나타난 여호와의 사자 앞에 무릎을 꿇고 자기 발의 신을 벗었을 때, 그는 하나님의 손에 붙들린 지팡이가 되었고 하나님은 모세의 인생 전체를 책임지셨습니다. 이후로는 모세의 손에 있는 지팡이를 통해 무궁무진한 하나님의 능력이 나타나게 됩니다.

본문에는 하나님께서 '이스라엘을 다시 택하여'라고 되어 있습니다. 이것은 하나님께서 고난당한 성도를 축복의 지팡이나 능력의 지팡이로 택하시는 것을 말합니다. 여기서 우리가 알 수 있는 것은 이 세상에서 불순물이 많은 상태로 성공하는 것보다는 하나님의 손에 붙들려 정금 같은 신앙을 가지게 되는 것이 얼마나 복된 일인가 하는 것입니다. 이러한 사실을 많은 시간을 허비한 후에 뒤늦게 깨닫기보다 지금 하나님의 말씀을 듣고 깨닫는 것이 복입니다. 우리는 지금 하나님의 정금이 될 수 있고, 지금 하나님의 손에 붙들린 능력의 사람이 될 수 있습니다. 하나님의 말씀을 듣고 은혜받는 순간 우리의 운명은 달라지는 것입니다.

1절 하반절에는 '그들의 땅에 두시리니 나그네 된 자가 야곱 족속과 연합하여 그들에게 예속될 것이며'라는 말씀이 나옵니다. 하나님께서 유다 백성을 '그들의 땅에 둔다'는 것은 그들을 포로에서 돌아오게 할 뿐 아니라 하나님과 다시 언약관계를 맺는 것을 의미합니다. 우리가 하나님과 특별한 언약관계에 있다는 것은 얼마나 대단한 일인지 모릅니다. 이 세상에는 많은 관계가 있지만 가장 소중하고도 긴밀한 최고의 관계는 바로 가족 관계입니다. 우리는 하나님과 다시 부모자녀 관계를 회복하게 되는데, 자녀는 언제든지 아버지를 만날 수 있고 아버지 앞에 하고 싶은 말은 다 할 수 있습니다. 특히 우리는 아버지의 능력을 마음껏 빌려 쓸 수 있게 됩니다.

우리는 아버지의 지혜와 능력을 빌려 써야 합니다. 그런데 여기서 '나그네 된 자가 야곱 족속과 연합하여 그들에게 예속될 것'이라고 했습니다. 이들은 원래 유다 백성이 아니었는데 유다가 낮아졌다가 회복되는 과정에서 하나님을 믿게 된 사람들을 말합니다. 바로 우리 같은 사람들입니다. 우리는 원래 하나님의 자녀가 아니었는데 유다 백성이 타락하는 바람에 유다 백성 대신 하나님의 자녀가 되었습니다.

그런데 이제는 하나님의 백성이 세상을 지배하게 됩니다.

:2절: "민족들이 그들을 데리고 그들의 본토에 돌아오리니 이스라엘 족속이 여호와의 땅에서 그들을 얻어 노비로 삼겠고 전에 자기를 사로잡던 자들을 사로잡고 자기를 압제하던 자들을 주관하리라."

민족들이 그들을 데리고 본토에 간다는 것은 이방인이 유다 백성을 따라서 이스라엘 땅으로 돌아가는 것을 말합니다. 즉, 이방인이 이스라엘 백성의 신앙을 배워서 자기들도 하나님을 믿게 되는 것입니다. 유다 백성은 자기들이 가치를 알지 못했던 하나님의 말씀에 대해 이방인이 그 가치를 깨닫고 믿는 모습을 보고 놀라게 됩니다. 오늘날의 우리도 우리나라의 역사에 대해서는 잘 몰라도 이스라엘 왕의 역사에 대해서는 너무 잘 압니다. 그것은 우리가 말씀 가운데서 이스라엘의 복을 유산으로 물려받았기 때문입니다. 구약성경에는 무궁무진한 하나님의 복이 매장되어 있는데, 우리는 그것을 우리의 복으로 상속받았습니다.

그뿐만 아니라 우리는 이제 이 세상을 지배하게 됩니다. 사실 하나님의 백성이 세상에서 고난당할 때는 주위 사람이나 가족이나 친척으로부터 업신여김을 당하고 무시를 당합니다. 그러나 아무리 낮아지고 비천하게 되어도 우리는 하나님을 믿는 견고한 믿음을 얻을 수 있습니다. 이것이 바로 우리가 이 세상에서 소금이 되는 것입니다. 세상 사람들은 세상의 좋은 것을 가지고 큰소리치지만 그 안에는 짠맛을 내는 소금이 없어서 곧 부패하고 맙니다. 그러나 하나님의 백성은 가난하고 비천해도 짠맛의 소금이 있어서 절대로 부패하지 않습니다. 그래서 고난당하는 성도를 만나면 다른 것은 몰라도 그들의 눈빛이 살아 있고 그들의 정신이 살아 있음을 보게 됩니다.

그렇게 연단을 받고 난 후에 하나님은 주의 백성을 세상적으로도 높이시고 복을 주시는데, 그때 많은 사람이 하나님의 백성 밑에서 일하게 됩니다. 하나님의 백성은 세상 사람들로 하여금 미신을 섬기지 못하게 하고 음행하지 못하게 하며 악한 행동을 하지 못하게 하는데, 이것이 바로 그들을 사로잡고 지배하는 것입니다. 그리고 예전에 하나님의 백성을 무시하고 업신여기던 자들은 이제 늙고 병들고 가난하게 되었는데, 하나님의 백성이 사랑으로 그들을 도와주게 됩니다.

이때 하나님의 백성은 진정으로 자신이 과거의 고난에서 풀려났음을 알게 됩니다.

:3절: "여호와께서 너를 슬픔과 곤고와 및 네가 수고하는 고역에서 놓으시고 안식을 주시는 날에"

여기에 하나님의 놀라운 지혜가 있습니다. 하나님께서는 주의 백성을 슬픔과 고역과 곤고함으로 연단하셨습니다. 주의 백성도 당시에는 이런 고난을 이해할 수 없어서 하나님을 많이 원망했지만, 이런 고난이 있었기 때문에 교만하지 않고 목숨 걸고 하나님을 믿게 되었던 것입니다. 인간은 악하고 간사해서 이런 고난이 없으면 절대로 목숨 걸고 하나님의 말씀을 붙들지 않습니다.

사탄은 처음에 유다 백성이 망하게 되었을 때 굉장히 기뻐하고 좋아했습니다. 그런데 나중에서야 사탄은 자기가 실패했다는 사실을 알게 됩니다. 하나님의 백성이 더 이상 자신을 의지하지 않고 결사적으로 기도하고 말씀을 붙드는 자가 되었기 때문입니다. 이제 이들은 하나님의 손에 붙들린 사람들이어서 건드릴 수도 없게 되었습니다. 이때 사탄은 차라리 이스라엘과 유다를 멸망시키지 않는 편이 좋았을 뻔했다고 후회합니다. 왜냐하면 이스라엘과 유다 백성을 내버려 두었더라면 그들이 세상을 좋아하므로 저절로 부패해서 망하게 되었을 텐데, 괜히 미리 고난을 주는 바람에 이들은 정금으로 변하게 되었던 것입니다.

사탄이 하나님의 백성에게 고통을 주는 것은 실수하는 것입니다. 사탄이 하나님의 백성에게 고통을 주면 줄수록 그들은 더 회개하고 더 기도하기 때문입니다.

2. 뒤바뀐 운명

유다 백성이 하나님 앞에서 정금 같은 신앙이 되는 동시에 강하고 큰 나라였던 바벨론은 저절로 망하게 되었습니다. 바벨론은 하나님의 백성으로 하여금 정신 차리게 하는 불방망이였을 뿐이기 때문입니다. 즉, 바벨론은 하나님의 백성을 녹여서 정금으로 만드는 용광로였습니다. 이제 유다 백성이 하나님의 말씀을 결사적으로 붙들게 되었으니 더 이상 바벨론이라는 용광로는 필요가 없어졌습니다. 그래서 하나님은 바벨론을 폐기해 버리십니다.

:4-5절: "너는 바벨론 왕에 대하여 이 노래를 지어 이르기를 압제하던 자가 어찌 그리 그쳤으며 강포한 성이 어찌 그리 폐하였는고 여호와께서 악인의 몽둥이와 통치자의 규를 꺾으셨도다."

하나님께서는 유다 자손과 바벨론 사람에게 서로 다른 것을 주셨습니다. 유다 백성에게는 슬픔과 곤고와 수고하는 고역을 주셨습니다. 그리고 바벨론 사람에게는 절대적인 권력을 주셔서 이 세상 모든 것을 자기 마음대로 휘두르게 했습니다. 하나님께서는 유다 백성도 바벨론 사람의 손에 넘겨주셔서 바벨론 사람들이 마음대로 유다 사람을 두들겨 부수고 그들의 재물을 약탈하고 사람들을 죽이거나 노예로 끌어가게 하셨습니다. 세상적인 기준으로 볼 때는 바벨론 사람이 복 받은 자들이고 유다 백성은 저주 받은 자들이었습니다.

그런데 놀랍게도 어느 순간 이들의 운명이 뒤바뀐 것입니다. 하나님은 유다 백성에게서 슬픔과 곤고와 수고하는 노역을 벗기시고 그들을 다시 높이시며 성공하게 하신 반면, 바벨론 왕은 완전히 패망해서 없어져 버리게 하셨습니다. 그래서 유다 백성은 바벨론 왕에게 노래를 지어 주게 되는데, '압제하던 자가 어찌 그리 그쳤으며 강포한 성이 어찌 그리 폐하였는고' 하는 노래였습니다. 이처럼 다른 사람을 마음대로 압제하던 자가 압제만 그친 것이 아니라 아예 없어져 버렸습니다. 그 이유는 그들이 피하여 숨었기 때문입니다. 제2차 세계 대전 당시 독일에는 악랄하게 유대인을 죽이고 고문하던 사람들이 있었습니다. 그런데 이 사람들은 독일이 패망하자 모두 자취를 감췄습니다. 그들은 재판을 받지 않기 위해 이름을 바꾸고 신분을 감추며 심지어는 얼굴까지 성형해서 딴 사람인 것처럼 행세했던 것입니다. 그러나 유대인들은 이들을 철저하게 찾아내어 재판 받도록 하고 있습니다.

바벨론의 왕과 백성들은 오해했습니다. 그들은 자기들에게 힘과 군사력이 있었기 때문에 온 세상을 마음대로 해도 되는 줄 알았던 것입니다. 그러나 하나님은 바벨론을 교만한 자들을 징계하는 몽둥이로 세우셨을 뿐입니다. 그러므로 바벨론 왕은 세계를 정복하려고 해서는 안 되고 교만한 자만 징계하면 되는 것이었습니다. 그런데 하나님을 믿지 않는 사람은 절대로 절제하지 못하는 것이 문제입니다. 그들은 자신의 시대적인 역할이나 사명을 제대로 알지 못했기 때문에, 힘이 있으면 무조건 세계 최고가 되려고 하고 세계 전체를 정복하려고 해서 망하는 것입니다.

예를 들어, 어느 집에 망치가 있는데 망치가 자신의 사명을 잘 깨달아서 못을 박을 때만 사용된다면 아무 문제가 없을 것입니다. 그런데 망치가 자신이 해야 할 일 외에 아이들의 머리도 치고 부인의 이도 때려서 부러뜨린다면 이 망치는 결국 폐기될 수밖에 없습니다. 마찬가지로 하나님은 바벨론을 하나님의 몽둥이로 택하셨습니다. 바벨론 왕이 자기의 역할이 하나님의 몽둥이라는 것을 깨닫고 하나님의 명령대로 교만한 자만 쳤다면 바벨론은 쉽게 망하지 않았을 것입니다. 본문 5절에는 "여호와께서 악인의 몽둥이와 통치자의 규를 꺾으셨도다."라고 함으로써 악인의 몽둥이와 통치자의 규를 동격으로 설명하고 있습니다. 즉, 바벨론 왕은 단지 교만한 자를 때리는 몽둥이였던 것입니다. 그러나 그는 힘을 자제하지 못하고 눈에 보이는 것들은 모두 두들겨 부수었습니다.

:6절: "그들이 분 내어 여러 민족을 치되 치기를 마지아니하였고 노하여 열방을 억압하여도 그 억압을 막을 자 없었더니"

바벨론 왕은 분을 내어서 여러 민족을 쳤습니다. 그런데 실제로 바벨론 왕은 분을 낼 이유가 없었습니다. 진정으로 이 세상에서 분을 낼 자격이 있는 분은 오직 하나님 한 분밖에 없습니다. 그런데 왜 악인이 분을 내어서 다른 사람을 공격하고 파괴할까요? 그것은 열등감에서 온 분노입니다. 하나님은 바벨론 왕에게 오직 하나님의 몽둥이 자격으로 사용하도록 힘을 주셨는데, 바벨론 왕은 그 힘으로 최고가 되려고 했습니다. 그래서 자기를 최고로 인정하지 않는 나라나 왕은 분을 내어 다 부수었던 것입니다. 결국 바벨론 왕은 전 세계를 침탈하였는데, 닥치는 대로 때려 부수는 바람에 결국 자기들이 먹고살 것이 없어지게 되었습니다. 하나님은 이스라엘 백성에게 전쟁을 하더라도 과일나무는 베지 말고 곡식은 태우지 말라고 말씀하셨습니다. 결국 이스라엘 백성이 이것을 먹어야 하기 때문입니다. 그러나 어떤 군대는 후퇴할 때 모든 곡식을 불태우고 화약으로 모든 것을 폭파하고 우물에는 독약을 넣고 도망치는데 이것은 자기도 망하는 길입니다. 이것은 지나친 몽둥이가 되어서 하나님의 백성이 회개하는 날 자기도 망하게 됩니다.

3. 평화가 회복됨

사람들은 바벨론이 망하면서 사람이 평화를 누리는 일이 얼마나 소중한지 깨닫게 되었습니다. 왜냐하면 바벨론이 살아 있는 동안에는 세계에 평화가 없었기 때문입니다.

:7절: "이제는 온 땅이 조용하고 평온하니 무리가 소리 높여 노래하는도다."

사람들은 바벨론의 지배를 당하기 전까지 자유의 소중함을 알지 못했습니다. 그러나 유다 백성을 포함해서 많은 나라의 백성이 바벨론의 압제를 한 번 받아 보니 소리도 제대로 낼 수 없었습니다. 사람들이 조금만 소리를 내도 반항한다고 탄압했기 때문입니다. 그렇다고 너무 조용하게 있는 것도 봐 주지 않았습니다. 노예들이 너무 조용하면 엉뚱한 생각을 하는 것으로 의심했기 때문입니다.

그러던 바벨론이 망하자 사람들은 드디어 원하는 대로 소리를 지르고 마음껏 노래 부를 수 있게 되었습니다. 이럴 때 사람들은 대개 목놓아 울고 맙니다. 다시 자유를 얻은 것이 너무 감격스럽고 믿어지지 않기 때문입니다. 그런데 이 모든 것은 유다의 회개와 관계가 있었습니다. 즉, 하나님의 백성이 모든 찌꺼기를 버리고 하나님의 말씀을 생명처럼 사랑하게 되었을 때 갑자기 모든 사람에게 자유가 찾아온 것입니다. 이제는 세상이 고요하고 평온하며, 사람들은 자기가 하고 싶은 것을 마음껏 할 수 있게 되었습니다. 우리는 지금 우리가 누리는 자유가 얼마나 소중한 것인지 알아야 합니다. 이 자유를 계속 누릴 방법은 하나님의 백성이 정금 같은 신앙을 지키는 것입니다. 우리가 모든 찌꺼기를 버리고 알곡이 될 때, 하나님의 말씀을 생명처럼 붙들고 겸손할 때 사람들은 자유를 누릴 수 있습니다.

또한 바벨론이 망하면 나무들이 진정으로 기뻐합니다.

:8절: "향나무와 레바논의 백향목도 너로 말미암아 기뻐하여 이르기를 네가 넘어져 있은즉 올라와서 우리를 베어 버릴 자 없다 하는도다."

바벨론은 전쟁을 하면서 나무라는 나무는 다 베어 버렸습니다. 그 나무를 가지고 공격용 무기도 만들고 땔감으로도 사용해야 했으며, 또 사람들이 숨을 곳을 없애야 했기 때문입니다. 그래서 바벨론 군대가 지나는 곳마다 나무가 남아나지 않았습니다. 나무가 없어지니까 야생 동물이 살 곳이 없어지고 새가 깃들일 곳이 없어지며 곤충들이 서식할 수 없게 되었습니다. 또한 물을 저장할 수 없어서 모든 땅이 급격히 황폐해졌습니다. 바벨론 왕이나 군대는 단기적으로는 자기들의 욕심을 채웠을지 모르지만 세계적인 황폐화를 가져왔습니다. 특히 전쟁을 하는 나라는 도서관의 책도 다 불태우고 박물관의 문화재도 모두 약탈해 버리기 때문에 정신적인 황폐함까지 가져옵니다.

그러나 바벨론이 망함으로 이제 나무가 자랄 수 있게 되었고, 야생 동물이 살며 새가 활개를 치고 곤충이 서식하면서 다시 생명의 땅으로 회복되기 시작했습니다. 그래서 전쟁은 어떤 의미에서 가장 무서운 재앙이고 하나님의 심판임을 알아야 합니다. 오히려 자연재해는 정신적인 상처는 덜 입는데 전쟁은 사람의 정신을 황폐하게 만들고 인간성을 상실하게 하기 때문에 그 상처를 치유하는 데 오랜 세월이 필요합니다.

놀라운 것은 바벨론 왕이 죽어서 지옥에 가게 되었을 때 지옥에서는 너무 거물급이 온다고 난리가 난 것입니다.

︙9-11절︙ "아래의 스올이 너로 말미암아 소동하여 네가 오는 것을 영접하되 그것이 세상의 모든 영웅을 너로 말미암아 움직이게 하며 열방의 모든 왕을 그들의 왕좌에서 일어서게 하므로 그들은 다 네게 말하여 이르기를 너도 우리 같이 연약하게 되었느냐. 너도 우리 같이 되었느냐 하리로다. 네 영화가 스올에 떨어졌음이여 네 비파 소리까지로다. 구더기가 네 아래에 깔림이여 지렁이가 너를 덮었도다."

바벨론의 멸망에 대하여 두 가지 비유를 들고 있습니다.

첫 번째는 지옥의 비유인데, 워낙 극악한 자가 지옥에 들어가니까 지금까지 못된 짓을 해서 지옥에 갔던 모든 악한 자가 바벨론 왕을 영접하느라고 소동을 일으키는 것입니다. 즉, 바벨론 왕은 이 세상에서 최고의 권력을 휘두르던 자였고 그의 손에서 수많은 왕과 귀족이 죽임을 당했습니다. 그래서 사람들은 바벨론 왕을 신으로 생각했고 그가 죽어서 지옥에 올 줄은 몰랐습니다. 그런 바벨론 왕이 죽어서 지옥에 오니까 먼저 죽었던 악당들이 모두 자리에서 일어나 영접하느라 소동이 일어난 것입니다.

예를 들면, 정권이 바뀌면 이전 정권에서 권력을 남용한 사람들의 죄가 드러나면서 줄줄이 감옥살이를 하게 됩니다. 그때 시시한 죄로 감옥에서 형을 살던 잡범들은 깜짝 놀라 '어떻게 이렇게 높은 형님이 이 감옥에 다 들어오십니까?' 하면서 얼른 높은 자리를 내줄 것입니다. 그래서 누군가는 지금 감옥에 갇힌 사람만 모아도 정부를 하나 세울 수 있다는 말을 하기도 합니다.

결국 그렇게 대단한 것 같고 온 세상을 자기 마음대로 주무르던 바벨론 왕도 지옥에 들어가고 말았습니다. 우리는 이 세상에서 유명하고 성공한 사람은 지옥에 가지 않는 줄 알았는데 그렇지 않습니다. 누구든지 하나님 앞에서 정금이 되지 못한 사람은 아무리 세상에서 유명하고 성공해도 결국 지옥에 갈 수밖에 없습니다. 그런데 혹시 유명한 목사나 부흥사가 지옥에 간다면 아마 그는 환영받지 못할 것입니다. 지금도 가끔 목사님 중에 죄를 지어서 실형을 선고받고 감옥에 들어가는 사람이 있습니다. 물론 그들 가운데는 진심으로 회개함으로 감옥에서 존경받고, 같은 방 사람들을 전도하고 간수까지 전도하는 사람도 있지만, 어떤 사람은 '왜 너 같은 사람이 이런 데 왔어?'라는 비난과 함께 몰매를 맞기도 합니다.

두 번째 비유는, 그의 시체가 구더기와 지렁이에 덮여서 썩고 있는 모습입니다. 바벨론 왕이 권력을 휘두를 때는 마치 그가 신처럼 보이고 영원히 죽지 않을 것 같았는데, 바벨론 왕도 죽으니까 별수 없이 그의 시체에 구더기가 생기고 지렁이가 시체를 덮었습니다.

그래서 권력자들도 결국 이기지 못하는 것이 구더기라고 합니다. 왜냐하면 아무리 떵떵거리던 사람도 죽으면 그 시체에 구더기가 생기기 때문입니다.

: 11절 : "네 영화가 스올에 떨어졌음이여 네 비파 소리까지로다. 구더기가 네 아래에 깔림이여 지렁이가 너를 덮었도다."

사도행전에 보면 헤롯 아그립바가 교만해서 야고보 사도를 죽이고 베드로도 죽이려고 했습니다. 그런데 그는 두로 사람들이 그의 연설하는 소리를 듣고 아첨하며 "이것은 신의 소리요 사람의 소리가 아니라."(행 12:22)고 했을 때, 그 말을 듣고 마음이 높아졌습니다. 우리는 누군가가 자기를 신성시 하면 펄쩍 뛰면서 부인해야 합니다. '나는 절대로 신이 아닙니다. 저는 인간입니다'라고 해야 합니다. 그런데 사람들은 자신이 신이라는 소리를 듣기 좋아합니다. 헤롯이 영광을 하나님께 돌리지 않았을 때 하나님께서 그를 치셔서 벌레가 그 창자를 뜯어먹게 했습니다. 그는 고통에 차서 죽고 말았습니다. 이 세상에서 아무리 높은 자리에 올라가고 아무리 많은 지식과 돈을 가졌다 하더라도 정금 같은 신앙을 가진 자가 아니면 지옥에 갈 수밖에 없고, 그 영광과 시체는 구더기 밥이 되고 말 것입니다.

그러므로 인간에게는 절대적인 권력이나 영광이 주어지면 안 됩니다. 그것은 그로 하여금 망하게 하는 것입니다. 그러나 하나님을 모르는 자는 성공이나 권력의 두려움을 알지 못합니다. 그래서 교만한 자는 권력으로 마음껏 자기 야욕을 채우고 하나님께서 시키지 않은 일까지 하다가 끝내 하나님의 백성을 연단하는 도구로만 쓰이고 패망하고 맙니다.

결국 사람의 운명이 바뀌는 것은 하나님의 백성이 하나님 앞에 진정으로 회개할 때 이루어집니다. 여기서 회개한다는 것은 믿음이 찌꺼기가 없는 정금이 되는 것입니다. 정금은 하나님 앞에 겸손하며 하나님의 말씀을 목숨처럼 붙잡는 것입니다. 그때 하나님은 주의 백성을 높이시며 악한 자는 망하게 하십니다. 자신의 모든 불행한 과거를 자기가 책임지려고 하지 말고 하나님께 맡기시기 바랍니다. 그러면 우리는 하나님의 손에 붙들린 능력의 지팡이가 됩니다. 우리는 교만하고 악한 자들을 볼 때마다 우리의 회개가 부족한 줄 알고 더 하나님 앞에 매달려서 정금이 되어야 합니다. 그래서 이 세상에 평화를 가져오고 모든 사람에게 자유를 베푸는 축복의 성도들이 다 되시기 바랍니다.

24

떨어진 계명성

이사야 14:12-23

원래 영화배우는 영화 속 주인공의 성격과 일치하는 성격을 가진 사람이 아닙니다. 단지 주어진 배역대로 연기할 수 있기 때문에 주인공이 된 것입니다. 예를 들어, 어느 영화에서 주인공은 너무나 착하고 희생적이지만 그 역을 맡은 배우는 그렇지 않을 수 있습니다. 단지 그 배우의 얼굴이 주인공의 이미지와 닮았고, 또 주인공의 역할을 잘해낼 수 있어서 주인공으로 발탁된 것입니다. 그런데 영화배우가 성공하려면 배역을 잘 맡아야 합니다. 만약 어떤 남자 배우가 언제나 악당이나 깡패 역할만 맡는다면 그는 결국 악한 자들의 행동이나 습관을 연구하고 또 연습하게 되어서 나중에는 정말 그런 악한 마음을 갖게 될지도 모릅니다. 그러나 배우가 선한 배역만 맡다 보면 자신도 훨씬 좋은 사람으로 변하게 될 것입니다. 우리는 자신을 스스로 악하게 만들

필요가 없습니다. 사도 바울은 "악은 어떤 모양이라도 버리라."(살전 5:22)고 했고, 예수님도 "악한 자를 대적하지 말라."(마 5:39)고 말씀하셨습니다. 왜냐하면 우리가 악한 사람을 자꾸 상대하다 보면 우리 자신이 악한 것에 오염될 수 있기 때문입니다.

우리가 본문을 이해하기 위해서는 14장 앞부분을 기억할 필요가 있습니다. 이사야 14장에서 보게 되는 것은 유다 백성과 바벨론 사람의 뒤바뀐 운명입니다. 즉, 유다 백성은 언제나 피해자였고 억압을 당하는 연약한 자들이었는데, 어느 순간 그들의 운명이 변하게 됩니다. 그 순간은 바로 유다 백성이 자신들의 정체성을 되찾았을 때였습니다. 하나님께서 유다 백성에게 엄청난 고난을 안겨 주신 목적은 그들을 정금 같은 믿음으로 만들기 위해서였습니다. 유다 백성이 정금이 된 증거는 두 가지로 알 수 있습니다. 하나는 다른 모든 욕심을 버리고 하나님의 말씀에 목숨을 거는 것이었습니다. 이것이 하나님의 백성의 정체성을 되찾은 증거입니다. 다른 하나는 하나님과 사람 앞에서 진정으로 겸손한 자가 되는 것입니다. 여기서 겸손하다는 것은 더 이상 높아지려고 하지 않고 자신의 처지와 형편에 만족하고 감사하는 것입니다.

유다 백성이 자신의 모습을 되찾게 되자 바벨론은 바로 멸망하고 맙니다. 왜냐하면 바벨론은 유다를 연단하는 불방망이였고 용광로였는데, 정금이 다 만들어져서 이제 더 이상 필요 없어졌기 때문입니다. 그래서 이사야 선지자는 바벨론 왕에 대하여 극적인 두 가지 비유를 들고 있습니다. 하나는, 바벨론 왕이 지옥에 들어가니까 거물급 인사가 들어왔다고 지옥에 있던 사람들이 모두 일어나서 자리를 비켜 주는 것입니다. 또 다른 하나는, 그렇게 절대 권력을 휘두르던 바벨론 왕도 죽으니까 그 시체를 구더기가 파먹더라는 것입니다. 결국 바벨론 왕의 육체는 구더기가 먹고, 그의 영혼은 지옥에서 비참한 상태에 있게 됩니다. 그 이유는 원래 바벨론 왕은 대단한 존재가 아니라 하나님께서 쓰시는 몽둥이에 불과했기 때문입니다. 여기서 중요한 것은 하나님의 백성이 정신을 차리고 자신의 정체성을 찾는 것입니다.

그런데 이사야 14장 중간 부분은 바벨론 왕이 어느 정도까지 높아지려고 했으며 어느 정도까지 떨어지는지를 보여 줍니다. 즉, 바벨론 왕은 높아지려고 했던 만큼 떨어지게 되었습니다. 특히 이 본문은 바벨론 왕의 추락을 통해서 사탄의 타락상을 보여 주는 말씀으로 알려졌습니다. 사탄은 하나님의 천사 중에 높은 자였는데, 그가 하나님을 밀쳐내고 하나님보다 더 높아지려고 하다가 결국 영원한 지옥의 심판을 받게 된 것입니다.

1. 높아지는 별

우리는 보통 어떤 사람이 유명해지고 인기가 갑자기 치솟아 오르면 그 사람을 '뜨는 별'이라고 부릅니다. 우리가 흔히 이야기하는 별은 보통사람들은 감히 접근할 수도 없는 높은 곳에 있는 사람들입니다. 그래서 군대에서는 장성들 계급장을 별로 표시하는데, 장성이 나타나면 별이 떴다고 해서 일반 사병들은 피해 버리거나 아니면 행동이 초경직상태가 됩니다. 그런가 하면 인기 연예인이나 유명한 가수가 어느 곳에 등장하면 수많은 열성 팬들이 나타나서 소리를 지르는데, 이런 것을 보면 인기라는 것이 얼마나 대단한지 알 수 있습니다.

별 중에서도 가장 아름답고 빛나는 별은 다른 별이 다 지고 난 새벽녘에 나타나는 '아침의 아들 계명성'입니다. 새벽이 되면 다른 별은 다 지고 하늘은 캄캄해지는데 그때 혼자서 빛을 내는 별이 계명성입니다. 그래서 이 계명성은 아침을 기다리는 사람들의 희망이 되곤 합니다. 즉, 칠흑같이 어두운 밤이 지나고 이제는 광명한 태양이 떠오른다는 약속을 해 주는 별이 바로 아침의 아들 계명성인 것입니다. 그런데 놀라운 것은 사람들이 별처럼 뜨고 인기를 끌게 되는 것이 진정한 자신의 모습이 아니라는 사실입니다. 이 세상에서 갑자기 유명해지는 사람은 하나님께서 그에게 스타의 배역을 주신 것에 불과합니다. 그래서 진짜별인지 가짜별인지 구별할 수 있는 방법이 하나 있습니다. 그것은 바로 겸손입니다. 진짜별은 자기에게서 빛나는 별빛이 자신의 빛이 아니라 하나님의 빛이 반사된 것이라는 사실을 알기 때문에 할 수 있으면 빨리 하나님 뒤에 숨으려고 합니다. 그러나 가짜별은 자신에게 쏠리는 사람들의 관심과 인기가 진짜 자기 능력인 줄 알고 더 높아지고 더 유명해지려고 하다가 어느 순간 그 높은 자리에서 떨어져 산산이 부서지고 마는 것입니다.

:12절: "너 아침의 아들 계명성이여 어찌 그리 하늘에서 떨어졌으며 너 열국을 엎은 자여 어찌 그리 땅에 찍혔는고."

한때 바벨론 왕은 아침의 아들 계명성같이 유명해졌습니다. 그럴 수밖에 없었던 것이 바벨론 왕은 다른 나라는 흉내도 낼 수 없는 야망과 전쟁 능력으로 온 세상을 정복해 버렸기 때문입니다. 이 세상 나라나 왕 중에서 감히 바벨론을 이길 수 있는 왕이나 나라는 없었습니다. 바벨론 왕은 이 세상 최고의 실력자였고 가장 관심을 끄는 대상이었습니다. 하지만 바벨론 왕이 깨닫지 못한 것이 하나 있는데 그것은 왜 내가 이렇게 유명해지고 성공했을까 하는 것이었습니다. 다니엘서를 보면 바벨론 왕 느부갓네살이 자신의 성공에 스스로 놀라고 도취되어 바벨론 궁 지붕을 거닐며 자기가 이렇게 대단한 나라를 만들었다고 감탄하는 모습을 볼 수 있습니다. 그리고 한 걸음 더 나아가서 자기를 닮은 금 신상을 만들어 놓고 그 신상에 절하게 합니다. 이 바벨론 왕이 깨닫지 못했던 것은, 자신이 실제로 계명성이거나 전 세계 최고의 왕이 아니었다는 사실입니다. 그는 단지 계명성의 배역을 맡았고, 세계 최고 왕의 역할을 맡았던 배우였을 뿐입니다.

고궁을 가 보면 가끔 조선 시대 사극을 촬영하는 모습을 볼 수 있습니다. 예를 들어, 《광해》라는 영화를 찍는다면, 광해군 역할을 맡은 배우가 왕의 옷을 입고 명령을 내리면 모든 신하나 궁녀의 역할을 하는 배우들은 쩔쩔매면서 왕의 명령에 복종합니다. 그러나 그것은 영화 속 연기이지 실제로 복종하는 것은 아닙니다. 그런데 만일 광해군의 역의 배우가 자기가 실제로 왕인 줄 알고, 감독이나 모든 배우에게 명령하며 자기 말을 듣지 않는다고 감독이나 카메라 감독 혹은 다른 배우의 목을 베라고 한다면 아마 미친 사람으로 여기며 격리시키고 말 것입니다.

마찬가지로 하나님께서 바벨론 왕에게 아침의 아들 계명성같이 탁월한 능력과 지혜를 주셨던 것은 하나님께서 그런 배역을 맡기셨던 것에 불과합니다. 즉, 하나님께서 바벨론 왕에게 맡기신 배역은 하나님의 백성과 전 세계를 연단하는 불방망이였던 것입니다.

우리는 이 세상에서 다양한 지위나 역할을 맡아서 살아가고 있습니다. 그 중에는 높은 지위를 맡은 사람도 있고 낮은 지위를 맡은 사람도 있습니다. 또 인기나 권세가 높은 사람도 있고 그렇지 않은 사람도 있습니다. 여기서 중요한 것은 이 모든 것이 자신의 실체가 아니라는 사실입니다. 우리는 모두 하나님께서 주신 배역을 맡아서 그 역할을 하고 있는 것입니다. 이때 중요한 것은 자신이 맡은 배역이 진짜 자기가 아니라는 사실을 아는 것입니다. 이 것은 모두 하나님을 나타내기 위해 맡겨 주신 배역에 불과한 것입니다. 이때 진짜배우와 가짜배우가 갈리게 됩니다. 즉, 진짜배우는 주인공을 잘 나타내는 연기를 하고 자기 자신은 숨어 버려야 합니다. 하나님의 백성은 할 수 있는 한 높은 배역보다는 선한 배역을 맡도록 해야 합니다. 왜냐하면 선한 일을 맡아서 해야 선한 사람을 닮아 가기 때문입니다. 그래서 하나님의 백성은 지위가 높든지 낮든지 하나님께 선한 일을 하게 해 달라고 구해야 합니다. 그러나 가짜배우는 자기에게 주어진 인기나 지위가 진짜 자신인 줄 알고 더 높아지려 하고 더 잘난 체하려고 합니다. 이것은 가짜가 진짜인 척하는 것이기 때문에, 얼마 있지 않아서 가짜인 것이 폭로되고 결국 그 모든 명성이나 인기를 잃고 바닥으로 떨어지게 될 것입니다.

마찬가지로 하나님은 바벨론 왕을 갑자기 높이셔서 전 세계를 정복하게 하셨습니다. 그러나 이것은 바벨론 왕이 진짜 똑똑하거나 능력이 있어서가 아니고, 하나님께서 그에게 몽둥이라는 배역을 맡기신 것입니다. 그렇다면 바벨론 왕은 하나님께 물어보아야 합니다. '하나님, 저에게 막강한 권력과 힘을 주셨는데 알고 보니 제 배역은 하나님의 몽둥이였군요. 제가 어떤 사람을 때려야 하며 어느 정도 때려야 합니까?' 이렇게 물어보고 하나님의 뜻에 순종했더라면 그는 좋은 왕이 될 수도 있었을 것입니다. 그러나 바벨론 왕은 하나님께서 주신 배역에 우쭐해서 세계 최고가 되려고 했고, 자기가 하나님인 것처럼 행세하려고 했기 때문에 모든 옷이 벗겨지고 맨땅에 내쫓겼습니다. 그래서 이사야 선지자는 다음과 같이 바벨론 왕을 조롱하고 있습니다. '너 아침의 아들 계명성이여 어찌 그리 하늘에서 떨어졌으며 너 열국을 엎은 자여 어찌 그리 땅에 찍혔는고?' 이사야가 이 예언을 했을 때는 아직 바벨론이 세계적인 강대국이 되기 전이었습니다. 바벨론 왕이 이사야의 이 말씀을 미리 듣고 받아들였더라면 그는 그렇게 비참하게 망하지 않았을 것입니다.

고전음악을 잘 모르는 사람이 처음 교향곡 연주를 들으면 심벌즈를 치는 것이 아주 쉬울 것처럼 보입니다. 심벌즈는 다른 악기들에 비해서 연주하기가 쉬워 보이기 때문입니다. 보기에는 솥뚜껑처럼 생긴 두 개의 쟁반을 적당히 마주치면 될 것 같습니다. 그러나 사실 타악기도 악보에 따라서 정확한 박자에 연주해야 합니다. 특히 차이콥스키가 작곡한 "1812년 서곡" 같은 경우에는 나중에 실제로 대포를 쏘게 되는데, 무조건 많이 쏜다고 되는 것이 아니라 악보의 흐름에 따라 정확하게 대포를 쏘아야 멋진 곡이 연주되는 것입니다.

바벨론 왕이 하나님으로부터 받은 역할은 몽둥이였습니다. 이것을 하나님의 말씀에 따라서 조심스럽게 사용하거나 혹은 이 세상에서 정말 악한 왕이나 나라를 때리는 용도로만 사용했더라면 바벨론 왕은 정말 역사에 남을 훌륭한 왕이 되었을지도 모릅니다. 그러나 역시 하나님을 모르거나 혹은 하나님을 안다고 해도 연단을 통과하지 않은 사람은, 만족을 모르는 자이고 높아지는 것이 얼마나 위험한지 모르는 자입니다. 바벨론 왕은 자신을 얼마나 높였는지 몽둥이가 아니라 하늘의 별 행세를 하였고, 그중에서도 최고로 높은 계명성 노릇을 하였습니다. 하지만 실제로 하는 짓은 별이 아니라 깡패요 악당 중에 최고의 악질 노릇을 했습니다. 그러던 어느 날 유다 백성이 하나님 앞에서 회개하고 정신을 차리자 하나님은 바벨론 왕의 실체를 드러내셨습니다. 그는 한순간에 계명성이 아니라 떨어지는 별똥별이 되어 버렸고, 열국을 뒤집어엎던 권력자가 어느 날 땅에 처박히는 신세가 되고 말았습니다. 본문에서는 '어찌 그리 땅에 찍혔는고'라고 했는데 이것은 거의 '수직으로 땅에 떨어져서 처박히는 것'을 말합니다.

우리는 이 세상에서 내 지위나 인기를 자랑해서는 안 됩니다. 우리는 하나님 앞에서 언제나 배역에 충실한 선한 연기자가 되어야 하고, 또 우리의 인기가 올라가고 지위가 올라갈 때는 더 선한 연기를 하고 하나님 뒤에 숨어서 하나님의 영광을 가리지 않아야 생명이 오래 유지될 수 있습니다.

2. 교만한 자의 독백

보통 무명으로 있다가 높은 자리에 올라가거나 인기가 높아지면 사실 이것 자체가 얼마나 감사한 일인지 모릅니다. 왜냐하면 이렇게 높은 자리에 올라가고 인기가 높아지면 다른 사람을 더 잘 섬길 기회를 얻는 것이기 때문입니다. 그런데 사람의 인기는 이상하게 술에 취하는 것이나 마약에 취하는 것과 똑같은 효과를 보입니다. 즉, 인기가 올라가면 인기에 도취되어 기분이 몽롱해지고 마음이 들뜨면서 자꾸 자신이 대단한 사람인 것 같은 생각이 듭니다. 그리고 점점 다른 사람들은 다 시시해 보이고, 자기가 최고이기 때문에 당연히 더 높은 자리에 올라가야 한다고 생각합니다. 또 자기를 인정해 주지 않는 사람에게는 폭력까지 행사하게 됩니다. 나중에는 인기를 유지하고 최고 높은 자리에 올라가기 위해 수단과 방법을 가리지 않고 온갖 거짓말과 범죄까지 저지르게 됩니다. 겉으로는 순수하고 도덕적인 것처럼 행동하지만 속에는 탐욕과 거짓이 가득하고 음란한 자인데, 이것을 감춘 채 인기만 추구하는 것입니다. 그러다가 어느 날 그의 거짓과 잔인한 행동이 다 드러나게 되면 완전히 인생 밑바닥으로 추락하게 됩니다.

보통 사람들은 높은 자리에 있는 사람들이 얼마나 치사하며 얼마나 더러운 생각을 하고 음모를 꾸미는지 알지 못한 채 권력만 보고 그를 따릅니다. 그러나 하나님은 교만한 자들의 생각을 아시며 그들이 속으로 하는 독백을 다 듣고 계십니다.

：13절： "네가 네 마음에 이르기를 내가 하늘에 올라 하나님의 뭇 별 위에 내 자리를 높이리라. 내가 북극 집회의 산 위에 앉으리라."

이 말씀은 두 가지로 해석할 수 있습니다.

첫 번째 해석은, 본문을 바벨론 왕이 자기 스스로에게 하는 독백으로 보는 것입니다. 바벨론 왕은 자신이 너무 높은 자이기 때문에 이 세상에는 감히 자기와 겨룰 수 있는 사람이 없다고 생각했습니다. 그래서 바벨론 왕은 자신은 신과 겨루어야 한다고 생각했던 것입니다. 본문에 나오는 '하나님의 뭇 별'은 천사를 말합니다. 바벨론 왕은 자기는 '북극 집회'라는 신들의 모임에서 최고의 자리에 앉아야 한다고 생각했습니다. 옛날 그리스 신화를 보면 헤라클레스 같은 영웅은 죽어서 하늘에 올라가 별이 되었습니다. 여기 나오는 '북극 집회'에 대해서는 여러 가지 견해가 있는데, 시온 산을 말한다는 견해도 있고 북극에 있는 신들의 산을 의미한다고 보는 견해도 있습니다. 바벨론 왕은 자기가 죽으면 신이 되어야 하고, 신 가운데서도 최고의 신이 되어야 한다고 생각했던 것 같습니다. 로마 황제 중에도 죽어서 신격화 된 황제가 많았는데, 티베리우스 황제는 죽으면서 "나는 이제 신이 되려는가 보다."라고 말했다고 합니다. 그러나 인간은 오직 하나님께서 흙으로 지으신 흙덩이에 불과합니다. 우리는 이 흙덩이로 하나님을 찬양하고 영광을 돌릴 때 하나님의 아들이 될 수 있습니다. 그런데 반대로 자신이 흙덩이라는 사실을 인정하지 않고 스스로를 자꾸 높이면 결국 사탄과 똑같아지게 되는 것입니다.

두 번째 해석은, 본문을 사탄에 대한 설명이라고 보는 것입니다. 하나님은 처음에 사탄이 된 천사를 가장 존귀하고 아름답고 영광스런 천사장으로 만드셨습니다. 그런데 어느 날 교만해져서 하나님을 우습게 알기 시작했습니다. 왜냐하면 그가 보기에 하나님께서 하시는 일이 영 마음에 들지 않았기 때문입니다. 하나님은 이 세상을 머리 좋은 사람, 똑똑한 사람 위주로 만들어 가시지 않고 자꾸 어리석은 인간을 구원하려 하시고 미련한 자를 변화시키려고 하시며, 하나님 자신은 이 엄청난 세계를 만드시고도 겸손하게 숨어 계실 때가 많았기 때문입니다. 그래서 그는 하나님께서 나서지 않으시면 자기라도 나서야 하겠다며 하나님의 영광을 가로채고 최고가 되려고 했던 것입니다. 결국 천사였던 그는 타락하여 사탄이 되고 말았습니다. 그런데 사탄은 미련하게도 이 세상에서 악한 자들만 실컷 타락시키고 하나님의 백성만 연단시킨 후에 자기는 결국 영원한 지옥의 저주에 빠지고 말았습니다.

: 14절 : "가장 높은 구름에 올라가 지극히 높은 이와 같아지리라 하는도다."

사람이 구름 위에 올라간다고 하는 것은 최고의 자리에 올라가는 것을 의미합니다. 즉, 최고 높은 산의 꼭대기보다 더 높은 곳이 구름 위입니다. 우리가 가끔 비행기를 타고 하얀 뭉게구름 위를 지나가면 그 구름 위를 걸어 다니고 싶은 충동을 느낄 때가 있습니다. 그러나 뭉게구름은 사실 물방울에 불과하므로 사람들은 거기에 서 있을 수도 없습니다.

사실 등산하는 사람들은 최고로 높은 에베레스트 산꼭대기에 올라가 보는 것이 꿈입니다. 그러나 막상 그런 산꼭대기에 올라가 보면 그곳은 사람 살 곳이 못 된다는 것을 알 것입니다. 높은 산꼭대기는 너무나 춥고 바람이 심하게 불며 미끄러워서 잠시도 서 있을 수 없는 곳입니다. 마찬가지로 사람들은 최고의 자리에 오르기 원하지만, 그 자리에 가 보면 너무 외롭고 비인간적이며 철저하게 고립된 자리라는 것을 알게 될 것입니다. 결국 교만한 자는 높은 자리에 올라간 것으로 만족하지 못해서 하나님과 대결하려고 합니다. 자기가 신이 되려고 하는 것입니다. 그러나 하나님께서 이 악하고 교만한 자의 비리를 약간만 누출시키면 결국 그의 인기는 하루 사이에 지옥으로 곤두박질치게 됩니다.

：15절： "그러나 이제 네가 스올 곧 구덩이 맨 밑에 떨어짐을 당하리로다."

하나님에게는 높은 위치에 있는 자를 떨어뜨리는 일이 전혀 어렵지 않습니다. 왜냐하면 이 사람들이 높은 자리에 올라가 있는 것은 모두 하나님의 대역이기 때문입니다. 하나님께서 그들이 서 있는 자리에서 양탄자만 당기시거나 벽돌 하나만 빼서도 그들은 곧 인생 밑바닥, 그리고 지옥 밑바닥까지 떨어지게 됩니다. 이 세상에서 교만한 자의 운명은 다 똑같다고 보면 될 것입니다. 사탄이나 바벨론 왕이나 이 세상의 모든 독재자들은 결국 권력의 마술에 도취되었던 것입니다.

이 세상에서 가장 이상한 것이 권력이라는 마술입니다. 사실 인간은 모두 다 똑같은 피조물이고, 모두 하나님께서 티끌로 만든 흙덩이에 불과합니다. 그런데 권력이 주어지기만 하면 인간은 달라지기 시작합니다. 권력을 가진 사람이 명령을 내리면 그 밑에 있는 사람은 모두 그 명령에 따라 움직이게 되는데, 전쟁 시에는 수십만 명 혹은 수백만 명의 사람이 그의 명령에 따라 살기도 하고 죽기도 합니다. 또 이런 권력을 가진 사람은 수많은 사람을 동원해서 큰 성을 쌓거나 거대한 피라미드를 만들기도 합니다. 이처럼 권력의 힘은 얼마나 대단한지 모릅니다. 그래서 권력자들은 자신이 절대자인 것 같은 착각을 할 때가 많습니다. 하지만 이런 권력자들도 일단 권력을 손에서 놓으면 그는 평범한 노인이나 일반인으로 돌아가게 됩니다. 이것이 바로 권력이 부리는 마술입니다.

: 16-17절 : "너를 보는 이가 주목하여 너를 자세히 살펴보며 말하기를 이 사람이 땅을 진동시키며 열국을 놀라게 하며 세계를 황무하게 하며 성읍을 파괴하며 그에게 사로잡힌 자들을 집으로 놓아 보내지 아니하던 자가 아니냐 하리로다."

나중에 바벨론이 망한 후에 바벨론 왕을 자세히 보던 사람들은, 정말 이 사람이 온 땅을 진동시키고 온 세상을 황무하게 만들며 성읍을 파괴하고 사람들을 붙잡아 가던 자냐 하면서 놀라게 됩니다. 왜냐하면 바벨론 왕이 망한 후에 보니까 너무나 평범하고 보잘것없는 사람이었기 때문입니다.

우리는 이것과 비슷한 예를 현대에서도 볼 수 있었습니다. 그 하나가 일본 천황의 정체였습니다. 태평양전쟁 당시 일본 천황은 자신을 신격화하였고, 수많은 일본 군인들은 천황을 위해서 죽음을 무릅쓰고 전쟁을 했습니다. 그런데 일본이 미군에 투항한 후 키가 큰 맥아더 장군 옆에 선 일본 천황은 그렇게 초라할 수가 없었습니다. 그는 신도 아니고 대단한 사람도 아닌 그냥 평범한 보통사람이었습니다. 맥아더는 일부러 일본 천황 옆에서 주머니에 손을 넣고 사진을 찍었습니다. 사람들은, 겁을 잔뜩 집어 먹고 맥아더 장군 옆에 서 있는 저 왜소한 사람이 어떻게 전 세계를 대상으로 전쟁을 했는지 이해가 되지 않았습니다.

그런가 하면 리비아의 카다피는 쿠데타를 일으킨 후 절대자로 군림했습니다. 그는 친위대를 전투기와 탱크와 미사일로 무장시키고, 매일 장소를 바꾸어 가며 잠을 잤으며, 여성 경호대를 두었습니다. 그러나 시민 혁명군에 쫓겨서 도망치다가 사살 당했을 때, 시민군은 그의 시신을 정육점 냉동고에 보관했습니다. 결국 그는 고깃덩어리밖에 되지 않는다는 뜻이었습니다.

이라크의 사담 후세인은 자신이 바벨론 느부갓네살의 후예라고 하면서 전 아랍의 맹주가 되려고 했습니다. 아랍 인들은 후세인이 미국을 상대로 싸우는 것을 보고 대단하다고 칭송했습니다. 그러나 그는 땅굴 속에 숨어 있다가 붙들려 나왔는데, 미군은 일부러 그의 입을 벌리게 하고 수염을 당기기도 했습니다. 권력을 잃은 후세인은 아무것도 아닌 노인에 불과했고, 세상 사람들은 어떻게 저런 사람이 전 세계를 상대로 큰소리를 쳤는지 이해가 되지 않았습니다. 이처럼 권력은 사람을 속이는 무서운 힘을 가지고 있습니다. 이 세상 수많은 권력자들이 이 마술에 속고 이 마약에 취하는 바람에 수많은 사람을 죽게 하고 자기 자신도 멸망하고 말았습니다.

3. 하나님의 심판

우리가 이 세상의 악한 독재자를 보면 그 권력이 너무 막강하고 그가 자신을 너무나 철저하게 지키고 있어서 그를 권력의 자리에서 몰아내는 것은 영원히 불가능할 것 같습니다. 그런데 놀라운 것은 하나님은 이런 독재자를 몰아내시는 일이 전혀 어렵지 않으시다는 사실입니다. 하나님 앞에서 이 권력자들은 미친개 한 마리에 불과하므로 몽둥이로 간단히 쫓아낼 수 있습니다. 그런데 이해되지 않는 것은 역사 속에 왜 이런 미친 권력자들이 나타나서 많은 사람을 죽이고 비참하게 만들까 하는 것입니다. 그것은 그 악한 권력자들이 하나님께서 사용하시는 무서운 연단의 수단 가운데 하나이기 때문입니다.

하지만 하나님의 백성이 정신을 차리게 되면 악한 권력자들은 더 이상 필요가 없으므로 폐기처분이 됩니다. 그러므로 하나님의 백성은 하나님을 믿을 때 대충 믿으려고 해서는 안 됩니다. 철저하게 믿고 철저하게 회개해야 이런 악한 독재자가 나타나지 않습니다. 하나님의 때가 되면 하나님은 악한 자를 가장 비참한 방법으로 버리십니다. 하나님은 악한 독재자들을 두 가지 방법으로 버리시는데, 일단 육체적으로 비참한 죽음을 당하고, 그 영혼은 지옥의 가장 뜨거운 곳에 떨어지게 하십니다.

: 18-19절 : "열방의 모든 왕들은 모두 각각 자기 집에서 영광 중에 자건마는 오직 너는 자기 무덤에서 내쫓겼으니 가증한 나무 가지 같고 칼에 찔려 돌구덩이에 떨어진 주검들에 둘러싸였으니 밟힌 시체와 같도다."

본문에 보면 다른 왕들은 모두 자기 집에서 영광 중에 잠을 자고 있다고 했습니다. 이것은 다른 왕들이 자기 무덤에 평화롭게 잘 누워 있는 것을 말합니다. 왜냐하면 그들은 모두 평범한 왕이었고, 그래도 백성으로부터 존경받는 왕들이었기 때문입니다. 옛날 사람들은 무덤에 평안하게 누워 있는 것을 내세와 연결되는 것으로 생각했습니다. 물론 모든 왕이 다 구원받는 것은 아니겠지만, 그들은 겉으로 보기에는 평안한 죽음을 맞이했습니다.

그러나 바벨론 왕은 평안하게 죽지 못했습니다. 그는 너무나 많은 사람의 원한을 샀기 때문에 그를 저주하는 사람이 많았던 것입니다. 그래서 바벨론 왕은 자기 무덤에 눕지 못하고 내쫓겼는데, 본문은 '가증한 나무 가지' 같다고 말합니다. 예를 들어, 나무를 심었는데 나뭇가지가 지붕을 뚫고 집 안으로 들어온다든지 혹은 벽을 뚫고 자란다든지 하면 이것을 잘라버릴 수밖에 없을 것입니다. 즉, 바벨론 왕은 근본부터 잘못 나온 나뭇가지였던 것입니다. 우리 속담은 이런 사람에 대해 "엉덩이에 뿔이 났다."고 말합니다. 이런 사람은 아예 처음부터 잘못 만들어진 저주의 아들이었던 것입니다. 그래서 예수님은 이런 사람에 관해 "차라리 태어나지 아니하였더라면 제게 좋을 뻔하였느니라."(마 26:24)고 말씀하셨습니다.

결국 이런 자는 영원한 저주를 받게 되는데, 칼에 찔려서 돌 구덩이에 빠져 죽은 사람 같고 사람들에게 밟힌 시체 같다고 했습니다. 그런데 본문은 '칼에 찔려 돌 구덩이에 떨어진 주검들에 둘러싸였으니'라고 말하고 있습니다. 이것은 바벨론 왕이 시체에 둘러싸였다는 말도 되지만, 바벨론 왕이 시체를 싼 옷과 같다는 뜻도 있습니다. 결국 바벨론 왕은 사람만 죽였고, 그의 인생은 시체에 싸인 수의 같은 인생이었던 것입니다. 이 세상의 많은 옷 가운데 어린이나 미인이 입은 옷은 참 아름답습니다. 그리고 살아 있는 사람들을 따뜻하게 해 주는 옷은 복된 옷입니다. 원래 하나님의 백성은 양이기 때문에 자기 털을 가지고 옷을 만들어서 많은 사람을 따뜻하게 해 줍니다. 언젠가 신문을 보니까 뉴질랜드에서 양 한 마리가 털 깎이는 것이 싫어서 도망을 친 후 동굴에서 살다가 발견되었습니다. 이 양은 몇 년 동안 한 번도 털을 깎지 않아서 완전히 털로 덮여 있었는데, 이 양털을 깎아서 열 명분의 옷을 만들 수 있었다고 합니다. 그러나 바벨론 왕이 한평생 한 것은 사람들을 죽여서 스스로 그들의 수의가 되는 것이었습니다.

: 20절 :   "네가 네 땅을 망하게 하였고 네 백성을 죽였으므로 그들과 함께 안장

되지 못하나니 악을 행하는 자들의 후손은 영원히 이름이 불려지지 아니하리로다 할지니라."

악한 권력자는 국민을 허영에 들뜨게 해서 결국 전쟁에 끌어들입니다. 백성은 전쟁에서 이기는 것 같지만 속아서 결국 마지막 전쟁에서 다 죽게 됩니다. 그래서 이 왕은 백성과 같은 무덤에 장사될 수가 없는 것입니다. 그리고 그 후손은 절대로 이름이 나서는 안 됩니다. 왜냐하면 이런 자기도취에 빠진 자가 또 나오기 때문입니다. 만일 그런 독재자의 자녀가 지옥의 자식이 되지 않으려면 철저하게 신분을 버리고 평범한 사람으로 살아가야 합니다. 그래서 어떤 독재자의 딸은 다른 나라로 이민 가서 절대로 언론에 드러내지 않고 평범하게 지냄으로 살아남았지만, 아버지의 영화에 함께 도취된 자는 결국 그 아버지와 함께 비참하게 망하고 말았습니다. 그래서 세상에서 가장 불쌍한 자들이 독재자의 자손인데, 그 권력을 물려받은 자는 가장 비참하게 죽게 될 것입니다.

이제 드디어 하나님의 명령이 나옵니다.

:21절: "너희는 그들의 조상들의 죄악으로 말미암아 그의 자손 도륙하기를 준비하여 그들이 일어나 땅을 차지하여 성읍들로 세상을 가득하게 하지 못하게 하라."

비록 독재자는 실컷 세상을 정복하고 죽었을지 모르지만, 하나님은 그 자손을 모두 죽이라고 명령하십니다. 그러면 독재자의 자손은 땅을 모두 다 빼앗기게 될 것입니다.

:22절: "만군의 여호와께서 말씀하시되 내가 일어나 그들을 쳐서 이름과 남은 자와 아들과 후손을 바벨론에서 끊으리라 나 여호와의 말이니라."

하나님은 결국 일어나셔서 독재자와 그 후손들을 기록말살형에 처하십니다. 그러면 이들의 모든 성공과 업적과 명예는 없었던 것으로 삭제되고 말 것입니다. 결국 이들은 이 세상에 없었던 투명인간 취급을 받게 되는 것입니다. 아무도 이들을 기억하지 못할 것이며 그들의 흔적은 없어지고 말 것입니다.

하나님은 그분의 빗자루로 악한 자들을 모두 깨끗하게 청소하십니다.

:23절: "내가 또 그것이 고슴도치의 굴혈과 물웅덩이가 되게 하고 또 멸망의 빗자루로 청소하리라. 나 만군의 여호와의 말이니라 하시니라."

바벨론 왕은 바벨론 성에 물을 끌어들여 호수를 만들어서 난공불락의 성을 이루었지만, 적들은 그 물을 빼서 웅덩이로 만든 다음 멸망의 빗자루로 청소해서 없애 버립니다. 이 모든 일은 하나님께서 하시는 것입니다. 사람들은 술과 마약이 얼마나 무섭고 해로운지는 알지만, 인기나 성공이나 권력의 중독이 얼마나 무섭고 파괴적인지는 모릅니다. 결국 이들은 자신은 물론이고 자손 대대로 망하게 될 것입니다. 우리는 하나님의 백성으로서 정신을 차리고 정체성을 잃지 말아야 합니다. 그리고 오직 부흥으로 하나님의 복이 임하기를 기도해야 합니다.

25

하나님의
경영

이사야 14:24-32

우리나라 봄철 건조기에는 산불이 나서 큰 피해를 주는 경우가 많습니다. 미국 캘리포니아에서도 산불이 나서 산이나 집을 다 태우는 일들이 종종 일어나는데, 이런 건조기에 일어나는 산불은 진화하기가 매우 어렵습니다. 미국 캘리포니아에서는 산불이 나면 때때로 부자들이 몰려 사는 오렌지카운티의 베벌리 힐스까지 태우기도 합니다. 우리나라의 어느 절에서는 산불이 빨리 퍼지는 소나무를 베어내고 대신 불에 잘 타지 않는 활엽수를 많이 심어 놓아 산불이 났을 때 전소를 면할 수 있었다고 합니다. 또 캘리포니아의 어느 집은 돌로 방화벽을 만들고 불에 잘 타지 않는 나무를 심었는데 그 집만 산불이 피해 갔다고 합니다. 이런 것을 볼 때 우리는 이 세상에 사는 동안 성공하기 좋은 곳에 사는 것이 좋을지, 아니면 위급한 때 안전할 수 있는 곳에 사는 것이 좋을지 생각해 볼 필요가 있습니다.

만일 이 세상에 정말 안전한 지역이 있다면, 즉 산불이 나도 그곳에 오기만 하면 더 이상 번지지 않은 채 저절로 소화되고, 쓰나미가 와서 모든 해변을 덮쳐도 그곳은 덮치지 못하고 멈추어 서고, 지진도 일어나지 않고, 전쟁도 미치지 못하는 곳이 있다면 아마 사람들은 모두 그곳에서 살려고 할 것입니다. 이스라엘 백성에게는 두 곳의 수도가 있었습니다. 하나는 사마리아로, 그곳은 주로 성공하는 사람들이 가는 곳이었습니다. 즉, 돈이 많고 세상에서 인정받는 사람들은 사마리아에 모였습니다. 거기에 비하면 예루살렘은 좀 부족한 사람들이 모이는 곳이었고, 어떻게 하든지 하나님의 말씀대로 살아보려는 사람들이 모이는 곳이었습니다. 물론 예루살렘도 나중에는 사마리아를 따라가게 됩니다. 그러나 앗수르라는 쓰나미가 온 세상을 덮쳤을 때 사마리아는 앗수르에 의해 완전히 망하지만, 예루살렘은 앗수르 군대가 덮치지 못하고 오히려 앗수르 군대를 다 망하게 합니다. 이런 것을 보면 이 세상에서 성공하는 곳과 안전한 곳은 다르다는 것을 알게 됩니다.

얼마 전 신문을 보니까 유명한 기업의 회장이 회사 돈을 횡령하고 많은 불법을 저질러서 감옥에 가게 되었습니다. 그것을 보고 어떤 학자가 연구조사를 했는데, 고급 자동차를 타고 넓고 화려한 사무실을 쓰는 성공한 사람들은 자기가 다른 사람보다 더 큰 권력을 가지고 있다고 생각해서 더 쉽게 불법을 저지르게 된다는 연구 결과를 내놓았습니다. 결국 이런 성공한 사람들이 더 불법을 행하게 되어서 나중에 인생을 망치게 됩니다.

이사야 14장에서 이사야 선지자는 미래의 어느 시점에 유다 백성과 바벨론의 운명이 뒤바뀌게 될 것이라고 예언합니다. 즉, 바벨론은 세계 최강자가 되고, 유다는 그 바벨론의 무력 앞에서 엄청난 환난과 고통을 당하는데, 유다 백성이 자신의 정체성을 깨닫고 하나님 앞에 철저히 회개하면 유다는 살아나고 바벨론은 망하게 된다고 예언합니다. 여기서 하나님의 백성이 철저하게 회개한다는 것은 단순히 입으로만 회개하는 것이 아니라 하나님의 말씀에 목숨을 걸고 진정으로 겸손한 사람이 되는 것입니다. 그렇게 되면 바벨론은 갑자기 망하게 되는데, 그 이유는 바벨론이 하나님께서 몽둥이로 택하신 나라이기 때문입니다. 하나님의 백성이 정신을 차리면 몽둥이는 더 이상 필요 없으므로 버리거나 땔감으로 써 버리는 것입니다.

그런데 본문 24절 이하에서는 다시 앗수르 문제로 돌아오게 됩니다. 지금까지 이사야 선지자는 먼 미래에 일어날 일을 예언하다가 이제 다시 현실로 돌아온 것입니다. 유다의 미래에는 바벨론이 있지만 지금 당면한 현실은 앗수르였습니다. 그러나 유다의 미래 문제나 현재 문제를 해결하는 방법은 똑같습니다. 바로 하나님의 백성이 자신의 정체성을 찾고 하나님 앞에 겸손하며 말씀에 목숨을 건다면 미래나 현재가 다 안전할 수 있습니다.

사람은 누구나 성공하기를 원합니다. 그래서 성공을 위해서라면 어느 정도 불법도 저지르고 어느 정도 위험도 감수해야 한다고 생각합니다. 그러나 우리 스스로는 성공했다고 생각했는데 어느 순간 눈앞에서 모든 성공이 와르르 무너지면서 바벨론 왕처럼 인생 밑바닥으로 떨어진다면 그 성공은 결코 가치 있는 성공이 아닙니다. 우리는 성공보다는 안전한 것을 택해야 끝까지 아름다운 삶을 살 수 있습니다.

1. 우리를 향한 하나님의 경영

가끔 싱가포르나 말레이시아에 무서운 산불이 날 때가 있습니다. 이 산불이 얼마나 위력이 있는지 사람의 힘으로는 도저히 불을 끌 수가 없습니다. 그 연기 때문에 싱가포르 사람들은 모두 입에 마스크를 해야 하고, 심하면 학교도 휴교할 정도입니다. 그런데 이곳에 있는 나무에 불이 붙으면 땅속의 나무뿌리까지 불이 붙기 때문에 꺼진 것 같아도 다시 불이 붙고 꺼진 것 같아도 다시 불이 일어난다고 합니다. 이 불을 끌 방법은 오직 한 가지 밖에 없는데 그것은 바로 비가 오는 것입니다.

마찬가지로 이사야 당시 전 세계가 감당할 수 없는 재앙덩어리가 있었는데 그것은 바로 앗수르 군대였습니다. 앗수르 제국은 도저히 사람의 힘으로는 끌 수 없는 산불 같았고, 인간이 만든 모든 집이나 자동차나 시설을 다 쓸어가 버리는 쓰나미와 같았습니다. 그래서 사람들은 모두 앗수르를 대재앙이라고 불렀고, 사람의 힘으로는 앗수르의 정복을 막을 수 없었습니다. 그런데 하나님께서는 앗수르에 불을 직접 일으키셨으며, 앗수르를 통해서 반드시 보여 줄 것이 있다고 말씀하셨습니다.

: 24절 : "만군의 여호와께서 맹세하여 이르시되 내가 생각한 것이 반드시 되며 내가 경영한 것을 반드시 이루리라."

'만군의 여호와께서 맹세하셨다'는 것은 지금 이 말씀이 얼마나 확실한 말씀인지 알 수 있게 합니다. 하나님께서 그냥 말씀만 하셔도 이루어질 텐데 맹세까지 하셨다면 이것은 무슨 일이 있어도 반드시 이루어진다는 것입니다. 그런데 본문을 보면 '내가 생각한 것이 반드시 되며 내가 경영한 것을 반드시 이루리라'고 말씀하십니다. 여기서 우리는, '하나님의 생각은 전부 다 이루어질까?' 하는 의문을 갖게 됩니다. 사실 하나님은 모든 사람을 향해서 아주 좋은 계획을 가지고 계십니다. 그러나 하나님은 우리에게 억지로 자신의 계획을 강요하지 않으십니다. 그래서 하나님의 계획에 대한 믿음이 우리에게 없으면 하나님의 뜻은 이루어지지 않을 것입니다. 그러나 '경영'은 단순한 생각과는 다릅니다. '경영'은 여러 가지 반대와 어려움을 예상하면서도 반드시 이루기 위해 세우는 계획이기 때문입니다. 하나님께서 경영하시는 것은 반드시 이루어집니다.

　예수님께서 갈릴리 지역에서 말씀을 전하시고 기적을 행하실 때 사람들은 사실 예수님을 믿지 않고 배척할 때가 많았습니다. 그래서 어떤 때는 더 많은 병자를 고치시고 선한 일을 하실 수 있었음에도 그들의 믿음이 없어서 많은 일을 하지 않으신 것을 볼 수 있습니다. 그래서 예수님은 천국은 가진 자는 더 가지게 되고 없는 자는 그 있는 것도 빼앗기리라고 말씀하셨습니다. 어떤 사람들은 이것을 마태복음의 법칙으로 부르며 부자는 더 부자가 되고 가난한 자는 더 가난하게 된다는 식으로 해석하는데, 마태가 들으면 기가 막혀 할 것입니다. 하나님께서는 우리 모두에게 선한 계획을 가지고 계신데, 우리가 믿음으로 받아들이고 열심을 내면 삼십 배, 육십 배, 백 배의 열매를 맺을 수 있습니다. 그러나 우리가 하나님의 뜻을 의심하고 불신하면 이루어지지 않는 것도 있을 것입니다. 그런데 어떤 경우에는 하나님께서 무슨 일이 있어도 그것을 꼭 해내시는 때가 있습니다. 우리가 아무리 믿음이 없고 악할지라도 하나님께서 우리의 고집을 꺾으시고 우리를 오래 설득하셔서 결국 하나님의 선한 뜻이 이루어지게 하십니다. 이런 것을 보면서 우리는 하나님께서 우리의 고집과 생각을 꺾으시고 우리 인생을 하나님의 뜻대로 이끌어 가시는 것이 얼마나 감사한 일인가를 깨닫게 됩니다.

　저의 경우도 너무나 이 세상에 대한 집착이 강하고 하나님께서 주시는 축복의 가치를 몰랐기 때문에 오랫동안 하나님의 뜻에 순종하지 못했습니다. 그러나 하나님은 저에게 두 가지 일을 하셨는데, 하나는 저에게 절대로 세상의 길을 열어 주지 않으셨고, 또 다른 하나는 오래 기다리시면서 저를 설득시키시고 변화시키신 것입니다. 그 후에 깨닫게 된 것은, 제 뜻대로 살지 못하고 하나님께서 강권적으로 제 인생을 몰아오신 것이 얼마나 커다란 복인가 하는 것입니다. 성도님들 가운데도 자신의 인생이 내 뜻대로 흘러가지 않고 자꾸 막히며 이것도 안 되고 저것도 안 되는 상황에 있는 분이 있다면, 하나님께서 이미 내 인생에 간섭하고 계신 것입니다. 그때는 더 이상 세상적인 성공의 길을 가려고 하지 말고 하나님의 말씀에 자신을 맡기시기 바랍니다.

하나님은 '내가 생각한 것이 반드시 되며 내가 경영한 것을 반드시 이루리라'고 말씀하십니다. 이것이 얼마나 두려운 말씀이며 무서운 말씀입니까? 우리 모두는 인간이기 때문에 하나님의 손에 붙들린 도구가 되기보다는 이 세상에서 내 멋대로 내 하고 싶은 것을 다 하면서 성공한 사람으로 인정받기를 원합니다. 그러나 하나님은 반드시 우리를 붙드셔서 하나님께서 원하시는 사람으로 만들고야 마십니다. 하나님은 반드시 우리로 하여금 겸손하고 하나님의 말씀에 목숨을 거는 사람이 되게 하시고, 정금 같은 사람으로 만들고야 마시는데 이것이 바로 하나님의 경영입니다.

대개 기업가들의 경영은 어떤 것일까요? 그들은 돈을 어디에 투자해서 생산량을 얼마나 늘리며 얼마의 이윤을 올릴까를 고민합니다. 정치인들은 어떤 쪽에 힘을 기울여서 국민의 지지율을 올리며 자신이 생각한 계획을 성공적으로 완수할까를 생각합니다. 그러나 하나님은 미꾸라지같이 붙잡히지 않으려고 이리 빠지고 저리 빠지는 우리를 붙잡으셔서 신실하고 능력 있는 하나님의 종으로 만드십니다. 그래서 때때로 신실한 종 한 사람을 만드시기 위해 수십 년 혹은 수백 년을 기다리시기도 하십니다.

예를 들어, 이스라엘 백성이 애굽에서 종살이할 때 그들은 어려운 고역 때문에 하나님께 부르짖었습니다. 그러나 이스라엘 백성은 팔십 년을 더 고생해야만 했습니다. 왜냐하면 모세가 만들어지는 데 팔십 년이 걸렸기 때문입니다. 하나님께서는 모세 한 사람이 하나님의 손에 붙들렸을 때 그를 애굽에 보내셔서 바로 왕 앞에서 무려 열 가지의 기적이 일어나게 하셨습니다. 그리고 모세를 통해 하나님은 수백만 명의 이스라엘 백성을 애굽에서 이끌어 내셨습니다. 결국 이 세상은 겉으로 보기에는 권력을 잡고 말을 잘하고 똑똑해 보이는 사람들이 성공하는 것 같지만, 하나님의 손에 붙들린 한 사람이 나와야 하나님의 능력을 체험하게 되는 것입니다.

2. 앗수르에 대한 계획

유다에 대한 하나님의 오랜 계획은 히스기야라는 사람이 준비되는 것이었습니다. 히스기야가 준비되기까지 이스라엘과 유다에서는 나름대로 똑똑하다는 수많은 사람들이 나섰지만, 모두 앗수르 앞에서는 아무것도 아니었습니다. 어떤 사람이 아무리 똑똑하고 잘났다고 해도 그것은 자기도취에 빠진 것일 뿐이고, 진짜 똑똑한 사람은 하나님의 손에 붙들려서 하나님의 능력으로 어려움을 이기는 사람입니다. 하나님께서는 이사야 선지자를 통해서 '이스라엘 왕 베가나 아람 왕 르신을 두려워하지 마라. 그들은 연기 나는 부지깽이에 불과하다'고 말씀하셨습니다. 하지만 아하스는 하나님의 말씀을 믿지 않고 앗수르 세력을 끌어들여서 아람과 이스라엘을 치게 했는데, 이것은 산불을 지르는 것과 같았습니다. 사람이 자기 스스로 똑똑하고 머리 좋다고 자랑하는 것은 잔꾀를 부리는 것에 불과할 뿐 진짜 어려움이 닥치면 도망치기에 바쁜 꼴이 되고 맙니다. 이런 사람들이 지도자가 되고 정치인이 되니까 정치가 위험한 길로 접어드는 것입니다.

그런데 드디어 히스기야라는 한 사람이 준비되었습니다. 히스기야는 자신의 아버지 아하스와는 정반대로 하나님의 말씀만 붙들었습니다. 사실 히스기야가 아버지의 노선을 버리고 하나님의 말씀으로 돌아온다는 것은 당시 상황으로 보면 너무나 어려운 일이었습니다. 이것은 그가 죽을 각오를 하지 않으면 불가능할 정도로 이미 유다는 세상을 향해 많이 흘러간 상태였습니다. 그러나 히스기야가 목숨을 걸고 하나님의 말씀을 붙들었을 때 하나님은 일하기 시작하셨습니다.

: 25절 :　"내가 앗수르를 나의 땅에서 파하며 나의 산에서 그것을 짓밟으리니 그 때에 그의 멍에가 이스라엘에게서 떠나고 그의 짐이 그들의 어깨에서 벗어질 것이라."

하나님께서는 앗수르를 향한 계획을 가지고 계셨는데, 그것은 앗수르가 본문에서 말하는 '나의 땅' 곧 하나님의 땅에서, 더 정확하게 말하면 '나의 산' 곧 하나님의 산에서 망하는 것입니다. 그런데 앗수르는 그냥 망하는 것이 아니라 완전히 하나님의 발에 밟히게 됩니다. 당시 앗수르는 사람의 힘으로는 감당할 수 없는 대형 산불이나 거대한 쓰나미와 같았습니다. 그런데 놀랍게도 이 엄청난 악의 세력이 예루살렘의 벽을 넘지 못하고 예루살렘 벽에서 망하게 된 것입니다.

'그 때에 그의 멍에가 이스라엘에게서 떠나고 그의 짐이 그들의 어깨에서 벗어질 것이라'고 했습니다. 이것을 통해 우리는 앗수르가 이스라엘이나 유다에 얼마나 무거운 짐이었는가를 알 수 있습니다. 예를 들어, 어떤 사람이 빚을 과도하게 지고 있어서 매일 빚 독촉을 받는다면 그것은 무거운 짐일 것입니다. 이스라엘과 유다는 앗수르에 조공은 조공대로 바치면서 온갖 괴롭힘은 다 당하는 무거운 짐을 지고 살아왔습니다. 그러나 온 세상을 다 쥐고 흔들던 앗수르가 예루살렘 벽에서 망하게 됩니다. 그 이유가 무엇일까요? 앗수르는 그들보다 강하신 하나님의 손안에 있었기 때문입니다. 또한 하나님은 그분을 절대적으로 믿는 주의 종들을 통해 일하시기를 기뻐하시기 때문입니다. 그래서 이 세상에 앗수르나 바벨론 같은 악이 창궐할 때 하나님의 백성이 준비되어 있지 않으면 끝까지 고통을 당할 수밖에 없습니다. 왜냐하면 하나님은 믿음이 준비된 자를 통하여 일하시기 때문입니다. 여기서 우리는 과연 이 세상에서 스스로 똑똑하다고 생각해서 성공하고 높아지는 것이 나은지, 아니면 고난을 겪어서 낮아지더라도 하나님의 손에 붙들리는 사람이 되는 것이 나은지를 생각해 보아야 할 것입니다.

우리나라 사람들은 북한의 핵무기라는 무거운 짐을 지고 살아가고 있습니다. 북한은 핵무기뿐만 아니라 장거리 탄도 미사일도 많이 준비해 놓고 있습니다. 이런 무거운 짐은 중국이나 미국 같은 강대국이 압력을 넣는다고 벗어지는 것이 아니라, 히스기야 같은 믿음의 종이 준비되어야 하는 것입니다.

:26절: "이것이 온 세계를 향하여 정한 경영이며 이것이 열방을 향하여 편 손이라 하셨나니"

하나님께서 앗수르가 예루살렘까지 쳐들어와서 망하는 것을 통해 보여 주시려는 것이 무엇일까요? 하나님은 이것을 통해 이 세상의 권력이나 부는 전혀 안전하지 않다는 것을 보여 주시려는 것입니다. 즉, 아무리 좋은 집을 짓고 튼튼한 성을 쌓아도 앗수르를 이기지 못하면 전부 재가 되고 마는 것처럼, 세상에서 사람들이 붙들고 있는 권력이나 부나 군사력은 절대로 안전하지 못하다는 것입니다. 이 세상에서 안전하게 살고자 하면 하나님의 능력이 있어야지, 사람의 힘만으로는 안 됩니다. 왜냐하면 더 강한 자가 나타나면 망할 수밖에 없기 때문입니다. 이 세상에서 진정한 승리자는 우리의 삶에 하나님의 능력을 끌어오는 비결을 가진 자입니다. 그 비결은 오직 하나님의 말씀에 목숨을 거는 것밖에 없습니다. 우리가 하나님을 제대로 믿으려면 목숨을 걸고 믿어야 하는 것입니다.

또한 하나님은 앗수르의 멸망을 통해서 하나님께서 얼마나 크신 분이신지를 나타내 보여 주셨습니다. 이 세상 어느 왕도 감당할 수 없었던 앗수르 왕과 그의 군대가 하나님 앞에서는 미친개 한 마리밖에 되지 못했던 것입니다. 하나님께서 한번 몽둥이로 때리시니까 그들은 한순간에 몰락하고 말았습니다. 이것을 통해서 하나님은 진정으로 하나님을 믿고 의지하는 것이 처음에는 바보 같고 미련해 보이지만 종국에는 얼마나 멋있는 결과를 가져오는지를 보여 주셨습니다. 하나님의 말씀은 우리를 위기에서 지키는 능력이 있습니다.

그리고 하나님은 우리를 한 번만 돕고 버리시는 것이 아니라 끝까지 지키시는 분이십니다. 하나님은 앗수르의 멸망을 통해 하나님께서 온 세상을 경영하고 계시고 세상을 향해 손을 펴고 계심을 나타내셨습니다. 하나님께서 손을 펴셨다는 것은 이미 일을 시작하셨다는 뜻입니다. 하나님은 지금이라도 하나님을 믿고 의지하는 자는 살게 하시고, 하나님을 대적하고 최고가 되려고 하는 자는 앗수르와 같이 망하게 하십니다. 그러므로 이 세상에서 가장 위험한 것은 최고가 되는 것입니다. 세상에서 최고가 되는 것은 좋은 일이 아니라 위험한 일이며, 하나님의 손에 붙들려서 가치 있는 사람이 되는 것이 중요합니다.

: 27절 : "만군의 여호와께서 경영하셨은즉 누가 능히 그것을 폐하며 그의 손을 펴셨은즉 누가 능히 그것을 돌이키랴."

하나님께서는 이미 두 가지 일을 시작하셨습니다. 하나는 악한 자들이 자기 마음대로 높아지게 하시는 것입니다. 사람들은 힘이 있고 돈이 있으면 세상의 모든 좋은 것을 다 가지려고 합니다. 하지만 더 큰 시험, 즉 앗수르라든지 큰 재앙을 만나면 감당할 길이 없습니다. 사실 앗수르 자신도 스스로 어떻게 할 수 없는 상태가 되어 모든 나라들을 패망시키고 있는 것입니다.

그러나 하나님은 그런 중에도 다른 일을 행하십니다. 즉, 하나님의 사람을 택하셔서 철저하게 세상길을 가지 못하게 하시고 연단하심으로 하나님의 손에 붙들리게 하십니다. 결국 이런 사람들이 준비되면 하나님은 그 큰 악의 세력을 내리치셔서 순식간에 망하게 하시고, 하나님의 백성에게 자유를 주시며 복을 내려 주시는 것입니다. 그러므로 하나님의 백성에게 가장 중요한 것은 성공과 출세가 아니라 하나님의 백성의 정체성을 찾는 것입니다. 우리는 하나님의 백성이기 때문에 하나님의 손에 붙들리는 것이 사는 길이며, 목숨 걸고 하나님의 말씀을 붙들 때 하나님의 큰 구원이 나타난다는 사실을 깨달아야 합니다. 하나님의 이 계획은 아무도 막을 수 없고 아무도 바꿀 수 없습니다. 왜냐하면 이것이 하나님의 경영이기 때문입니다. 중요한 것은 이미 하나님께서 손을 펴셨다는 사실입니다. 이것은 이미 하나님께서 이 일을 시작하셨다는 뜻이며, 또한 은혜 주실 자를 이미 택하셨고, 교만하게 하셔서 버릴 자도 이미 그렇게 하도록 하셨다는 뜻입니다.

3. 블레셋과 예루살렘의 운명

앗수르가 먼 데서부터 갑자기 쳐들어오는 재앙인 데 비해, 항상 유다 백성과 가까이 있으면서도 생각이나 삶의 방식이 정반대인 민족이 있었습니다. 이들은 바로 블레셋이었습니다. 우리가 성경을 보면 블레셋 사람은 늘 나쁜 사람이고 죽어야 마땅한 사람들로 보였습니다. 그러나 인간적으로 보면 블레셋 사람이 유대인보다 더 신사적이며 더 멋쟁이일 수 있습니다. 왜냐하면 블레셋 사람들은 일찍부터 그리스 문명의 영향을 받아서 인본주의 사상으로 무장된 자들이었기 때문입니다. 이러한 블레셋 사람들에게 눈엣가시 같은 존재가 바로 하나님밖에 모르는 유대인이었습니다. 블레셋의 눈에는 유대인들이 종교적인 광신자로 보였고, 도저히 말이 통하지 않는 하나님께 미친 사람들로 보였습니다. 세상 사람들이 보기에는 블레셋 사람이 훨씬 합리적이고 멋있게 보였던 것이 사실입니다. 거기에 비해 유다 백성, 그중에서도 히스기야 같은 사람은 앞뒤가 꽉 막힌 사람으로 보였습니다. 그러나 하나님의 능력은 하나님의 말씀에 미친 자들에게 나타났습니다.

:28-29절: "아하스 왕이 죽던 해에 이 경고가 임하니라. 블레셋 온 땅이여 너를 치던 막대기가 부러졌다고 기뻐하지 말라. 뱀의 뿌리에서는 독사가 나겠고 그의 열매는 날아다니는 불뱀이 되리라."

이 말씀만 보면 유다 왕 아하스가 죽었을 때 블레셋은 자기 눈엣가시 같던 유다 왕이 죽었기 때문에 자기들을 치던 막대기가 부러졌다고 기뻐하는 것으로 볼 수도 있습니다. 그러나 그것은 잘못된 해석입니다. 우선, 아하스 왕이 죽던 해에 하나님의 경고가 임했다고 해서 반드시 블레셋 사람들이 아하스 왕의 죽음을 자기들을 치던 막대기가 부러진 것으로 생각하는 것은 아닙니다. 왜냐하면 아하스 때는 오히려 블레셋이 유다를 치던 막대기 노릇을 했기 때문입니다. 아하스는 겉으로는 하나님께 순종하는 것처럼 보였지만 실제로는 자기 생각을 믿고 세상을 따라갔습니다. 그러자 많은 몽둥이와 막대기가 나타나서 유다를 때리기 시작했습니다. 이처럼 어느 날 나를 대적하고 치는 자들이 많이 나타난다면 '하나님께서 나를 위해서 많은 막대기를 준비하셨구나'라고 생각해야 합니다.

블레셋 사람들은 자신들이 언제나 유다 왕이나 유다 백성보다 우월하다고 생각했습니다. 그런데 블레셋 사람에게 이해되지 않는 것은, 유다 왕이나 백성이 하나님의 말씀에 미치기만 하면 유다에 부흥이 일어나서 블레셋이 힘을 쓸 수가 없는 것이었습니다. 하지만 이상하게도 유다 백성이 세상을 따라가고 하나님의 말씀을 무시할 때는 블레셋 사람들에게 힘이 생기면서 어깨가 근질근질하여 유다를 실컷 두들겨 패고 싶은 마음이 드는 것입니다. 이처럼 블레셋 사람의 힘은 언제나 유다 백성의 부흥과 상반되는 관계에 있었습니다. 그런데 아하스 왕이 통치하면서 유다는 침체기를 맞았고, 그래서 블레셋은 유다를 우습게 여겼습니다.

이러한 블레셋을 치는 막대기가 있었는데 그것은 바로 앗수르였습니다.

블레셋은 앗수르에게 괴로움을 당해 왔는데, 유다 왕 아하스가 죽던 해에 앗수르 왕 디글랏 빌레셀 3세가 죽습니다. 그래서 블레셋 사람들이 기뻐했던 것입니다. 하지만 앗수르 왕 디글랏 빌레셀 3세가 죽었다고 해서 블레셋의 몽둥이가 없어진 것은 아니었습니다. 아직 앗수르의 악한 뿌리는 남아 있었기 때문입니다. 본문에서는 '뱀의 뿌리에서는 독사가 나겠고 그의 열매는 날아다니는 불뱀이 되리라'라고 말합니다. 이에 대해 어떤 학자들은 뱀의 뿌리는 히스기야이고 그 열매는 하나님이라고 해석하는데 이는 잘못된 해석입니다. 하나님을 믿지 않고 인간의 머리를 믿은 블레셋에는 끝까지 그들을 치는 악의 세력이 나타나게 됩니다. 그래서 앗수르에서는 디글랏 빌레셀이 죽은 후 사르곤 왕이 세워지고, 사르곤 뒤에는 산헤립이 왕이 되는데, 이들은 그냥 몽둥이가 아니라 독사로 만든 채찍입니다. 즉, 하나님께서 블레셋을 때리실 때 그냥 몽둥이가 아니라 독사를 가지고 채찍을 만들어서 때리시므로 블레셋 사람들은 채찍으로 맞을 때마다 온몸에 독사의 독이 퍼지게 되는 것입니다.

나중에 그리스 사람들은 자신들이 왜 그 뛰어난 문명과 민주주의에도 불구하고 망했는가를 생각하게 됩니다. 가장 중요한 이유는 그들은 비현실적이고 이기적이었으며, 인격적인 하나님을 인정하지 않았기 때문입니다. 그런데 로마가 세계를 지배할 당시에, 기독교를 탄압하고 죽이는데도 많은 사람이 예수를 믿었습니다. 그 이유는 이미 로마에 사는 사람들 가운데 그들의 허무함을 깨달은 사람이 많았기 때문입니다. 즉, 로마 인의 사치와 방탕과 성적 타락을 보고 그것이 옳지 않다고 생각해서 사람들이 인격적인 하나님을 찾게 되었던 것입니다.

거기에는 또 다른 운명의 사람들이 나타납니다. 그들은 바로 가난하고 어려운 가운데서 하나님을 믿는 자들입니다.

:30절: "가난한 자의 장자는 먹겠고 궁핍한 자는 평안히 누우려니와 내가 네 뿌리를 기근으로 죽일 것이요 네게 남은 자는 살륙을 당하리라."

본문에 보면 가난한 자와 궁핍한 자가 나오는데, 이들은 환난과 고통 가운데서 하나님을 찾는 자들을 말합니다. 이들은 블레셋 사람일 수도 있고 유다 사람일 수도 있습니다. 사람은 어려우면 하나님을 찾게 되어 있고, 하나님의 말씀이 귀에 들리게 되어 있습니다. 그래서 아무리 하나님이 독사로 블레셋을 치시더라도 가난한 자의 자녀에게는 먹을 것이 생기고 그들은 평안하게 살게 됩니다. 이미 이들은 예루살렘으로 피했기 때문입니다. 즉, 이 당시 블레셋의 교만한 자들은 모두 자기의 힘만 믿고 성에 남아 있었지만, 가난하고 궁핍한 자들은 블레셋을 피해서 예루살렘으로 도망을 갔던 것입니다. 예루살렘으로 도망간 자들은 평안히 살게 되지만, 자기 힘을 믿고 블레셋에 남아 있던 자들은 성과 함께 멸망당하고 맙니다.

:31절: "성문이여 슬피 울지어다. 성읍이여 부르짖을지어다. 너 블레셋이여 다 소멸되리로다. 대저 연기가 북방에서 오는데 그 대열에서 벗어난 자가 없느니라."

하나님은 앗수르를 통해서 블레셋을 시험하셨습니다. 블레셋이 하나님 앞에 가치가 있으면 살아남을 것이고, 아무 가치 없는 쭉정이에 불과하면 타서 없어질 것입니다. 그런데 블레셋은 타서 없어졌습니다. 이것은 그들의 사상과 문명이 하나님 앞에 아무 가치 없는 쭉정이라는 뜻입니다.

본문에 보면 연기가 북방에서 오는데 그 대열에서 벗어난 자가 없다고 했습니다. 즉, 앗수르 군대가 블레셋을 불사르기 위해 오는데 대열을 맞춰 오고 있는 것입니다. 그러나 예루살렘은 안전할 것입니다.

:32절: "그 나라 사신들에게 어떻게 대답하겠느냐. 여호와께서 시온을 세우셨으니 그의 백성의 곤고한 자들이 그 안에서 피난하리라 할 것이니라."

이 사신들이 어느 나라 사신인지 알 수 없습니다. 어떤 사람들은 블레셋 사신이라고 하고 어떤 사람은 앗수르 사신이라고 하고 어떤 사람들은 바벨론 사신이라고도 합니다. 즉, 블레셋 사신이 오는 것은 함께 앗수르를 치자는 것이고, 앗수르 사신은 유다 왕과 백성을 조롱하기 위해서 오는 것입니다. 그리고 바벨론 사신은 나중에 오게 됩니다. 그러므로 여기서의 사신은 앗수르 사신일 가능성이 높습니다. 즉, 앗수르 사신이 히스기야와 유다 백성을 조롱하면서 '너희들이 도대체 어떻게 하려고 하느냐?'라고 물으면 그때 하나님이 우리 곤고한 자들을 지켜 주시며 '우리는 여호와가 세우신 시온성에 피한다'고 대답하는 것입니다. 그 후에 앗수르 군대는 하룻밤 사이에 죽고 망하게 됩니다.

하나님은 우리를 위한 경영 계획을 세우셨는데, 그것은 우리가 모두 모세와 히스기야처럼 목숨 걸고 하나님을 믿는 사람이 되는 것입니다. 죽음의 시험이 오는 것을 두려워하지 말고, 믿음으로 나라를 지키고 믿음으로 하나님의 능력을 나타내는 성도들이 다 되시기 바랍니다.

26

모압의 애통

이사야 15:1-9

우리는 때때로 예수를 믿기 때문에 가족들과의 관계가 멀어지기도 하고 때로는 옛날에 친했던 친구들과 멀어지기도 합니다. 심지어는 예수를 믿기 때문에 직장이나 사회에서 물과 기름처럼 서로 섞이지 않기도 하고, 어떤 때는 개밥에 도토리처럼 유별나게 행동하는 것으로 보여서 미움을 받을 때도 있습니다. 예수 믿는 사람이나 믿지 않는 사람이나 잘 이해할 수 없는 것은, 도대체 신앙이 무엇이기에 이렇게 하나 되지 못하게 만드나 하는 것입니다. 예수님께서는 제자들에게 "내가 세상에 화평을 주려고 온 줄로 아느냐."고 하시면서 "도리어 분쟁하게 하려 함이로라."(눅 12:51)라고 말씀하셨습니다.

대개 예수 믿는 사람과 믿지 않는 사람의 관계는 처음에는 무관심의 관계입니다. 즉 믿지 않는 사람이 보기에 예수 믿는 사람은 숫자도 얼마 되지 않고 세상적으로 대단한 위치를 차지하지도 않으므로 그 존재 자체를 무시해 버리는 것입니다. 그러다가 예수 믿는 사람들 안에 부흥이 일어나고, 세상이 예수 믿는 사람들로 인해 급변하게 되면 적대시하기 시작합니다. 그래서 예수 믿는 사람들이 세상적으로 성공을 거두면 시기하고, 그들의 지배를 받으면 마치 막 잡혀 온 들짐승과 같이 빠져나가려고 몸부림칩니다. 그러다 하나님의 백성이 하나님께 연단을 받게 되면 오히려 세상 사람들은 평안히 잘 살게 됩니다. 그때 하나님의 백성은 믿지 않는 자들이 잘살고 행복하게 사는 모습이 이해되지 않습니다. 하나님께서 사랑하시는 하나님의 백성은 그렇게 고생하게 하시는데, 믿지 않는 자들은 돈도 잘 벌고 세상 권세를 다 가지고 떵떵거리면서 살기 때문입니다.

그러나 한참 지나고 나면 믿지 않는 자들의 이러한 성공이 아무것도 아니었다는 사실이 드러납니다. 그렇다고 우리가 믿지 않는 악한 자들이 모두 망하도록 기도해서는 안 됩니다. 비록 그들이 하나님을 믿지 않는 악한 자라고 해도 하나님께서 주신 귀한 생명을 가진 자들이며, 그중에서 적은 수라도 하나님을 믿게 된다면 이것은 커다란 유익이기 때문입니다.

예를 들면, 한겨울에 촬영을 하는 드라마나 영화의 주인공을 맡은 사람은 엄청난 고생을 합니다. 주인공은 물에 빠져야 할 때도 있고 말에서 떨어질 때도 있고 눈 위를 맨발로 달려야 할 때도 있습니다. 그때 주인공이 아닌 사람들은 커피숍이나 따뜻한 곳으로 들어가 따뜻한 음료와 함께 자기 순서를 기다리며 잠도 자고 쉬기도 합니다. 하지만 주인공은 오랜 시간 바깥 추운 곳에서 엄청난 고생을 하며 촬영에 임합니다. 때로는 감독이 같은 장면을 몇 십 번씩 다시 촬영하기도 합니다. 그런데 나중에 완성된 영화를 보면, 영화 찍을 때 편안한 곳에 있던 사람들은 영화에서 부분부분 아주 짤막하게 지나가는 사람으로 나오거나 거의 등장하지 않습니다. 그에 따라 출연료도 별로 많이 받지 못합니다. 그러나 고생한 주인공의 모습은 화면의 대부분을 차지하며, 많은 출연료를 받고, 관객의 호응에 따라 큰 인기를 누리게 됩니다.

유다와 모압은 늘 붙어 있었고, 영화로 치자면 같은 영화에 등장할 때가 많았습니다. 물론 어떤 때는 유다나 이스라엘이 모압보다 위에 있었고 어떤 때는 모압이 이스라엘이나 유다를 지배할 때도 있었습니다. 그들은 그렇게 가까이 붙어 있었지만 물과 기름처럼 절대로 섞이지 않는 존재였습니다. 왜냐하면 믿는 신이 달랐기 때문입니다. 유다 백성은 성경에 나오는 하나님을 믿었지만, 모압 족속은 그모스라는 신을 믿었습니다. 두 민족 모두 자기 신을 철저하게 섬겼는데, 오히려 간간이 유다 백성이 하나님을 의심할 때가 많았습니다. 왜냐하면 하나님은 유다 백성에게 많은 고난과 연단을 주시는 데 비해 그모스 신은 모압을 철저하게 지켜 주는 것 같았기 때문입니다. 사실 모압은 지정학적으로 유리한 위치에 있었기 때문에 그렇게 느껴졌을 뿐입니다. 모압은 사해 동쪽에 있었는데, 사해와 광야 사이에 끼어 있어서 웬만한 재앙은 피해 갈 때가 많았습니다. 그러나 나중에 바벨론이라는 불방망이가 찾아왔을 때 그모스 신은 더 이상 모압 족속에게 도움이 되지 못했습니다. 모압 전체는 통곡으로 덮이고 말았습니다.

본문 말씀은 이사야가 모압의 미래의 어느 시점을 본 환상이었습니다. 이러한 선지자의 이상은 어느 지역이나 나라의 미래 시점의 환상을 보는 것이지만, 정확하게 얼마 후에 일어나게 될지는 알 수 없습니다. 다만 언제인지는 모르지만 어느 지역이 황폐되고 사람들이 애통해하는 환상을 보는 것입니다.

《반지의 제왕》이라는 영화를 보면 키가 작은 호빗 족속의 프로도라는 청년은 장차 악한 군대가 몰려와서 자기 부족에게 불을 지르고 사람들을 모두 다 죽이는 환상을 보게 됩니다. 그리고 그런 전쟁과 화재를 막기 위해서는 우연히 자기들 손에 들어온 절대반지를 원래 있던 운명의 산 용암에 던져 넣어서 없애는 수밖에 없다는 것을 알게 됩니다. 이후로 그는 온갖 고생을 다 하며 그 운명의 산에 도착하여, 결국 펄펄 끓는 용암에 그 반지를 던져서 없애버립니다.

사실 우리에게 이렇게 미래를 볼 수 있는 눈이 있으면 좋겠지만, 사람에게는 미래를 볼 수 있는 눈이 없습니다. 또한 그런 눈이 있다 해도 미래의 불행을 없앨 방법을 알지 못합니다. 그러나 하나님의 백성은 미래를 볼 수 있는 성경이라는 눈이 있습니다. 그리고 우리가 하나님의 말씀을 믿기만 하면 얼마든지 미래의 재앙을 막을 수 있습니다. 하나님께서는 이사야 선지자에게 유다의 미래에 있을 엄청난 불행을 보게 하십니다. 그러나 유다의 미래에 있을 불행은 하나님께서 금을 제련하시는 방법이었고, 바벨론은 유다 백성을 연단하시는 불방망이와 용광로였습니다. 그런데 모압은 미래를 볼 수 있는 눈이 전혀 없었기 때문에 지금 당장만 재앙이 없으면 성공이라는 생각을 가지고 살았습니다. 그러나 나중에 환난이 닥쳤을 때 모압은 전혀 대책 없이 망하고 말았습니다.

1. 모압과 이스라엘 백성의 관계

모압과 이스라엘은 어떻게 생각하면 떼려야 뗄 수 없는 사이였습니다. 하나님께서 하늘의 복을 주시기 위해 아브라함을 하란 땅에서 불러내실 때 함께 가나안 땅으로 왔던 사람이 아브라함의 조카 롯인데, 모압 족속은 바로 이 롯의 후손이었습니다.

아브라함과 롯은 신앙에서 약간의 차이가 있었습니다. 그런데 이 약간의 차이가 나중에는 엄청난 차이로 벌어지게 됩니다. 비록 아브라함은 완전한 사람은 아니었지만, 하나님의 말씀을 절대적으로 붙들었고 하나님의 말씀은 능치 못함이 없다는 것을 믿었습니다. 그러나 롯은 아브라함과 함께 하란을 떠나서 가나안으로 오기는 했지만, 하나님의 말씀을 절대적으로 믿는 것은 광신적이라고 생각했고 오히려 현실을 더 중요하게 생각하는 현실주의자였습니다. 결국 아브라함과 롯은 목초지 사용 문제로 갈라지게 되는데, 롯은 죄악이 가득한 소돔을 들판의 목초지가 좋다는 이유로 선택하게 됩니다. 그러나 하나님께서는 죄악이 가득한 도성인 소돔과 고모라를 유황불로 멸망시키십니다. 이때 롯과 그의 두 딸은 아브라함의 기도로 그곳에서 유일하게 살아서 탈출하게 됩니다. 소돔과 고모라에 있던 수천 명의 사람이 모두 몰살했는데 거기서 롯과 두 딸만 살아난 것은 대단한 일입니다. 이 사람들은 소돔과 고모라의 마지막 모습을 생생하게 증언할 수 있는 목격자들이었습니다. 그러나 그들은 또 이런 재앙이 일어날까 무서워서 산으로 도망하여 그곳에 숨어 살았습니다. 그때 롯의 두 딸은 결혼할 남자가 없으니까 아버지에게 술을 먹인 후 그를 통해 자식을 낳게 됩니다. 그 자손들이 바로 모압 족속과 암몬 족속입니다. 우리의 생각에는 롯과 두 딸이 소돔과 고모라에서 살아나왔으면 다시 아브라함을 찾아가면 될 텐데, 그들은 그렇게 하지 않았습니다. 그 이유는 아마도 자존심 때문이었던 것 같습니다. 롯과 두 딸이 자존심만 버렸더라면 아브라함의 도움으로 얼마든지 다시 시작할 수 있었을 텐데 그들은 그렇게 하지 않았습니다. 즉, 이들은 하나님의 도우심으로 멸망에서 건짐을 받았으면서도 하나님께로 돌아가지 않았습니다.

 이스라엘 백성이 출애굽 이후 가나안 땅에 들어가기 위해 모압 땅을 통과하려고 했을 때, 모압 왕은 이스라엘 백성을 시기해서 그 땅을 통과하지 못하게 했습니다. 그래서 이스라엘 백성은 너무나 먼 사막길을 돌고 돌아서 가나안 땅으로 가야 했습니다. 더욱이 이스라엘 백성이 가나안 땅에 가까이 오게 되었을 때 모압 왕 발락은 이스라엘 백성을 망하게 하려고 선지자 발람을 통해 그들을 저주하고자 했습니다. 하지만 하나님께서 강권적으로 발람의 입을 막으시고 저주 대신 축복을 하게 하셨습니다. 그러자 이번에는 모압 여자들의 미인계를 써서 이스라엘 사람들로 하여금 성범죄와 우상 숭배의 죄를 범하게 했습니다. 그 바람에 이스라엘 백성은 하나님의 징계를 받아 이만 사천 명가량이 죽게 됩니다.

이스라엘 백성이 사십 년 광야 생활을 한 후 결정타를 먹은 곳이 바로 모압이었습니다. 그만큼 모압 족속은 이스라엘이 잘되는 것을 싫어했습니다. 사사 시대에는 모압 왕 에글론이 힘으로 이스라엘을 지배하고 조공을 받았습니다. 그러다가 왼손잡이 에훗이 에글론을 칼로 찔러 죽이고 도망을 친 적이 있습니다.

그런가 하면 모압 여자인 룻은 시어머니 나오미를 따라 유다로 오게 되는데, 보아스와 결혼함으로써 다윗 왕의 증조할머니가 됩니다. 젊은 과부인 룻이 모압을 떠났던 이유는 하나님을 섬기고자 했기 때문입니다. 모압과 이스라엘은 혈통으로는 가까울지 몰라도 신앙과 삶의 모습은 너무나 달랐습니다. 특히 모압 여인 룻은 하나님이 없는 그들의 삶에 소망이 없다는 것을 발견하고, 모압에서 잘사는 것보다는 이스라엘의 거지가 될 작정을 하고 유다로 온 것입니다.

여기서 우리가 알 수 있는 모압 사람의 특징은, 이들은 이스라엘과는 가까운 사이였지만 하나님을 너무나 싫어했다는 사실입니다. 그들은 때때로 이스라엘 백성의 지배를 받기도 했지만, 할 수만 있으면 이스라엘을 망하게 하려고 했고 기회만 있으면 이스라엘과 싸우려고 했습니다.

외형적으로 모압은 이스라엘이나 유다의 가장 가까운 이웃이었습니다. 어떤 의미에서는 친척일 수도 있고 형제 관계일 수도 있습니다. 그러나 이들은 하나님을 믿지 않고 자기 나름대로 사는 것을 더 좋아하는 사람들이었습니다. 이들은 어떤 일이 있어도 하나님의 말씀의 멍에는 쓰지 않으려고 했고, 하나님의 말씀이 사로잡으려고 하면 길길이 날뛰거나 미친 듯이 몸부림쳐서라도 멍에를 벗고 달아나 버리는 야생 동물 같은 사람들이었습니다. 물론 이들을 무조건 나쁜 사람이라고 말할 수는 없습니다. 단지 기질이 이스라엘 백성과는 너무 달랐습니다. 이 사람들은 이 세상에서 잘사는 것으로 만족했고, 세상에서 즐길 수 있는 것은 다 즐기는 것을 행복으로 생각했습니다. 특히 모압 족속은 이스라엘 백성이 당하는 연단이나 환난을 많이 겪어 보지 않았습니다. 세상적인 눈으로 보면 모압 족속이 이 세상을 사는 데는 딱 적격인 사람들로 보입니다. 그러나 하나님께서 보시기에 모압 족속은 금 성분이 전혀 없는 찌꺼기와 같았고, 나중에는 완전히 없어질 수밖에 없는 불순물에 불과했습니다. 그래서 이사야는 언젠가 모압 전체가 울부짖고 통곡하는 때가 온다는 것을 환상을 통해 알게 되었습니다.

2. 이사야가 본 幻상

어느 날 이사야가 하나님 앞에서 환상을 보았는데, 그것은 모압의 미래 모습이었습니다.

: 1절 : "모압에 관한 경고라. 하룻밤에 모압 알이 망하여 황폐할 것이며 하룻밤에 모압 기르가 망하여 황폐할 것이라."

여기서 '경고'는 '무거운 짐'이라는 뜻입니다. 하나님께서 이사야에게 보여 주신 모압의 미래는 어느 날 갑자기 모압의 수도와 중요한 요새가 황폐하게 되는 것이었습니다. 본문을 보면 '모압 알'이라는 곳이 나오고 '모압 기르'라는 곳이 나옵니다. 여기서 '모압 알'은 모압의 수도인 것 같고, '모압 기르'는 아주 중요한 요새였던 것 같습니다. 그런데 이사야 선지자가 환상 중에 보니, 하룻밤 사이에 모압 알과 모압 기르, 즉 모압의 가장 중요한 두 도시가 아예 폐허가 되어 아무것도 남지 않게 되었습니다.

그런데 이사야가 이 사실을 말하였지만 누구도 이 예언에 큰 주의를 기울이지 않았던 것 같습니다. 왜냐하면 유다와 모압은 언제나 사이가 좋지 않았으므로, 유다 사람인 이사야가 모압에 대한 환상을 좋지 않은 쪽으로 말할 가능성이 많았기 때문입니다. 사람들은 으레 '유다 사람 이사야가 본 환상이니까 절대로 좋은 내용일 리가 없지'라고 대수롭지 않게 생각했을 가능성이 많습니다. 하지만 하나님은 이스라엘 백성이 아니기 때문에 무조건 멸망하는 환상을 보여 주시는 분은 아닙니다. 특히 하나님께서 이렇게 망하는 환상을 보여 주시는 것은 아직 시간이 있을 때 이들이 하나님 앞에 정신을 차리고 회개하도록 하기 위해 이 환상을 주시는 것입니다. 대표적인 예가 요나가 보냄을 받았던 니느웨 성입니다. 하나님께서는 요나 선지자를 죄악이 가득한 니느웨 성에 보내셔서 사십 일 후에 니느웨가 멸망한다는 것을 알려 주셨고, 그들은 하나님 앞에 회개함으로 멸망을 면하였습니다. 마찬가지로 하나님께서 이사야 선지자를 통해 모압의 미래를 보여 주시는 것은, 모압의 미래가 이렇게 예정되었지만 아직 시간이 있을 때 살 방법을 찾아보라는 뜻입니다. 모압 사람들은 모압 알이 대단하고 모압 기르가 능히 자기들을 지킬 수 있을 것으로 생각하지만, 이 두 곳이 한순간에 폐허로 변하고 말 것입니다.

이것은 마치 제2차 세계 대전이 끝날 때 일본의 히로시마와 나가사키에 원자 폭탄이 떨어진 것에 비유할 수 있을 것입니다. 히로시마와 나가사키 두 곳에 원자 폭탄이 떨어지자 일본 천황은 즉시 항복했습니다. 이것은 굉장히 잘한 일입니다. 지금까지 세계의 많은 왕이나 독재자 중에서 하나님으로부터 핵무기의 매를 맞은 왕은 일본 천황밖에 없습니다. 만일 이때 항복하지 않고 끝까지 싸우려고 했다면 아마 일본 사람 대부분이 죽었을 것입니다. 그러나 일본 천황이 즉시 항복하고 자기가 신이 아니라고 고백한 것은 일종의 회개였다고 할 수 있습니다.

그런데 일본은 패전의 잿더미 가운데 있던 중 한국 전쟁의 발발로 경제가 일어서게 됩니다. 이것은 누구도 예상하지 못했던 일이었습니다. 우리나라는 전쟁으로 잿더미가 되었는데, 일본 경제는 군수 물자 생산으로 엄청나게 발전하였습니다. 이를 계기로 일본은 세계 경제 2위로까지 발전하기도 합니다. 그러나 그것이 결국 우리에게는 유익이었습니다. 왜냐하면 우리나라는 전쟁의 폐허 위에서 철저하게 회개함으로 영적인 부흥이 먼저 일어나게 되었기 때문입니다. 그러나 일본은 오직 경제만 부흥되어서 그 후에도 하나님 앞에서 알곡이 되지 못했습니다.

유다는 하나님께 연단 받고 알곡이 되었지만, 모압은 알곡이 되지 못하고 그대로 남았습니다.

3. 모압 사람들의 반응

유다 백성은 큰 시련과 고통을 당하면 가장 먼저 하나님을 찾았습니다. 그들은 고난을 겪으며 하나님 앞에 진심으로 회개했는데, 그 회개한 증거는 다시 하나님의 말씀에 목숨을 거는 것입니다. 그런데 세상 사람들은 위기를 당하고 어려움을 당하면 그 어려움에서 도망치기에 급급하다가 결국 절망하게 됩니다.

: 2-3절 : "그들은 바잇과 디본 산당에 올라가서 울며 모압은 느보와 메드바를 위하여 통곡하는도다. 그들이 각각 머리카락을 밀고 각각 수염을 깎았으며 거리에서는 굵은 베로 몸을 동였으며 지붕과 넓은 곳에서는 각기 애통하여 심히 울며"

모압 사람들은 그모스 신이 자기들을 지켜 줄 줄 알았는데 나라 전체가 파멸에 빠지자 바잇과 디본 산당으로 올라가서 울었습니다. 그러나 이것은 회개하는 것도 아니고 기도하는 것도 아닙니다. 단지 신세를 한탄하는 것일 뿐입니다. 모압 사람들은 하나님 믿기를 싫어하고 끝까지 그모스라는 신에 집착했습니다. 그 이유는 하나님을 믿지 않는 사람은 야생 동물과 같은 본성이 있어서 하나님의 말씀에 매이는 것을 너무나 싫어하기 때문입니다. 이것은 마치 야생 동물이 사람에게 붙들리면 어떻게 해서든 도망치려고 철망을 들이받기도 하고 줄을 이빨로 물어서 끊기도 하는 모습과 같습니다. 이처럼 하나님을 믿지 않는 자들은 하나님의 백성과 체질 자체가 달라서 어떻게 해서든지 하나님을 벗어나려고만 합니다. 그러므로 우리가 하나님을 믿는다는 사실은 얼마나 놀라운 변화인지 모릅니다.

모압 사람은 그모스 신을 믿었는데 그 신은 자기들을 지켜 주지 못했습니다. 사실 그동안 모압 사람을 지켜 주셨던 분은 그모스가 아니라 하나님이셨기 때문입니다. 그래서 하나님은 이스라엘 백성이 출애굽 한 후 모압을 통과하려고 했을 때도 모압 사람들은 치지 말라고 말씀하셨습니다. 이렇게 하나님께서 모압 사람들을 사랑하시고 지켜 주셨는데, 그들은 자기들을 지켜 주는 신이 그모스인 줄 알고 그모스만을 믿고 찾다가 결국 허탈한 데 빠지고 말았습니다.

이것은 지금 일본 사람들이나 중국 사람들도 마찬가지입니다. 일본이 전쟁의 폐허 위에서 그렇게 눈부시게 발전하게 된 것이나, 중국이 전체를 통일하고 경제가 발전해서 지금 세계를 주름잡는 경제 대국이 된 것도 하나님께서 하시는 것입니다. 그런데 그들은 이 사실을 모르고 다른 데 영광을 돌리고 있습니다. 예를 들어, 어떤 사람이 모르는 누군가로부터 정기적으로 장학금을 받으며 공부하여 성공하게 되었습니다. 훗날 그는 자신을 후원해 주었다고 믿고 있던 사람을 찾아가서 감사인사를 전했는데, 자신은 그런 후원을 한 적이 없다는 소리를 듣는다면 이 사람은 지금까지 엉뚱한 사람에게 감사하며 산 것입니다.

마찬가지로 모압을 지금까지 지키고 보호해 주신 분은 하나님이셨는데, 모압 사람들은 그모스라는 신으로 잘못 알았습니다. 결국 사람은 자기가 믿는 신에 따라서 자신의 가치가 결정됩니다. 모압 사람들은 산당을 찾아가서 울지만 그것은 소용없는 신세 한탄에 불과했습니다. 그들은 나라가 망하자 장례를 치르는 모습으로 애통해 했습니다. 그들은 모두 머리를 밀고 수염도 깎고 굵은 베로 허리를 동이고 애통했는데, 누구를 향해 울어야 하는지도 알지 못했습니다. 그들은 지붕 위나 사람들이 많이 모이는 광장에서 울부짖었지만 이것은 아무 소용없는 애통이었습니다.

어떤 사람은 자기가 신앙을 가지고 있지 않은 것을 큰 자랑으로 생각합니다. 하지만 사람은 언젠가 절대자이신 하나님께 기도해야 할 때가 있습니다. 사람이 기도하고 싶어도 기도할 대상이 없다는 것은 얼마나 답답한 일인지 모릅니다. 그러나 하나님의 백성은 언제나 하나님께서 가까이 계시므로 사람에게 의논할 수 없는 일을 하나님께 말씀드릴 수 있고 또 해결 받을 수 있으니 얼마나 큰 복인지 모릅니다.

모압은 나라가 파멸 가운데 이르러도 용사들이 힘을 쓰지 못합니다.

:4절: "헤스본과 엘르알레는 부르짖으며 그들의 소리는 야하스까지 들리니 그러므로 모압의 군사들이 크게 부르짖으며 그들의 혼이 속에서 떠는도다."

여기서 '헤스본'은 옛날 모세 당시 이스라엘 백성이 가나안 족속으로부터 맨 처음 빼앗았던 곳입니다. 그런데 모압이 이곳을 다시 빼앗아서 그들의 것으로 만들었습니다. 그리고 엘르알레는 헤스본에서 가까운 도시입니다. 이 헤스본과 엘르알레에서 사람들이 얼마나 울어대는지 그 우는 소리가 야하스까지 들리게 되고, 결국 모압의 군사들은 불안해서 부르짖으며 그 혼이 떨게 되었습니다. 사람은 무엇인가 자기에게 확신이 있을 때는 어려움이 와도 두렵지 않습니다. 그러나 자기가 지금까지 믿었던 것이 모두 허물어지면 그때는 패닉 현상이 생기면서 혼이 떨리게 됩니다. 이때 사람은 너무나 절망하고 두려워서 힘이 있어도 아무것도 하지 못합니다. 결국 이 세상에서의 싸움도 무조건 악만 가지고 덤벼든다고 해서 이길 수 있는 것이 아니라 하나님께서 힘을 주셔야 가능합니다.

영화 《벤허》를 보면 주인공 벤허는 친구에게 배신당해서 로마 총독을 죽이려 했다는 누명을 쓰고 갤리선에 노예로 팔려 갑니다. 그때 노예를 보러 왔던 사령관이 벤허의 눈빛이 살아 있음을 보고 '저놈은 노예가 아니니 풀어 주라'고 합니다. 벤허는 자기를 망하게 했던 친구에게 복수할 일념으로 노예선에서 끝까지 살아남는데, 사령관의 생명을 구하고 그의 양자가 되어 예루살렘으로 돌아옵니다. 하지만 예루살렘에 남아 있던 그의 어머니와 누이는 나병에 걸려 골짜기에 숨어 지냅니다. 벤허는 연인 에스더의 권유로 어머니와 누이를 데리고 예수님을 만나러 갔다가 예수님이 십자가에 못 박혀 죽는 것을 보게 됩니다. 그런데 어머니와 누이가 예수님의 보혈로 치료되는 것을 경험하면서, 결국 분노가 자기를 살아남게 한 것이 아니라 하나님의 사랑이 살게 했음을 깨닫습니다.

사람들은 이 세상에서 필사적으로 살면 성공할 수 있을 것으로 생각하지만, 우리를 살게 하는 것은 하나님의 사랑입니다. 하나님의 사랑이 없을 때 인간의 혼(마음)은 두려움이 가득하게 되고 삶의 의욕을 잃게 되는 것입니다. 오늘날 우리는 너무나 많은 청년이나 어른들이 자살하는 것을 봅니다. 사람들이 자살하는 이유는 바로 그의 혼이 자신감을 다 잃어버렸기 때문입니다. 우리는 주위 사람들에게 죽음에 사로잡히지 않으려면 꼭 예수님을 믿어야 한다고 말해 주어야 합니다. 부모는 자녀들이 자살로 인생을 망치지 않게 하려면 예수님을 믿게 해야 합니다. 그러면 하나님은 그 영혼을 지켜 주셔서 절대로 절망하지 않게 해 주시고 미래의 길을 열어 주십니다.

4. 절망을 향하여 도망치는 부자들

모압은 지정학적으로 서쪽에는 사해가 있고 동쪽에는 거대한 사막이 있어서 자동으로 보호가 되는 곳이었습니다. 또한 엄청난 양털 생산지여서 매우 잘살았으며, 돈이면 안 되는 것이 없는 곳이었습니다. 그래서 유다 백성 중에는 위기가 오면 곧잘 모압으로 도망치는 사람들이 있었습니다.

그러나 진짜 위기가 닥쳤을 때 모압은 돈으로 아무것도 할 수 없었습니다.

∶5-6절∶ "내 마음이 모압을 위하여 부르짖는도다. 그 피난민들은 소알과 에글랏 슬리시야까지 이르고 울며 루힛 비탈길로 올라가며 호로나임 길에서 패망을 울부짖으니 니므림 물이 마르고 풀이 시들었으며 연한 풀이 말라 청청한 것이 없음이로다."

본문에는 이사야가 모압 사람들을 위해서 부르짖는다고 했습니다. 왜냐하면 모압 사람이 멸망하는 것이 너무나 안쓰러웠고, 다른 한편으로는 그들이 끝까지 하나님께로 오지 않는 것이 안타까웠기 때문입니다. 그것은 그들에게 남은 마지막 자존심 때문이었습니다. 우리가 하나님께로 돌아오는 데 있어서 마지막 걸림돌은 자존심입니다. 하나님 앞에서 자존심과 체면만 버린다면 얼마든지 살길이 열립니다. 우리가 부르짖으면서 기도하는 것이 중요한 이유는 그것이 바로 자존심을 버리는 일이기 때문입니다. 그런데 세상 사람들은 어려운 일이 닥치면 부르짖기는 하지만 결코 하나님께 기도하지 않고 끝까지 인간적인 방법을 찾다가 망하고 맙니다. 우리가 이 세상에서 살 수 있는 길은 어떤 막다른 곳으로 숨거나 높은 곳으로 도망치는 것이 아니라 하나님을 향하여 부르짖어 기도하는 것입니다. 그래서 아마도 이사야는 모압 사람들을 향해 살려면 도망치지 말고 하나님께 좀 부르짖으라고 소리치는 것 같습니다. 하지만 모압 사람들은 하나님 앞에서 자존심을 지키느라고 부르짖지 않고 망하는 길을 간 것입니다.

하나님께서 이사야를 통해 이렇게 모압이 망하는 모습을 보여 주신 것은 유다 백성이 깨닫도록 하기 위함입니다. 그런데 우리는 다른 사람의 이야기를 듣거나 상담을 해 줄 때는 조언을 잘 하지만, 막상 나 자신이 위기에 처하면 눈앞이 캄캄해지면서 생각이 멈춰 버릴 때가 있습니다.

본문의 루힛이라는 곳은 높은 비탈길입니다. 모압 사람들은 높은 곳으로 도망하여 올라갔지만 맞은편은 또 내리막길뿐이었습니다. 호로나임은 구멍이 많은 지역으로, 그곳까지 피난하여 갔지만 어느 구멍으로 들어가야 살지 알지 못했습니다. 그리고 니므림은 깨끗한 물이 나는 곳이었지만, 그곳도 이미 물이 말라서 사람이 마실 물은커녕 양들이 먹을 풀마저 마르고 없었습니다. 결국 하나님의 심판 앞에서 모압은 피할 곳이 없었습니다.

그러나 유다 백성은 하나님의 말씀으로 인해 재앙이 왔을 때 피할 곳을 찾게 되었습니다. 그것은 바로 하나님의 말씀 앞이었습니다. 말씀 앞에서 하나님이 죽으라고 하면 죽고 하나님이 망하라고 하면 망하는 것입니다. 하나님이 자존심을 버리고 항복하라면 항복하는 것입니다. 그것이 유다 백성의 피할 곳이었고 특권이었습니다. 하지만 모압은 쓸데없는 것만 잔뜩 붙들고 있었기 때문에 환난 날에 모든 것이 소용없었습니다.

:7-9절: "그러므로 그들이 얻은 재물과 쌓았던 것을 가지고 버드나무 시내를 건너리니 이는 곡성이 모압 사방에 둘렸고 슬피 부르짖음이 에글라임에 이르며 부르짖음이 브엘엘림에 미치며 디몬 물에는 피가 가득함이로다. 그럴지라도 내가 디몬에 재앙을 더 내리되 모압에 도피한 자와 그 땅에 남은 자에게 사자를 보내리라."

모압의 부자들은 재앙이 오자 재물을 챙겨서 버드나무 시내를 건너 도망을 가는데, 아마도 이 버드나무 시내는 모압에서 에돔으로 넘어가는 경계선이었던 것 같습니다. 이 부자들 중에는 모압의 부자도 있겠지만, 유다에서 돈을 가지고 들어와 있던 부자도 있었을 것입니다. 유다나 이스라엘의 부자 중에는 재산을 챙겨서 모압으로 피신해 오는 사람도 많았기 때문입니다. 그런데 모압은 한번 들어가면 나오기가 쉽지 않은 곳이었습니다. 브엘엘림은 동쪽 끝에 있는 지명으로 생각됩니다. 거기서는 사막으로 도망치게 될 것입니다. 돈을 가지고 피신해 갔던 사람들이 다시 가지고 갔던 돈을 싸 들고 허겁지겁 도망치고 있는 것입니다.

디몬은 디본에 있는 제단을 의미하는 것 같습니다. 모압 사람들은 전쟁이 일어나거나 재앙이 일어나면 사람을 죽여서 제물로 바쳤습니다. 그래서 디본을 디몬으로 불렀습니다. 디몬은 피라는 의미가 있습니다. 지금 모압 사람을 제물로 너무 많이 바쳐서 피가 흥건한데도 그모스 신은 그들을 도울 생각을 하지 않습니다. 이처럼 모압 사람들은 하나님의 말씀을 듣고 자신의 자세를 바꾸려고 하지 않고 피를 흘려서 제사를 드리면 된다고 생각했기 때문에 결국 피로 망하게 됩니다.

이것은 그리스 사람들도 마찬가지였습니다. 그리스는 그렇게 민주주의가 발달하고 문명이 발달했지만 그들은 인신제사를 많이 지냈습니다. 즉, 전쟁이 일어나면 신전에 있는 무녀들에게서 신탁을 듣고 노예나 여자를 제물로 죽여서 제사를 지냈는데, 이것은 하나님께서 가장 싫어하는 것이었습니다. 역사적으로 보면 사람을 죽여서 제사했던 곳은 모두 망했습니다. 그리스의 미케네 문명이 그랬고, 두로나 카르타고나 잉카 문명이 그러했습니다. 사람을 제물로 제사를 지내면 극도의 흥분이 일어나고 신이 자기를 도울 것으로 생각되지만, 이것 자체가 바로 자신을 속이는 것입니다.

하나님은 우리가 하나님의 말씀을 듣고 순종하는 것을 좋아하십니다. 우리에게 가장 위대한 재산은 세상의 돈이나 지위나 안정된 생활이 아니라 하나님을 믿는 것입니다. 그런데 오늘날 우리는 하나님은 믿으려고 하지 않고, 얼마나 안정된 직장이나 집을 가지려고 애를 씁니까? 그러다가 믿었던 집이 날아가고 믿었던 직장에서 나오거나 직장이 망하면 혼이 떨게 되는 것입니다. 우리가 가난하고 어려울 때가 오히려 하나님을 알게 되는 때입니다. 우리가 비록 가진 재물이 없고 다른 사람에게 내세울 것이 없어도 하나님의 말씀을 믿고 하나님을 붙들면 우리는 이 세상에서 최고의 재산을 가진 것입니다. 사람들이 세상의 재물을 믿고 안정된 직장을 의지하는 것은 잘못된 신념을 지녔기 때문입니다. 이런 세상의 신념들은 위기 때 전혀 그들을 지켜 주거나 살려 주지 못합니다. 그러나 하나님은 택한 백성을 연단하셔서 진정으로 겸손하게 하시고 하나님의 말씀에 목숨 걸도록 하십니다. 그렇게 하나님을 신뢰할 때 놀라운 하나님의 은혜를 경험할 수 있습니다. 이것이 바로 하나님께서 우리에게 원하시는 것입니다.

영화를 촬영할 때 주인공은 결코 편안하게 촬영하지 못합니다. 주인공은 다른 출연자보다 더 추위에 떨어야 하고 또 차에서 떨어지거나 말에 치이면서 어려운 장면들을 찍습니다. 그래야 사람들은 그 영화를 실감나게 보기 때문입니다. 그렇게 완성된 영화는 좋은 평가를 받게 되고, 고생했던 주인공은 인기와 부를 얻으며 보람을 느낄 것입니다. 이 세상에서 부를 지닌 단역 배우가 되기보다는, 고난 중에도 하나님의 말씀을 의지하며 믿음을 연단 받아 하나님의 큰 복을 받는 성도들이 다 되시기 바랍니다.

27

모압의 기회

이사야 16:1-14

하나님은 사람들이 하나님을 믿든지 믿지 않든지 모든 사람에게 복을 주는 분이십니다. 그러나 사람들은 복을 하나님께서 주시는데도 자기를 자랑하고 다른 신에게 예물을 바치고 숭배합니다. 이러한 우리에게 하나님은 한 번씩 심각한 상황을 허락하셔서 하나님의 말씀을 들을 기회를 주십니다.

인도네시아의 발리는 아름다운 섬으로 소문이 나서 많은 관광객이 몰리는 곳입니다. 그러나 몇 년 전 자살 폭탄 테러가 일어나서 많은 관광객이 죽고 다치는 바람에 관광객의 발길이 뜸해졌습니다. 그때 발리 사람들은 우리가 다른 해보다 절에서 기도도 더 많이 하고 예물도 많이 바쳤는데 왜 이런 일이 일어나는지 모르겠다고 말했습니다. 발리 사람들은 하나님께로부터 좋은 경치를 선물로 받았지만, 누구에게 감사해야 할지 몰라서 잘못된 대상에게 감사했던 것입니다.

우리는 누구나 이 세상에서 유능하고 강하고 똑똑한 사람이 되기를 원합니다. 그리고 실제로 이 세상을 보면 똑똑하고 강한 자가 좋은 것을 다 차지하고 약한 자는 언제나 무시당하는 것이 현실입니다. 그러나 이 세상에서 가장 어려운 것은 하나님 앞에서 겸손한 것입니다. 결국 이 세상에서 성공하고 잘 살던 많은 사람이 나중에 망하게 되는 것은 하나님 앞에서 겸손하지 못하기 때문입니다. 하지만 우리가 하나님 앞에서 자신의 부족함을 인정하고 겸손히 하나님을 의지하기만 하면 절대로 망하지 않습니다.

본문은 앞장에 이어 모압에 대한 말씀이 계속되고 있습니다. 우리가 앞에서 살펴본 대로, 모압은 아브라함과 함께 부르심을 받았지만 하나님의 말씀에 모든 것을 걸지 않고 세상 현실을 따라가다 소돔으로 빠지게 된 롯에게서 난 후손들입니다. 아브라함과 롯의 신앙과 삶의 모습은 처음에는 약간의 차이가 있는 것으로 보였는데, 이것이 나중에는 엄청난 차이를 가져왔습니다. 우리는 모압을 통해 이를 확인할 수 있었습니다. 이것은 우리들도 마찬가지입니다. 예수님을 믿는 신앙은 겉으로 볼 때는 다 같아 보입니다. 하나님의 말씀 안에서 모든 것을 행하는 신앙과 하나님의 말씀보다는 세상의 성공이나 활동에 강조점을 두는 신앙이 별 차이가 없어 보이지만, 나중에는 이것이 엄청난 차이를 가져옵니다.

원래 모압은 이스라엘의 지배를 받고 있었는데, 아합의 아들 여호람 때에는 어린 양 십만과 숫양 십만 마리의 털을 조공으로 바치다가 나중에는 끊어 버렸습니다. 이스라엘의 지배를 받다가 자유를 얻은 모압은 너무나 누리고 싶은 것이 많았습니다. 모압 사람들은 이제 누구의 지배나 간섭도 받지 않고 자기들이 하고 싶은 것은 실컷 하면서 살고자 했습니다. 그러나 이사야 선지자는 모압 왕에게 '너희들이 진정 망하지 않으려면 이제 이스라엘을 대신해서 유다의 예루살렘을 찾아가라'고 말하고 있습니다. 왜냐하면 모압이 망하지 않는 방법은 마음껏 자유를 누리는 데 있는 것이 아니라 하나님 앞에 겸손해지는 데 있기 때문입니다.

그동안 우리나라 사람들은 일본의 지배를 받았고, 군사 정권의 지배를 받았습니다. 그런데 이제는 완전한 자유를 얻었기 때문에 누구든지 자기가 하고 싶은 말을 다 하고 자기주장은 끝까지 옳다고 우기게 되었습니다. 그러나 하나님께서는 하나님으로부터 많은 복을 받았지만 겸손하지 않은 자는 모압처럼 망하게 될 것이라고 말씀하십니다. 우리에게 자유가 주어지고 하나님의 복이 주어졌을 때 망하지 않고 잘 유지해 나가는 방법은, 스스로 하나님 앞에 겸비하여 모든 것을 내 마음대로 하지 않고 오히려 그분의 종으로 살아가는 것입니다. 그러면 하나님께서 끝까지 지켜 주시고 복을 주십니다.

1. 시온을 찾아가라

모압은 지금까지 북쪽 이스라엘의 지배를 받았습니다. 모압 왕은 이스라엘 왕에게 일 년에 어린 양 십만 마리와 숫양 십만 마리의 털을 조공으로 바쳐왔는데, 아합과 그 아들들이 약해진 틈을 타서 조공을 끊고 독립해 버렸습니다. 그러나 하나님께서는 모압이 살기 위해서는 이제 어린 양 떼를 몰고 남쪽 유다 왕을 찾아가야 한다고 말씀하셨습니다.

:1절: "너희는 이 땅 통치자에게 어린 양들을 드리되 셀라에서부터 광야를 지나 딸 시온 산으로 보낼지니라."

어떻게 보면 모압 사람들은 이사야 선지자가 하는 말을 이해할 수 없었을 것입니다. 왜냐하면 지금까지 모압은 북쪽 이스라엘의 지배를 받다가 이제 겨우 그 지배에서 벗어나게 되었기 때문입니다. 그런데 이사야 선지자는 모압 백성에게 이제는 북쪽 이스라엘 대신 남쪽 유다, 즉 시온 산이 있는 곳으로 양 떼를 데리고 가라고 말하는 것입니다. 지금까지 북쪽 이스라엘의 지배를 받다가 겨우 자유를 얻게 되었는데, 자기 발로 남쪽 유다를 찾아가서 조공을 바치라는 것일까요? 여기서 선지자가 이야기하는 것은 조공을 바치라는 것도 아니고 다시 지배를 받으라는 뜻도 아닙니다. 이사야 선지자가 모압 사람들에게 말하는 것은, 이제 그들이 정말 원하던 자유를 얻었으면 이 자유를 어떻게 써야 할 것인지 겸손한 마음으로 하나님 앞에 가서 물어보라는 뜻입니다.

예를 들어, 어떤 청년이 악한 조직에 연루되어 오랫동안 그들의 감시와 지배를 받다가 구사일생으로 그 조직을 벗어났다면, 이제 그는 세상을 자유롭게 살 수 있으리라 생각할 것입니다. 이제는 마음대로 잠도 자고 놀기도 하고, 자신이 원하는 것을 할 수 있을 것입니다. 그러나 그가 마음껏 자유를 누리면서 깨닫는 것은 '내가 이렇게 제멋대로 살다가는 더 나쁜 사람이 될 수 있겠구나' 하는 것입니다. 만약 이 청년이 정말 똑똑한 사람이라면 자신의 삶을 이끌어 줄 좋은 멘토를 찾아가서 선생으로 삼고, 그 밑에서 다시 철저하게 배우며 훌륭한 사람이 되어 갈 것입니다.

하나님께서는 이제 이스라엘로부터 자유를 얻은 모압 백성에게 이 땅 통치자를 찾아가서 예물을 드리라고 말씀하십니다. '너희는 이 땅 통치자에게 어린 양들을 드리되'라고 했는데 '이 땅 통치자'는 누구를 말할까요? 물론 어떻게 생각하면 모압 사람들 자신이라고 볼 수도 있지만, 그들이 진정으로 닮기 원하는 나라의 왕이 진정한 통치자일 것입니다. 만일 모압 사람들이 자기들에게 자유를 주신 분이 하나님이신 것을 깨달았다면 하나님을 찾아갈 것입니다. 본문에 보면 '어린 양들을 드린다'고 했는데 많은 사람이 이것을 새로운 조공을 바치는 것으로 해석합니다. 그러나 이 어린 양들은 결코 조공이 아닙니다. 이것은 단지 하나님의 성을 찾아갈 때 드리는 예물입니다.

옛날 스바 여왕은 솔로몬의 지혜에 대한 소문을 듣고 많은 예물을 가지고 예루살렘으로 찾아왔습니다. 이때 스바 여왕이 그 먼 곳 아프리카에서 신하들을 데리고 예루살렘을 찾아온 것은 단순히 지혜의 왕 솔로몬을 구경하기 위해서가 아니었습니다. 아마 스바 여왕은 큰 나라의 왕으로서 무엇인가 인간의 머리로는 풀리지 않는 어려움에 봉착했던 것 같습니다. 그래서 바쁜 국사를 뒤로하고 당면한 어려움을 하나님의 지혜로 풀기 위해 멀리 예루살렘까지 찾아왔던 것입니다. 마찬가지로 하나님께서는 모압 사람에게 그들이 진정으로 자유를 얻었다면 이 자유를 어떻게 사용해야 할 것인지 하나님을 찾아와서 하나님의 말씀을 들으라고 초청하시는 것입니다.

우리나라 학생들은 대학에 들어가기 위해 고등학교 시절 내내 거의 종살이 하다시피 매여서 공부를 합니다. 그러다가 대학에 입학해서 자유가 주어지면 그때부터는 도대체 무엇을 해야 할지 몰라 방황하게 됩니다. 그래서 어떤 학생들은 밤낮 없는 음주 문화에 빠지기도 하고, 어떤 학생은 공부보다 운동이나 서클 활동에 매진하기도 합니다. 물론 주어진 학과 공부에 충실하거나 일찍부터 취업공부나 고시공부를 하는 학생도 있습니다. 그런데 청소년기를 벗고 청년기에 들어서면서 진지하게 자신을 돌아보다 보면, 자기 안에 근본적인 죄 덩어리가 웅크리고 있음을 발견합니다. 그래서 무엇인가 더 본질적인 것을 붙들고자 하는 마음이 생깁니다. 이로 인해 학생들 중에는 신앙 동아리를 찾아와 하나님의 말씀으로 문제의 답을 찾으려는 사람도 있고, 때로 수련회에 참석해서 성경 말씀에 귀를 기울이기도 합니다. 이것은 굉장히 지혜로운 태도이고 자기 인생을 살리는 일입니다. 그런가 하면 자신의 신념에 따른 진정한 자유를 찾고자 운동권에 들어가 현실과 싸우는 일에 자신의 모든 것을 거는 학생도 있습니다. 어떤 부류의 학생들은 방탕한 생활로 삶을 허비하기도 하는데 이것은 실패한 인생으로 달려가는 것입니다. 우리에게 주어진 자유를 잘 사용하기 위해 하나님께 묻는 지혜가 필요합니다.

이사야 선지자는 모압 사람들에게 '셀라에서부터 광야를 지나 딸 시온 산으로 보낼지니라'라고 말합니다. 이제 모압 사람들이 찾아갈 대상은 세상적으로 힘이 있고 지배적인 오빠 사마리아가 아니라 연약하고 부드러운 딸 시온 산입니다. 하나님은 모압 사람들에게 마지못해서 억지로 끌려가듯이 예루살렘으로 가는 것이 아니라 진리를 찾는 즐거운 마음으로 시온을 찾아가라고 말씀하십니다.

그런데 그들에게 셀라에서 광야를 거쳐서 딸 시온을 찾아가라고 말씀하고 있습니다. 여기서 '셀라'는 에돔을 말하는데, 이스라엘 백성은 출애굽 당시 에돔을 통과하려고 하다가 거절당합니다. 보통 사람들은 누구에게 거절당하면 화가 나서 싸우려고 할 텐데, 이스라엘 백성은 그것을 순순히 받아들이고 멀고먼 광야 길을 돌아서 갑니다. '광야'는 이스라엘 백성에게는 인생 밑바닥과 같았습니다. 그들은 도저히 살 수 없는 최악의 상황에서 하나님의 말씀의 능력으로 살게 되었습니다. 그리하여 이스라엘 백성은 딸 시온이 된 것입니다. 즉, 광야를 통해 이스라엘 백성은 목숨 걸고 하나님을 사랑하게 되었고, 하나님의 말씀을 붙들게 되었습니다.

여기서 하나님께서 모압 백성에게 말씀하시는 것은, 이 세상에서 똑똑하고 말 잘하고 높은 자리에 올라간 것이 성공이 아니라, 하나님 앞에서 낮아지고 겸손하며 목숨 걸고 하나님의 말씀을 붙드는 것이 성공이라는 것입니다. 그리고 그러한 성공은 그냥은 이루어지지 않는다는 것입니다. 우리가 목숨 다해 하나님을 의지하려면 이 세상에서 거절도 당해 봐야 하고 도저히 살 수 없는 광야 같은 현실에서 하나님의 말씀으로 살아남는 체험도 해 봐야 합니다. 사실 하나님께서는 모압 백성에게 위대한 초청을 하고 계십니다. 즉, 너희가 이스라엘 백성의 고난의 족적을 밟아 보고, 시온 산에 가서 하나님의 말씀을 들어 보라는 것입니다. 그러면 모압 백성이 가장 먼저 듣게 되는 하나님의 말씀이 어떤 말씀이겠습니까? 바로 하나님께서 모압 백성을 사랑하신다는 말씀입니다. 모압 백성은 열심히 하나님을 거부하고 죄만 짓고 살아왔지만, 하나님은 모압 백성을 사랑하셔서 지금까지 지켜 주시고 인도하셨다는 기가 막힌 진리를 듣게 되는 것입니다.

그러나 이사야 선지자는 지금 모압의 처지에 대하여 새로운 비유로 말합니다.

:2절: "모압의 딸들은 아르논 나루에서 떠다니는 새 같고 보금자리에서 흩어진 새 새끼 같을 것이라."

여기서 아르논 나루터는 아마도 새들이 지나가면서 잠시 머무는 곳인 것 같습니다. 이 아르논 나루터에 모인 새들은 어디론가 가야 하는데, 사실 어디로 가야 할지 모르고 있습니다. 또 보금자리에서 흩어진 어린 새들도 이제는 더 이상 보금자리로 돌아가지 못하고 어디로 가야 할지 모르고 있는 것입니다. 사실 새 중에서 수천 킬로미터를 이동하는 철새들은 머릿속에 내비게이션이 있어서 그 먼 거리를 기가 막히게 잘 이동한다고 합니다. 그런데 방향 감각을 잃은 철새는 이동하는 시기를 놓쳐서 결국 엉뚱한 곳에서 주저앉게 됩니다. 이사야 선지자는 모압 여인들을 아르논 나루터에 모여 있는 철새로 보고 있습니다. 이 새들은 어디론가 가야 하는데 어디로 갈지 모르는 것입니다. 새끼 새들도 모두 보금자리에서 쫓겨났는데, 어디로 가야 할지 모르고 있습니다. 이들은 유다 백성이 걸었던 그 고난의 길을 통해서 하나님의 말씀을 배우는 길로 가야 합니다. 사실 이것은 사람의 힘으로는 되지 않습니다. 이것은 하나님께서 강하게 불러 주셔야 가능합니다.

오늘날 우리나라는 대개 원하는 것을 다 이루었습니다. 우리는 가난에서도 벗어났고 정치적인 억압에서도 벗어났습니다. 이제 우리나라 사람들은 웰빙에 관심을 가지며 더 날씬해지고 아름다워지며 더 건강해지는 일에 몰두하고 있습니다. 그러나 지금 우리가 더 추구해야 할 것은 하나님 앞에서의 겸손입니다. 즉, 우리가 하고 싶은 것을 하는 것이 아니라 우리 스스로 아직 종인 것처럼 하나님의 말씀의 멍에를 메고 하나님의 겸손을 배우는 것입니다.

예수님께서는 "수고하고 무거운 짐 진 자들아, 다 내게로 오라."고 하신 후에 "나의 멍에를 메고 내게 배우라. 그리하면 너희 마음이 쉼을 얻으리니 이는 내 멍에는 쉽고 내 짐은 가벼움이라."(마 11:28-30)고 하셨습니다. 우리가 이 세상의 멍에를 메었을 때는, 최고로 높아져야 하고 최고로 똑똑해져야 하기 때문에 도무지 쉴 수가 없습니다. 그러나 우리가 말씀의 멍에를 메면 하나님의 능력이 일하시기 때문에 모든 것이 쉬워집니다. 그러므로 우리는 오직 예수님께서 주시는 멍에, 곧 하나님의 말씀의 멍에를 메어야 합니다. 우리가 하나님의 말씀의 끈을 끊어 버리고 내 마음대로 믿는다면, 우리는 부흥의 복을 잃게 됩니다. 그렇게 되면 하나님의 백성도 부패해서 세상으로부터 업신여김을 당하게 됩니다.

2. 모압의 시험

우리는 과연 겸손이 무엇인지 분별되지 않을 때가 많습니다. 어떤 사람들은 비겁한 태도를 보이면서 그것을 겸손이라고 생각하기도 하고, 어떤 사람들은 나약한 모습을 겸손으로 생각하기도 합니다. 또 어떤 사람은 자기 자신을 스스로 겸손하다고 생각하는 사람도 있습니다.

모압이 겸손하게 되는 것은 첫째로, 고난당하는 하나님의 백성을 무시하거나 업신여기지 않는 것입니다. 사실 하나님의 백성이 다른 사람들이 보기에는 오만하게 보이고 혼자 잘난 체하는 사람으로 보이기 쉽습니다. 하나님의 백성은 하나님과의 관계를 가장 중요하게 생각하므로 대인 관계를 소홀히 할 때가 많기 때문입니다. 또한 하나님의 백성은 자존감이 높기 때문에 다른 사람에게 잘 아첨하지도 않습니다. 그래서 다른 사람이 보기에 오만하게 보일 수 있습니다. 그러나 하나님은 이러한 하나님의 백성이 진정으로 다른 사람 앞에서도 낮아지도록 하기 위해 고난을 주십니다. 하나님의 백성이 고난을 지나는 동안 다른 사람들이 그들을 보게 되면, 정말 겸손하고 깨끗하며 어려운 가운데서도 기쁘게 살아가는 모습을 볼 수 있습니다. 그래서 생각이 깊은 사람은 고난당하는 하나님의 백성을 보면 존경하게 되거나 좋아하게 됩니다. 고난 중에도 기뻐하는 모습이 아름답게 보이기 때문입니다. 그래서 하나님은 모압 사람들의 겸손을 시험해 보실 때 바로 고난당하는 이스라엘 백성이나 유다 백성을 대하는 그들의 태도를 보시는 것입니다.

: 3절 : "너는 방도를 베풀며 공의로 판결하며 대낮에 밤같이 그늘을 지으며 쫓겨난 자들을 숨기며 도망한 자들을 발각되게 하지 말며"

여기서 '너'는 누구를 말하는 것일까요? 대개는 모압 사람을 가리키는 것으로 봅니다. 이스라엘에서 힘 있는 자들에게 재산을 빼앗긴 사람들이 주로 팔려 오는 곳이 모압이었던 것 같습니다. 물론 모압 사람들은 이스라엘에서 팔려 온 사람들도 다른 노예나 종처럼 대했는데, 좀 지나면서 보니까 이스라엘 종들은 다른 종들과 다른 점이 많았습니다. 그들은 다른 나라 종들과 달리 종으로 팔려 온 중에도 하나님께 감사드리고 기뻐하며 모든 일을 성실하게 했습니다. 이러한 모습을 보면서 모압 사람들은 생각해 봐야 합니다. 여기서 '방도를 베풀며'라는 것은 지금까지 해 온 것처럼 되는대로 사는 것이 아니라 자기 나름대로 방침을 세우는 것을 의미합니다. 즉, '우리가 이스라엘의 가난한 자들을 만나 보니까 확실히 다른 종들과 다르다. 그렇다면 이스라엘 종은 다른 종들과 달리 보호해 주고 그 억울함을 풀어 주어서 조금이라도 도와주어야 하겠다'는 방침을 세워야 하는 것입니다. 그러면 하나님께서 이 사실을 아시고 모압에 많은 점수를 주시게 됩니다. 하나님은 고난당하는 이스라엘 백성을 통해 모압 사람에게도 복을 주시는 것입니다. 그래서 '대낮에 밤같이' 한다는 것은, 환한 낮이지만 도망쳐 온 이스라엘 백성을 어두운데 감춰 주어서 붙들려 가지 않도록 도와주는 것을 의미합니다.

옛날에는 가장 큰 죄가 종이나 노예가 도망치는 것이었습니다. 특히 외국인들은 도망친 종을 보면 잡아서 주인에게 도로 넘겨주고 보상금을 받곤 했는데, 하나님은 모압 족속에게 도망친 이스라엘 사람의 피난처가 되어 주라고 말씀하셨습니다. 이것만으로도 모압은 존재할 이유가 있는 것입니다.

:4절: "나의 쫓겨난 자들이 너와 함께 있게 하되 너 모압은 멸절하는 자 앞에서 그들에게 피할 곳이 되라. 대저 토색하는 자가 망하였고 멸절하는 자가 그쳤고 압제하는 자가 이 땅에서 멸절하였으며"

모압이 겸손하게 되는 두 번째 증거는, 오만하고 압제하는 자에게 아첨하지 않는 것입니다. 본문에는 '멸절하는 자'와 '토색하는 자'가 나오는데, 이들은 같은 사람들, 즉 같은 이스라엘 백성을 가리킵니다. 이스라엘의 부자나 권력 있는 자가 가난하고 어려운 자들을 토색하고 망하게 만드는데, 부자 편을 들지 말고 가난한 자들의 피할 곳이 되어 주라는 것입니다. 왜냐하면 이 강한 자들은 곧 앗수르에 의해 멸망할 것이기 때문입니다. 우리는 세상에서 높아지고 유명해지는 것보다, 약한 자들을 지켜 주고 하나님을 제대로 믿으려는 자들을 보호해 주는 것만으로도 하나님 앞에서 충분히 가치 있는 삶을 사는 것입니다. 교회는 가난하고 어려운 자들, 특히 하나님의 말씀대로 살고자 하는 자들이 피할 수 있는 피난처가 되어 주어야 합니다. 그런데 교회가 야망을 가지고 자꾸 커지기 위해 헌금을 강요하거나 복음이 아닌 것을 자꾸 가르치면 이런 가난한 사람들은 갈 곳이 없어지게 됩니다.

3. 하나님의 놀라운 계획

이 당시 사람들이 보기에는 북쪽 이스라엘은 강한 나라였고 남쪽 유다는 약한 나라였습니다. 그러나 하나님은 북쪽 이스라엘이 멸절되며 유다는 강하게 세워질 것이라고 말씀하셨습니다.

:5절: "다윗의 장막에 인자함으로 왕위가 굳게 설 것이요 그 위에 앉을 자는 충실함으로 판결하며 정의를 구하며 공의를 신속히 행하리라."

당시 이스라엘은 남쪽 유다보다 경제력이나 군사력이나 모든 면에서 다섯 배에서 열 배 정도 크고 강한 나라였습니다. 그런데 놀라운 것은 앗수르가 북쪽 이스라엘은 완전히 멸망시켰지만 남쪽 유다는 멸망시키지 못하고 예루살렘 성벽에서 18만5천 명이 죽었습니다. 그 이유는 하나님의 불은 정금과 쭉정이를 구별하는 불이기 때문입니다. 북쪽 이스라엘은 화려하고 잘사는 것 같았지만 쭉정이였기 때문에 앗수르의 불에 녹아서 없어지고, 유다는 쭉정이도 많았지만 알곡이 많았기 때문에 살아남았습니다. 그래서 유다는 다시 부흥하게 됩니다. 유다의 힘은 법을 빌미로 약한 자를 쥐어짜며 세상을 따라서 더 많은 욕심을 부리는 것이 아니라 하나님의 말씀대로 순종하는 것이었습니다. 그랬더니 유다는 더 부흥하고 복을 받게 되었습니다. 본문은 '공의를 신속히 행하리라'고 했습니다. 즉, 하나님의 말씀을 빨리 순종하는 데 하나님의 복이 나타나는 것입니다. 이 이사야의 예언은 그대로 성취되었습니다.

즉, 하나님의 계획은 모압 사람들이 모압에 팔려 온 이스라엘 백성을 보고 하나님께 돌아오는 것이었습니다. 그러나 아무리 하나님께서 모압에 대하여 좋은 계획을 가지고 계셔도 그것을 가로막는 것이 있었습니다. 그것은 바로 모압의 포도 농사였습니다. 모압은 양털도 잘되었지만 포도 농사가 아주 잘되어서 굳이 하나님의 말씀을 들을 필요가 없다고 생각했습니다. 그래서 하나님께서는 언젠가 모압의 모든 포도원이 황폐하게 될 것이라고 말씀하셨습니다. 그것은 이미 모압이 망하고 난 후의 일입니다.

: 6절 : "우리가 모압의 교만을 들었나니 심히 교만하도다. 그가 거만하며 교만하며 분노함도 들었거니와 그의 자랑이 헛되도다."

하나님께서는 모압에서도 신앙의 부흥을 일으키실 계획을 가지고 계셨는데, 모압 사람들은 하나님의 이런 생각을 비웃고 조롱했습니다. 모압 사람들은 이스라엘의 고난당하는 자들을 더 멸시하고 조롱하고 비참하게 만들었습니다. 결국 이것이 하나님의 귀에까지 들렸습니다. 이 세상의 기준으로 옳으냐 그르냐보다 더 중요한 것은 그것이 하나님 앞에 어떻게 평가받느냐 하는 것입니다. 하나님 앞에서 '그 사람 참 겸손하다. 그 사람이 하는 것은 정말 내 마음에 든다'라는 소리를 들어야지, 사람들의 마음에 드는 것은 아무 소용이 없습니다. 그래서 '그의 자랑이 헛되도다'라고 말씀하셨습니다. 모압 사람들은 이스라엘의 가난한 자들 앞에서 굉장히 잘난 체하고 돈이 많은 체하고 거들먹거렸지만, 하나님은 모압에 대하여 실망하셨던 것입니다.

드디어 모압 사람들이 자신들이 망하게 된 것 때문에 애통하게 됩니다.

: 7절 :　"그러므로 모압이 모압을 위하여 통곡하되 다 통곡하며 길하레셋 건포도 떡을 위하여 그들이 슬퍼하며 심히 근심하리니"

'모압이 모압을 위하여 통곡한다'는 것은 이제 다른 나라가 문제가 아니라 모압 자신이 망하게 된 것을 가리킵니다. 지금까지 모압은 남의 나라 문제로 떠들고 큰소리쳤는데, 이제는 그들이 망하게 된 것입니다. 특히 '길하레셋 건포도 떡을 위하여 근심한다'고 했습니다. 아마도 길하레셋 건포도 떡이 모압이 가장 자랑하던 특산물이었던 모양입니다. 그런데 그곳이 망해 버린 것입니다.

: 8절 :　"이는 헤스본의 밭과 십마의 포도나무가 말랐음이라. 전에는 그 가지가 야셀에 미쳐 광야에 이르고 그 싹이 자라서 바다를 건넜더니 이제 열국의 주권자들이 그 좋은 가지를 꺾었도다."

여기에 나오는 길하레셋과 헤스본과 십마는 모압 포도 생산의 주산지였던 것 같습니다. 아마도 이곳은 아르논 강 부근의 고원지로 생각됩니다. 특히 길하레셋의 건포도 떡은 당시 아주 유명했던 것 같습니다. 보통 건포도 떡이라고 하면 건포도가 박혀 있는 흰떡을 생각합니다. 그러나 여기의 건포도 떡은 건포도 자체를 눌러서 떡이나 케이크처럼 만든 것으로 보이는데, 아마도 먹으면 정신을 차리지 못할 정도로 맛있었던 것 같습니다. '가지가 야셀에 미쳐 광야에 이르고 그 싹이 자라서 바다를 건넜다'는 것은 주변국에까지 인기가 있었다는 뜻입니다.

이것을 보면 헤스본은 수도였지만 포도 농사의 중심지였고, 헤스본과 십마 부근은 전부 유명한 포도밭이었음을 알 수 있습니다. 이 포도 종자는 야셀까지 퍼지고 심지어는 사해 바다를 넘어서까지 심겼는데, 아마 다른 나라가 쳐들어오면서 모압이 다시는 포도 농사를 짓지 못하도록 포도밭을 황폐하게 만든 것 같습니다.

: 9-10절 : "그러므로 내가 야셀의 울음처럼 십마의 포도나무를 위하여 울리라. 헤스본이여, 엘르알레여, 내 눈물로 너를 적시리니 너의 여름 실과, 네 농작물에 즐거운 소리가 그쳤음이라. 즐거움과 기쁨이 기름진 밭에서 떠났고 포도원에는 노래와 즐거운 소리가 없어지겠고 틀에는 포도를 밟을 사람이 없으리니 이는 내가 즐거운 소리를 그치게 하였음이라."

모압은 자기 나라의 포도 농사만큼은 영원히 잘될 줄 알았습니다. 그래서 다른 것은 아예 신경 쓰지 않았습니다. 이스라엘의 종교가 어떠한지, 유다의 종교가 어떠한지, 앗수르가 일어나는지, 수리아가 망하는지 전혀 관심을 갖지 않고 오직 자기들의 포도 농사에만 신경을 썼습니다. 그런데 모압 사람들은 자기들이 그렇게도 중요하게 생각하는 포도 농사가 망하게 되자 비로소 비통한 눈물을 흘렸습니다. 그들은 미련하게도, 하나님을 섬기는 일에는 관심이 없으면서 하나님의 복은 누릴 수 있을 것으로 생각했습니다. 모압의 포도 농사는 하나님께서 주신 복이었습니다. 그런데 그들은 누가 이런 복을 자신들에게 주었는지에 대해서는 관심이 없었습니다. 이사야는 우리의 모든 복은 창조주 하나님과 연결되어야 영원하다고 말합니다. 그러므로 우리는 복 그 자체보다는 하나님께 더 관심을 가져야 합니다.

어떤 사람은 하나님에 대해서는 관심이 없고 어떤 복을 받았는가에만 관심을 가집니다. 그래서 하나님께서 주신 복으로 땅을 샀거나 어떤 학위를 받은 것을 자기의 자랑으로 삼습니다. 그러나 모든 복은 하나님께서 주시는 것입니다.

우리가 어떻게 하나님을 알 수 있습니까? 그것은 성경 안에 자기를 묶어

놓을 때 가능합니다. 우리는 하나님을 알면 알수록 더 말씀 앞으로 가게 됩니다. 그래서 자기가 세상에서 누릴 수 있고 할 수 있는 많은 것을 포기하고 하나님의 말씀을 붙드는데, 그때 하나님의 능력이 우리의 삶에 나타나게 됩니다. 이것이 우리가 진정한 복을 받는 것이며, 이 비결을 배우는 것이 성공하는 길입니다. 그러나 사람들은 하나님에 대해서는 관심이 없고 복 받기만을 추구합니다. 그래서 성공하고 많은 부를 얻으면 그것들로 인해 자신을 높이며 자랑합니다. 하지만 하나님과 상관없이 취한 복은 어느 순간 사라져 버리고 망하게 되는데, 그제야 사람들은 놀라서 울부짖지만 아무 소용이 없습니다.

현대인들은 하나님께서 주신 복을 모압 사람들의 포도나무처럼 의지하는 것 같습니다. 오늘 세계의 사람들은 놀라운 문명의 혜택을 보고 있고 너무나 편리하고 좋은 세상에서 살면서도 정작 하나님에 대해서는 알려고 하지 않습니다. 사람의 눈에 아무리 값지고 훌륭해 보이는 것이라도 그것이 하나님과 상관없다면 무가치한 것입니다.

:11절: "이러므로 내 마음이 모압을 위하여 수금 같이 소리를 발하며 내 창자가 길하레셋을 위하여 그러하도다."

선지자는 모압을 위하여, 그리고 길하레셋을 위하여 마음 깊은 곳에서부터 신음합니다. 그 이유는 그가 모압을 잘 알았기 때문입니다. 아마도 이사야 선지자는 길하레셋의 건포도 떡을 먹어 보았을 것입니다.

우리는 자기가 잘 아는 곳이 비참하게 멸망하면 마음 깊은 곳에서부터 탄식하게 됩니다. 자신이 잘 아는 교회가 좋지 않은 일로 소문이 나거나, 내가 다녔던 회사가 문을 닫았다는 소식을 들으면 마음속에서 탄식이 나옵니다. '내가 옛날부터 그렇게 하면 안 된다고 수없이 말했는데, 결국 이렇게 되고 말았구나' 하는 깊은 탄식이 터져 나오는 것입니다.

우리의 복은 하나님과 연결되어 있어야 합니다. 하나님께서 계속 붙들어 주시고 생명력을 주셔야 합니다. 그렇지 않으면 한때 아주 유명한 교회였거나 튼튼한 기업이었어도 한순간에 망하게 됩니다.

진정한 신앙은 하나님께 영광을 돌리고, 사람의 영혼을 치료하고 회복하는 것입니다. 병든 영혼이 치료되면 자신의 존귀함을 깨닫게 됩니다. 그렇게 되면 우리는 모든 상식이나 모든 복을 바르게 사용할 수 있습니다. 좋은 신앙은 상식적으로 볼 때도 무리가 없는 아름다운 것입니다. 사람들은 아무리 지쳐 있고 상해 있더라도 하나님을 만나기만 하면 새 힘을 얻을 수 있습니다.

: 12절 : "모압이 그 산당에서 피곤하도록 봉사하며 자기 성소에 나아가서 기도할지라도 소용없으리로다."

모압 사람들은 그모스 신을 열심히 섬겼습니다. 그러나 모압에 복을 주신 분은 하나님이셨습니다. 일본 사람들은 많은 귀신을 섬기지만, 일본 사람들을 사랑하시고 복을 주신 분은 하나님이십니다. 얼마 전 우리나라에서 큰 기업에 속하는 모 기업 회장이 공금 횡령으로 재판을 받았는데, 그는 무속인에게 속아서 재정의 투자를 다 맡겼다가 망했다고 합니다. 오늘과 같은 시대에 최고의 기업 총수가 무속인을 절대적으로 믿고 따랐다는 것이 얼마나 어리석은 일인지 모르겠습니다.

이제 드디어 하나님께서 판결을 내리십니다.

: 13-14절 : "이는 여호와께서 오래전부터 모압을 들어 하신 말씀이거니와 이제 여호와께서 말씀하여 이르시되 품꾼의 정한 해와 같이 삼 년 내에 모압의 영화와 그 큰 무리가 능욕을 당할지라. 그 남은 수가 심히 적어 보잘것없이 되리라 하시도다."

하나님은 모압이 삼 년 안에 망할 것이라고 하셨습니다. 하나님께서 좋은 기회를 주셨지만 교만으로 그 기회를 차 버린 모압은 삼 년 안에 그 모든 영화를 잃고 비참하게 망하게 됩니다.

예수님은 한 부자 청년에게 "가서 네 소유를 팔아 가난한 자들에게 주라. … 그리고 와서 나를 따르라."고 하셨지만, 그 청년은 재물이 많으므로 이 말씀을 듣고 근심하며 돌아갔습니다(마 19:21-22). 하나님께서 말씀을 주시는 것은 하나님의 큰 복을 받을 기회입니다. 하나님께서 그런 기회를 주시면 모든 것을 버리고 말씀을 붙잡아야 합니다. 그러면 하나님께서 주시는 복의 주인공이 될 수 있습니다. 그런데 그 기회를 버리면 잘사는 것이 아니라 지금 가지고 있는 땅의 복도 놓치게 됩니다. 하나님께서 우리에게 주신 기회를 붙잡아서 부흥의 복을 놓치지 마시기 바랍니다.

28

강한 자의 몰락

이사야 17:1-14

우리는 종종 다른 사람보다 훨씬 돈도 많고 권력도 있는 사람이 죄를 지어서 몰락하는 모습을 볼 수 있습니다. 예를 들면, 우리나라 유수의 대기업 회장이 회사 공금을 횡령하고 불법을 저질러서 구속되는 경우입니다. 그는 자기가 이미 가진 돈만으로도 얼마든지 잘살 수 있는데 왜 불법을 행하며 욕심을 부린 것일까요? 또 어떤 사람은 법원의 부장 판사인데 아파트 층간소음 때문에 화가 나 윗집 차를 망가뜨리고 타이어를 펑크 내는 바람에 법복을 벗게 된 일도 있습니다. 우리가 보기에 이런 사람들은 이미 가지고 있는 돈이나 권력만으로도 얼마든지 잘살 수 있는데 왜 법을 어기고 욕심을 내는지 이해가 가지 않습니다. 아마도 그들은 너무 막강한 권력을 가지다 보니 힘을 제어하지 못하고 죄를 짓는 것에 무감각해져서 파멸을 자초하는 것 같습니다.

청소년 시기의 아이들은 가끔 슈퍼맨을 꿈꿀 때가 있습니다. 그래서 학교에서 덩치가 큰 녀석이 친구들을 괴롭힐 때면 쫓아가서 혼내 주고, 특히 예쁜 여학생이 깡패들에게 괴롭힘을 당하면 모두 때려서 쫓아 보내고 여학생을 구해 내어 영웅이 되고 싶은 것입니다. 그러나 우리가 성경을 보면 힘이 센 것이 결코 좋은 것이 아님을 알게 됩니다. 예를 들어, 어느 학교에 두 친구가 있었는데 힘이 센 한 친구는 운동을 좋아하고 다른 한 친구는 몸이 약해서 공부만 했습니다. 그런데 세월이 지나자 힘이 세었던 친구는 깡패들과 어울려서 타락의 길을 가고, 힘이 없고 약하기만 하던 친구는 열심히 공부하여 훌륭한 교수와 목회자가 되었습니다. 당장 우리 눈에는 힘이 센 사람이 좋아 보이지만, 힘이 센 사람은 자기 힘만 믿고 허망한 꿈을 좇아가다가 나중에 완전히 망하게 됩니다. 만약 제2차 세계 대전 때 독일이나 일본이 그 기술이나 힘으로 전쟁을 일으키지 않고 경제 발전에 힘썼더라면 자기 나라는 물론 다른 나라까지 잘살게 했을 것입니다. 그런데 그들은 자기의 힘을 잘못 사용하는 바람에 수많은 사람을 죽게 하고 자기들도 패망하였습니다. 지금 북한도 스스로 강해지려고 핵탄두와 장거리 미사일을 개발하지만, 결국 이렇게 스스로 강해지려는 사람들은 모두 망하고 맙니다.

본문 말씀을 보면 유다는 약한 나라였고, 유다에 비해 훨씬 강한 나라가 다메섹을 수도로 한 수리아와 북쪽 이스라엘이었습니다. 유다는 언제나 북쪽 이스라엘이나 수리아 군대에 공격당하고 피해를 입었습니다. 그런데 유다는 수리아나 이스라엘보다 약했기 때문에 하나님을 의지할 수밖에 없었고, 그래서 망하지 않고 살아남았습니다. 하지만 수리아나 이스라엘은 강한 나라였기 때문에 자기들의 힘만 믿고 자꾸 더 세력을 강화하려고 하다가, 어느 날 자기들보다 더 강한 나라 앗수르의 공격으로 완전히 멸망하고 말았습니다.

마찬가지로 이 세상에서 강한 자들은 지금의 모습에 만족하지 못하고 더 세력을 키우다가 더 큰 충격을 만나면 부러져 버립니다. 그러나 하나님의 백성은 약하기 때문에 하나님을 의지하게 되고, 하나님은 이 약한 자들을 반드시 지켜 주셔서 망하지 않게 하십니다. 우리는 이 본문을 통해서 그 생생한 현장을 보게 될 것입니다.

1. 다메섹의 파멸

다메섹은 수리아의 수도로서, 아마 사마리아보다 몇 배나 강한 성이었을 것입니다. 수리아는 이스라엘 백성과 서로 원수지간이었기 때문에 기회만 있으면 이스라엘에 쳐들어왔습니다. 그런데 이사야 선지자는 환상 가운데 수리아의 수도 다메섹이 무너진 모습을 보았습니다. 언제인지 정확하게 알수는 없지만, 자기의 힘만 믿고 사는 수리아가 하나님의 계획에 의해 돌무더기로 변하게 되는 것입니다.

:1절: "다메섹에 관한 경고라. 보라 다메섹이 장차 성읍을 이루지 못하고 무너진 무더기가 될 것이라."

지금 유다는 북쪽에 있는 이스라엘만도 감당하기 어려운데, 그 위에 있는 더 강한 나라 수리아까지 힘을 합쳐서 공격해 와 큰 어려움을 겪고 있었습니다. 예를 들어, 어느 동네에 사는 힘이 약한 아이가 힘 센 깡패 한 명도 이기지 못하는데, 옆 동네의 힘이 더 센 깡패까지 가세해서 이 아이를 위협한다면 이 아이는 너무나 두려울 것입니다. 마찬가지로 북쪽에 있는 힘이 센 두 나라가 연합하여 유다를 친다면 힘이 약한 유다는 틀림없이 망하든지 쫓겨나든지 할 것입니다. 그런데 하나님의 눈으로 보니, 다메섹이 어느 날 무너진 돌무더기가 되어 있는 것입니다.

하나님은 유다를 왜 이렇게 연약하게 하셨을까요? 그것은 하나님께서 강한 분이시기 때문입니다. 예를 들어, 큰 부잣집의 아들딸은 돈을 많이 가지고 다닐 필요가 없습니다. 아버지가 모든 것을 다 해 주기 때문입니다. 오히려 부잣집 자녀가 돈을 많이 가지고 다니면 나쁜 사람에게 빼앗기거나 납치될 가능성이 있습니다. 하지만 꼭 필요한 돈만 가지고 다니며 절약해서 사용한다면 보는 사람들이 "야, 진짜 부잣집 자녀들은 다르구나." 하는 칭찬을 하게 될 것입니다. 마찬가지로 아버지가 참모총장이거나 대기업 회장이라도 자식들이 굳이 힘을 과시할 필요는 없습니다. 부모가 아주 높은 권력을 가지고 있는데 자식이 총을 지니고 몸에 용 문신을 한 채 조폭처럼 돌아다닌다면 사람들이 눈살을 찌푸릴 것입니다. 부모가 힘이 셀수록 자녀들은 차라리 약한 모습을 가지고 있어야 다른 사람들이 보기에도 좋은 모습일 것입니다.

그래서 하나님은 하나님의 백성을 이 세상에서 가난하게도 하시고 때로는 약하게도 하십니다. 그 이유는 하나님께서 부요하고 강한 분이시기 때문입니다. 그런데 다메섹은 강한 자였습니다. 그래서 수리아는 더 강해지기 위해 약한 자들을 괴롭혔고, 전쟁하는 것을 좋아했습니다. 여기서 수리아가 깨닫지 못한 사실은 그들이 스스로 강해지려고 하면서 조금씩 양심이 마비되고 아무렇지도 않게 불법을 저지르게 된 것입니다. 수리아는 자기 스스로는 강해지는 것으로 생각했지만, 강해지는 만큼 하나님 앞에서는 계속 불의를 쌓고 있었던 것입니다. 그러던 어느 날 하나님께서 '수리아는 도저히 안 되겠다. 저런 나라는 돌무더기로 만들어 버려야 되겠다'고 결정하시자 수리아는 더 강한 나라 앗수르의 공격을 받아서 완전히 폐허가 되고 말았습니다. 남겨진 자료에 의하면 앗수르 왕 디글랏 빌레셀 3세는 이 년 동안 다메섹을 포위해서 함락시켰는데 죽인 사람의 숫자는 헤아릴 수 없었다고 합니다.

우리는 이 세상에서 모두 강한 자가 되고 싶어 합니다. 우리가 약하면 강한 자들로부터 괴롭힘을 당하고, 큰소리도 치지 못하며, 다른 사람들이 알아주지도 않기 때문입니다. 하지만 우리는 약하기 때문에 불법을 조심하게 되고 교만을 멀리하게 됩니다. 그에 반해 강한 자는 자꾸 자기 힘을 과신하게 되니까, 충분히 잘살 수 있는데도 더 세력을 가지려고 하고 불법을 행하다가 어느 날 완전히 패망하고 맙니다. 예수 믿는 사람들이 약할 수밖에 없는 이유는 하나님이 그렇게 만드셨기 때문입니다. 우리 하나님이 너무 크고 강하시기 때문에 오히려 우리의 약함이 우리 자신이나 하나님을 더 아름답게 보이게 할 것입니다. 또한 우리가 차라리 가난하면 다른 사람들이 우리를 친근하게 대할 것입니다.

본문에 보면 갑자기 아로엘이라는 도시가 나오는데, 이 아로엘이 어떤 도시인지는 약간 수수께끼입니다.

:2절: "아로엘의 성읍들이 버림을 당하리니 양 무리를 치는 곳이 되어 양이 눕되 놀라게 할 자가 없을 것이며"

성경에는 아로엘이라는 지명이 여러 곳에서 나옵니다. 이 아로엘이라는 지명은 이스라엘에도 있고 요단 동편에도 있습니다. 본문에 나오는 아로엘은 한때 사람들이 많이 살던 곳이었는데, 어느 순간 적이 공격해서 사람들이 다 붙들려 가거나 도망치는 바람에 사람이 전혀 살지 않고 양떼를 먹이는 곳이 되었습니다. 심지어는 때때로 사람이 지나가면 쉬고 있던 양들이 놀라고는 할 텐데 아로엘은 아예 사람이 다니지 않아서 양들을 놀라게 할 사람도 없다고 했습니다. 그런데 이 아로엘이 어느 아로엘을 말하는지는 알기 어렵습니다.

성경에서 가장 오래 전에 나오는 아로엘은 모세 때 나옵니다. 아주 오래 전 모세가 이스라엘 백성을 이끌고 가나안으로 가던 중 요단 동편에서 헤스본 왕 시혼을 멸망시켰는데, 그 땅에 아로엘이라는 곳이 있었습니다. 아로엘은 이스라엘 백성이 최초로 정복한 성읍들이었고, 앞으로 하나님께서 이런 식으로 계속 가나안 땅을 정복하게 하시겠다는 약속으로 주신 승리였습니다. 즉, 하나님께서는 이스라엘 백성이 하나님을 믿는 믿음으로 나가면 앞으로 가나안 모든 성을 아로엘처럼 망하게 하겠다고 약속하신 것입니다.

이스라엘 백성이 가나안 땅으로 진격할 때 요단 동편에 있는 아모리 두 왕은 버티고 서서 이스라엘 백성을 한 발자국도 앞으로 나갈 수 없다고 막았습니다. 이런 강한 나라들이 있는 한 이스라엘 백성은 약속의 땅을 향하여 도저히 한 발자국도 옮길 수 없었습니다. 하지만 모세와 이스라엘 백성이 하나님의 말씀을 믿고 전진했을 때, 하나님이 함께하시므로 아로엘은 망하게 되었고, 아예 양들을 놀라게 할 사람들조차 없게 되었던 것입니다. 이것을 보면 하나님께서는 우리를 겉으로 보기에는 약하게 하셨지만 실제로는 강하게 만드신다는 것을 알 수 있습니다. 그러므로 우리가 하나님의 능력을 믿고 나아가면, 우리 앞에서 자기 힘만 믿고 큰소리치는 사람들은 다 망하게 됩니다.

그러나 옛날 모세가 아로엘을 공격할 때와 지금 아하스의 때와는 차이가 있었습니다. 그 옛날 모세는 무모해 보이더라도 오직 하나님의 능력만 믿고 나갔을 때 승리했습니다. 그러나 아하스에게는 돈이 있었기 때문에 돈으로 앗수르를 끌어들여서 수리아와 이스라엘을 치게 했습니다. 일시적으로 보면 아하스의 책략은 탁월한 외교전술로 보였습니다. 하나님의 능력만 믿고 아무것도 하지 않은 채 기다린 것이 아니라, 돈으로 더 힘이 센 앗수르를 끌어들여서 수리아를 치게 했으니 말입니다. 하지만 결과적으로는 앗수르가 유다에 수리아보다 더 큰 위협이 되었습니다.

하나님께서는 아하스 왕에게 이스라엘 왕 베가나 수리아 왕 르신이 맹렬히 타는 불같지만 사실은 연기 나는 부지깽이에 불과하니 너는 하나님만 믿으라고 말씀하셨습니다. 그렇다면 아하스는 미련해 보이더라도 하나님만 말

쓸만 의지했어야 하는데, 돈과 자신의 머리를 믿고 앗수르를 끌어들였던 것입니다. 결국 이 앗수르는 유다를 멸망 일보직전까지 몰아가게 됩니다.

:3절: "에브라임의 요새와 다메섹 나라와 아람의 남은 자가 멸절하여 이스라엘 자손의 영광 같이 되리라. 만군의 여호와의 말씀이니라."

본문에 보면 다메섹 나라와 아람의 남은 백성이 멸절하며, 에브라임의 요새가 망한다는 말이 나옵니다. 이는 아마도 당시 수리아와 이스라엘이 동맹을 맺어서 이스라엘의 요새를 다메섹 군대가 사용했기 때문인 것 같습니다. 다메섹 군대가 최후까지 항전했던 곳이 이스라엘 요새였을 것입니다.

본문은 다메섹의 처지가 '이스라엘 자손의 영광 같이 된다'고 말합니다. '이스라엘'은 하나님께서 야곱에게 주신 가장 좋은 이름이었습니다. 원래 야곱이라는 이름은 '속이다'라는 뜻을 가졌는데, 야곱이 하나님 앞에 철저하게 굴복했을 때 하나님은 야곱에게 이스라엘이라는 새 이름을 주셨습니다. 야곱이 하나님과 겨루어 이길 수 있었던 것은 그가 하나님 앞에서 철저하게 죽을 수 있었기 때문입니다. 그때 하나님은 야곱에게 승리자라는 이름을 주셨는데, 야곱은 하나님과 겨루어 이겼으므로 사람들을 이길 수 있는 힘을 얻게 되었습니다. 참으로 역설적인 것은 하나님의 백성은 하나님 앞에서 철저하게 죽을 때 오히려 승리자가 될 수 있다는 사실입니다. 우리가 죽으면 죽을수록 하나님의 능력이 우리 안에 들어오기 때문입니다. 그러나 하나님의 백성이 죽지 않고 살려고 하면 이스라엘은 껍데기뿐인 이름이 되고 맙니다. 겉으로는 하나님의 능력이 있을 것으로 보이지만, 그 안에는 썩은 냄새 나는 인간의 부패한 욕심들밖에 없기 때문입니다.

그래서 이제 이스라엘은 승리자가 아니라 부실한 이름이 되었고, 전혀 하나님의 능력이 없는 연약한 이름이 되고 말았습니다. 지금으로 비유하자면,

이 세상에서 가장 아름다운 것은 순수한 성령의 불이 일어나는 영적인 부흥입니다. 그러나 하나님의 말씀이 없고 성령의 능력이 없으면 인간이 가짜 불을 지피는데, 그 불은 썩은 냄새가 나고 더러운 불로서 얼마 지나지 않아 그 불마저 꺼지면 더러운 쓰레기만 가득 남게 됩니다.

2. 이스라엘의 쇠약해지는 영광

어떤 사람이 성공해서 돈을 많이 벌어 부자가 되었습니다. 그는 성공을 자축하며 날마다 좋은 술과 산해진미를 먹으며 흥청망청 세월을 보냈습니다. 그런데 그의 몸은 자기도 모르는 사이에 병들어 가고 있었습니다. 몸에 심상치 않은 자각 증상이 있어서 병원에 가서 검사를 했을 때는 이미 말기 암이라는 진단이 나왔습니다. 그의 몸은 급격히 쇠약해졌고, 결국 병원 중환자실에 입원하였습니다. 그에게 죽음이 임박했을 때에야 그는 건강에 대한 자만이 자신의 건강을 망쳤고, 세상 성공이 자기를 망하게 했다는 것을 깨달았습니다.

: 4절 : "그 날에 야곱의 영광이 쇠하고 그의 살진 몸이 파리하리니"

'그 날'이 어느 날인지 이스라엘은 알지 못했습니다. 이스라엘 백성은 언제나 돈이 많았고 군사력이 강했기 때문입니다. 그런데 사실은 이스라엘 백성이 하나님의 말씀을 버리고 세상길을 택했을 때부터 그들은 쇠약해지기 시작했습니다. 왜냐하면 하나님의 백성의 힘은 하나님으로부터 오기 때문입니다.

우리는 이것을 사울 왕과 다윗의 경우를 통해 분명히 알 수 있습니다. 처음 사울이 이스라엘의 왕으로 뽑혔던 것은 그가 겸손하고 신중한 사람이었기 때문입니다. 사울은 그가 왕으로 뽑혔을 때도 스스로 자격이 없다고 생각해서 짐 보따리들 사이에 숨어 있었습니다. 그러나 사울은 왕이 되고 난 후 하나님의 말씀의 길로만 갈 수 없었습니다. 하나님의 말씀은 너무 답답하고 융통성이 없어서 사람들에게 인기가 없었기 때문입니다. 그래서 사울은 하나님의 말씀에 목숨을 걸지 않고 백성의 인기와 세상 욕심을 따라갔습니다. 아말렉과의 전쟁에서 하나님은 사울에게 아말렉을 치고 그들의 모든 소유를 진멸하라고 명하셨는데, 사울은 다 죽이지 않고 기름진 짐승이나 좋은 것들은 전리품으로 취하였습니다. 그 순간부터 하나님의 영은 사울을 떠나게 되었습니다. 그래서 사울은 왕이었지만 성령의 영감과 능력이 없었습니다.

나중에 사울은 악령이 들어 거의 미치게 되고 우울증으로 발작도 하며, 시기와 의심이 극에 달해서 다윗을 도왔다는 명목으로 팔십오 명의 제사장을 다 죽이고 말았습니다(삼상 22:18).

그러나 다윗은 철저하게 하나님의 말씀을 따랐기 때문에 이스라엘 백성에게는 인기가 없었습니다. 그래서 다른 이스라엘 지파 사람들은 사울이 죽은 후에도 바로 다윗을 왕으로 세우지 않았습니다. 그런데 놀라운 것은 다윗에게 하나님의 능력이 나타나고 부흥이 일어난 것입니다. 오직 하나님의 말씀만 의지했던 다윗은 이스라엘을 가장 번성하는 나라로 만들었고, 이스라엘 역사상 가장 존경받는 왕이 되었습니다.

이후에 이스라엘 백성은 여로보암이라는 지도자의 꾐에 넘어갔습니다. 즉, '우리가 하나님의 말씀에만 목을 매지 말고 세상의 성공도 끌어들이자. 그러면 우리가 더 큰 복을 누릴 수 있다'는 것이었습니다. 실제로 이스라엘 백성은 하나님의 복과 세상의 복을 합하자 열 배 이상의 복을 누리게 되었습니다. 그러나 이스라엘의 영광은 자꾸 쇠약해져 갔습니다. 왜냐하면 이스라엘 안에는 하나님의 말씀의 능력은 없고, 돈을 따라가고 세상을 따라가는 사람이 많았기 때문입니다.

　요즘 한국 교회도 대형 교회가 많고 사람도 엄청 많이 모이지만, 세상 사람들은 교회를 별로 신뢰하지 않습니다. 게다가 교회 안에서 여러 가지 도덕적인 문제가 발생하고 있습니다. 이것은 바로 야곱의 영광이 쇠하고 있기 때문입니다. 즉, 교회가 복을 받아서 사람은 많아지고 돈은 많아졌는데, 그 안에 하나님의 능력이 없어지고 있기 때문입니다.

　초대교회 당시 베드로와 요한은 성전 미문에서 구걸하는 나면서부터 못 걷게 된 사람을 향해서, "은과 금은 내게 없거니와 내게 있는 이것을 네게 주노니 나사렛 예수 그리스도의 이름으로 일어나 걸으라."(행 3:6)고 선포했습니다. 이에 그 사람은 평생 지고 온 장애를 벗을 수 있었습니다. 그런데 오늘날 교회는 그러한 능력은 잃은 채 돈만 많고 세상적으로 성공한 사람들만 많은 것입니다.

　예수님 당시에도 유대교는 돈이 아주 많았습니다. 명절이 되면 수백만 명의 사람이 성전에 제사를 드리러 오는데 그들에게 소나 양을 팔고 돈을 바꾸어 주는 장사를 해서 돈을 벌었기 때문입니다. 이 유다 사회에서 성공한 사람들은 모두 바리새인이나 서기관들이었고 헤롯당이었습니다. 그러한 그들에게 딱 하나 없었던 것은 바로 예수님의 말씀의 능력이었습니다.

　유대인들이 가지고 있는 종교는 박제된 종교였습니다. 박제는 겉으로 보기에는 살아 있는 곰이나 멧돼지처럼 보이지만 실제로는 죽은 것입니다. 하나님의 백성이 차라리 가난하고 세상에 자랑할 것이 아무것도 없어서 하나님의 말씀만 붙들고 부르짖는다면 그들은 건강해지기 시작합니다. 그러나 하나님의 말씀 없이 돈이나 세력만 많은 이스라엘은 쇠약한 노인과 같았습니다. 한때는 몸에 살집도 있고 건강했는데, 어느 순간 병들어서 돈으로도 치료하지 못하는 노인과 같이 된 것입니다.

:5절: "마치 추수하는 자가 곡식을 거두어 가지고 그의 손으로 이삭을 벤 것 같고 르바임 골짜기에서 이삭을 주운 것 같으리라."

이스라엘은 예전에는 무성한 곡식을 베어 풍성한 추수를 하였습니다. 그러나 이제는 다른 사람이 곡식을 다 베고 난 후 실수로 남아 있는 곡식을 손으로 따는 것 같다는 것입니다. 이들이 낫을 쓰지 않고 손으로 따는 이유는, 남은 곡식이 너무 적어서 낫을 쓸 필요가 없기 때문입니다. 이처럼 이스라엘은 손으로 하나씩 따는 것이 더 쉬울 정도로 추수가 빈약해졌습니다. 그리고 르바임 골짜기에는 떨어진 곡식을 줍는 사람들이 있었던 것 같습니다. 르바임 골짜기는 베들레헴에서 예루살렘으로 가는 길에 있다고 합니다. 결국 이스라엘 백성이 자기 곡식을 추수하지 못하고 남들이 추수하다가 흘린 것을 줍는 처지가 된다는 것입니다. 분명히 이스라엘은 성공했는데 왜 이렇게 추수가 적어지게 되었을까요? 하나님의 영광이 떠나고 나니까 어느 순간부터 물질적인 복도 사라지게 된 것입니다.

사실 무서운 것이 바로 이것입니다. 하나님의 백성에게서 부흥의 불이 꺼지고 성령의 역사가 사라지면서 그들이 바로 가난해지고 병들게 된다면, 그들은 빨리 하나님께 나아가 기도하게 될 것입니다. 그러나 하나님의 백성에게서 부흥의 불이 꺼지고 성령의 역사가 사라져도 상당한 기간 동안은 가진 돈과 세상적인 지위가 그대로 유지됩니다. 오히려 부흥의 불이 꺼지고 난 뒤에 세상적인 지위는 더 높아질 수도 있습니다. 그러니까 더 바빠져서 기도하지 않는 것입니다. 하나님의 백성에게서 부흥의 불이 꺼지는 것은 마치 비행기가 날아가다가 엔진이 꺼지는 것과 같습니다. 비행기는 엔진이 꺼져도 날아가던 속도가 있어서 당분간은 그냥 날게 되는데 이것은 활공입니다. 그러다가 갑자기 비행기가 힘을 잃으면서 밑바닥으로 곤두박질치면 다 죽게 됩니다. 그러므로 하나님의 백성은 겉으로 번지르르해 보이는 건물이나 돈이나 사람이 많은 것에 만족해서는 안 됩니다. 부흥의 불이 꺼지면 빨리 엔진에 다시 불을 붙이는 일을 해야 살 수 있습니다. 그렇지 않으면 바닥으로 곤두박질하게 됩니다.

그러나 하나님께서는 이스라엘을 사랑하셔서 그 환난 중에 아주 극소수를 살려 주실 것이라고 말씀하셨습니다.

：6절： "그러나 그 안에 주울 것이 남으리니 감람나무를 흔들 때에 가장 높은 가지 꼭대기에 과일 두세 개가 남음 같겠고 무성한 나무의 가장 먼 가지에 네다섯 개가 남음 같으리라. 이스라엘의 하나님 여호와의 말씀이니라."

하나님께서는 북쪽 이스라엘이 망하는 중에도 아주 극소수의 사람은 남겨 두실 것이라고 말씀하셨습니다. 그러나 이들의 수가 얼마나 적은지 열매가 빽빽하게 달렸던 감람나무의 가장 높은 가지에 열매 두세 개가 남은 정도라고 했습니다. 그리고 수백 개의 열매가 달렸던 과일나무의 가장 먼 가지에 열매 네다섯 개가 남는 정도가 될 것이라고 했습니다.

앗수르 군대는 사마리아나 이스라엘을 전부 멸망시킨 후 일부 사람들은 남겨 놓고 갑니다. 이 사람들은 그때서야 하나님의 말씀이 두려운 것을 깨닫게 됩니다. 그동안 수리아나 이스라엘은 자기 힘만 믿고 큰소리를 쳤는데, 알고 보니 모든 것이 하나님의 말씀대로 이루어졌음을 깨달은 것입니다. 다메섹도 폐허가 되고 이스라엘도 남은 것이 없었습니다. 그 이유는, 하나님 앞에서는 약한 것이 사는 길인데 그들은 스스로 강해지려고 했기 때문입니다.

：7-8절： "그 날에 사람이 자기를 지으신 이를 바라보겠으며 그의 눈이 이스라엘의 거룩하신 이를 뵙겠고 자기 손으로 만든 제단을 바라보지 아니하며 자기 손가락으로 지은 아세라나 태양상을 보지 아니할 것이며"

이때서야 비로소 이스라엘 백성은 자기를 지으신 하나님을 보게 된다고 했습니다. 물론 '하나님을 본다'는 것이 눈으로 바라본다는 뜻은 아닙니다. 지금까지 이들은 세상만 바라보고 성공한 사람들만 바라보았는데, 이렇게 망한 뒤에야 비로소 하나님을 생각하게 되는 것입니다.

사람들은 참으로 어리석은 것 같습니다. 하나님께서 잘해 주시고 복을 내려 주실수록 더 하나님을 의지해야 하는데, 조금만 성공하고 유명해지면 하나님을 의지하지 않고 자기 힘을 믿게 되는 것입니다. 그래서 이미 충분히 성공했고 얼마든지 먹고 살 수 있는데도 더 성공하고 더 높아지려고 수단과 방법을 가리지 않습니다. 그러다가 점점 죄에 무감각해져서 결국 자기 스스로 파멸에 빠지고 마는 것입니다.

그제야 비로소 이스라엘 백성은 하나님을 믿는 것이 얼마나 두려운 일인지 알게 됩니다. 그들은 이제까지 하나님 믿는 것을 우습게 여겼습니다. 그래서 자기 손으로 만든 신을 숭배하며 온갖 궤변을 다 붙여서 자기들의 주장을 정당화했습니다. 그런데 알고 보니 하나님은 그 모든 것을 조용히 보시면서 참고 계신 것이었지, 결코 그들이 잘해서 그냥 두셨던 것은 아니었습니다.

이스라엘 백성이 이렇게 교만하게 된 이유는 하나님께서 이스라엘에 복을 주셔서 농사가 잘되었기 때문입니다.

: 9-11절 : "그 날에 그 견고한 성읍들이 옛적에 이스라엘 자손 앞에서 버린 바 된 수풀 속의 처소와 작은 산 꼭대기의 처소 같아서 황폐하리니 이는 네가 네 구원의 하나님을 잊어버리며 네 능력의 반석을 마음에 두지 아니한 까닭이라. 그러므로 네가 기뻐하는 나무를 심으며 이방의 나무 가지도 이종하는도다. 네가 심는 날에 울타리를 두르고 아침에 네 씨가 잘 발육하도록 하였으나 근심과 심한 슬픔의 날에 농작물이 없어지리라."

이스라엘은 어느새 처음 이스라엘 백성이 가나안을 정복할 때 그들이 멸망시켰던 가나안 족속들의 땅과 같이 변하고 말았습니다. 처음 이스라엘 백성이 멸망시켰던 가나안 땅은 젖과 꿀이 흐르는 땅이었고 성들이 아주 견고했습니다. 그러나 그들은 결국 바알이나 아세라 신을 섬겼기 때문에 망했습니다. 그런데 이스라엘 백성도 가나안 족속들의 전철을 밟아서 망하고 말았습니다. 그 이유가 무엇일까요? 그들은 하나님이 자기들의 힘이라는 것을 잊어버렸기 때문입니다. 그들은 자기들이 기뻐하는 식물을 심었고, 이방의 가지들도 옮겨서 심었습니다. 그리고 울타리를 만들어서 농사지은 것을 보호하려고 했습니다. 그러나 그들이 자신들의 구원의 하나님을 잊고 능력의 반석을 버렸을 때 이미 그들은 망하고 있었던 것입니다. 우리는 이 세상의 성공을 의지해서는 안 되고, 하나님을 두려워함으로 살아야 합니다. 우리가 하나님을 두려워한다면 성공과 관계없이 하나님을 붙들고 살 것입니다. 우리는 하나님 앞에서 강해지기보다는 약해지는 길을 택해야 살 수 있습니다.

3. 유다를 살리시는 하나님

이제 하나님은 이 강한 자들 사이에서 유다는 지켜 주실 것이라고 말씀하셨습니다. 사실은 유다도 지금 강해지려고 하고 있었고, 이스라엘이나 수리아를 따라가려고 애를 쓰고 있었습니다. 그러나 유다를 지키는 것은 왕도 군인들도 앗수르 군대도 아니었고, 바로 하나님이셨습니다.

: 12절 : "슬프다. 많은 민족이 소동하였으되 바다 파도가 치는 소리 같이 그들이 소동하였고 열방이 충돌하였으되 큰 물이 몰려옴 같이 그들도 충돌하였도다."

이때 전 세계를 덮치는 바다 물결은 앗수르 세력이었습니다. 앗수르는 모든 민족을 다 끌어모으고 모든 장비를 다 끌어와서, 수리아와 이스라엘 그리고 예루살렘으로 밀어닥쳤습니다.

:13절: "열방이 충돌하기를 많은 물이 몰려옴과 같이 하나 주께서 그들을 꾸짖으시리니 그들이 멀리 도망함이 산에서 겨가 바람 앞에 흩어짐 같겠고 폭풍 앞에 떠도는 티끌 같을 것이라."

앗수르의 대군은 단일 민족이 아니고 여러 민족을 합쳐 놓은 군대였습니다. 그러한 앗수르 군대는 거대한 물결이 되어서 예루살렘을 향하여 큰 소리를 내면서 밀려 내려왔습니다. 그런데 놀라운 것은 여호와께서 예루살렘에 서서 이 파도를 꾸짖으시는 것입니다.

우리는 신약에서도 이와 같은 장면을 만날 수 있습니다. 예수님께서 제자들과 함께 갈릴리 바다를 건너실 때 무서운 광풍이 예수님과 제자들이 탄 배를 삼키려고 했습니다. 갈릴리 바다는 수면이 지면보다 이백 미터 정도 낮기 때문에 갑자기 바다에 지진이 난 것처럼 물이 요동칠 때가 있다고 합니다. 이때 대개는 배가 침몰하게 되는데, 예수님은 그때 배에서 주무시고 계셨습니다. 처음에 제자들은 예수님이 별 도움이 될 것 같지 않으니까 자기들의 힘으로 배를 바로잡아 보려고 했습니다. 그러다가 배가 침몰할 지경에 이르자 예수님을 깨우면서 우리가 죽게 되었으니 살려달라고 했습니다. 이때 예수께서 바람과 파도를 꾸짖으시자 즉시 바다가 잔잔해졌습니다.

마찬가지로 성난 파도 같은 앗수르 군대가 다메섹과 사마리아를 멸망시키고 예루살렘까지 진격해 왔을 때, 하나님께서 이 파도를 꾸짖으시니까 그들이 멀리 도망하였습니다. 본문은 그들이 산에서 겨가 바람에 흩어지듯이 폭풍에 티끌이 날려가듯이 없어질 것이라고 했습니다. 왜냐하면 하나님이 아직 유다의 하나님이셨기 때문입니다.

이미 이스라엘 백성은 이런 하나님의 능력을 경험해 본 적이 있습니다. 이스라엘 백성 앞에서 흉흉하던 홍해의 바닷물이 마치 벽을 쌓은 듯 일어서는 것을 본 적이 있습니다. 그때 이스라엘 백성은 바다를 육지를 걷듯이 걸어서 건넜습니다. 마찬가지로 앗수르 군대가 마치 바닷물이 넘치듯이 예루살렘을 향하여 밀려와도 결코 예루살렘을 넘지는 못할 것입니다. 그 이유는 하나님이 함께 계시며, 그 거룩한 부흥의 등불이 아직 꺼지지 않았기 때문입니다. 유다 백성은 무엇을 두려워해야 합니까? 바닷물처럼 밀려오는 앗수르 군대입니까, 아니면 성전에 조용히 계시는 하나님입니까?

오늘날 온 세상이 교회를 손가락질하고 신문이나 인터넷에서 욕하며 떠들어대는 것은 이미 교회가 이스라엘의 영광을 잃어버렸기 때문입니다. 즉, 교회가 더 이상 신선하지 않고 부흥의 불이 뜨겁지 않다는 것을 세상이 먼저 아는 것입니다. 이제 우리가 다시 부흥을 일으키려면, 자신의 힘을 의지할 것이 아니라 하나님을 두려워해야 합니다. 하나님께서는 우리가 죄로 인하여 아무리 많이 고백하고 눈물을 흘려도 싫증내지 않으십니다. 오히려 하나님은 우리의 부족한 삶을 축복하셔서 영광스럽게 하십니다.

이제 우리는 무슨 일이 있어도 하나님의 은혜 밖으로는 나가지 않겠다고 결심해야 합니다. 우리가 하나님을 섬길 때 하나님께서는 우리를 이 세상의 그 어떤 성보다 더 강하게 하십니다.

: 14절 : "보라 저녁에 두려움을 당하고 아침이 오기 전에 그들이 없어졌나니 이는 우리를 노략한 자들의 몫이요 우리를 강탈한 자들의 보응이니라."

예루살렘 사람들은 저녁까지는 앗수르 군대가 쳐들어와서 절망했습니다. 그러나 예루살렘 사람들이 아침에 보니 앗수르 군대가 모두 없어졌습니다.

그 이유는 밤새 하나님의 천사가 와서 그들을 모두 죽였기 때문입니다.

하나님은 우리가 연약한 것을 더 좋아하십니다. 지금 우리나라 기독교는 너무 강해지고 너무 부유해졌기 때문에 스스로 쇠약해진 것을 모르고 있습니다. 그러나 지금 큰 교회의 부흥은 엔진이 꺼진 상태에서 활공하고 있는 비행기와 같을지 모릅니다. 오늘 우리는 생명을 주시고 우리와 함께하시는 하나님께 감사드립시다. 그리고 우리는 이 세상에서 부자가 되거나 모든 것을 다 가지려고 하지 말고, 오히려 하나님을 자랑하며 부흥의 불을 지킴으로 영원히 하나님께서 돌봐 주시고 함께해 주시는 복된 백성이 되기를 바랍니다.

29

장대하고
준수한 백성

이사야 18:1-7

세계 육상 선수들 중에서 가장 인기 있는 선수는 자메이카 출신의 우사인 볼트일 것입니다. 얼마 전 우리나라 대구에서 세계 육상선수권 대회가 열렸을 때 볼트는 단연 최고 인기선수였습니다. 그가 백 미터 달리기에서 실격을 당해 뛰지 못하게 되었을 때 얼마나 많은 사람이 실망했는지 모릅니다.

볼트의 출신국가인 자메이카는 슬픈 역사를 가진 나라입니다. 백인들이 아프리카 흑인들을 신대륙에 노예로 잡아왔을 때 많은 자메이카 사람들이 끌려왔습니다. 그중에서도 튼튼하고 힘이 센 흑인을 가려내기 위해 흑인들을 지하실에 가두고 물도 주지 않았는데, 결국 가장 튼튼한 흑인만 살아남게 되었다고 합니다. 노예 주인들은 힘이 센 자손을 얻기 위해서 튼튼한 여자들과 결혼을 시켰기 때문에 볼트같이 키가 크면서도 달리기를 잘하는 사람이

나올 수 있었다고 합니다. 옛날에는 흑인들을 백인들로부터 학대받고 멸시당하는 인종으로만 생각했습니다. 그러나 현대에서 와서는 모든 사람의 인권이 존중되고 누구에게나 평등한 기회가 주어지므로, 이제는 모든 분야에서 세계적으로 주목받는 흑인 유명 인사들이 셀 수 없이 많습니다. 골프의 황제 타이거 우즈, 여자 테니스계에서 흑진주로 불리는 윌리엄스 자매, 버락 오바마 미국 대통령, 가장 영향력 있는 방송인 오프라 윈프리, 영화배우 덴젤 워싱턴, 육상선수 우사인 볼트 등 여러 분야에서 뛰어난 흑인들을 보면 이제 그들은 더 이상 슬픈 역사의 주인공이 아닙니다. 그러나 이들이 진정으로 성공한 삶을 살기 위해서는 세상적인 성공 이외에 다른 것이 필요합니다. 이것을 성경 본문은 우리에게 말씀하고 있습니다.

예를 들어, 일제 강점기까지만 해도 우리나라는 일본이나 중국이나 서구 사람들로부터 멸시당하는 민족이었습니다. 우리나라 사람들은 머리를 길러서 상투를 하고 바지저고리를 입었으며, 긴 담뱃대로 담배를 피우면서 예절이나 따지고 미신을 따르는 사람들이었습니다. 그때 당시 일본 사람들은 한국 사람들 입에서 마늘 냄새가 난다고 싫어했고, 중국 사람들은 우리나라 사람들을 중국 변방에 있는 오랑캐 정도로 생각했습니다. 그런데 지금은 우리나라 사람들은 외모도 훤칠해졌고 경제적으로도 잘살게 되었습니다. 그래서 일본 여성들에게 아주 인기 있는 배우 배용준을 위시하여 주변 나라의 대중들이 흠모하는 많은 한류스타를 배출하였습니다. 《대장금》 같은 드라마는 중국이나 동남아 사람들에게 아주 인기 있는 드라마가 되었고, 그밖에도 많은 우리나라 드라마를 각 나라 사람들이 즐겨 보고 있습니다. 게다가 한국 아이돌 가수들의 노래가 K-Pop이라는 이름으로 미국이나 유럽, 남미에서까지 인기가 있습니다. 가수 싸이의 "강남 스타일"은 유튜브 조회 수가 24억을 넘겨서, 수치상으로는 세계 인구의 3분의 1이 이 노래를 들었다고 할 정도로 즐겨 듣는 노래가 되었습니다. 우리나라가 이렇게 발전할 수 있었던 동력은 어디에서 왔을까요? 그 핵심은 바로 하나님의 복음이 가져온 영적 부흥에 있습니다. 이런 점에서 우리나라는 아직 무한한 잠재력을 가지고 있는 나라입니다. 지금 기독교인들이나 교회가 정신을 차리지 못하고 있어서 그렇지, 제대로 정신을 차리면 우리나라는 얼마든지 다시 부흥할 가능성을 가지고 있습니다. 그러므로 우리나라도 진정한 선진국이 되고 축복의 나라가 되려면 외형적인 성공 이외에 다른 것이 있어야 합니다.

본문 말씀은 구약 시대의 에티오피아, 즉 구스에 대한 말씀입니다. 지금은 모든 사람이 사하라 사막 밑에도 많은 나라가 있다는 사실을 알고 있지만, 옛날에는 에티오피아가 세계의 끝이라고 생각했습니다. 당시 에티오피아는 세상 끝에 있으면서 세계정세의 흐름에 도태되지 않으려고 많은 노력을 하는 나라였습니다. 즉, 이때까지만 해도 에티오피아는 한때 이집트를 지배하기도 하는 등 세계무대에 자신들의 이름을 내 보려고 애를 쓸 때였습니다. 이때 에티오피아에게 가장 어려운 문제는 팔레스타인 지역 국제 정세의 변화였습니다. 당시 팔레스타인 지역에는 하나님을 믿는 유다와 이스라엘이 있었는데, 이 두 나라 중 어느 나라와 손을 잡아야 할지가 고민이었습니다. 특히 전 세계를 지배하려고 쓰나미처럼 밀려오는 앗수르 제국에 대해, 그들은 자신들의 생존을 위해 복종해야 할지 아니면 대항해야 할지가 어려운 문제였습니다.

다행스럽게도 구스는 전 세계가 돌아가는 정세에 무관심하지 않고 예의 주시하며 사신들을 보내었습니다. 이때 하나님께서는 구스 사람들에게 너희가 다시 강하고 준수한 백성이 되려면, 지금 강해 보이는 앗수르와 손을 잡지 말고 하나님의 말씀과 함께하는 유다와 손을 잡아야 한다고 말씀하셨습니다.

요즘 우리나라에서도 수도권에 사는 것과 지방에 사는 것 사이에는 큰 차이가 있어 보입니다. 사람들은 특히 정보를 얻거나 직장을 구하거나 사업의 기회를 얻는 데 있어서 수도권에 속해 있느냐 아니냐가 큰 차이가 있다고 생각합니다. 사람들은 어디에 속해 있는가, 어느 편인가를 중요하게 생각합니다. 그러나 가장 중요한 것은 진정한 영적 부흥에 있습니다. 본문 말씀은 지금 어느 편과 손을 잡아야 아름다운 미래를 살 수 있을지 선택의 기로에 서 있는 구스 사람들에 대한 말씀입니다. 그들이 어느 쪽을 붙잡느냐에 따라 영적 부흥을 통한 강한 구스 사람들이 될 수도 있고, 그렇지 못한 슬픈 구스 사람들이 될 수도 있습니다.

1. 슬픈 구스 사람들

구스는 지금의 에티오피아를 말하는데, 당시 이집트 남쪽에 있는 나라였습니다. 즉, 나일 강을 따라서 갈대배를 타고 상류로 올라가서 폭포 너머에 있는 나라가 에티오피아였습니다. 이 당시만 하더라도 사람들은 아프리카 남쪽에도 나라가 있는 줄 알지 못했기 때문에 구스를 지구 남쪽 끝 가장 뜨거운 곳에 사는 사람들로 생각했습니다. 그런데 하나님께서는 구스에 대하여 '슬프다'라는 말로 시작하십니다.

:1절: "슬프다 구스의 강 건너편 날개 치는 소리 나는 땅이여"

'슬프다'라는 것은 하나님께서 구스의 미래를 보셨을 때 그들의 미래가 아름답지 못하고 비참하게 될 것임을 말씀하시는 것입니다. 그런데 2절에 보면 구스에 대하여 "너희는 강들이 흘러 나누인 나라로 가되 장대하고 준수한 … 백성에게로 가라."고 말씀하는 것을 볼 수 있습니다. 여기에 나오는 '장대하고 준수한 백성'이 누구를 말하는지에 대해서는 여러 가지 의견이 있습니다. 만약 이 사람들을 구스 사람으로 본다면, 지금 구스 사람들은 키도 아주 크고 잘생겨서 다른 나라들을 지배하고 있지만 앞으로는 비참하게 되며 슬프게 된다는 의미가 있는 것입니다.

본문에서는 가장 먼저 구스에 대하여 '강 건너편 날개 치는 소리 나는 땅'이라고 말합니다. 그러니까 문자적으로 보면 구스는 강 건너편에 새들이 많아서 그 날개를 치는 소리가 들리는 땅인 것입니다. 그러나 많은 성경학자는 여기서의 '날개'를 곤충의 날개로 보고 있습니다. 물론 다른 해석들도 있습니다. 어떤 사람들은 이 '날개'를 '숲의 그늘'로 보아서 숲이 울창한 땅이라고 해석하기도 하고, 어떤 학자는 '날개'를 '많은 배'로 보아서 배가 많이 다니는 땅으로 해석하기도 합니다. 그러나 본문의 '날개'를 '곤충의 날개'로 보는 것이 가장 일반적인 해석인 것 같습니다. 구스는 많은 곤충들이 날개 치는 땅, 곤충들이 많이 생기는 지역이었던 것입니다.

즉, 팔레스타인 땅에는 메뚜기나 파리, 하루살이 같은 곤충들이 엄청나게 많이 날아올 때가 있는데, 사람들은 대개 이 곤충들이 구스 땅에서 생겨난다고 생각했습니다. 왜냐하면 구스 땅은 위치가 적도 밑이어서 대단히 덥기 때문에 거기서 한꺼번에 엄청난 곤충들이 생겨나곤 했던 것입니다.

중동 사람들에게는 옛날이나 지금이나 가장 무서운 것이 곤충의 재앙입니다. 메뚜기나 왕벌, 하루살이, 파리 등이 수억 마리씩 몰려올 때면 사람들은 도저히 견딜 수가 없었습니다. 그런데 구스는 이 모든 곤충들이 날개 치는 곳, 즉 이런 곤충들이 생겨나는 곳으로 알려져 있었습니다. 그러니까 옛날 거의 모든 지역 사람들은 구스 쪽에서 날아오는 메뚜기나 파리 같은 곤충들 때문에 큰 피해를 입곤 했습니다. 결국 구스는 다른 나라들에 좋지 않은 영향을 끼치는 나라였습니다.

이처럼 구스는 가장 뜨거운 지역에 있는 나라였고, 수많은 곤충들이 생겨나는 곳이었고, 역사의 중심에서 멀리 떨어져 있는 나라였습니다. 그래서 구스는 앞으로도 슬프게 될지 모르지만, 어떤 의미에서는 지금까지도 결코 행복한 나라는 아니었습니다. 구스는 지금까지도 슬픈 나라였던 것입니다. 그런데 모처럼 강한 통치자가 일어나서 이집트까지 지배하면서, 팔레스타인에도 사신을 보내는 등 어떻게든 주류의 무대에 한번 끼어 보고자 했습니다. 어떻게 보면 지금 구스는 전성기를 누리고 있다고 볼 수 있는데, 하나님께서는 구스의 미래가 슬프고 어둡다고 말씀하십니다. 왜일까요? 그것은 그들이 가장 중요한 것을 볼 수 있는 눈을 가지지 못했기 때문입니다.

요즘도 지구촌을 보면 아랍권 나라들은 슬픈 나라인 경우가 많습니다. 아직도 아랍권의 여러 나라가 여자들은 머리나 온몸을 가리는 히잡이나 차도르를 써야 하고, 일부다처제로 한 남자가 여러 명의 부인을 거느리고 있습니다. 더욱이 오랜 독재정권 때문에 가난에 허덕이고, 시민 혁명이 일어났지만 다시 탈레반이나 IS의 지배로 인해 괴로움을 당하고 있습니다.

벨기에 태생의 프랑스 인류학자 클로드 레비스트로스가 『슬픈 열대』라는 책을 썼습니다. 그는 브라질에 체류하면서 아마존 정글에 있는 인디언들의 삶을 직접 체험하며 이 책을 썼습니다. 그는 아마존 인디언들과 함께하면서 그들의 삶을 이해하게 되었는데, 예를 들어, 인디언들이 얼굴에 색칠을 하는 것은 일종의 종교심이고 멋이라는 것을 알게 되었습니다. 문명국의 여성들이 얼굴에 화장을 하듯이 그들은 얼굴에 갖가지 색칠을 하는 것입니다. 그런데 아마존 정글이 현대문명과 자본주의에 의해 개발되고 벌목되면서 인디언들은 점점 삶의 터전을 잃었습니다. 특히 이 사람들은 바이러스에 대한 면역성이 없어서 약간의 감기 바이러스 침투로도 전 부족이 모두 멸족하기도 했습니다.

사람들에게 가장 슬픈 일은 그들에게 복음이 전해지지 못한 것입니다. 그런데 복음을 들었음에도 불구하고 복음을 붙들지 않았다면 그것은 더욱 슬프고도 안타까운 일이라고 할 수 있습니다.

원래 구스는 예루살렘에서 가장 먼 곳에 있어서 하나님의 말씀을 듣는 것이 쉽지 않았습니다. 그러나 스바 여왕은 그 먼 곳에서 솔로몬의 말을 듣기 위해 많은 예물을 준비하여 예루살렘까지 찾아와서 하나님의 말씀을 들었습니다. 예수님께서는 이 남방 여왕의 믿음을 인정하셨습니다. 그래서 하나님의 심판 때 남방 여왕이 일어나서, 멀어서 하나님의 말씀을 들으러 오지 못했다는 자들을 심판하게 될 것이라고 하셨습니다.

사도 바울은 우리 같은 이방인들에 대해 "또 오셔서 먼 데 있는 너희에게 평안을 전하시고"라고 했습니다(엡 2:17). 우리나라 사람들 같은 경우 구스보다 훨씬 먼 곳에 있는 사람들이었고, 하나님에 대해서는 아무것도 알지 못하던 자들이었습니다. 또한 우리나라는 슬픈 역사를 가지고 있었습니다. 우리나라는 외세의 침략도 많이 당했고 일본의 지배도 받았으며 큰 전쟁도 겪었습니다. 우리는 한 번도 크고 강한 나라가 되어 본 적이 없습니다. 그런데 놀라운 일은 백이삼십 년 전 서양 선교사들이 우리나라에 와서 예수님의 복음을 전했을 때 결사적으로 복음을 받아들였다는 사실입니다. 아마 그때 서양 선교사들은 우리나라 사람들이 이렇게 결사적으로 하나님을 믿을 줄 몰랐을 것입니다. 그러나 우리나라 사람들은 복음을 믿었고, 그 후 하나님의 축복이 나타나면서 나라도 발전하게 되었습니다. 그러나 아테네 사람들은 사도 바울이 그곳에 찾아가서 복음을 전했을 때 받아들이지 않았습니다. 그래서 아테네는 지금은 유적지만 남게 되었고, 그리스는 지금도 경제적으로 어려운 가운데 살아가고 있습니다.

2. 구스가 붙들어야 할 것

:2절: "갈대 배를 물에 띄우고 그 사자를 수로로 보내며 이르기를 민첩한 사절들아 너희는 강들이 흘러 나누인 나라로 가되 장대하고 준수한 백성 곧 시초부터 두려움이 되며 강성하여 대적을 밟는 백성에게로 가라 하는도다."

구스는 나일 강 상류에 있기 때문에 구스에 이르는 가장 빠른 길은 배를 타고 가는 것이었습니다. 일반적으로는 주로 나무로 만든 배를 타지만, 나일 강에 있는 배들은 대부분 갈대를 사용한 배들이었습니다. 갈대로 만든 배는 가벼워서 들고 운반하기도 쉬웠고, 특히 물 위에서 아주 빠르게 갈 수 있었기 때문입니다. 그래서 이사야는 누군가를 향해서 갈대배를 물 위에 띄우고 사자를 보내되 아주 빨리 가는 사자들을 보내어 알리라고 말하고 있습니다.

그런데 본문에 '강들이 흘러 나누인 나라의 장대하고 준수한 백성 곧 시초부터 두려움이 되며 강성하여 대적을 밟는 백성'이라는 말씀이 나옵니다. 이 '장대하고 준수한 백성'이 누구일까요? 2절 중간에 보면 '강들이 흘러 나누인 나라'라는 힌트가 나옵니다. 어떤 학자는 여기서 나오는 '장대하고 준수한 백성'을 앗수르로 해석합니다. 왜냐하면 이때 가장 군사력이 강한 나라는 앗수르였기 때문입니다. 구스가 살기 위해서는 앗수르에 사신을 보내어 동맹을 맺으라는 뜻으로 보는 것입니다. 그러나 구스가 앗수르에 사신을 보내려면 강보다는 육로가 나을지도 모르고, 특히 물살이 센 유브라데스 강에서는 갈대배가 금방 뒤집혀서 빠지고 말 것입니다. 또 어떤 학자는 '장대하고 준수한 백성'은 바벨론 사람들을 말한다고 해석합니다. 왜냐하면 지금 당장은 앗수르가 강대국이지만 앞으로는 바벨론이 강대국이 되기 때문에 구스가 살기 위해서는 바벨론과 손을 잡아야 한다고 보는 것입니다.

그러나 여기서 민첩한 사신들이 가서 어떤 중요한 사실을 알려 줄 나라는 바로 구스로 볼 수 있습니다. 당시의 구스는 사람들이 장대하고 준수하며 처음부터 다른 나라에 두려움이 되고 강성하여 대적을 짓밟았다고 보는 것입니다. 옛날 이집트의 무덤 벽화들을 보면 흑인들 중에서도 아주 키가 크고 장대한 사람들을 볼 수 있는데 이 사람들이 구스 인이라고 말하기도 합니다.

하나님께서는 구스의 사신들에게 지금 팔레스타인에서 일어나고 있는 일들을 빨리 본국에 알리라고 말씀하십니다. 아마 구스의 사신들이 본국에 알렸던 소식은 그들을 아주 혼란스럽게 했을 것입니다. 즉, 처음 사신들이 본국에 알렸던 소식은 유다가 북쪽 이스라엘과 수리아의 공격으로 망하게 되었다는 소식이었을 것입니다. 그 다음은 유다의 아하스가 돈을 주고 앗수르를 끌어들였는데, 그들로 인해 북쪽 수리아와 사마리아가 완전히 멸망당했다는 소식이었습니다. 이것을 보는 사람들이 역시 아하스의 외교전술이 뛰어났다고 평가함으로써 예루살렘의 주가가 올라가고 있었을 것입니다. 그런데 그 다음 소식은 앗수르가 수리아나 사마리아를 친 것으로 만족하지 않고 이제는 예루살렘까지 점령하려고 한다는 것입니다.

아마 이때 유다가 구스 쪽에 사신을 보내어 군사를 보내 달라고 요청한 것 같습니다. 유다는 처음에 앗수르를 의지했다가 배신당하여 망할 지경에 이르자 구스에 도움을 청한 것입니다. 그러나 구스는 유다에 아무런 도움을 주지 않았습니다. 구스는 예루살렘이 그만한 가치가 있다고 생각하지 않았고, 또 자칫 잘못 건드렸다가는 앗수르 군대가 쳐들어올지도 모른다고 생각했기 때문입니다. 구스는 이번에는 틀림없이 예루살렘이 앗수르에 의해 멸망한다고 믿었습니다. 왜냐하면 앗수르 군대는 절대적으로 강했으며, 이미 다메섹과 사마리아도 그들에 의해 멸망당했기 때문입니다.

그런데 그 다음 사신들이 전해 온 내용은 앗수르가 예루살렘을 멸망시키지 못했다는 소식이었습니다. 더 놀라운 소식은 오히려 앗수르 군대가 모두 예루살렘 성 밖에서 죽었다는 것입니다.

지금 이것이 바로 구스의 미래를 결정짓는 소식이었습니다. 사실 예루살렘은 이 세상 어느 누구의 도움도 받지 못한 채 강한 앗수르 군대의 공격을 받아서 예루살렘만 남았고, 예루살렘도 포위되어 있었습니다. 그런데 놀랍게도 예루살렘은 살아남고 앗수르 군대는 망했다는 것입니다.

이것을 통해 알 수 있는 것은, 세상 사람들은 예루살렘의 깊은 내막은 모르지만 겉으로 나타난 결과에 대해서는 아주 관심이 많다는 사실입니다. 우리는 때때로 세상 사람들이 교회를 어떻게 보고 있는지에 대해 알 필요가 있습니다. 세상 사람들은 교회에서 일어나는 일들의 깊은 내막은 알지 못하지만 나타난 결과에 대해서는 관심이 많기 때문입니다. 예를 들어, 초대교회 당시 오순절 성령이 임하셨을 때 사람들은 교회에 많은 관심을 보였습니다. 왜냐하면 그들은 담대했고 기적이 일어났으며 사람들을 변화시키는 힘이 있었기 때문입니다. 바로 그 대표적인 사건이 베드로와 요한이 성전 미문에서 나면서 못 걷게 된 걸인을 일으킨 일이었습니다. 베드로는 그를 향해 "은과 금은 내게 없거니와 내게 있는 이것을 네게 주노니 나사렛 예수 그리스도의 이름으로 일어나 걸으라."(행 3:6)고 한 뒤 그를 일으켜 세웠습니다. 그 당시 교회 지도자들은 가난했고 학력도 없었지만, 그들에게는 바로 예수님의 능력이 있었던 것입니다.

사실 세상 사람들은 우리에게 성령이 임하는 것을 알지 못합니다. 그러나 성령이 임했을 때 우리가 기뻐하고 우리에게 능력이 나타나며 자기들이 알지 못하는 것을 붙들고 산다는 것은 알게 됩니다.

이 당시 구스 사람들은 장대하고 준수한 사람들이었기 때문에 예루살렘 사람들에 비하면 말할 수 없이 강하고 여유가 있는 사람들이었습니다. 그런데 그들이 보잘것없이 보았고 곧 망할 것으로 생각했던 예루살렘에 자기들보다 더 강한 능력이 있다는 사실을 알게 되었습니다. 그것이 바로 만군의 여호와의 능력이었습니다. 이제 구스 사람들은 자기들의 성공을 자랑하고 의지하고 살 것인지 아니면 예루살렘에서 나타난 그 놀라운 능력을 믿고 살아갈 것인지를 결정해야 하는 것입니다. 그런데 슬프게도 구스는 예루살렘에 나타난 그 놀라운 하나님의 능력을 믿지 않고 자기들의 힘과 능력을 의지함으로 망하게 되었습니다.

이사야 당시 사람들은 예루살렘에서 나타난 놀라운 능력에 대한 소문을 들었습니다. 그럼에도 불구하고 주변 나라의 사람들은 예루살렘의 승리에 대해서는 놀랐지만 그것이 하나님의 능력이라고는 생각하지 않았습니다. 이것은 오늘날 우리나라나 일본도 마찬가지입니다. 제2차 세계 대전의 패전국 일본이 경제대국이 된 것은 하나님께서 그들을 불쌍히 여기셨기 때문입니다. 그러나 그 사실을 일본 사람들 자신이 믿지 않았습니다. 그래서 일본의 미래는 슬플 수밖에 없습니다. 우리나라 역시 그 가난하던 나라가 경제대국으로 우뚝 선 것은 새마을 운동이나 경제개발 5개년계획이 아니라 우리 안에 영적인 부흥이 있었기 때문입니다. 그런데 사람들은 겉으로 나타난 결과만 평가하지 그 근본적인 핵심은 알려고 하지 않습니다. 지금 우리나라도 부흥의 열매와 축복의 열매를 누가 더 많이 따 먹는가에만 관심이 있지, 근본적으로 축복의 나무를 심고 부흥의 씨를 뿌리는 데는 관심이 없는 것을 보게 됩니다.

어떤 사람들은 한국의 경제 발전이 일본을 흉내 낸 것이라고 말합니다. 그러나 일본이 받은 복과 우리나라가 받은 복은 근본적인 차이가 있습니다. 일본은 전쟁을 일으킨 죄를 지은 나라이지만, 하나님께서 물질적인 복을 통해 하나님의 사랑을 받아들일 기회를 주신 것입니다. 하지만 일본 사람들은 경제적 부는 누리면서도 하나님의 사랑은 믿지 않았습니다. 지금 일본은 이미 고령 사회에 접어들면서 슬픈 나라의 길로 가고 있습니다.

그러나 우리나라는 가장 밑바닥, 즉 바벨론 포로와 같은 처지에서 하나님의 말씀을 들음으로 영적인 부흥이 일어났습니다. 그리고 그 영적인 부흥의 결과로 경제적인 부흥까지 일어나게 되었습니다. 즉, 우리에게는 부흥의 뿌리와 줄기가 있는 것입니다. 한때는 일본 사람들이 잘살고 멋있는 사람들로 인정받았는데, 이제는 우리나라 사람들이 장대하고 준수한 사람들로 인식되고 있습니다. 이제는 외국에서도 한국인에 대한 태도가 많이 달라지고 있습니다. 그러나 정말 중요한 것은 다른 사람들이 우리를 어떻게 보는가 하는 것이 아니라, 하나님 앞에서 우리의 모습이 어떠한가 하는 것입니다. 지금 우리에게 부흥의 불이 살아 있는지 아니면 꺼져 가고 있는지가 중요한 것입니다.

인간은 어떠한 일이나 현상에 있어서 겉으로 나타난 결과에 많은 영향을 받습니다. 그러나 그것은 하나님을 모르는 사람들의 태도입니다. 하나님의 백성은 겉으로 나타난 결과가 아니라 그 속의 핵심을 볼 수 있어야 합니다.

하나님의 백성에게 큰 축복이 나타났다면 이미 그들에게는 오래 전부터 말씀의 부흥이 있었던 것입니다. 그러므로 하나님의 백성에게 있어서 겉으로 나타난 복은 빙산의 일각에 불과합니다. 반대로 하나님의 백성이 부패해서 세상으로 썩은 물이 흘러나가는 것은 이미 오래 전부터 내면이 썩어 왔음을 의미합니다. 썩은 것이 고여 있다가 이제 넘쳐서 흘러나가는 것입니다. 그러므로 교회가 세상의 욕을 듣고 있다면 이미 오래 전부터 말씀의 역사나 성령의 역사는 사라지고 오직 인간적인 방법으로 교회를 운영했다는 사실을 깨달아야 합니다.

3. 가지를 깨끗하게 하시는 하나님

하나님께서는 예루살렘에서 일어난 사건을 통해 온 세상 사람들이 하나님의 일에 대하여 관심을 가지게 하십니다.

:3절: "세상의 모든 거민, 지상에 사는 너희여 산들 위에 기치를 세우거든 너희는 보고 나팔을 불거든 너희는 들을지니라."

하나님께서는 하나님을 믿지 않는 자들을 향해 '세상의 모든 거민, 지상에 사는 너희여'라고 말씀하십니다. 이들은 아직 이 세상에 살아 있는 자를 말합니다. 이 세상에 살아 있는 자들에게 중요한 것은 어떻게 하면 멸망하지 않고 잘 살아갈까 하는 것입니다. 이 예측할 수 없는 세상에서 어느 나라 편에 붙어야 망하지 않을까 하는 것입니다. 이때 하나님은 지상에 사는 모든 민족에게 하나님의 하시는 일에 관심을 가지라고 말씀하십니다. 그들이 해야 할 것은 대단한 일이 아니라, 산 위에 기치를 세우면 그것을 바라보고, 하나님의 지시대로 나팔을 불 때 그 소리를 들으면 되는 것입니다.

당시 앗수르 군대가 예루살렘을 치러 왔다가 모두 죽은 것이 아마도 하나님의 깃발이요 나팔일 것입니다. 물론 이 당시는 아직 앗수르가 아주 망하지는 않았을 때였습니다. 그러나 앞으로 전 세계는 이 놀라운 소식을 듣게 될 것입니다.

우선 이사야는 하나님께서 일하시는 스타일에 대하여 비유로 말하고 있습니다.

: 4절 : "여호와께서 내게 이르시되 내가 나의 처소에서 조용히 감찰함이 쬐이는 일광 같고 가을 더위에 운무 같도다."

하나님의 일하시는 스타일은 요란스럽거나 소리가 나지 않습니다. 하나님은 지구가 자전을 하고 공전을 할 때도 전혀 소리가 나지 않게 하십니다. 그리고 하나님은 대기의 온도를 올리실 때도 전혀 소리가 나지 않게 햇볕을 쪼여 주십니다. 이 땅 위에 햇빛이 비칠 때는 소리도 없고 냄새도 나지 않습니다. 그러나 수많은 나무들이 그 빛으로 싹을 내고 꽃을 피우며 열매를 맺습니다. 사람들은 아주 작은 일 하나를 할 때도 큰 소리부터 내고 봅니다. '내가 지금부터 이런 일을 하니까 좀 알아주세요'라고 광고를 하는 것입니다. 그러나 하나님은 아무 소리도 없이 일하십니다.

그런데 이렇게 소리 없이 일하시는 하나님의 손길을 느낄 수 있는 사람이 있습니다. 듣지도 못하고 보지도 못하는 헬렌 켈러가 처음 말을 배울 때, 설

리번 선생님은 의사소통이 안 되는 그녀의 손바닥에 차가운 물을 부으면서 '물'이라고 자꾸 적어 주었고, 또 손에 햇빛이 비칠 때 그의 손바닥에 '해'라고 자꾸 적어 주었습니다. 그때 헬렌 켈러는 손바닥의 따뜻한 감촉과 시원한 감촉 그리고 선생님이 손바닥에 반복해서 적는 글씨를 통해 자신과 세상을 연결하는 문이 열리는 경험을 했습니다. 이처럼 하나님은 아무 소리 없이 일하시지만, 겸손히 귀 기울이는 사람은 하나님의 일하시는 손길을 경험할 수 있습니다.

우리나라는 여름 아침에 안개가 생기는 지역이 많습니다. 그런데 팔레스타인은 가을에 안개가 많이 생긴다고 합니다. 가을의 아침 안개는 조용히 생겨나고 소리 없이 사라집니다. 고속도로를 이용할 때 짙은 운무가 생기면 조심해서 운전해야 합니다. 안개가 자욱한데도 조심하지 않고 속력을 내어서 달리다가는 차들이 연쇄추돌해서 많은 사람이 죽거나 다치는 대형 사고로 이어질 수 있습니다. 사람들은 짙은 안개 저 너머에 무엇이 있는지 알지 못하듯이 자신의 미래에 무엇이 기다리고 있는지 모르고 살아갑니다. 이렇게 인간은 한 치 앞도 스스로 보장할 수 없는 존재이지만, 작은 일 하나에도 자신을 드러내고 싶어 합니다. 그러나 하나님은 얼마나 겸손하신지 저 거대한 태양을 만드시고도 숨어 계시며, 광대한 하늘을 만드시고도 자신을 드러내지 않으십니다. 그런데 어리석은 인간은 자연만물을 지으신 하나님을 보지 못하고, 태양이나 달, 별 등 온갖 피조물을 신으로 여기며 숭배합니다. 그것이 창조주 하나님을 대적하는 일인 줄 알지 못하는 것입니다. 그러나 하나님은 우리 인간이 하는 모든 일을 빠짐없이 다 보고 계십니다.

: 5-6절 : "추수하기 전에 꽃이 떨어지고 포도가 맺혀 익어 갈 때에 내가 낫으로 그 연한 가지를 베며 퍼진 가지를 찍어 버려서 산의 독수리들과 땅의 들짐승들에게 던져 주리니 산의 독수리들이 그것으로 여름을 지내며 땅의 들짐승들이 다 그것으로 겨울을 지내리라 하셨음이라."

포도 농사를 짓는 사람은 포도나무에 핀 모든 꽃이나 맺힌 모든 열매를 다 키우지는 않습니다. 그렇게 하면 포도 열매가 너무 작아져서 상품 가치가 떨어지기 때문입니다. 포도 농사를 짓는 농부는 비록 아까워도 꽃은 꼭 필요한 만큼만 남겨 두고, 포도송이도 적당한 양 외에는 다 따 버려서 나중에 최종 열매가 될 것만 남겨 놓습니다. 그래서 포도 농사는 사람의 손길이 많이 필요한 농사입니다. 요즘은 포도 위에도 비닐을 칩니다. 포도 위에 비닐을 치면 당도가 높아지기 때문입니다. 농부들은 또한 포도나무의 잔가지들을 잘라 주어야 합니다. 그래야 알이 굵고도 좋은 포도 열매를 얻을 수 있습니다.

예수님께서는 제자들에게 연단을 가지 치는 것에 비유하여 말씀하셨습니다. 예수님은 열매 맺는 가지는 더 많은 열매를 맺게 하기 위해서 가지를 깨끗하게 하신다고 하셨습니다. 주님은 성도들에게 많은 고난과 연단을 주셔서 세상적인 욕심과 헛된 열정들을 다 잘라 버리십니다. 우리가 세상적인 일들에 너무 관심을 두다 보면 신앙의 열매가 잘 생기기 않습니다. 그것들은 겉으로는 대단하게 보일지 모르지만, 속이 차지 않은 죽은 열매들에 불과합니다.

그런데 본문에서 이사야 선지자는 유다의 가지치기를 앗수르의 심판으로 말씀합니다. 하나님께서 불필요한 꽃을 따시고 쓸데없는 가지를 치시는데, 그 양이 얼마나 많은지 그것으로 독수리가 여름을 지내고 들짐승이 겨울을 난다고 했습니다. 즉, 앗수르 사람들의 시체가 얼마나 많은지 여름 내내 독수리의 먹이가 되고 들짐승이 겨울 내내 먹을 정도로 많은 앗수르 사람들이 죽게 된다는 것입니다.

그 당시보다 모든 것이 발달한 지금 시대에는 열매 맺지 않는 가지가 더욱 많을 것입니다. 우리가 세상적인 욕망과 야망을 잘라 내지 않으면 하나님의 말씀에 집중할 수 없게 되고, 그러면 열매는 맺히지 않습니다. 하나님은 조용히 쪼이는 햇빛이십니다. 우리가 하나님을 의지하면 열매는 저절로 맺히게 되어 있습니다. 예수님은 가지인 우리가 포도나무이신 예수님께 붙어 있으면 저절로 과실을 맺는다고 하셨습니다.

하나님은 앗수르를 통해서 쓸데없는 가지인 수리아와 이스라엘을 잘라 내시고, 그 다음에는 앗수르를 망하게 하셨습니다. 마지막에 남은 꽃과 열매는 고난에서 살아남은 예루살렘이었습니다. 여기서 우리는 무한정으로 넓어지고 무한정으로 많아지는 것이 좋은 것이 아님을 깨달아야 합니다. 그리고 스스로 가지치기를 해서 불필요한 것들을 잘라 내어야 앗수르 같은 무서운 불 시험을 피할 수 있습니다.

: 7절 : "그 때에 강들이 흘러 나누인 나라의 장대하고 준수한 백성 곧 시초부터 두려움이 되며 강성하여 대적을 밟는 백성이 만군의 여호와께 드릴 예물을 가지고 만군의 여호와의 이름을 두신 곳 시온 산에 이르리라."

강들이 흘러 나누인 나라이며 장대하고 준수한 백성인 구스 사람들은, 유다가 앗수르를 믿음으로 이기는 것을 보고 결국 예물을 가지고 하나님께로 온다고 했습니다. 그러나 이 말씀이 이루어지는 데는 아주 오랜 시간이 필요했습니다.

사도행전에 보면 에티오피아 여왕 간다게의 내시가 예루살렘에서 예배드리고 내려가다가 이사야의 말씀을 읽게 됩니다. 그런데 그 내시가 읽은 성경은 구스에 대한 예언이 아니고 고난의 종에 대한 말씀이었습니다. 이 내시는 왜 하나님의 종이 고난을 받아야 하는지 이해되지 않았습니다. 하나님의 종은 신성을 가지신 분인데 왜 고난을 받아야 하는지 의문이었던 것입니다. 그 때 빌립이 나타나서 인간의 죄에 대해 설명하고, 인간의 죄를 위해서 하나님의 종이 고난받았음을 설명해 주었습니다. 내시는 이 사실을 믿음으로 받아들이고 그 자리에서 바로 세례를 받았습니다. 우리도 믿기 전에는 동일한 의문을 가졌습니다. 왜 하나님의 아들이 고난을 받아야 했고, 왜 하나님의 아들이 십자가에 못 박혀야 했는지 말입니다. 이 의문이 풀리지 않았다면 우리는 예수를 믿지 못했을 것입니다. 하나님은 말씀 가운데서 성령의 조명하심으로 우리의 심령에 깨달음을 주셨습니다.

만일 우리가 시각장애가 있어 앞을 보지 못하는데 누군가가 볼 수 있게 해 주었다면 어떻겠습니까? 또 우리가 일어서지 못하는 장애를 가졌는데 누군가가 고쳐서 일어서게 해 주었다면 어떻겠습니까? 너무나 감사해서 내가 할 수 있는 최선을 다해 감사하고 사례할 것입니다. 그런데 주님께서 우리 대신 죽으심으로 영원한 지옥의 멸망으로부터 우리를 구원해 주셨다면, 주님께 우리 인생 전부를 드리는 것이 마땅합니다. 우리가 구원받은 것이 얼마나 기쁘고 감사한 일입니까? 우리는 하나님께 감사드릴 것밖에 없습니다.

우리가 장대하고 준수한 사람들이 된 것은 영적인 부흥의 결과입니다. 그런데 오늘날 교회가 세상의 욕을 먹고 있는 것은 이미 오래 전부터 부흥의 불이 꺼지고 교회가 썩었기 때문입니다. 이제 하나님께서 썩은 가지들을 잘라 내시기 전에 우리가 기도로 하나님께 나아가야 합니다. 하나님 앞에서 그분의 자비를 구하며 스스로 가지를 쳐서 깨끗한 가지가 되어 하나님의 위대한 능력을 나타내는 성도들이 되시기 바랍니다.

30

애굽의
무지

이사야 19:1–15

얼마 전 신문에, 한때 미국의 최고 자동차 도시였던 디트로이트 시가 수십 조에 달하는 재정 적자를 견디지 못해서 파산 신청을 했다는 기사가 실렸습니다. 이미 디트로이트는 비어 있는 빌딩이 수두룩하고 실업률이 미국에서 가장 높은 도시였습니다. 한 변호사는 디트로이트 시가 가진 재산이 단 한 푼도 없다고 말했습니다. 이런 도시는 벽에 페인트로 낙서해 놓은 곳이 많고, 범죄가 발생해서 경찰을 불러도 가장 늦게 온다고 합니다. 왜냐하면 경찰을 유지하고 운영할 돈이 없기 때문입니다. 디트로이트 시가 이렇게 파산하게 된 것에 대해 언론에서는, 미국 자동차 회사들이 지나치게 생산 시설을 마구 늘렸는데, 독일 자동차와 일본 자동차가 미국 시장을 점유하게 되고 또 노조가 너무 강하다 보니 공장들이 다른 곳으로 빠져나가면서 결국 망하게 되었다고 말합니다. 그러나 신앙의 눈으로 디트로이트를 보면 다른 진단이 나올 수도 있습니다. 어떤 나라나 기업이나 개인의 성공 또는 실패에 대하여 세상적인 시각으로 보는 것과 신앙의 눈으로 보는 것에는 큰 차이가 있기 때문입니다.

영화나 드라마를 촬영할 때는 주인공뿐 아니라 조연이나 엑스트라도 많이 있습니다. 그래도 영화나 드라마를 끌고 가는 것은 역시 한두 사람의 주인공입니다. 하지만 때로는 주인공이 주인공 역할을 제대로 하지 못할 때가 있습니다. 주인공의 카리스마가 부족해서 너무 조연에 의지하거나, 혹은 조연이 더 두드러져서 주인공이 끌려다닐 때입니다. 마찬가지로 이 세상에는 유명한 지도자나 학자가 많이 있지만, 하나님 앞에서의 주인공은 역시 하나님의 말씀을 붙들고 있는 사람입니다. 그런데 하나님의 말씀을 가진 자들이 세상을 이끌지 못하고 세상을 의지하거나 따라간다면 자신만 망치는 것이 아니라 하나님의 백성과 세상 모두를 망치게 될 것입니다.

우리는 보통 애굽, 즉 이집트라고 하면 엄청나게 큰 피라미드와 스핑크스 그리고 무덤 안에 있는 미라를 떠올리게 됩니다. 사실 애굽은 죽은 자를 위한 나라라고 말할 정도로 사후의 세계에 관심이 많은 나라였습니다. 애굽은 고왕국, 중왕국, 신왕국 이렇게 세 개의 왕국으로 나눌 수 있는데, 엄청나게 큰 피라미드와 스핑크스가 만들어진 것은 모두 고왕국 때의 일입니다. 이때는 바로(파라오)의 세력이 대단했기 때문에 대대적인 무덤을 만들 수 있었습니다. 그래서 제일 큰 피라미드 같은 경우 거기에 사용된 돌만 오십만 개가 넘을 정도입니다. 그러나 애굽은 자주 지방 관리의 세력이 커져서 내전이 일어나면서 바로의 세력이 약화되곤 했습니다. 그래서 중왕조 때는 북쪽의 힉소스 족이 쳐들어와서 애굽 사람들을 몰아내고 애굽을 지배하게 됩니다. 이때는 피라미드가 그렇게 크지 않습니다. 그러다가 다시 애굽 사람들이 힉소스 족을 몰아내고 나라를 되찾게 되는데, 이때 모세의 출애굽이 있었던 것으로 보입니다. 그리고 이때는 도굴을 방지하기 위해 왕의 무덤을 비밀리에 만들고 미로로 해 놓아서 아무도 찾지 못하도록 했습니다. 그러나 애굽의 도굴꾼들은 수천 년에 걸쳐 도굴을 해왔기 때문에 거의 모든 왕의 무덤이 도굴되었습니다. 다만 투탕카멘이라는 어린 파라오의 무덤은 도굴되지 않고 그대로 보존되었는데, 그것은 다른 무덤 공사를 하느라 엄청난 흙더미에 깔리게 되어 도굴꾼들이 무덤이 있는 줄 모르고 넘어갔기 때문이라고 합니다. 이 투탕카멘은 관리들의 손에 놀아난 아주 유약한 왕으로, 어린 나이에 죽었는데도 그의 무덤 안에는 굉장히 많은 금과 보물들이 들어 있었습니다.

출애굽 할 당시 모세와 대결했던 애굽의 바로 왕 투트모세 3세는 아주 강한 왕이었습니다. 그러나 애굽은 종종 귀족이나 사제들의 세력이 강해지면서 바로 왕의 세력이 약해지곤 했습니다. 그러다가 한 번씩 뛰어난 지도자가 나오면 다시 다른 나라를 정복하기도 했지만, 대개는 내란으로 소모전을 치를 때가 많았고, 나중에는 앗수르의 침략으로 결정적으로 무력해지게 됩니다. 애굽이 완전히 망하는 것은 페르시아의 캄비세스 왕 때였고, 나중에 줄리어스 시저 때 클레오파트라와 안토니우스의 연합군이 로마군에게 패배하면서 애굽은 완전히 로마의 속국이 되고 맙니다. 그런데 본문과 같이 이사야가 애굽에 대하여 예언을 할 당시는 애굽이 앗수르에 의해 무력해지기 전이었습니다.

이사야 18장을 보면 구스에 대하여 '장대하고 준수한 백성'의 나라로 말하고 있는데, 실제로 신왕조 때는 구스가 애굽을 지배했고 그때 애굽 인들이 피부가 검은 구스 왕 앞에 무릎을 꿇고 복종했던 기록들이 남아 있습니다. 그러나 이제 구스 인들이 물러가고 애굽 인들이 다시 정권을 잡아서 나라를 한번 크게 키워 보려고 하는데, 하나님의 모래시계는 이미 시간이 끝나가고 있었던 것입니다.

정말 정확한 시간을 재어 주는 모래시계는 두려운 존재 같습니다. 축구

선수들이 이제 몸이 풀려 경기를 좀 하려고 하면 시간이 다 되어 심판이 휘슬을 불게 되고, 학생들이 정신을 차리고 문제를 좀 풀려고 하면 시간이 다 되어 감독관이 시험지를 거두어 가고 마는 것입니다.

하지만 하나님의 부흥은 놀랍게도 이 모래시계를 거꾸로 가게 하는 능력이 있습니다. 하나님의 뜻에 의하면 히스기야는 이제 그의 시간이 다 되어 죽어야 했습니다. 그런데 히스기야는 하나님의 말씀을 붙드는 주인공이었기 때문에 벽을 향한 채 통곡하면서 간절히 기도했을 때, 아하스의 해시계가 거꾸로 가면서 십오 년이라는 시간이 다시 주어졌습니다.

지금 하나님의 모래시계에 의하면 애굽의 드라마는 끝날 시간이 거의 다 되어 모든 것이 파장 분위기였습니다. 이제 애굽은 과거의 찬란했던 문명을 모래 속에 파묻고 망하는 길로 가고 있었습니다. 그런데 어리석게도 유다 백성은 끝까지 애굽을 의지하였습니다. 그래서 하나님께서는 유다 백성에게 이제 망해 가는 나라를 의지하고 기대해 봐야 소용이 없다는 것을 깨닫게 해 주시려고 애굽에 대한 예언을 주셨습니다. 즉, 유다는 망해 가는 세력을 의지할 것이 아니라, 히스기야처럼 하나님 앞에 매달려서 응답을 받아야 하는 것입니다.

1. 애굽에 관한 경고

옛날 애굽은 세계에서 밀농사가 가장 잘되던 곳이었습니다. 옛날이든 지금이든 나라나 개인이 잘살려면 돈이 많아야 하는데, 옛날에는 곡식이 돈의 역할을 했습니다. 지금은 북아프리카 일대가 사막으로 변해 버렸지만, 옛날에는 북아프리카가 곡식이 가장 많이 생산되던 곳이었습니다. 더욱이 애굽은 나일 강이 주기적으로 범람하고 또 물이 빠지면서 상류에 있는 대단히 비옥한 흙을 날라다 주었기 때문에 곡식이 아주 잘되는 곳이었습니다. 그래서 애굽은 고왕국 때부터 아주 강한 나라를 만들어서 종교나 학문을 발전시켜 왔습니다. 그런데 애굽 인들은 하나님으로부터 많은 복을 받았지만 전혀 하나님을 알지 못했고, 특히 사후 세계에 관심이 많았기 때문에 사람이 죽은 후에도 부패하지 않도록 미라로 만들었습니다. 그러므로 당연히 종교 사제들이 큰 세력을 가지고 있었습니다. 또한 애굽은 거의 모든 것을 신으로 생각했는데, 가축이나 뱀, 악어 등 많은 것들을 신으로 숭배했습니다. 특히 농업 국가였던 애굽은 태양을 가장 중요하게 생각하여 신으로 숭배했으며, 바로를 태양신의 아들이라고 믿었습니다.

이스라엘 백성에게 이해되지 않았던 것은, 애굽은 하나님을 믿지 않고 그렇게 우상 숭배를 하는 족속인데도 세계 최고로 잘사는 나라였다는 사실입니다. 그러나 애굽이 잘살고 문명이 발달했다고 해서 역사의 주인공이 되는 것은 아니었습니다. 우리가 드라마나 영화를 보더라도 사장이나 부자라고 해서 꼭 주인공이 되는 것은 아닌 것처럼 말입니다. 주인공은 그 스토리의 중심에 서서 이야기를 끌고 가는 사람입니다. 이 세상의 역사를 끌고 가는 주인공은 바로 하나님의 말씀을 가진 사람인 것입니다.

:1절: "애굽에 관한 경고라. 보라. 여호와께서 빠른 구름을 타고 애굽에 임하시리니 애굽의 우상들이 그 앞에서 떨겠고 애굽 인의 마음이 그 속에서 녹으리로다."

이사야는 이 말씀을 '애굽에 관한 경고'라고 말하고 있습니다. 지금까지 하나님은 애굽에 관하여 전혀 말씀을 주신 적이 없었습니다. 성경을 보면 애굽이 이스라엘의 역사에 몇 번 등장하긴 하지만, 모두 하나님의 사람들의 무대 배경으로 나타납니다. 첫 번째 등장은 아브라함 때입니다. 가나안 땅에 흉년이 들어서 아브라함이 애굽으로 내려가게 되었는데, 그곳에서 부인 사라를 누이라고 속여서 바로에게 부인을 빼앗기게 되었습니다. 그러나 하나님께서 애굽의 바로에게 사라를 돌려주라고 지시하셔서 아브라함은 부인을 도로 찾은 뒤 애굽에서 나오게 됩니다. 그리고 야곱 때에는 하나님께서 요셉을 미리 애굽에 종으로 팔리게 하셔서 이스라엘 백성을 애굽으로 내려가게 하셨는데, 이스라엘 백성은 그곳에서 사백삼십 년을 살게 됩니다. 이때 하나님의 말씀의 주 무대는 가나안 땅에서 애굽으로 옮겨지게 됩니다. 이후로 모세가 등장하면서 애굽에 하나님의 능력이 퍼부어지게 되는데, 바로와 그 신하들이 하나님을 대적하다가 하나님의 심판을 받게 되는 것이 주 내용입니다. 이때 애굽은 모든 장자가 죽는 재앙을 겪기도 하고, 홍해가 갈라졌다가 도로 합쳐지면서 바로의 병거 탄 군인들이 모두 바다에 빠져 죽기도 합니다. 이후로 애굽은 한동안 하나님의 계시의 무대에 나타나지 않습니다. 그러다가 이사야 선지자 때 다시 잠깐 등장하는데, 그 이유는 유다 백성이 앗수르의 공격을 받으면서 애굽을 의지하려고 했기 때문입니다. 그러나 이때는 이미 애굽도 노쇠한 나라가 되어서 스스로의 힘으로 자신도 지킬 수 없었습니다. 그것도 모르고 유다 백성은 애굽을 자꾸 의지하려고 했던 것입니다. 하나님은 애굽이 앞으로 어떻게 될지 애굽 사람들에게 바로 말씀해 주셨습니다. 그 이유는 애굽 인들 중에도 하나님을 믿을 사람이 있었기 때문입니다.

본문을 보면 '보라 여호와께서 빠른 구름을 타고 애굽에 임하시리니'라고 말씀하십니다. 혹시 애굽 인들이 기억하고 있는지 모르지만, 이스라엘 백성이 출애굽 할 때 하나님께서는 천사를 보내셔서 하룻밤 사이에 애굽의 모든 장자를 다 죽게 하셨습니다. 그런데 여호와께서 또다시 빠른 구름을 타고 애굽에 임하신다면 애굽은 멀지 않은 장래에 하나님의 큰 시험을 당하게 될 것입니다. 그런데 여기서 여호와께서 빠른 구름을 타고 오셔서 애굽에 내리시는 재앙은 옛날 이스라엘 백성이 출애굽 할 때와 같은 재앙들이 아니었습니다. 이번에 나타날 재앙은 모두 자연재해들이었습니다. 즉, 애굽 인들은 그 재앙들이 하나님으로부터 온 줄 모른 채 조금씩 망하게 되는데, 사실은 그것이 하나님의 재앙이었던 것입니다.

본문에서는 '애굽의 우상들이 그 앞에서 떨겠고 애굽 인의 마음이 그 속에서 녹으리로다'라고 말씀하고 있습니다. 애굽의 우상들이 그 앞에서 떤다는 것은 애굽의 재앙을 막기 위해 아무리 많은 제사를 드리고 술법을 행해도 통하지 않기 때문에 속수무책이라는 뜻입니다. 그리고 애굽 인들은 자신들에게 임하는 여러 가지 재해들을 보면서 두려워하지만 이것이 하나님의 재앙인 줄은 알지 못합니다.

이스라엘 백성이 출애굽 할 때 애굽에 나타났던 재앙들은 하나님께서 주시는 재앙이라는 것을 누구든지 알 수 있었습니다. 모세가 지팡이를 들면 나일 강이 피로 변하고, 또 모세가 지팡이를 들면 개구리 떼가 올라오고, 모세가 하늘에 재를 뿌리면 그것이 짐승과 사람들에게 붙어서 독창이 생기게 했습니다. 심지어 모세가 지팡이를 들면 하늘에서 불우박이 떨어지거나 태양이 캄캄해졌는데, 사람들은 이 재앙들을 보고서 여호와 하나님의 능력을 알 수 있었습니다. 그런데 이사야 때는 나일 강이 마르고 내전이 일어나서 많은 사람이 죽으며 흉년이 들어 기근이 생겨도, 이런 일들이 자연스럽게 일어나기 때문에 사람들은 여호와의 능력을 알지 못하는 것입니다.

하나님께서 심판하시는 방법에는 두 가지가 있습니다. 하나는, 하나님의 심판인 줄 알도록 눈에 보이게 그 현상들을 나타내시는 것입니다. 이때 하나님은 말씀과 함께 재앙을 내리십니다. 이런 재앙들의 중심에는 하나님의 선지자가 있고 하나님의 백성이 있고 기도의 능력이 있습니다. 이때 사람들은 재앙이 임하는 것을 통해서 하나님을 알게 됩니다. 즉, 전도의 효과가 나타나고 회개의 역사가 일어납니다.

예를 들어, 모세가 지팡이를 들자 개구리가 들끓는 재앙이나 이가 득실대는 재앙이 나타납니다. 그러면 사람들은 재앙을 당하면서 이것은 하나님께서 내리시는 재앙임을 깨닫습니다. 사람들은 재앙을 당하면서 '하나님께서 나를 치시는구나' 하는 것을 알게 되는 것입니다. 그래서 애굽의 바로 왕은 재앙을 당하자 모세에게 기도를 부탁하기도 했습니다. 그러면 하나님은 정확한 시간에 개구리 떼나 불우박이 물러가게 하셨습니다.

하나님께서 니느웨 성을 구원하실 때에는 요나 선지자를 보내었는데, 니느웨 사람들보다 먼저 요나 선지자가 재앙을 체험했습니다. 요나 선지자는 니느웨로 가라는 하나님의 말씀에 불순종하여 배를 타고 다시스로 달아나다가 태풍을 만났습니다. 자신으로 인해 풍랑을 만나게 되었음을 깨달은 요나는 제비뽑기로 바다에 던져지고, 큰 물고기 뱃속에서 삼일 동안 회개하게 됩니다. 이후로 니느웨로 간 요나 선지자는 하나님의 심판을 외치고 다닙니다. 이 요나 선지자의 증거를 듣고 니느웨 사람들은 회개함으로 심판을 받지 않게 되었습니다. 이처럼 말씀과 함께 당하는 재앙은 회개하고 기도함으로 얼마든지 멈추게 하고 하나님의 구원을 경험하게 합니다.

그러나 하나님의 심판하시는 또 하나의 방법은, 심판이 임하는데 하나님의 말씀은 없는 경우입니다. 이때는 사람들이 여러 가지 환난과 고통을 당하여도 하나님의 말씀이 없기 때문에, 이것이 하나님이 치시는 것인지 자연적으로 일어나는 재앙인지 알지 못합니다. 하나님께서 심판하시는데도 사람들은 그것이 하나님의 심판인지 알지 못하는 것입니다. 그래서 갑자기 그 나라에 몇 년 동안 비가 오지 않는다든지, 혹은 경기가 침체된다든지, 갑자기 지진이 일어난다든지 해서 나라가 조금씩 기울어 가도 하나님께로 갈 생각을 하지 못합니다. 사람들은 잠시 이러다가 괜찮아질 것이라고 생각하거나 인간적인 방법으로 회복시켜 보려고 애를 쓰지만, 결국 하나님을 알지 못하고 회개의 기회를 놓쳐 버리게 됩니다.

하나님께서 심판하시는 두 가지 방식 중 더 무서운 것은 하나님의 말씀 없이 환난과 어려움이 닥치는 경우입니다. 이런 경우에 사람들은 큰 환난을 당하면서도 하나님을 찾지 않아서 결국 망하게 되기 때문입니다.

예를 들어, 몸에 병이 생기는 경우, 어떤 사람은 갑자기 병세가 악화되어 병원에 입원을 해서 한 번에 수술받고 치료받게 됩니다. 이런 경우에는 오히려 단번에 병의 원인을 알 수 있어서 잘 치료할 수 있습니다. 그러나 자신도 모르는 사이에 조금씩 병으로 진행되는 심혈관 질환이나 당뇨 같은 경우, 환자 자신은 전혀 모르고 있다가 나중에 병이 중해지면 치료할 수 없게 되는 것입니다.

하나님께서 말씀하시고 기적을 일으켜서 심판하시던 때는 이스라엘 백성에게 부흥을 일으키실 때였습니다. 이때 하나님의 백성은 하나님의 능력을 두 눈으로 똑똑히 보았기 때문에 전심으로 하나님께 매달리게 되어 대 부흥이 일어납니다. 이런 경우를 경험한 것은 애굽 사람들에게도 복된 일입니다. 왜냐하면 적어도 이런 재앙을 통하여 하나님이 어떤 분이신지 알 수 있으며, 또한 하나님께 기도하기만 하면 이 재앙들이 깨끗이 물러간다는 사실을 경험하기 때문입니다. 그런가 하면 이 모든 사실을 알면서도 끝까지 반항하는 자신들이 얼마나 미련하고 완악한지도 알 수 있습니다. 하지만 그 이후로 애굽은 이스라엘과 아무 관계가 없었습니다. 이스라엘 백성과 부딪칠 기회가 있어야 자신들의 완악함을 알 수 있을 텐데, 애굽 사람들은 그럴 기회가 없었습니다. 결국 애굽은 하나님의 백성과 접촉할 기회가 없었기 때문에 스스로 알지 못하는 사이에 조금씩 썩어 가고 있었습니다.

그러면 여기 본문에서 이사야를 통해 특별히 하나님께서 애굽에 임하셔서 재앙을 내리시리라는 말씀을 주시는 이유가 무엇입니까? 그것은 애굽에 일어나는 모든 환난과 재앙들은 하나님께서 주시는 것이므로 누구든지 하나님의 말씀을 듣고 기도하면 하나님께서 도와주신다는 것입니다. 그러나 만일 애굽 인들이 미련하게 하나님을 인정하지 않고 끝까지 고집을 부린다면 망하고 말 것입니다.

우리가 하나님 앞에 잘못을 저지르고 죄를 지었을 때 깨달을 수 있도록 하나님께서 징계하시는 것은, 우리를 사랑하셔서 우리에게 죄를 버리고 영적 부흥을 일으키라고 교훈하시는 것입니다. 하나님께서 어떤 사람을 정확하게 징계하시고 때리신다면 그것은 하나님께서 그 사람을 사랑하시기 때문입니다. 그러므로 회개하고 기도에 힘써서 영적인 복을 받기를 원하시는 것입니다. 그런데 때로는 너무 정확하게 징계하시고 어려움을 주시기 때문에 하나님이 두려울 때가 있습니다. 하지만 그것은 우리에게 영적인 경각심을 주시기 위한 것이므로 두려워할 것이 아니라 하나님께 더 가까이 나아가야 합니다. 하나님은 그분 앞에 상한 심령으로 나아가는 자들을 긍휼히 여기시는 좋으신 아버지이시기 때문입니다.

이 세상에서 가장 불쌍한 사람들은 하나님께서 버리신 사람들입니다. 그들은 아무리 죄를 짓고 못된 짓을 해도 하나님이 징계하시지 않고 내버려 두십니다. 하지만 나중에 보면 그들이 병들거나 어려움으로 갑자기 몰락해 버렸음을 발견하게 됩니다. 사도 바울은 로마에 있는 교인들에게 편지하기를 이미 하나님은 "그들을 그 상실한 마음대로 내버려 두사"(롬 1:28) 마음껏 죄를 짓게 하셨다고 말씀하고 있습니다. 사람들은 지진으로 사람이 죽고 쓰나미로 인해 원전이 폭발했는데도 이것이 하나님의 진노인 줄 알지 못합니다. 오히려 더욱 어리석게도 우상을 찾아 숭배하다가 결국 망하는 길을 가고 마는 것입니다.

2. 애굽의 부패한 정신

하나님께서는 이사야 선지자를 통해서 앞으로 애굽에 이러이러한 일들이 나타날 것이라고 말씀하셨습니다. 그렇다면 애굽 사람 중에서 하나님의 말씀을 들은 자는 이런 일이 일어날 때 하나님을 찾아야 하며 기도해야 합니다. 그러나 애굽 사람들은 더 우상을 찾고 왕을 의지하다가 망하게 되었습니다.

:2절: "내가 애굽 인을 격동하여 애굽 인을 치리니 그들이 각기 형제를 치며 각기 이웃을 칠 것이요 성읍이 성읍을 치며 나라가 나라를 칠 것이며"

애굽은 물질적으로 부요한 나라였기 때문에 사람의 생각으로는 도저히 망할 수 없는 나라였습니다. 그럼에도 불구하고 애굽이 망하게 된 것은 적의 침략 이전에 자기들끼리의 내전 때문이었습니다. 본문은 '내가 애굽 인을 격동하여'라고 말씀하고 있습니다. 즉, 애굽 인들이 서로에 대하여 오해하고 시기해서 전쟁을 하게 되는 것은 하나님께서 그들의 마음을 격동시키셨기 때문이라는 것입니다. 사실은 하나님께서 격동시키는 것이 아니라 사탄이 격동시키는 것이지만 하나님께서 허락하시므로 격동되는 것입니다.

그러므로 이상하게 어떤 적대적인 사람이 나타나서 이유 없이 괴롭히고 사사건건 싸움을 걸어 오는 것은 사탄의 역사이지만, 그것 역시 하나님께서 허락하신 것입니다. 사탄이 아무리 악한 일을 하려고 해도 하나님께서 허락하시지 않으면 그렇게 행할 수 없기 때문입니다. 그래서 하나님의 백성은 이유 없이 대적하는 원수가 생기거나 예기치 못한 사고가 일어나면 그 즉시 '아, 내가 하나님의 말씀으로부터 멀어졌구나. 내가 어느새 교만해져서 내 멋대로 행동했구나' 하는 것을 깨닫고 하나님 앞에 회개하게 됩니다. 우리가 이 세상에서 돈을 손해 보고 직책을 잃게 되더라도, 하나님 앞에서 겸손한 마음을 되찾으면 우리는 큰 것을 얻는 것입니다.

하지만 하나님의 뜻을 깨닫지 못하는 사람들은 어려운 일도 하나님께서 허락하신 것인 줄 알지 못합니다. 그래서 눈에 보이는 '저 사람'만 이기면 되는 줄 알고 머리가 터지도록 싸우지만, 그럴수록 싸움만 더 격렬해지고 사탄만 좋은 일 시키는 것입니다. 그러므로 누군가 우리를 대적하는 사람이 생기면 일단 그 사람의 뒤에서 역사하는 사탄을 볼 수 있어야 합니다. 그리고 하나님 앞에 자신을 낮추고 겸손하게 기도함으로 사탄을 이길 생각을 해야 합니다. 그러나 세상 사람들은 자신에게 적대적인 사람을 이기기 위해 싸우게 되는데, 형제끼리도 싸우고 이웃끼리도 싸우고 성읍끼리도 싸우며 나라 간에 서로 치고받고 싸워서 모든 힘을 소진하게 되는 것입니다.

애굽은 원래 바로가 자신을 태양신의 아들이라고 칭하면서 강력한 힘을 가지고 통치했습니다. 그러나 귀족과 종교 사제들이 세력을 가지면서 권력 싸움이 끊이지 않았고, 또 나일 강을 중심으로 하류 쪽과 상류 쪽이 계속 내전을 일으켰습니다. 한 나라이든 한 집안이든 안에서 싸움이 잦으면 힘이 약해지게 마련입니다. 대개 기업이 도산하는 경우도 집안싸움 때문일 때가 많습니다. 내부적으로 힘을 결집해야 외부적으로도 힘을 발휘하고 발전할 수 있는데, 기업이든 나라이든 내부에서는 다툼이 끊이지 않고 그중 누군가가 중요한 비밀을 밖으로 빼돌리기라도 하면 몰락하고 마는 것입니다.

:3절: "애굽 인의 정신이 그 속에서 쇠약할 것이요 그의 계획을 내가 깨뜨리리니 그들이 우상과 마술사와 신접한 자와 요술객에게 물으리로다."

중요한 것은 애굽 인들의 정신이 쇠약하게 되는 것입니다. 원래 나라나 기업이나 개인이 부흥할 때는 돈은 없어도 정신이 살아 있습니다. 그 가치관과 정신이 청렴하고 참신하기 때문에 많은 사람이 따르고 힘을 합치게 되면서 부흥이 일어납니다. 그러나 일단 돈이 많고 외부의 도전이 없으면 사람들은 게을러지고 정신이 나태해집니다. 그리고 일하지 않고 놀면서 대접만 받으려고 하는데, 그러면서 점차 정신이 흐려지고 자기도 모르는 사이에 생각이 부패하게 됩니다.

그래서 우리는 어떤 집단이나 교회의 미래를 살펴보려면 지금 얼마나 돈이 많고 건물이 화려한지를 보아서는 안 됩니다. 사람이나 교회의 미래를 보려면 지금 그들에게 살아 있는 분명한 정신이 있는지를 살펴보아야 합니다. 아무리 가난하고 무식해 보여도 정신이 살아 있는 사람들은 반드시 미래에 성공하게 됩니다. 하지만 성공의 열매나 차지하려 하고 사람들의 인정이나 받으려고 하는 사람들이 모인 곳은 머지않아 부패한 집단이 되고 말 것입니다.

사도행전에는 베드로와 요한이 나면서부터 걷지 못하는 걸인을 일으키는 장면이 나옵니다. 그때 베드로가 "은과 금은 내게 없거니와 내게 있는 이것을 네게 주노니 나사렛 예수 그리스도의 이름으로 일어나 걸으라."(행 3:6)라고 선포했던 말이 얼마나 멋진 말씀인지 모릅니다. 또한 베드로가 사마리아에 갔을 때 시몬 마구스라는 사람이 돈을 주고 성령을 사고자 했습니다. 그때 베드로는 그에게 "네가 하나님의 선물을 돈 주고 살 줄로 생각하였으니 네 은과 네가 함께 망할지어다."(행 8:20)라고 엄히 말했습니다. 이것이 바로 초대교회의 정신이었습니다.

하나님의 말씀은 우리에게 가장 강력한 도전입니다. 하나님의 말씀으로 나날이 새롭게 되어야 우리의 정신이 살아 있게 됩니다. 그러나 애굽은 물질적으로만 풍요롭다 보니 결국 정신이 쇠약해져서 스스로 무너지게 되었습니다. 하나님은 그들의 모든 도모를 파하신다고 했습니다. 그들의 모든 계획이 실패할 수밖에 없는 이유는 모든 것을 돈으로 해결하려고 했고, 책상에 앉아서 입으로만 하려고 했기 때문입니다. 그들은 어려운 일이 생겼을 때 부딪쳐 보려고 하지 않고 우상과 마술사와 신접한 자와 요술객에게 물었습니다. 사람이 점을 친다는 것은 스스로 책임을 포기하는 것과 같습니다. 사람은 정신력과 함께 현실감각이 있어야 합니다. 그래서 예수님은 제자들에게 "너희는 뱀같이 지혜롭고 비둘기같이 순결하라."(마 10:16)고 말씀하셨습니다.

얼마 전에 어느 대기업의 회장이 역술인의 말을 듣고 회사 돈 수천억 원을 빼돌려 선물 투자를 했다가 손해를 보고 감옥에 들어간 일이 있습니다. 왜 대기업을 거느린 회장이 그런 점쟁이들의 말을 듣습니까? 그것은 이미 스스로 그 큰 회사를 운영할 자신이 없었기 때문입니다.

그러다가 애굽 사람들은 정말 악한 통치자에게 걸려들게 됩니다.

:4절: "내가 애굽 인을 잔인한 주인의 손에 붙이리니 포학한 왕이 그들을 다스리리라. 주 만군의 여호와의 말씀이니라."

이 잔인한 군주가 처음에는 아주 개성이 있고 지도력이 있어서 국가의 힘을 결집시키는 데 성공합니다. 그래서 백성은 이제 이 왕만 의지하면 잘살 것으로 생각하고 절대적인 지지를 보입니다. 그러나 이런 사람들은 결국 자기 공명심을 위해 전쟁을 일으켜서 수많은 사람들을 죽게 만들거나, 아니면 자기 이름을 날리기 위해 대규모의 건축물을 지어서 국가의 재정을 다 낭비해 버립니다. 이들은 이런 일들의 수행을 위해 재정을 충당하고자 세금을 계속 거둬들이기 때문에 국민들은 피폐해지고 결국 나라가 기울게 됩니다. 사람들이 무엇인가 큰 업적을 남기기 위해 대규모의 건축을 계획하거나 거대한 무덤을 만드는 것은 위대한 사업처럼 보이지만 결과적으로는 나라를 위기에 빠뜨리는 일입니다.

그러므로 지혜로운 통치자는 현실을 보는 눈이 있어야 합니다. 즉, 무조건 나라를 넓힐 것이 아니라 내실을 다져야 합니다. 그러나 하나님의 백성이 아니고는 그렇게 스스로의 힘을 조절하기가 쉽지 않습니다. 왜냐하면 하나님의 말씀의 빛이 지혜가 되어야 눈에 보이는 것에 쓸데없이 돈이나 힘을 허비하지 않고 바른길을 갈 수 있기 때문입니다. 우리가 하나님께 기도하고 하나님의 말씀을 따르는 일은 돈이 드는 것도 아니고 힘이 드는 것도 아닙니다. 이것은 오직 마음만 있고 믿음만 있으면 됩니다.

3. 하나님의 축복이 없어짐

애굽이 지금까지 부강하게 잘살 수 있었던 이유는 나일 강이 정기적으로 범람했기 때문입니다. 애굽은 나일 강이 가져다주는 풍요 때문에 부강한 나라가 되었고 위대한 문명국가가 되었습니다. 그런데 놀라운 것은 하나님께서 주시는 이 축복이 시한부였다는 사실입니다. 즉, 애굽 사람들은 나일 강이 영원히 항상 그렇게 범람할 줄 알았는데, 어느 순간부터 나일 강이 마르기 시작했습니다. 그때부터 애굽은 급격하게 가난한 나라가 되고 말았습니다.

지금도 이집트는 가난한 나라입니다. 최근에 이집트에서 군사정권을 무너뜨리는 쿠데타가 일어난 원인도 빵이 없었기 때문이라고 합니다. 즉, 이집트는 러시아의 우크라이나에서 많은 밀을 수입하는데, 우크라이나가 흉년이 들어 밀을 구하기 힘들어서 결국 쿠데타가 일어난 것입니다.

놀라운 것은 그렇게 정기적으로 범람해서 기름진 흙을 날라다 주던 나일 강이 범람하지 않게 된 것입니다. 그 이유는 바로 애굽에 대한 하나님의 선물이 시효가 다 되었기 때문입니다.

:5-6절: "바닷물이 없어지겠고 강이 잦아서 마르겠고 강들에서는 악취가 나겠고 애굽의 강물은 줄어들고 마르므로 갈대와 부들이 시들겠으며"

여기서 '바닷물'은 나일 강을 말합니다. 나일 강이 범람할 때는 물이 얼마나 많은지 바다처럼 보이기 때문입니다. 그런데 어느 순간 바다가 없어지게 되고 강들의 물이 없어집니다. 그래서 강에서 악취가 나고 애굽의 모든 시내가 말라서 물이 줄어들게 됩니다. 그 이유가 무엇일까요? 그것은 아프리카의 기후가 변했기 때문입니다. 옛날에는 상류에 비가 많이 내리면 하류는 저절로 수량이 풍부해서 물고기도 많고 농사도 잘되었는데, 이제는 건조한 기후로 변해서 비가 많이 내리지 않는 것입니다. 리비아 같은 경우도 완전히 사막으로 변하고 말았습니다. 그래서 결국 리비아 정부는 사하라 사막의 땅속에 있는 지하수를 퍼 올린 후 수천 킬로미터의 수도관을 건설해서 트리폴리까지 물을 공급하게 했습니다. 그 공사를 한국의 건설회사가 담당하였습니다. 지금 아프리카 북부는 많은 부분이 사막화 되어서 농사가 잘되지 않습니다.

사람들은 이 세상의 축복에 시한이 있다는 것을 알아야 합니다. 우리나라도 한강의 기적이라고 해서 값싼 노동력으로 봉제물품이나 신발 등을 만들어 수출에 기여했던 시절이 있지만, 이제는 인건비가 올라가고 중국의 값싼 물건이 들어오면서 그런 수출기업들은 사라졌습니다. 또한 우리나라의 기후도 온대 기후에서 아열대 기후로 변하고 있다고 합니다. 그래서 예전에 흔하게 잡히던 명태는 잡히지 않고 오히려 상어가 나타나고 있다고 합니다.

태평양에 있는 섬나라 나우루 공화국은 수천 년간 갈매기 등 바다 새의 배설물이 산호초 위에 퇴적되어 만들어진 인광석으로 이루어진 나라였습니다. 그런데 그 성분이 고급 비료의 원료로 쓰인다는 것이 알려지면서 막대한 돈을 벌게 되었습니다. 갑자기 돈방석에 앉게 된 나우루 공화국 사람들은 인광석만 팔면 되니까 아무도 일하지 않았습니다. 생활에 필요한 자금을 모두 국가에서 지원해 주니까 일할 필요가 없었습니다. 모든 노동은 외국인 이민자들이 했기 때문에 아무것도 하지 않은 채 돈만 펑펑 쓰던 그들은 결국 전 국민이 비만이나 당뇨병 등 성인병 환자가 되었습니다. 게다가 시간이 지나면서 인광석도 동이 나서 결국 나우루 공화국은 부유한 나라에서 극빈국이 되고 말았습니다.

석유 수출로 부를 유지하고 있는 중동의 나라들도 언제까지나 기름만 의지해서는 안 됩니다. 언젠가는 그 기름이 마를 날이 오게 마련이고, 그렇게 되면 그들은 다시 가난해질 수 있습니다. 마찬가지로 우리는 없어지고 고갈

될 이 세상의 복을 의지해서는 안 됩니다. 우리는 계속해서 하늘의 복이 임하게 해야 부흥이 일어나면서 새로운 하나님의 복이 나타나게 됩니다.

본문에서는 '갈대와 부들이 시들겠으며'라고 말합니다. 즉, 나일 강가에 그 많던 갈대가 다 없어지는 것입니다. 그러면 갈대로 만들던 배나 바구니나 집이나 다른 모든 것들도 없어지게 될 것입니다.

:7절: "나일 가까운 곳 나일 언덕의 초장과 나일 강 가까운 곡식 밭이 다 말라서 날려가 없어질 것이며"

애굽의 기후가 사막기후로 변하면서 물이 먼저 마르고, 그 뒤에는 초장과 곡식밭도 다 없어지게 됩니다. 사실 지금까지 애굽이 누렸던 복은 하나님께서 주신 선물이었는데, 그들은 선물을 받을 줄만 알았지 그 선물을 주신 분에 대해서는 관심이 없었습니다. 우리는 복을 받으면 더 받는 데만 관심을 둘 것이 아니라, 복을 주시는 하나님에 대하여 더 관심을 가져야 합니다. 그리고 영적인 부흥을 위해 시간을 더 드려야 하나님께서 주시는 복이 고갈되지 않습니다.

:8절: "어부들은 탄식하며 나일 강에 낚시를 던지는 자마다 슬퍼하며 물 위에 그물을 치는 자는 피곤할 것이며"

나일 강이 마르니까 거기에서 낚시를 하거나 그물을 던져서 고기를 잡던 어부들이 탄식하게 됩니다. 그것은 나일 강이 마르는 것이 일시적인 현상이 아니라 영구적인 현상이었기 때문입니다. 이제 그들은 고기잡이를 그만두고 다른 일을 해야 하는데, 무엇을 해서 먹고 살아야 할지 막연했던 것입니다.

또한 애굽은 아마로 직물을 짜던 섬유 산업이 발달했는데, 전체적으로 기후가 변하니까 재배가 잘 되지 않아서 옷을 짜던 직업들이 없어지게 되었습니다.

: 9절 : "세마포를 만드는 자와 베 짜는 자들이 수치를 당할 것이며"

본문을 보면 애굽은 세마포와 베로 짠 섬유로도 아주 유명했던 것 같습니다. 이것을 보면 애굽은 정말 산업이 풍부해서 망하려고 해도 망할 수 없는 나라였다는 것을 알게 됩니다. 애굽은 수산업도 잘되었고 농사나 축산도 잘 되었으며 섬유 산업으로도 유명했습니다. 그러나 하나님께서 축복의 손을 옮기시니까 이 모든 것들이 다 사라지면서 가난한 나라가 되었습니다. 거기에다가 사람들은 교만해져서 서로 싸우고, 왕들은 쓸데없이 대규모의 건축에 사람들을 동원하고 무리하게 전쟁을 해대니까 결국 국가의 힘이 다 소진되어 저절로 망하고 만 것입니다.

이것을 통해서 우리가 알 수 있는 것은 기업이나 나라도 능력 있는 지도자가 이끌어서 성공하는 것이 아니라 하나님께서 복을 주셨기 때문에 성공하고 잘되는 것이라는 사실입니다. 하나님의 때가 되면 하나님은 이 복을 거두어 가시기도 하십니다. 사람들은 이것을 깨닫지 못하고 하나님께 관심을 갖지도 않습니다. 그러나 이러한 사실을 깨달았던 욥은 모든 것을 잃었을 때도 "주신 이도 여호와시요 거두신 이도 여호와시오니 여호와의 이름이 찬송을 받으실지니이다."(욥 1:21)라고 고백했습니다. 사도 바울도 "나는 비천에 처할 줄도 알고 풍부에 처할 줄도 알아 모든 일 곧 배부름과 배고픔과 풍부와 궁핍에도 처할 줄 아는 일체의 비결을 배웠노라."(빌 4:12)고 말했습니다. 하나님의 백성은 이 세상의 복보다 더 큰 것을 가졌기 때문에, 세상 것들이 없어져도 하나님께 기도함으로 하늘의 복을 받으면 됩니다. 그러나 이 세상만 붙들고 사는 사람들은 이 세상 것들이 없어지면 저절로 망하게 됩니다.

그러므로 하나님의 백성은 하나님의 말씀의 복을 자랑해야지, 세상의 돈이나 권세를 부러워해서는 안 됩니다. 세상 것들을 동경하다 보면 쓸데없이 사람을 기대하거나 의지하기 때문입니다.

：10절： "그의 기둥이 부서지고 품꾼들이 다 마음에 근심하리라."

기둥은 집을 떠받치고 있는 가장 중요한 부분입니다. 애굽의 기둥이 부서진다는 것은 애굽을 지탱하고 있는 기간산업이 다 무너지는 것을 의미합니다. 이제 일꾼들은 더 이상 돈이 나올 곳이 없으니까 먹고 살 것으로 근심하게 됩니다.

이처럼 세상의 물질적인 복은 영원하지 않습니다. 영원한 것은 오직 하나님께서 주시는 말씀과 하나님의 은혜뿐입니다. 그러므로 하나님의 복이 아닌 세상 것을 붙들면 언젠가는 다 잃어버리게 됩니다. 오직 하나님의 말씀이 있는 곳에 모든 것이 모이게 되어 있고, 물질적인 축복들도 주어지게 됩니다.

：11-13절： "소안의 방백은 어리석었고 바로의 가장 지혜로운 모사의 책략은 우둔하여졌으니 너희가 어떻게 바로에게 이르기를 나는 지혜로운 자들의 자손이라, 나는 옛 왕들의 후예라 할 수 있으랴. 너의 지혜로운 자가 어디 있느냐. 그들이 만군의 여호와께서 애굽에 대하여 정하신 뜻을 알 것이요 곧 네게 말할 것이니라. 소안의 방백들은 어리석었고 놉의 방백들은 미혹되었도다. 그들은 애굽 종족들의 모퉁잇돌이거늘 애굽을 그릇 가게 하였도다."

여기서 방백은 왕의 정책을 돕는 장관들을 말합니다. 사실 왕이 모든 것을 다 알 수는 없습니다. 본문에는 두 지명이 나오는데, 하나는 소안이고 다른 하나는 놉입니다. 놉은 멤피스로 알려진 곳입니다. 아마 애굽은 이 두 군데에 수도가 있었던 것 같습니다. 그런데 소안과 놉의 방백들은 서로가 자신들의 지혜로움을 주장했지만 사실은 그들 모두 어리석었습니다. 왜냐하면 그들이 진짜 모사라면 만군의 하나님께서 애굽을 향하여 정하신 뜻을 알아서 왕에게 전해 주어야 하는데, 그들은 지금 세상 이야기만 잔뜩 할 뿐 전혀 도움이 되지 못했습니다. 즉, 적어도 왕의 방백이라면 왕에게 가장 중요한 조언을 함으로써 나라를 살릴 방법을 제시해 주어야 하는데, 애굽의 방백들은 그것을 알지 못하고 있었습니다. 왜냐하면 그들은 하나님의 말씀에 무지했기 때문입니다. 우리는 하나님의 말씀을 듣고 깨달아야 우리 앞에 있는 암초나 재앙을 피할 수 있습니다. 하나님께서 우리의 방향을 인도해 주시기 때문입니다.

옛날 요셉 시대에 바로 왕은 이상한 꿈을 꾸었습니다. 그 꿈은 나일 강변에서 살진 일곱 암소를 바짝 마른 일곱 암소가 잡아먹는 꿈이었습니다. 그리고 잠시 후에 다시 꿈을 꾸었는데 이번에는 잘 익은 일곱 이삭을 바짝 마른 일곱 이삭이 삼켜 버리는 꿈이었습니다. 바로 왕은 이 꿈을 하나님께서 자신과 애굽 전체에 던지시는 도전과 질문으로 생각했습니다. 즉, 바로는 이 꿈이야말로 하나님이 우리 인생들에 대하여 '너는 누구며 너희 나라는 어디로 가고 있느냐?'고 물으시는 질문으로 생각했던 것입니다. 오늘 우리도 바로 이 질문을 하나님으로부터 받고 있습니다. 하나님은 우리 모든 인생의 주인이십니다. 하나님께서는 우리에게 어디를 향하여 가고 있는지 질문하십니다. 이런 질문이 생기면 내가 붙들고 있던 모든 것들을 내려놓고 근본적인 방향을 수정해야 합니다. 그리고 나의 인생관이나 안정된 생활을 포기할 생각을 해야 합니다. 우리는 하나님 앞에서 이 모든 것을 잃게 되면 잃겠다는 각오가 있어야 다시 살 수 있습니다.

우리는 하나님께서 말씀하시고 지시하실 때마다 방향 수정을 해야 합니다. 내 마음대로 한번 정하면 누구의 말도 듣지 않고 고집스럽게 돌진한다면 망할 수밖에 없습니다.

애굽이 망할 수밖에 없었던 가장 중요한 이유는, 하나님의 말씀을 듣지 못해서 생각이 미련해졌기 때문입니다. 아무리 뛰어난 영웅이라 하더라도 하나님의 말씀을 듣지 않으면 그는 어항 속의 물고기처럼 제한된 범위를 벗어날 수 없습니다. 그러나 새로운 생각은 항상 하나님으로부터 흘러옵니다. 하나님의 성령은 우리의 생각을 새롭게 하십니다.

하지만 오늘날 교회는 생각이 딱 굳어져 버린 것 같습니다. 교회는 항상 새로워야 하고 항상 신선해야 하는데 언제부터인가 가장 경직된 곳이 되고 말았습니다. 이것이 오늘 우리 시대의 위기를 가져오고 있습니다. 이제 우리는 내가 움켜쥐려 하던 이 세상의 복들을 다 내려놓고, 하나님의 은혜로 충만해지며 하나님께서 나의 정신을 새롭게 해 주시도록 기도해야 합니다. 하나님 앞에 그렇게 기도하며 나아감으로, 지난 모든 묵은 것을 떨쳐버리고 신선하고 새로운 믿음의 사람들이 되시기 바랍니다.

31

애굽의 구원

이사야 19:16-25

우리나라 학생들은 죽으나 사나 영어를 열심히 공부해야 대학도 들어가고 취직도 할 수 있습니다. 왜냐하면 우리나라는 작은 나라이므로 공부를 하든 사업을 하든 열심히 세계의 흐름을 따라가야 하기 때문입니다. 그런데 최근에 놀라운 일들이 일어나게 되었습니다. 그것은 한류가 다른 나라에 영향을 미치면서 외국인들이 한국어를 배우기 시작한 것입니다. 일본 여성들은 우리나라의 어떤 배우를 너무 좋아해서 돈을 모아 우리나라의 드라마 촬영지를 관광하러 오기도 하고, 심지어는 아예 한국어를 배워서 한국 영화나 드라마를 직접 시청하기도 합니다. 예전에는 우리나라에서 한창 샹송이 유행했을 때 사람들은 뜻도 잘 모르면서 샹송을 흉내 내어 부르곤 했는데, 이제는 서양 청소년들이 우리나라 K-Pop 가수들을 좋아해서 그들의 노래를 한국말로 따라 부르는 모습을 보게 됩니다. 또한 우리나라 아이돌 가수들이 외국에 가면 외국인들이 한국어로 된 피켓을 들고 그들을 열렬히 환영하는 모습도 볼 수 있습니다. 한 걸음 더 나아가서 동남아시아에서는 한국 기업에 취직하기 위해 한국어를 배우는 클래스가 아주 인기가 높다고 합니다.

이사야 당시에 전 세계는 애굽에서 앗수르에 이르는 지역을 의미했습니다. 그리고 그 중간에 팔레스타인 땅이 있고 거기에 예루살렘 성전이 있었습니다. 당시 애굽과 앗수르와 이스라엘은 신앙적으로나 기질적으로 너무나 달라서 도저히 하나가 될 수 없었습니다. 이 당시 앗수르는 가장 폭력적인 나라로서 전 세계를 삼키기 위해 무력으로 수리아와 이스라엘을 공격하고 유다와 애굽을 공격했습니다. 그런가 하면 애굽은 그야말로 세속화된 나라로서 물질적으로 풍족하고 우상 숭배와 음란이 심한 곳이었고, 유다와 이스라엘은 그 사이에 끼어서 어떤 때는 앗수르의 공격을 받기도 하고 어떤 때는 애굽의 문화를 따라가려고 애를 쓰는 상태였습니다. 그러면서도 유다나 예루살렘은 급격하게 세속 문화의 공격을 받아서 신앙적으로 무너져 가는 상태였습니다.

유다와 예루살렘은 어떻게 해서든지 세속의 문화와 종교가 유다 백성 안에 들어오지 못하도록 율법의 방파제로 막고 있었지만, 세상의 타락한 문화의 공격이 너무 심해서 결국 유다와 예루살렘의 신앙의 순수성은 무너지고 맙니다. 그래서 유다도 망하고 예루살렘도 망해서 유다는 황무지로 변해 버립니다. 그런데 본문 말씀을 보면 도무지 이해되지 않는 말씀이 나오는데, 그것은 장차 하나님께서 애굽 사람 거의 전체를 다 하나님께 경배하도록 한다는 것입니다. 그리고 한 걸음 더 나아가서 앗수르 사람들까지도 하나님을 믿게 하시겠다는 것입니다.

애굽 사람들은 얼마나 지독하게 우상을 숭배했던지, 옛날 모세를 통해 하나님께서 내리신 열 가지 재앙을 당하고도 하나님을 믿지 않았습니다. 그중에서도 열 번째 재앙인 애굽의 모든 장자가 죽는 재앙을 겪고도 애굽 사람들은 하나님께 나아가지 않았습니다. 그런데 하나님께서는 이런 우상 숭배자들인 애굽 사람들을 변화시켜서 하나님을 믿게 만드시겠다는 것입니다. 그뿐 아니라 그 당시 가장 폭력적이고 호전적이던 앗수르 사람들까지 하나님을 믿게 하시겠다고 말씀하셨습니다.

예전에 애굽이나 앗수르 지역이었던 지금의 이집트나 터키나 아프리카 북부 나라들은 이슬람 국가가 되었지만, 이슬람화 되기 전에는 이 예언이 실제로 이루어졌습니다.

이 당시 애굽 사람들과 앗수르 사람들이 변화를 받아서 하나님을 믿게 된다면, 이 세상에서 변화 받지 못할 사람은 아무도 없을 것입니다. 하나님을 믿던 유다 백성이나 예루살렘 사람들도 강한 세속화의 물결을 이기지 못해 무너지고 말았는데, 하나님은 어떻게 이 세상의 한복판에 있는 애굽과 앗수르를 하나님께 경배하도록 만드실 수 있을까요? 바로 이것이 하나님의 놀라운 경륜이요 말씀의 능력인 것입니다.

1. 애굽에 일어날 변화

오늘날 우리는 애굽 또는 이집트를 피라미드와 스핑크스, 미라의 나라로 생각합니다. 그런데 그 옛날 애굽은 세계에서 제일 부유하던 나라였고, 문화나 학문이 가장 번창했으며, 우상 숭배와 음란이 심했던 곳이었습니다. 즉, 애굽은 세상의 좋은 것은 다 가지고 누리면서도 가장 우상 숭배를 많이 했던 전형적인 세상 나라였습니다. 그런데 애굽은 이사야가 예언한 것처럼 급격히 쇠약해지다가 드디어 망하게 됩니다. 그 이유는 애굽에 대한 하나님의 때가 다 되었기 때문입니다. 이 세상 나라나 기업, 심지어는 학문이나 종교도 한창 번창하다가 하나님의 때가 다 되면 쇠퇴하고 몰락해서 옛날의 찬란했던 흔적만 남기게 됩니다.

그런데 하나님께서 이사야를 통해 예언하신 바에 따르면, 애굽이 그냥 망하는 것이 아니라 하나님의 나라를 위하여 아주 소중한 곳으로 사용된다는 것입니다. 이스라엘 백성이 출애굽 할 때 그렇게 완악하게 굴던 바로와 애굽 사람들이 도대체 어떻게 하나님 나라를 위하여 사용될 수 있을까요?

: 16-17절 : "그 날에 애굽이 부녀와 같을 것이라. 그들이 만군의 여호와께서 흔드시는 손이 그들 위에 흔들림으로 말미암아 떨며 두려워할 것이며 유다의 땅은 애굽의 두려움이 되리니 이는 만군의 여호와께서 애굽에 대하여 정하신 계획으로 말미암음이라. 그 소문을 듣는 자마다 떨리라."

여기서 '그 날'은 애굽에 대한 하나님의 때가 다 되어서 드디어 애굽이 망하게 되는 때를 말합니다. 옛날에 애굽은 팔레스타인 땅은 물론 유브라데스 강 너머까지 애굽 왕 바로가 영향력을 발휘할 정도로 강력한 나라였습니다. 그런데 애굽은 앗수르의 공격으로 완전히 영향력을 잃어버린 후 바벨론의 공격으로 치명상을 입게 됩니다. 그러다가 마케도니아의 알렉산더 대왕 때 완전히 멸망하게 됩니다.

'그 날'은 또한 앗수르가 팔레스타인 땅을 공격할 때를 말합니다. 이때 애굽 사람들은 부녀와 같이 된다고 말씀하고 있습니다. 여기서 '부녀'는 여자의 마음을 의미합니다. 대개 남자들은 마음이 강하고 단단하며 남의 말을 잘 듣지 않고 끝까지 자기 고집대로 밀어붙이는 성향이 있습니다. 그러나 여자들은 마음이 부드럽고 남의 말을 잘 들으며 연약한 것이 특징입니다. 그런데 원래 애굽 사람들은 마음이 아주 강하고 단단했기 때문에 절대로 자신들의 종교를 포기하고 다른 종교를 받아들이는 사람들이 아니었습니다. 그런데 앗수르가 공격하면서부터 애굽 사람들의 마음은 여자의 마음같이 약해지고 부드러워지며 남의 말을 잘 듣게 되었습니다. 이것은 그냥 일어나는 현상이 아니라 하나님의 손과 관계가 있었습니다.

본문은 '그들이 만군의 여호와께서 흔드시는 손이 그들 위에 흔들림으로 말미암아 떨며 두려워할 것이며'라고 말씀하고 있습니다. 예를 들어, 인형극을 보면 인형이 자기 마음대로 움직이고 말하는 것 같지만, 실제로는 그 위에서 사람이 줄을 가지고 조종하는 대로 움직이기도 하고 떨기도 하고 말을 하기도 하는 것입니다. 본문을 보면 하나님께서 애굽 사람들 위에서 손을 계속 흔드시니까 애굽 사람들의 마음이 흔들리게 되었습니다. 애굽이 하나님의 때가 다 되어서 이제 별 볼 일 없는 나라가 되었을 때, 하나님께서는 애굽을 그냥 버리시는 것이 아니라 하나님의 뜻에 유익하도록 사용하시려는 것입니다. 그런데 애굽 인들이 하나님의 손에 붙들려서 사용되려면 먼저 모든 것이 흔들리는 경험을 해야 합니다. 즉, 지금까지 자신들이 가지고 있던 모든 교만과 고집을 버리고, 하나님 앞에서 내가 아무것도 아니라는 낮아지는 경험을 해야 하는 것입니다.

우리나라에 아주 유명한 학자가 있습니다. 이 사람은 아마 스스로 자신이 가장 똑똑하다고 생각했을 것입니다. 그는 대학 교수도 지냈고 장관도 지냈으며 저명한 책도 여러 권 저술했습니다. 아마 그 사람의 강의를 들으면 어느 누구라도 빨려 들어가지 않을 수 없을 정도로 그는 강의도 잘하는 사람이었습니다. 그러나 하나님의 때가 되었을 때 하나님은 그를 낮아지게 하셨습니다. 그가 아끼는 딸이 이혼을 하고, 그 딸이 낳은 손자가 갑자기 죽게 되고, 그 딸마저 눈이 실명되었을 때 그의 마음은 심히 흔들리게 되었습니다. 그래서 그는 하나님께 기도했습니다. '만약 하나님이 계신다면 제 딸의 눈이 뜨이게 해 주십시오. 그러면 저는 예수를 믿고 세례를 받겠습니다' 그러자 그 딸의 눈이 다시 보이게 되었습니다. 이후로 그는 예수님을 믿고 세례를 받게 되었습니다. 그는 지금까지는 지성만 믿었는데 이제는 영성을 믿게 되었다고 말했습니다.

사람들은 나름대로 자기가 구축해 놓은 작은 세계 안에서 확고한 고집을 가지고 하나님을 몰아낸 채 자기가 최고의 신인 것처럼 살아가려고 합니다. 그러나 하나님의 때가 되면 하나님은 그들의 세계를 다 흔들어 버리십니다. 그래서 어느 순간이 되면 '혹시 지금까지 내가 고집하던 세계가 엉터리는 아니었을까'라는 생각을 하게 되는 것입니다.

: 17절 : "유다의 땅은 애굽의 두려움이 되리니 이는 만군의 여호와께서 애굽에 대하여 정하신 계획으로 말미암음이라. 그 소문을 듣는 자마다 떨리라."

옛날 애굽은 세계에서 가장 잘사는 나라였고, 가장 남쪽에 있었기 때문에 별로 걱정할 것이 없는 나라였습니다. 그래서 그들은 오랫동안 유다나 다른 나라에 대하여 별 생각 없이 살아왔습니다. 즉, 애굽 사람들은 언제나 자기들의 문제가 가장 심각했지, 하나님이나 유다 백성은 안중에도 없었습니다. 그러나 애굽이 잦은 내전으로 국력이 소모되고, 자연재해로 인해 먹을 것이 없게 되자 이제 다른 나라에 눈을 돌리게 되었습니다. 그때 애굽 사람들에게 가장 강력한 인상을 준 나라는 유다였습니다. 유다는 애굽보다 훨씬 작은 나라였고 자연환경도 자기들보다 훨씬 열악한데 놀라운 부흥을 경험하고 있었습니다. 게다가 그 막강한 앗수르 군대가 예루살렘 벽에서 전멸했다는 소문을 듣게 됩니다. 이때 애굽 사람들은 너무나 큰 충격을 받습니다. 그리고 과연 지금까지 우리가 믿었던 태양신은 어떤 신이며, 유다 백성이 믿는 여호와는 어떤 신인가를 생각하게 되었습니다. 애굽 사람들 가운데 조금이라도 과거의 역사에 관심을 가지는 자가 있다면, 옛날에 이 여호와 하나님이 애굽에 열 가지 재앙을 내리시고 이스라엘 백성을 노예에서 건져내셨던 그 신인 것을 기억하게 될 것입니다.

애굽 사람들이 하나님에 대하여 새로운 관심을 가지게 된 계기 중 하나는 피난 온 유다 백성 때문이었습니다. 유다가 이스라엘과 앗수르의 공격을 받을 때 유다의 가난한 사람들이 애굽으로 피난 와서 살았던 것입니다. 그래서 어떤 도시는 유다 사람들이 아주 많아지게 된 곳도 있었습니다. 결국 오랫동안 우상 숭배와 미신에 빠져 있고 내세에 관심이 많아 사람이 죽으면 미라를 만들던 애굽 사람들은, 그곳으로 피난 온 유다 사람들을 통해서 하나님에 대한 새로운 관심을 가지게 되었습니다. 이것은 하나님께서 그들 위에 손을 흔드셨기 때문에 일어난 일입니다. 오늘 우리 주변에 있는 나라들도 미신에 빠져 있고 공산주의에 빠져 있지만, 하나님께서 손을 흔드시면 그들도 하나님에 대하여 관심을 가지게 될 것입니다. 그때 이들은 자기들 가까이에 신앙적으로 크게 부흥한 나라가 있었다는 사실을 알고 놀라게 될 것입니다.

이 세상에서 가장 강력한 증거력을 가진 사람들은 고난받는 하나님의 백성입니다. 세상 사람들은 하나님의 백성이라고 하면서 왜 그들이 망해야 하고 고난을 받아야 하는지 이해가 되지 않을 것입니다. 그때 우리가 하나님의 백성이라고 하면서 세상을 사랑하고 돈을 사랑하며 하나님의 말씀대로 살지 못해서 이렇게 되었다고 고백하면 그들은 놀라면서 물을 것입니다. "그러면 하나님을 아예 믿지 않는 우리들은 도대체 어떻게 되는가?" 하나님의 백성은 그들에게 "아마도 지금의 우리와 비교할 수 없는 심판이 준비되어 있을 것입니다."라고 할 것입니다. 그러면 그들은 "형제들아! 도대체 우리가 어떻게 하면 좋으냐?"고 울부짖게 될 것입니다.

2. 하나님을 믿는 애굽 인

참으로 놀라운 것은 지금까지 우상만 섬기던 애굽 사람들이, 앗수르의 공격을 피해 도망쳐 온 유다 사람들을 통해 여호와를 믿는 백성이 되는 것입니다. 그런데 이들은 한번 하나님을 믿게 되자 시시하게 믿는 것이 아니라 과거에 우상을 섬기던 열심으로 철저하게 하나님을 믿는 백성이 됩니다.

: 18-19절 : "그 날에 애굽 땅에 가나안 방언을 말하며 만군의 여호와를 가리켜 맹세하는 다섯 성읍이 있을 것이며 그중 하나를 멸망의 성읍이라 칭하리라. 그 날에 애굽 땅 중앙에는 여호와를 위하여 제단이 있겠고 그 변경에는 여호와를 위하여 기둥이 있을 것이요"

본문은 애굽 땅에서 '가나안 방언을 말한다'고 말합니다. 애굽 땅에서 히브리어를 사용하는 사람들이 많아지게 되는 것입니다. 앗수르의 공격은 많은 유다 사람이나 이스라엘 사람을 애굽으로 피난하게 만들었습니다. 그래서 애굽에 유대인 거리가 만들어지면서 아예 가나안 방언을 쓰는 사람들이 많아졌는데, 여기가 과연 애굽인지 가나안 땅인지 구별이 안 될 정도였습니다. 그러나 이사야의 예언의 전체적인 의미는, 애굽 사람들이 하나님을 믿고 새로이 신앙생활을 하게 되는데 거의 유다 사람의 마을로 느껴질 정도로 신앙생활을 철저히 하게 된다는 뜻입니다.

여기서 가나안 방언으로 말한다는 것은 단순히 히브리어를 사용하는 것을 가리키는 것이 아니고, 하나님의 말씀이 거의 일상용어처럼 되어 버린다는 뜻입니다. 이들이 하나님의 말씀을 얼마나 많이 아는지 일상적으로 하는 말들도 다 하나님의 말씀에서 나온 말인 것입니다. '여호와를 가리켜 맹세하는 성읍'이 다섯 개라는 것은 꼭 숫자적으로 다섯 곳을 의미하는 것은 아닙니다. 동서남북으로 하나씩, 그리고 중앙에 하나면 다섯이 됩니다. 이것은 중요한 곳마다 하나님의 백성이 다 있어서 사람들이 어디를 가도 하나님의 백성을 만나게 됨을 의미합니다.

이것은 우리나라에서도 사람들이 자주 경험하는 것인데, 어떤 사람이 예수 믿는 사람들과 같은 아파트에 사는 것이 너무 싫어서 다른 곳으로 이사를 했다고 합니다. 그런데 가는 곳마다 윗집이나 아랫집이나 옆집에 예수 믿는 사람이 살고 있었고, 심지어는 직장에 가도 예수 믿는 사람을 피할 수가 없었다고 합니다. 이 사람은 결국 자기도 교회에 다니게 되었습니다. 우리가 어디를 가든 하나님의 백성을 만나게 된다면 그것은 복입니다. 왜냐하면 그 사람은 하나님께서 택하신 사람일 가능성이 많기 때문입니다. 그래서 하나님의 백성으로 둘러싸이게 되는 것은 얼마나 좋은 일인지 모릅니다.

그런데 본문에는 그 다섯 성 중 하나를 '멸망의 성읍'이라고 부르게 된다고 했습니다. 이 '멸망의 성읍'은 존 번연이 쓴 『천로역정』에도 나오는 성으로 '크리스천'이라는 사람이 살던 곳입니다. 즉, 크리스천이라는 사람이 살던 곳이 '장망성', 즉 '멸망의 성읍'이었는데, 그는 그곳이 장차 망할 곳인지 알지 못한 채 살고 있었습니다. 그런데 어느 날 한 작은 책을 보고 자기가 사는 도시가 멸망하게 될 성임을 알고는 죄의 무거운 짐을 진 채 그곳을 탈출하게 됩니다.

여기서 애굽 전체를 '멸망의 성읍' 혹은 '장망성'이라고 하면 이해가 되지만, 왜 이사야는 하나님을 믿는 다섯 도성 중 하나를 '멸망의 성읍'이라 부르게 된다고 했을까요?

이것은 세 가지로 생각해 볼 수 있습니다. 첫 번째로는, '멸망'이라는 글자가 '태양'이라는 글자와 아주 비슷합니다. 즉, 히브리어로 '태양'이라는 단어와 '멸망'이라는 단어는 선이 하나 붙고 안 붙고의 차이로 달라집니다. 그래서 학자들 중에서는 이것을 '멸망의 성읍'이 아닌 '태양의 도시'로 해석하는 사람이 있습니다. 또 고대 역본들 중에 이 멸망이라는 단어를 태양으로 번역한 것들도 있습니다. 그러면 이 태양의 도시는 히에라폴리스가 되는데, 실제로 태양신을 섬겼던 히에라폴리스에 유대인들의 성전이 세워지게 됩니다.

그때는 유다가 바벨론에 망해서 유다 사람들이 애굽으로 대거 몰려왔을 때입니다. 그때 많은 유대인들이 애굽에서 유대인 마을을 만들었고, 특히 알렉산드리아에는 유대인들이 많았습니다. 그런데 그곳으로 피난 온 대제사장 오니아스 4세는 당시 애굽을 지배하던 알렉산더의 후계자 톨레미에게 간청해서 히에라폴리스에 제2성전을 건축하게 됩니다. 그러나 우리가 주의해야 할 것은 성경의 예언을 역사적인 사실과 너무 정확하게 일치시키려고 하면 심각한 오류에 빠지게 된다는 것입니다. 이사야가 궁극적으로 말하려고 하는 것은 꼭 히에라폴리스에 예루살렘을 대신하는 제2성전이 세워진다는 뜻이 아닙니다.

두 번째로는, 이 다섯 성읍 가운데 하나인 이 '멸망의 성읍'은 반드시 망해야 하는데, 하나님을 믿어서 망하지 않고 구원을 얻게 됨을 의미하는 것으로 해석하기도 합니다.

세 번째로는, 아무리 이 다섯 성읍이 하나님을 믿는다고 하더라도 그중 하나는 제대로 믿지 못해서 장차 멸망하게 된다는 뜻으로 해석하기도 합니다. 즉, 망할 성인데 구원을 받은 것인지, 아니면 구원을 받았다고 하지만 장차 망하게 되는 것인지 해석이 갈리는 것입니다. 그러나 어찌 되었든 이 세상은 결국 전부 다 망할 수밖에 없는 멸망의 도시입니다.

한때 노예 상인이었다가 예수님을 믿은 존 뉴턴은 자기 서재에 "너는 애굽 땅에서 종 되었던 것과 네 하나님 여호와께서 너를 속량하셨음을 기억하라."(신 15:15)는 말씀을 적어 놓고 늘 묵상하였다고 합니다. 사실 우리가 이 세상의 쾌락을 누리며 세상의 출세를 향해서 달려가던 그때에 우리는 장차 망할 '멸망의 성읍' 사람들이었던 것입니다.

다시 말해서, 우리는 '멸망의 성읍' 출신이며, 우리 안에서 이 세상에 대한 욕심이 고개를 쳐들 때마다 이 세상은 장차 망할 멸망의 성읍이라는 사실을 늘 기억해야 하는 것입니다. 결국 이 세상은 구원받지 못합니다. 하나님께서는 택하신 백성만 건지시고 이 세상은 모두 다 멸망시키실 것입니다. 그러므로 우리가 이 세상에 대한 미련을 갖는다면 우리는 구원에서 미끄러지게 됩니다. 이것은 마치 롯의 아내가 멸망의 도성 소돔을 탈출하다가 두고 온 것들이 아까워서 뒤를 돌아봄으로써 소금 기둥이 된 것과 같습니다. 그러니까 이 '멸망의 성읍'이라는 이름이 가지는 의미는 신앙생활을 하려면 확실하게 하라는 것입니다. 우리가 세상에 미련을 갖는다면 세상과 함께 망할 수밖에 없습니다. 물론 우리가 이 세상을 사는 동안은 돈도 필요하고 집도 필요합니다. 그러나 결국 우리가 가지고 갈 수 있는 것은 우리의 영혼 하나밖에 없습니다. 나머지 것들은 모두 우리가 임시로 사용하는 것일 뿐 모두 다 버려질 것들입니다.

그러나 하나님을 믿더라도 하나님의 말씀대로 믿지 않는 자는 장차 망하게 될 것입니다. 예수님의 제자 중에 가룟 유다는 예수님으로부터 직접 하나님의 말씀을 배웠고, 병을 고치고 귀신을 쫓아내는 능력도 받았지만 결국 멸망하고 말았습니다. 옛날 모세와 같이 애굽을 떠났던 많은 이스라엘 백성도 하나님의 말씀에 불순종함으로 1세대는 거의 모두가 가나안 땅에 들어가지 못하고 광야에서 죽어야 했습니다. 물론 이스라엘 백성이 가나안 땅에 들어가지 못하고 광야에서 죽었다고 해서 지옥에 간 것을 의미하지는 않습니다. 그러나 하나님께서는 이것을 통해서 많은 이스라엘 백성이 애굽은 떠났지만 약속의 땅에 들어가지 못한 것과 같이, 하나님을 믿어도 영생에는 들어가지 못할 수 있음을 보여 주셨습니다.

예수님은 제자들에게 "나더러 주여, 주여 하는 자마다 다 천국에 들어갈 것이 아니요, 다만 하늘에 계신 내 아버지의 뜻대로 행하는 자라야 들어가리라."(마 7:21)고 말씀하셨습니다. 그래서 '멸망의 성읍'이라는 이름이 의미하는 것은, 종교만 여호와의 종교로 바꾼다고 해서 자동적으로 구원이 보장되는 것이 아니라 실제로 하나님의 백성답게 살아야 한다는 것입니다. 이것은 우리에게, 입으로는 하나님의 백성이라고 하고 겉으로는 잘 믿는 척하면서 실제로는 하나님의 말씀대로 살지 않는다면 영생에 들어가지 못한다는 사실을 알려 줍니다.

본문을 보면 놀라운 것을 발견하게 되는데, 애굽 땅 중앙에 여호와를 위한 제단이 있을 것이며 그 변경에는 여호와를 위한 기둥이 있을 것이라고 말씀하시는 부분입니다. 중앙에 제단이 있고 변경에 기둥이 있다는 것은 애굽 전체가 하나님의 성전이 되는 것을 의미합니다. 즉, 하나님께서는 예루살렘 성전 대신에 이방 땅 전체를 성전으로 삼으시는 것입니다. 이제는 더 이상 성전이 장소에 매이지 않고, 하나님의 백성이 모여서 예배드리고 믿음으로 사는 곳은 어디나 성전이 되는 것입니다.

3. 애굽을 연단하시는 하나님

하나님의 백성이 되는 데 있어 가장 어려운 것은 우리 안에 있는 죄성과 나쁜 기질이 변화되는 것입니다. 그러나 우리 안에 뿌리 깊이 박혀 있는 죄의 기질이나 본성은 평안한 가운데서는 절대로 빠져나가지 않습니다. 그래서 우리는 하나님의 말씀을 철저하게 깨달아야 하고, 또 하나님께 징계를 받아서 매를 맞아 보기도 해야 합니다.

:20절: "이것이 애굽 땅에서 만군의 여호와를 위하여 징조와 증거가 되리니 이는 그들이 그 압박하는 자들로 말미암아 여호와께 부르짖겠고 여호와께서는 그들에게 한 구원자이자 보호자를 보내사 그들을 건지실 것임이라."

여기서 '이것'은 애굽에 하나님의 성전이 세워지는 것을 말합니다. 그런데 하나님께서는 이들이 단순히 하나님의 종교로 개종하는 것으로 충분하다고 보시지 않습니다. 중요한 것은 우리 안에 있는 본성과 체질이 변해야 하는데, 이것이 변하려면 먼저 우리가 자신의 상태에 대해 알아야 하고 그 다음에는 하나님께 부르짖어야 합니다.

예를 들어, 아무리 영양가가 좋은 음식이 있어도 우리가 한 번도 먹어 본 적이 없으면 우리는 그 음식을 먹으려고 하지 않을 것입니다. 혹시 호기심으로 한번 먹어 보더라도 우리 입맛에 맞지 않으면 뱉어 버리든지 아니면 거부 반응을 보일 것입니다. 또한 돌감람나무가 참감람나무로 변하려면 참감람나무 진액을 빨아들여야 하는데, 이것이 원래 진액과 다르기 때문에 돌감람나무는 그것을 싫어하고 거부 반응을 나타낼 것입니다. 마찬가지로 우리가 참 하나님의 백성으로 변하려면 하나님의 진액, 즉 하나님의 말씀을 먹어야 하는데, 우리는 세상의 진액이 더 재미있고 우리 체질에 맞는다고 여겨서 하나님의 말씀은 잘 먹으려고 하지 않습니다. 또 하나님의 진액인 바른 말씀을 전해 주는 곳도 잘 알지 못합니다. 진정한 부흥이 일어나는 것이 참으로 어려운 이유는, 말씀을 바로 전해 주는 사람을 만나기가 어렵기 때문입니다. 우리는 바른 하나님의 말씀을 듣게 되면 지금까지 내가 누리던 모든 것들을 다 내버리고 오직 하나님의 말씀만 생명처럼 붙들어야 합니다. 그리고 그 말씀대로 하나님께 부르짖어야 합니다.

신앙생활을 하면서 우리를 늘 절망하게 하는 것이 있는데 그것은 우리 안에 변하지 않는 죄성입니다. 우리는 머리로는 늘 신앙생활을 잘하고 싶어 합니다. 하지만 우리는 너무 미련해서 당장 어려움이 오지 않으면 죄를 끌어안고 차일피일 미루면서 버리려고 하지 않습니다. 그러다가 하나님으로부터 매를 맞게 되면 울고불고 회개하지만, 그 순간만 넘기면 우리는 다시 원래 상태로 돌아가 버립니다.

그래서 우리가 진정한 하나님의 백성으로 체질까지 변화되는 것은 우리 힘으로는 어렵습니다. 본문에서는 하나님께서 우리를 위하여 '한 구원자이자 보호자'를 보내 주실 것이라고 했습니다. 바로 이 구원자가 예수님이시고, 보호자가 보혜사 성령님이십니다. 이 예수님과 성령님은 분리시킬 수 없는 하나이십니다. 그러므로 우리는 성령님의 능력으로 죄를 이길 수 있습니다. 영어 성경(NASB)에서는 보호자를 '챔피언'으로 번역하고 있습니다. 즉, 우리의 보호자는 모든 대적을 다 때려눕히는 챔피언인 것입니다. 우리가 예수님의 이름을 붙들고 부르짖으며 기도하면 성령님이 오셔서 죄의 세력을 누르고 우리로 하여금 이기게 하십니다. 성령님은 우리를 그냥 도우시는 것이 아니라 우리도 챔피언이 되게 하십니다.

: 21-22절 : "여호와께서 자기를 애굽에 알게 하시리니 그 날에 애굽이 여호와를 알고 제물과 예물을 그에게 드리고 경배할 것이요 여호와께 서원하고 그대로 행하리라. 여호와께서 애굽을 치실지라도 치시고는 고치실 것이므로 그들이 여호와께로 돌아올 것이라. 여호와께서 그들의 간구함을 들으시고 그들을 고쳐 주시리라."

하나님께서 우리에게 하나님을 알게 하시지 않으면 아무도 하나님을 알 수 없고 믿을 수 없습니다. 우리에게 가장 큰 복은 하나님께서 우리에게 자신을 말씀으로 드러내셔서 예수님을 믿게 하신 것입니다. 만약 우리가 지금까지 하나님을 몰랐다면 우리는 지금 죄를 먹고 마시고 있을 것입니다. 어떤 사람은 '폭탄주'를 만들어 마시면서 그것이 멋들어진 일인 줄 압니다. 요즘 우리나라 최고 엘리트 지성인들이 성추행으로 경찰에 붙들리는 경우를 자주 보게 됩니다. 하나님을 모르면 그렇게 될 수밖에 없습니다. 우리는 하나님께서 자신을 우리에게 알게 해 주셨기 때문에 하나님을 예배하며 죄악 세상 가운데서도 미혹되지 않고 하나님의 백성으로 당당하게 살아갑니다.

이사야 본문은 또한 이방인들이 하나님께 서원을 하게 된다고 했습니다.

여기서 '서원을 한다'는 것은 모든 것을 하나님을 위해 한다는 뜻입니다. 즉, '나의 것'은 아무것도 없고 오직 모든 것을 하나님께 맡기고 하나님의 뜻대로 사는 것입니다.

하나님께서 이들에게 어려움을 주셔도 그것은 죄 때문에 심판하시는 것이 아닙니다. 하나님은 이들을 치시지만 또한 고쳐 주십니다. 그리고 하나님께서는 이들의 기도에 응답하십니다. 이 세상에 살면서 최고의 복은 하나님께 기도하고 하나님의 응답을 받는 것입니다.

그런데 놀라운 것은 애굽 사람들이 복음화 되자 앗수르 사람들도 하나님을 믿게 되어, 애굽과 이스라엘과 앗수르 사람들이 모두 하나님을 믿는 백성이 되는 것입니다.

: 23-24절 : "그 날에 애굽에서 앗수르로 통하는 대로가 있어 앗수르 사람은 애굽으로 가겠고 애굽 사람은 앗수르로 갈 것이며 애굽 사람이 앗수르 사람과 함께 경배하리라. 그 날에 이스라엘이 애굽 및 앗수르와 더불어 셋이 세계 중에 복이 되리니"

이 본문은 애굽에서 앗수르로 통하는 대로가 생긴다고 했습니다. 애굽은 철저한 우상의 나라이고 앗수르는 철저한 폭력과 전쟁의 나라였습니다. 그런데 놀랍게도 애굽에서 앗수르로 대로가 생기면서 하나님의 말씀으로 하나가 되어 버리는 것입니다. 실제로 애굽에서 앗수르까지 대로를 만든 사람은 알렉산더 대왕이었습니다. 알렉산더는 애굽을 정복한 후, 앗수르 땅과 바벨론 땅까지 정복하고 문자를 헬라어로 통일시켰습니다. 사실 이때 동방과 서방은 문화적인 차이가 커서 도저히 하나 될 수 없었는데 문자가 통일된 것입니다. 그리고 애굽 땅인 알렉산드리아에서 구약 성경이 헬라어로 번역됩니다. 이를 통해 애굽 땅과 옛날 앗수르나 바벨론이었던 땅에 구약 성경을 믿는 자들이 많이 생기게 되었습니다.

우리가 놀라게 되는 것은 오순절 성령이 임하시던 때에 애굽의 알렉산드리아나 리비아나 북아프리카에 기독교인들이 굉장히 많이 있었고, 소아시아, 지금의 터키는 거의 모든 도시에 교회가 있었으며 수많은 기독교인이 있었다는 사실입니다. 사도행전을 보면 오순절 당시 본도나 갑바도기아, 아르메니아 심지어는 옛날 앗수르나 바벨론 지역의 사람들이 예루살렘에 와서 베드로의 설교를 듣고 성령을 선물로 받게 됨을 알 수 있습니다.

하나님은 이제 이스라엘과 애굽과 앗수르 이 셋이 세계 중에 복이 된다고 말씀하셨습니다. 이처럼 아무리 옛날에는 우상 숭배자였고 폭력적이었으며 술꾼이었고 핍박하던 자였다 하더라도, 하나님의 말씀을 듣고 변화되면 세계 중에서 복이 될 수 있습니다.

: 25절 : "이는 만군의 여호와께서 복 주시며 이르시되 내 백성 애굽이여, 내 손으로 지은 앗수르여, 나의 기업 이스라엘이여, 복이 있을지어다 하실 것임이라."

우리는 하나님의 택하신 백성입니다. 우리는 하나님께서 손으로 만드신 최고의 작품입니다. 우리는 하나님의 기업, 즉 하나님에게 가장 귀중한 기업인 것입니다. 오늘 우리 모두 하나님 앞에서 최고의 자부심과 아름다운 자아상을 회복하시고, 축복으로 살아가는 성도들이 되시기 바랍니다.

32

포로 복장의 이사야

이사야 20:1-6

애플 사의 회장이었던 고(故) 스티브 잡스는 시대를 앞질러 가던 사람이었습니다. 그는 당시 사람들은 생각지도 못했던, 책상 위에 있는 컴퓨터를 무선으로 손바닥 위에서 사용할 수 있도록 만들었고, 한 걸음 더 나아가서 모든 사람들이 컴퓨터를 대신해 사용할 수 있는 휴대폰을 만들었습니다. 스티브 잡스는 사람이 머리로 상상하던 것을 실현 가능하게 하는 능력을 가지고 있었습니다. 그러나 그는 불행하게도 자신의 미래를 알지 못했습니다. 사람들은 스티브 잡스가 신제품 설명회에 나올 때 살이 많이 빠진 것을 보고 건강에 이상이 있는 것이 아니냐는 의문을 던졌는데, 그때마다 아니라고 부인하다가 나중에야 자신이 암에 걸렸으며 살 수 있는 시간이 얼마 남지 않았다는 것을 인정했습니다. 결국 스티브 잡스는 그 엄청난 명성과 돈과 능력에도 불구하고 자신의 병을 고치지 못해서 죽고 말았습니다. 아마 스티브 잡스가 자기가 암으로 죽을 것을 알았더라면 그 좋은 머리로 분명 자신의 인생길을 바꾸었을 것입니다.

만약 사람이 자신의 미래를 지금 현재처럼 구체적으로 볼 수만 있다면 분명히 지금과는 다른 삶을 살려고 할 것입니다. 예를 들어, 어떤 사람이 지금 술을 즐기고 식욕을 억제하지 못해서 자주 과식을 하는데, 몇 년 후에 자신이 암에 걸려 중환자실에서 죽어 가는 모습을 볼 수 있다면 그는 바로 건강을 해치는 모든 것을 다 끊어 버리고 새로운 삶을 살려고 할 것입니다.

그러나 사람들은 자신의 미래의 모습이나 세상의 미래를 보지 못하기 때문에 자신의 태도나 생활 방식을 바꾸려고 하지 않습니다. 사람들은 미래를 현재의 연속이라고 생각하는 것입니다.

물론 예수 믿는 사람들도 우리 자신이나 우리 사회의 미래를 정확하게 보지는 못합니다. 그래서 우리도 미래에 대해서는 분명하게 아는 것이 아무것도 없습니다. 그러나 우리에게는 미래를 알 수 있게 하는 하나님의 말씀이 있습니다. 하나님의 말씀은 우리가 지금 무엇을 붙들고 사느냐에 따라 우리의 미래가 어떻게 될지를 분명히 보여 줍니다. 예를 들어, 우리가 지금 하나님의 말씀을 붙들고 산다면 당장은 많은 고생을 할 것입니다. 하지만 우리는 분명히 가치 있는 삶을 살 것이며 하나님의 복을 받을 것입니다. 반대로 우리가 지금 하나님을 믿는다고 하면서도 세상을 따라가고 세상을 붙들고 있다면 당장은 잘되고 형통하는 것처럼 보일지 몰라도 미래에는 실패하고 말 것입니다.

이사야 당시에 아스돗이라는 블레셋 도시가 있었습니다. 이때 아스돗은 앗수르가 워낙 포악하고 잔인한 나라이니까 모든 나라가 연합해서 앗수르의 공격을 저지하자는 제안을 했습니다. 그런데 블레셋이나 유다나 팔레스타인은 힘이 약한 나라들이므로 모두 애굽의 후원을 얻기로 했습니다. 애굽은 얼마든지 지지해 줄 테니 반앗수르 동맹을 체결하자고 약속했습니다. 이때 유다의 정치인들은 든든한 애굽이 후원해 준다고 하니까 모든 팔레스타인 나라와 동맹을 맺는 것이 유익할 것 같다는 생각을 했습니다. 이것은 누가 보더라도 일리가 있어 보였습니다. 그러나 이사야 선지자는 이 일에 반대했습니다. 이사야는 애굽은 전혀 힘이 없기 때문에 애굽을 의지하는 모든 정책은 실패할 것이라면서 쓸데없는 일에 시간을 허비하지 말고 오직 하나님만 의지하라고 했습니다. 이때 이사야는 애굽이 앗수르에게 망한다는 것을 보여주기 위해 삼 년 동안이나 포로로 붙들려 가는 사람처럼 벗은 몸과 벗은 발로 다니면서 하나님의 말씀을 전했습니다.

1. 하나님의 이상한 명령

하나님의 백성인 우리도 자신이나 나라의 미래에 대하여 정확하게는 알지 못합니다. 그러나 분명히 말할 수 있는 것은, 우리의 미래는 틀림없이 하나님의 말씀대로 이루어진다는 사실입니다.

그러므로 우리는 미래에 대하여 몇 가지를 생각해야 합니다. 첫째로, 우리의 미래는 자신의 선택에 따라서 달라진다는 것입니다. 예를 들어, 우리가 서울 가는 길을 택하면 서울로 가게 되고, 부산 가는 길을 택하면 부산으로 가게 됩니다. 이처럼 우리가 하나님의 말씀을 택하면 언젠가는 분명히 하나님의 복이 나타나게 되고, 반대로 세상길을 택하면 당장은 잘되는 것 같아도 세상 복의 효능이 다 떨어지면 비참한 결과를 맞게 됩니다.

둘째로, 우리가 같은 믿음의 길을 가더라도 우리 믿음의 태도에 따라 우리의 미래는 많이 달라질 수 있다는 것입니다. 이스라엘 백성이 애굽을 떠나서 가나안 땅으로 갈 때, 하나님의 말씀을 의심하고 불순종함으로 사십 일만에 갈 수 있는 거리를 사십 년이 걸려서야 들어갈 수 있었습니다. 이처럼 우리의 미래는 고정적인 것이 아니라 우리의 믿음에 따라서 얼마든지 상황이 바뀔 수 있습니다.

그럼에도 불구하고 미래에 대한 하나님의 뜻이 확정적일 때가 있습니다. 그것은 대개 세상에 죄가 가득 차서 도저히 하나님의 심판을 피할 수 없을 때입니다. 그러나 이때도 하나님은 주의 종들로 하여금 미리 고난을 당하게 하셔서 재앙을 피할 길을 열어 주십니다. 요셉 때는 칠 년 대흉년이 올 것을 대비해서 요셉을 미리 종으로 팔려 가게 하셨습니다. 또 니느웨 성은 사십 일 뒤에 멸망할 것이 예정되었는데, 하나님께서 요나 선지자를 미리 바다에 빠져 삼 일 동안 물고기 뱃속에 들어갔다 나오게 하심으로 니느웨가 회개할 기회를 얻게 하셨습니다.

그리고 여기 이사야에서는 잘못하면 유다 백성이 아스돗 사람들의 말만 믿고 하나님이 아닌 애굽을 의지할 뻔했는데, 하나님께서 미리 이사야 선지자를 삼 년 동안 벗은 몸과 벗은 발로 수치스럽게 다니게 하심으로 유다 백성으로 하여금 미래를 볼 수 있게 하셨습니다. 이것을 보면 하나님께서 하나님의 백성을 고생하게 하시고 수치를 당하게 하시는 데는 다 이유가 있음을 알 수 있습니다. 그것은 미래에 있을 재앙이나 심판으로부터 사람들을 건지시기 위함입니다. 그러므로 하나님의 백성이 미리 고난을 당하고 수치를 당하는 것은 오히려 감사할 일입니다. 결코 이것을 억울하다고 생각해서는 안 되는 것입니다.

하나님께서는 앗수르 왕 사르곤이 부하 다르단을 보내어서 아스돗을 포위하게 했을 때, 이사야로 하여금 삼 년 동안이나 포로처럼 벗은 몸과 벗은 발로 생활하게 하셨습니다.

:1절: "앗수르의 사르곤 왕이 다르단을 아스돗으로 보내매 그가 와서 아스돗을 쳐서 취하던 해니라."

한때 학자들은 옛날 앗수르에 사르곤이라는 왕이 있었다는 사실조차 알지 못했습니다. 그러나 지난 세기 초 당시의 유적들이 발견되면서, 사르곤이라는 왕이 있었고 그가 산헤립 왕의 아버지이며 대단한 정복자였다는 사실이 알려지게 되었습니다.

본문에 보면 아스돗이라는 도시가 나오는데 이 지명은 블레셋의 다섯 도시국가 중 하나인 아스돗을 말합니다. 아스돗은 애굽으로 가는 길목에 있었고, 애굽을 정복하는 데는 전략적으로 아주 중요한 곳이었습니다. 과거 앗수르의 사르곤 왕은 자기 부하를 보내어 아스돗을 항복시킨 적이 있습니다. 그때 앗수르는 블레셋의 왕만 폐위시키고 친앗수르 성향인 왕의 동생을 왕으로 세운 후 철수했습니다. 그런데 그 후 아스돗에 쿠데타가 일어나서 앗수르가 세운 왕을 몰아내고 야만이라는 사람이 왕이 되었습니다. 야만 왕은 강력한 반앗수르 정책을 표방하면서 주위에 있는 다른 블레셋 도시국가들이나 에돔, 유다 등에 반앗수르 동맹을 제안했고, 그 동맹을 애굽이 후원하기로 했습니다. 이때 사르곤 왕은 다시 부하를 보내어 아스돗을 치게 했습니다. 바로 이때 하나님의 말씀이 이사야 선지자에게 임했습니다.

:2절: "그 때에 여호와께서 아모스의 아들 이사야에게 말씀하여 이르시되 갈지어다. 네 허리에서 베를 끄르고 네 발에서 신을 벗을지니라 하시매 그가 그대로 하여 벗은 몸과 벗은 발로 다니니라."

사르곤 왕이 자기 부하 군대 장관을 보내어 아스돗을 공격하게 했는데, 아스돗이 워낙 튼튼한 성이어서 한 번에 함락되지 않았습니다. 그래서 삼 년 뒤에 사르곤이 직접 와서 아스돗을 함락시켰다고 합니다.

그런데 궁금한 것은, 왜 하나님께서 앗수르 왕이 블레셋 아스돗을 공격하는 내용을 이사야에게 말씀하게 하셨을까 하는 점입니다. 그것도 이사야 선지자를 삼 년 동안이나 거의 벌거벗고 수치스럽게 살도록 하면서 말입니다.

여기서 우리는 당시 시대적인 상황을 좀 이해할 필요가 있습니다.

우선 앗수르 왕 산헤립이 주목하고 있던 나라는 팔레스타인의 아스돗이라는 한 도시 국가와 애굽이라는 것을 생각할 필요가 있습니다. 당시 앗수르는 워낙 폭력적인 나라였고 무자비한 나라였기 때문에 한두 나라의 힘으로는 도저히 막아낼 수가 없었습니다. 그때 용감하게 나섰던 나라가 바로 아스돗이었습니다. 아스돗의 제안은 앗수르에게 무조건 무기력하게 당하기만 할 것이 아니라 팔레스타인의 모든 나라가 협력해서 앗수르를 막아 내자는 것입니다. 그리고 팔레스타인 나라들의 힘만으로는 군사력이 부족하니까 한때 전체 팔레스타인을 지배하려고 했던 애굽의 힘을 업고 해 보자는 것이었습니다. 어떻게 생각하면 아스돗의 주장은 너무나 타당했습니다. 도저히 한 나라의 힘으로는 막아낼 수 없는 앗수르를 모든 나라가 힘을 합쳐서 막아 내자는 것이니 말입니다. 특히 애굽이 뒤에서 밀어 준다면 얼마든지 승산이 있다고 생각하는 것입니다.

그러나 우리는 아무리 타당성 있어 보이는 말이라도 신앙적인 눈으로 평가해 보아야 합니다. 아무리 앗수르의 공격이 당면한 문제요 발아래에 떨어진 불똥이라 하더라도, 아스돗의 말을 따를 경우 어떤 결과가 나오게 될지를 생각해야 하는 것입니다. 우선 아스돗은 모든 나라의 연합을 주장하는데, 여러 나라가 모이면 거기에도 우두머리가 세워지게 됩니다. 결국 아스돗의 제안으로 연합하게 되면 아스돗 왕이 우두머리가 되든지 아니면 애굽 왕이 우두머리가 될 것입니다. 여기에 함께한다는 것은 유다가 하나님의 말씀이 아니라 세상 나라 왕들의 말을 따라가게 되는 것을 의미합니다.

예를 들어, 여러 나라가 동맹을 맺었을 때 그중 한 나라라도 앗수르의 공격을 받으면 자동적으로 모든 나라가 다 앗수르와 전쟁을 하게 되는데, 그때 하나님의 뜻은 전쟁을 하지 않는 것일 수 있습니다. 또한 하나님은 거기에 있는 다른 나라들을 심판하시기 위해 앗수르를 사용하여 치게 하시는데, 거기에 쓸데없이 하나님의 백성이 끼어들 수 있습니다. 바로 이것이 하나님의 백성에게는 예민한 문제입니다. 즉, 세상적인 눈으로 볼 때는 아스돗의 말대로 동맹을 하면 다른 나라들과 가까워질 수도 있고 안전할 수도 있습니다. 또 반대로 이때 유다만 동맹을 맺지 않는다면 오히려 다른 나라들로부터 따돌림을 당할 것입니다.

그러나 하나님께서는 유다 백성이 하나님의 말씀과 상관없이 인간들끼리 맺는 동맹이나 약속을 기뻐하지 않으셨습니다. 더욱이 아스돗이 제안한 동맹의 핵심은 애굽을 의지하는 것이었습니다. 그러나 하나님께서 보실 때 애굽은 옛날 이스라엘 백성이 한번 떠나온 세상입니다. 즉, 애굽은 지금 당장은 잘사는지 모르지만 하나님의 백성이 반드시 떠나야만 했던 멸망의 성읍인 것입니다. 하나님의 백성은 한번 애굽을 떠났으면 잘되든 못 되든 하나님과 결판을 내야지, 원하는 복이 오지 않는다고 다시 예전의 세상으로 돌아갈 수는 없습니다.

사실 이 문제는 아주 중요한 문제였습니다. 이스라엘 백성은 모세를 따라 애굽을 떠난 후 광야에서 어떤 어려움이 생길 때마다 애굽으로 돌아가려고 했습니다. 왜냐하면 이스라엘 백성이 모세를 따라서 가는 길은 위기의 연속이었기 때문입니다. 이스라엘 백성이 모세를 따라가고 하나님의 말씀을 따라가는 것은 도저히 미래를 예측할 수도 없고 보장할 수도 없는 불안의 연속이었습니다. 하지만 애굽은 비록 종살이는 하고 있었지만 그들에게 최소한의 생활은 보장되는 곳이었습니다. 그래서 이스라엘 백성에게 있어서 끊임없는 유혹은, 하나님 아래서 아무런 보장도 없는 미래보다는 그래도 최소한의 기본 생활을 할 수 있는 애굽이었습니다.

그러나 하나님은 이스라엘 백성이나 유다 백성에게 절대로 애굽으로는 가지 말라고 말씀하셨습니다. 하나님의 백성에게 애굽은 이미 끝난 이야기였기 때문입니다. 특히 옛날에는 전쟁을 하려면 말이 아주 중요한 무기였는데, 이 당시에는 애굽의 말이 최고였습니다. 그러나 하나님은 이스라엘 백성에게 아예 말을 이용하지도 말라고 하셨습니다. 왜냐하면 말의 힘을 이용하는 것보다 기도가 더 위력이 있기 때문입니다. 하지만 그렇게 하는 것이 말로는 쉬울지 몰라도 실제로 행하기는 어려운 일입니다.

저는 옛날에 얼마든지 생계가 충분히 보장되는 직장에 다녔습니다. 그런데 어느 날부터 하나님은 저를 하나님의 말씀 하나만 붙들고 살아가게 하셨습니다. 하지만 하나님의 말씀 하나만 붙들고는 도저히 살아갈 수가 없었습니다. 이것은 미래에 대한 불안 정도가 아니라 도무지 미래가 보이지 않았습니다. 그래서 저는 어떻게 해서든지 다시 옛날의 학력이나 경력을 살려서 최저 생계가 보장되는 길을 찾아보려고 했지만 이미 그 길로는 갈 수가 없었습니다. 그러나 마음은 늘 옛날 생계가 보장되던 그 길로 가고 싶어 했습니다. 결국 하나님의 손에 붙들린 후에는 하나님과 결판을 내야만 했습니다. 즉, 미래의 길이 보이지 않는 가운데서 하나님의 뜻을 찾아야 했고 기적의 문을 열어야만 했습니다. 이것은 마치 비밀 번호를 전혀 모르는 가운데 은행 안에 있는 금고의 문을 여는 것과 같았습니다. 그런데 놀라운 것은, 죽기 살기로 하나님의 말씀을 붙들고 씨름하는 가운데 조금씩 하나님의 복이 새어나오는 것 같더니 어느 순간에 문이 활짝 열리는 것을 체험하게 되었습니다.

결국 하나님께서 우리에게 세상의 길을 다 막으시는 것은, 어떻게 해서든 하나님과 씨름해서 하늘의 축복의 문을 열라는 뜻입니다. 그래서 유다 백성이나 이스라엘 백성은 무슨 일이 있어도 애굽과 다시 손을 잡는 길을 택해서는 안 되는 것입니다. 하나님의 백성은 사람의 눈에는 전혀 길이 보이지 않을지라도 결사적으로 씨름하여 하나님의 축복의 문을 열어야 합니다.

2. 이사야의 포로 복장

하나님께서는 앗수르 왕 사르곤이 자기의 군대 장관을 시켜서 아스돗을 치게 했을 때, 이사야로 하여금 허리에서 베를 끄르고 발에서 신을 벗은 상태로 다니며 사람들을 만나고 왕궁을 출입하라고 말씀하셨습니다.

:2절: "그 때에 여호와께서 아모스의 아들 이사야에게 말씀하여 이르시되 갈지어다. 네 허리에서 베를 끄르고 네 발에서 신을 벗을지니라 하시매 그가 그대로 하여 벗은 몸과 벗은 발로 다니니라."

여기서 '허리에서 베를 끄르고'라는 것은 이사야가 단순히 허리띠를 풀어 헤치는 것을 말하는 것이 아니라 겉옷을 벗는 것을 말합니다. 여기서 베옷이라는 것은 결코 부드러운 천으로 만든 옷이 아닙니다. 아마도 이사야는 평소에도 좋은 옷을 입고 다니지는 않았던 것 같습니다. 그런데 하나님께서는 아예 그 베옷조차도 벗고 노예나 전쟁 포로같이 거의 치부만 가린 모습으로 지내라고 말씀하셨습니다. 하나님은 이사야에게 '갈지어다!'라고 말씀하셨는데 이것은 이사야에게 그런 복장을 한 채 밖으로 나가라는 것입니다. 하나님은 이사야에게 웃옷을 벗고 반바지나 속옷만 입은 상태로, 그것도 맨발로 사람들을 만나서 상담도 하고 성전에서 설교도 하고 왕궁에 들어가서 왕도 만나라고 말씀하셨습니다. 왜 하나님께서는 선지자에게 이런 명령을 내리시는 것일까요?

원래 선지자는 말로 하나님의 말씀을 전하는 사람입니다. 그래서 웬만해서는 자신의 행동으로 무엇인가를 보여 주려고 해서는 안 됩니다. 한때 우리나라 사람들이 무엇인가 항의할 때 잘 사용하는 방식이 '삭발'이었습니다. 삭발은 정부나 기관에 대하여 가장 강력하게 항의하는 방식이었습니다. 또 학생들이 수업을 거부하는 것도 아주 강력한 항의 방법이었습니다. 그래서 대학에서 동맹 휴학이라도 하면 정부에서도 신경을 많이 쓰곤 했습니다. 때로 가정에서 부인들이 쓰는 강력한 항의 표시는 침묵입니다. 부인이 음식을 차려 주고 빨래도 해 주지만 일체 말을 하지 않고, 남편이나 아이들이 우스갯소리를 해도 웃지 않는다면 이것은 아주 강력한 항의를 하고 있는 것입니다.

그런데 요즘 사람들은 많은 것을 행동으로 표현합니다. 사람들이 너무 쉽게 자살을 하기 때문에 생명 자체가 무가치하게 되었습니다. 그러나 사람이 살고 죽는 것은 정말 중요한 일입니다. 그러므로 하나님의 백성은 행동이 앞서서는 안 됩니다. 여기서 이사야가 옷을 벗어 버려서 거의 맨몸이 되다시피 하고 신발까지 벗어 버린 채 맨발로 돌아다니는 것은 아주 강력한 항의 표시입니다. 왜 이사야는 말로 하지 않고 행동으로 무엇인가를 보여 줍니까? 그 이유는 말로는 더 이상 유다 백성이 알아듣지 못할 정도로 그들의 마음이 굳어져 있기 때문입니다. 이렇게 선지자가 말로 하지 않고 행동을 한다는 것 자체가 사태의 시급함을 보여 주며, 그들이 지금의 생각을 버리지 않는다면 반드시 이사야의 모습처럼 포로로 끌려갈 수밖에 없다는 사실을 말해 주는 것입니다.

하나님께서는 세상 사람들이 미련하게도 꾸역꾸역 멸망의 길을 향하여 걸어갈 때, 하나님의 백성으로 하여금 미리 고통당하고 환난을 당하게 하셔서 세상 사람들에게 경고하십니다. 물론 세상 사람의 대부분은 하나님의 백성이 고난당하는 것은 그들이 무능하기 때문이라고 생각해서 멸시하고 업신여길 것입니다. 그런데 이상한 것은 일반인들이 이런 하나님의 백성을 한번 경험해 보면, 자신들에게는 없는 것이 이 고난당하는 하나님의 백성에게는 있다는 사실을 알게 됩니다. 그것이 무엇일까요? 그것은 바로 기쁨입니다. 하나님의 백성에게는 자기들에게는 없는 기쁨이 있다는 것입니다. 세상 사람들은 모든 것을 다 가지고 많은 것을 누려도 기쁨이 없는데, 오히려 가난하고 어려운 하나님의 백성에게는 기쁨이 있습니다. 그리고 또 세상 사람들은 하나님의 백성에게서 자기들에게 없는 것을 더 발견하게 되는데 그것은 바로 당당함입니다. 하나님의 백성은 가난하고 부족한 가운데도 당당하기 이를 데 없습니다. 그런가 하면 고난당한 하나님의 백성은 솔직하고도 정직했습니다. 보통 세상에서 성공한 사람을 만나 보면 절대로 자기 이야기를 하지 않고, 특히 자신의 연약함이나 부족함은 절대로 말하지 않습니다. 그러나 고난당한 하나님의 백성은 자신의 약한 부분이나 상처 등을 너무나 쉽게 이야기하는 것을 볼 수 있습니다. 그 이유는 바로 그 아픈 부분들이 하나님의 사랑으로 다 치유되었기 때문입니다. 다 나은 상처는 건드려도 더 이상 아프지 않기 때문에 얼마든지 자연스럽게 자기 이야기를 할 수 있는 것입니다.

3. 유다 백성의 속셈

그러면 하나님께서 도대체 유다 왕실의 선지자인 이사야를 가장 수치스럽게 만들어서 다니게 하시는 이유가 무엇일까요? 그것은 앞으로 유다가 보게 될 미래를 선지자의 고통과 수치를 통해서 미리 보여 주시는 것입니다.

: 3-5절 : "여호와께서 이르시되 나의 종 이사야가 삼 년 동안 벗은 몸과 벗은 발로 다니며 애굽과 구스에 대하여 징조와 예표가 되었느니라. 이와 같이 애굽의 포로와 구스의 사로잡힌 자가 앗수르 왕에게 끌려갈 때에 젊은 자나 늙은 자가 다 벗은 몸과 벗은 발로 볼기까지 드러내어 애굽의 수치를 보이니 그들이 바라던 구스와 자랑하던 애굽으로 말미암아 그들이 놀라고 부끄러워할 것이라."

지금 앗수르의 공격을 당하고 있는 나라는 아스돗이라는 블레셋 국가였습니다. 그러나 하나님께서 유다 백성에게 보여 주시려는 것은 아스돗 뒤에 있는 애굽과 구스의 실체였습니다. 이 당시 유다가 세상적으로 기댈 수 있는 나라는 애굽밖에 없었습니다. 그래서 실제로 많은 유다 귀족들은 애굽을 의지하는 마음이 있었고, 많은 돈을 애굽에 주어서 자기 나라를 지켜 줄 것을 부탁하게 됩니다. 그러나 하나님의 눈으로 볼 때 애굽은 그들 자체가 앗수르에 의해 붙들려 갈 나라였습니다. 하나님께서 이사야로 하여금 겉옷을 다 벗고 신발도 다 벗고 노예나 전쟁 포로 같은 모습으로 다니게 하신 것은, 얼마 있지 않아서 유다 백성이 기대하던 애굽의 귀족이나 젊은이들이 모두 이런 모습으로 앗수르로 끌려갈 것이기 때문입니다. 그때가 되면 헤아릴 수 없이 많은 애굽 사람들이 포로가 되어 겉옷을 다 벗기고 볼기까지 다 드러낸 채 벗은 발로 앗수르까지 끌려가게 될 것입니다.

하나님께서는 애굽은 전혀 유다를 도울 능력이 없다는 것을 보여 주십니다. 이 당시 애굽은 말로는 유다를 돕겠다고 약속했습니다. 그리고 애굽의 지도자들도 스스로 힘이 아직 남아 있는 것으로 생각했습니다. 그러나 실제로 애굽은 하나님의 뜻에 의해 망하게 될 나라이고, 전혀 유다를 도울 수 있는 형편이 아니었습니다. 그럼에도 불구하고 유다 지도자들은 애굽의 긴 역사와 지난날 화려했던 그 군사력만 생각해서 돈을 주고 애굽의 도움을 받으려고 했습니다. 하나님께서는 이사야를 통해서 애굽이 전혀 유다를 도울 수 없음을 보여 주십니다.

실제로 삼 년 뒤에 아스돗이 망했습니다. 이번에는 사르곤 왕이 직접 와서 아스돗을 철저하게 멸망시켰습니다. 그 후에 사르곤 왕은 애굽을 침략해서 수많은 애굽 사람들을 포로로 붙잡아 갔고, 애굽은 그야말로 전혀 다른 나라를 도울 수 없는 약한 나라가 되고 말았습니다.

인간적으로 생각해 보면 아스돗의 제안처럼 모든 나라가 힘을 합쳐서 애굽을 중심으로 앗수르를 막아 내는 것이 참 훌륭한 계획 같지만, 실제로 유다는 그런 일에 참여할 필요가 없습니다. 왜냐하면 세상 나라의 흥망과 하나님의 백성의 흥망은 원리 자체가 틀리기 때문입니다. 즉, 세상 나라는 자신들의 힘을 모으면 성공하게 되고 힘이 다 빠져 버리면 망하는 것이지만, 하나님의 백성은 말씀이 있으면 부흥이 일어나고 하나님의 말씀이 없으면 아무리 돈이 있고 힘이 있어도 망하기 때문입니다.

그런데 우리도 인간이기 때문에 돈이 있거나 힘이 있는 사람들이 도와주기를 바랄 때가 있습니다. 그러나 우리가 그런 생각을 하는 것은 그 사람의 속을 전혀 모르기 때문입니다. 세상 사람들에게는 하나님의 백성을 도울 생각도 없고 도울 방법도 없습니다. 하나님의 백성은 오직 하나님의 말씀의 능력으로 부흥이 일어날 뿐입니다.

우리는 한때 세상에서 힘이 있고 돈이 있는 사람들을 얼마나 부러워했는지 모릅니다. 그러나 세상의 복들은 모두 모래성과 같기 때문에 시간이 지나면 무너져 버리고 맙니다. 그러므로 하나님의 백성은 세상 사람들의 성공을 부러워할 필요가 없습니다. 진정한 하나님의 복은 하나님의 백성 안에 있습니다. 그런데 하나님의 백성이 힘을 들여 하늘의 복을 가져오려고 하지는 않고 세상 사람들처럼 쉽게 성공하고 쉽게 잘살려고 하기 때문에 세상 사람들과 같이 망하게 됩니다.

예를 들어, 석유 회사는 그냥 앉아서 석유를 얻는 것이 아니라, 바다나 사막이나 깊은 땅 속에 있는 석유를 찾아서 시추를 한 후 기름을 퍼내야 합니다. 땅 속에 있는 석유를 퍼내는 일도 그러한데, 하물며 하늘에 있는 하나님의 복을 퍼내어 오는 데 수고가 필요하지 않겠습니까? 우리가 하나님의 복을 가져오기 위해서는 이 세상 보물을 찾는 사람들보다 그 이상으로 노력하고 몸부림치는 수고가 필요합니다. 그런데 이런 수고와 노력은 없이 세상 사람들처럼 다된 밥이나 먹으려고 하니까 하나님의 능력을 받지 못하는 것입니다.

하나님께서는 이사야를 통해서 아스돗만 망하는 것이 아니라 유다가 그렇게 의지하는 애굽과 구스가 망할 것을 분명하게 보여 주셨습니다.

:5절: "그들이 바라던 구스와 자랑하던 애굽으로 말미암아 그들이 놀라고 부끄러워할 것이라."

여기서 '그들'은 유다의 지식인들이나 귀족들을 말합니다. 이 사람들은 모두 스스로 똑똑한 척하면서, 유다가 살기 위해서는 애굽과 손잡아야 하고 그들에게 돈을 주어서 도움을 받아야 한다고 주장했습니다. 그러던 그들이 얼마 후 애굽 사람들이 포로로 끌려가는 모습을 보며 놀라고, 자기들이 그렇게 말했던 것을 부끄러워하게 되는 것입니다. 아마 처음에 이사야가 겉옷도 입지 않고 신발도 신지 않은 모습으로 사람들이 모인 곳을 돌아다니는 것을 보고 사람들은 그가 미쳤다고 생각했을 것입니다. 그리고 사람들은 이사야를 부끄러워하고 그를 만나는 것을 기피했을 것입니다. 그중 어떤 사람들이 이사야에게 도대체 왜 이렇게 멀쩡한 사람이 옷을 벗고 다니느냐고 물으면, 이사야는 너희가 의지하고 도움을 바라는 애굽과 구스 사람들이 멸망하여 이렇게 벗은 옷으로 붙들려 가게 될 것이라고 대답했을 것입니다. 사람들은 이사야에게 도대체 당신은 무슨 근거로 그런 얼토당토않은 소리를 하느냐고 핀잔을 주기도 하고 욕을 하기도 했지만, 결국 모든 것은 하나님의 말씀대로 이루어졌습니다.

그런데 본문을 보면 절망하는 사람들이 또 있음을 볼 수 있습니다.

:6절: "그 날에 이 해변 주민이 말하기를 우리가 믿던 나라 곧 우리가 앗수르 왕에게서 벗어나기를 바라고 달려가서 도움을 구하던 나라가 이같이 되었은즉 우리가 어찌 능히 피하리요 하리라."

여기에 보면 '이 해변 주민'이 나옵니다. 어떤 학자는 이 해변 주민을 유다 백성이라고 해석하는데 그렇지 않습니다. 이 해변 주민은 바로 아스돗을 위시해서 애굽을 의지했던 블레셋 여러 도시나 동맹국들을 가리킵니다. 이 사람들은 자기들이 앗수르의 공격을 받을 때 애굽이 군대를 보내어 자기들을 건져 줄 줄 알았는데, 애굽은 그런 능력이 없었습니다. 그제야 비로소 블레셋 사람들은 이제 모든 나라는 망할 수밖에 없다는 것을 인정하게 되었습니다. 그러나 유다 백성은 다른 나라들과는 다릅니다. 왜냐하면 유다 백성은 지금까지 자기들이 잘못 의지했던 것을 바꾸기만 하면 되기 때문입니다. 즉, 블레셋이나 해변 사람들은 애굽이 망함으로 모든 소망이 다 없어졌지만, 유다 백성은 소망이 더 분명해졌습니다. 오직 유다가 의지할 분은 하나님 한 분뿐이심을 분명히 알게 된 것입니다.

상식적으로 생각해 보면 이 당시 유다 사람들이나 블레셋에게는 애굽 외에는 대안이 없었습니다. 그런데도 하나님께서는 애굽을 의지하지 말라고 말씀하십니다. 그러면 도대체 이 어려울 때 누구를 의지하라는 말입니까? 그것은 바로 하나님을 의지하라는 것입니다. 아스돗이 무너지는 것은 애굽에 대한 앗수르의 침공의 시작이었습니다. 아스돗은 제법 오래 버티는 것 같았습니다. 그러나 결국 애굽의 원군은 오지 못했습니다. 그 이유가 무엇입니까? 애굽은 도울 힘이 없었습니다. 애굽은 이미 다 썩은 고목나무와 같았기 때문입니다.

하나님께서 유다 백성에게 말씀하시고자 하는 것이 무엇입니까? 하나님을 의지하라는 것입니다. 물론 인간이 하나님을 믿는 것이 쉽지 않습니다. 또한 하나님을 믿는다고 해도 실제로 하나님의 능력을 받기란 쉽지 않은 일입니다. 그러나 하나님께서는 유다 백성에게 너희는 왜 나를 믿지 않고 썩어진 세상 나라를 의지하느냐고 물으십니다. 물론 우리가 하나님의 능력을 받는 것이 쉬운 일은 아니지만 불가능한 일도 아닙니다.

그런데 하나님의 백성이 위기 가운데 있을 때 하나님의 도움을 받지 못하는 것은 하나님과 세상 사이에 양다리를 걸치고 있기 때문입니다. 하나님은 평상시에는 우리를 그냥 두십니다. 그러나 하나님의 때가 되면 우리가 의지하던 세상 것들을 다 소용없게 만드십니다. 그러면 우리는 죽든지 아니면 하나님을 목숨 걸고 붙들든지, 둘 중의 하나를 선택할 수밖에 없게 됩니다. 우리는 평상시에도 하나님을 의지하는 법을 미리 연습해 두어야 합니다. 왜냐하면 실제로 이런 위기를 당하게 되면 너무나 절망적이어서 하나님을 의지할 용기가 생기지 않을 수 있기 때문입니다. 그러므로 미리미리 세상 의지하던 것들을 내려놓고 결사적으로 하나님을 붙드시기 바랍니다. 결국 내가 의지하고 자랑하던 것들은 소용없게 되고, 맨 마지막에는 하나님 한 분만 남게 될 것입니다. 그때 하나님은 살아 계시고 전지전능하신 하나님으로 나타나셔서 인간의 힘으로 해결할 수 없는 것들을 멋지게 해결해 주시고 하나님의 살아 계심과 영광을 나타내실 것입니다.

이사야는 하나님의 말씀에 순종하기 위해 벌거숭이가 되었고 수치스러운 사람이 되었습니다. 그러나 바로 이것이 유다가 하나님 앞에서 살 길이었습니다. 유다는 아직 자신들이 돈이 있고 세상적으로 힘이 있다고 생각하였지만, 그들의 믿음은 하나님 앞에서 벌거숭이였고 아무것도 내놓을 것이 없었습니다. 즉, 이사야가 벌거벗고 맨발이 되었던 것은 장차 애굽 귀족들이나 부자들이 붙들려 갈 모습이었을 뿐 아니라, 하나님 앞에서의 유다 백성 자신들의 모습이었던 것입니다. 우리가 하나님 앞에서 무엇인가 가진 것이 있다고 생각하는 순간 우리는 하나님께 결사적으로 매달리지 않게 됩니다. 하나님 앞에서 "우리는 지금 전쟁 포로와 같으며, 우리는 지금 하나님 앞에서 아무 믿음도 없으며, 하나님의 축복에 철저히 가난하며, 우리는 하나님 앞에 내놓을 것이 아무것도 없습니다. 이제는 하나님 한 분만 의지하고, 살라고 하면 살고 죽으라고 하면 죽겠으며, 다른 사람들이 아무리 조롱하고 비웃어도 하나님만 바라보고 감당하겠습니다."라고 고백한다면 우리를 향한 하나님의 마음이 뜨거워지실 것입니다. 지금 우리는 하나님 앞에서 결코 부자가 아니며 하나님 앞에서 아무 힘이 없다는 것을 고백 드리고, 하나님께 결사적으로 기도함으로 축복 받는 성도들이 되시기 바랍니다.

33

혹독한 묵시

이사야 21:1-17

우리가 TV에서 영화나 드라마를 보면 대개 줄거리를 알 수 있습니다. 그러나 뮤직 비디오는 노래에 따라서 자극적인 장면들을 편집해 넣었기 때문에 도무지 줄거리를 알 수 없고 노랫말에 맞춰 순간순간 변하는 장면들을 볼 수밖에 없습니다. 이처럼 옛날 하나님께서 선지자들에게 묵시를 주실 때도 일정한 스토리를 가진 묵시를 주시는 것이 아니라, 각 장면이 전혀 연결되지 않고 끊어진 여러 장면으로 보이기 때문에 선지자들도 묵시를 해석하는 것이 굉장히 어려운 일이었습니다.

본문 말씀을 보면 이사야가 본 전형적인 묵시가 나오는데, 그야말로 환상이 조각조각 끊어져 있어서 그 하나하나가 무엇을 말하는지 도무지 알 수가 없습니다. 문제는 이것이 사람의 말이 아니라 하나님께서 주신 묵시이기 때문에 도무지 무시하고 넘어갈 수가 없는 것입니다. 뿐만 아니라 이사야는 이 끊어진 묵시들을 받으면서 허리에 큰 통증을 느꼈습니다. 그 통증이 얼마나 심했던지 여인들의 해산하는 고통과 같다고 했습니다. 이것은 하나님께서 이사야에게 이 환상을 사소하게 여겨서 그냥 넘어갈 것이 아니라, 너에게 소화가 될 때까지 충분히 이해해야 한다는 의미로 주신 것입니다. 예를 들어, 우리가 어떤 음식을 먹었는데 마치 배가 끊어질 것처럼 아프다면, 우리는 배의 통증이 사라질 때까지 약을 먹든지 병원에 가서 주사를 맞든지 해야 하는 것과 같습니다.

우리가 지금까지 본 이사야의 묵시는 앗수르와 애굽에 대한 것이었습니다. 이 당시 전 세계가 직면하고 있는 문제는 폭력적인 앗수르였습니다. 그래서 팔레스타인에 속해 있는 나라들은 모두 애굽을 등에 업고 힘을 합쳐서 앗수르에 대항하는 조약을 맺자고 했습니다. 그런데 하나님께서는 유다 백성에게 그런 조약을 맺을 필요가 없다고 말씀하셨습니다. 왜냐하면 애굽은 더 이상 다른 나라를 도울 힘이 없으며, 유다 백성이 하나님 앞에 바로 서기만 하면 하나님께서 앗수르를 물리치실 것이기 때문입니다. 이것을 보면 이 세상에서 하나님의 나라가 바른 신앙을 가지는 것이 얼마나 중요한지 알 수 있습니다. 하나님의 백성이 하나님을 바로 믿기만 하면 악한 나라들이 맥을 추지 못합니다. 우리는 평화를 유지하기 위해 악한 나라들을 다 없앨 필요가 없습니다. 단지 악한 나라들이 힘을 쓰지 못하게 되면 다른 나라를 침략하거나 공격하지 못하는 것입니다. 하지만 하나님의 백성이 정신을 차리지 못하고 대충대충 위기만 넘기려고 한다면, 앗수르가 아니라 그보다 더한 새로운 원수가 나타나서 멸망을 당하게 됩니다.

예를 들어, 어떤 사람이 자기는 가난한 것이 문제이고 돈만 있으면 모든 것이 다 해결될 것이라고 믿었는데, 나중에 병으로 죽게 되는 것과 같습니다. 예전에 한 부인이 있었는데, 그분은 하나님을 믿지 않는 사람이었습니다. 이 부인은 아파트를 장만하는 것이 소원이어서, 집을 사기 위해 밥을 굶어 가면서 열심히 돈을 모았습니다. 그리고 드디어 집을 사기는 했는데 그만 암에 걸려서 죽게 되었습니다. 결국 이분은 인생의 문제에 대해 잘못 생각함으로써 끝내 행복을 누리지 못했습니다. 마찬가지로 우리가 하나님의 백성의 모습을 바로 찾지 못하고 임시방편으로 위기만 넘기려고 하다 보면 전혀 생각지 못한 암초에 걸려 망하게 되는 것입니다.

1. 바벨론이라는 암초

우리가 이 세상을 살다 보면 전혀 생각하지 못했던 어려운 일을 당할 때가 있습니다. 그런데 이런 어려운 일에 대해 중심에 하나님의 말씀을 붙드는 자와 그렇지 않은 자는 결과가 완전히 달라집니다. 즉, 하나님의 말씀을 붙드는 자는 이런 고난을 통해 더 하나님의 말씀을 붙들게 되고 연단을 통해 보석같이 변합니다. 하지만 말씀이 없는 자는 고생만 실컷 하고 잿더미 밖에 남지 않아 완전히 인생을 망치게 됩니다.

본문 말씀은 '해변 광야에 관한 경고'로 되어 있습니다.

: 1절 : "해변 광야에 관한 경고라. 적병이 광야에서, 두려운 땅에서 네겝 회오리 바람 같이 몰려왔도다."

보통 '해변 지역'이라고 하면 예루살렘을 기준으로 해서 지중해 바다 쪽에 있는 블레셋의 여러 도시들을 말할 때가 많습니다. 그런데 여기 본문에서는 '해변 광야'라고 말씀하고 있습니다. 우리가 생각하기에 해변 광야는 사람들이 살지 않는 곳이기 때문에 군대가 쳐들어오든지 산불이 나든지 아무 상관이 없을 것 같습니다. 그런데 성경은 '해변 광야에 관한 경고'라고 말씀하고 있습니다. 이것은 이 해변 광야라는 말 자체가 상당히 상징적인 의미를 가지고 있다는 말입니다.

우리가 생각할 수 있는 것처럼, 해변 광야는 바닷가에 있고 또 광야이기 때문에 적의 공격이나 산불 같은 재해에 신경 쓸 필요가 없는 지역이었습니다. 바로 이것이 바벨론이라는 나라의 정체였습니다. 우선 바벨론은 예루살렘으로부터 멀리 떨어진 나라였습니다. 즉, 바벨론은 예루살렘과 늘 붙어 있어서 티격태격하는 나라가 아니었습니다. 예루살렘에서 바벨론으로 가거나 바벨론에서 예루살렘으로 오려면 산을 넘고 강을 건너서 광야를 통해 오든지 아니면 바다를 통해 와야 할 정도로 먼 나라였습니다. 그러나 실제로 예루살렘이나 애굽이나 팔레스타인의 모든 나라를 불태워 버리고 망하게 한 나라는, 그들과 가까이에 있는 앗수르나 애굽이 아니라 먼 데 있던 바벨론이라는 듣지도 보지도 못한 나라였던 것입니다.

이 세상은 어느 곳에서도 재앙이 일어날 수 있습니다. 우리는 보통 재앙이나 환난이 가까운 곳에서 발생하여 큰 피해를 준다고 생각하지만, 꼭 그렇지만도 않은 것입니다. 그런 의미에서 바벨론은 해변 광야라고 말할 정도로 예루살렘이나 팔레스타인에 있는 나라들로부터는 아주 먼 곳에 있는 나라였습니다. 그런데 이 바벨론이 세계적인 강대국이 되어서 수많은 사람을 전쟁으로 죽이고 결국 예루살렘까지 멸망시키게 됩니다.

하나님께서는 이사야를 통해서, 아직 군사 대국이 되지도 않은 바벨론이 장차 엘람과 메대의 공격을 받아서 멸망할 것을 보여 주십니다. 예를 들면, 이것은 어떤 아이가 아직 어른이 되기도 전에, 그가 나중에 실컷 못된 짓을 하다가 총에 맞아 죽거나 혹은 사형 당하는 것을 보여 주는 것과 같은 것입니다. 즉, 지금 이사야가 처한 상황과 본문에 나타나는 말씀 사이에는 엄청난 시간의 간격이 있습니다. 지금 바벨론은 아직 군사 대국이 되지 못했고,

하나의 '해변 광야'에 불과합니다. 그런데 이런 바벨론이 앗수르를 멸망시키고 온 세상을 불바다로 만든 후에 자기 자신도 망하게 되는 것입니다. 우리는 이것을 보면서 일종의 허탈감을 느끼게 됩니다. 한때는 온 세상의 권력을 다 쥐고 수많은 사람을 마음대로 잡아가고 죽이던 나라도 결국 허무하게 무너지는 모래성에 불과하기 때문입니다.

여기서 우리는 과연 바벨론이 남긴 것이 무엇인지 생각해 봐야 합니다. 하나님의 백성은 바벨론을 통해 혹독한 연단을 받은 후 드디어 우상을 끊고 하나님의 말씀을 붙드는 자들이 됩니다. 사실 유다 백성은 바벨론에 망하기 전까지만 해도 절대 하나님의 말씀을 따르지 않았으며, 자존심은 강하면서도 한편으로는 우상을 끊지 못하고 세상에 질질 끌려가고 있었습니다. 그런데 모든 것을 잃고 완전히 알거지가 되고 난 후에 다시 하나님의 말씀을 붙잡게 되어 부흥이 일어난 것입니다. 거기에 비해 하나님을 믿지 않는 나라 백성은 그냥 아무 소득 없이 망한 것밖에 없습니다.

한 가지 더 생각해 본다면, 만약 유다 백성이 바벨론이 일어나기 전에 먼저 스스로 우상을 버리고 하나님의 말씀을 붙들었더라면 바벨론은 어떻게 되었을까요? 아마 바벨론은 아예 시시한 나라로 있다가 끝났을지도 모릅니다. 이 모든 것을 보면서, 우리가 믿노라 하면서도 사실 죄를 끊는 것이 얼마나 어려운 일인지 알게 됩니다. 우리 몸 안에 종양이나 커다란 암 덩어리가 있으면 절대로 결심이나 노력만으로는 치료되지 않는 것처럼, 우리가 가지고 있는 죄의 습관이나 세상에 대한 욕심은 절대로 쉽게 끊어지지 않습니다. 하지만 하나님의 말씀을 듣고 스스로 죄를 끊는다면 이것은 엄청난 능력이며, 이렇게 해서 부흥이 일어나면 수십만 명 혹은 수백만 명이 죽는 전쟁을 막을 수 있게 되는 것입니다.

본문에 보면 '적병이 광야에서, 두려운 땅에서 네겝 회오리바람같이 몰려왔도다'라고 말씀하고 있습니다. 물론 이 말씀은 누가 누구를 공격하는 말씀인지 분명하게 말하기는 어렵습니다. 그러나 유다나 예루살렘이나 블레셋이나 애굽의 여러 나라를 두고 하시는 말씀이라고 생각하면 좋을 것입니다.

처음 유다 백성이나 팔레스타인의 여러 나라는 바벨론을 그렇게 악하고 공격적인 나라로 생각하지 않았습니다. 유다나 팔레스타인의 여러 나라에게 중요한 적은 북쪽 앗수르 군대였습니다. 오히려 바벨론 왕은 히스기야 왕이 병에 걸렸다가 살아났을 때 사신을 보내어 축하까지 해 주었습니다. 그래서 앗수르 군대 18만5천 명이 예루살렘을 포위했다가 하룻밤 사이에 모두 다 죽었을 때, 예루살렘이나 유다나 다른 모든 나라는 이제 진정으로 전쟁이나 공포로부터 해방된 줄 알았습니다. 그러나 사실은 더 무서운 나라가 해변 광야에서 준비되고 있었던 것입니다.

어느 날 예루살렘 사람들이 보니까 갑자기 적이 새카맣게 몰려와서 예루살렘을 에워쌌습니다. 그리고 결국 유다 백성은 바벨론을 물리치지 못하고 패하고 맙니다. 유다는 옛날 앗수르가 공격해 올 때에 비하여 군사력도 더 강해졌고 무기나 전쟁 물자도 더 많았는데 왜 패하고 말았을까요? 그것은 바로 그들이 세상적으로는 강했을지 몰라도 하나님의 백성으로서의 정체성을 잃어버렸기 때문입니다. 하나님의 백성의 정체성은 세상적으로 강하고 크고 잘사는 데 있는 것이 아니라, 하나님의 말씀을 생명을 다해 붙드는 데 있습니다.

결국 예루살렘이나 팔레스타인에 남방 회리바람같이 전쟁이 찾아왔습니다. 남방 회리바람은 전혀 예상하지 못한 가운데 밀려오는 것으로, 거대한 모래바람이 사람이나 도시를 덮쳐서 폐허로 만들어 버립니다. 이것은 우리가 종종 영화에서 보게 되는 장면으로, 사막에서 거대한 모래바람이 불어오면 이것이 지나가는 곳은 모두 다 파괴되고 도시는 모래 산에 묻혀 버립니다. 미국의 토네이도 역시 거대한 회리바람인데, 토네이도가 지나가고 나면 모든 집이나 공장이 다 폐허가 되고 맙니다. 또한 사람이나 거대한 유조차 까지도 하늘로 끌어올렸다가 땅에 내팽개치는 거대한 괴물과 같습니다.

유다나 팔레스타인의 사람들이 전혀 생각하지 못했던 것은 거대한 모래바람과 같은 바벨론의 공격이었습니다. 유다 백성은 이 거대한 모래바람의 공격을 받고 난 후에야 정신을 차리고 하나님께 돌아오게 됩니다.

:2절: "혹독한 묵시가 내게 보였도다. 속이는 자는 속이고 약탈하는 자는 약탈하도다. 엘람이여 올라가고 메대여 에워싸라. 그의 모든 탄식을 내가 그치게 하였노라 하시도다."

이사야는 자기가 너무나 무섭고 혹독한 묵시를 보았다고 말합니다. 여기서 이사야가 보았다는 혹독한 묵시가 아직 이사야가 말하지 않은 부분을 말하는 것인지 아니면 바벨론이 망하는 부분만 보고 말하는 것인지는 알 수 없습니다. 어쨌든 거대한 모래바람과 같았던 바벨론은 자신이 남에게 했던 그대로 망하게 되는데, 이사야는 혹독한 묵시를 보았다고 말합니다. 그동안 그 많은 나라를 괴롭혔던 바벨론이 망하는 것을 보았다면 마음이 시원해야 할 텐데 왜 혹독한 묵시라고 말하는 것일까요? 그것은 이사야가 보기에도 혹독하다 생각될 정도로 바벨론이 처참하게 멸망하기 때문일 것입니다. 그동안 바벨론이 유다나 예루살렘을 멸망시키는 모습도 혹독했지만, 나중에 그들 자신이 멸망하는 모습도 혹독했던 것입니다.

그래서 하나님은 말씀하십니다. "속이는 자는 속이고 약탈하는 자는 약탈하도다. 엘람이여 올라가고 메대여 에워싸라. 그의 모든 탄식을 내가 그치게 하였노라." 이 세상에서 힘이 있고 머리가 좋은 사람은 자신의 힘이나 권력을 이용해 마음껏 속이고 약탈함으로써 온 세상을 자기 것으로 만들어 놓습니다. 하지만 하나님의 때가 되면, 한때 모든 것을 약탈하고 차지했던 사람들은 자기가 행한 그대로 모든 것을 빼앗기고 결국 망하게 되는 것입니다.

우리가 해변에 가면 모래를 얼마든지 볼 수 있습니다. 아이들은 젖은 모래를 산더미같이 쌓아서 멋진 자기만의 성을 만들지만, 밀물이 되어서 바닷물이 들어오면 모래성은 흔적도 없이 사라지고 맙니다. 그래서 예수님께서 말씀하시기를, 나의 말을 듣고 행하지 않는 자는 모래 위에 집을 짓는 어리석은 자와 같다고 하십니다. 비가 내리고 바람이 불고 홍수가 나면 모든 것이 다 무너져서 떠내려가고 마는 것입니다. 그러나 주님의 말씀을 듣고 순종하는 자는 집을 반석 위에 세우는 자와 같아서, 아무리 비가 내리고 바람이 불고 홍수가 나더라도 집이 무너지지 않습니다.

그러므로 우리가 이 세상의 성공에 만족하고 큰소리치는 것은 정말 어리석은 행위입니다. 그런데도 지금 세상이나 교회 모두가 세상적으로 성공하여 자랑하며 큰소리치는 자들을 동경하는 경향이 있습니다. 하지만 이런 성공은 모래성과 같아서 언젠가는 무너져 내리고 말 것들입니다. 우리가 진정한 복을 소유하려면 세상에서 성공하는 것과 반대 방향으로 가야 합니다. 즉, 하나님의 말씀으로 우리 내면을 채워서 환난을 통과해야 하며, 진리의 공동체를 세워서 부흥의 불이 일어나게 해야 합니다. 그런 가운데 하나님께서 우리에게 부어 주시는 복은 모래성이 아닌 진정한 복입니다.

거대한 모래바람과 같았던 바벨론이 결국 메대나 엘람에 의해서 망하는 것을 보면 남는 것은 허탈감뿐입니다. '바벨론의 느부갓네살이 그렇게 세상을 시끄럽게 하고 한평생 전쟁을 한 결과가 이렇게 허무하게 무너질 것이었던가?' 하고 말입니다. 여기에 나오는 엘람과 메대는 고레스가 이끄는 메대 바사 연합군을 말합니다. 하나님은 바벨론을 망하게 해서 모든 민족의 탄식을 그치게 하겠다고 하셨습니다. 그 가운데는 하나님의 백성인 유다의 탄식도 있었습니다.

2. 선지자의 충격

우리가 미래에 일어날 일을 모두 아는 것이 결코 좋은 일이 아닐 수 있습니다. 미래 일을 모두 알게 된다면 지금 당장부터 아무것도 할 수 없게 될 것이기 때문입니다. 예를 들어, 어떤 사람이 몇 년 뒤에 전쟁이 일어나고 그 전쟁으로 모든 가족이 죽는다는 사실을 알게 된다면 아마 슬퍼서 매일 울며 아무 일도 손에 잡히지 않고 너무 괴로워서 견디지 못할 것입니다.

그런데 하나님께서 우리에게 미래를 보여 주시는 것은 미래를 바꿀 수 있기 때문입니다. 우리가 고집을 버리고 하나님의 말씀에 순종하기만 하면 얼마든지 멸망을 피할 수 있습니다.

:3-4절: "이러므로 나의 요통이 심하여 해산이 임박한 여인의 고통 같은 고통이 나를 엄습하였으므로 내가 괴로워서 듣지 못하며 놀라서 보지 못하도다. 내 마음이 어지럽고 두려움이 나를 놀라게 하며 희망의 서광이 변하여 내게 떨림이 되도다."

이사야는 이번 환상을 보면서 여인의 해산하는 고통과 같은 요통을 겪었다고 말합니다. 왜 이사야는 이 환상을 보면서 그렇게 허리가 아팠을까요? 그것은 이사야가 단지 바벨론의 멸망만을 본 것이 아니라, 그 전에 바벨론이 얼마나 많은 예루살렘 사람을 죽이고 그들을 포로로 끌고 갈지 알았기 때문입니다. 하나님께서 이사야에게 이렇게 허리가 끊어지는 것 같은 고통 속에 환상을 보여 주신 것은 유다 백성이 믿음으로 얼마든지 미래를 바꿀 수 있음을 알려 주시기 위해서였습니다.

이사야는 자신의 요통을 말하면서, 임산한 여인의 고통 같은 고통이 자기에게 왔다고 말하고 있습니다. 그러면서 '내 마음이 어지럽고 두려움이 나를 놀라게 하며 희망의 서광이 변하여 내게 떨림이 되도다'라고 말합니다. 그런데 임산한 부인에게는 한 가지 희망이 있습니다. 그것은 끝까지 인내하면 아기를 낳게 되는 것입니다. 여인들이 아기를 낳기 전에는 죽을 것 같고 너무너무 배가 아프지만, 아기를 낳고 나면 모든 고통은 다 끝나고 이제는 예쁜 아기를 보게 될 것입니다.

예수님께서도 자신의 십자가를 앞두고 매우 두려워하고 불안해하셨습니다. 그래서 예수님은 겟세마네 동산에서 기도하실 때 하나님 아버지께 "만일 할 만하시거든 이 잔을 내게서 지나가게 하옵소서."(마 26:39)라고 기도하셨습니다. 아기를 낳는 부인들은 그래도 죽지는 않지만 예수님은 죽으셔야 했습니다. 예수님도 우리와 똑같은 몸을 가지고 계셨기 때문에, 그가 채찍에 맞으시고 나무에 못 박히실 때는 우리와 똑같은 고통을 당하셨습니다. 그리고 예수님은 살아서 십자가에서 내려오지 못하시고 끝내 죽으셔야 했습니다. 그런데 예수님은 자신의 고통을 해산하는 여인과 같다고 말씀하셨습니다. 왜냐하면 예수님이 죽으심으로 모든 믿는 자들이 죄 용서를 받아 새 생명을 얻게 되고 하나님의 성령을 선물로 받게 되기 때문입니다. 그래서 이사야도 예루살렘의 멸망과 유다 백성이 고통당할 것을 생각하면 허리가 끊어질 듯이 아프지만 희망의 서광이 있다고 말하고 있습니다. 여기에서 '희망의 서광이 변하여 내게 떨림이 되었다'는 것은 떨리는 중에도 희망의 빛이 비춰었다는 의미입니다.

우리가 하나님의 말씀을 알게 되면 고통이 따르고 두려움에 사로잡혀서 온 몸과 마음이 떨려오게 됩니다. 그러나 우리는 그런 가운데 희망의 빛이 있다는 것을 알아야 합니다. 하나님의 백성의 고난은 해산의 고통이기 때문입니다. 우리는 고난을 통과함으로 순금과 같이 변하게 됩니다. 그러므로 우리는 참고 기다려야 합니다. 즉, 하나님의 백성은 지금 세상적으로는 잘살지 못하고 길이 잘 열리지 않으며 무시를 당하면서 살지만 이것을 잘 참고 기다려야 합니다. 때가 되면 하나님께서 길을 열어 주시기 때문입니다.

:5절: "그들이 식탁을 베풀고 파수꾼을 세우고 먹고 마시도다. 너희 고관들아 일어나 방패에 기름을 바를지어다."

이 말씀을 많은 성경 해석자는 바벨론 왕이나 군대가 망하기 전의 모습을 보여 주는 것으로 해석합니다. 즉, 바벨론 왕은 마지막 나라가 망할 때까지도 식탁을 베풀고 술과 음식을 즐기면서 파수꾼만 세워 놓고 큰소리를 치다가 망했다고 보는 것입니다. 고관들이 방패에 기름을 바르는 것은 전쟁 준비를 하는 모습을 의미합니다. 방패에 기름을 발라야 미끄럽기 때문에 적이 함부로 붙잡지 못하고 창이나 화살도 미끄러지는 것입니다. 이것을 학자들은 바벨론 고관들이 언제나 전쟁에 자신을 보였다는 것으로 해석합니다.

그러나 다른 각도로 보면 이것은 당시 이사야의 메시지를 들은 유다 백성의 태도로 생각할 수 있습니다. 즉, 유다 백성이 이사야를 통해서 이제는 앗수르가 문제가 아니라 바벨론이 공격할 수 있다는 말을 듣고, 식사할 때마다 파수꾼을 세워 놓고 적이 쳐들어오지 않는지를 확인하는 모습으로 보는 것입니다. 또한 유다의 고관들은 전쟁에 대비해서 자기 방패에 기름을 발라놓는 것입니다.

히스기야 왕이 죽을병에 걸렸다가 하나님의 은혜로 나았을 때 바벨론 왕 느부갓네살은 사신을 보내어 축하해 왔습니다. 이때 히스기야는 기분이 너무 좋은 나머지 경솔하게도 그 사신들에게 왕궁의 모든 보물을 보여 주며 자랑했습니다. 이때 이사야 선지자는 히스기야에게 왕이 정말 큰 실수를 했다고 책망하면서 결국 히스기야가 자랑했던 보물들을 모두 바벨론에 빼앗기고 왕자들과 귀족의 자제들이 바벨론에 붙들려 가서 환관이 될 것이라고 예언했습니다. 결국 오늘 이 현실을 하나님의 말씀에 비추어 보느냐 아니면 결과만 보느냐에 따라 자랑하는 것이 달라지고, 결과 또한 확연하게 달라집니다. 그러므로 우리는 눈에 보이는 성공을 자랑해서는 안 되고, 눈에 보이지 않는 부흥을 자랑해야 합니다. 교인들의 눈물의 기도와 하나님의 말씀에 목숨을 거는 예배와 뜨거운 찬양, 철저하게 부르짖는 기도, 청년이나 청소년 심지어는 어린이들 안에서 나타나는 영적인 부흥을 자랑해야 우리는 살 수 있습니다.

만약 이 성경 본문이 바벨론 사람들의 태도가 아니고 유다 백성이나 귀족들의 태도를 말씀하는 것이라면, 그들의 태도는 많이 잘못되었습니다. 왜냐하면 유다 귀족과 방백들이 이사야의 메시지를 들었다면 파수꾼을 세우고 방패에 기름을 바를 것이 아니라, 먼저 재를 뒤집어쓰고 하나님께 나아가 부르짖으며 기도해야 했기 때문입니다. 즉, 눈에 보이는 모든 상황을 하나님과의 관계에서 보아야 하는데, 그들은 파수꾼만 세우고 방패에 기름을 바르기만 하면 되는 것으로 잘못 생각했던 것입니다.

이 시점에서 우리는 오히려 세상일을 좀 내려놓고 하나님께 매달리는 데 전력을 기울여야 합니다. 그러면 하나님께서 우리의 방패가 되어 주시고 파수꾼이 되어 주셔서 하나님의 불 말과 불 병거로 지켜 주십니다.

본문에서 하나님은 이사야에게 파수꾼을 세우고 그가 보는 것을 보고하게 하라고 말씀하십니다.

∶6-7절∶ "주께서 내게 이르시되 가서 파수꾼을 세우고 그가 보는 것을 보고하게 하되 마병대가 쌍쌍이 오는 것과 나귀 떼와 낙타 떼를 보거든 귀 기울여 자세히 들으라 하셨더니"

하나님께서는 이사야에게 그들이 파수꾼을 세워서 살피면 언젠가 마병이 쌍쌍이 올 텐데 그때 나귀 떼나 낙타 떼도 같이 올 것이라고 말씀하십니다. 일단 마병대가 쌍쌍이 오는 것은 군대가 쳐들어오는 것으로 보입니다. 이것은 어쩌면 대규모 공격을 앞둔 정찰일지도 모릅니다.

그런데 드디어 파수꾼이 큰 소리로 외치게 됩니다.

:8-9절: "파수꾼이 사자 같이 부르짖기를 주여 내가 낮에 늘 망대에 서 있었고 밤이 새도록 파수하는 곳에 있었더니 보소서 마병대가 쌍쌍이 오나이다 하니 그가 대답하여 이르시되 함락되었도다, 함락되었도다, 바벨론이여. 그들이 조각한 신상들이 다 부서져 땅에 떨어졌도다 하시도다."

여기서 '사자 같이'라는 말은 '사자다!'라고 해석할 수 있습니다. 아마도 파수꾼이 '사자다!'라고 크게 소리친 것은 아마도 은어인 것 같습니다. 그들이 기다리고 기다리던 엄청난 뉴스라는 뜻일 것입니다. 요즘 우리가 사용하는 말로 '대박을 터뜨렸다'와 같은 의미입니다. 이 파수꾼은 아주 오랜 시간 기다렸던 것 같습니다. 그는 낮에도 기다렸고 밤에도 기다렸습니다. 그렇게 끈질기게 기다린 결과 드디어 하나님께서 바벨론을 멸망시키셨으며 그 모든 신들이 땅에 떨어지게 되었다는 기쁜 소식을 듣게 되었습니다.

아마도 '사자'는 모래바람과 같은 바벨론을 멸망시키는 하나님의 사자의 별명이었는지도 모릅니다. 여기에 보면 바벨론을 회오리바람이라고 했는데 그 회오리바람을 죽이는 사자가 있는 것입니다. 결국 이 세상의 악의 세력은 하나님의 능력으로 무너지게 되고, 끝까지 기다리던 성도들만이 그 기쁨을 누릴 수 있습니다. 그러나 그 과정에서 예루살렘 사람들은 엄청난 시련을 겪게 됩니다. 즉, 이 세상의 악의 세력은 그냥 없어지는 것이 아니라 하나님의 백성을 충분히 연단하고 난 후에야 비로소 무너지게 되는 것입니다. 바벨론은 하나님의 백성을 연단하는 거대한 용광로였습니다. 우리가 이런 용광로의 맛을 보지 않으려면 먼저 하나님의 말씀으로 성령의 용광로에 들어가야 합니다.

바벨론이 멸망한 뒤에 남는 것은 연단된 하나님의 백성이었습니다.

:10절: "내가 짓밟은 너여, 내가 타작한 너여, 내가 이스라엘의 하나님 만군의 여호와께 들은 대로 너희에게 전하였노라."

여기서 '너'는 유다 백성을 말합니다. 왜냐하면 바벨론이 하나님의 마당의 곡식일 수는 없기 때문입니다. 하나님의 백성은 바벨론이라는 시련을 견뎌 내어야 하나님의 창고에 들어갈 수 있습니다.

거둬들인 곡식은 그냥 창고에 들어가는 것이 아니라, 힘껏 타작해서 알곡과 쭉정이를 구별한 후 알곡만 창고에 들어갑니다. 세례 요한은 예수님에 대하여 증거하기를 "손에 키를 들고 자기의 타작마당을 정하게 하사 알곡은 모아 곳간에 들이고 쭉정이는 꺼지지 않는 불에 태우시리라."(마 3:12)라고 했습니다.

그러면서 이사야는 자신이 하나님으로부터 들은 것을 그대로 전하는 것이라고 했습니다. 즉, 유다 백성은 고난 없는 축복을 원했던 것 같은데 이사야는 바벨론이라는 용광로를 통과해야 한다고 말한 것입니다.

3. 사막의 오아시스에 있는 사람들

이 세상에서 유다 백성이나 팔레스타인 사람들은 바벨론이라는 용광로에 들어가서 엄청난 환난을 받게 됩니다. 바벨론은 모든 나라의 운명을 바꾸어 버렸고 희망을 없애 버렸습니다. 그런데 이때 사막에 있는 오아시스 도시들은 큰 피해 없이 위기를 잘 넘길 수 있었습니다. 그 나라들은 자기들의 운명이 어떻게 될지 이사야 선지자에게 묻고 있었습니다.

: 11-12절 : "두마에 관한 경고라. 사람이 세일에서 나를 부르되 파수꾼이여 밤이 어떻게 되었느냐. 파수꾼이여 밤이 어떻게 되었느냐. 파수꾼이 이르되 아침이 오나니 밤도 오리라. 네가 물으려거든 물으라. 너희는 돌아올지니라 하더라."

아마도 두마에는 바벨론의 공격을 피하여 도피 생활을 하는 사람들이 모였던 것 같습니다. 그래서 그들은 파수꾼에게 밤이 어떻게 되었느냐고 묻습니다. 이것은 지금이 도대체 밤 몇 시냐는 뜻입니다. 밤이 너무 길어지니까 사람들은 자다가 일어나 지금이 몇 시냐고 묻고 또 조금 자다가 일어나 몇 시냐고 묻습니다. 그러자 파수꾼은 아침은 걱정하지 말라고 하면서 그런데 아침이 오더라도 밤이 또 온다고 대답했습니다.

이것은 두 종류의 아침이 있다는 의미입니다. 매일의 아침은 오게 되어 있고, 아침이 온 뒤에는 다시 밤이 옵니다. 즉, 이 세상에는 좋은 일도 있을 수 있고 나쁜 일도 있을 수 있는 것입니다.

그런데 또 다른 아침이 있습니다. 그것은 바로 하나님의 아침이고 영적 부흥의 아침입니다. 그들이 언제나 하나님의 말씀을 듣고 그 말씀에 목숨을 걸면 그 아침이 오게 됩니다.

파수꾼은 '네가 물으려거든 물으라. 너희는 돌아올지니라'라고 말합니다. 파수꾼은 너희들이 다시 잘살게 되는 것에 관심을 가지고 묻고 싶으면 물어도 좋지만, 더 중요한 것은 하나님께 돌아오는 것이라고 말하는 것입니다. 즉, 이들이 고난을 피해 사막 오아시스에 숨어 있다고 해서 아침이 오는 것이 아니라, 하나님의 말씀 가운데 고난을 받아야 아침이 오게 되는 것입니다.

: 13-15절 : "아라비아에 관한 경고라. 드단 대상들이여 너희가 아라비아 수풀에서 유숙하리라. 데마 땅의 주민들아 물을 가져다가 목마른 자에게 주고 떡을 가지고 도피하는 자를 영접하라. 그들이 칼날을 피하며 뺀 칼과 당긴 활과 전쟁의 어려움에서 도망하였음이니라."

여기에 나오는 '드단'도 아라비아 사막에 있는 오아시스 도시였습니다. 드단의 상인들은 낙타를 이끌고 사막을 횡단하면서 물건들을 팔아 돈을 버는 자들이었습니다. 옛날 요셉을 애굽에 데리고 가서 판 사람들도 이런 대상들이었습니다. 이들은 늘 돌아다니는 직업을 가졌기 때문에 어느 나라에 매일 필요가 없었습니다. 그러나 이사야 선지자는 그들에게 이제는 아라비아 수풀에 숨으라고 말합니다. 왜냐하면 전쟁의 바람이 사막에 있는 오아시스까지 밀려올 것이기 때문입니다. 그러면서 데마 사람들에게는 전쟁에서 도망친 사람들을 붙잡아서 팔아먹으려고 하지 말고, 이제는 목마른 자들에게 물을 주고 굶주린 자들에게 떡을 주어서 도망치는 사람들을 도와주라고 말합니다. 사실 장사하는 사람들은 돈만 벌면 되는 것이지 정의나 인정 같은 것은 필요가 없습니다. 그러나 하나님은 장사하는 사람들에게도 너희가 언제까지 돈만 벌려고 하느냐, 지금이라도 전 세계가 연단을 받는 것을 보고 정신을 차려서 하나님 앞에 합당한 사람이 되라고 말씀하시는 것입니다.

우리는 보통 세리라고 하면 돈만 아는 사람인 줄 알았는데, 신약 성경에서 삭개오나 마태 같은 사람은 그 마음속에 진리에 대한 갈급함이 있었습니다. 그래서 예수님을 만나고 말씀을 들었을 때 새사람으로 변화됨을 볼 수 있습니다. 이처럼 이 세상에서 하나님의 말씀이 필요하지 않은 사람은 없고, 은혜받고 변화 받지 못할 사람도 없는 것입니다. 다만 사람들이 스스로 마음을 강퍅하게 해서 하나님이 필요하지 않은 것처럼 큰소리를 치고 있을 뿐입니다. 그러나 누구든지 하나님의 은혜를 받기만 하면 마음이 부드러워지며, 회개함으로 새사람이 될 수 있습니다.

∶16-17절∶ "주께서 이같이 내게 이르시되 품꾼의 정한 기한 같이 일 년 내에 게달의 영광이 다 쇠멸하리니 게달 자손 중 활 가진 용사의 남은 수가 적으리라 하시니라. 이스라엘의 하나님 여호와의 말씀이니라."

게달 자손은 아라비아 사막에 있는 유목민을 말합니다. 게달의 장막은 검기 때문에 대개 검은 사람들의 얼굴을 이야기할 때 게달의 장막 같다고 말합니다. 이들은 말이나 낙타를 타고 사막을 바람같이 다니면서 도둑질하거나 약탈하기 때문에 그야말로 떠돌이들이었고 인정과 눈물이 없는 자들이었습니다. 그러나 하나님은 다른 모든 예언에 앞서서 게달의 용사가 일 년 내에 망할 것이라고 말씀하셨습니다. 어떻게 된 일인지 모르겠지만 사막에 전쟁이 일어나서 게달의 용사들이 다 죽게 되는데, 여기에서부터 바벨론의 멸망이 시작되는 것입니다.

하나님은 바벨론이 큰 나라가 되기 전부터 장차 바벨론이 멸망할 것을 예언하셨습니다. 이것은 마치 작가가 소설을 쓸 때 이미 작가의 머릿속에 줄거리가 대충 잡혀 있는 것처럼, 하나님의 계획 속에는 처음부터 예루살렘의 멸망과 바벨론의 멸망이 모두 들어 있는 것입니다. 그러나 유다 백성이 지금 하나님 앞에서 회개하면 얼마든지 줄거리를 바꿀 수가 있습니다. 그래서 하나님은 이사야에게 이 환상을 보여 주신 것입니다. 우리는 아직 시간이 있을 때 사람을 바라보지 말고, 일본이나 북한이나 중국을 너무 쳐다보지 말고, 오직 하나님께 매달림으로써 역사의 줄거리를 바꿀 수 있는 성도들이 되시기 바랍니다.

34

환상의 골짜기

이사야 22:1-14

우리 주위에는 중요한 일을 맡고 있는 기관에서 본분을 제대로 감당하지 못해 엄청난 재앙이 일어나는 경우를 자주 보게 됩니다. 예를 들어, 기상청에서는 강추위가 오거나 혹은 큰 태풍이 오는 것을 정확하게 예측해서 국민에게 알려 주어야 하는데, 컴퓨터가 제대로 작동하지 않아서 전혀 예고해 주지 못한다면 국민은 엄청난 피해를 입게 될 것입니다. 우리나라에서도 원전을 제때 수리하거나 정비하지 않고 불량 부품을 사용하는 바람에 국민에게 막대한 피해를 주고, 특히 전력이 많이 소비되는 한여름에 대정전을 아슬아슬하게 넘겨야만 했던 경우가 있습니다.

중요한 자리에 있는 사람들이 자신의 사명만 잘 감당해도 큰 재앙을 막을 수 있습니다. 그런데 사람이 자기 이익을 챙기느라 욕심을 부리거나 잘못된 야망에 빠져서 자신의 임무를 소홀히 하는 바람에 큰 재앙을 부르는 경우를 보게 됩니다.

그렇다면 이 세상에 사는 동안 하나님의 백성의 사명은 무엇일까요? 이 세상을 살아가는 하나님의 백성의 사명은 바른 말씀이 선포되도록 하는 것이고, 부흥의 불이 활활 타오르도록 함께 지속적으로 기도하는 것입니다. 그러나 하나님의 백성도 인간이기 때문에 이 세상에서 성공하고 싶고 더 많은 것을 누리고 싶은 욕망이 있습니다. 또한 하나님의 선지자들도 인간이기 때문에 더 유명해지고 싶고 더 많은 사람들로부터 인정받고 싶은 욕망이 있습니다. 그래서 하나님의 선지자나 백성이 조금씩 하나님을 멀리하고 세상을 따라가더라도 아무도 그것을 알지 못합니다. 그러나 하나님의 사람들이 자신의 자리를 지키지 못해서 어느 날 그 사회에 무서운 재앙이 닥치게 되면 그때는 이미 후회해도 소용없는 것입니다.

본문 말씀은 하나님께서 예루살렘을 향해서 앞으로 닥칠 무서운 전쟁에 관해 말씀하고 있습니다. 그런데 놀랍게도 예루살렘 사람들이 전쟁에 대비해서 못에 물도 모으고 성도 높이 쌓고 많은 무기를 준비했음에도 불구하고 전쟁에 이기지 못하고 결국 망하게 됩니다. 그 이유는 예루살렘의 사명이 전쟁을 준비하는 것이 아니었기 때문입니다. 예루살렘의 사명은 하나님의 말씀이 충분히 임하게 하고 영적인 부흥이 일어나도록 하는 것인데, 엉뚱하게 전쟁을 준비하다 보니 이기지 못하고 망하게 되는 것입니다. 사람들이나 나라가 망하지 않으려면 자신의 사명을 끝까지 지켜야 하는데, 자신의 사명은 지키지 않고 인간적인 방법으로 아무리 계획하고 준비한들 아무 소용이 없습니다.

1. 환상의 골짜기에 일어날 일

하나님께서는 유다의 수도인 예루살렘을 특이하게 지칭하셨습니다. 그것은 바로 '환상의 골짜기'라는 말입니다.

: 1절 : "환상의 골짜기에 관한 경고라."

하나님께서는 예루살렘을 '환상의 골짜기'라고 부르셨습니다. 바로 이것이 예루살렘이 하나님 앞에서 가진 가장 중요한 사명이었습니다.

한 나라의 수도나 혹은 대도시가 세워지는 위치를 보면, 대개 강가나 바닷가에 세워지는 것을 볼 수 있습니다. 도시가 강가에 세워지는 이유는, 많은 사람이 살기 위해서는 그만큼 물이 필요하기 때문입니다. 그리고 강이 있으면 적의 공격으로부터 방어하기도 쉽고, 또 필요한 물자를 배로 나르기도 쉽습니다. 거기에 비해서 도시가 바닷가에 세워지는 것은 항구가 무역이나 장사에 용이하고 또 외국으로 세력을 넓히는 데 유리하기 때문입니다. 그러나 어떤 나라의 수도가 골짜기에 세워지는 경우는 많지 않습니다. 대개 골짜기에 도시가 형성되는 것은 석탄을 캐거나 나무를 베어내기 위해서인데, 그런 것들로는 수도로서의 요건을 갖출 수 없기 때문입니다.

그러나 예루살렘은 강가도 아니고 바닷가도 아니고 석탄이 나는 곳도 아닌 그냥 내륙 깊숙한 곳에 있는 골짜기였습니다. 무엇 때문에 예루살렘은 깊은 골짜기에 있는 큰 산 위에 세워졌을까요? 그것은 바로 그곳에 하나님의 말씀, 즉 환상이 임하기 때문이었습니다. 그래서 하나님께서는 예루살렘을 환상의 골짜기라고 부르신 것입니다.

예루살렘이 이처럼 내륙 깊숙한 곳에 있었던 이유는, 하나님의 백성이 하나님의 말씀을 받기 위해서는 세상에서 좀 동떨어진 곳에서 생활하는 것이 필요했기 때문입니다. 물론 오늘날과 같은 시대에는 우리가 어느 곳에서든지 하나님의 말씀을 받을 수 있습니다. 시장에서 물건을 사고팔면서도 하나님의 말씀을 떠올릴 수 있고, 지하철이나 만원 버스를 타고서도 하나님의 말씀을 생각할 수 있습니다. 그러나 구약 시대에는 하나님의 말씀을 받는 것이 지금보다 훨씬 어려웠기 때문에 하나님의 선지자나 하나님의 백성이 하나님의 말씀, 즉 환상을 본다는 것은 참으로 어려운 일이었습니다. 그래서 하나님께서는 예루살렘을 세상에서 조금 격리된 골짜기에 세우게 하셔서, 조용한 가운데 하나님의 말씀에만 집중할 수 있게 하셨던 것입니다.

이러한 예루살렘과 유다 백성의 가장 중요한 사명은 다른 나라와 외교를 잘하는 것도 아니고 군사 대국이 되거나 부자 나라가 되는 것도 아니었습니다. 하나님의 백성의 가장 중요한 사명은, 세상에서는 좀 뒤떨어지더라도 하나님의 말씀, 즉 환상을 받고 그것을 붙잡고 기도하는 가운데 부흥의 불길이 계속 일어나게 하는 것이었습니다.

우리는 대개 교회가 외국의 유명한 강사들을 많이 초청하여 강연을 듣고 대화를 나누거나 혹은 사회의 중요한 일에 참여하여 이름을 내는 것이 교회의 중요한 사명을 이행하는 것이라고 생각하기 쉽습니다. 특히 목회자가 그런 식으로 유명한 사람들을 만나기 위해 바쁘게 다니는 것을 아주 중요한 일을 하는 것으로 생각하곤 합니다. 그러나 교회의 가장 중요한 사명은 하나님의 말씀을 받는 것이고, 목회자의 가장 중요한 사명도 하나님의 말씀을 깊이 연구해서 바르게 설교하는 것입니다. 교인들이 그 말씀을 붙잡고 기도함으로써 부흥의 불이 계속 일어나게 해야 하는 것입니다. 그렇게 할 때 하나님께서는 그 환상의 골짜기를 하나님의 손으로 덮으셔서 모든 세상의 전쟁이나 재앙이 지나가게 하시는 것입니다.

교회는 하나님께서 말씀하신 '환상의 골짜기'입니다. 즉, 교회는 세상과는 조금 거리를 두어서 하나님의 말씀을 듣는 데 집중할 수 있는 곳이어야 합니다. 우리는 거기서 기도를 통해 세상을 움직일 생각을 해야지, 세상 사람들과 똑같이 되어 이리 뛰고 저리 뛰면서 하나님의 일을 할 수는 없습니다.

하나님께서는 예루살렘에 대하여 이렇게 말씀하십니다.

∶1절 하–2절∶ "네가 지붕에 올라감은 어찌함인고. 소란하며 떠들던 성, 즐거워하던 고을이여 너의 죽임을 당한 자들은 칼에 죽은 것도 아니요 전쟁에 사망한 것도 아니라."

하나님은 예루살렘 사람들에게 '네가 지붕에 올라감은 어찌함인고'라고 말씀하십니다. 유다 사람들의 집 지붕은 편편하게 되어 있기 때문에 사람이 지붕 위에 올라갈 수 있었습니다. 대개 유다 사람들은 초막절이 되면 지붕 위에 일부러 초막을 지어서 조상들의 초막 생활을 체험해 보기도 하고, 어디서 불이 나거나 요란한 일이 벌어지면 구경하기 위해 올라가기도 했습니다. 때로는 기도하러 지붕에 올라가기도 하고, 전쟁이 나면 성 밖에 있는 적을 살펴보기 위해 올라가기도 했습니다. 하나님께서는 예루살렘 사람들에게 '너희가 생전 지붕에 올라가지 않더니 도대체 무슨 일로 지붕에 다 올라갔느냐?'고 질문하셨습니다. 이것은 예루살렘 사람들이 한동안 지붕에 올라갈 일이 없을 정도로 평안하게 잘 살았는데, 이제 다급해지니까 지붕에 올라가서 성 밖을 내다보기도 하고 또 기도를 해 보려고 애를 쓴다는 뜻입니다.

그동안 예루살렘은 아주 행복한 도시였고, 난공불락의 성임을 자랑했습니다. 앗수르의 공격으로 거의 멸망할 뻔했다가 다시 살아나게 된 예루살렘 사람들은 너무나 기뻤습니다. 그래서 그들은 서로 기뻐하며 연회를 하고, 다시 다른 나라가 쳐들어와도 예루살렘을 지킬 수 있도록 방어를 철저히 했습니다. 예루살렘 왕이나 백성은 무기를 철저하게 준비하고 물을 저장해 놓았으며, 집을 헐고 성벽을 다시 튼튼하게 수리했습니다. 그러나 이러한 예루살렘 사람들을 보며 이사야 선지자는 혼자서 슬피 울고 있습니다. 그 이유는 예루살렘 사람들이 샴페인을 너무 빨리 터뜨리고 있기 때문입니다. 예루살렘 사람들에게는 이번 앗수르의 공격이 하나님 앞에서 자신들을 진실하게 돌아볼 기회였습니다. 하나님은 예루살렘 사람들이 신앙적으로 자신들의 모습을 돌아보길 원하셨지, 지금 그들의 모습처럼 세상적으로 자신들의 승리를 자축하고, 군사적으로 예루살렘을 무장시켜서 자신을 든든히 하기를 원하신 것이 아닙니다.

하나님께서는 이 기간에 예루살렘 사람들이 진정으로 자신들의 신앙을 하나님 앞에서 비추어 보기를 원하셨습니다. 그들이 하나님 앞에서 자신들이 얼마나 교만하게 살아왔는지, 또한 자신들이 진정한 신앙에서 얼마나 멀리 떨어져 나왔는지 깨닫기를 바라셨던 것입니다. 하나님은 이번 앗수르 전쟁의 위기를 통해서 예루살렘에서 진정으로 회개하는 운동이 일어나기를 원하셨습니다.

그러나 이사야는 지금 기뻐하고 자축하는 예루살렘이 앞으로 얼마나 비참하게 될지를 환상을 통해 내다보고 있습니다. 예루살렘을 살리는 것은 결코 군사력이 아니었습니다. 예루살렘을 살리는 유일한 길은 하나님 앞에서 바른 신앙의 자세를 회복하는 것이었습니다.

예루살렘 사람들이 깨달아야 했던 것은 이 세상에서 바른 하나님의 말씀이 임하는 곳은 예루살렘뿐이라는 것입니다. 사람들은 누구든지 이곳에 오면 자신들의 정직한 모습을 볼 수 있었고, 또 세상 나라의 미래를 알 수 있었습니다. 예루살렘은 전 세계에서 유일하게 하나님의 말씀이 임하는 곳이었고, 사람들이 진정한 자신의 가치를 찾고 죄 용서를 받을 수 있는 곳이었습니다. 또한 하나님은 이 세상의 나라나 사람들이 가고 있는 길을 예루살렘의 선지자를 통하여 말씀하셨습니다. 그러므로 예루살렘 사람들은 자신들이 너무 골짜기에 있고, 이 세상과 동떨어져 세상 정보에 어둡다고 해서 열등감을 가질 필요가 없었습니다. 세상 지식이나 정보에 비할 수 없는 가치 있는 것이 하나님의 말씀이었기 때문입니다.

그러나 예루살렘 사람들은 자신들이 이 세상의 변두리에 있는 것을 견딜 수 없었습니다. 그래서 그들은 예루살렘 안에 세상을 끌어들이기 시작했습니다. 세상의 유행을 끌어오고 세상의 패션을 끌어오고 세상의 우상을 끌고 와서, 예루살렘을 세상과 똑같이 시끌벅적하고 요란한 곳으로 만들어 놓았습니다. 그리고 어느 순간부터 예루살렘에서는 더 이상 하나님의 환상이 없어지고 부르짖는 기도가 사라졌습니다. 그러자 바로 대재앙이 터지기 시작했습니다. 환상의 골짜기에 환상이 없으니 골짜기가 폭발할 수밖에 없었습니다.

예수님 당시에도 예루살렘 지도자들은 수많은 사람이 성전에 제사 드리기 위하여 몰려오는 것을 보고 성전에서 장사를 하여 막대한 이익을 챙겼습니다. 예수님이 예루살렘 성전에 올라가 보시니, 성전 뜰에서 수많은 장사치들이 소나 양이나 비둘기를 팔고 돈을 바꾸고 있었습니다. 예수님은 노끈으로 채찍을 만들어 장사하는 자들을 다 내쫓으신 후에 "내 집은 만민이 기도하는 집이라 칭함을 받으리라고 하지 아니하였느냐. 너희는 강도의 소굴을 만들었도다."(막 11:17)라고 말씀하셨습니다. 그러나 유다 지도자들이 자신들의 욕심을 채우기 위해 성전을 장사하는 곳으로 더럽혔을 때 결국 예루살렘 성전은 전쟁으로 무너지고 말았습니다.

우리는 이 말씀을 보면서 우리나라가 무엇 때문에 존재하는지에 대해 생각해 보아야 합니다. 우리나라는 그동안 수많은 위기 속에서 망할 것 같으면서도 망하지 않고 다시 일어섰습니다. 그 이유는 하나님께서 한국 교회를 예루살렘으로 삼으셨기 때문입니다. 우리에게 바른 말씀이 있고 바른 기도가 있다면 우리는 망하지 않을 것입니다. 그러나 우리가 히스기야처럼 궁전에 있는 보물을 자랑하듯 세상적인 기업이나 백화점의 명품들을 자랑한다면 우리는 이미 스스로 망하는 길을 택하고 있는 것입니다.

2. 인간의 생각과 그 결과

예루살렘 사람들이나 히스기야 왕은, 그동안 아무도 이길 수 없었던 앗수르 군대를 예루살렘에서 물리치게 되자 너무나 자신들이 자랑스러웠습니다. 그러나 히스기야나 유다 백성이 앗수르 군대를 물리친 것은 자신들의 힘이 아니라 순전히 하나님의 능력이었습니다. 하나님께서는 이번 기회를 통해 유다 백성이 하나님 앞에서 자신들의 모습을 깊이 생각해 보기를 원하셨습니다. 즉, 유다가 이번에 앗수르를 물리치기는 했지만, 과연 자신들이 어떤 상태에 있는가를 돌아봐야 하는 것입니다. 그러나 유다 백성이나 히스기야가 하나님의 능력은 생각하지 않고 이긴 것만 자랑하고 기뻐하였을 때, 이번에는 다른 나라의 공격을 받게 되는데 그때는 제대로 싸우지도 못하고 붙들려 죽게 될 것이라고 했습니다.

: 3절 : "너의 관원들도 다 함께 도망하였다가 활을 버리고 결박을 당하였고 너의 멀리 도망한 자들도 발견되어 다 함께 결박을 당하였도다."

예루살렘 사람들은 위기를 극복한 후에 하나님께로 돌아오는 것이 아니라 더 세상을 따라가게 됩니다. 그 결과 유다는 다른 나라 군대에 의해 망하게 되는데, 가까운 사람들은 가까운 사람들대로 멀리 도망친 사람들은 멀리 도망친 사람들대로 붙들려서 결박을 당하게 될 것이라고 했습니다. 예루살렘의 문제는 절대적으로 하나님을 의지하지 않고 세상을 따라가고 세상을 의지하려고 한 데 있었습니다.

그래서 이사야는 지금은 기뻐하며 즐거워할 때가 아니며, 하나님 앞에서 문제를 찾아 해결해야 근본적으로 예루살렘이 안전해질 수 있다고 했습니다.

:4절: "그러므로 내가 말하노니 돌이켜 나를 보지 말지어다. 나는 슬피 통곡하겠노라. 내 딸 백성이 패망하였음으로 말미암아 나를 위로하려고 힘쓰지 말지니라."

이사야는 예루살렘 사람들에게 나를 보러 오지 말라고 했습니다. 지금 예루살렘 사람들은 모두 기뻐하고 있지만, 이사야는 통곡하고 있기 때문입니다. 그 이유는 예루살렘 사람들이 이 큰 승리에 젖어 전혀 깨닫지 못하다가 나중에 다른 나라에 의해서 망하게 될 것을 이사야가 알게 되었기 때문입니다.

하나님께서 앗수르 군대를 망하게 하심으로 예루살렘 사람들로 하여금 깨닫게 하기를 원하신 것은, 하나님께서 그들에게 얼마나 실제적인 능력이 되시며 큰 힘이 되시는가 하는 것이었습니다. 예루살렘 사람들은 아무리 어려움이 있고 부족한 것이 많아도 하나님만 붙들면 아무것도 걱정할 필요가 없다는 사실을 가르쳐 주신 것입니다. 그러나 인간은 무엇인가 눈에 보여야 안심이 되기 때문에 그들은 보이지 않는 하나님의 말씀을 믿기가 너무 어려웠습니다.

우리가 이 세상에 살면서 늘 느끼는 것은 두 가지입니다. 그 하나는, 이 세상에서 너무나 해 보고 싶은 것이 많다는 것입니다. 우리가 보기에 이 세상은 좋은 것이 너무 많고, 우리에게는 세상에서 한번 성공하고 인정받아 보고 싶은 욕망이 있습니다. 그런데 하나님은 우리에게 절대로 세상으로 가지 말고 오직 이 골짜기에서 말씀만 죽도록 붙들라고 하시니까 답답해서 미치는 것입니다. 그리고 다른 하나는, 우리에게는 늘 미래에 대한 불안감이 있다는 것입니다. 우리가 세상을 따라가면 눈에 보이는 것을 붙들기 때문에 우리의 생활이 안정되고 미래를 대비할 수 있습니다. 그런데 하나님은 우리에게 하나님만 믿고 하나님의 말씀만 붙잡으라고 하십니다. 이것은 눈에 보이는 힘이 아니기 때문에 당장 무슨 어려운 일이 터지면 대책이 없게 됩니다. 그래서 유다 백성은 이 두 가지를 세상 사람들의 방법으로 해결하려고 했습니다.

우선, 유다 백성은 자기들이 세상적으로 하고 싶은 것은 다 해 보려고 했습니다. 그들이 보기에 하나님의 율법은 너무나 하지 말라는 것이 많았습니다. 그들은 하나님의 말씀으로부터 자유롭고 싶었습니다. 그래서 유다 백성은 예루살렘 안에 세상을 끌어들이고, 세상적인 방법으로 성공을 누리면서 살았습니다.

그리고 유다 백성은 미래에 대한 불안을 군사 동맹으로 해결하려고 했습니다. 그들이 보기에는 아무리 하나님께서 도와주신다고 해도 군사 동맹이 더 확실해 보였습니다.

하나님께서 유다 백성에게 요구하신 것은 그들이 율법 안에서 만족하는 것입니다. 하나님께서 가난하게 하시면 가난한 대로 만족하고, 아이가 없으면 없는 대로 만족하고, 결혼하지 못했으면 못한 대로 만족하라는 것인데 우리는 그렇게 하지 못합니다. 우리 인간에게는 행복을 극대화하고 싶은 욕망이 있기 때문입니다. 그리고 하나님은 우리의 미래에 대한 불안함을 하나님에 대한 믿음으로 이기라고 하셨습니다. 즉, 우리에게 연약한 부분을 그대로 가지고 살라는 것입니다. 그것이 유다 백성이 살 길이었습니다. 하나님께서는 우리가 연약하기를 원하십니다. 그래야 우리가 순수할 수 있고 끝까지 하나님을 붙들기 때문입니다.

앗수르의 공격으로 예루살렘이 거의 멸망 직전까지 갔다가 겨우 살아난 것은, 유다 사람들이 생각한 인간적인 방법이 얼마나 힘이 없고 무의미한 것인지를 깨닫게 하기 위한 하나님의 계획이었습니다. 그러나 그들은 단지 자기들이 잘 버텼기 때문에 이런 승리가 온 줄로 생각했습니다. 그래서 앗수르 군대가 물러갔을 때 유다 백성은 기뻐하고 환호했습니다.

:5-7절: "환상의 골짜기에 주 만군의 여호와께로부터 이르는 소란과 밟힘과 혼란의 날이여 성벽의 무너뜨림과 산악에 사무쳐 부르짖는 소리로다. 엘람 사람은 화살통을 메었고 병거 탄 자와 마병이 함께 하였고 기르 사람은 방패를 드러냈으니 병거는 네 아름다운 골짜기에 가득하였고 마병은 성문에 정렬되었도다."

이사야가 환상의 골짜기에 대한 환상을 두 번씩이나 보는 것은 이것이 이미 정해진 하나님의 뜻이라는 것을 알 수 있습니다. 환상의 골짜기에 소란과 밟힘과 혼란의 날이 오게 됩니다. 즉, 조용해야 할 환상의 골짜기는 사람들이 떠드는 소리, 말들이 짓밟는 소리와 함께 모든 것이 뒤죽박죽이 되어서 혼란의 극치를 이루게 되는데, 성벽이 무너지고 부르짖는 소리가 온 산에 사무칠 것입니다.

예루살렘 사람들은 앗수르 군대가 물러간 후 전쟁에 대비해야 한다는 것을 알게 되었습니다. 그래서 그들은 앗수르나 다른 군대가 다시 쳐들어와도 이길 수 있도록 무기를 정비하고 수로를 확충하며 성벽을 다시 쌓고 있습니다.

:8절: "그가 유다에게 덮였던 것을 벗기매 그 날에야 네가 수풀 곳간의 병기를 바라보았고"

'유다에게 덮였던 것을 벗기매'라는 것은 드디어 유다가 현실에 눈을 뜨게 되었음을 말합니다. 그동안 유다 백성은 세상을 잘 모르다가 앗수르의 공격을 받은 후 현실에 눈을 뜨게 된 것입니다. 유다 백성은 이제야말로 세상은 만만치가 않으며, 세상에서 성공하려면 많은 준비가 필요하고 세상적인 방법을 많이 알아야 한다는 것을 알게 되었습니다.

예루살렘 사람들은 먼저 수풀 속에 있는 무기고부터 점검했습니다. 그리고 무기고에 많은 무기를 준비해 놓았습니다.

그 다음에 그들은 부족한 물을 해결하려고 했습니다.

∶9절 하∶ "너희가 아랫못의 물도 모으며"
∶11절 상∶ "너희가 또 옛 못의 물을 위하여 두 성벽 사이에 저수지를 만들었느니라."

예루살렘은 튼튼한 성이었지만 치명적 약점은 물이 없는 것이었습니다. 그들은 전쟁을 치르는 데 가장 중요한 것은 물이라는 사실을 알았습니다. 그래서 예루살렘 당국은 아래 못에도 물을 모았고, 또 두 성벽 사이에 저수지도 만들어서 물을 준비했습니다. 사실 히스기야 때 있었던 수로 터널 공사는 아주 유명한 것이며, 그 지하 수로는 아직도 남아 있습니다. 예루살렘 사람들은 특히 이 물을 상당히 믿었던 것으로 보입니다.

그리고 세 번째로 그들은 성벽을 보수하였습니다.

∶9절 상∶ "너희가 다윗 성의 무너진 곳이 많은 것도 보며"
∶10절∶ "또 예루살렘의 가옥을 계수하며 그 가옥을 헐어 성벽을 견고하게도 하며"

예루살렘 사람들은 예루살렘 가옥의 수를 일일이 헤아린 후 꼭 필요한 집만 남기고 나머지는 모두 헐어서 거기서 나온 돌로 성벽을 다시 견고하게 쌓았습니다. 이것을 보면 예루살렘 사람들이 현실적으로 얼마나 예루살렘 방어를 위하여 많은 준비를 했는지 알 수 있습니다. 그런데 예루살렘 사람들은 인간적으로는 그렇게 많은 준비를 하면서도 가장 중요한 것은 끝까지 하지 않았습니다.

：11절 하： "그러나 너희가 이를 행하신 이를 앙망하지 아니하였고 이 일을 옛적부터 경영하신 이를 공경하지 아니하였느니라."

유다 백성에게 가장 중요한 것은 군사적인 준비가 아니었습니다. 물론 하나님께서 예루살렘 사람들이 이렇게 전쟁을 대비한 자체를 나쁘다고 말씀하신 것은 아닙니다. 우리는 인간이므로 무엇인가 눈에 보이는 준비를 해 놓으면 덜 불안하기 때문입니다. 그러나 유다 백성이 자신들을 지키기 위해 준비할 것은 그런 인간적인 것이 아니었습니다. 하나님은 예루살렘 사람들이 이 모든 일을 뒤에서 계획하시고 이루신 하나님을 두려워하기를 원하셨습니다. 예루살렘 사람들은 그들이 앗수르 군대를 물리쳤을 때, 자신들이 과연 하나님 앞에서 어떤 사람인지를 생각했어야 합니다.

부흥이란 하나님의 백성이 하나님께 돌아오는 것입니다. 하나님의 백성과 하나님 사이에 아무 막힌 것이 없으면, 하나님의 말씀이 생생하게 임하고 마음속에 뜨거운 감동이 일어나며 하나님을 믿는 믿음으로 충만하게 됩니다. 그렇게 되면 다른 악한 나라가 아무리 예루살렘을 공격하려고 해도 공격할 수 없습니다. 하나님이 미리 다 막으시기 때문입니다.

그러나 예루살렘 사람들은 하나님께로 돌아오지는 않고 인간적인 방법으로 전쟁을 준비했는데 그것은 아무 소용이 없었습니다. 왜냐하면 유다는 하나님의 능력으로 지키는 나라이지 사람의 활과 방패로 지키는 나라가 아니기 때문입니다.

지금 예루살렘 사람들은 삼박자로 전쟁을 준비하고 있었습니다. 그것은 무기와 수로와 튼튼한 성벽이었습니다. 그러나 그들은 가장 중요한 것을 빼놓고 있었는데, 그것은 바로 하나님을 자기편으로 만들지 못한 것입니다. 이것은 우리들도 마찬가지입니다. 우리는 세상적으로 다른 사람보다 하나라도 부족한 것이 있으면 못 견뎌 합니다. 그러나 우리는 부족한 것은 부족한 대로 불편을 좀 감수하고, 어떻게 하면 좀 더 하나님을 의지하고 사랑할 수 있는지에 대해 생각해야 합니다. 그러면 하나님은 분명히 우리에게 그 길을 가르쳐 주시고 죄를 물리칠 수 있게 해 주십니다.

3. 하나님께서 예루살렘에 원하신 것

우리나라 사람들은 나라에 위기가 닥치면 울고불고 기도하며 난리를 치지만, 시간이 조금 지나면 다 잊어버리고 또다시 예전의 사치와 방탕한 생활로 돌아갑니다. 몇 년 전 우리나라에 IMF경제위기가 왔을 때, 국민들은 외국 여행을 자제하고 금 모으기를 하더니, 조금 지나니까 다 잊어버리고 더 사치하게 되었습니다. 또 천안함 사건이나 북한의 핵실험 문제가 발생하자 마치 전쟁이 날 것처럼 혼란스러워하며 걱정하다가 시간이 지나자 다시 모두 잊어버리고 말았습니다. 이것은 세상 사람들의 어쩔 수 없는 본능입니다. 이것을 근본적으로 해결할 수 있는 사람들은 하나님의 제사장인 우리 믿는 사람들밖에 없습니다.

예루살렘 사람들은 앗수르 군대가 퇴각하면서 그렇게 소원하던 자유와 평화를 누리게 되었습니다. 그들이 기뻐하고 즐거워하는 것은 당연한 일입니다. 그러나 하나님께서는 지금이야말로 예루살렘 사람들이 하나님 앞에서 진정으로 애통하며 회개해야 할 때라고 말씀하십니다. 그 이유가 무엇입니까? 유다가 이긴 것이 자기들이 잘해서 이긴 것이 아니기 때문입니다.

:12절: "그 날에 주 만군의 여호와께서 명령하사 통곡하며 애곡하며 머리털을 뜯으며 굵은 베를 띠라 하셨거늘"

왜 하나님께서는 이스라엘 백성이 그 큰 앗수르를 상대해서 이긴 날에 통곡하며 머리털을 뜯으며 회개하라고 말씀하십니까? 그동안 블레셋이나 애굽까지도 앗수르 앞에서는 속수무책이었는데, 예루살렘이 그 작은 힘으로 끝까지 굴복하지 않고 앗수르와 싸워서 물리친 것이 얼마나 대단한 일입니까? 그런데 하나님께서 예루살렘 사람들을 향해 애통하라고 하시는 이유가 무엇입니까? 사람들은 겉만 보고 판단하지만 하나님께서는 그들의 실체를 아시기 때문입니다. 사실 예루살렘 사람들에게는 자랑할 것이 아무것도 없었습니다. 예루살렘이 이렇게 포위된 것은 그들이 하나님의 말씀을 버리고 우상을 섬겼기 때문입니다. 또한 하나님께서 아하스 왕에게 하나님을 의지하라고 하셨는데도 불구하고 아하스가 돈으로 앗수르를 끌어들였기 때문입니다. 하나님께서는 이미 여러 번 예루살렘을 포기하고 싶으셨습니다. 그러나 하나님은 다윗과의 언약을 기억하시고 기적으로 예루살렘을 구해 주셨습니다.

이 사실을 예루살렘 사람들 역시 잘 알고 있었습니다. 즉, 그들은 이길 수 없는 싸움을 이겼습니다. 그렇다면 전쟁에서 이긴 후에 하나님 앞에서 자신들의 모든 죄와 교만을 고백하고, 이제는 죽을 각오로 하나님의 말씀을 붙들고 부흥이 일어나게 해야 하는 것입니다.

유다가 앗수르를 이긴 것은 예루살렘이 잘해서가 아니라 하나님께서 지켜 주셨기 때문입니다. 이것은 하나님께서 그들을 얼마나 사랑하시며 불쌍히 여기시는지를 보여 주신 증표였습니다. 그들이 하나님의 말씀에 불순종함에도 불구하고 하나님의 신실하심이 주신 승리였으며, 하나님께서 끝까지 그들을 사랑하신다는 증표였던 것입니다. 이 정도의 사랑이라면 그들은 하나님 앞에서 무릎 꿇어야 했습니다.

우리는 이런 하나님의 사랑을 많이 체험합니다. 우리가 하나님의 말씀에 불순종하고 부끄러운 죄를 지어도 하나님은 우리를 사랑하셔서 조용히 위기에서 건져 주시는 것입니다. 하나님은 우리가 하나님의 말씀에 잘 순종했을 때만 은혜를 주시고 승리를 주시는 것이 아닙니다. 이처럼 우리가 하나님의 말씀에 불순종하고 부끄러운 죄에 빠지며 불평의 므리바 반석을 쌓았음에도 불구하고 하나님은 우리를 사랑하시고 지켜 주십니다. 이때 우리는 하나님 앞에 정직하게 고백해야 합니다. '하나님, 이번에 이 큰 승리를 거둔 것은 제 공로가 아닙니다. 오히려 저는 실패해야 하고 수치와 욕을 당해야 하는데, 하나님께서 복을 주셨습니다. 저는 이 일을 통해서 더 깊이 하나님을 신뢰하 겠습니다'라고 고백해야 하는 것입니다. 우리가 큰 일을 성공적으로 해냈을 때도 '하나님, 저는 하나님 앞에서 신실하지 못했지만 하나님은 끝까지 신실 하셨습니다. 저는 하나님의 무조건적인 사랑 앞에 무릎을 꿇습니다. 주여 저 를 받아 주소서. 저는 무익한 종입니다'라고 고백해야 합니다.

: 13절 : "너희가 기뻐하며 즐거워하여 소를 죽이고 양을 잡아 고기를 먹고 포도 주를 마시면서 내일 죽으리니 먹고 마시자 하는도다."

예루살렘 사람들은 앗수르 군대를 물리치고 난 후 더 먹고 마시기를 즐기 며 자기 자신을 더 의지하게 되었습니다. 그리고 이들은 전쟁을 한번 겪어 보니까 별 것 아니라고 스스로 큰소리를 쳤습니다. 그들은 이 전쟁을 마치 자기들 힘으로 이긴 것처럼 생각했던 것입니다.
이때 하나님께서 말씀하셨습니다.

: 14절 : "만군의 여호와께서 친히 내 귀에 들려 이르시되 진실로 이 죄악은 너희 가 죽기까지 용서하지 못하리라 하셨느니라. 주 만군의 여호와의 말씀이니라."

하나님께서 이 정도로 사랑하시고 은혜를 베푸셨는데도 불구하고 유다 백성이 더욱 자기를 자랑하고 하나님을 멀리하는 모습을 보시면서, 하나님은 그들이 회개의 가능성이 없는 자들이라고 말씀하셨습니다. 그래서 하나님은 그들의 죄를 죽기까지 용서하지 못하리라고 하셨습니다. 얼마나 무서운 말씀인지 모릅니다. 유다 백성은 자기들의 힘으로는 아무것도 할 수 없었는데, 하나님께서 큰 승리와 복을 주시고 오늘까지 키워 주셨다면 하나님 앞에 무릎 꿇고 감사를 드려야 옳습니다. 누가복음에서 예수님으로부터 문둥병을 치료받은 사마리아 사람은 예수님 앞에 무릎을 꿇고 자기 같은 죄인을 치료해 주신 주님께 감사를 드렸습니다. 우리는 복을 받으면 받을수록 더 하나님 앞에 겸손하게 머리를 숙여야 하며, 자신의 능력이나 성공을 의지하지 말고 하나님을 의지해야 살 수 있습니다.

우리는 한 가지 어려움이 해결되면 또 다른 어려움이 찾아오는 세상에서 살아가고 있습니다. 그러므로 그때그때마다 어려움만 잘 넘기면 된다고 생각해서는 안 됩니다. 우리는 이 세상에서 환상의 골짜기 백성으로 살아가고 있습니다. 오늘 우리가 죽지 않고 망하지 않고 살아 있는 것 자체가 백 퍼센트 기적이고 하나님의 은혜입니다. 우리는 하나님이 복을 주실수록 하나님만 더 의지함으로, 세상 사람들이 아무리 조롱하고 업신여겨도 끝까지 환상의 골짜기의 사명을 다 감당하는 하나님의 백성이 될 수 있기를 바랍니다.

35

국고 대신
셉나

이사야 22:15-25

우리나라는 어느 정권 때이든 정권의 실세에 해당하는 사람들이 있었습니다. 이 사람들은 대통령의 절대적인 신임을 배경 삼아 권력을 휘둘렀는데, 이 사람들의 눈에 밉보이면 승진도 못 하고 결국 옷을 벗어야 했습니다. 반대로 이런 실세의 눈에 들면 장·차관이나 국회의원 등 한자리를 차지했습니다. 그래서 정부에서 한자리하고 싶어 하는 사람들마다 이런 실세들을 부지런히 찾아다니며 잘 보이려고 애를 씁니다. 그런데 정권이 끝나고 나면 이런 실세들은 어김없이 뇌물을 받거나 권력을 남용한 혐의로 감옥에 들어가게 되는 것을 볼 수 있습니다. 이런 사람들은 대통령에게 받은 신임을 나라를 위해 헌신하고 충성하는 데 사용하지 않고 자기 이름을 내는 데 잘못 사용하다가 권력의 독배를 마시고 결국 패망하는 것입니다.

우리나라에서는 이런 권력의 실세들이 주로 대통령의 인사를 담당하는 경우가 많습니다. 그러나 옛날 권력의 실세는 대개 국가의 돈을 관리하는, 즉 국고를 맡은 장관이었습니다. 특별히 유다처럼 국력이 약한 나라는 국고를 맡은 사람이 아주 중요했는데, 이 사람이 주로 하는 일은 나라의 돈으로 앗수르나 애굽에 조공을 바치는 일과, 국고에 필요한 돈을 유다의 부자나 가난한 자들에게서 받아 내는 일이었습니다.

이사야 선지자 당시에 유다의 국고를 맡은 신하는 셉나라는 사람이었는데, 이 셉나는 외국에 조공을 바치는 정책을 아주 적극적으로 추진했던 사람인 것 같습니다. 셉나는 믿음 없는 사람이었는데, 국고 대신이라는 아주 중요한 직책을 맡았기 때문에 나라의 돈을 마음대로 사용했고, 거의 무자비할 정도로 백성에게서 세금을 거두어들였던 것 같습니다. 셉나는 유다 안에서 절대적인 권력을 휘두르고 있었기 때문에 아주 좋은 수레를 타고 다녔고, 심지어 자기 무덤까지도 호화롭게 준비해 놓고 있었습니다. 그러나 하나님께서는 이 믿음 없는 국고 대신 셉나를 그 자리에서 쫓아내고 새로운 사람 힐기야의 아들 엘리아김을 그 자리에 세울 것이라고 말씀하셨습니다.

우리는 이 짧은 성경 본문을 보면서 신약 성경과 많이 연결되는 것을 느낄 수 있습니다. 우선 성경 본문에는 아주 생생한 비유들이 많이 나오고 있습니다. 먼저, 셉나는 하나님의 불의한 청지기였습니다. 예수님의 비유 가운데도 불의한 청지기 비유가 나옵니다(눅 16장 참조). 여기서 우리는 세상의 재정 관리와 하나님의 재정 관리가 어떻게 다른지를 배울 수 있습니다. 그리고 하나님은 셉나를 나중에 쫓아내시는데 공처럼 말아서 멀리 던져 버리겠다고 말씀하셨습니다. 우리는 대개 어떤 사람을 쫓아낼 때 공처럼 멀리 차 버리겠다고 하는데 하나님은 던져 버리겠다고 하셨습니다.

그리고 열쇠 비유가 나옵니다. 하나님은 엘리아김을 신임하셔서 그에게 열쇠를 맡기시는데, 그가 열면 닫을 자가 없고 닫으면 열 자가 없다고 말씀하셨습니다. 예수님은 요한계시록에서 이것을 자신에게 비유하시면서, 예수님 자신이 다윗의 열쇠를 가지셨기 때문에 열면 닫을 사람이 없고 닫으면 열 사람이 없을 것이라고 말씀하셨습니다(계 3:7).

마지막으로 못 비유가 나옵니다. 엘리아김은 벽에 잘 박힌 못처럼 박히게 되는데, 나중에는 그 못이 삭아서 부러집니다. 그러면 그 못에 걸려 있던 모든 그릇들이 다 땅에 떨어져 깨어지게 된다고 말씀하십니다. 우리는 국고 대신 셉나를 통해서 하나님이 얼마나 많은 것을 우리에게 보여 주시는지 알 수 있습니다.

1. 불의한 청지기 셉나

물론 유다의 모든 중요한 결정은 왕이 하지만, 그럼에도 불구하고 구체적으로 모든 돈이 들어가고 나가는 것을 결정하는 사람은 유다의 국고를 맡은 신하였습니다. 이사야 당시 유다의 국고를 책임지고 있던 신하는 셉나라는 사람이었는데, 그는 세상적으로는 어떠했는지 모르지만 하나님 앞에서는 충성된 자가 아니었습니다. 그래서 하나님은 이사야 선지자를 국고 대신 셉나에게 보내어 그가 지금 하고 있는 사치와 교만에 대하여 책망하게 하셨습니다.

:15-16절: "주 만군의 여호와께서 이르시되 너는 가서 그 국고를 맡고 왕궁 맡은 자 셉나를 보고 이르기를 네가 여기와 무슨 관계가 있느냐. 여기에 누가 있기에 여기서 너를 위하여 묘실을 팠느냐. 높은 곳에 자기를 위하여 묘실을 팠고 반석에 자기를 위하여 처소를 쪼아내었도다."

먼저, 많은 학자는 셉나가 유다 백성이 아니라 애굽 사람일 것이라고 추측합니다. 왜냐하면 유다 사람들은 어떤 사람에 대해 말할 때 반드시 '누구의 아들' 아니면 '어느 곳에서 온 사람 누구'라는 식으로 말하는데, 셉나는 그냥 이름만 나오기 때문입니다. 또한 셉나라는 이름이 애굽식 이름일 것이라고 생각합니다. 그런가 하면 16절에는 '네가 여기와 무슨 관계가 있느냐, 여기에 누가 있기에'라는 말씀이 나옵니다. 이것을 보면 셉나는 유다 사람이 아니라 애굽 사람인데 이곳에 와서 관리로 성공한 것이 아닌가라고 추측합니다. 그러나 이 모든 추측과는 상관없이, 중요한 것은 셉나의 국적이나 출신이 아니라 그가 하는 일입니다. 그가 맡겨진 일을 처리하는 방식이 하나님의 뜻과는 맞지 않았던 것입니다.

여기서 주목할 것은, 셉나는 다윗의 국고를 맡은 대신인데 높은 곳에 자기를 위하여 묘실을 팠다는 것입니다. 셉나는 높은 곳에 자기 묘실을 아주 호화스럽게 만들었던 것 같습니다. 반석을 쪼아내어 묘실을 팠다는 것이 이를 증명해 줍니다. 지금 유다는 강대국에 바치는 막대한 조공으로 한 해 한 해를 겨우 연명해 가는 형편인데, 국가의 재정을 맡은 셉나는 자기를 위해 죽은 후 묻힐 묘실까지 아주 호화스럽게 준비하고 있었습니다. 셉나는 유다가 강대국에게 아무리 많은 조공을 바쳐도 별로 신경을 쓰지 않았던 것 같습니다. 바칠 조공이 늘어나면 그만큼 백성에게 거두어들이면 되었기 때문입니다. 사실 왕에게 아무리 권력이 있어도 국고가 비어 있으면 아무 힘을 쓸 수가 없습니다. 일단 국고가 비어 있으면 군인들에게 봉급을 줄 수 없고, 군인들에게 줄 돈이 없으면 전쟁을 할 수 없게 됩니다. 또 관료들에게도 봉급을 주지 않으면 아무도 움직이려고 하지 않기 때문에 결국 왕은 손발을 쓸 수 없는 허수아비가 되고 마는 것입니다. 역대 이스라엘 왕들을 보면 왕의 가치관에 따라 국가의 재정 상태나 쓰임새가 많이 달랐음을 볼 수 있습니다.

먼저, 이스라엘 초대 왕 사울의 경우에는, 이스라엘이 블레셋과 전쟁 중이었기 때문에 아무래도 군사비 지출이 많았습니다. 그런데 아말렉과의 전쟁에서 하나님은 사울 왕에게 아말렉의 양이나 소나 모든 사람을 다 죽이고 남기지 말라고 명령하셨습니다. 그러나 사울 왕은 자기가 데리고 있는 용병들에게 급료를 주어야 했기 때문에, 하나님의 말씀에 순종하지 않고 양과 소의 가장 좋은 것을 끌고 왔다가 사무엘 선지자로부터 '여호와께서도 왕을 버려 왕이 되지 못하게 하셨다'라는 통보를 받게 됩니다. 이스라엘 왕에게는 전쟁에서 이기는 것보다 하나님의 말씀에 순종하는 것이 더 중요하였던 것입니다.

다윗은 사울 왕에게 쫓기면서도 군인들을 모집하지 않았고, 하나님의 말씀에 갈급한 자들이 자발적으로 그의 부하들로 모여들었기 때문에 사울 같은 문제는 없었습니다. 그리고 다윗은 돈 문제만큼은 욕심이 없었기 때문에 재물이 생겨도 다른 사람에게 많이 나누어 주었습니다. 다윗을 시험에 들게 한 것은 돈이 아니라 여자 문제였습니다. 나중에 다윗은 싸우는 전쟁마다 이기고 많은 재물을 얻었을 때, 이것을 모두 하나님의 성전에 바쳐서 솔로몬으로 하여금 성전을 지을 수 있게 했습니다. 이처럼 다윗이 재물을 탐하지 않고 다른 사람에게 나누어 주든지 아니면 하나님께 바쳤기 때문에, 신하들이 끝까지 다윗을 믿고 따랐던 것을 볼 수 있습니다.

세 번째 왕 솔로몬은 하나님의 축복을 받아서 재정이 넘쳐흘렀습니다. 게다가 많은 나라가 조공을 바쳐 왔고, 또 스바 여왕이 선물한 금도 엄청났기 때문에 솔로몬은 부족한 것이 없었습니다. 솔로몬은 이 넘치는 재정을 가지고 성전도 짓고 왕궁도 지었지만, 과시하고 보여 주는 데 돈을 많이 썼습니다. 솔로몬은 끼니때마다 수많은 사람을 불러서 식사를 했고, 또 금을 가지고 수백 개의 방패를 만들었으며, 왕의 창고에도 금이 넘쳐났습니다. 그러나 솔로몬의 아들 르호보암 때 가서 나라는 두 개로 갈라지게 되었고, 나중에는 애굽 왕 시삭이 예루살렘의 모든 금을 약탈해 가고 방패도 빼앗아 가게 됩니다.

이스라엘이 두 나라로 갈라진 후, 엘리사 때 사마리아 성은 아람 군대의 포위를 당하게 됩니다. 아람 군대에게 에워싸인 성은 많이 굶주리게 되어, 나귀 머리 하나가 은 팔십 세겔에 팔렸고 백성은 아이를 삶아 먹기까지 했습니다. 그때 엘리사는 이스라엘 왕에게 "내일 이맘때에 사마리아 성문에서 고운 밀가루 한 스아를 한 세겔로 매매하고 보리 두 스아를 한 세겔로 매매하리라."(왕하 7:1)고 말합니다. 이때 옆에서 듣고 있던 왕의 국고 맡은 신하가 여호와께서 하늘에 창을 내신들 어떻게 양식이 쏟아지겠느냐고 말합니다. 그러자 엘리사는 그 신하를 향해서 "네가 네 눈으로 보리라. 그러나 그것을 먹지는 못하리라."(왕하 7:2)고 말합니다. 그리고 밤에 하나님께서 하늘에서 말과 병거 소리가 들리게 하셔서 그 소리를 들은 아람 군대는 황급히 도망치고 말았습니다. 아람 군대가 모든 것을 버려두고 도망쳤기 때문에 사마리아의 식량 문제는 완전히 해결되었습니다. 그러나 그 왕의 신하는 양식이 있다는 소리를 듣고 뛰쳐나가는 백성에게 밀려서 넘어졌는데, 결국 백성의 발에 밟혀서 죽고 맙니다. 이것을 보면 왕의 국고 맡은 신하는 무조건 덧셈이나 뺄셈만 잘해서 되는 것이 아니라 믿음이 있어야 했습니다.

우선 하나님의 재정을 맡은 자에게 중요한 것은 빚을 지지 않는 것입니다. 일단 수입보다 지출이 많아지면 적자가 나게 되고, 적자가 나면 빚을 얻게 되고 이것을 갚지 못하면 언젠가는 파산할 위험이 있습니다. 물론 사람들 중에는 너무 먹을 것이 없어서 어쩔 수 없어서 돈을 빌리거나 양식을 빌려야 하는 경우도 있습니다. 이런 생계형은 어쩔 수 없다 하더라도, 사업이나 어떤 큰 일을 진행할 때는 빚을 지지 않는 것이 중요합니다. 대개 사람들은 앞으로 돈이 들어오고 사업이 잘될 것을 예측해서 빚을 지게 되는데, 미래는 우리의 것이 아니기 때문에 우리가 장담할 수 없습니다. 그리고 하나님의 종들은 내가 가진 돈이나 백성의 재산을 의지하기보다는 하나님의 능력을 의지하는 것이 중요합니다.

한번은 예수님과 제자들이 빈들에 있었는데, 먹을 것이 없는 가난한 사람 수천 명이 거기에 함께 있었습니다. 그때 예수님께서 제자 중 한 사람인 빌립에게 "우리가 어디서 떡을 사서 이 사람들을 먹이겠느냐."(요 6:5)고 말씀하셨습니다. 그러자 빌립은 각 사람에게 조금씩 나눠 주어도 이백 데나리온 어치의 떡이 부족하다고 대답했습니다. 그때 예수님은 한 소년이 바친 보리떡 다섯 개와 물고기 두 마리로 기도하신 후 사람들에게 나누어 주셨는데, 오천 명이 먹고 남은 조각을 열두 바구니에 거두었습니다. 이것은 결코 사람의 머리로는 계산할 수 없는 셈법이었습니다.

그러면 도대체 셉나는 나라의 국고를 어떻게 사용하였기에 하나님으로부터 이런 책망을 받게 되었을까요? 우선 셉나가 국고를 맡은 청지기라면 그 많은 돈이 강대국에 조공으로 바쳐지는 것에 가슴 아파해야 했습니다. 특히 가난한 백성을 먹여 살려야 하는 이 돈들을 강대국에게 빼앗기는 것에 가슴 아파해야 했고, 하나님께 부르짖어 기도해야 했습니다. '오, 하나님, 우리의 힘과 능력이 되신 주여, 어떻게 이 백성의 목숨 같은 돈이 강대국을 위한 조공으로 바쳐져야 합니까? 하나님, 부디 우리의 죄를 용서해 주시고 이 백성의 피땀 흘린 돈이 조공이나 뇌물로 쓰이지 않게 해 주십시오'라고 기도해야 했습니다. 그러나 셉나에게는 그런 인식이 전혀 없었습니다. 그는 아무리 많은 돈을 조공으로 빼앗겨도 그만큼 백성에게 거두면 된다고 생각했습니다. 뿐만 아니라 그는 거의 왕족에 가까운 무덤을 만들어 놓고, 아주 호화스러운 '영광의 수레'를 타고 다녔습니다. 같은 예를 들자면, 어떤 교회에서는 은행 대출의 이자로 몇억 원씩이 들어가도 별로 신경 쓰지 않는 사람들이 있습니다. 왜냐하면 교인들에게 또 헌금을 내라고 하면 된다고 생각하기 때문입니다.

2. 셉나를 버리시는 하나님

:17-18절: "나 여호와가 너를 단단히 결박하고 장사 같이 세게 던지되 반드시 너를 모질게 감싸서 공 같이 광막한 곳에 던질 것이라. 주인의 집에 수치를 끼치는 너여 네가 그 곳에서 죽겠고 네 영광의 수레도 거기에 있으리라."

우리는 어떤 사람이 필요 없거나 혹은 보기 싫을 때 그 사람을 공처럼 발로 뻥 차 버릴 것이라고 말합니다. 그런데 하나님께서는 셉나를 공처럼 멀리 던져 버릴 것이라고 말씀하셨습니다.

옛날에도 공이 있었던 것 같은데, 지금처럼 고무에 바람을 넣은 것은 아니고 실타래를 단단하게 묶어서 만든 것으로, 사람들은 그것을 던지든지 차든지 했던 것 같습니다. 하나님께서는 셉나를 공처럼 단단하게 싸매어서 아주 먼 곳으로 던져 버리겠다고 말씀하십니다. 어떤 장사가 높은 산에서 공을 힘껏 던지면 공은 한참을 날아가서 먼 곳에 떨어지게 될 것입니다. 하나님은 자신을 장사로 비유하시고, 셉나를 공처럼 돌돌 말아서 힘껏 던지면 아주 먼 광야에 떨어지게 되는데 셉나는 거기서 죽을 것이라고 말씀하셨습니다.

학자들은 아마도 셉나가 바벨론이나 애굽으로 붙들려 가게 되는데, 그가 애용하던 영광의 수레도 빼앗겨서 거기에 있는 왕족들이나 귀족들이 타고 다니게 될 것이라고 말했습니다.

이것을 통해서 알 수 있는 것은, 유다의 국고를 맡은 대신은 자신의 힘과 권력으로 백성에게 세금만 거두면 되는 것이 아니라 백성의 아픔을 같이 아파하고 백성의 배고픔을 같이 나누었어야 한다는 것입니다. 즉, 셉나는 국고를 맡은 대신이기 이전에 하나님 앞에서 충성된 청지기가 되어, 어떻게든 한 푼이라도 아껴서 백성이 굶주리지 않도록 했어야 했습니다. 그런데 셉나는 아주 비싸고 화려한 자신의 무덤을 준비해 놓고, 아주 화려한 영광의 수레를 타고 다니면서 백성의 어려움은 생각하지 않았습니다. 그러한 셉나를 하나님은 불의한 청지기라고 생각하셔서, 유다 안에서 죽지도 못하고 아주 먼 곳으로 던져 버리시는 것입니다.

셉나의 어리석음은 자기가 어디서 죽을지도 모르면서 아주 비싼 무덤을 예루살렘에 준비한 것이고, 또 누가 타게 될지도 모르면서 아주 비싼 수레를 타고 다닌 것입니다. 하나님은 셉나에게 강력하게 말씀하십니다. "네가 여기와 무슨 관계가 있느냐. 여기에 누가 있기에 여기서 너를 위하여 묘실을 팠느냐."(사 22:16) 이 말씀은 그가 예루살렘에 있을 자격이 없다는 뜻입니다.

사람은 한 치의 앞일도 내다보지 못하면서 여러 날 후를 걱정하고 대비해 놓으려고 합니다. 셉나는 자신의 미래의 담보로 하나님을 모신 것이 아니라, 인간적인 힘으로 세상을 살아가려 한 사람이었습니다. 하나님께서 거듭 우리에게 말씀하시는 것은, 미래는 우리의 것이 아니라는 사실입니다. 미래는 오직 하나님께 맡겨 두고, 우리는 오늘 하루를 살아야 합니다. 만일 우리가 미래를 걱정하게 되면, 결코 오늘 하루를 하나님의 뜻대로 살 수 없습니다.

예수님 일행도 돈이 필요했습니다. 그래서 예수님 일행의 재정을 가룟 유다가 맡았습니다. 가룟 유다가 맡은 일은 예수님 일행의 필요를 지출하는 것과 또 가난하고 어려운 자들이 있으면 돕는 일이었습니다. 그런데 유다는 아마도 그 돈을 사적인 목적으로 사용했던 것 같습니다. 그래서 성경은 유다를 도둑이라고 말하고 있습니다. 가룟 유다와 예수님의 입장이 가장 첨예하게 대립된 부분이 있었는데, 그것은 한 여자가 예수님의 발에 값비싼 향유를 부었을 때의 일입니다. 그때 가룟 유다는 그 여자에게 '왜 이 비싼 향유를 부어서 허비하느냐?'고 책망하면서 '이것을 팔아서 가난한 자들에게 나누어 주었으면 좋았겠다'고 아쉬워했습니다. 즉, 이 여자가 예수님의 발에 부은 향유는 수천만 원 하는 비싼 것이었는데, 이 여자는 예수님의 발을 한 번 씻는 데 수천만 원을 허비했던 것입니다.

그런데 예수님은 제자들에게 이 여자를 책망하지 말라고 말씀하셨습니다. 왜냐하면 이 여자가 예수님의 발에 향유를 부은 것은 자신의 죄 용서에 대한 감사의 표시로, 이것은 단순히 가난한 자를 돕는 것과는 차원이 다르다는 것입니다. 사실 이 여자는 자기도 모르는 사이에 예수님의 죽음을 준비하게 되었습니다. 그래서 예수님은 복음이 전파되는 곳에서는 이 여자가 한 아름다운 일도 기억될 것이라고 말씀하셨습니다.

우리는 많은 경우 가난한 자를 구제하는 것이 더 중요하다고 생각하는데, 예수님은 그렇지 않다고 말씀하셨습니다. 예수님은 가난한 자는 항상 너희와 함께 있지만 나는 그렇지 않다고 말씀하셨습니다.

또 예수님은 성전에서 사람들이 헌금하는 것을 보시면서 부자들이 많은 돈을 헌금하는 것보다 가난한 한 과부가 동전을 헌금한 것이 더 많이 한 것이라고 말씀하셨습니다. 특히 예수님은 제자들을 보내시면서 주머니나 두 벌 옷이나 금이나 은을 가지지 말고 오직 빈손으로 가서 주는 것을 먹으면서 복음을 전하라고 말씀하셨습니다. 아마 지금은 이런 식으로 선교하거나 전도하는 분은 안 계실 것입니다. 그러나 하나님의 일을 돈으로 하려고 하는 것은 결코 하나님의 뜻이 아닙니다.

그리고 예수님께서는 불의한 청지기 비유를 말씀하셨습니다. 이 청지기는 주인의 재산을 맡아서 관리하면서 잘못 경영해서 주인에게 많은 손해를 끼쳤던 것 같습니다. 그래서 주인은 이 청지기에게 결산을 하자고 하면서 해고 통보를 내렸습니다. 그때 이 청지기는 자기가 지금까지 경영한 자취를 돌아보았습니다. 그랬더니 자기가 주인의 재산을 잘못 경영하기도 했지만, 너무 구두쇠같이 굴어서 인심도 많이 잃었다는 것을 알게 되었습니다. 청지기는 다시 자기가 이 자리에서 쫓겨났을 경우를 생각해 보았습니다. 그가 자기 자신을 보니까 땅을 파자니 힘이 없고 빌어먹자니 부끄러웠습니다. 즉, 그는 힘이 좋지도 않았고 그렇다고 기술이 뛰어나지도 않았습니다. 또 뻔뻔스럽게 빌어먹을 정도로 얼굴이 두꺼운 것도 아니었습니다. 결국 그는 직장도 잃고 인심도 잃고 모든 것을 다 잃게 되었던 것입니다. 이제 청지기는 자기가 다시 주인에게 돈을 벌어 줄 수는 없다는 것을 알았습니다. 주인은 이미 돈이 많아서 그런 돈이 필요도 없을뿐더러, 주인이 더 중요하게 생각하는 것은 자신의 평판이고 이미지였기 때문입니다. 그래서 이 청지기는 해고되기 전까지 주인의 이미지를 좋게 하는 데 전력을 기울여서, 많은 사람에게 빚을 줄여 주고 긍휼을 베풀어 주었습니다. 그 결과 그는 한 가지를 건지는 데는 성공했습니다. 그것은 바로 주인의 이미지를 좋게 만드는 일이었습니다.

하나님은 돈이 아주 많은 주인과 같은 분이시기 때문에, 우리가 교인들에게 헌금을 많이 거두거나 혹은 큰 집을 짓거나 혹은 인색하게 해서 하나님의 이미지를 나쁘게 하는 것을 가장 싫어하십니다. 우리가 이제 남은 기간 동안 해야 할 것은 하나님의 이미지를 좋게 하는 것입니다. 기독교인들이나 교회가 돈이나 건물이나 재산에 대한 욕심을 버린다면 하나님에 대한 평판은 많이 달라질 것입니다.

예수님은 자신에 대해 "여우도 굴이 있고 공중의 새도 거처가 있으되 인자는 머리 둘 곳이 없다."(마 8:20)고 말씀하셨습니다. 기독교가 건물에 많이 집착하기 때문에 돈을 많이 필요로 합니다. 기독교가 건물에 대한 욕심만 버려도 이미지가 많이 달라질 것입니다. 우리가 천국 가는 확신만 있다면 이 세상에서 굳이 많은 재산이나 건물들이 필요하지 않을 것입니다.

3. 새로운 국고 대신의 임명

하나님께서는 정직하지 못한 국고 대신 셉나를 그 직책에서 파면하시고 대신 힐기야의 아들, 하나님의 신실한 종인 엘리아김을 그 자리에 둘 것이라고 말씀하십니다.

：19-21절： "내가 너를 네 관직에서 쫓아내며 네 지위에서 낮추리니 그 날에 내가 힐기야의 아들 내 종 엘리아김을 불러 네 옷을 그에게 입히며 네 띠를 그에게 띠워 힘 있게 하고 네 정권을 그의 손에 맡기리니 그가 예루살렘 주민과 유다의 집의 아버지가 될 것이며"

우선 하나님은 셉나의 직책을 낮출 것이라고 말씀하셨습니다. 그래서 히스기야가 산헤립의 부하였던 랍사게에게 신하를 보내었을 때 이미 셉나는 서기관으로 낮아져 있었습니다. 그리고 그 후에 셉나는 외국으로 추방된 것으로 보입니다.

처음에는 셉나도 유다 왕궁에서 꽤 쓸모가 있었던 것 같습니다. 즉, 셉나는 머리가 잘 돌아가고 눈치가 빨라서 왕의 신임을 받았으며, 최고의 높은 자리까지 올라갈 수 있었습니다. 하지만 하나님에 대한 믿음이 없었던 셉나는 일회용으로 쓰일 수밖에 없었습니다.

하나님께서는 엘리아김을 '내 종 엘리아김'이라고 말씀하십니다. 그것은 그가 다윗 왕가의 국고를 단 한 푼도 자기 마음대로 쓰지 않고 오직 하나님의 뜻대로 신실한 청지기로 지출할 것임을 말씀하시는 것입니다.

하나님께서는 엘리아김을 불러서 국고를 맡은 대신의 관복을 그에게 입히며 띠를 그에게 띠워 힘 있게 할 것이라고 하셨습니다. 어떻게 하면 신임 국고 장관의 자리가 안정될 수 있습니까? 그것은 그리 어렵지 않습니다. 그가 공평과 정직으로 행한다면 그에게는 힘이 실리게 됩니다. 아마도 셉나는 왕 한 사람의 비위만 잘 맞추면 자기 자리가 길 것이라고 생각했던 것 같습니다. 그러나 엘리아김은 왕의 비위보다는 하나님 앞에서 정직과 공평으로 일했습니다. 이것이 그의 힘이요 그가 오래가는 비결이었습니다. 그런데 중요한 것은 22절입니다.

: 22절 : "내가 또 다윗의 집의 열쇠를 그의 어깨에 두리니 그가 열면 닫을 자가 없겠고 닫으면 열 자가 없으리라."

엘리아김의 힘이 얼마나 막강해졌는지 모든 것이 다 그의 한 마디로 결정되는 것입니다. 그가 문을 열면 아무도 닫을 수 없습니다. 한없는 양이 공급되는 것입니다. 그러나 그가 안 된다고 문을 닫아 버리면 아무리 애를 써도 한 푼도 가져갈 수 없다는 뜻입니다.
놀랍게도 요한계시록에서 예수님은 자신을 바로 이 다윗의 열쇠를 가진 분으로 소개하고 있습니다.

: 계 3:7-8 : "빌라델비아 교회의 사자에게 편지하라. 거룩하고 진실하사 다윗의 열쇠를 가지신 이 곧 열면 닫을 사람이 없고 닫으면 열 사람이 없는 그가 이르시되 볼지어다. 내가 네 앞에 열린 문을 두었으되 능히 닫을 사람이 없으리라. 내가 네 행위를 아노니 네가 작은 능력을 가지고서도 내 말을 지키며 내 이름을 배반하지 아니하였도다."

빌라델비아 교회는 소아시아의 일곱 교회 중에서 예수님의 칭찬을 받은 교회였습니다. 특히 빌라델비아에서는 유대인들이 기독교인들을 많이 핍박하고 경제적으로 어렵게 했는데, 교인들은 인내하며 믿음을 잘 지켰습니다. 그래서 예수님께서는 빌라델비아 교회에 열린 문을 두셨다고 말씀하셨습니다.
우리에게는 돈도 필요하고 세상 지식도 필요하고 세상의 직책이나 좋은 자리도 필요합니다. 예수님은 이 모든 것을 우리에게 신실하게 공급해 주시는 분이십니다. 예수님은 자기 자신이 바로 다윗의 열쇠를 가지고 계시기 때문에 모든 것이 예수님의 말씀 한 마디로 결정됩니다. 즉, 예수님이 한번 "창고를 열어!"라고 명령하시면 아무도 닫을 수가 없습니다. 요청한 자의 필요가 다 채워지기까지 끝없이 공급해 주실 것입니다. 그리고 예수님이 "그 사람은 안 돼. 창고 문을 닫아!"라고 명령하시면 그때는 국물도 없게 되는 것입니다. 예수님은 신약 성경의 곳곳에서 믿음으로 예수님께 나아온 자들에게 "네 믿음대로 될지어다."라고 말씀하셨습니다. 결국 하나님 앞에서 우리의 믿음대로 모든 것이 다 채워지게 됩니다. 본문에 나오는 엘리아김은 예수 그리스도의 예표였습니다. 엘리아김은 하나님의 뜻에 맞는 일이라면 창고 문을 활짝 열어서 그 일이 성공리에 끝날 수 있게 했습니다.

하나님은 우리에게 필요한 모든 것은 다 하나님께 있기 때문에 오직 예수님의 허락만 받으면 된다고 말씀하십니다. 예수님이 한번 '오케이' 하시면 산도 여기에서 저기로 옮겨지게 될 것이며 안 되는 것이 없을 것입니다.

예수님은 하늘에 있는 것만 우리에게 주시는 분이 아니십니다. 우리에게는 말씀이나 성령의 은혜만이 아니라 돈이나 혹은 병을 고칠 수 있는 약이나 다른 여러 가지 것들도 필요합니다. 예수님은 우리에게 이 세상의 것도 공급해 주십니다. 어떤 경우에는 하나님을 믿지 않는 사람을 통해서도 도움을 입게 하십니다. 대표적인 예가 고레스 왕이었습니다. 페르시아 왕 고레스는 하나님을 믿는 사람이 아니었습니다. 그러나 하나님께서는 고레스를 움직이셔서 유다 백성으로 하여금 예루살렘으로 돌아오게 하셨습니다.

그러므로 우리에게 중요한 것은 하나님의 뜻을 찾는 것입니다. 하나님의 뜻에 일치하기만 하면 하나님은 우리에게 필요한 모든 것을 다 채워 주시기 때문입니다.

우리는 이 시간 예수님과 담판을 지어야 합니다. 다른 사람을 찾아다니면서 아무리 애원을 해도 소용이 없습니다. 모든 권한은 오직 예수 그리스도 한 분에게 달려 있습니다. 예수님이 한번 열어 주시면 모든 것이 다 해결됩니다. 하나님의 뜻이 아닌데 자꾸 내 고집대로 하려고 하니까 부도가 나고 재정적인 어려움을 겪는 것입니다. 만약 하나님의 뜻에 일치하면 돈 걱정은 할 필요가 없습니다. 하나님께서 채워 주실 것입니다.

:23절: "못이 단단한 곳에 박힘 같이 그를 견고하게 하리니 그가 그의 아버지 집에 영광의 보좌가 될 것이요"

여기서 못이 단단히 박힌다는 것은 두 가지 의미로 사용될 수 있습니다. 하나는 텐트의 팩을 말합니다. 텐트를 세우려면 팩을 튼튼하게 박아야 합니다. 아마 텐트를 치고 야영을 해 보신 분들은 팩을 잘못 박는 바람에 자다가 텐트가 무너져서 소동을 벌인 경험이 있을 것입니다. 팩을 튼튼하게 박으면 텐트를 든든하게 지지해 주기 때문에 웬만한 바람이 불어도 넘어가지 않습니다. 엘리아김은 하나님 나라에서 튼튼한 못이어서 그가 하는 모든 일은 무너지거나 실패하지 않았습니다.

특히 성경 본문은 엘리아김을 벽에 박힌 못으로 비유하고 있습니다. 옛날에는 모든 물건들을 벽에 못을 박은 후 거기에 걸어 두었습니다. 시골에 가 보면 벽에 못을 박아서 거기에 항아리도 걸고 농기구도 걸고 온갖 물건들을 걸어 둔 모습을 볼 수 있습니다. 엘리아김은 벽에 든든하게 박힌 못과 같아서 많은 사람들에게 든든한 의지가 되었습니다.

그러나 엘리아김도 사람이므로 나중에는 이 못이 삭아지게 됩니다. 처음에 엘리아김은 든든한 못이었습니다. 그러나 나중에는 이 못이 삭아서 엘리아김을 믿고 걸었던 모든 그릇들이 다 땅에 떨어져서 깨어지게 됩니다.

:24-25절: "그의 아버지 집의 모든 영광이 그 위에 걸리리니 그 후손과 족속되는 각 작은 그릇 곧 종지로부터 모든 항아리까지니라. 만군의 여호와께서 이르시

되 그 날에는 단단한 곳에 박혔던 못이 삭으리니 그 못이 부러져 떨어지므로 그 위에 걸린 물건이 부서지리라 하셨다 하라. 나 여호와의 말이니라."

여기서 우리가 알 수 있는 것은, 사람들은 엘리아김을 통해서 하나님을 의지하고 믿었어야 했는데 나중에는 유다 백성이 하나님보다 엘리아김을 더 믿고 의지하게 되었다는 사실입니다. 그때 엘리아김은 삭아지기 시작하면서 나중에 부러지게 되는데, 그때는 그를 의지했던 사람들이 다 땅에 떨어지게 되는 것입니다. 우리는 결코 사람을 의지하지 말아야 합니다. 우리가 보기에 아무리 충성되고 훌륭한 사람이라도 사실 하나님께서 그렇게 쓰시려고 그 사람을 붙들어 주셨기 때문에 타락하지 않고 충성될 수 있었던 것입니다. 사람은 누구에게나 다 부패한 본성이 있고 이기적이며 악한 마음이 있습니다. 그래서 사람을 절대적으로 믿으면 그 사람이 믿음에 실패할 경우 모두 다 같이 땅에 떨어져서 실패하게 되고 맙니다. 그러므로 사람을 너무 의지해서는 안 됩니다. 우리는 그런 충성된 종들을 볼 때 하나님께 감사드리고 서로 끝까지 하나님께 충성할 수 있도록 기도로 지켜 주어야 합니다.

예수님은 제자들에게 주인이 언제 올지 모르니 항상 깨어 있으라고 말씀하셨습니다. 예수님은 달란트 비유를 통해서도 지금 열심히 일을 해서 달란트를 남겨 놓아야 한다고 말씀하셨습니다. 또한 예수님은 제자들에게 충성된 종이 되어서 때를 따라 식구들에게 양식을 나누어 주어야 한다고 말씀하셨습니다. 오늘도 하나님의 뜻에 맞는 우리의 믿음과 기도를 통해서 하늘 문이 열리며, 이 문이 끝까지 닫히게 되지 않기를 바랍니다.

36

두로의
장래

이사야 23:1-18

교회 청년들 중에 대기업에 취직하기를 바라는 사람이 많습니다. 그런 청년들은 대기업에 다니는 사람이나 혹은 간부가 된 사람이 부러울 것입니다. 우리나라 경제가 한창 좋을 때 대학생들에게는 대기업에 들어가서 해외지사에 근무하는 것이 꿈이었습니다. 아마 젊은이들은 외국에서 돈을 벌면서 직장 생활을 해 보는 것을 동경하는 것 같습니다. 그래서 외국에 가 보면 유학생들도 있지만 대기업 주재원도 많고, 또 연수중인 공무원들도 볼 수 있습니다. 그들 중에서 제일 가난한 사람들은 아마 유학생들일 것입니다.

우리는 이사야가 두 도시를 비교하는 것을 볼 수 있습니다. 그 하나는 예루살렘인데, 환상의 골짜기라고 말하고 있습니다. 환상의 골짜기는 완전히 구석에 박혀 있는 닫힌 도시인데, 그곳은 하나님의 말씀이 임하는 곳입니다.

거기에 비해서 우리가 본문에서 보게 되는 두로는 그 당시 세계에서 가장 돈이 많고 잘사는 도시였습니다. 두로 사람들은 일찌감치 바다로 진출해서 여러 지역에 식민지를 건설하고 막대한 돈을 벌어들였습니다. 그런데 하나님께서는 이사야를 통해 두로가 그동안 자기들이 건설했던 식민지를 다 빼앗겨 버리고 망하게 될 것이라고 말씀하고 있습니다. 하나님께서는 두로가 망했다는 소식이 그 당시 무역을 하는 사람들에게 얼마나 큰 충격이 될 것인지 미리 예언하셨습니다.

아마 두로라고 하면 잘 모르는 지명이지만 페니키아는 들어 보았을 것입니다. 인류 최초로 알파벳을 사용하고 숫자를 사용했던 민족이 바로 페니키아 민족입니다. 두로는 바로 그 페니키아의 중요한 항구 도시였습니다.

옛날 사람들은 바다를 너무나 두려워하였는데, 지중해는 특히 겨울이 되면 항해 자체가 불가능할 정도로 폭풍이 불거나 파도가 높아서 사람들은 아예 바다로 나갈 생각조차 하지 못했습니다. 그때 두로는 바다로 나가서 식민지를 개척했습니다. 두로가 개척한 가장 유명한 식민지가 바로 북부 아프리카에 있는 카르타고였는데, 카르타고는 로마 이전에 지중해 무역을 장악하고 있었습니다. 두로는 지중해 끝의 스페인에 있는 다시스에도 식민지를 개척했고, 나일 강 주위에도 식민지를 만들어서 무역을 통해 엄청난 부를 축적하고 있었습니다. 인간적으로 생각할 때 두로는 망하려고 해도 망할 수 없는 부의 도시였습니다.

그런데 두로는 두 가지 문제가 있었습니다. 한 가지는, 두로가 바알 숭배의 본산지였다는 것입니다. 그래서 두로의 식민지는 모두 바알 신을 숭배했습니다. 카르타고의 장군 한니발도 어렸을 때 그 아버지 하루스루발이 바알 신전에 아이를 데리고 가서 로마를 저주하고 죽을 때까지 로마와 원수가 되기로 맹세하게 했을 정도였습니다. 이스라엘에 바알 종교를 퍼뜨렸던 아합의 왕비 이세벨은 두로의 바알 제사장의 딸이었습니다. 두로의 또 한 가지 문제는, 사람을 죽여서 제사를 드리는 관습을 가지고 있었던 점이었습니다. 역사상으로 보면 사람을 죽여서 제사를 드렸던 모든 민족은 망하였습니다.

이 당시 앗수르와 두로를 비교해 본다면, 앗수르는 군사 대국이었습니다. 그래서 앗수르는 군사력을 가지고 잔인하게 주위 나라들을 정복했습니다. 거기에 비해서 두로는 무역을 통해 식민지로 지중해 여러 나라를 지배했습니다. 앗수르가 군사 대국이라면 두로는 엄청난 무역회사를 가진 대재벌 기업이라고 볼 수 있습니다. 우리나라도 때로는 대통령보다 대기업 회장이 더 나아 보일 때가 있습니다. 왜냐하면 대통령의 임기는 5년밖에 되지 않지만 대기업 회장은 죽을 때까지 할 수 있기 때문입니다. 그러나 역시 돈은 권력을 이기지 못합니다.

우리나라 경제가 이토록 발전하는 데 대기업이 미친 영향을 부인할 수는 없습니다. 물론 이 대기업들도 처음에는 그렇게 큰 회사가 아니었습니다. 그런데 어느 순간 그들은 전 세계로 눈을 돌리기 시작했습니다. 이들은 국내에 가만히 앉아서 돈을 벌려는 생각을 과감히 버리고 전 세계를 대상으로 무역을 시작하면서 대기업을 이루어 내었습니다. 어느 기업의 회장은 "세상은 넓고 할 일은 많다."는 유명한 말을 했습니다. 그는 1년 중 거의 대부분의 시간을 비행기 안이나 외국에서 보냈다고 합니다. 하지만 요즘 우리나라에서는 이런 재벌이 해체되어야 하며, 이런 대기업 회장들이 물러나야 한다는 말을 합니다.

한쪽에는 군사적인 대국이 있고 다른 한쪽에는 거대한 대기업들이 있는 가운데 하나님의 백성은 과연 무엇을 바라보며 살아야 할까요? 이것이 바로 본문 말씀이 보여 주는 것입니다.

1. 두로의 파산

우리나라도 경제 위기가 왔을 때 수많은 기업이 부도가 나서 문을 닫게 되어 수많은 사람이 직장을 잃고 거리로 나앉게 된 일들이 있었습니다. 특히 얼마 전 미국에서 시작된 불황으로 유럽의 돼지(PIGS)라고 불리는 포르투갈, 이탈리아, 그리스, 스페인 등의 경제가 곤두박질하는 바람에 젊은이들이 직장을 얻지 못해서 어려움을 겪는 이야기들이 들려옵니다. 본문에서 이사야 선지자는, 얼마 있지 않아서 당시 전 세계에서 가장 많은 돈과 부를 가진 두로가 망했다는 소식을 듣게 될 것이라고 예언하고 있습니다.

: 1절 : "두로에 관한 경고라. 다시스의 배들아 너희는 슬피 부르짖을지어다. 두로가 황무하여 집이 없고 들어갈 곳도 없음이요 이 소식이 깃딤 땅에서부터 그들에게 전파되었음이라."

하나님께서는 '두로에 관한 경고'라고 말씀하시자마자 바로 물건을 싣고 두로로 가던 배들이 두로가 망한 소식을 듣게 될 것이라고 말씀하십니다. 지금 상인들은 다시스에서 배에 비싼 물건을 잔뜩 싣고 두로로 가고 있습니다. 이 다시스는 스페인 땅에 있는 두로의 식민지였습니다. 그 작은 도시인 두로가 지중해 전체에 걸쳐서 식민지를 만들어 놓고 무역을 하고 있었습니다. 그런데 배가 지중해 중간쯤인 깃딤에 오게 되었을 때 상인들은 두로의 멸망 소식을 듣게 됩니다. 두로가 이미 패망하여 집들이 다 파괴되고 배를 댈 수도 없을 정도로 황폐해졌다는 소식을 들은 것입니다. 여기에 나오는 '깃딤'은 오늘날의 키프로스 섬으로 알려지고 있습니다.

: 2-3절 : "바다에 왕래하는 시돈 상인들로 말미암아 부요하게 된 너희 해변 주민들아 잠잠하라. 시홀의 곡식 곧 나일의 추수를 큰 물로 수송하여 들였으니 열국의 시장이 되었도다."

'바다에 왕래하는 시돈 상인들로 말미암아 부요하게 된 해변 주민'은 지중해 여러 곳에 있는 두로의 식민지 상인들을 말합니다. 이 상인들은 모두 두로를 상대로 무역을 해서 돈을 번 사람들이었습니다. 그중에서 덩치가 큰 것이 애굽의 곡식이었는데, 추수한 것을 나일 강에서 배로 운송해서 많은 돈을 벌었습니다. 시홀은 검은 강을 말하는데, 나일 강을 이르는 말입니다.

요즘은 북부 아프리카가 사막화 되어서 농사를 지을 수 없지만, 옛날에는 전 세계의 대부분의 밀이 애굽이나 북부 아프리카나 키프로스 등에서 생산되었습니다. 그러므로 두로의 멸망 소식은 애굽에까지 충격을 주게 됩니다. 애굽에서 생산되는 곡식을 배로 운반하여 전 세계에 파는 자들이 두로 사람들이었기 때문입니다. 이처럼 두로의 멸망은 전 세계의 곡식 파동을 의미하는 것이었습니다. 그래서 사실 아무리 힘 있는 나라라도 두로를 건드릴 수는 없었습니다. 두로가 전 세계에 곡식이나 물건을 분배하는 꼭 필요한 역할을 해 왔기 때문입니다. 또한 두로는 전 세계에 거점이 되는 식민지가 있었기 때문에 공격을 당해도 배로 도망치면 되니까 완전히 멸망시킬 수 없었습니다.

그런데 두로 사람들은 자기들이 배를 가지고 무역을 해서 이렇게 부자가 된 것이 하나님께서 주신 복인 것을 알지 못했습니다. 옛날 사람들은 지중해에는 포세이돈이라는 바다 신이 있어서, 신을 노엽게 한 자가 배를 타고 지나가면 폭풍을 일으켜 배를 파선시킨다고 믿었습니다. 그래서 옛날부터 배를 타는 사람들은 대단히 미신적이었습니다. 그들이 아무리 바다에서 고기를 많이 잡고 무역을 잘해도, 바다가 진노해서 폭풍을 일으키면 모든 것을 잃게 되기 때문입니다. 두로 사람들은 바다로 무역을 하면서 돈을 제일 중요하게 여기게 되었습니다. 즉, 두로 사람들에게는 돈이 신이었고, 돈을 벌기 위해서라면 무슨 짓이든지 할 수 있다고 생각했습니다.

사실 유다 백성이 가장 부러워한 사람들이 두로 사람들이었습니다. 유다는 좋은 항구가 별로 없었고, 예루살렘 자체가 골짜기에 있어서 세상이 돌아가는 소식을 잘 알지 못했습니다. 그런데 두로 사람들은 배를 타고 온 지중해를 다 돌아다녔기 때문에 세상이 돌아가는 상황이나 유행을 그때그때 알 수 있었습니다. 두로 여인들은 세상에서 좋은 화장품을 사용하고 최신 유행의 옷을 입었고, 사람들은 축적된 부를 가지고 이 세상에서 가장 정욕적으로 타락한 생활을 하였습니다. 그러나 두로의 성공에도 하나님의 정한 때가 있었습니다. 어느 날 전 세계는 두로가 갑자기 망했다는 소문을 듣게 됩니다. 그리고 두로에 가서 물건을 팔기 위해 돈을 빌려서 물건을 잔뜩 사가지고 오던 상인들은 깃딤에서 두로의 멸망 소식을 듣고 통곡하게 되는 것입니다.

∶4절∶ "시돈이여 너는 부끄러워할지어다. 대저 바다 곧 바다의 요새가 말하기를 나는 산고를 겪지 못하였으며 출산하지 못하였으며 청년들을 양육하지도 못하였으며 처녀들을 생육하지도 못하였다 하였음이라."

여기 시돈은 두로와 함께 있는 페니키아의 도시입니다. 시돈도 두로의 멸망으로 인하여 부끄러워할 것입니다. 여기서 '바다' 혹은 '바다의 요새'는 모두 두로를 말합니다. 두로의 영향력이 얼마나 막강했던지 사람들은 그냥 '바다'라고 하면 두로를 지칭하는 것으로 알아들었습니다. 육지 사람들에게 있어서 바다로 간다는 말은 두로로 가는 것이었습니다. 왜냐하면 두로에는 전 세계로 갈 수 있는 배가 있었기 때문입니다. 그리고 '바다의 요새'라는 말도 두로의 별명이었습니다. 이것은 두로는 절대로 망하지 않는다는 뜻입니다.

두로는 한번 마음먹으면 무슨 일이든지 반드시 성공해 내며, '두로불패'라는 말이 생길 정도로 두로가 하는 일은 틀림이 없었다는 뜻을 가진 것입니다.

그런데 그 두로가 무어라고 말합니까? 나는 아이를 낳지 못했으며 청년이나 처녀들도 키우지 못했다고 탄식합니다. 그 이유는 두로는 돈만 많이 가지고 있었지 청년들이나 젊은이들을 제대로 교육시키지 못했기 때문입니다. 어느 나라나 집안의 미래를 보려면 그 집이나 나라의 젊은이들을 보아야 하는데, 두로의 젊은이들은 정신적인 가치관이 바르게 세워지지 못했던 것입니다.

：5-7절： "그 소식이 애굽에 이르면 그들이 두로의 소식으로 말미암아 고통 받으리로다. 너희는 다시스로 건너갈지어다. 해변 주민아 너희는 슬피 부르짖을지어다. 이것이 옛날에 건설된 너희 희락의 성, 곧 그 백성이 자기 발로 먼 지방까지 가서 머물던 성읍이냐"

이 당시 앗수르 같은 나라는 군대의 힘으로 전쟁을 해서 다른 나라들을 하나씩 정복했지만, 두로는 돈으로 바닷가 지역을 하나씩 사들여서 식민지로 만들어 가고 있었습니다. 육지에는 앗수르가 있었다면 바다에는 두로가 있었습니다. 앗수르가 칼로 다른 나라들을 점령해 들어갔다면 두로는 돈으로 지중해변에 있는 여러 나라들을 사 들어갔습니다.

앗수르는 힘만 가졌고 두로는 돈만 가졌습니다. 앗수르와 두로의 싸움은 힘과 돈의 싸움이었습니다. 힘과 돈이 싸우면 누가 이기겠습니까? 우리 생각에는 당연히 힘이 이길 것 같습니다. 그러나 실제로는 그것이 쉬운 일이 아닙니다. 왜냐하면 배에 물건을 싣고 도망을 치면 쫓아갈 수가 없기 때문입니다. 실제로 앗수르는 두로를 공격했지만 그 섬을 정복하지 못했습니다. 바벨론의 느부갓네살이 무려 14년 동안 두로를 포위하고 공격했는데, 나중에 두로 사람들이 배에 보물을 싣고 도망치는 바람에 별로 소득이 없었다는 기록이 있습니다. 예를 들어, 정부에서 중한 죄를 지은 경제사범을 법으로 걸어서 감옥에 집어넣어도 이미 재산은 다 빼돌려 놓아서 별로 빼앗을 것이 없는 것과 비슷합니다.

그러나 이번에 두로가 불타게 되는 것은 두로에게는 치명적인 일이 될 것입니다. 장사하는 사람에게 가장 중요한 것은 신용인데, 두로가 한번 이런 식으로 철저하게 불타 버리면 사람들이 두로를 더 이상 신뢰하지 못하게 될 것이기 때문입니다. 사람들은 '아, 두로도 이런 식으로 망할 수 있겠구나'라고 생각하게 되므로 그 뒤부터 두로는 그 명성을 회복하지 못하게 될 것입니다.

2. 두로가 망하는 이유

두로는 이스라엘과 아주 가까운 곳에 있는 도시입니다. 하지만 그 성격상 예루살렘과는 완전히 반대되는 도시였습니다. 예루살렘은 완전히 닫혀 있는 도시였습니다. 이사야가 '환상의 골짜기'라고 표현한 대로 그야말로 예루살렘 사람들은 이 세상이 어떻게 돌아가는지도 모르고 세상에 대하여 담을 쌓고 있는 도시와 같았습니다. 거기에 반하여 두로는 완전히 열려진 도시였습니다. 전 세계가 두로를 통하고 있었고, 두로는 전 세계와 관계를 맺고 있었습니다. 또한 사람들은 두로에 가면 한탕 해서 부자가 될 수 있다는 꿈을 가지고 있었습니다. 그래서 유다 백성은 정신적으로 두로 사람들을 부러워하고 있었습니다.

옛날 우리나라도 시골에서 농사를 지어 봐야 소작료를 내고 나면 별로 남는 것이 없으니까 항구로 가서 배를 타고 한탕 벌어 보려는 사람이 많았습니다. 그래서 흰 모자를 쓰고 파이프 담배를 피우는 마도로스 선장이야말로 선망의 대상이었던 때가 있습니다. 선장이 돈을 가장 잘 벌고 잘 쓰는 사람이었기 때문입니다.

유다 백성이 가장 답답해한 것은 오직 하나님의 말씀 안에서만 살아야 한다는 것이었습니다. 하나님은 유다 백성에게 세상이 어떻게 돌아가는지 알 필요 없으며, 오직 하나님의 말씀 안에 보물이 있고 복이 있다고 말씀하셨습니다. 그런데 실제로는 보물은 바다를 통해야 얻을 수 있고, 유다 백성도 바다로 가기만 하면 한탕 해서 큰 부자가 될 것 같은 생각이 들었던 것입니다.

대개 무역을 하는 사람들은 자기 돈이 아니라, 돈을 빌려서 무역을 합니다. 그래서 무역에 성공하면 벼락부자가 되고, 만일 배가 폭풍을 만나서 침몰하거나 해적을 만나서 배를 빼앗기면 알거지가 되었습니다. 그럼에도 불구하고 한탕 해서 큰 부자가 되는 것은 누구나 한번 해 보고 싶은 욕망이었습니다.

:8절: "면류관을 씌우던 자요 그 상인들은 고관들이요 그 무역상들은 세상에 존귀한 자들이었던 두로에 대하여 누가 이 일을 정하였느냐."

그런데 두로는 이런 세상적인 성공의 실제적인 사례였습니다.

'면류관을 씌우던 자'는 두로가 지중해 여러 식민지에 왕을 임명했다는 것을 의미합니다. 그리고 세계 여러 곳의 고관들은 두로의 상인들이었습니다. 두로의 상인들은 온 세상에서 존귀한 자들이었습니다. 그러나 하나님께서는 물어보십니다. 누가 한순간에 두로가 망하도록 정했느냐는 것입니다. 그것을 정하신 분은 하나님이십니다. 하나님께서는 왜 두로를 망하게 하십니까?

:9절: "만군의 여호와께서 그것을 정하신 것이라. 모든 누리던 영화를 욕되게 하시며 세상의 모든 교만하던 자가 멸시를 받게 하려 하심이라."

사람들이 보기에 두로의 부귀는 정말 동경할 만한 것이었습니다. 만약 우리 중에 누군가가 대기업의 부장이나 사장으로 있다면 부러워하지 않겠습니까? 만약 내가 현대나 삼성의 임원으로 있다면 이 세상의 누가 부럽겠습니까? 아마 사람들은 정부의 웬만한 과장이나 대학 교수 자리보다 그런 자리를 더 부러워할 것입니다.

그런데 하나님께서는 이 세상의 어떤 산도 예루살렘보다 더 높아지지 못하게 하십니다. 이 세상에서 가장 귀한 것은 하나님의 말씀이 있는 환상의 골짜기여야 합니다. 다른 것들은 다 그보다 아래에 있어야 합니다. 왜냐하면 세상의 성공들은 모두 모래성을 쌓는 것이기 때문입니다. 솔로몬은 '해 아래 있는 것' 중에서 새로운 것은 아무것도 없다고 했습니다. 하나님께서 주신 물건을 이번에는 여기에 쌓았다가 그 다음에는 다른 곳에 쌓는 것뿐입니다. 그럼에도 불구하고 사람들은 자기가 가진 권력이나 돈을 영원한 것으로 생각하고 열심히 돈을 법니다. 그러나 진짜 부자는 하나님의 말씀으로 되는 것이고, 자기 자신이 하나님의 말씀으로 보석이 되는 것입니다. 그런데 두로 사람들은 돈만 많이 벌었지 그들 자신은 하나님 앞에서 전혀 가치 없는 쓰레기와 같았기 때문에, 하나님께서는 때가 되었을 때 쓸어버리셨습니다.

그러므로 우리가 이 세상에서 망하지 않는 유일한 방법은, 돈을 많이 가지거나 튼튼한 성과 요새를 갖추는 것이 아니라 하나님 앞에서 가치 있는 사람이 되는 것입니다. 우리를 하나님 앞에서 가치 있게 만드는 것은 하나님의 말씀밖에 없습니다. 그런데 오히려 하나님의 백성이 그 말씀의 가치를 모르고 세상의 성공을 향하여 달려가려고 한다면 하나님은 그것을 막으시는 것입니다.

때때로 하나님의 백성이 세상의 성공을 부러워할 때가 있습니다. 그러나 우리는 세상이 우리를 부러워하게 해야 합니다. 왜냐하면 항상 하나님의 보배가 쏟아지는 곳은 하나님의 말씀이 있는 곳이기 때문입니다.

전 세계에서 가장 복되고 안전한 곳은 항상 새로운 하나님의 진리가 선포되는 곳입니다. 그래서 하나님의 백성은 골짜기 안에 파묻힌 것으로 만족해야 합니다. 그 골짜기에서 나오는 물이 두로로 흘러 들어가고 세상 다른 곳으로도 흘러 들어가야 세상의 부패를 방지할 수 있습니다. 그런데 오늘날은 하나님의 백성이 세상 사람들의 직책이나 성공을 지나치게 부러워합니다. 어떤 사람이 높은 자리에 올라가거나 대기업 임원이 되어서 많은 연봉을 받게 되면 너무나 부러워하는 것입니다. 그러나 이것은 하나님께서 주시는 복의 진짜 가치를 모르기 때문입니다.

∶10-12절∶ "딸 다시스여 나일 같이 너희 땅에 넘칠지어다. 너를 속박함이 다시는 없으리라. 여호와께서 바다 위에 그의 손을 펴사 열방을 흔드시며 여호와께서 가나안에 대하여 명령을 내려 그 견고한 성들을 무너뜨리게 하시고 이르시되 너 학대 받은 처녀 딸 시돈아 네게 다시는 희락이 없으니 일어나 깃딤으로 건너가라. 거기에서도 네가 평안을 얻지 못하리라 하셨느니라."

본문을 보면 두로는 지중해에 건설했던 식민지들을 모두 놓치게 됩니다. 두로 사람들은 다른 나라가 쳐들어오면 식민지 가운데 한 곳으로 피하면 된다고 생각했습니다. 그러나 식민지들은 그들에게 돈이 생기자 두로로부터 독립하여 하나둘씩 떨어져 나가게 됩니다. 그러던 중 두로가 패하게 되자 도망칠 데가 없어진 것입니다.

다시스는 지금의 스페인 땅에 있는 두로의 식민지입니다. 하나님은 다시스에게 나일 강같이 기뻐하라고 말씀하십니다. 왜냐하면 앞으로 두로가 멸망함으로 다시스는 두로의 식민지에서 벗어나게 될 것이기 때문입니다. 그리고 하나님께서는 바다 위에 손을 펴셔서 열방을 뒤흔드십니다. 그러면 어떻게 되겠습니까? 세계 곳곳에 있던 두로의 식민지가 모두 없어지게 됩니다. 결국 두로의 근거지가 파괴되는 것입니다. 하나님께서는 두로 사람들에게 가장 가까운 식민지인 깃딤으로 가라고 하십니다. 사실 그들은 그곳밖에 갈 데가 없었습니다. 그러나 거기서도 평안할 수 없습니다. 이제 더 이상 두로는 과거와 같은 부자가 아니기 때문입니다. 그곳에서도 업신여김을 받으면서 목숨만 부지할 것입니다.

하나님께서 이 말씀을 하시는 이유가 무엇입니까? 예루살렘 사람들이 하나님의 말씀만으로 만족하지 못하고 자꾸 세상을 닮아 가려고 하기 때문입니다. 세상을 닮아 가려고 한다는 것은 두로처럼 되고자 하는 것을 말합니다. 유다 사람들이 보기에 두로 사람들은 얼마나 멋있는 사람들입니까? 그들은 바다의 사나이로서 전 세계를 누비는 사람들입니다. 두로 사람들은 자기들이 가고 싶은 곳을 다 가고, 보고 싶은 것을 다 보며, 먹고 싶은 것을 다 먹는 사람들입니다. 그런데 대부분의 예루살렘 사람들은 예루살렘 밖을 나가 본 적이 없는 사람들입니다. 이들에게 하나님께서는 두로의 멸망을 미리 보여 주심으로 두로를 부러워하거나 따라가지 말라고 경고하시는 것입니다. 결국 두로는 깃딤으로 도망가게 됩니다.

사실 두로 사람들이 예루살렘 사람들을 부러워해야 합니다. 두로의 주변 세상은 아무리 둘러보아도 모두 썩은 것들밖에 없기 때문입니다. 두로 사람들은 물건만 파는 것이 아니었습니다. 그냥 물건들은 팔아 봐야 이익이 얼마 되지 않았습니다. 가장 이익이 많이 남는 것은 노예 장사였습니다. 그들은 노예를 팔아서 번 막대한 돈으로 술 마시고 온갖 세상 정욕적인 방탕함을 즐겼습니다. 두로 사람들이 조금이라도 제정신을 차렸더라면, 그들이 온 세상을 다니며 돈을 벌었지만 자신들이 한 것은 죄밖에 없다는 사실을 알았을 것입니다.

이 세상에서 가장 아름다운 곳은 하나님의 말씀이 임하고 우리 자신이 깨끗하게 변화되는 예루살렘인 것입니다. 여기서 우리는 언제나 새롭게 변할 수 있습니다. 세상은 그 어느 곳이라도 사람들이 사는 곳에는 죄가 넘칠 수밖에 없습니다.

3. 두로의 미래

하나님께서는 두로 사람들에게 갈대아 땅을 보라고 말씀하십니다.

: 13절 : "갈대아 사람의 땅을 보라. 그 백성이 없어졌나니 곧 앗수르 사람이 그 곳을 들짐승이 사는 곳이 되게 하였으되 그들이 망대를 세우고 궁전을 헐어 황무하게 하였느니라."

앗수르 사람들은 갈대아 사람의 땅, 한때 바벨론의 왕궁이 있던 곳을 헐어서 망대를 세우고 회복되지 못하도록 군대를 주둔시켰습니다. 그래서 바벨론은 오랫동안 회복하지 못하다가 나중에 앗수르의 세력을 내쫓고 강대국으로 일어서게 됩니다.

마찬가지로 두로도 한 번만 공격하는 것이 아니라 아주 오랫동안 군대를 주둔시켜서 완전히 망하게 할 것이라는 뜻입니다. 사실 장사하는 사람들을 뿌리 뽑는다는 것은 결코 쉬운 일이 아닙니다. 장사하는 사람들은 거의 목숨을 걸고 장사하기 때문에 한두 번 공격해 봐야 아무 소용이 없습니다.

앗수르는 갈대아에 했던 것처럼 아예 망대를 쌓고 군대를 주둔시켜서 영원히 두로가 재기하지 못하도록 할 것입니다. 앗수르가 그렇게 하는 이유가 무엇입니까? 아마도 앗수르 제일주의 때문일 것입니다. 앗수르 제일주의는 이 세상에 앗수르에 버금가는 자가 없도록 하기 위하여 강한 나라는 철저하게 파멸시키는 것을 말합니다. 결국 앗수르에 의해서 다메섹과 사마리아와 애굽 그리고 두로까지 모두 망하게 됩니다. 그러나 그중에 살아남은 성이 있었습니다. 바로 예루살렘입니다. 이것만 보아도 하나님의 말씀이 있는 이 성이 얼마나 대단한 곳인지 알 수 있습니다.

그런데 놀라운 것은 두로가 칠십 년 동안 철저하게 버려진 바 되었다가 그 후에 다시 되살아난다는 것입니다.

: 14-15절 : "다시스의 배들아 너희는 슬피 부르짖으라. 너희의 견고한 성이 파괴되었느니라. 그 날부터 두로가 한 왕의 연한 같이 칠십 년 동안 잊어버린 바 되었다가 칠십 년이 찬 후에 두로는 기생의 노래 같이 될 것이라."

옛날에는 대개 왕의 연한을 길게 잡아 칠십 년으로 보았던 것 같습니다. 물론 왕 중에서 칠십 년씩이나 통치하는 사람은 거의 없지만, 아주 길게 잡았을 때 칠십 년으로 볼 수 있습니다. 왕은 재위 동안에는 절대적인 권력을 휘두르지만 죽은 후에는 그의 치적이나 업적이 철저하게 지워지게 됩니다. 왜냐하면 이 세상의 권력이 대단한 것 같아도 그것 또한 모래성에 불과하기 때문입니다. 즉, 칠십 년이 지난 후 다음 왕 시대에 이전 왕에 대한 것을 물으면 아는 자가 아무도 없을 정도로 철저히 잊히게 될 것입니다. 마찬가지로 두로도 대략 칠십 년이 지나면서 철저하게 잊혀서 결국 그 당시 기생들이 부르던 유행가 가사처럼 된다고 하는데, 아마도 16절이 그 가사인 것 같습니다.

: 16절 : "잊어버린 바 되었던 너 음녀여 수금을 가지고 성읍에 두루 다니며 기묘한 곡조로 많은 노래를 불러서 너를 다시 기억하게 하라 하였느니라."

두로가 한창 부를 누릴 때 아주 유명한 기생이 있었던 모양입니다. 이 기생의 인기가 얼마나 대단했든지 한창일 때에는 웬만한 한량은 만날 수도 없었습니다. 그런데 그 기생이 늙어서 한물가면 어떻게 됩니까? 찾아 주는 사람이 없으니까 이제 자기가 직접 여러 마을을 돌아다니면서 노래를 불러서 먹고사는 것입니다. 그러니까 기생들도 살기 위해 변신을 할 수밖에 없었습니다. 두로의 영광은 한때 반짝 인기를 끌다가 나중에 유랑극단에서 노래를 불러서 밥벌이를 하는 기생과 같았습니다. 이처럼 이 세상에서 살아남으려면 끝없이 변신을 해야 합니다. 그러나 하나님의 백성은 변신할 필요가 없습니다. 하나님의 백성은 늘 신선하고 새롭기 때문입니다. 하나님의 말씀이 늘 새롭기 때문에 말씀을 소유한 하나님의 백성도 늘 새롭고 신선할 수밖에 없습니다.

성경 본문에서 이해하기 어려운 것은 두로의 재기에 관계된 부분입니다.

: 17-18절 : "칠십 년이 찬 후에 여호와께서 두로를 돌보시리니 그가 다시 값을 받고 지면에 있는 열방과 음란을 행할 것이며 그 무역한 것과 이익을 거룩히 여호와께 돌리고 간직하거나 쌓아 두지 아니하리니 그 무역한 것이 여호와 앞에 사는 자가 배불리 먹을 양식, 잘 입을 옷감이 되리라."

두로는 칠십 년 동안 잊혔던 땅이 되는데, 그 칠십 년이 지난 후에는 다시 살아나게 될 것입니다. 그래서 두로 사람들은 예전처럼 이자 놀이를 하고 또 전 세계를 대상으로 음란을 행할 것입니다. 이 세상 사람들은 망했을 때는 좀 겸손해지는 것 같은데, 다시 돈이 생기면 옛날 죄짓던 때로 돌아갑니다. 유다 백성은 바벨론에서 칠십 년 포로 생활을 한 후에 바알과 모든 우상을 버리고 하나님의 말씀을 붙들게 되지만, 두로 사람들은 똑같이 칠십 년 동안 망했지만 변한 것이 없습니다.

그런데 놀랍게도 두로는 한번 망하고 난 뒤 무엇인가 조금 달라지는 모습을 보입니다. 그것은 두로 사람들 중에서 자기가 번 돈을 자기를 위하여 쓰지 않고 하나님을 위하여 쓰는 자가 생긴 것입니다.

옛날 망하기 전의 두로는 완전히 자기밖에 모르는 이기적인 도시였는데, 한번 망하고 난 뒤에는 하나님을 두려워하는 사람들이 생겨났습니다. 성경에서 그 예를 찾아보면, 예수님 당시에 바리새인들의 시기심이 극도로 심해지자 예수님은 잠시 두로로 피하십니다. 그곳에서 예수님은 귀신 들린 자기 딸을 고쳐 달라고 간구하는 한 이방인 여자를 만나게 되었습니다. 그때 예수님은 이 여자의 요청에 대해 "자녀의 떡을 취하여 개들에게 던짐이 마땅치 아니하니라."(막 7:27)라고 말씀하셨습니다. 그때 여자가 "주여 옳소이다마는 상 아래 개들도 아이들이 먹던 부스러기를 먹나이다."(막 7:28)라고 지혜롭게 대답함으로 예수님으로부터 칭찬을 받게 됩니다. 이처럼 예수님 때에는 이미 두로에 많은 유대인이 살고 있었고, 그들 중에 예수님에 대한 소문이 많이 퍼졌던 것을 알 수 있습니다. 사도 바울이 복음을 전할 때에는 이미 두로에 예수 믿는 사람들이 있고 교회가 있어서, 바울이 예루살렘에 갈 때나 죄수의 신분으로 로마로 갈 때에도 이들로부터 상당한 도움을 받는 모습을 볼 수 있습니다.

우리는 마케도니아를 잘 모르지만, 그리스 사람들은 북부에 있는 마케도니아 사람들을 완전히 야만족으로 생각해서 아주 경멸했습니다. 그런데 사도 바울은 이 마케도니아에서 많은 전도를 했고, 예루살렘에 흉년이 들었을 때도 마케도니아와 아가야의 성도들로부터 헌금을 거두어서 예루살렘 교회에 전달합니다. 이 모든 것을 보면 예전에 세상적이었고 타락한 삶을 살았다고 해서 하나님 앞에서 영구적으로 쓸모없는 사람이 되는 것은 아닙니다. 어떤 사람들은 자기가 번 돈을 통해 하나님을 위해 귀하게 쓰임 받는 사람들도 있습니다.

그리스에서는 고린도, 그리고 아시아에서는 에베소가 바다를 끼고 있는 항구 도시로 술집이 많고 아주 음란하고 타락한 도시였습니다. 그런데 놀라운 것은 가장 타락한 이 두 도시에서 가장 놀라운 부흥이 일어난 것입니다. 이런 것을 보면 하나님은 어느 곳에서든지 원하시기만 하시면 놀라운 부흥을 일으키실 수 있다는 것을 믿어야 합니다.

사실 전 세계 사람들은 지구 어느 곳에 붙었는지도 알지 못하던 한국 땅에서 이렇게 놀라운 부흥이 일어날 줄 아무도 알지 못했을 것입니다. 조상에게 제사나 지내고, 첩을 두고 기생 놀음을 하던 사람들이 변하여 하나님의 사람이 된 것입니다. 게다가 최근에는 월드컵 축구나 혹은 한류를 통해서 대한민국이 외국에 알려지면서 복음 전도에 좋은 영향을 미치는 것을 볼 수 있습니다. 더욱이 생각지도 못했던 외국 여성들이 한국인과 결혼하거나 혹은 유학이나 직장을 통해서 한국에 와서 교회를 찾는 경우를 종종 볼 수 있습니다.

솔로몬 시대에도 성전 짓는 것을 적극적으로 도왔던 사람은 바로 두로 왕 히람이었습니다. 이와 같이 하나님은 원하시면 누구든지 하나님께 돌아와서 하나님을 위하여 쓰임 받게 하십니다.

중요한 것은 우리가 세상을 너무 부러워하지 말아야 한다는 것입니다. 두로는 요즘으로 치면 재벌기업과 같은 나라였지만, 그들의 부나 안전과 명성은 영원한 것이 아니었습니다. 아마 지금도 대기업을 가지고 있는 사람들의 이야기를 들으면 앞으로 어떤 일이 일어날지 몰라서 불안하다고 말할 것입니다. 현대나 삼성 같은 대기업의 회장이나 임원들의 말을 들으면 그들 역시 미래가 불안하다고 합니다. 그러나 하나님은 우리에게 영원한 하나님의 산성인 예루살렘을 주셨습니다. 하나님은 이곳에서 우리를 보석으로 만드시며, 이곳에서 우리의 기도를 들어 주실 것입니다.

예수님은 제자들에게 바리새인의 누룩을 주의하라고 말씀하셨습니다. 이 당시 바리새인의 누룩은 성공주의이고 출세주의였습니다. 오늘날도 우리나라의 기독교는 너무 성공의 누룩을 먹어서 보석을 만들지 못하고 있습니다. 하나님의 말씀을 먹어야 하는데 성공과 명성을 먹으니까 보석이 되지 못하고 진짜 부흥이 일어나지 못하는 것입니다. 이제는 모두가 하나님 앞에서 진정으로 내 자신의 가치를 찾고 영적인 부흥이 일어나는 성도들이 되시기 바랍니다.

37

땅이 슬퍼하는 이유

이사야 24:1-13

일본의 돈 많은 부자들은 정원을 멋있게 가꾸는 것을 좋아한다고 합니다. 특히 일본에는 소나무가 귀해서 정원에 소나무를 키우면 잘사는 집으로 생각한다고 합니다. 옛날 로마 시대에는 귀족들이 지방에 별장을 사서 꾸미는 것이 큰 자랑거리였습니다. 그래서 전쟁 등으로 돈을 많이 번 로마의 장군이나 귀족들은 해변에 멋진 별장을 짓고, 그곳에 극장이라든지 목욕탕 같은 것을 만들어 놓았습니다. 특히 그리스의 조각상들을 많이 빼앗아 와서 세워 놓기도 하고, 분수대나 잔디밭 등을 멋있게 꾸몄다고 합니다. 그런데 주인이 망해서 이사를 하거나 도망을 가면 집이 퇴색하게 되고 멋지게 꾸민 잔디밭이나 꽃밭이 다 파헤쳐지며 마당에는 쓰레기가 굴러다니게 됩니다.

사람들은 말을 타면서 말이 아무 생각이 없다고 생각하기 쉬운데, 사실 말은 머리가 아주 좋고 자기를 타고 있는 사람이 어떤 사람인지 잘 안다고 합니다. 이처럼 말도 자기 위에 올라탄 사람이 왕이나 공주같이 귀한 분이면 굉장히 기분이 좋지만 술주정뱅이나 거지라면 어떻게 해서든지 그 사람을 떨어뜨리고 싶어 할 것입니다. 알래스카에서는 개가 끄는 썰매를 많이 타는데 썰매를 끄는 개는 머리가 아주 좋아서 주인이 어떤 사람인지를 안다고 합니다. 특히 개들 사이에도 시기심이나 질투심 같은 것이 있어서 아무 개나 맨 앞에서 끌게 했다가는 서로 물어 죽인다고 합니다.

마찬가지로 사람들은 우리가 살고 있는 이 땅이 아무 생각이나 감각이 없는 것으로 생각합니다. 그러나 사람들이 사는 땅도 생각이 있고 감정이 있어서 자기 위에 사는 사람들이 어떤 사람인 줄 알고 있습니다. 그래서 땅이 보기에 자기 위에 사는 사람들이 신사적이고 사랑도 많은 사람이라면 땅이 그 사람이 다른 데로 쫓겨 가지 않도록 보호해 줍니다. 그런데 땅 위에 사는 사람들이 비열하고 악한 사람들이면 땅이 그 사람들을 너무나 꼴 보기 싫어해서 쫓아내는데, 기근이나 전쟁이나 지진 이 일어나서 사람들이 도저히 그 땅에 살 수 없어 무더기로 쫓겨나게 되는 것입니다. 결국 자기 땅에 살지 못하고 쫓겨난 사람들은 온 세상을 돌아다니면서 온갖 고생을 하게 됩니다.

그러나 사실은 땅이 사람이나 짐승들처럼 생각이 있고 의식이 있는 것은 아닙니다. 이것은 하나님께서 땅의 입장에서 인간들을 보시는 것입니다. 하나님께서는 땅을 차지하고 있는 인간들이 도저히 그 땅을 차지할 자격이나 가치가 없다고 판단되시면 재앙으로 사람들을 그 땅에서 쫓아 버리시고 그 땅을 황무하게 만드십니다.

본문은 하나님께서 유다 백성의 땅을 황무하게 하시며, 거기서 소고를 치고 수금을 연주하는 일이 없게 하겠다고 말씀하고 있습니다. 이것을 통해 지금 유다가 어떤 기쁜 일이 있어서 음악을 연주하고 포도주를 마시며 즐기고 있음을 알 수 있습니다. 아마도 유다 백성은 앗수르 군대가 물러갔기 때문에 기뻐하면서 서로 수고했다고 격려하는 것 같습니다. 그러나 하나님은 유다 백성에게 눈앞의 위기가 넘어갔다고 해서 온전히 기뻐하지 말라고 말씀하십니다. 그 이유는 그들에게 결정적으로 중요한 것은 아직 회복되지 않았기 때문입니다. 유다 백성은 아직 온전히 하나님의 말씀으로 돌아오지 않았습니다. 이것을 보면 하나님은 우리에게 대충대충 믿는 것이 아니라 철저한 신앙을 요구하고 계심을 알 수 있습니다.

1. 공허하게 되는 유다 땅

이 세상을 보면 어느 곳은 무엇인가 새로운 기운이 넘쳐서 사람들이 몰려들고 건물들이 올라가고 물건이나 돈이 몰려드는 곳이 있는가 하면, 반대로 사람들이 떠나가고 건물들은 무너지며 땅도 황폐하게 되어서 철저하게 버려지는 곳도 있습니다. 하나님께서는 성경 본문에서 어느 곳이라고는 말씀하시지 않고, 땅은 버려지고 황무하게 되며 사람들은 흩어질 것이라고 말씀하십니다. 그곳이 어떤 곳일까요?

:1절: "보라 여호와께서 땅을 공허하게 하시며 황폐하게 하시며 지면을 뒤집어 엎으시고 그 주민을 흩으시리니"

여기서 '공허하게 한다'는 것은 사는 사람이 아무도 없다는 뜻입니다. 한때는 인구가 아주 많아서 사람들이 북적거렸는데 이제는 사람들이 모두 떠나서 유령 도시처럼 된다는 것입니다. 그리고 전에는 도시 안에 가게나 상점도 많고 물건도 많고 아름다운 집도 많았는데, 앞으로는 마치 전쟁이 난 것처럼 아무것도 남지 않고 쓰레기더미로 변하게 된다고 말씀하고 있습니다.

이것을 통해서 알 수 있는 것은 이 세상이 아름다워지고 번창하게 되는 것이 사람의 생각이나 의지에 달린 것이 아니라는 사실입니다. 오히려 세상을 아름답게 하기 위해 사람들이 아무리 많은 돈을 투자하고 좋은 것을 심어도, 하나님 보시기에 효용 가치가 없으면 결국 그 도시나 땅은 황무하게 버려지는 것입니다.

원래 하나님께서 천지를 창조하실 때는 땅이 혼돈하고 공허했다고 말씀하고 있습니다. 하나님께서 처음 이 세상을 창조하실 때 이 세상에는 아무것도 없었고 완전히 혼돈 그 자체였습니다. 그런데 하나님께서 많은 풀과 채소와 열매 맺는 나무를 창조하시고, 또 새와 물고기와 땅 위의 짐승들 그리고 사람을 창조하셨습니다. 이처럼 하나님께서 이 세상을 아름답게 만드신 것은 세상에 대한 하나님의 아름다운 계획이 있으셨기 때문입니다. 특별히 하나님께서는 에덴이라는 동산을 만드시고, 거기에 많은 과일 나무가 자라게 하시고 강이 흐르게 하시며, 하나님께서 만드신 아담과 하와를 그곳에 살게 하셨습니다. 이것 또한 인간에 대한 하나님의 아름다운 계획이 있으셨기 때문입니다.

하나님께서는 믿음의 조상 아브라함으로 하여금 하란을 떠나 가나안 땅에서 살게 하셨습니다. 그리고 어떤 일이 있어도 가나안 땅을 떠나지 말라고 말씀하셨습니다. 그것은 가나안 땅이 하나님의 말씀이 임하는 무대였기 때문입니다.

예를 들어, TV 방송국에서는 방송할 가치가 있거나 뉴스거리가 된다고 판단하면 아무리 멀고 누추한 곳이라도 찾아가서 촬영을 할 것입니다. 그러나 방송할 가치가 없어 보이고 뉴스거리도 되지 않는다고 판단되면 아무리 방송에 내보내 달라고 사정하고 부탁해도 방송국은 들은 체도 하지 않을 것입니다. 어떠한 가치를 지녔느냐가 중요합니다.

하나님께서는 유다 백성에게 환상의 골짜기를 주셨습니다. '환상의 골짜기'는 예루살렘의 별명입니다. 어느 나라의 수도이든 대개 바닷가에 있거나 아니면 큰 강을 끼고 있어야 무역하기도 좋고 외부의 침략을 방어하기도 좋습니다. 그러나 유독 예루살렘은 바닷가도 아니고 강을 끼고 있지도 않은, 깊은 골짜기에 갇혀 있는 도시였습니다. 왜 하나님께서는 예루살렘을 그런 골짜기에 두셨을까요? 그 이유는 환상의 골짜기는 세상과 좀 떨어져 있어야 세상의 유행에 덜 휩쓸리고 하나님의 말씀에 집중할 수 있기 때문입니다.

예루살렘은 하나님의 말씀이 임하기 때문에 가치가 있었습니다. 그런데 어느 날부터인가 예루살렘 사람들은 하나님의 말씀이 너무 비현실적이고 유행에 너무 뒤떨어진다고 생각했습니다. 그래서 하나님의 말씀은 뒤로 팽개치고 열심히 세상의 유행이나 성공을 따라갔습니다. 그랬더니 환상의 골짜기에서 하나님의 말씀이 사라지게 되었습니다. 하나님께서는 이제 예루살렘을 황무하게 하겠고 거기에 있는 사람들을 흩어지게 하겠다고 말씀하셨습니다. 왜냐하면 예루살렘에는 더 이상 하나님의 말씀은 없고 세상의 쓰레기로만 가득하였기 때문입니다. 이젠 소중히 여길 가치가 없어진 것입니다.

: 2절 :   "백성과 제사장이 같을 것이며 종과 상전이 같을 것이며 여종과 여주인이 같을 것이며 사는 자와 파는 자가 같을 것이며 빌려 주는 자와 빌리는 자가 같을 것이며 이자를 받는 자와 이자를 내는 자가 같을 것이라."

본문에는 백성과 제사장이 나옵니다. 이것을 보면 하나님께서 뒤집어엎으시고 황무하게 하실 땅이 다른 곳이 아닌 예루살렘임을 알 수 있습니다. 그런데 잘 살펴보면 하나님께서 버리시는 대상에 예루살렘의 모든 사람이 다 포함되는 것을 볼 수 있습니다.

본문은 '백성과 제사장이 같을 것이며'라고 말씀합니다. 즉, 하나님은 제사장만 버리시는 것이 아니라 일반 백성도 버리십니다. 왜냐하면 하나님의 말씀에 대한 일차적 책임은 제사장에게 있지만, 일반 백성도 하나님의 말씀을 붙들어야 할 책임이 있었기 때문입니다. 그리고 '종과 상전이 같을 것'이라고 했습니다. 대개 집안일에 대한 책임은 주인에게 있고 종은 시키는 대로 할 뿐인데 하나님의 말씀은 그렇지 않은 것입니다. 또 '여종과 여주인이 같을 것이며'라고 했고, 물건을 '사는 자와 파는 자가 같을 것'이라고 했습니다. 그리고 '빌려 주는 자와 빌리는 자가 같을 것이며'라고 했는데 이것은 빚을 주고받는 사람들을 말합니다. 그리고 끝에 가서는 '이자를 받는 자와 이자를 내는 자가 같을 것'이라고 했습니다. 하나님께서는 유다나 예루살렘이 황폐하게 되는 것은 왕이나 제사장이나 지도자 한두 사람에게만 책임이 있는 것이 아니라 유다 백성 전체에게 책임이 있다고 보시는 것입니다.

여기서 우리는 두 가지 사실을 생각하게 됩니다. 그 하나는, 예루살렘에 사는 사람들에게는 일차적인 책임이 있는데 그 책임은 돈을 잘 벌고 성공하는 것이 아니라는 것입니다. 예루살렘은 하나님의 환상의 골짜기인데, 환상의 골짜기는 다른 말로 표현하면 '하나님의 말씀이 임하는 도시'입니다. 그러나 아무리 예루살렘이라 해도 하나님의 말씀이 그냥 임하지는 않습니다. 우리가 이 땅에 하나님의 말씀이 임하게 하려면 하나님의 말씀을 붙들고 죽을 각오를 해야 하는 것입니다. 그러므로 예루살렘에는 제사장도 있고 일반 백성도 있고 주인도 있고 종도 있고 물건을 파는 사람도 있고 사는 사람도 있겠지만, 그들의 일차적인 책임은 모두 하나님의 말씀을 죽을 각오로 붙들어서 그 말씀이 항상 임하도록 하는 것입니다. 그러면 예루살렘은 절대로 망할 수가 없었습니다. 그러나 예루살렘 사람들이 하나님의 말씀의 가치를 무시하고, 세상에 욕심을 내어 세상을 따라갔을 때 그들은 스스로 존재의 근거를 파괴하는 행동을 하고 있었던 것입니다.

요즘 우리나라는 가진 자와 가지지 못한 자의 평등에 대하여 많은 관심을 가지고 있습니다. 그리고 청년 대학생들의 취업 문제를 많이 걱정하고 있습니다. 특히 학생들의 아르바이트 조건이 얼마나 열악한지에 대한 기사들이 연일 나오고 있습니다. 물론 이 모든 것이 중요하지만, 우리에게 가장 중요한 것은 어른이든 젊은이든 학생이든 교수이든 사장이든 아르바이트 학생이든 모두가 하나님의 말씀에 목숨을 거는 결단입니다. 바로 이것이 환상의 골짜기 사람들이 추구해야 할 일이고, 그럴 때에 하나님께서 이들을 아름답게 축복해 주시는 것입니다.

요셉의 경우를 보면 그는 하나님께서 보여 주신 꿈 때문에 형들의 미움을 받아서 죽음의 공포를 겪고 종으로 팔려 가게 됩니다. 요셉이 이렇게 종으로 팔려 갔다는 것은 그가 꿈을 버리지 않았다는 것을 의미합니다. 만일 요셉이 형들에게 붙들렸을 때 '나는 꿈을 포기하겠소. 이제부터 형들이 시키는 대로 하겠소'라고 했다면 요셉은 얼마든지 종으로 팔려 가지 않을 수 있었습니다. 그러나 요셉이 그렇게 했더라면 칠 년의 흉년이 들었을 때 요셉이나 그 가족은 다 죽었을 것입니다. 또한 요셉이 노예로 있으면서 여주인의 유혹을 받았을 때 하나님의 꿈을 버렸더라면 감옥에 들어가지 않을 수 있었습니다. 그러나 요셉은 죽을 각오를 하고 하나님의 말씀을 붙들었습니다. 그랬기 때문에 온 세상을 황폐하게 하는 대흉년이 들었을 때 지혜로 사람들을 살릴 수 있었습니다. 이와 같이 하나님 앞에서는 사장과 아르바이트 직원, 교수와 학생, 목회자와 평신도의 구별이 중요한 것이 아니라, 그가 누구이든 하나님의 말씀의 가치를 알고 그 말씀에 목숨 거는 결단을 할 때 그 땅과 거기에 사는 사람들을 살리게 되는 것입니다.

뿐만 아니라, 이 세상에 살다 보면 우리 몸에서는 끊임없이 오물이 생기게 되어 있습니다. 옛날 도시들이 강이나 바다를 끼고 있는 이유도 이런 오물들을 처리하기 위해서였습니다. 그런데 환상의 골짜기는 특별히 인간의 몸에서 나오는 오물만이 아니라 인간의 마음과 생각과 행동에서 흘러나오는 죄들을 하나님의 불로 태우는 능력을 가지고 있었습니다. 실제로 예루살렘은 하나님께 제사를 드림으로 인간의 죄를 씻는 탁월한 능력이 있는 도시였습니다. 예루살렘 성전에서 하나님께 제사를 드리는 제사장은, 인간의 죄를 씻기 위해 제사를 드리려면 먼저 자기 자신이 하나님의 말씀에 철저하게 헌신해야 했습니다.

그런데 예루살렘 사람들은 하나님의 성전이 세상의 유행에 뒤진다고 생각하여 세상의 우상을 갖다 놓았습니다. 그러자 예루살렘의 죄가 하나도 씻기지 않고 계속 쌓여 갔습니다. 이 세상은 사람들의 죄가 어느 수준 이상 쌓이면 아무 예고 없이 재앙이 일어나서 사람들을 쓸어가도록 설계되어 있는데 예루살렘의 죄가 점점 쌓여 가고 있었던 것입니다. 원래 하나님은 죄가 쌓이면 예고 없이 재앙이 일어나게 하시지만, 하나님의 백성 예루살렘 사람들이기 때문에 미리 알려 주시는 것입니다. 그러므로 하나님께서 크게 진노하심을 느끼면 모든 사사로운 계획을 중단하고, 노인부터 어린아이에 이르기까지 모두 하나님 앞에 모여서 가슴을 찢으며 회개해야 합니다. 그러면 하나님은 요엘 선지자에게 약속하셨던 것같이 재앙이 물러가게 하실 뿐 아니라, 남종과 여종에게 하나님의 신을 부어 주셔서 부흥이 일어나게 하십니다.

2. 가나안 땅의 근거

우리는 때때로 높은 자리에 앉았던 사람들이 좋지 않은 일을 해서 그 자리에서 물러나게 되는 경우를 봅니다. 사실 나라의 높은 자리까지 올라가는 것은 보통의 머리나 능력을 가진 사람은 엄두도 내지 못하는 것입니다. 그러나 그렇게 머리가 좋고 유능한 사람도 결국 죄를 이기지 못해서 어렵게 오른 자리에서 쫓겨나게 됩니다. 우리는 좋은 자리에 앉게 되면 그 자리에서 물러나고 싶지 않을 것입니다. 그러나 우리가 집착한다고 해서 그 자리를 지킬 수 있는 것이 아니라, 하나님의 말씀에 순종하는 믿음이 있어야 가능합니다.

이스라엘 백성이 가나안 땅에 들어가게 되었을 때, 과연 가나안 땅은 너무나 좋은 땅이었고 절대로 다른 사람들에게 빼앗기고 싶지 않은 땅이었습니다. 가나안 땅은 비옥한 땅이었고 교통의 요지였기 때문입니다. 이스라엘 백성은 자손대대로 가나안 땅을 차지하고 다른 민족에게 빼앗기지 않기를 원했습니다. 하지만 여기서 이스라엘 백성의 생각은 하나님의 뜻에서 벗어나게 됩니다.

처음 하나님께서 이스라엘 백성에게 가나안 땅을 주실 때 하나님은 가나안 땅을 약속의 보증으로 주신다고 말씀하셨습니다. 즉, 이스라엘 백성에게 중요한 것은 가나안 땅을 가진 사실이 아니라 하나님의 율법을 가지고 하나님의 율법대로 사는 것이었습니다. 그래서 하나님은 이스라엘 백성이 광야에서 먹을 것이 없을 때 "사람이 떡으로만 사는 것이 아니요 여호와의 입에서 나오는 모든 말씀으로 사는 줄을 네가 알게 하려 하심이니라."(신 8:3)고 하시면서 하늘에서 만나가 내리게 하셨습니다. 이처럼 세상에서 가장 위대한 백성은 큰 나라를 가진 백성이 아니라 하나님의 율법을 가지고 그 율법대로 사는 자들이었습니다. 하나님께서는 이스라엘 백성에게 이 율법에 딸린 보너스로 가나안 땅을 주셨습니다. 그러므로 이스라엘 백성이 하나님의 말씀을 지키는 한 어느 누구도 가나안 땅을 빼앗지 못합니다. 하나님께서 약속으로 주신 땅이기 때문입니다. 이처럼 이스라엘 백성에게 중요한 것은 가나안 땅이 아니고 율법의 말씀이었습니다. 그런데 이스라엘 백성이 하나님의 말씀을 믿지 못하고 율법을 버리면 자동적으로 가나안 땅은 잃어버리게 됩니다. 왜냐하면 가나안 땅은 율법에 따라 주어진 것이기 때문입니다.

그런데 이스라엘 백성은 가나안 땅을 보고 인간적인 생각을 하게 되었습니다. 이 인간적인 생각은 그야말로 위험한 생각이었습니다. 즉, 이스라엘 백성이 가나안 땅을 차지하고 보니 남들에게 빼앗기기에는 너무나 아까운 땅이지만 자기들의 힘으로는 도저히 지킬 자신이 없었습니다. 그리고 그들이 온 힘을 다해 하나님의 율법을 지킨다고 해도 지킬 수 없을 것 같았습니다. 그래서 이스라엘 백성은 가나안 사람들과 동화되기로 결정했습니다. 가나안 사람들과 동맹도 맺고 그들의 우상도 끌어들여서 섬기면 그들이 자기들을 치지 못할 것으로 생각한 것입니다. 그리고 오히려 이스라엘 백성이 우상을 섬기지 않고 하나님만 섬기면 너무 배타적이 되어서 가나안 사람들과 사이가 나빠질 것이 두려웠던 것입니다. 그 결과 이스라엘 백성과 나중에는 유다 백성까지도 하나님의 율법을 버리고 현실과 타협했습니다. 이스라엘 백성이 가나안 땅을 차지하느냐 차지하지 못하느냐는 하나님께 달렸는데, 그들은 다른 사람들과의 관계에 달려 있다고 생각했습니다.

이 시대를 살아가는 우리는 정말 이 세상이 우리에게 발붙일 틈도 주지 않음을 느낄 것입니다. 예를 들어, 외국에 나가서 직장 생활을 해 보면 정말 그 세계 속으로 파고 들어간다는 것이 얼마나 어려운 일인지 알 수 있습니다. 이처럼 하나님의 백성이 세상 속으로 파고 들어가기란 쉽지 않습니다. 그런데 하나님은 그것이 사람들의 손에 달린 것이 아니라 하나님께 달렸다고 말씀하십니다. 즉, 이스라엘 백성이 광야에서 하나님의 말씀 하나만 붙들고 나가면 하나님은 우리가 살 수 있는 약속의 땅을 주시는 것입니다. 마귀가 얼마나 대범한지, 하나님의 아들이 이 세상에 오셨을 때 그를 시험하면서 '네가 나에게 절을 하면 세상 영광을 주겠다'고 유혹했습니다. 그때 예수님은 마귀의 유혹을 단연코 거절하시면서 "주 너의 하나님께 경배하고 다만 그를 섬기라 하였느니라."(마 4:10)라고 대답하셨습니다. 그래서 예수님은 이 세상에서는 머리 둘 곳조차 없으셨지만 하나님의 보좌 우편을 차지하셨고 온 세상을 다스리는 권세를 아버지로부터 받으셨습니다.

가끔 직장 생활을 하다 보면 상사나 선배 중에서 '내 말만 잘 들으면 무조건 출세할 수 있다'고 말하는 사람들이 있는데, 그런 사람의 말은 절대로 들어서는 안 됩니다.

: 3-5절 :　"땅이 온전히 공허하게 되고 온전히 황무하게 되리라. 여호와께서 이 말씀을 하셨느니라. 땅이 슬퍼하고 쇠잔하며 세계가 쇠약하고 쇠잔하며 세상 백성 중에 높은 자가 쇠약하며 땅이 또한 그 주민 아래서 더럽게 되었으니 이는 그들이 율법을 범하며 율례를 어기며 영원한 언약을 깨뜨렸음이라."

원래 예루살렘은 세상에서 가장 아름다운 곳이었습니다. 예루살렘이 이렇게 아름다울 수 있었던 것은 오직 하나님의 말씀이 있었기 때문입니다. 사람들은 예루살렘에 가서 하나님의 말씀을 듣고 과거의 모든 죄를 다 씻고 새 사람이 되었습니다. 그러나 세상 다른 도시와 다를 바가 없이 변하여, 돈으로 짓고 허영으로 세워진 도시는 마치 잎만 무성한 무화과처럼 사람들을 속이는 도시가 되었습니다. 그래서 하나님은 예루살렘을 온전히 공허하게 하며 황무하게 하실 생각을 하신 것입니다. 하나님은 예루살렘 사람들에게 '이제 너희는 하나님의 말씀이 없는데 있는 것처럼 사람들을 속이지 말라'고 말씀하십니다.

이 말씀에 비추어 볼 때 오늘 한국 교회가 얼마나 위험한 지경까지 와 있는지 알 수 있습니다. 지금 한국 교회는 아무것도 없는데 있는 것처럼 꾸며 사람들을 끌어들이고 있습니다. 사람을 변화시킬 능력이 없고 부흥이 없고 축복이 없으면 없다고 해야 하는데, 있는 것처럼 외모를 꾸미고 있는 것입니다.

: 4-5절 상 :　"땅이 슬퍼하고 쇠잔하며 세계가 쇠약하고 쇠잔하며 세상 백성 중에 높은 자가 쇠약하며 땅이 또한 그 주민 아래서 더럽게 되었으니"

여기서 땅이 슬퍼하고 쇠잔하다는 것은 땅이 힘을 내어야 하는데 힘을 낼 수가 없다는 것입니다. '쇠잔하며'의 반대말은 '힘이 넘친다'는 것입니다. 원래 땅에 힘이 넘칠 때에는 곡식이 삼십 배, 육십 배, 백배의 결실을 하며 재앙도 없습니다. 그러나 이미 땅이 힘을 잃어버렸습니다. 그 이유는 하나님의 축복이 끊어졌기 때문입니다. 이제 예루살렘 사람들은 더 이상 하나님의 복을 받은 사람이 아니라, 세상적으로 성공하고 돈이 많은 사람들에 불과했습니다. 예루살렘은 사람들의 죄로 더러운 오물이 점점 더 쌓여 가고 있었습니다.

결국 이 모든 것은 이스라엘 백성이 하나님의 능력을 믿지 못해서 인간적인 생각에 빠진 결과였습니다.

: 5절 하 :   "이는 그들이 율법을 범하며 율례를 어기며 영원한 언약을 깨뜨렸음이라."

이스라엘 백성은 세상과 손잡으려고 하나님의 율법을 버렸는데, 그 결과는 하나님을 버리는 것으로 나타나고 말았습니다. 하나님께서 이스라엘 백성이나 유다 백성에게 요구하신 것은 하나님의 말씀만 굳게 붙들라는 것입니다. 아무리 내 생각으로는 불가능할 것 같아도 죽을 각오로 하나님의 말씀을 붙들면 살길이 생긴다는 것입니다. 그러나 이것도 아니고 저것도 아니고, 뜨겁지도 않고 차지도 않으니까 결국 버림을 당하고 마는 것입니다.

: 6절 :   "그러므로 저주가 땅을 삼켰고 그중에 사는 자들이 정죄함을 당하였고 땅의 주민이 불타서 남은 자가 적도다."

모든 것은 유다 백성이 생각한 것과 정반대로 되었습니다. 즉, 인간적인 생각으로는 세상과 손잡고 열심히 세상을 따라가면 살 것 같았는데, 그들은 가나안 땅을 빼앗기고 모든 것은 불타고 사람들마저 얼마 남지 않게 되었습니다. 그런데 바로 이 사람들이 '남은 자'들이고 이들이 하나님의 말씀에 목숨을 거는 자들이 되는 것입니다. 우리는 믿으려면 지금부터 제대로 믿어야 합니다. 적당하게 세상적인 복을 가지고 자신이 복을 받았다고 자만에 빠지면 결국 망하게 됩니다. 차라리 지금 우리가 망했다고 생각하고 밑바닥에서부터 철저하게 다시 시작해야 살 수 있습니다.

3. 지금 기뻐하지 말라

하나님께서는 이 땅이 황무하게 될 때는 더 이상 거기서 포도주의 기쁨이나 아름다운 음악 소리가 들리지 않을 것이라고 말씀하십니다.

:7-9절: "새 포도즙이 슬퍼하고 포도나무가 쇠잔하며 마음이 즐겁던 자가 다 탄식하며 소고 치는 기쁨이 그치고 즐거워하는 자의 소리가 끊어지고 수금 타는 기쁨이 그쳤으며 노래하면서 포도주를 마시지 못하고 독주는 그 마시는 자에게 쓰게 될 것이라."

하나님께서 이 말씀을 하시는 이유는, 지금 예루살렘 사람들이 너무 기뻐서 새 포도주를 마시고 소고 치고 수금을 타면서 즐거워하고 있기 때문입니다. 왜 지금 유다 백성이 이렇게 기뻐하고 있을까요? 그것은 아마도 예루살렘을 위협하던 큰 위험이 물러갔기 때문일 것입니다. 사실 예루살렘은 몇 번씩이나 다른 나라의 공격을 받아서 거의 망할 뻔하다가 살아나게 되었는데, 이것은 세계적으로도 아주 유명한 사건이었고 유다 백성은 얼마든지 기뻐할 만한 일이었습니다. 그래서 유다 백성은 모든 어려움이 다 끝난 것처럼 포도주로 즐거워하고 수금을 타며 기뻐했습니다.

유대인들에게 포도주를 마신다는 것은 큰 잔치를 의미합니다. 새 포도주를 마신다는 것은 얼마나 기쁜 일인지 모릅니다. 왜냐하면 그야말로 오랜 전쟁이 끝나고 평화가 와서 처음으로 거둔 평화의 상징이 새 포도주이기 때문입니다. 그러나 하나님께서는 어려움을 극복하고 기뻐하는 유다 백성을 책망하십니다. 이제 너희는 새 포도주를 마시지도 못하고 수금도 타지 못하며 다시는 기뻐하지 못할 것이라고 하십니다. 그 이유가 무엇입니까? 비록 그들이 앗수르와의 전쟁에서는 이겼을지 몰라도 죄와의 전쟁은 그대로 남아 있었기 때문입니다. 유다 백성의 이번 승리는 자기들이 한 것은 아무것도 없고 백 퍼센트 하나님의 능력이었습니다. 그러므로 유다 백성은 이제 온전히 하나님 앞에 나아와서 '그동안 우리는 죄만 지었는데 이렇게 큰 은혜와 복을 주십니까? 우리는 이제부터라도 하나님만을 위해서 살겠습니다'라고 고백하고 하나님께서 싫어하시는 모든 우상을 다 버려야 했습니다. 사실 하나님의 백성의 위기는 어려울 때보다는 복을 받았을 때 옵니다. 즉, 하나님께서 전쟁에서 이기게 하시고 어려움에서 축복하셨을 때, 지금부터 내가 어떻게 살아야 하는지를 생각해야 하는 것입니다.

우리는 빚이나 질병 또는 자녀들의 입시 문제로 힘들어하다가 그런 일들이 해결되면 먹고 마시고 즐거워하면서 마치 자신들이 잘해서 이런 좋은 결과가 나온 것처럼 떠들어 대기 쉽습니다. 하나님께서는 그렇게 하는 것을 기뻐하지 않으십니다. 진짜 하나님과의 부채는 아직 청산되지 않고 남아 있기 때문입니다. 어려운 문제가 해결된 후 오히려 더 하나님 앞에 나아와서 무릎을 꿇고, 그동안 보여 온 모든 불신앙과 악한 마음에 대하여 하나님께 자백하고 용서해 주실 것을 믿어야 합니다.

:10-12절: "약탈을 당한 성읍이 허물어지고 집마다 닫혀서 들어가는 자가 없으며 포도주가 없으므로 거리에서 부르짖으며 모든 즐거움이 사라졌으며 땅의 기쁨이 소멸되었도다. 성읍이 황무하고 성문이 파괴되었느니라."

하나님은 철저한 분이십니다. 그래서 하나님은 약탈당한 성읍도 그냥 두시지 않고 훼파시켜 버리십니다. 예루살렘에는 집마다 닫혀서 들어가는 자가 없습니다. 보통 집이 닫혀서 들어갈 수 없다는 것은 주인이 바뀌었다는 뜻입니다. 그런데 여기서는 유다 백성이 포로로 끌려가기 때문에 자기 집에 들어가지 못하는 것을 말합니다.

포도주가 없어서 사람들이 소리를 지릅니다. 아마도 이 사람들은 포도주에 중독된 사람들인 것 같습니다. 이들은 나라가 망했는데도 포도주 타령만 하고 있습니다. 생존 자체를 염려해야 할 때 포도주를 찾고 있습니다. 이런 사람들은 정말 쓸모가 없는 사람들입니다. 이같이 위급한 때에 하나님의 긍휼을 얻으려면 모든 것을 뒤로하고 좋아하는 것도 과감히 버리고 하나님께 매달려야 했는데 이들은 아무것도 버리지 않았습니다.

얼마 전 신문을 보다가 일본에서 '정리 카운슬러'라는 직업을 가진 사람의 기사를 읽었습니다. 이 여성이 하는 일은 남의 물건을 정리해 주는 일이었습니다. 그가 말하는 정리의 첫 번째 원칙은 과거의 물건을 과감하게 버리라는 것입니다. 그래야 새 출발을 할 수 있다고 합니다. 우리는 하나님 앞에서 중요하지 않은 모든 것은 과감하게 버릴 필요가 있습니다. 그래야 우리에게 새로운 미래가 열리게 됩니다.

: 13절 :   "세계 민족 중에 이러한 일이 있으리니 곧 감람나무를 흔듦 같고 포도를 거둔 후에 그 남은 것을 주움 같을 것이니라."

감람나무에서 열매가 저절로 떨어지고 나면 그 후에 하나님께서는 나무를 흔들기 시작하십니다. 그러면 운 좋게 남아 있던 모든 열매마저 다 떨어지게 됩니다. 예루살렘의 멸망은 이와 같습니다. 그것은 또한 일차적으로 포도를 거둔 후에 남은 것을 줍는 것과 같습니다. 그것들은 질이 좋지 못한 포도송이들과 함께 포도즙 틀에 넣고 발로 밟게 될 것입니다.

　이처럼 예루살렘이 환상의 골짜기의 기능을 잃을 때는 세상까지 망하게 됩니다. 왜냐하면 하나님의 백성에게 하나님의 은혜가 없으면 세상은 몇 배나 더 악해지기 때문입니다. 그러므로 하나님의 백성은 하나님의 말씀 외에 다른 것들은 버리는 것이 좋습니다.

　오늘날 많은 교회가 건물에 집착합니다. 특히 우리나라는 교회 건물을 크게 지으면 많은 사람이 몰려와서 성공한 것처럼 보입니다. 그러나 교회를 살리고 세상을 지키는 것은 건물이 아니라 하나님의 말씀입니다. 요즘은 교인들도 생활이나 직장의 안정에 목숨을 거는 모습을 종종 보게 됩니다. 그래서 안정된 좋은 직장을 가진 사람은 하나님의 복을 받았다고 기뻐하고, 임시직이나 계약직인 사람은 불안해하는 모습을 볼 수 있습니다. 그러나 이 세상에서 우리의 삶을 아름답게 하는 것은 안정된 직장이 아니라 하나님의 말씀입니다. 오늘 하나님께서 우리에게 새 마음을 주셔서 요셉같이 하나님의 말씀을 붙들게 하시고, 고난을 통하여 모두 큰 천국의 복을 받는 성도들이 되시기 바랍니다.

38

위대한 정복

이사야 24:14-23

각 나라마다 보면 땅을 소재로 하는 위대한 문학 작품들이 있습니다. 예를 들면, 펄 벅 여사의 『대지』와 마가렛 미첼이 쓴 『바람과 함께 사라지다』, 박경리 씨의 『토지』와 같은 작품들이 그렇습니다. 옛날에는 땅을 많이 가진 사람이 부자였는데, 그들은 넓은 땅을 가졌기 때문에 많은 하인이나 소작인을 거느리고 떵떵거리며 살았습니다. 절대 왕정 시대에는 나라의 모든 땅이 왕의 소유여서, 왕이 귀족들에게 땅을 나누어 주면 귀족들은 백성에게 소작을 시켜 농사를 짓게 했습니다. 그래서 옛날이나 지금이나 땅을 많이 가진 자들이 부자이고 세상을 좌지우지합니다.

그런데 땅을 가진 자들에게 치명적인 것은 흉년이나 전쟁입니다. 흉년이 오거나 전쟁이 일어나면 땅은 황폐하게 되고 그 땅에 살던 사람들은 모두 먹을 것을 찾아서 뿔뿔이 흩어지게 됩니다.

　사람들은 대개 땅이 아무 생각이나 감정이 없고, 힘이 있거나 돈이 많은 사람이 그 땅을 차지하기만 하면 임자가 될 것으로 생각합니다. 그러나 성경을 보면 땅도 다 생각이 있고 감정이 있어서 자기 위에 사는 사람이 어떤 사람인지 언제나 살펴보고 있다고 말합니다. 그래서 그 땅에 사는 사람이 의로운 사람이고 정직한 사람이면 계속 살 수 있도록 흉년이나 전쟁이 없도록 하지만, 만일 그 땅에 사는 사람이 불의한 사람이고 악한 사람이면 꼴 보기 싫으니까 흉년이나 전쟁으로 사람들을 토해 내어 쫓아 버린다고 말씀하고 있습니다. 이것은 하나님께서 마치 땅이 살아 있는 인격체인 것처럼 의인화해서 말씀하시는 것으로, 사실은 하나님이 사람들을 판단하시는 것입니다.

　이스라엘 백성이 가나안 땅을 차지했을 때 그들은 그 땅이 너무 비옥하고 좋기 때문에 이 땅을 다른 민족에게 빼앗기지 말아야겠다고 결심하였습니다. 그래서 이스라엘 백성은 가나안 땅을 빼앗기지 않으려고 땅에 대단히 집착하였습니다. 그러나 이스라엘 백성이 생각하지 못했던 것은, 가나안 땅은 하나님께서 이스라엘 백성에게 율법에 대한 보너스로 주신 것이라는 사실입니다. 이스라엘 백성은 가나안 땅에 집착할 것이 아니라 하나님의 율법의 말씀에 집착했어야 했습니다. 그러면 가나안 땅은 영원히 어느 누구도 빼앗지 못했을 것입니다. 그러나 그들이 하나님의 약속을 믿지 못하고 오직 가나안 땅을 지키기 위해 성을 쌓고 무기를 준비하고 다른 나라와 군사 동맹을 맺으면 이상하게도 가나안 땅을 빼앗겼습니다. 그 이유는 유다 백성이나 이스라엘 백성이 결국 모든 것은 하나님의 말씀대로 된다는 사실을 믿지 못했기 때문입니다.

　오늘날 우리나라의 고위직에 있는 사람들이나 목회자들도 자신의 자리나 건물을 빼앗기지 않으려고 많이 집착하는 모습을 볼 수 있습니다. 그들은 만일 그들이 하나님의 말씀에 순종하며 하나님의 말씀만 붙들고 산다면 누구도 그 자리나 건물을 빼앗지 못한다는 사실을 깨닫지 못하고 있는 것입니다.

본문 말씀은 어떤 일로 인해서 땅 끝에서부터 동방에 있는 사람들이나 바다 모든 섬에 있는 사람들이 하나님을 찬양하게 되고, 반대로 '나'는 쇠잔해지며 땅에 거하는 사람들은 모두 함정에 빠지거나 올무에 걸려서 망하게 되는 것을 보여 주고 있습니다. 그러고는 땅 전체가 흔들리고, 하늘에 있는 군대가 벌을 받게 되는데, 달이 어두워지고 해가 부끄럽게 될 것이라고 말씀하고 있습니다. 이것을 보면 '곧 세상의 종말이 오겠구나'라는 생각을 하게 되는데, 마지막에서는 '만군의 여호와께서 시온 산과 예루살렘에서 왕이 되시기' 때문이라고 말씀하고 있습니다. 결국 이 마지막 한 절이 본문을 푸는 열쇠가 됩니다.

우리 눈은 우리 눈앞에서 일어나는 일밖에 보지 못합니다. 그러나 요즘은 TV나 인터넷이 발달해서 우리가 보지 못하는 많은 것들을 보여 줍니다. 그럼에도 불구하고 우리는 이 세상에서 일어나는 일만 볼 수 있지, 또 다른 세상이 있다는 것을 알지 못합니다. 이 세상에는 하나의 세상만 있는 것이 아니라 두 개의 세상이 붙어 있습니다. 그런데 예수님의 십자가 죽음으로 두 세계는 서로 연결되었고, 서로 많은 교류가 이루어지게 되었습니다. 만일 우리가 사는 이 세상만 존재한다면 이 세상에서 공부 잘해서 좋은 학교 나오고, 머리가 좋고 집안이 좋아서 높은 자리에 올라가고, 또 힘이 있어서 많은 땅을 차지하는 것이 성공일 것입니다. 그러나 이 세상과 하나님의 나라가 통해 있고, 세상과 하나님의 나라가 서로 교류하고 있다면, 이 세상에서만 성공하는 것은 결코 성공이 아닙니다. 이 세상의 지식과 성공으로 만족하는 사람들은 결국 실패하게 되고, 할 수 있는 한 하나님 나라의 능력과 복을 가져오는 사람이 성공하는 사람이 되는 것입니다.

1. 땅 끝의 사람들

우리의 기준으로 땅 끝에 사는 사람이라고 하면 주로 뉴기니 같은 열대 지방에 사는 사람들이나 브라질의 열대우림 지역에 사는 원시인들을 생각할 것입니다. 그런데 성경에서 땅 끝이라고 말할 때는 주로 예루살렘을 기준으로 말하는 것입니다. 예루살렘을 기준으로 생각하면 땅 끝은 중국이나 우리나라나 일본 같은 나라가 될 것입니다. 특히 옛날에는 사람들이 육로로는 여행할 수 있었지만 배를 타고 바다로 먼 거리를 여행한다는 것은 상당히 생각하기 어려웠습니다. 그래서 옛날에는 주로 섬이라든지 혹은 바다 건너편에 있는 중국이나 일본이나 우리나라는 하나님에 대하여는 도저히 들어 볼 기회가 없는 나라였습니다. 그런데 본문 말씀을 보면 땅 끝에 있는 사람들이 하나님을 찬양하는 일이 일어나게 될 것이라고 합니다.

: 14-15절 : "무리가 소리를 높여 부를 것이며 여호와의 위엄으로 말미암아 바다에서부터 크게 외치리니 그러므로 너희가 동방에서 여호와를 영화롭게 하며 바다 모든 섬에서 이스라엘의 하나님 여호와의 이름을 영화롭게 할 것이라."

본문은 '무리가 소리를 높여 부를 것'이라고 말씀하고 있습니다. 우리는 이 무리가 어떤 무리를 말하는지 도무지 알 수가 없습니다. 그런데 바로 뒤에서 이 사람들은 바다 건너에 사는 사람들이고 동방에 사는 사람들인데 여호와의 위엄을 인하여 이스라엘의 하나님을 찬양하며 영광을 돌릴 것이라고 말씀하고 있습니다. 여기에 보면 '바다'가 나오고 '동방'이 나오고 그리고 '섬'들이 나옵니다. 이들은 지금까지 하나님에 대해서 전혀 알지 못하던 자들이었습니다. 우리가 생각하기에는 이스라엘과 유다가 망하고 난 뒤에는 이 세상에서 하나님을 찬양하고 예배하는 자들이 완전히 없어질 것 같았습니다.

그런데 갑자기 전에 전혀 하나님을 모르던 자들이 이스라엘 백성을 대신해서 하나님을 찬양하며 하나님께 영광을 돌리게 되는 것입니다.

여기서 이스라엘 백성은 의문을 가지게 됩니다. 이스라엘 백성에게 하나님을 믿는다는 것은 참 어려운 일이었습니다. 하나님은 눈에 보이지 않는 신이셨기 때문입니다. 게다가 하나님은 이스라엘 백성에게 율법만 지키라고 명령하셨습니다. 전 세계에서 이스라엘 백성 외에는 하나님을 알거나 믿는 자들이 아무도 없었습니다. 그래서 이스라엘 백성은 하나님을 믿는 것을 너무 무거운 짐으로 생각했고, 결국 억지로 믿는 체하다가 집어던져 버렸습니다. 그리고는 이스라엘 백성이나 유다 백성은 망하게 되는데, 그 후에 보니 전 세계에서 하나님을 모르던 자들이 우후죽순처럼 일어나서 하나님을 찬송하며 예배하게 되는 것입니다. 이스라엘 백성은 하나님을 믿는 것이 그렇게 어려웠는데, 도대체 어떻게 해서 이방인들이 그렇게 즐겨 하나님을 예배하게 되는 것일까요? 이것은 인간의 머리로는 도저히 이해할 수 없는 신비입니다. 그러나 누구든지 하나님을 제대로 만나기만 하면 하나님의 사랑에 그 마음이 녹지 않을 수 없고, 누구든지 하나님을 제대로 경험하기만 하면 하나님을 사랑하지 않을 수 없습니다.

예수님께서는 자신이 기적을 많이 행하셨던 고라신과 벳새다 같은 도시가 회개하지 아니하자 그들을 책망하며 말씀하셨습니다. "화 있을진저 고라신아, 화 있을진저 벳새다야, 너희에게 행한 모든 권능을 두로와 시돈에서 행하였더라면 그들이 벌써 베옷을 입고 재에 앉아 회개하였으리라.… 네게 행한 모든 권능을 소돔에서 행하였더라면 그 성이 오늘까지 있었으리라."(마 11:21, 23) 하나님께서 이스라엘 백성에게만 하나님을 알게 하신 것은 하나님의 특별한 사랑이었습니다. 그런데 이스라엘 백성이 하나님을 믿는 것을 무거운 짐으로 알고, 자신들이 세상의 모든 재미나 출세나 성공을 다 빼앗겼다고 생각하자, 하나님께서는 이방인들도 하나님의 말씀으로 부르셨습니다.

그랬더니 이방인들은 하나님의 사랑에 감격하여 울면서 하나님을 찬양하고 결사적으로 하나님을 믿었던 것입니다.

고린도 지방은 너무나 세속적이고 타락한 도시여서 사도 바울은 고린도에서 전도하기 전에 두려워 떨었다고 말했습니다. 그런데 놀랍게도 고린도 사람들이 예수를 믿고 폭발적인 부흥이 일어나게 되었습니다. 또한 에베소는 거대한 아데미 여신의 신전이 있었고, 정말로 타락한 우상 숭배의 도시였습니다. 사도 바울도 처음에는 에베소에서 복음 전하는 것을 별로 기대하지 않고 교인들이 붙잡는데도 예루살렘으로 갔습니다. 그런데 바울이 다시 에베소에 왔을 때는 본격적인 부흥이 일어나기 시작했습니다. 얼마나 많은 에베소 사람이 우상을 버리고 예수를 믿었던지, 우상을 만들어 팔던 장사들이 망하게 되어 폭동을 일으키기까지 했습니다. 하나님을 믿지 않고 버티는 것이 인간적인 눈으로 볼 때는 당당해 보이고 똑똑한 것 같지만, 사실은 가장 어리석은 바보짓입니다. 왜냐하면 하나님을 믿는 것이야말로 보배 중의 보배를 붙드는 것이며, 우리가 영원히 사는 길을 찾는 것이기 때문입니다.

사람들은 이 세상에 너무 좋은 것들이 많아서 그것들을 차지하느라고 정신이 없지만, 무엇보다도 중요한 것은 바로 하나님을 믿는 것입니다. 하나님께서는 이스라엘 백성이나 유다 백성에게 우선적으로 하나님을 믿을 수 있는 기회를 주셨습니다. 이것은 이스라엘 백성이 천국의 복을 받을 수 있는 독점적인 찬스였습니다. 그런데 이스라엘 백성이 세상을 바라보니 좋은 것이 너무나 많았습니다. 그것들을 포기하고 하나님만 믿자니 자신들이 손해를 보는 것 같았고 너무 시대에 뒤떨어지는 것 같았습니다. 그래서 이스라엘 백성이나 유다 백성은 하나님을 믿을 기회가 주어졌는데도 믿지 않고 부지런히 세상을 따라갔습니다. 그 결과 이스라엘 백성은 하나님의 복도 놓치고 세상의 복도 놓치고 말았습니다. 그 대신에 포로로 붙들려 간 유다 백성을 통해서나 혹은 신약의 전도자들을 통해서 복음을 듣게 된 이방인들은 하나님을 믿을 수 있는 기회가 주어졌을 때 결사적으로 붙들어서 천국 백성이 되었습니다.

한 백부장이 자신의 하인이 병들어 고통을 당하자 예수님께 나아와서 고쳐 주시기를 구하였습니다. 예수님께서는 "내가 가서 고쳐 주리라."(마 8:7)고 말씀하셨습니다. 그때 백부장은 "주여 내 집에 들어오심을 나는 감당하지 못하겠사오니 다만 말씀으로만 하옵소서. 그러면 내 하인이 낫겠사옵나이다."(마 8:8)라고 말씀드렸습니다. 그때 예수님은 이스라엘 중에서 이만한 믿음을 만나 보지 못했다고 말씀하셨습니다. 그리고 장차 동서남북에서 많은 이방인들이 와서 아브라함과 이삭과 야곱과 함께 천국에 앉겠지만 본 나라 백성은 어두운 데 쫓겨나서 울며 이를 갈게 될 것이라고 말씀하셨습니다.

예수님께서 두로 지방에 가셨을 때도 한 이방 여인이 예수님께 자신의 딸이 귀신 들린 것을 고쳐 달라고 간청하였습니다. 그때 예수님은 "자녀의 떡을 취하여 개들에게 던짐이 마땅하지 아니하니라."라고 말씀하셨습니다. 그러자 이 여인은 "주여 옳소이다마는 개들도 제 주인의 상에서 떨어지는 부스러기를 먹나이다."라고 대답했습니다. 이 말을 들으신 예수님은 여인에게 "네 믿음이 크도다. 네 소원대로 되리라."라고 말씀하셨습니다(마 15:26-28).

예전에는 멕시코나 쿠바에서 목숨 걸고 배나 버스 밑바닥에 숨어 미국으로 넘어오는 사람들이 많았습니다. 이들의 꿈은 오직 미국에서 밑바닥에서부터 새로운 출발을 하는 것이었습니다. 그런데 만일 우리에게 천국 백성이 될 기회가 주어진다면 어떻게 해야 할까요? 우리는 모든 것을 버리고 결사적으로 믿음을 붙들어야 하는 것입니다.

2. 세 종류의 사람들

이 세상을 보면 역시 돈 있고 힘 있는 사람들이 땅을 사서 거기에 큰 집을 짓거나 회사를 차려 더 많은 돈을 버는 모습을 볼 수 있습니다. 그러나 우리는 이 세상에서 성공한 사람들을 부러워할 필요가 없습니다. 결코 이 세상의 성공이 모든 것은 아니기 때문입니다.

본문 말씀을 보면, 하나님을 찬양하는 사람들, 쇠잔해진 사람들, 배신자들 등 세 부류의 사람들이 있는 것을 볼 수 있습니다.

∶16절∶ "땅 끝에서부터 노래하는 소리가 우리에게 들리기를 의로우신 이에게 영광을 돌리세 하도다. 그러나 나는 이르기를 나는 쇠잔하였고 나는 쇠잔하였으니 내게 화가 있도다. 배신자들은 배신하고 배신자들이 크게 배신하였도다."

이 말씀을 보면 하나님께서 행하시는 것이 얼마나 절묘하시며 얼마나 의로우신지 알 수 있습니다. 우선 본문에는 여전히 땅 끝에서 하나님을 노래하는 자들이 있습니다. 이들은 '의로우신 이에게 영광을 돌리세'라고 노래합니다. 즉, 지금까지 하나님에 대하여 듣지도 못하고 우상 숭배와 사탄의 세력에 매여서 살던 사람들이 하나님을 믿을 수 있는 기회가 생기자 그 기회를 놓치지 않고 모두 하나님의 백성이 되는 것입니다. 이것은 이스라엘 백성이 보기에 너무나 신기한 일이었습니다. 자신들은 그렇게 믿기 싫어하던 하나님을 이방인들은 너무나 잘 믿으니 말입니다.

그런데 본문에 '나는 쇠잔하였고 나는 쇠잔하였으니 내게 화가 있도다'라는 말이 나옵니다. 여기서 '나'는 유다 백성을 말합니다. 하나님은 유다 백성에게 하나님의 말씀을 주셨습니다. 이 세상에서 가장 위대한 백성은 땅을 많이 가졌거나 군사력이 큰 나라가 아니라, 하나님의 말씀으로 사는 자들이었습니다. 그래서 하나님은 광야에 있는 이스라엘 백성에게 "사람이 떡으로만 사는 것이 아니요 여호와의 입에서 나오는 모든 말씀으로 사는 줄을 네가 알게 하려 하심이니라."(신 8:3)고 말씀하셨습니다. 이 세상에서 가장 위대한 백성은 하나님의 말씀으로 사는 자들입니다. 그러나 유다 백성이 그것을 믿지 못하고 세상에 있는 땅이나 돈을 의지하며 살려고 했을 때 그들은 자꾸 쇠잔해지게 되었습니다. 그러다가 결국 유다는 바벨론에 의해서 망하고 맙니다. 유다 백성이 땅이나 세상의 성공을 의지하지 않고 하나님의 말씀을 의지했더라면, 그들은 쇠잔하는 것이 아니라 부흥되고 또 부흥되었을 것입니다. 그래서 이방인들은 하나님을 의로우신 분이라고 찬양하고 있습니다. 하나님은 유대인들이라고 해서 특별히 봐주시는 것이 아니라 오직 믿음을 보시고 복 주시는 하나님이시기 때문입니다.

또한 본문에는 '배신하는 자'가 나옵니다. '배신하는 자'가 얼마나 배신을 많이 했던지 배신이라는 말이 계속해서 나옵니다. "배신자들은 배신하고 배신자들이 크게 배신하였도다." 이 배신하는 자는 세상에 있는 모든 것을 힘으로 다 빼앗아서 자기 것으로 만드는 강대국이나 강한 사람들을 말합니다. 이 사람들이 배신자인 이유는 자기 것이 아닌 것을 잔뜩 빼앗아서 부자 행세를 하고 있기 때문입니다. 이 세상에 인간의 것은 아무것도 없습니다. 우리는 전부 하나님의 것을 빌려 쓰고 있을 뿐입니다. 어떤 기업체 사장이 빚을 많이 내어서 큰 회사를 경영하고 있다면 나중에 그 회사는 남에게 넘어가게 됩니다. 왜냐하면 그것은 자기 것이 아니기 때문입니다. 결국 우리가 믿음으로 붙드는 것만 내 것이 될 수 있지, 이 세상의 많은 것은 결코 영구적인 내 것이 아닙니다. 그러므로 이 세상에서 가장 똑똑하고 현명한 사람은 하나님을 믿을 기회가 주어졌을 때 온 힘을 다해서 믿고 하나님께서 주신 복으로 만족하는 사람입니다. 그러면 하나님께서 우리에게 다른 세상의 좋은 것들도 채워 주십니다.

이 세상에는 두 부류의 사람이 있는 것을 보게 됩니다. 하나는 야생 동물의 본성을 가진 사람이고, 다른 하나는 양의 본성을 가진 사람입니다. 일단 야생 동물을 보면 양이나 가축들에 비해 강하고 빠르고 자유롭습니다. 이리나 표범이나 사자는 얼마나 힘이 세고 날쌘지 모릅니다. 그래서 아마 양들은 왜 빠르고 강한 사자나 표범으로 태어나지 않았을까를 원망할지도 모릅니다. 그러나 《동물의 세계》와 같은 TV 프로그램을 보면 사자나 표범이라고 늘 사냥에 성공하는 것은 아닙니다. 사자나 표범도 일주일이나 이 주일에 한 번 정도 사냥에 성공하는데, 실패할 때는 굶어야만 합니다. 그리고 사냥을 해도 자기보다 더 강한 짐승이 나타나면 빼앗길 때가 많습니다.

그런데 이 맹수들에게 정말 무서운 것은 밀렵꾼의 올무였습니다. 아무리 힘이 센 사자나 표범이나 곰도 밀렵꾼이 설치한 덫이나 올무에 한번 걸리면 빠져나오지 못하고 잡히고 맙니다. 우리도 예수님을 믿기 전에는 모두 이리였고 맹수였는데, 예수님을 믿으면서 양으로 변하게 되었습니다. 우리는 하나님의 백성이 되어 공격적이지도 못하고 사납지도 않게 되었습니다. 그래서 하나님의 백성은 세상의 악한 사람들과 싸우면 질 수밖에 없습니다. 그런데도 하나님의 백성이 살 수 있는 것은 사는 원리가 맹수와는 다르기 때문입니다. 맹수는 다른 짐승을 잡아먹어야 하니까 빠르고 강하지만, 양은 풀을 뜯어먹기 때문에 굳이 강할 필요가 없습니다. 그리고 맹수들은 생존 자체가 목적이지만 양들은 털을 사람에게 공급하는 것이 목적입니다.

이 세상에서 스스로 강한 자들은 언젠가는 함정과 올무에 걸려서 죽게 됩니다.

∶ 17절 ∶ "땅의 주민아 두려움과 함정과 올무가 네게 이르렀나니"

여기서 '땅의 주민'은 힘이나 돈을 가지고 땅을 많이 사거나 정복해서 살고 있는 강한 사람들을 말합니다. 즉, '땅의 주민'은 하나님을 믿지 않고 이 세상에서 철저하게 성공하고 권세를 가진 사람들을 말합니다. 이런 사람들은 세상의 눈으로 보기에는 성공한 사람들이고 모든 것을 다 가진 행복한 사람인 것 같습니다. 하지만 하나님께서 보시기에는 우리 안에 들어 있는 맹수와 같고 수족관 안에 있는 상어와 같을 뿐입니다. 때가 되면 하나님께서는 이 맹수들을 사냥하시고 상어를 끄집어내실 것입니다. 하나님이 맹수나 상어를 잡기 위해 이들을 한쪽으로 몰기 시작하시면 그들은 두려워할 것입니다. 그리고 결국 한쪽으로 몰리다가 함정에 빠지게 되고 올가미에 걸리게 되는 것입니다.

: 18절 : "두려운 소리로 말미암아 도망하는 자는 함정에 빠지겠고 함정 속에서 올라오는 자는 올무에 걸리리니 이는 위에 있는 문이 열리고 땅의 기초가 진동함이라."

하나님께서는 결국 이 세상의 강한 자들을 사냥하실 것입니다. 그때가 언제인지는 아무도 모릅니다. 그러나 일단 인간이 이 세상에서 영원히 살 수 없는 것 자체가 함정이라고 볼 수 있습니다. 어떤 사람은 이 세상에 살아 있으면서 과욕을 부려서 망하기도 하고, 어떤 사람은 자기보다 더 강한 자를 만나서 망하기도 합니다. 결국 늙거나 병들어 죽든지, 과욕을 부려서 망하든지, 자기보다 더 강한 자를 만나서 망하든지 셋 중의 하나일 것입니다. 그러나 겸손하게 하나님을 의지하는 자는 계속해서 부흥이 일어나기 때문에 망하지 않습니다.

3. 하나님께서 행하신 가장 놀라운 일

우리는 지금 우리가 사는 이 세상만 있다고 생각하지만, 사실은 이 세상과 하나님의 나라 두 세계가 함께 존재합니다. 우리 인간의 눈에는 하나님의 나라가 보이지 않기 때문에 없다고 생각하는 것입니다. 그러나 이 세상에 비가 오고 눈이 오고 모든 재앙이나 복이 오는 것은 모두 하나님의 나라에 의해서 조정되고 통제됩니다. 하나님은 이 세상에 사는 맹수와 같은 존재들은 하나씩 잡아서 멸망으로 집어넣으십니다.

마지막에는 하나님께서 놀라운 일을 행하시는데, 바로 우리가 사는 이 세상과 하나님의 나라의 경계선을 부수어서 이 세상과 하나님의 나라가 마음대로 교류하게 하실 것입니다. 그러므로 하나님 나라를 보지 못하고 세상만 목적으로 살아가는 사람은 가장 어리석은 사람입니다.

：19-20절： "땅이 깨지고 깨지며 땅이 갈라지고 갈라지며 땅이 흔들리고 흔들리며 땅이 취한 자 같이 비틀비틀하며 원두막 같이 흔들리며 그 위의 죄악이 중하므로 떨어져서 다시는 일어나지 못하리라."

이 말씀은 지진이 일어나고 쓰나미가 일어나는 것에 대한 완전한 설명임을 알 수 있습니다. 땅이 깨지고 깨진다는 것은 계속 무너져 내리는 것을 의미합니다. 이것은 땅의 기초가 깨어지고 이 세상과 하나님 나라 사이의 경계가 부서지는 것입니다. 그리고 땅이 흔들리는데 얼마나 흔들리는지 술 취한 자같이 비틀거리고 원두막같이 흔들린다고 말씀하고 있습니다. 이것을 보면 하나님께서 마지막 때에 온 지구를 흔드신다는 것을 알 수 있습니다. 문제는 온 지구가 엄청나게 흔들리는데도 정작 이 땅에 사는 인간들은 그것을 거의 느끼지 못한다는 것입니다. 더 중요한 것은 21, 22절입니다.

：21-22절： "그 날에 여호와께서 높은 데에서 높은 군대를 벌하시며 땅에서 땅의 왕들을 벌하시리니 그들이 죄수가 깊은 옥에 모임 같이 모이게 되고 옥에 갇혔다가 여러 날 후에 형벌을 받을 것이라."

하나님께서는 땅만 흔드시는 것이 아니라 하늘에 있는 높은 군대를 내쫓으십니다. 그리고 이 땅에 있는 영웅들도 모두 다 지옥에 모아서 같이 있다가 결국 영원한 형벌을 받게 하십니다. 그동안 인간들이 하나님을 모르고 죄만 지으면서 살았던 것은 높은 군대 사탄의 지배를 받았기 때문입니다. 사탄은 이 세상의 좋은 것을 다 가지는 것이 성공이라고 인간들을 속였습니다. 그런데 알고 보니 사탄은 멸망이 예정되어 있는 자였습니다.

하나님께서는 사탄을 하늘에서 내쫓으신 후에 천국 문을 여셨습니다. 즉, 이 세상과 하나님 나라의 경계선을 허무셔서 무한정으로 소통할 수 있게 하셨습니다.

: 23절 : "그 때에 달이 수치를 당하고 해가 부끄러워하리니 이는 만군의 여호와께서 시온 산과 예루살렘에서 왕이 되시고 그 장로들 앞에서 영광을 나타내실 것임이라."

이때 달이 수치를 당하고 해가 부끄러워하는 이유는 달이나 해보다 훨씬 강력한 진짜 빛이 나타나기 때문입니다. 그것은 바로 하나님의 아들 예수 그리스도의 광채입니다. 예수님께서 십자가 위에서 죽으셨을 때 땅이 깨어지는 소리가 나고 땅이 흔들렸습니다. 그것은 바로 사망의 권세를 깨뜨리시고 사탄의 세력을 내리치시며 하늘 문을 여시는 소리였습니다. 예수님께서 사망의 권세를 깨뜨리시고 부활하셨을 때 하나님의 나라와 세상의 경계는 허물어지게 되었습니다. 그래서 예수님은 세례 요한 이후로 천국은 침노를 당한다고 말씀하셨습니다.

하나님께서는 시온의 왕이 되시고 예루살렘의 왕이 되셨습니다. 예수님은 하나님 나라, 천국을 이 세상에 가지고 오셨습니다.

오늘 우리에게 천국이 없다면 이 세상에서 공부 잘하고 돈 많이 벌고 높은 자리에 올라가는 것이 성공일 것입니다. 그러나 만일 우리 옆에 천국이 활짝 열려 있다면 우리는 더 이상 이 세상의 것이 필요 없습니다. 우리는 이 세상을 나그네와 같이 사는 데 꼭 필요한 생활필수품만 가지고 살아가야 합니다. 그 대신 눈에 보이지는 않지만 우리의 본향인 천국의 복을 가득 붙잡고 사는 것이 성공하는 것입니다. 그러면 놀랍게도 우리는 누구도 빼앗지 못할 기쁨과 평안을 가지고 이 세상을 아름답게 살아갈 수 있습니다. 그런데 우리가 세상의 복과 성공만을 붙잡기 위해 힘쓰고 애쓰며 살아간다면 언젠가는 그것을 사냥 당할 때가 올 것입니다.

우리는 바다의 섬들에 사는 이방인이었고 동방에 사는 이방인이었고 바다 건너에 사는 이방인이었습니다. 이제 하나님께서 우리에게 이렇게 가까이 찾아오셨을 때 하나님을 붙잡으시고 천국 복을 붙잡으시기 바랍니다. 그리고 세상의 썩어질 것들을 가지고 거들먹거리는 어리석은 자들을 두려워하거나 부러워하지 마시기 바랍니다. 왜냐하면 그들은 땅의 거민들이고 땅의 왕들이기 때문에 결국 옥에 갇혔다가 형벌을 받게 될 것이기 때문입니다. 우리에게 위대한 말씀을 주신 하나님을 찬양하며 그분을 영화롭게 하는 성도들이 다 되시기 바랍니다.

39

하나님의
완전한 구원

이사야 25:1-12

일반적으로 구원이라고 하면 다양한 위기나 위험에서 건짐을 받는 것을 말합니다. 예를 들어, 어떤 사람들이 테러범에게 인질로 붙들려 있다면 경찰이나 특공대가 테러범을 다 붙잡거나 소탕한 후 구출해 내는 것을 말합니다. 또한 지진 때문에 건물더미에 깔리거나 갇힌 사람들에게는, 구조대가 건물더미를 치우고 사람을 구조해 내는 것이 구원입니다.

본문 말씀은 어떤 사람들이 하나님의 완전한 구원을 찬송하는 내용으로 되어 있습니다. 그런데 이 사람들은 아주 강하고 공격적인 나라와의 전쟁에서 지는 바람에 아주 먼 곳에 포로로 끌려갔던 사람들인 것 같습니다. 이 사람들에게 구원이란 포로로 잡혀간 곳에서 자유를 얻어 하나님께 돌아오는 것을 말합니다. 이 사람들은 자신들이 절대로 포로에서 본국으로 돌아오지 못할 줄 알고 있었습니다. 그런데 그들이 자세히 보니까 자기들이 포로로 붙들려 가고 고생하는 동안 내내 하나님은 그들과 함께하셨습니다. 그리고 드디어 하나님은 이 세상의 강한 자들을 멸망시키시거나 변화시키셔서 포로로 붙들렸던 자들을 하나님께 돌아오게 하셨던 것입니다. 이 사람들이 나중에 깨닫게 되는 것은 병들고 포로로 붙들려 가고 큰 사고를 당한 것이 위기인 줄 알았는데, 알고 보니 하나님을 모르는 것이 가장 큰 위기였고 하나님을 믿지 못하는 것이 가장 큰 재앙이었다는 사실입니다.

사람들은 이 세상에는 우리가 살고 있는 세상만 있다고 생각합니다. 그러나 이 세상에는 두 개의 세계가 있습니다. 그 하나는 우리 눈에 보이는 세계이고, 다른 하나는 우리 눈에 보이지 않는 하나님의 세계입니다. 우리는 하나님을 모른 채 이 세상에서 많은 것을 가지고 권력을 부리는 것을 성공이라고 생각하지만 그것은 실패한 인생입니다. 우리가 하나님을 알고 하나님의 도움을 받을 수 있어야 우리는 구원을 받은 것이고 생명을 얻은 것입니다.

1. 하나님의 구원을 찬양함

만일 우리가 어떤 큰 웅덩이에 빠져서 살 소망이 없었는데 어떤 고마운 분이 나를 거기서 건져 주었다면, 우리는 잃어버린 생명을 다시 얻은 것과 같습니다. 그러면 우리는 너무 기쁘고 감사해서 입에서 절로 노래가 나오고 감사와 찬양이 나올 것입니다. 또 만일 우리가 깊은 산에서 길을 잃어 헤매고 있었는데 가까스로 구조대를 만났다면 우리는 기뻐 뛰면서 눈물 흘리며 감사할 것입니다. 그런데 사람들은 자꾸 이 세상에서 안전지대를 찾으려고 합니다. 그래서 할 수만 있으면 높은 자리에 올라가려고 하고, 할 수만 있으면 많은 땅을 소유하거나 많은 재산을 가지려고 합니다. 하지만 놀라운 사실은 이 세상에는 안전지대가 없다는 것입니다.

사람들은 이 세상에서 성공을 하면 더 안전할 것으로 생각하지만, 이 세상 전체가 하나님의 심판 안에 들어와 있는 이상 이 세상은 절대로 안전하지 않습니다. 사람들이 멸망하지 않으려면 이 세상 밖으로 나가야 하는데, 사실 우리 인간의 힘으로 세상 밖으로 나갈 방법은 없습니다. 우리는 완전히 이 세상에 갇힌 신세인 것입니다. 그런데 인간이 살 수 있는 유일한 방법이 있습니다. 그것은 세상 밖에서 나오는 말씀을 듣고 세상 밖에서 나오는 능력을 붙드는 것입니다. 그것이 바로 하나님의 말씀이고 하나님의 능력입니다.

우리는 우리가 처해 있는 위기나 우리에게 닥칠 위험을 알지 못하기 때문에 하나님을 별로 생각하지 않습니다. 그러나 우리가 자신의 처지와 나에게 일어난 일을 깨닫게 되면 가장 먼저 하나님을 찬송하게 됩니다.

: 1절 :   "여호와여 주는 나의 하나님이시라. 내가 주를 높이고 주의 이름을 찬송하오리니 주는 기사를 옛적에 정하신 뜻대로 성실함과 진실함으로 행하셨음이라."

우리가 이 세상만 바라보면 하나님은 없는 것 같고 눈에 보이지도 않지만, 하나님의 말씀을 통해서 우리의 처지나 형편을 깨닫고 보면 우리의 구원자는 하나님 한 분밖에 없음을 알게 됩니다. 하나님께서는 정말 성실과 열정으로 우리를 구원하셨습니다.

예를 들어, 어느 집에 불이 붙고 있는데 그 집 식구들은 불이 난 줄 모르고 스스로 안전하다고 생각하며 집 안에서 나오질 않습니다. 그때 한 구조대원이 그 불구덩이 속으로 뛰어들어서 자기 몸에 화상을 입으면서 그 식구들을 억지로 끌어내어 모두 살게 했다면, 그 사람들은 구조대원의 성실함과 열정에 고마워하게 될 것입니다.

마찬가지로 인간들은 이 세상이 위험한 곳이라는 사실을 모르고 하나님의 구원의 필요성도 인정하지 않은 채 이 세상이 안전지대라 생각하고 고집스럽게 이 세상 안에서 살려고 합니다. 그런데 하나님께서 불구덩이 같은 이곳으로 스스로 뛰어들어오셔서, 수치와 모욕을 당하시고 자신을 희생하면서까지 인간들을 깨우치시고 설득하셔서 하나님의 말씀을 믿게 하신 것입니다. 그래서 이사야 선지자는 '주는 기사를 옛적에 정하신 뜻대로 성실함과 진실함으로 행하셨음이라'고 노래하고 있습니다.

여기서 '성실'하다는 것은 그 일을 하는 데 많은 어려움이 있어도 끝까지 참고 해 내는 것입니다. 성실함에 반대되는 것은 불성실한 것이고 귀찮아하는 것이며 쉽게 포기해 버리는 것입니다. 성실하지 않은 사람은 어떤 일을 하다가 그것이 귀찮아서 하기 싫어지거나 약간의 어려움이 생기면 금방 포기해 버립니다. 그러나 하나님은 성실하신 분이십니다. 이 말은 하나님께서 우리를 구원하시는 데 많은 어려움이 있었고 포기하고 싶을 때가 많았지만 포기하지 않고 인내하셔서 결국 구원하실 자를 다 구원하셨다는 의미입니다. '진실함'은 자신이 한 말은 반드시 지키는 것을 말합니다. 다시 말해서, '진실함'은 자신에 대한 상대방의 기대를 배반하지 않는 것입니다. 어떤 사람들은 구하러 오겠다고 해 놓고 끝까지 구하러 오지 않습니다. 그런 경우가 진실하지 못한 것입니다.

우리가 이제 하나님을 찬양해야 하는 이유가 무엇입니까? 우리는 예전에는 하나님을 찬양해야 하는 이유를 알지 못했습니다. 왜냐하면 우리는 자신의 위험을 알지 못했고, 세상에 좋은 것이 너무 많아서 하나님의 필요성을 느끼지 못했기 때문입니다. 유다 백성이나 이스라엘 백성은 오히려 하나님께 불평하고 불만을 가질 때가 많았습니다. 왜 하나님은 우리에게 이 세상에 있는 좋은 것을 주시지 않으실까 하는 것입니다. 그런데 알고 보니 이 세상에 있는 많은 것은 재앙의 날에 아무 도움이 되지 않는 것들이고, 정작 모든 위기에서 날 지키시는 분은 하나님이셨습니다. 하나님은 너무나 진실하셔서 우리가 아무리 세상에서의 성공과 부귀를 구해도 허락하지 않으시고, 오직 하나님의 말씀만 듣고 믿도록 하신 것입니다.

우리가 이 세상의 모든 시험과 멸망에서 진정으로 살 수 있는 길은 하나님의 말씀을 듣고 하나님께 대한 믿음을 가지는 것입니다. 하나님은 이 점에 있어서 참 진실하셨고 성실하셨습니다. 우리에게 가장 신기하고 놀라운 일은, 우리가 하나님을 믿고, 또한 그분의 말씀을 믿는다는 사실입니다. 하나님을 믿는다는 것은 이미 우리에게 하나님의 능력이 공급되고 있다는 것이므로 우리는 이 세상에서 망하지 않습니다.

그런데 유다 백성이나 이스라엘 백성이 이 사실을 깨닫는 데는 엄청난 세월이 흘러야 했습니다.

: 2-3절 : "주께서 성읍을 돌무더기로 만드시며 견고한 성읍을 황폐하게 하시며 외인의 궁성을 성읍이 되지 못하게 하사 영원히 건설되지 못하게 하셨으므로 강한 민족이 주를 영화롭게 하며 포학한 나라들의 성읍이 주를 경외하리이다."

본문에는 어떤 일로 인하여 갑자기 무너져서 돌무더기가 되고 황무지가 된 성읍들이 나타납니다. 여기에 보면 성읍이 완전히 무너져서 돌무더기가 되고 또 견고했던 성읍들은 황폐하게 됩니다. 그리고 외인의 궁성으로 사용되던 성읍이 이제는 더 이상 성읍이 되지 못하고 영원히 건설되지 못하게 됩니다. 지금 여기서 이사야가 보고 있는 황폐하게 된 성읍들은 어떤 성읍들을 말하는 것일까요?

세 가지로 생각해 볼 수 있습니다. 첫 번째는, 이스라엘 백성이 가나안 땅에 들어올 때 있었던 가나안 족속들의 성읍으로 생각해 볼 수 있습니다. 이스라엘 백성이 처음 가나안 땅을 정복할 때 가나안에는 아주 크고 견고한 성이 서른 개가 넘게 있었습니다. 그러나 여호수아와 이스라엘 백성의 칼날 앞에 모두 다 폐허가 되고, 여리고 성 같은 경우에는 영원히 저주를 받아서 이후로 건설되지 못했습니다. 그 이유는 그 성들이 모두 죄악의 성들이었기 때문입니다. 마치 죄로 건설되었던 소돔과 고모라가 유황불 심판으로 멸망한 것처럼, 이 세상에서 죄의 성들은 결국 모두 망하게 됩니다.

두 번째는, 이스라엘 백성의 성읍으로 생각할 수 있습니다. 이스라엘 백성의 성읍은 원래 하나님의 말씀으로 세워진 성들이기 때문에 망할 수 없었습니다. 그러나 이스라엘 백성은 하나님의 말씀을 시시하게 생각해서 자신의 성들을 세상의 방식으로 경영함으로 성공하고 부자가 되었습니다. 그래서 이스라엘 백성은 결국 자신들이 멸망시켰던 가나안 족속들과 똑같은 원리에 의해 멸망당합니다. 즉, 가나안 족속들이 우상 숭배와 음란과 부정으로 부자가 되었기 때문에 멸망당한 것처럼 이스라엘 백성도 우상 숭배나 음란이나 부정으로 멸망당하게 되는 것입니다.

그런데 문제는 세 번째입니다. 세 번째 해석은, 이스라엘 백성이나 유다 백성이 포로로 붙잡혀 갔던 바벨론이나 앗수르의 성읍들을 말한다고 봅니다. 바벨론과 앗수르 사람들은 자신들의 군사력을 가지고 이스라엘과 유다를 멸망시켜서 엄청난 고통을 주고 노예로 붙들어 갔습니다. 그런데 놀랍게도 유다 백성이나 이스라엘 백성은 자기 나라가 망하고 포로로 붙잡혀 가면서 다시 하나님의 말씀을 붙들게 됩니다. 그래서 포로로 붙잡혀 가서 고생하던 하나님의 백성은 하나님을 도로 찾고 구원을 받습니다. 그런데 오히려 이스라엘이나 유다를 망하게 했던 강대국들은 자기들의 교만과 죄 때문에 망하게 되는 것입니다. 심지어 앗수르나 바벨론 같은 경우에는 영구적으로 건설되지 못하고 망하고 맙니다. 이것을 통해서 알 수 있는 것이 무엇입니까? 그것은 우리가 이 세상에서 아무리 고생을 하고 시련을 당해도, 하나님을 바로 알고 믿을 수만 있으면 이것은 망한 것이 아니라 성공한 것이라는 사실입니다.

본문에서 이사야는 '강한 민족이 주를 영화롭게 하며 포학한 나라들의 성읍이 주를 경외하리이다'라고 말합니다. 여기서 '강한 민족'은 스스로 잘났다고 생각해서 하나님을 믿지 않던 민족을 말합니다. 이스라엘 백성이나 유다 백성도 하나님을 믿지 않을 때는 강한 민족이었습니다. 그리고 전 세계를 정복한 바벨론이나 앗수르는 더 강한 민족들이었습니다. 그런데 유다 백성이나 이스라엘 백성의 그 단단한 껍질이 깨어지면서 그들이 하나님을 영화롭게 하게 되고, 심지어는 이방인들 중 그 포학했던 사람들이 하나님께 회개하고 돌아오게 됩니다. 우리가 하나님을 알기 전에는 스스로 살아남아야 했으므로 모두가 맹수들이었습니다. 우리는 모두 이리와 같았고 사자나 맹수와 같았습니다. 우리는 어떤 환경에서도 살아남을 수 있을 정도로 강했고 또 어떤 때는 포학하기도 했습니다. 그러나 우리가 통과한 고난과 하나님의 말씀이 우리를 양으로 변화시켰습니다.

그러므로 우리에게는 이 두 가지가 꼭 필요합니다. 즉, 우리에게는 고난이나 실패가 있어야 하고, 그런 가운데 하나님의 말씀 앞으로 돌아와야 합니다. 우리가 더 이상 내 자신이나 세상을 믿지 않고 하나님을 믿게 될 때, 우리에게는 가장 위대한 일이 일어나게 됩니다. 이 일을 위해서 하나님은 우리로부터 갖은 수치와 모욕을 당하시고, 이방 민족으로부터 온갖 무시를 당하셨지만, 결국 우리로 하여금 하나님을 믿게 하시는 데 성공하셨습니다.

2. 고난 중에 함께하신 하나님

경북 청송에 있는 주왕산에 가 보면 굉장히 큰 바위에 물이 구멍을 뚫어서 폭포처럼 흐르는 광경을 볼 수 있습니다. 우리 생각으로는 물방울이 도저히 바위를 뚫을 수 없을 것 같지만, 많은 물방울이 지속적으로 바위에 부딪치게 되면 결국 바위에 구멍이 생깁니다. 마찬가지로 인간의 마음은 마치 거대한 바위처럼 단단해서 아무리 하나님께서 깨닫게 하려고 하셔도 인간의 마음은 움직이지 않습니다. 그러나 아무리 단단한 인간의 마음이라도 하나님의 사랑은 물방울이 바위를 뚫듯이 그 마음을 열어서 하나님의 말씀을 받아들이게 합니다. 하나님께서는 우리가 하나님을 알기도 전에 이미 우리 옆에 찾아오셔서 우리를 모든 위기나 고통으로부터 지켜 주시다가 어느 날 하나님의 사랑으로 우리 마음을 녹여 주시는 것입니다.

: 4-5절 : "주는 포학자의 기세가 성벽을 치는 폭풍과 같을 때에 빈궁한 자의 요새이시며 환난 당한 가난한 자의 요새이시며 폭풍 중의 피난처시며 폭양을 피하는 그늘이 되셨사오니 마른 땅에 폭양을 제함 같이 주께서 이방인의 소란을 그치게 하시며 폭양을 구름으로 가림 같이 포학한 자의 노래를 낮추시리이다."

이스라엘 백성이나 유다 백성은 이 세상에서 정말 너무 악한 사람들을 만나서 큰 어려움을 겪게 되었습니다. 여기에 보면 '포학자의 기세가 성벽을 치는 폭풍과 같다'고 했습니다. 사막에서 모래 폭풍을 만나면 그 모래 폭풍을 피할 길이 없습니다. 폭풍은 우리 눈이나 입이나 목구멍 안으로 모래를 사정없이 집어넣을 뿐 아니라, 온 몸을 모래 폭풍으로 두들겨 패고 우리를 날려 보내어 먼 곳에서 모래 구덩이에 파묻혀 죽게 할 것입니다. 본문을 보면 포학자의 기세가 성벽을 치는 폭풍과 같다고 했습니다. 즉, 온 하늘을 시커멓게 만드는 엄청나게 강한 모래 폭풍이 밀려와서 성벽에 부딪치게 되면 모래가 하늘 위로 솟아오를 것입니다. 그때 모래 폭풍이 부는 쪽에 있는 집이나 사람들은 아무도 견뎌 내지 못할 것입니다.

그런데 이런 폭풍이 성벽과 충돌할 때 반대쪽에 있으면 끄떡없습니다. 즉, 아무리 심한 폭풍이 벽에 부딪쳐도 성 안쪽은 안전합니다. 마찬가지로 이스라엘 백성이나 유다 백성에게 악한 세력들이 폭풍처럼 쳐들어왔을 때도, 하나님의 말씀을 믿는 자들은 알지 못하는 어떤 힘이 그들을 지켜 주어서 완전히 망하지는 않게 되었습니다.

그리고 사막 길은 따가운 햇볕이 강렬하게 내리쪼이고 그늘이 없기 때문에 온도가 매우 높아서 아무리 건강한 사람이라도 조금 가다가 결국 더위로 지쳐 쓰러져 죽을 것입니다. 사막은 그 어느 곳에도 태양을 피할 수 있는 나무 그늘이 없습니다. 그런데 이스라엘 백성이 가는 길에는 이상하게도 구름이 덮여서 그들은 무서운 폭양을 견딜 수 있었습니다. 유다 백성이나 이스라엘 백성은 어려운 고난을 당하면 죽을 줄 알았는데, 그들에게는 눈에 보이지 않는 하나님의 보호하심이 있었던 것입니다. 처음에는 외인들의 소란과 포학한 자들의 노랫소리에 기가 죽었지만, 차츰 시간이 지나면서 그들의 소란과 노랫소리가 그치게 되고 하나님의 은혜가 그들을 지켜 주셨습니다.

만약 하나님께서 이 세상의 핍박과 공격이 그대로 우리에게 부딪치게 하시면 아마도 살아남을 자가 한 명도 없을 것입니다. 그런데 하나님은 우리로 하여금 견딜 만하게 하십니다. 어려운 중에서 위로하여 주시고 기쁨을 주십니다. 이것이 바로 하나님의 능력이 공급되고 있다는 증거입니다.

이 세상 죄악의 권세가 아무리 무섭고 강해도 하나님을 향한 믿음을 가진 사람은 절대로 멸망당하지 않습니다. 하나님께서 함께하시는 자들에게는 아무리 심한 환난의 바람이 불어닥치더라도 바람이 그친 후 돌아보면 한 명도 죽지 않고 다 살아 있게 됩니다. 폭양이 작열하는 사막을 어떻게 걸어가느냐고 걱정하지만, 나중에 사막을 다 지나고 보면 오히려 처음보다 더 건강한 모습으로 살아남아 있는 것입니다.

이런 일은 유다 백성에게 실제로 성취되었던 것 같습니다. 즉, 유다 백성이나 이스라엘 백성이 전쟁에서 져서 노예로 붙들려 갈 때에 그들은 모두 바로 죽을 줄 알았습니다. 그런데 포로로 붙들려 가는 과정에서도 하나님께서 그들을 도와주셔서, 그 뜨거운 열기에도 이상하게 구름이 그들을 덮어서 너무 지치지 않게 해 주셨습니다. 또한 포로로 붙들려 간 곳에서도 너무 학대를 당하지 않고 어느 정도는 대접을 받으며 살 수 있었습니다. 유다 백성은 처음에는 생존하는 데 급급하여 하나님을 생각하지 못하다가, 나중에 하나님의 말씀을 듣고 그 큰 고난 가운데서 하나님께서 자신을 지켜 주셨다는 사실을 깨닫고 울게 됩니다. 결국 하나님의 지속적인 사랑이 돌보다 더 단단하고 바위보다 더 강한 유다 백성의 마음을 열게 해서 하나님의 사랑을 받아들이게 합니다. 사람은 어떤 사람이 아무리 밉고 보기 싫어도 그가 계속해서 사랑으로 다가오면 어느 순간에 마음이 녹아지게 됩니다. 마찬가지로 유다 백성도 모든 것을 다 가졌을 때는 하나님의 사랑을 깨닫지 못했지만, 포로로 붙들려 가서 고난 받는 가운데 하나님의 사랑에 그 단단한 마음들이 녹아지게 된 것입니다.

그런데 하나님께서는 그 굳어진 마음이 녹아서 하나님을 믿게 된 사람들을 그냥 두시지 않고 그들을 초청하셔서 잔치를 베풀어 주십니다.

:6절: "만군의 여호와께서 이 산에서 만민을 위하여 기름진 것과 오래 저장하였던 포도주로 연회를 베푸시리니 곧 골수가 가득한 기름진 것과 오래 저장하였던 맑은 포도주로 하실 것이며"

하나님께서 우리 믿는 자들에게 환난을 주시고 고통을 주시는 것은 본뜻이 아닙니다. 하나님께서 우리에게 환난과 고통을 주시는 이유는, 이 세상만 바라보고 사는 우리에게 하나님을 믿게 하시고 하나님의 나라를 바라보게 하시기 위해서입니다. 우리가 하나님을 믿게 되면 하나님은 우리에게 천국 잔치를 베풀어 주십니다.

본문의 '이 산에서'는 꼭 물리적인 시온 산만을 지칭하는 것이 아니라 하나님을 만난 곳을 말합니다. 예를 들어, 모세는 무려 사십 년 동안이나 연단을 받았는데, 그가 광야 떨기나무 가운데서 하나님을 만났을 때 그때부터 하나님의 잔치가 시작되었습니다. 모세는 무서운 독사의 꼬리를 잡았지만 뱀은 지팡이가 되었습니다. 그의 손을 품에 넣었을 때 나병이 생겼는데, 다시 넣었다 빼니 치료되었습니다. 그리고 모세가 바로와 대결했을 때 하늘에서는 무려 열 가지의 재앙이 임했습니다. 모세가 하나님을 만났을 때 천국의 잔치가 시작이 되었습니다.

예수님은 제자들에게 천국을 왕의 아들의 혼인 잔치로 비유해서 말씀하셨습니다. 왕은 아들의 결혼식을 위해 소와 살진 짐승을 잡고 모든 것을 갖춘 후 종들을 보내어 사람들을 초청했습니다. 하지만 사람들은 이 잔치에 오는 것을 거절했습니다. 오히려 사람들 중에는 왕의 종들을 모욕하거나 죽이는 자들도 있었습니다. 그러나 누구든지 예수를 믿고 하나님의 초청을 받아들이는 자는 놀라운 하나님의 잔치에 참여하게 됩니다.

여기서 하나님께서 우리에게 주시는 것은 '기름진 것과 오래 저장하였던 포도주'입니다. 즉, '골수가 가득한 기름진 것과 오래 저장하였던 맑은 포도주로 하실 것이며'라고 말하고 있습니다. 이것은 최고의 음식이며 최고의 음료입니다. 옛날에는 고기를 마음대로 먹는다는 것은 상상할 수 없는 일이었습니다. 정말 고기는 결혼 잔치에나 가야 먹을 수 있었습니다. 이제 하나님은 예수 믿는 우리를 최고의 인생을 살도록 인도해 주십니다. 하나님은 우리를 가치 있게 만들어 주십니다. 우리 자체가 최고의 가치 있는 사람이 되는 것입니다. 그리고 하나님은 우리가 이 세상을 아름답게 살아가도록 모든 능력과 지혜도 부어 주십니다.

우리가 하나님의 아들 예수 그리스도의 십자가 죽음을 믿을 때, 하나님은 우리의 모든 죄를 씻어 주시고 성령을 우리 안에 부어 주셔서 우리의 골수까지 행복하게 하십니다. 그래서 우리가 그리스도 안에서 누릴 기쁨은 극상품의 축복이요 최고의 선물입니다.

그런데 오늘날 세상은 너무 재미있거나 행복해 보이는 것들이 많은 것 같습니다. TV를 보면 재미있는 드라마나 노래와 춤, 오락 프로그램, 영화 등이 사람들의 마음을 빼앗고, 현대인들이 사는 아파트는 온갖 시설을 다 갖추어서 부족함이 없습니다. 백화점에 가면 필요한 모든 물건을 다 살 수 있고, 음식점에 가면 최고로 맛있는 요리들을 마음껏 먹을 수 있습니다. 아마 사람들은 이러한 것들을 천국이라고 생각할 것입니다.

그러나 사람들의 죄 문제가 해결되지 않으면 마치 뱃속에 고름이나 암 덩어리가 가득 차 있는 것과 같습니다. 사람의 몸에 있는 병이 치료되지 않으면 얼마나 불편하고 짜증나며 고통스러운지 모릅니다. 그리고 사람들의 마음속에 불안이나 미움, 분노가 있으면 그 모든 행복은 오래가지 않습니다. 오늘 현대인들이 행복하다고 느끼는 것은 모두 돈이 만든 행복입니다. 그러나 돈은 우리의 죄를 씻어 주지 못하고, 우리가 인생을 살아가는 목적을 깨닫게 해 주지 못합니다. 돈은 우리의 마음을 시원하게 해 주지 못합니다. 그러나 하나님은 우리의 과거의 모든 죄를 다 씻어 주시고 우리 안에 성령을 부어 주셔서 우리 마음을 시원하게 해 주십니다.

예수님은 "누구든지 목마르거든 내게로 와서 마시라. 나를 믿는 자는 성경에 이름과 같이 그 배에서 생수의 강이 흘러나오리라."(요 7:37-38)고 하셨습니다.

이 세상에서 가장 재미있고 즐거운 것은 하나님께 예배드리는 것이고, 이 세상에서 가장 스릴 있는 것은 예수를 믿는 것입니다.

드디어 하나님께서는 우리 눈을 가리고 있던 무지의 수건을 벗겨 주십니다.

: 7-8절 :   "또 이 산에서 모든 민족의 얼굴을 가린 가리개와 열방 위에 덮인 덮개를 제하시며 사망을 영원히 멸하실 것이라. 주 여호와께서 모든 얼굴에서 눈물을

씻기시며 자기 백성의 수치를 온 천하에서 제하시리라. 여호와께서 이같이 말씀하셨느니라."

하나님께서 그들의 얼굴을 가린 가리개와 열방 위에 덮인 덮개를 제하신다는 것입니다. 얼굴을 가린 가리개와 하나님과 우리 사이에 있는 덮개가 무엇을 의미합니까? 우리로 하여금 하나님을 바로 알지 못하게 만드는 무지와 미신의 수건을 말합니다. 그동안 모든 사람은 항상 얼굴에 수건을 쓰고 있어서 하나님을 제대로 알지 못하고 하나님의 영광에 나아가지 못했습니다. 그런데 이 복음의 시대에 하나님께서는 우리 얼굴을 가린 가리개를 벗겨 주셔서 하나님을 바로 알게 하시고, 덮개를 제하셔서 마음껏 하나님 앞에 나아가게 하십니다. 이것이 우리가 받은 복입니다. 우리에게 있어 가장 귀한 복은 우리의 얼굴을 가린 가리개를 벗고 하나님을 마음껏 아는 것입니다. 만약 우리가 문자를 모른다면 아무리 성경을 가지고 있어도 한마디도 깨닫지 못할 것입니다. 옛날 성령께서 오시기 전에는 인간이 하나님의 진리를 아는 수준이 어린아이에 불과했습니다. 우리는 무엇인가를 본다고 해도 제대로 알지 못했습니다. 그러나 이제는 하나님의 진리도 명확하게 알고, 하나님의 세계도 너무 분명하게 알게 되었습니다. 하나님의 나라는 멀리 있는 것이 아니라 바로 우리 옆에 있고 우리가 그 안에 있는 것입니다.

이제는 하나님을 모르는 것이 죄이고 하나님께 나아가지 않는 것이 우상숭배입니다. 왜냐하면 하나님께 나아가는 길이 활짝 열려 있기 때문입니다.

그리고 놀라운 선언을 하십니다. 그것은 사망을 영원히 멸하신다는 것입니다. 인간에게 가장 치명적인 것은 바로 죽음입니다. 죽는 것을 무서워하지 않는 사람은 아무도 없을 것입니다. 그러나 예수 그리스도께서 사망을 정복하셨습니다. 그러므로 예수 그리스도를 믿는 우리에게는 다시 사망이 없습니다. 우리는 죽으면서 바로 영생으로 들어가게 됩니다. 성경은 우리가 살아 있는 것보다 죽는 것이 더 낫다고 말씀합니다. 그러나 살아 있는 것도 중요합니다. 상급은 모두 살아 있을 때 행한 것으로 결정되기 때문입니다.

우리는 죽어도 천사와 같은 상태로 살아 있게 되고, 그 후에 주님께서 다시 오시면 우리는 새로운 몸으로 변화하여 살게 됩니다. 그것이 우리의 진짜 삶이 되는 것입니다. 지금도 진짜로 사는 것이지만 부활한 후에는 더 진짜로 살게 됩니다. 그때 하나님은 우리 얼굴에서 모든 눈물을 다 씻어 주십니다. 우리는 이 세상에 살면서 많이 울고 눈물을 흘립니다. 몸이 아파서 울고 때로는 마음이 아파서 울고 억울함을 당해 울고 때로는 죄를 지어서 웁니다. 그러나 그때가 되면 하나님께서 모든 눈물을 닦아 주셔서 다시는 울 일이 없을 것입니다.

그리고 하나님은 우리의 모든 수치를 온 천하에서 제하여 주십니다. '자기 백성의 수치'라는 것은 과거 죄 아래 있을 때의 모든 부끄러운 행동들을 말합니다. 우리가 예수님을 믿고 난 후에 감사하게 되는 것은 수치심이 살아나기 때문입니다. 전에 죄에 빠져 살 때에는 죄를 지어도 뻔뻔스럽게 얼굴에 철판을 깔고 넘어갔는데, 예수 믿고 난 후에는 순수한 감정이 살아나서 부끄러움을 느끼게 됩니다. 때로는 수치스러운 기억 때문에 혼자 있어도 불편할 때가 있고 자신을 잃을 때도 있습니다. 그러나 하나님은 이런 수치를 느끼는 우리를 아름답게 하셔서 우리의 부끄러운 기억이나 죄의식과 마음의 상처까지 위로해 주시고 치료해 주십니다.

어떤 사람이 노예 생활을 했다면 노예근성이 그의 생활 구석구석에 스며들어 있을 것입니다. 그런데 하나님께서 성령의 능력으로 그 모든 상처와 부끄러운 기억과 죄의식을 다 깨끗하게 해 주십니다. 여기에는 우리의 노력도 필요합니다. 즉, 그 상처 하나하나를 하나님 앞에 가지고 나아와야 합니다. 그때 하나님은 성령의 능력을 통해 치료와 회복의 은총을 베푸시는 것입니다.

3. 끝까지 용서받지 못하는 사람들

하나님께서 그 백성을 구원하실 때 모든 사람이 다 구원을 받지는 못합니다. 그중에는 하나님의 백성과 가까이 있지만 하나님을 믿지 않고 오히려 그들을 조롱하고 업신여기며 적대시했던 자들이 있습니다. 그들은 하나님의 용서의 은총을 받지 못합니다. 하나님은 대표적인 예로 모압 족속을 들어 설명하십니다.

:9절: "그 날에 말하기를 이는 우리의 하나님이시라. 우리가 그를 기다렸으니 그가 우리를 구원하시리로다. 이는 여호와시라. 우리가 그를 기다렸으니 우리는 그의 구원을 기뻐하며 즐거워하리라 할 것이며"

본문에 보면 '이는 우리의 하나님이시라. 우리가 그를 기다렸으니 그가 우리를 구원하시리라'는 것을 두 번씩이나 고백하고 있습니다. 이것은 하나님 외에는 어떤 구원도 있을 수 없으며, 누구든지 하나님을 기다리기만 하면 반드시 우리를 그 어떤 절망이나 고통에서도 건져 주신다는 사실을 강조하는 것입니다. 그러므로 우리는 절망 가운데 두려워할 필요가 없습니다. 우리는 끝까지 하나님을 기다리기만 하면 됩니다. 물론 마귀는 우리의 귀에 '이 바보야, 하나님을 기다리는 것은 시간 낭비야. 너는 이렇게 멍청하게 기다리다가 죽고 말 거야'라고 속삭일 것입니다. 그러나 하나님은 우리를 모든 어려움에서 능히 건져 내시는 분이십니다. 그러므로 우리는 끝까지 기다리기만 하면 됩니다. 결국 우리는 그 구원을 기뻐하며 즐거워할 것입니다.

그러나 하나님을 끝까지 믿지 못하는 자들이 있습니다. 그들은 모압 자손들이었습니다.

∶ 10-11절 ∶ "여호와의 손이 이 산에 나타나시리니 모압이 거름물 속에서 초개가 밟힘 같이 자기 처소에서 밟힐 것인즉 그가 헤엄치는 자가 헤엄치려고 손을 폄 같이 그 속에서 그의 손을 펼 것이나 여호와께서 그의 교만으로 인하여 그 손이 능숙함에도 불구하고 그를 누르실 것이라."

여기서 모압은 실제 모압 사람들을 말하는 것이 아니라, 하나님이 가까이 계심에도 불구하고 끝까지 하나님을 믿지 못하고 세상을 따라가는 사람들을 의미합니다. 이 사람들은 모두 똑똑하고 잘생겼으며 지식의 수준도 높습니다. 그럼에도 불구하고 하나님은 그들이 죄의 구렁텅이에 빠져 있다고 말씀하십니다.

성경 본문은 '모압이 거름물 속에서 초개가 밟힘 같이 자기 처소에서 밟힐 것'이라고 말합니다. '거름물'은 사실 배설물 통을 말합니다. 옛날에는 배설물을 통으로 퍼 날라다 버렸습니다. 그래서 세상에서 가장 악취가 나고 더러운 것이 배설물 통이었습니다. 그런데 만일 거기에 지푸라기 하나가 바깥으로 삐죽 나와 있으면 그것을 옮기는 사람은 발로 통 안으로 밀어 넣었습니다. 그리고 밭에 있는 퇴비를 만드는 거름통에도 밖으로 삐져나온 지푸라기가 있으면 발로 밀어 넣어서 속에 들어가 잘 썩게 했습니다.

하나님은 배설물 통의 생생한 예를 보여 주십니다. 그러니까 지푸라기는 밖으로 나와 있지 말고 거름 속에 깊이 들어가서 잘 썩으라는 뜻입니다. 모닥불을 피우다가 나뭇가지 하나가 타지 않고 삐죽 밖으로 나와 있으면 사람들은 그 가지를 꺼내어 반으로 부러뜨린 후 불 속으로 깊숙이 쑤셔 넣습니다. 아마도 모압은 그때까지 용하게 잘 견디었던 것 같습니다. 세상 사람들은 세상의 죄악 속에 들어가서 썩어야 하는데 혼자 잘난 체하면서 밖으로 삐죽 나오는 바람에 살아남았던 것 같습니다. 하나님께서는 이제 가장 잘 썩는 곳으로 처넣어서 다시는 고개를 들지 못하게 하겠다고 하십니다.

오늘의 모압은 누구입니까? 하나님의 백성 가까이에 있으면서도 하나님의 말씀을 믿지 않은 채 세상에서 잘도 살아가는 사람들입니다. 그들을 하나님께서는 영원히 심판하시겠다고 말씀하십니다. 비록 그들이 헤엄치는 사람처럼 손을 놀릴지라도 하나님께서 밑으로 끌어내리시면 결국 빠져 죽을 수밖에 없습니다. '그 손이 능숙함에도 불구하고'라고 했는데 그때 사람들은 어떤 수영을 했는지 모르겠습니다. 개헤엄을 쳤는지 자유형을 했는지 모르겠지만 아무리 수영을 잘해도 누가 밑에서 끌어당기면 빠질 수밖에 없습니다. 모압은 수영 선수였습니다. 그들은 이 세상의 어려움을 헤엄쳐 나가는 데 선수였던 것입니다. 그러나 그들의 처세술은 오래가지 못할 것입니다. 요즘 우리는 이 세상에서 어려운 시대를 잘 헤엄쳐 나가는 사람들을 많이 보게 됩니다. 이 사람들은 자기 힘으로 정치의 수영을 잘하고 경제의 수영을 잘해서 유명하게 되었습니다. 그런데 어느 순간 아무리 수영을 해도 더 이상 앞으로 나가지 못합니다. 하나님께서 끌어당기시니까 결국 망해 버리는 것입니다.

오늘 이 시대에 예수님을 제대로 믿지 않으면 거름통에서 벗어날 수 없고, 아무리 수영을 잘해도 언젠가는 물에 빠지게 됩니다. 결국 이 세상에서 돈이나 다른 도덕적인 문제에서 깨끗할 수 있는 사람은 아무도 없습니다. 오직 예수 그리스도의 십자가 보혈로 죄 씻음을 받은 사람, 성령의 능력으로 하루하루를 사는 그들이 복 있는 사람입니다. 성도 여러분은 이 세상만 있는 것이 아니라 하나님의 나라가 함께 있는 것을 보시고, 하나님의 말씀을 믿고 천국의 능력을 받아서 멋진 승리의 삶을 사시기 바랍니다.

40

하나님의 견고한 성

이사야 26:1-10

요즘 경영 전략에 대한 글들을 보면 마키아벨리의 『군주론』이나 손무가 지은 『손자병법』 같은 데서 많이 인용하는 것을 볼 수 있습니다. 손자병법은 "전쟁이란 적을 속이는 것이다."라는 말에서부터 시작하여 "전쟁은 하지 않는 것이 가장 좋으며, 피할 수 없다면 이기는 전쟁을 해야 한다."고 주장합니다. 그리고 마키아벨리는 "군주는 사랑받는 것보다는 두려운 존재가 되는 것이 국민들을 통치하는 데 더 유리하다."는 말을 하고 있습니다. 이런 글들을 보면 역시 이 세상에서 남을 누르고 살아남기 위해서는 수단과 방법을 가리지 않고 상대방을 속이고 이기는 것이 중요하다는 것을 알게 됩니다.

우리는 주변에서 수단과 방법을 가리지 않고 선거에 이기거나 기업을 확대하려고 했던 사람들이 모두 실패해서 감옥에 들어가는 모습을 보게 됩니다. 수많은 기업인이 수단과 방법을 가리지 않고 회사의 돈을 빼돌리다가 실형을 받아서 감옥에 갇혀 있고, 많은 정치인이 국민의 신뢰를 잃은 채 명맥만 유지하고 있는 모습도 볼 수 있습니다.

오늘 우리가 자신에게 질문하게 되는 것은, 이 변화무쌍하고 미래를 예측할 수 없는 시대에서 나를 지킬 수 있는 것은 내 실력인가 아니면 신앙인가 하는 것입니다. 지금까지 우리 주위에서 성공한 사람들을 보면 대부분 무엇인가 튼튼한 것을 붙든 사람이라는 것을 알 수 있습니다. 예를 들어, 좋은 대학을 나온 학력이라든지 정부의 권력이라든지 혹은 대기업의 재력 같이 튼튼한 힘이 될 만한 것들을 붙잡은 사람들은 성공하지만, 그렇지 못한 사람들은 실패하거나 별 볼일 없는 인생을 살아갑니다. 그런데 만일 우리가 큰 대학도 아니고 정부도 아니고 대기업도 아닌 오직 하나님만 붙든다면 우리 인생은 어떻게 되겠느냐 하는 것입니다.

본문 말씀은 아마 이사야서 말씀 중에서 가장 아름다운 축복의 말씀이라고 생각됩니다. 지금까지는 유다 백성 중에 겉으로는 하나님을 믿는다고 하면서 실제로는 세상을 붙들고 사는 자들이 얼마나 부실하며 얼마나 쉽게 무너질 것인지에 관한 말씀을 살펴보았습니다. 그런데 유다 백성 중에는 그런 불신앙과 혼란 가운데서도 신실하게 하나님을 붙드는 사람들이 있었습니다. 이 사람들은 세상의 권모술수나 눈에 보이는 성공을 따라가지 않았기 때문에 극심한 어려움을 당하고 고난을 당하게 됩니다. 그런데 이들이 극심한 고난 가운데 자기들도 모르게 도달하게 되는 곳은 누구도 무너뜨릴 수 없는 아주 견고한 성이었습니다. 즉, 아주 혼란스러운 세상, 수단과 방법을 가리지 않는 교활한 사람들이 성공하는 세상에서도 끝까지 하나님을 붙들었던 사람들은, 누구도 빼앗아 갈 수 없는 견고한 성을 차지할 수 있었던 것입니다. 그러나 반대로 세상적인 방법으로 높은 자리에 올라가고 세상적으로 든든한 자리를 차지하고 있던 사람들은 모두 무너지고 진흙구덩이에 처박혀서 사람들에게 밝히게 됩니다. 우리는 이 세상에서 배워야 할 것들이 많지만 세상에서 성공하고 출세하는 것을 배우기보다는 하나님 앞에서 바른 믿음을 가지는 법을 배워야 영원히 무너지지 않게 될 것입니다.

1. 하나님의 견고한 성읍

요즘 젊은이들이 사력을 다해 공부해서 고시에 합격하거나 대학 교수가 되려고 하는 이유는, 그것이 미래가 안정되고 사람들에게 인정받는 길이기 때문입니다. 그런데 하나님의 말씀을 보면 정말 안정된 삶은 다른 곳에 있다는 것을 알게 됩니다.

: 1절 : "그 날에 유다 땅에서 이 노래를 부르리라. 우리에게 견고한 성읍이 있음이여 여호와께서 구원을 성벽과 외벽으로 삼으시리로다."

여기서 '그 날'은 하나님께서 유다 백성을 회복시키시는 날을 말합니다. 물론 지금 당장 유다 백성의 형편은 하나님을 붙들지 않는 사람들과 하나님을 붙드는 사람들이 뒤섞여 있어서 잘 구별되지 않습니다. 그러나 크게 보면 유다 안에서 하나님을 붙들지 않고 세상을 따라가는 사람들이 주류를 이루고 있었고, 그런 중에도 하나님을 붙드는 사람들은 소수이고 가난한 자들이며 중요한 위치에 있지도 못한 형편이었습니다. 그래서 유다는 결국 세상을 따라가는 자들의 손에 끌려서 망하는 쪽으로 가게 됩니다.

그러나 하나님께서는 그동안 어느 누구도 발견하지 못했던 한 '견고한 성읍'을 준비해 놓고 계셨습니다. 사실 유다 백성에게는 오래 전부터 이 '견고한 성읍'이 준비되어 있었는데, 그들의 눈이 어두워서 이 성을 보지 못하고 있었던 것입니다. 하나님께서 유다 백성을 환난 중에서 이끌어 내실 때 그들은 드디어 이 견고한 성읍을 보고 하나님께 노래하게 됩니다. 그동안 유다 백성은 이 세상에서 침략과 노략을 당하지 않고 안정된 삶을 살 수 있는 곳을 부단히 찾았지만 찾지 못했는데, 실컷 고생하고 난 뒤에야 이 견고한 성읍을 발견하게 된 것입니다. 그런데 놀랍게도 이 세상에서 가장 안정되고 견고한 성은 눈에 보이지 않는 성이었습니다.

오늘날 우리가 생각할 때 이 세상에서 가장 안정된 성이라면 삼성이나 현대같이 돈을 많이 버는 대기업이라고 생각할 수 있을 것입니다. 그렇지 않으면 미국이나 중국같이 군사력이 대단해서 다른 나라가 감히 침략할 수 없는 나라를 생각할 수도 있을 것입니다. 그런데 도대체 사람의 눈에도 보이지 않는 하나님의 성읍이 어떻게 다른 나라의 군사력이나 공격으로부터 우리를 지킬 수 있을까요? 사실 유다 백성은 이것을 믿지 않았고, 이스라엘 백성의 눈에는 이 성이 보이지 않았습니다.

본문에서 이사야 선지자는 이 성에 대해 '여호와께서 구원을 성벽과 외벽으로 삼으시리로다'라고 말하고 있습니다. 그런데 엘리사 선지자는 이 성을 본 적이 있습니다. 엘리사 때에 아람 왕은 아무리 이스라엘을 공격하려고 해도 이스라엘 왕이 늘 미리 대비하는 바람에 번번이 공격에 실패했습니다. 그런데 알고 보니 엘리사의 영성이 너무 뛰어나서 아람 왕이 침실에서 하는 소리까지 다 듣는다는 사실을 알게 됩니다. 엘리사가 하나님의 음성을 너무 잘 듣다 보니 아람 왕의 작전 회의만이 아니라 침실에서 속삭이는 소리까지도 다 들을 수 있었던 것입니다. 결국 아람 왕은 밤에 군대를 보내서 엘리사가 있는 도단 성을 포위해 버렸습니다. 옛날에는 성이 포위당하면 굶어 죽거나 항복하거나 아니면 칼에 찔려 죽을 수밖에 없었습니다. 아침에 엘리사의 사환이 성 밖을 보니 성이 완전히 아람 군대로 포위되어 있었습니다. 이때 사환은 잔뜩 겁에 질려서 엘리사에게 "우리가 포위당했습니다."라고 보고했습니다. 그때 엘리사는 하나님께 사환의 눈을 열어 주시기를 기도했습니다. 하나님께서 그 사환의 눈을 열어 주시자 그는 하나님의 천사들이 불 말과 불 병거로 도단 성을 완전히 에워싸고 지키고 있는 장면을 보게 됩니다.

본문은 '여호와께서 구원을 성벽과 외벽으로 삼으시리로다'라고 했습니다. 여기서 '구원'은 모든 어려움으로부터 다 건져 주시고 지켜 주시는 것을 말합니다. 결국 이 세상에서 가장 안전하고 견고한 성은 눈에 보이는 대기업이나 정부나 돈이나 권력이 있는 안정된 곳이 아니라 눈에 보이지 않는 하나님의 성읍인 것입니다.

그런데 다음 구절을 보면 하나님께서 이사야나 유다 백성에게 이 성문을 열어서 사람들로 하여금 이 나라로 들어오게 하라고 말씀하셨습니다.

: 2절 :   "너희는 문들을 열고 신의를 지키는 의로운 나라가 들어오게 할지어다."

여기서 가장 중요한 것은 우리가 어떻게 해야 이 성과 이 나라 안으로 들어올 수 있는가 하는 것입니다. 사실 이 성이 눈에 보이면 우리가 성에 들어가려고 노력이라도 해 보겠지만 이 성은 눈에 보이지도 않습니다. 그런데 하나님은 하나님의 종들에게 문을 열어서 누구든지 들어오게 하라고 말씀하십니다. 따라서 하나님의 견고한 성은 문이 언제나 열려 있는데 우리가 그 성을 보지 못하고 그 성을 믿지 못하기 때문에 들어가지 못하는 것입니다. 그런데 본문을 보면 힌트가 나오는데, '신의를 지키는 의로운 나라가 들어오게 할지어다'라고 말씀하고 있습니다. 즉, '하나님께 대한 믿음을 지키는 의로운 나라'인 것입니다.

여기서 중요한 것은 '신의를 지키는 것'입니다. 이것은 하나님께 대한 믿음을 지키는 것을 말하는데, 인간에게 있어서 하나님께 대한 믿음을 지키는 것이 얼마나 어려운지 보여 주는 말씀입니다. 이스라엘 백성이나 유다 백성은 세상을 살면서 하나님께 대한 믿음을 끝까지 지키지 못했습니다. 그 이유는 이 세상에서 나라를 지키는 것은 믿음이 아니라 힘이라고 여겼기 때문입니다. 나라가 힘이 있으면 지키는 것이고 힘이 없으면 모든 것을 빼앗기고 망할 수밖에 없는 것이었습니다. 또한 인간에게는 끊임없는 상상력과 새로운 것을 추구하는 욕망이 있는데, 그들이 너무나 오래된 하나님의 말씀만 지킨다는 것은 답답해서 견딜 수가 없었기 때문입니다.

그래서 하나님께서는 이렇게 말씀하셨습니다.

: 3절 : "주께서 심지가 견고한 자를 평강하고 평강하도록 지키시리니 이는 그가 주를 신뢰함이니이다."

이와 같이 하나님께서 지켜 주시는 사람은 '심지가 견고한 자'입니다. 사실 '심지가 견고하다'는 것은 의역입니다. 원문에 의하면 '마음이 안정된 자', 즉 '마음이 왔다 갔다 하지 않고 흔들리지 않는 자'를 말하는 것입니다. 옛날 등잔불이나 촛불을 써서 불을 밝힐 때 심지의 역할은 아주 중요했습니다. 심지가 견고하지 못해서 흔들리거나 쉽게 뽑혀 버리면 불을 잘 밝힐 수 없습니다. 여기서 깨닫게 되는 것은, 우리가 안정된 삶을 살고자 하면 마음을 확고하게 함으로써 누가 뭐래도 흔들리지 말고 하나님만 확고하게 붙들어야 한다는 것입니다. 하지만 이것은 옛날 이스라엘 백성이나 오늘 우리에게나 참으로 어려운 일입니다.

옛날 이스라엘 백성이 애굽에서 나왔을 때 그들은 심지가 견고하지 못했습니다. 하나님께서는 이스라엘 백성 앞에서 애굽 땅에 무려 열 가지나 되는 재앙을 내리셨습니다. 사실 열 가지 재앙이라고 하면 이것은 절대로 우연이라고 볼 수 없습니다. 심지어는 그중 어떤 재앙은 바로 왕이 모세에게 기도를 부탁해서 물러가도록 한 적도 있었습니다. 그런데도 이스라엘 백성은 홍해

앞에 섰을 때, 뒤에서 애굽 군대가 추격하는 것을 보고는 당황해서 모세를 원망하고 하나님을 불신했습니다. 하지만 모세는 이스라엘 백성과 똑같은 인간이었음에도 두려워하지 않았습니다. 그는 이스라엘 백성에게 잠잠하라고 하면서 "너희가 오늘 본 애굽 사람을 영원히 다시 보지 아니하리라."(출 14:13)고 하고는 하나님의 말씀대로 지팡이를 바다 위로 내밀었더니 바다가 갈라졌습니다.

또 모세는 하나님의 율법의 말씀이 얼마나 중요한지 알았기 때문에 시내산에 올라가서 사십 주야를 먹지도 않고 마시지도 않고 목숨을 걸고 십계명의 돌비를 받아가지고 내려왔습니다. 그러나 이스라엘 백성은 모세가 시내산에서 내려오지 않자 죽었다고 생각하고는, 자기들을 인도할 신이라며 금송아지를 만들어 그 앞에서 뛰놀면서 우상 숭배에 빠지고 말았습니다.

이스라엘 백성이 가나안 땅에 들어가게 되었을 때도 하나님은 이스라엘 백성에게 가나안 족속들을 두려워하지 말고 오직 하나님의 말씀만 붙잡고 살라고 말씀하셨지만, 이스라엘 백성은 하나님만 믿지 못하고 늘 우상 숭배를 겸했습니다.

이와 같이 인간이 눈에 보이지 않는 하나님을 믿는다는 것이 얼마나 어려운 일인지 모릅니다. 또한 인간들의 머리가 하나님을 닮아 매우 창조적이고 상상력이 뛰어난데, 하나님의 말씀 하나만 믿으라는 것이 얼마나 답답하게 여겨질지 알 수 있습니다. 그래서 인간들은 정상적으로는 이 견고한 성을 발견할 수가 없는 것입니다.

그런데 놀라운 것은 하나님의 백성이 세상적으로 망해서 아무 소망이 없게 되었을 때입니다. 우리가 세상에서 성공의 길을 달리고 있을 때는, 하나님의 말씀은 하나의 참고가 되는 말씀이고 사실 내 모든 성공은 세상에 있다고 생각합니다. 그러나 하나님의 백성이 고난을 당하거나 망해서 인생 밑바닥에 내려가면, 모든 사람이 자기를 욕하고 조롱하는데 오직 하나님의 말씀만이 위로가 된다는 사실을 알게 됩니다. 다시 말해서, 하나님의 백성이 실패와 낭패 가운데서야 하나님의 말씀의 맛을 알게 되는 것입니다. 그때 우리가 온 힘을 다해서 하나님의 말씀을 붙잡으면 우리의 인생이 다시 살아나기 시작합니다. 내 힘으로 살아나는 것이 아니라 하나님의 능력으로 살아나게 됩니다. 그러므로 사실 우리가 정상적으로는 하나님의 이 견고한 성을 찾을 수 없습니다. 이 하나님의 견고한 성은 환난을 통과하면서 하나님의 말씀의 가치를 알고 그것을 붙들 때 나타나기 때문입니다.

유다 백성은 견고한 예루살렘 성과 화려한 성전을 믿었지만, 그것은 인간들이 얼마든지 쳐들어가서 무너뜨릴 수 있는 약한 성이었습니다. 이스라엘 백성은 사실 광야에서 이 견고한 성을 발견했습니다. 왜냐하면 무려 사십 년 동안이나 만나가 내리고 사십 년 동안이나 반석에서 생수가 터진다면 이보다 더 견고한 성은 없기 때문입니다.

그런데 하나님의 백성이 이 견고한 성을 차지하려면 한 가지 결단해야 하는 것이 있습니다. 그것은 끝까지 눈에 보이는 성을 믿지 않고 세상의 성공을 믿지 않으며 하나님에 대하여 심지가 견고해야 하는 것입니다. 즉, 우리가 심지가 견고한 사람이 되려면 세상의 어떤 성공보다도 하나님을 믿어야 하며, 하나님의 말씀에 깊이 심지를 박아서 하나님의 말씀의 진액으로 부흥의 불을 밝혀야 하는 것입니다.

하나님은 그런 사람을 '평강하고 평강하도록' 지켜 주신다고 했습니다. '평강하고 평강하도록'은 지속적인 평강을 말합니다. 즉, 그들의 평강에 죄나 시험이 파고들어 올 틈이 없도록 완벽하게 지켜 주시는 것을 말합니다.

'이는 그가 주를 신뢰함이니이다'라고 했습니다. 견고한 성읍의 비결은 바로 여기에 있습니다. 이들이 자기 능력이나 머리를 믿지 않고 하나님을 신뢰하는 것이 비결인 것입니다. 사실 우리는 이 세상을 살아가면서 많은 것을 결정해야 하는데, 도대체 하나님을 신뢰하는 것은 어떤 것일까요? 우리가 아무것도 결정하지 않고 가만히 있기만 하면 모든 것이 다 저절로 이루어진다는 뜻일까요? 그렇지 않습니다. 이것은 우리가 세상보다 하나님의 말씀을 더 믿는 것을 의미합니다. 그리고 우리가 하나님보다 앞서지 않고 하나님께서 결정하시도록 내어 드리는 것입니다.

: 4절 :   "너희는 여호와를 영원히 신뢰하라. 주 여호와는 영원한 반석이심이로다."

광야를 여행하는 사람들에게 커다란 바위는 아주 큰 도움이 됩니다. 왜냐하면 광야를 가는데 갑자기 곰이나 사자 같은 맹수가 나타나면 평지에서는 공격을 피할 수 없지만 바위에 올라가 있으면 거기까지는 맹수가 올라오지 못하기 때문입니다. 또 억수 같은 비가 쏟아지거나 맹렬한 바람이 불 때 평지에 서 있으면 완전히 비에 젖고 바람에 온 몸의 체온이 떨어지게 되지만, 큰 바위 밑에는 몸을 피할 수 있는 공간이 있어서 그곳에 들어가 있으면 아무리 바람이 불고 비가 쏟아져도 몸을 보호할 수 있습니다. 또 너무 기온이 올라가고 햇볕이 맹렬하게 내리쬘 때는 큰 바위 그늘에서 쉬면 얼마든지 더위를 피할 수 있습니다. 더욱이 이스라엘 백성이 광야에서 물을 구하지 못해 죽어갈 때 바위를 치니까 생수가 터져 나와서 온 백성이 모두 물을 마시고 가축들까지 살 수 있었습니다. 하나님은 이러한 큰 바위처럼 하나님을 의지하는 자에게 영원한 반석이 되어 주십니다.

그런데 유다 백성은 예루살렘에 있을 때 이 견고한 성을 발견하지 못했습니다. 그들은 예루살렘을 세상의 다른 나라 성읍처럼 만들면 견고할 수 있을 것으로 생각했지만 그것은 견고한 성읍이 아니었습니다.

이스라엘 백성이 광야에서 하나님의 말씀을 붙잡았을 때 이미 그들은 견고한 성 안에 있었습니다. 그런데 유다 백성은 바벨론 포로 생활을 하면서 다시 이 견고한 성읍을 발견하게 되었습니다. 그들이 인생 밑바닥에서 고생하며 하나님의 말씀의 가치를 깨닫고 하나님의 말씀에 깊이 심지를 내렸을 때 그들은 하나님의 견고한 성 안에 들어오게 되었습니다. 역시 오늘 우리에게 가장 중요한 것은 하나님의 말씀의 가치를 깨닫고 하나님의 말씀의 맛을 아는 것입니다. 그러면 어느 순간 우리는 놀라운 반석을 하나씩 소유하게 될 것입니다. 이 반석은 살아 계신 하나님 자신이십니다.

2. 교만한 자를 내리치시는 하나님

우리는 이 세상에서 좋은 것을 다 갖추고 멋지게 사는 사람들을 보면 부러울 때가 많습니다. 그런데 어느 날 뉴스를 보면서 그런 높은 자리에 있던 사람이 망해서 아무 가진 것이 없는 알거지가 되었다는 소식에 깜짝 놀라게 됩니다. 우리의 생각에는 그렇게 높은 자리에서 부유하게 사는 사람들은 우리보다 재산이 수만 배나 많으므로 도무지 망하려고 해도 망할 수 없을 것 같은데, 어느 날 완전히 망해서 우리보다 훨씬 더 비참하게 되었다는 사실이 너무 놀라운 것입니다.

:5절: "높은 데에 거주하는 자를 낮추시며 솟은 성을 헐어 땅에 엎으시되 진토에 미치게 하셨도다."

이 말씀에 보면 하나님께서 '높은 데에 거주하는 자를 낮추시며 솟은 성을 헐어 땅에 엎으시되'라고 말씀하고 있습니다. 여기서 높은 데 사는 사람들은 하나님의 견고한 성을 믿지 않고 세상적으로 성공한 사람들을 말합니다.

우리는 이 세상에서 다른 사람보다 출세의 사다리를 더 빨리 타고 더 높이 올라가는 것을 성공이라고 생각합니다. 이 세상에는 계급이 있고 지위가 있어서 높은 계급에 올라갈수록 더 높은 명성이 주어지고 더 큰 권한이 주어집니다. 그래서 세상 사람들이 보기에는 누구든지 더 높은 계급에 올라가는 것이 성공인 것은 틀림없습니다. 군대에서 장성 계급을 달면 대우가 수십 가지가 달라진다고 합니다. 사람들은 대기업에서 임원이 되면 죽을 때까지 먹을 걱정은 하지 않아도 된다고 합니다. 정부에서도 장관이 되면 얼마나 큰 권한이 주어지는지 모릅니다.

그런데 문제는 이런 계급이나 출세가 하나님 앞에서는 전혀 인정되지 않는다는 것입니다. 사람들은 이 세상에서 전혀 예상하지 못하는 위기나 어려움들을 만나게 되는데, 높은 자리에 있다고 해서 특별히 이런 위기를 볼 수 있는 눈이 있거나 이것을 이겨 낼 힘이나 지혜가 생기는 것은 아닙니다. 이것은 많은 돈을 가진 사람들도 마찬가지입니다. 평상시 아무 어려움이 없을 때는 높은 자리나 많은 재산이 월등하게 유리한 조건이 되겠지만, 전란이나 재해가 닥치면 그것들은 전혀 도움이 되지 않습니다. 사람이 예상하지 못한 위기 앞에서는 높은 권력과 재산을 많이 가진 사람이나 그렇지 않은 사람 모두 똑같이 망할 수밖에 없는 것입니다.

그런데 하나님은 이 세상에 이런 위기를 주시는 분이십니다. 왜냐하면 이 세상의 지위나 계급은 진짜 견고한 성이 아니기 때문에 하나님께서 위기를 주셔서 시험하시는 것입니다. 특히 높은 지위에 올라간 사람들은 스스로를 대단한 사람으로 여기기 때문에 죄를 짓는 데 겁을 내지 않습니다. 세상에서 높은 자리까지 올라갔어도 죄를 짓지 않으려면 매순간 하나님을 두려워하며 자신을 말씀 앞에 복종시켜야 하는데 이것이 되지 않는 것입니다. 사람은 일단 돈이 많고 지위가 높으면 사람들을 마음대로 움직일 수 있기 때문에 자기가 말만 하면 모든 것이 다 된다고 생각합니다. 이것은 대단히 교만한 것이지만, 실제로 돈이나 권력 앞에서는 모두가 약자가 되므로 가진 자들은 쉽게 죄를 짓는 것입니다. 하지만 아무리 돈이 많고 지위가 높아도 죄를 지으면 죄의 종이 되고 죄수가 되기 때문에 망할 수밖에 없습니다.

그러나 하나님을 붙드는 사람은 높은 지위에 있든 낮은 지위에 있든 상관없이 하나님께서 지켜 주시기 때문에 앞에 놓인 위기를 볼 능력이 있습니다. 특히 놀라운 것은 하나님의 종들은 자기 안에 있는 죄나 자기에게 접근하는 죄를 볼 수 있기 때문에 죄에 붙들리지 않습니다. 사실 예상치 못한 위기가 오는 것도 사람이 지나치게 욕심을 부리거나 죄에 붙들렸기 때문인 경우가 많습니다. 그러나 하나님을 의지하는 사람은 이 위기에서 살아남는 법을 알고 있기 때문에 망하지 않는 것입니다.

세상에서 성공한 사람들은 스스로를 대단하게 생각할지 모르지만, 사실 성공 자체가 큰 시험일 때가 많습니다. 왜냐하면 성공했지만 교만하지 않고 높은 자리에 올라갔지만 죄를 짓지 않는 것은 마치 살을 깎고 뼈를 깎는 것처럼 어려운 일이기 때문입니다. 또한 사람들은 세상의 성공이 아주 견고하고 영구적일 것이라고 생각하지만, 하나님의 말씀이 없는 성공은 마치 모래성과 같습니다. 그래서 어느 날 갑자기 성이 무너지기 시작하면 한순간에 인생 밑바닥까지 떨어질 수 있는 것입니다. 그러므로 이 세상의 성공은 결코 견고한 성이 아니라 그 사람을 시험하는 반석인 것입니다.

:6절: "발이 그것을 밟으리니 곧 빈궁한 자의 발과 곤핍한 자의 걸음이리로다."

하나님을 업신여기고 영원히 세도를 부릴 것 같던 사람들이 몰락하는 모습을 경건한 믿음의 사람들이 눈으로 보게 됩니다. 그러면서 그들이 깨닫는 것이 무엇입니까? '아, 이 세상에서 필요 이상의 돈이나 권력이 사람에게 주어지는 것이 얼마나 큰 불행인가' 하는 것을 알게 됩니다. 하나님께서 필요 이상의 재물이나 권력을 주시지 않는 것이 얼마나 큰 복인지 모릅니다. 사람은 필요 이상의 권력이나 재물이 주어지면 반드시 교만하게 되고, 결코 지어서는 안 되는 죄를 짓게 됩니다. 그래서 성공하였지만 악하게 된 자는 결국 사람들의 발에 밟히게 됩니다. 또한 수많은 사람이 그의 실패를 조롱하며 그의 어리석음을 욕할 것이며, 다시는 어느 누구도 그를 존경하거나 두려워하지 않을 것입니다. 이제 그의 시대는 끝났기 때문입니다. 우리 성도들은 하나님께서 세상의 성공을 먼저 주시지 않고 고난을 먼저 주신 것을 감사하시기 바랍니다. 그렇게 해야 하나님의 견고한 성을 발견하고 그 안에 들어갈 수 있기 때문입니다.

: 7절 :   "의인의 길은 정직함이여 정직하신 주께서 의인의 첩경을 평탄하게 하시도다."

우리가 보기에 세상은 이 말씀과 반대인 것 같습니다. 즉, 악한 자는 언제나 가장 빠른 지름길을 가는 것 같고, 믿음을 가진 자는 앞으로 나가지도 못하고 길도 없는 곳에서 매우 헤매는 것 같습니다. 약삭빠르고 처세에 능한 어떤 사람은 진급할 때도 몇 단계를 뛰어넘어서 승진하는 데 비해, 술수를 부리지 않고 정직하게 살아온 사람은 너무나 더디게 승진하는 것 같습니다. 하지만 중요한 것은, 나중을 살펴보아야 합니다. 약삭빠른 사람은 신나게 승승장구하다가 올무나 함정을 보지 못하고 그대로 넘어지는데, 너무 세게 넘어져서 일어나지 못하게 됩니다.

그런데 하나님의 백성이 그렇게 진도도 나가지 않고 길도 찾지 못한 채 고생하는 이유는 무엇입니까? 이 세상에 길이 없기 때문입니다. 그는 고생하는 가운데 하나님께 가는 길을 발견하게 됩니다. 이것이 바로 의인이 성공하는 길입니다. 그들은 하나님 앞에서 정직합니다. 이것은 하나님 앞에서 있는 모습 그대로 내어놓는 것을 말합니다. 그러면 하나님은 이들의 길에서 장애물이 치워 주시고 올무를 거두셔서 넘어지지 않게 하십니다. 우리가 하나님께 가는 길만 발견하게 되면 함정과 올무를 잘 넘기기만 해도 우리는 저절로 복을 받게 됩니다. 그러므로 하나님의 백성인 우리는 세상 사람들의 빠른 출세를 너무 부러워하지 마시기 바랍니다. 우리가 하나님께로 가는 길을 찾기만 하면 성공하고 복을 받게 되어 있습니다. 하나님께 가는 길이 복입니다.

3. 고난이 주는 유익

고난은 의로운 자들로 하여금 더욱더 하나님 한 분만 붙들게 합니다.

:8절: "여호와여 주께서 심판하시는 길에서 우리가 주를 기다렸사오며 주의 이름을 위하여 또 주를 기억하려고 우리 영혼이 사모하나이다."

시험의 때는 하나님께서 택한 백성에게 고난을 주시는 때를 말합니다. 하나님의 백성이 진정으로 하나님의 견고한 성읍의 백성이 되려면 세상에 대하여 죽어야 합니다. 그래서 하나님은 때가 되면 하나님의 자녀들을 고난의 학교에 집어넣으십니다. 그때는 세상으로 가려고 해도 갈 수가 없고, 출세를 하려고 해도 절대로 출세의 기회가 주어지지 않습니다. 그리고 정말 가난하고 비참한 가운데서 오직 하나님 한 분만 기다리게 됩니다. 우리가 사방으로 막히게 되면 숨 쉴 구멍이 위쪽 밖에 없게 되는 것처럼, 환난을 당하게 되면 처음에는 자기 힘으로 벗어나 보려고 온갖 애를 쓰지만 결국 포기하고 하나님만 기다리게 됩니다.

"여호와여 주께서 심판하시는 길에서 우리가 주를 기다렸사오며"
하나님은 고난을 통하여 우리 안에 있는 모든 죄와 교만을 다 끄집어내셔서 철저하게 회개하도록 하십니다. 그때 우리는 하나님 앞에 내 모든 교만과 죄를 통회하면서 나는 결국 하나님 앞에서 아무것도 아니라는 고백을 하게 됩니다. 그리고 나면 우리는 주님을 기다릴 수밖에 없습니다. 왜냐하면 우리는 이미 세상에 대해서는 죽었고, 세상 사람들 중에는 나를 도와줄 사람이 아무도 없기 때문입니다.

그때 놀랍게도 우리는 '하나님의 이름'을 사모하게 됩니다. 여기서 하나님의 이름은 '여호와'입니다. 이 '여호와'라는 이름은 하나님을 믿지 않는 자들에게서와 하나님의 백성에게서 그 의미가 다릅니다. 믿지 않는 자들에게 '여호와'는 '스스로 존재하는 자'라는 뜻입니다. 즉, 이 이름은 하나님께서는 피조물이 아니고 창조주라는 뜻입니다. 하나님께서는 이 이름으로, 신이 아니면서 인간이나 다른 피조물 앞에서 자신이 신인 것처럼 잘난 체하는 자들을 심판하십니다. 그러므로 인간은 다른 사람들로부터 칭찬을 들을 때 특히 신이라는 소리를 듣는 것을 두려워해야 합니다. 우리는 결코 신이 아니기 때문입니다. 그런데 요즘도 신이라는 소리를 듣기 좋아하는 사람들이 있습니다. 야구의 신이라든지 공부의 신이라든지 하는 말들을 많이 하는데 사실 이 말은 사용하기 두려운 말입니다. 신약에 보면 헤롯 아그립바가 신의 소리라고 칭송하는 말을 듣고 마음이 높아졌다가 벌레가 창자를 뜯어먹어서 죽게 됩니다. 우리는 모두 형제이고 자매이지 절대적인 사람은 아닙니다.

그러나 하나님의 백성에게 '여호와'는 가장 사랑하는 이름입니다. 이것은 부부가 서로 결혼으로 맺어질 때의 이름과 같습니다. 즉, 하나님께서 이스라엘 백성의 모든 연약함을 다 책임져 주시는 이름인 것입니다. 그래서 이스라엘 백성은 이 여호와라는 이름에 다른 많은 호칭을 붙여서 불렀습니다. 즉, '여호와 이레', '여호와 라파', '여호와 닛시', '여호와 샬롬' 같은 이름을 붙여서 불렀습니다. 결혼한 부부는 남편이나 아내가 부르면 서로에게 응답하고 관심을 가지며 필요한 부분을 도와줍니다. 이러한 부부 관계처럼 우리는 고난을 통과하면서 하나님과 가장 가까운 관계가 됩니다. 그래서 하나님은 우리가 하나님의 이름을 부르면서 기도하면 다 들어 주십니다. 우리와 하나님과의 관계가 부부보다 더 가까워지기 때문에, 옛날에 예수 믿지 않는 남편들은 하나님을 시기하곤 했습니다. 부인이 자기보다 하나님을 더 사랑하기 때문입니다. 그러나 하나님은 우리의 시기의 대상이 아닙니다. 누구든지 하나님을 가장 사랑하면 하나님은 그 사람이 사랑하는 다른 사람들에게도 복을 주십니다. 그러므로 할 수 있으면 남편이나 아내나 자식들보다 하나님을 더 사랑하시기 바랍니다.

그리스도께서는 손과 발이 못 박히시고 옆구리를 창에 찔리심으로 영원히 우리와 하나가 되셨습니다. 그래서 예수님은 이미 우리 안에 계시고 우리는 예수님 안에 있으며, 우리가 나사렛 예수님의 이름으로 기도하면 무엇이든지 다 들어 주시겠다고 약속하셨습니다. 예수님은 우리에게 겨자씨만 한 믿음이 있으면 산이 옮겨져서 바다에 빠지라고 해도 그대로 될 것이라고 하셨습니다. 우리는 그 정도의 믿음을 목표로 신앙생활을 해야겠습니다.

: 9절 : "밤에 내 영혼이 주를 사모하였사온즉 내 중심이 주를 간절히 구하오리니 이는 주께서 땅에서 심판하시는 때에 세계의 거민이 의를 배움이니이다."

여기서 '밤에 내 영혼이 주를 사모한다'는 것은 길이 보이지 않을 정도로 캄캄한 어려움의 시기를 말합니다. 그러한 때에도 절망하지 않고 주님을 사모하였습니다. 그 이유가 무엇입니까? 지금의 이 어둠에는 분명 뜻이 있다는 것을 알기 때문입니다. 즉, 하나님께서 이 세상을 이토록 어둡게 하시는 것은 분명히 우리에게 큰 복을 주시기 위함인 줄 믿기 때문입니다.

이제 우리는 예수님이 오시고 또 성령님이 오심으로 하나님의 진리에 대해 과거보다 수만 배로 환히 깨닫게 되었습니다. 믿는 자들에게는 불확실한 것이 털끝만큼도 없습니다. 그러니까 사탄이 우리를 속이려고 해도 속일 수가 없는 것입니다.

이때 온 세계 거민은 하나님의 의를 배우게 됩니다. 이 의는 인간의 도덕성이 아닙니다. 이것은 하나님께서 우리를 의롭다고 인정하셔서 하나님께로 나아갈 수 있는 자격을 말합니다. 우리가 하나님께 나아갈 수 있는 자격은 오직 예수님의 십자가와 하나님의 말씀밖에 없습니다. 모든 복은 하나님께 있습니다. 이 세상의 복은 하나님의 복의 그림자에 불과합니다. 사람들은 눈에 보이는 욕심에 속아서 진짜 복을 보지 못하는데, 진짜 복은 하나님 앞에 나아가는 자격을 얻는 것입니다.

그러나 악인들은 어떻습니까?

:10절: "악인은 은총을 입을지라도 의를 배우지 아니하며 정직한 자의 땅에서 불의를 행하고 여호와의 위엄을 돌아보지 아니하는도다."

악인은 하나님께서 은총을 주셔도 의를 배울 생각을 하지 않습니다. 악인들도 이 세상에서 하나님께서 주시는 많은 복을 받습니다. 하나님은 그들에게 지위도 주시고 학벌도 주시고 부귀나 영화도 주십니다. 그러나 그들은 하나님의 의를 배우지 않습니다. 왜냐하면 그들은 마음에 욕심이 가득 차서 하나님의 견고한 성읍이 눈에 보이지 않기 때문입니다. 결국 악인들은 하나님의 복을 받으면서도, 특히 정직한 땅 하나님의 말씀이 있는 곳에서조차도 하나님의 의를 배우지 않습니다. 악한 자들은 자신들의 부족함을 돈이나 명예로 해결할 수 있다고 생각합니다.

그래서 주님은 라오디게아 교회를 향해서, 너희는 스스로 부요하다고 하지만 실상은 가난하다고 말씀하셨습니다. 이 세상에서 진정한 부자는 돈을 많이 가지고 주식을 많이 가진 사람이 아니라, 자기 자신이 하나님 앞에서 보석이 된 사람이기 때문입니다. 이 세상에서 하나님을 소유한 사람이 가장 부자이고, 하나님의 말씀을 소유한 사람이 최고로 부요한 사람입니다. 그러나 악한 자는 하나님의 의를 배우지 않기 때문에 하나님의 위엄을 알지 못합니다. 즉, 하나님께서 얼마나 두려운 분이시며 하나님 앞에서 인간의 죄가 얼마나 무섭게 심판되는지 모르고 시간만 낭비하는 것입니다. 우리가 하나님을 믿을 때 세상에서 가장 가난하고 불쌍한 사람인 것 같지만, 그때 우리는 하나님의 견고한 성을 가지게 되고 영원히 없어지지 않는 하나님의 복을 가지게 됩니다. 모든 성도들이 이 축복의 사람들이 다 되시기 바랍니다.

41

하나님의
큰 계획

이사야 26:11-21

우리는 가끔 죽은 줄 알았던 사람이 살아서 돌아오는 경우를 봅니다. 예를 들어, 배가 파선하여 실종된 줄 알았는데 무인도에서 살아 돌아오거나, 혹은 전쟁터에서 죽은 줄 알았는데 나중에 기적적으로 살아서 돌아오는 사람들이 있습니다. 이런 사람들을 보면 너무 놀랍고 신기하게 생각될 것입니다. 그러나 살아 돌아온 사람이 그동안 겪었던 고생은 말로 다 표현할 수 없을 것입니다. 그래도 이렇게 살아서 돌아오니까 결국 그리운 가족들을 만나게 되고, 다시 한 번 축복된 삶을 살게 되는 것입니다.

본문 말씀을 보면 이렇게 죽은 줄 알았는데 다시 살아서 돌아오는 백성이 있습니다. 그들은 바로 하나님의 백성입니다. 이들은 옛날 평안하게 잘 살 때는 교만해서 하나님의 말씀을 업신여기고 열심히 세상을 따라가다가 망했습니다. 그런데 놀라운 것은 이 망한 하나님의 백성이 포로로 끌려간 곳에서 죽도록 고생하면서 다시 하나님에 대한 신앙을 되찾고 하나님의 말씀의 중요성을 깨닫게 되는 것입니다. 사실 포로로 끌려간 이들은 세상적으로는 죽은 사람이나 마찬가지였습니다. 그래도 온 힘을 다해 하나님을 찾고 부르짖으니까 다시 하나님께 돌아오게 되었습니다. 그러나 이것은 우연히 된 일이 아니고 오래 전부터 하나님께서 계획하신 일이었습니다.

이렇게 돌아오는 사람들이 또 있습니다. 그것은 바로 우리 자신들입니다. 우리가 하나님을 모르고 열심히 이 세상을 위하여 살아갈 때 우리는 하나님 앞에서 죽은 자들과 같았습니다. 그러나 하나님께서는 우리를 고난 가운데 집어넣으셔서 하나님을 믿게 하시고, 연단을 통하여 하나님 앞에서 보석 같은 자들로 다시 돌아오게 하셨습니다. 이 모든 것은 하나님의 열심이 이루신 것이었습니다. 하나님께서 우리를 변화시키려고 하시는데, 여러 번 포기하고 싶었고 도저히 안 되겠다고 생각될 때도 있었지만, 끝까지 포기하지 아니하시고 인내하심으로 우리는 살아 있는 하나님의 자녀로 돌아오게 된 것입니다.

1. 높이 들려진 하나님의 손

중국은 만리장성의 위용을 자랑하고 있습니다. 보통 사람의 생각으로는 산 위에 그렇게 엄청나게 큰 성을 그렇게 길게 쌓는다는 것은 불가능한 일이었습니다. 그러나 진시황제가 수십만 명의 백성을 동원해서, 사람들이 수도 없이 죽어나가는데도 일을 추진했기 때문에 만들어질 수 있었습니다. 마찬가지로 수행하기 어려운 어떤 큰 일에 성공하려면 처음부터 그 일을 계획하고 밀어붙이는 강력한 힘을 가진 사람이 있어야 합니다. 그런데 하나님께서 계획하신 가장 놀라운 프로젝트는 만리장성 같은 큰 성을 쌓거나 이집트의 피라미드를 만드는 것이 아니라, 하나님을 믿지 못하는 백성을 하나님을 잘 믿는 사람들로 변화시키는 것이었습니다.

:11절: "여호와여 주의 손이 높이 들릴지라도 그들이 보지 아니하오나 백성을 위하시는 주의 열성을 보면 부끄러워할 것이라. 불이 주의 대적들을 사르리이다."

본문은 '여호와의 손이 높이 들렸다'고 말씀하고 있습니다. 여기서 여호와의 손이 높이 들렸다는 것은 무슨 신호를 하거나 사람을 불러들이는 표시로 생각됩니다. 그러나 전체적으로 보면 하나님께서 이 일을 처음부터 계획하셨고, 강력한 힘으로 밀어붙이셔서 결국은 완성시키셨다는 뜻입니다. 우리나라에도 여러 가지 국책 사업 가운데 관련자들이나 시민단체의 반대로 도무지 진도가 나가지 않던 일들이 있습니다. 그런데 결국 대통령이 강한 의지를 가지고 밀어붙여서 일이 완성된 경우를 볼 수 있습니다.

마찬가지로 사람들의 눈에는 보이지 않지만 하나님께서 가장 강력한 힘으로 밀어붙이는 아주 큰 사업이 하나 있었습니다. 그것은 도대체 하나님을 믿지 못하고 하나님의 말씀의 가치를 깨닫지 못하는 하나님의 백성을 바꾸어서, 죽도록 하나님을 사랑하고 온 세상보다 하나님의 말씀을 더 사랑하는 자들로 만드는 것입니다. 이것을 위해서 하나님의 손은 이미 높이 들려져 있었습니다. 그런데 이것을 유다 백성도 보지 못했고 그들의 대적도 보지 못했던 것입니다.

이를 위해 하나님께서 계획하신 큰 프로젝트가 무엇이었을까요? 지금 유다 백성은 하나님의 약속의 땅에서 하나님의 말씀과 성전을 가지고 있으면서도 우상을 숭배하고 세상을 바라보며 세상을 따라가고 있었습니다. 그래서 하나님께서 세우신 계획은 이 세상에서 가장 무지막지한 세력을 끌어들여서 하나님의 백성을 완전히 망하게 하시는 것입니다. 인간의 눈으로 보면 이제 유다 백성은 죽는 것이나 마찬가지입니다. 그런데 놀랍게도 이 하나님의 백성은 어려운 상황에 빠지니까 정신을 차리면서 우상을 버리고 하나님의 말씀의 가치를 깨닫기 시작했습니다.

참으로 이해가 되지 않는 것은, 왜 우리는 세상적으로 편하고 잘 나가게 되면 하나님을 신뢰하지 않고 자기 능력이나 세상을 더 믿을까 하는 것입니다. 하나님의 백성은 오히려 세상에서 실패하고 많은 어려움을 겪게 되면 그 때는 진지하게 하나님의 말씀을 듣게 되고 하나님의 말씀을 믿기 시작합니다. 이것은 바로 하나님의 백성이 정금으로 변하는 과정이고, 하나님 앞에서 보석이 되는 길입니다. 그런데 우리 자신이나 세상 사람들은 우리가 이렇게 변하는 것을 깨닫지 못하고, 하나님께서 이 모든 일을 주도하시는 것은 더욱이 알지 못합니다. 사실 이 과정에서 하나님께서도 우리를 포기하고 싶으실 때가 많으셨을 것입니다.

예를 들어, 어떤 의사가 환자를 치료하는데 환자는 도저히 안 될 것 같아서 몇 번씩이나 포기하려고 합니다. 그래도 의사는 최선을 다해 보자며 끝까지 노력했는데 그 환자가 기적적으로 살게 되었다면 그 의사는 열정을 가진 의사인 것입니다.

마찬가지로 우리가 하나님을 믿고 하나님의 말씀의 가치를 아는 자가 되는 것은 결코 쉬운 일이 아니었습니다. 우리 자신도 스스로 신앙을 포기하고 싶을 때가 많았지만, 하나님께서도 우리가 너무 많이 넘어지니까 도저히 안 되겠다고 생각하실 수도 있을 것입니다. 그러나 하나님께서 끝까지 우리를 포기하지 않으시고 인내하신 결과 우리는 하나님을 제대로 믿는 사람이 된 것입니다.

그래서 본문 말씀을 다시 보면 우리 마음에 감동이 일어나게 됩니다.

"여호와여 주의 손이 높이 들릴지라도 그들이 보지 아니하오나 백성을 위하시는 주의 열성을 보면 부끄러워할 것이라. 불이 주의 대적들을 사르리이다."

여기서 하나님의 손을 보지 못하는 '그들'은 일차적으로는 유다를 정복하는 바벨론 왕일 것입니다. 그들은 하나님의 손이 그들을 불러들였고 하나님께서 유다 백성을 만들고 계신 것을 알지 못하고, 자기들이 힘이 있고 잘나서 유다를 정복한 줄 알았습니다. 그러나 하나님의 손을 보지 못한 것은 바벨론 왕만이 아니었습니다. 유다 백성 자신도 하나님의 높이 들린 손을 보지 못했습니다. 그런데 하나님께서 유다 백성을 보석 같은 신앙으로 만드신 후에 불을 가지고 바벨론을 태워 버리십니다. 이제는 더 이상 바벨론이 필요 없기 때문입니다.

사실 우리는 마치 쓸모없어 버려진 돌과 같습니다. 이 돌은 하나님 앞에서 아무 쓸모가 없어 버려진 돌이었습니다. 그런데 하나님께서 당신의 손이 다쳐가면서까지 망치와 끌로 이 돌을 다듬어서 멋진 작품을 만드신 것입니다. 지금 우리 모두는 하나님께서 만드신 최고의 작품입니다. 사실 우리가 과거의 우리 자신을 돌아보면 세상의 허영과 욕심에만 들떠 있었지, 하나님 앞에서는 아무 가치 없는 쓰레기 같은 존재였습니다. 그런데 하나님께서 우리를 연단하시고 조각하심으로 최고의 보석으로 만들어 주셔서, 이제는 불에 넣어도 타지 않는 보물이 되게 하셨습니다. 이것을 보면 세상 사람들은 부끄러워하게 될 것입니다. 왜냐하면 처음에 세상 사람들은 세상에서 실패한 하나님의 백성을 보고 멸시하고 업신여기며 전혀 가치 없는 존재로 생각했기 때문입니다. 그런데 나중에 보니 자기들과는 비교도 안 되는 멋진 사람으로 변해 있었던 것입니다.

하나님께서는 바로 이것이 하나님의 백성의 평강이라고 말씀하십니다.

∶12절∶ "여호와여 주께서 우리를 위하여 평강을 베푸시오리니 주께서 우리의 모든 일도 우리를 위하여 이루심이니이다."

여기서 우리는 두 가지 종류의 평강이 있다는 사실을 알게 됩니다. 첫 번째 평강은 아직 아무 일도 일어나지 않았기 때문에 평안한 것입니다. 예를 들어, 어느 지역에 태풍이 예고되었지만 아직 태풍이 오지 않아서 평안할 수 있습니다. 또 어떤 지역에 전염병이 퍼지고 있는데 아직 병에 걸리지 않아서 건강할 수 있습니다. 그러나 이런 평강은 오래가지 않아서 엄청난 비극으로 나타나게 됩니다. 왜냐하면 이런 평강은 아직 태풍이나 병균을 이긴 적이 없는 평강이기 때문입니다.

또 한 가지는, 이미 고난이나 질병이나 큰 재앙을 이긴 후의 평강이 있습니다. 예를 들어, 어떤 사람들은 미리 예방주사를 맞아서 면역성이 생겼기 때문에 병을 이기고 건강한 사람이 있을 것입니다. 또 어떤 지역에서 태풍에 대비해서 모든 것을 밧줄로 잘 묶어 두어서 태풍의 피해를 전혀 입지 않았기 때문에 누리는 평강이 있을 것입니다.

옛날 유다 백성의 평강은 아직 큰 재앙을 겪어 보지 않은 평강이었습니다. 즉, 유다 백성이 실제로는 엄청나게 썩었고 우상 숭배와 죄에 빠져 있지만 아직 하나님의 심판이 오지 않았기 때문에 평안한 것이었습니다. 그러나 그 후에 하나님께서 유다 백성을 수술하셨는데, 곪은 것을 째고 상한 것을 잘라 내어서 우상 숭배와 병을 완전히 이기도록 만들어 주셨습니다. 이제 유다 백성은 건강해져서, 다른 사람들이 아무리 우상 숭배를 부추겨도 우상이 얼마나 엉터리인 줄 알기 때문에 절대로 우상 숭배를 하지 않습니다. 다른 사람들이 죄를 짓도록 충동질해도 죄가 얼마나 더러운 것인지 깨달았기 때문에 죄를 짓지 않는 정도가 되었습니다. 하나님께서는 이것이 진짜 평강이라고 말씀하셨습니다.

예수님은 제자들에게 "이것을 너희에게 이르는 것은 너희로 내 안에서 평안을 누리게 하려 함이라. 세상에서는 너희가 환난을 당하나 담대하라. 내가 세상을 이기었노라."(요 16:33)고 말씀하셨습니다. 예수님께서 주시는 이 평안은 이미 고난과 역경을 이기고 승리하신 평안입니다.

우리는 처음에는 아무 고통 없이 세상 사람들처럼 잘 살아가는 평강을 원했습니다. 그러나 연단을 이겨 내지 못한 평강은 진짜 평강이 아닙니다. 왜냐하면 이런 평강은 언제든지 죄에 빠질 수 있고 유혹에 넘어갈 수 있기 때문입니다. 이런 평강은 죄가 다가오면 넘어질 수밖에 없습니다. 그러나 하나님께서 주시는 극심한 고난을 지나고 나면 비로소 우리는 눈을 뜨게 됩니다. 그때 우리는 '죄는 정말 나쁜 것이며, 절대로 죄를 지어서 내 욕심을 채우고 성공하려고 해서는 안 되겠구나' 하는 것을 깨닫게 됩니다. 그리고 이제 자신이 가치 있는 존재임을 알기 때문에 굳이 유명해지거나 높아지려고 하지 않습니다. 이때 마귀가 다가와서 죄의 길로 유혹하며 성공과 행복을 얻을 수 있다고 속삭이면, 우리는 '말도 안 되는 소리 하지 말라'고 하며 쫓아버릴 수 있는 것입니다.

이 세상에서 죄를 이기지 못한 성공은 성공이 아니고, 고난의 불을 통과하지 않은 축복은 축복이 아닙니다. 우리는 상상할 수 없는 고난을 통과한 후에야 하나님께서 나를 위해 이 모든 일을 하셨다는 사실을 알게 되는 것입니다.

: 13절 : "여호와 우리 하나님이시여 주 외에 다른 주들이 우리를 관할하였사오나 우리는 주만 의지하고 주의 이름을 부르리이다."

이제야 주의 백성이 비로소 다시는 다른 신의 이름을 부르지 않겠다고 고백하게 됩니다.

옛날 유다 백성은 늘 다른 백성을 부러워했습니다. 하나님을 믿지 않는 나라들은 늘 자기하고 싶은 대로 다 하며 사는데도 강한 나라가 되고 부자 나라가 되었기 때문입니다. 그러나 하나님은 주의 백성에게 세상의 좋은 것을 먼저 주시지 않으셨습니다. 그래서 유다 백성이 늘 원했던 것은 자신들도 세상 사람들처럼 부자 나라가 되고 강한 나라가 되어 봤으면 하는 것이었습니다. 유다 백성은 하나님의 말씀은 뒤로 던져놓고 항상 이방 나라들을 따라가려고 애썼습니다. 그러다가 유다는 자기들이 열심히 따라갔던 이방 나라에 의해서 망하고 그들의 노예가 되었습니다.

유다 백성은 자기들이 세상을 따라가면 하나님을 믿는 것보다는 잘살게 될 줄 알았는데, 완전히 망해서 노예가 되고 말았습니다. 이 유다 백성이 인생 밑바닥에서 생각해보니 그들이 옛날에 가졌던 율법이나 성전이 얼마나 탁월하며 가치 있는 것이었는지를 알게 되었습니다. 세상 나라 속에 들어가보니 정말 그들은 부패하였고 인간 이하의 삶을 살고 있었던 것입니다. 이제 유다 백성은 진심으로 다시 하나님의 백성이 되기를 원했습니다. 사실 이것이 하나님의 계획이었고 하나님께서 하신 놀라운 일이었습니다. 비로소 유다 백성은 주만 의뢰하고 하나님의 이름만 부른다고 했습니다.

오늘의 우리도 깨닫지 못하는 것이 있는데, 그것은 세상 사람들이 누리는 복과 우리의 복은 근본적으로 성격이 다르다는 사실입니다. 즉, 세상 사람들은 열심히 세상을 따라감으로 돈을 벌고 성공하지만, 하나님의 자녀들은 믿음의 부산물로 하나님의 복을 받는 것입니다. 하나님께서 우리를 위해 예비하신 복은 세상 사람들의 복과 다르게 준비되어 있습니다. 그런데 만일 우리가 하나님의 말씀을 버리고 세상을 따라간다면 둘 다 잃어버리게 됩니다. 즉, 하나님의 복도 놓치고 물질적인 복도 놓치게 되는 것입니다. 그러므로 우리가 진정한 성공을 하기 위해서는 죽으나 사나 하나님을 믿고 의지하는 수밖에 없습니다. 내가 죽도록 하나님만 의지하면 하나님께서 내게 복 주시는지 안 주시는지 보겠다는 심정으로 하나님만 믿어야 하는 것입니다. 하나님의 백성이 양다리를 걸치고 있다면 아직 평강이 아닌 것입니다. 그것은 오히려 죄를 이기지 못한 것이고 시험에 합격하지 못한 것입니다.

2. 다시 살아나는 나라

하나님께서는 세상의 강한 나라들에 대하여, 겉으로 보기에 그들은 강하고 힘이 있는 것 같지만 실제로는 죽은 나라라고 말씀하십니다. 세상의 악한 나라는 하나님께서 일시적으로 쓰는 몽둥이에 불과하기 때문입니다.

:14절: "그들은 죽었은즉 다시 살지 못하겠고 사망하였은즉 일어나지 못할 것이니 이는 주께서 벌하여 그들을 멸하사 그들의 모든 기억을 없이하셨음이니이다."

사람들의 눈으로 보기에는 세상의 강대국들이 살아 있는 것 같고 온 세상을 다 차지할 것 같지만, 하나님께서는 이들이 한번 죽으면 다시 살지 못한다고 말씀하셨습니다. 왜냐하면 이 세상 나라는 모두 하루살이 같은 시한부 인생을 살고 있기 때문입니다. 그래서 이 세상 강대국들은 일시적으로는 다른 많은 나라를 정복하고 지배하지만, 하나님께서 정해 놓으신 시간이 되면 한순간에 몰락하는데, 다시는 일어나지 못하고 살아나지 못할 것입니다. 하나님 앞에서 이들의 이용 가치가 모두 끝났기 때문입니다. 이 세상의 강대국이나 악한 자들은 하나님의 백성을 연단하는 용광로였습니다. 금의 원석을 정금으로 만들기 위해서는 용광로에 녹여야만 하는데, 바로 그 용광로가 바벨론이나 로마 같은 강대국들이었던 것입니다. 그런데 정금이 다 만들어졌으므로 용광로는 더 이상 필요하지 않아서 그 불을 꺼 버리는 것입니다. 하나님께서는 그 모든 기억까지 멸절시키신다고 하셨습니다. 세상의 강대국들은 하나님 앞에서 기억할 가치조차 없기 때문입니다.

우리나라나 일본이나 중국은 때때로 큰 태풍이 불어와 많은 피해를 입곤 합니다. 얼마 전에도 중국에 큰 태풍이 상륙하여 도시가 물에 잠기고 사람들이 문짝을 뜯어서 뗏목으로 타고 다닐 정도였다고 합니다. 큰 규모의 태풍은 많은 피해를 가져오기도 하지만, 때로는 태풍이 필요하다고 합니다. 태풍이 한번 크게 불어야 바다도 뒤집어서 바다 속의 찌꺼기들도 한번 청소하고, 또 대기도 크게 정화되기 때문입니다. 마찬가지로 이 세상에서 많은 나라를 침공하는 강대국들은 하나님께서 일으키시는 태풍과 같습니다. 이 태풍 앞에서 모든 인간 쓰레기들은 다 청소되고 오직 하나님을 신실하게 믿는 백성만 남게 됩니다. 그리고 난 후에 하나님은 유통기한이 끝난 이 강대국들을 폐기처분 하시는 것입니다. 이것은 이 세상의 많은 정치인도 마찬가지입니다. 하나님께서 찾으시는 것은 정치인이나 학자가 아니라 하나님 앞에서 영원히 변치 않는 보석과 같은 사람들입니다. 하나님은 보석을 좋아하시지 쓸데없는 잡석들을 모으시는 분이 아닙니다.

그런데 하나님은 이런 환난 가운데 하나님을 믿는 백성을 크게 복 주신다고 약속하셨습니다.

: 15절 : "여호와여 주께서 이 나라를 더 크게 하셨고 이 나라를 더 크게 하셨나이다. 스스로 영광을 얻으시고 이 땅의 모든 경계를 확장하셨나이다."

여기서 '이 나라를 더 크게 하셨고 이 나라를 더 크게 하셨다'고 했는데, 이것은 하나님께서 계속해서 크게 하시는 것을 말합니다. 하나님께서 하나님의 백성을 크게 하시는 것은 강대국들이 약한 나라를 정복하여 영토를 넓히는 것과는 원리가 다릅니다. 하나님의 백성이 하나님의 말씀의 가치를 깨달아서 목숨 걸고 그 말씀을 붙들면 영적인 부흥이 일어나게 되는데, 그 부흥의 소문이 온 세상에 퍼지게 됩니다. 그러면 이 세상에서 자신의 길을 찾지 못하고 자신의 가치를 알지 못하던 사람들이 이 소문을 듣고 계속 몰려오기 때문에 하나님의 나라는 한없이 커지게 되는 것입니다. 세상 강대국들은 물리적 힘으로 다른 나라를 정복하여 나라를 키운다면, 하나님의 백성은 정신적으로 그리고 영적인 영향력으로 하나님 나라를 확장하는 것입니다.

이스라엘 왕 중에 다윗은 하나님의 말씀의 가치를 알았던 사람입니다. 다윗은 얼마나 하나님의 율법을 사랑했던지, 그 말씀이 송이꿀보다 더 달다고 했습니다. 그를 통해 하나님은 이스라엘에 부흥을 주셔서 아주 큰 나라가 되게 하셨습니다. 다윗이 받은 복은 그 아들 솔로몬에게로 이어지는데, 솔로몬은 하나님께 지혜까지 받았습니다. 그 소문이 얼마나 퍼져나갔던지 먼 아프리카 스바 여왕이 솔로몬의 지혜와 하나님의 말씀을 듣기 위해 보물을 싸 가지고 예루살렘으로 찾아왔습니다. 스바 여왕은 솔로몬의 지혜와 하나님의 말씀을 전해 듣고 하나님을 찬양하며 돌아갔습니다.

얼마 전 신문에서 에티오피아에 대한 기사를 보았습니다. 그런데 에티오피아는 평소 우리가 생각하던 것과는 너무 달랐습니다. 우리가 생각하는 것처럼 가난하기만 한 나라도 아니었고, 피부색도 검지 않은 갈색이며 입술도 두껍지 않았습니다. 에티오피아에는 찬란한 성전이 있었는데, 굉장히 큰 바위를 위에서부터 파 내려가서 바위 안에 완전한 교회당을 지어 놓았습니다. 오래 된 아름다운 성들도 있었습니다. 그리고 호수 곳곳에 있는 섬들에는 지금도 수백 년 된 수도원들이 남아 있었는데, 그곳에서 끓여 주는 커피 맛이 기막히다고 합니다. 커피가 처음 알려지게 된 곳도 에티오피아라고 하는데, 양들이 어떤 열매를 따먹고는 흥분해서 너무 좋아하는 모습을 보고는 커피를 발견하게 되었다고 합니다.

우리나라는 정말 전 세계에서 이해할 수 없는 복을 받은 나라입니다. 일본의 식민지였고, 내전으로 수백만 명이 죽고 나라 전체가 잿더미가 되었는데도 놀라운 경제 성장을 이루었습니다. 이것은 하나님께서 우리에게 먼저 고난을 통해서 말씀의 맛을 알게 하시고 부흥을 주셨기 때문입니다. 요즘 내전으로 고통받는 팔레스타인의 한 소녀는 한국의 십대 가수들의 노래를 들으면서 위로받는다는 말을 했습니다. 우리가 앞으로도 계속 복을 받으려면 과거를 돌아보고 그때 그 신앙을 회복해야 합니다. 이스라엘 백성이 가나안 땅에서 필요했던 것은 가나안 시대의 신앙이 아니라 과거 광야 시대의 신앙이었습니다. 우리가 예전의 그 신앙을 회복하면 하나님은 우리를 다시 정금으로 만들어 주실 것입니다. 그러면 영적인 부흥이 일어나게 되고 하나님은 우리나라를 다시 한 번 일으키실 것입니다.

본문에 보면 '이 땅의 모든 경계를 확장하셨나이다'라고 했습니다. 하나님께서는 사방으로 주의 백성의 경계를 넓혀 주십니다. 그러므로 우리는 강대국의 논리처럼 물리적 힘으로 영토를 확장하기보다는 영적인 힘으로 큰 부흥을 일으켜야 합니다. 그러면 저절로 사람들이 찾아오게 됩니다. 하나님께서 그렇게 만들어 주실 것입니다.

3. 부르짖으며 기도하는 백성

하나님의 백성의 가장 큰 무기는 기도입니다. 사실 기도는 돈이 드는 일도 아니고 어떤 의미에서는 가장 쉬운 것인데, 정작 하나님의 백성은 기도의 유익을 보지 못할 때가 많습니다. 유다 백성도 가장 기도가 필요할 때 기도가 통하지 않아서 나라가 망하고 말았습니다.

: 16절 : "여호와여 그들이 환난 중에 주를 앙모하였사오며 주의 징벌이 그들에게 임할 때에 그들이 간절히 주께 기도하였나이다"

유다 백성에게 가장 기도가 필요할 때가 있었는데, 바로 예루살렘이 바벨론의 공격으로 포위되어서 망하게 되었을 때입니다. 그제야 비로소 유다 백성은 하나님께 간절하게 기도했지만 바벨론 군대를 이기지 못했습니다. 왜냐하면 이미 오랫동안 유다 백성이 하나님께 드리는 기도가 막혀 있었기 때문입니다. 우리의 신앙은 멋으로 가지고 다니는 것이 아닙니다. 예를 들어, 우리가 차고 다니는 많은 열쇠는 멋으로 차고 다니는 것이 아닙니다. 그 열쇠로 자물통이나 필요한 문을 다 열 수 있어야 합니다. 이처럼 신앙이라는 것은 장식용으로 가지고 있는 것이 아닙니다. 신앙인은 항상 하나님과 함께 함으로, 위기가 찾아왔을 때 하나님의 응답을 받고 하나님의 능력을 가져올 수 있습니다. 그런데 유다 백성은 어리석게도 평소에 기도하지 못했고, 했어도 기도 응답을 확인하지 않았던 것입니다.

마태복음 25장에는 예수님께서 말씀하신 열 처녀 비유가 나옵니다. 이 열 처녀는 등을 들고 신랑을 맞으러 나갔는데, 신랑이 더디 와서 다 잠이 들었습니다. 밤중이 되어 신랑이 온다는 소리를 듣자 슬기 있는 다섯 처녀는 미리 준비한 기름으로 등불을 밝히고 혼인 잔치에 들어갔습니다. 그러나 미련한 다섯 처녀는 미처 기름을 준비하지 못했습니다. 사람이 등을 준비하는 목적은 밤에 불을 밝히기 위함입니다. 그렇다면 당연히 기름이 있는지를 확인했어야 하는데, 미련한 다섯 처녀는 그것을 확인하지 않아서 혼인 잔치에 들어가지 못했습니다.

예를 들어, 군대에서는 미사일이나 대포를 그냥 보유하고만 있어서는 안 됩니다. 실제로 시험 발사를 해 보고 성능을 확인해야 합니다. 만약 실전에서 발사했는데 모두 불량품이라면 그 전쟁은 이미 진 것이나 마찬가지입니다. 마찬가지로 신앙에서 가장 중요한 것이 기도 응답인데, 유다 백성은 언제나 형식적으로 기도하고 응답을 확인하지 않았던 것입니다. 그래서 막상 예루살렘이 적에게 포위되고 나라가 망하게 되었을 때, 아무리 간절하게 기도하고 부르짖어도 기도 응답은 나타나지 않았습니다.

그런데 놀랍게도 히스기야가 앗수르 군대의 공격을 받고 하나님께 기도했을 때는 기도의 응답으로 앗수르 군대 18만5천 명이 하룻밤 사이에 죽는 일이 일어났습니다. 결국 유다 백성은 기도 응답의 노하우를 터득하지 못했던 것입니다. 하나님의 백성에게 가장 중요한 것은 잘 믿는 것처럼 보이는 외형이 아니라 실제로 기도의 응답을 받을 수 있는 능력입니다.

예수님의 비유를 보면, 두 사람이 성전에서 기도를 드리는데 한 사람은 바리새인이었고 다른 한 사람은 세리였습니다. 바리새인은 거룩한 모양을 갖춘 것 같지만 자기 자랑만 잔뜩 늘어놓았는데, 그는 의롭다 하심을 받지 못했습니다. 그러나 오히려 가슴을 치면서 하나님 앞에 자신이 죄인임을 고백했던 세리는 의롭다 하심을 받았다고 말씀하셨습니다.

: 17-18절 : "여호와여 잉태한 여인이 산기가 임박하여 산고를 겪으며 부르짖음 같이 우리가 주 앞에서 그와 같으니이다. 우리가 잉태하고 산고를 당하였을지라도 바람을 낳은 것 같아서 땅에 구원을 베풀지 못하였고 세계의 거민을 출산하지 못하였나이다."

실제로 잉태한 여인이 해산할 때 부르짖는 소리는 가장 절박한 소리일 것입니다. 사실 하나님의 백성은 평소에도 하나님께 이렇게 기도해야 합니다. 그러나 평소에는 온갖 미사여구를 써 가며 형식적인 기도를 드리다가, 막상 어려움이 생기면 부르짖는 것은 이미 때늦은 기도입니다. 그래서 유대인들이 고난 중에 해산하는 여인처럼 부르짖으며 기도했지만 바람만 낳았다고 했습니다. 결국 공기만 울리게 하고 아무 소득이 없었다는 뜻입니다. 그들은 땅에 아무 구원도 이루지 못했습니다.

그런데 이제 하나님의 백성이 고난 중에서 하나님의 말씀을 붙들고 기도하자 응답이 오기 시작합니다. 여기서 우리는 두 가지를 반드시 기억해야 합니다. 하나는 고난이고, 다른 하나는 말씀입니다. 하나님의 응답은 처음부터 크게 오는 것이 아니라 마치 틈새로 물이 조금씩 새어 나오듯 작은 응답이 오기 시작합니다. 그러면 하나님의 백성은 합심해서 이 기도를 키워 나가야 합니다. 이때부터는 함께 모여 합심해서 기도하면 놀라운 기도 응답이 있게 되는 것입니다. 이처럼 평소의 기도가 모여 큰 위기에도 기도의 응답을 받을 수 있는 것이지, 평소에는 전혀 기도하지 않다가 어려움이 닥친 후에 울고불고 하는 것은 이미 늦습니다. 물론 그때도 간절히 부르짖으면 응답해 주시지만, 이미 시험을 다 당한 후인 것입니다.

하나님의 백성에게는 고난 중에 하나님의 말씀을 붙들고 기도하는 것이 중요합니다. 그러면 놀랍게도 기도한 것이 이루어질 뿐만 아니라 죽은 자들이 살아나기 시작합니다.

: 19절 : "주의 죽은 자들은 살아나고 그들의 시체들은 일어나리이다. 티끌에 누운 자들아 너희는 깨어 노래하라. 주의 이슬은 빛난 이슬이니 땅이 죽은 자들을 내놓으리로다."

여기서 '주의 죽은 자들'은 두 가지로 생각할 수 있습니다. 하나는 망하기 전 유다 백성으로, 이들은 산 것 같지만 죽은 자들로 자신들은 모르고 있었습니다. 다른 하나는 환난을 당한 유다 백성으로, 이들은 겉으로는 죽은 것 같지만 실제로는 살아 있었습니다. 결국 죽은 자들이 살아난다는 것은 이 세상에서 실패하고 망해서 더 이상 소생할 가망이 없지만 하나님의 말씀을 붙들고 있는 주의 백성을 말합니다. 본문은 무려 세 가지로 표현을 하고 있는데 먼저 '죽은 자들이 살아나고', 그 다음에 '그들의 시체들이 일어나고', 세 번째는 '티끌에 누운 자들이 깨어서 노래'하게 됩니다. 하나님께서 그들을 다시 복 주시고 일으키시기 때문입니다.

또한 '주의 이슬은 빛난 이슬이니 땅이 죽은 자들을 내놓으리로다'라고 했습니다. 여기서 '주의 이슬'은 하나님의 소리 없는 은혜를 말합니다. 특히 비가 자주 오지 않는 팔레스타인 지역에서는 이슬이 식물이 사는 데 아주 중요한 역할을 합니다. 그런데 주의 이슬은 빛난 이슬입니다. 이슬이 하나님의 빛과 함께 오기 때문에 부흥이 일어나게 되는 것입니다. 이 빛난 이슬은 아침 햇빛에 비췬 이슬을 말하는데, 식물들이 이슬을 받아 습도와 온도가 맞으면 우후죽순처럼 자라게 됩니다. 마찬가지로 빛난 이슬을 받은 땅이 죽은 자를 살려 내듯이 소망이 없는 자들 안에 부흥이 일어나게 되는 것입니다.

하나님께서는 악이 한창 활동할 때 하나님의 백성과 악한 자들에 대하여 서로 다른 처방을 내리십니다. 하나님의 백성은 악한 자들이 횡행할 때 그들에 대항해서 싸울 필요가 없습니다. 그들은 골방에 들어가서 기도해야 합니다. 즉, 기도의 훈련을 받고 기도로 악한 자를 이기는 방법을 배워야 합니다.

∶22절∶ "내 백성아 갈지어다. 네 밀실에 들어가서 네 문을 닫고 분노가 지나기까지 잠깐 숨을지어다."

우리는 내 뜻대로 되지 않을 때 무모하게 성공하려고 밀어붙일 필요가 없습니다. 그때는 조용히 골방에 들어가서 기도와 말씀으로 내 영혼을 양육할 때입니다. 그러나 악한 자는 하나님을 두려워하지 않고 제멋대로 행하다가 망하게 됩니다.

∶21절∶ "보라 여호와께서 그의 처소에서 나오사 땅의 거민의 죄악을 벌하실 것이라. 땅이 그 위에 잦았던 피를 드러내고 그 살해당한 자를 다시는 덮지 아니하리라."

하나님은 악을 행한 자의 모든 비행을 다 드러내셔서 그 죗값을 치르게 하십니다. 하나님을 두려워하지 않고 자기 힘을 믿는 자는 모두 자기 죄로 인해서 영원히 멸망하게 됩니다. 이 세상에서 가장 안전한 사람은 고난 중에 기도의 비밀을 터득한 사람이고, 골방의 유익을 아는 사람입니다.

　우리 성도들은 기도의 비밀을 아는 자들이고 골방의 비밀을 터득한 자들인 줄 믿습니다. 이제 모두가 부르짖는 기도로 다시 한 번 영적인 부흥을 일으키는 주의 백성이 다 되시기 바랍니다. 세상에서는 성공하지만 유통기간이 끝나 버린 쭉정이가 되지 말고, 고난 중에 알곡이 되고 보석이 되는 성도들이 다 되시기 바랍니다.

42

희망의
노래

이사야 27:1-13

우리 동양 사람들은 용을 참 좋아합니다. 특히 중국 사람들은 용을 얼마나 좋아하는지 모릅니다. 그래서 중국은 옛날 황제가 입던 옷이나 황제가 앉던 의자에 용을 새겨 놓았습니다. 일본은 영토 자체가 생긴 모습이 용과 닮았다는 말을 합니다. 한때는 세계적으로 급성장하는 나라를 일곱 마리의 용이라고 부르기도 하고, 막 급성장하는 기업을 두고 떠오르는 용이라고 말하기도 했습니다.

그런데 서양 사람들은 용을 별로 좋아하지 않습니다. 옛날 지중해 연안에 살던 사람들은 바다로 나가는 것을 아주 무서워하였는데, 그 이유는 한 번씩 바다에서 일어나는 폭풍으로 많은 배들이 파선하고 사람들이 죽었기 때문입니다. 셰익스피어의 희곡에도 바다 폭풍을 소재로 한 희곡이 여러 개가 있음을 볼 수 있습니다. 옛날 서양 사람들은 지중해 바닷속에는 거대한 용이 사는데,

배가 지나가면 이 용이 배를 둘둘 말아서 깨뜨린 후 사람들을 잡아먹기도 하고, 어떤 때는 거대한 폭풍을 일으켜서 배를 파선시킨다고 생각했습니다. 아무튼 지중해는 겨울에는 항해가 불가능할 정도로 심한 폭풍들이 많이 몰려왔습니다. 본문 말씀을 보면, 드디어 하나님께서 바다의 거대한 용 리워야단을 칼로 찔러 죽이시고 하나님의 포도원을 회복시킬 것이라고 말씀하십니다.

본문에는 여러 가지 비유나 이야기들이 나오기 때문에 내용을 이해하기가 어렵습니다. 처음에는 하나님께서 꼬불꼬불하고 동작이 날랜 리워야단 뱀을 죽이는 것에서부터 시작해서, 하나님께서 다시 포도원을 지켜 주시는데 거기서 나는 찔레와 가시덤불을 제거하시는 내용이 나옵니다. 그리고 다시 하나님은 하나님의 백성을 모래 폭풍으로 아주 먼 곳까지 흩어 버리십니다. 그 후에 하나님은 열매를 모으시듯이 그들을 다시 모으실 것이라고 말씀하십니다. 이것을 통해서 알 수 있는 것은, 본문 말씀이 전체적으로 이스라엘 백성의 희망을 노래하고 있다는 사실입니다. 지금 당장은 이스라엘 자손들이 거대한 뱀에 삼키우고 또 가루가 되어 동풍에 날려서 온 세상에 흩어져 있지만, 하나님은 다시 이들을 모으셔서 하나님의 포도나무가 되게 하신다는 것입니다. 하나님께서는 이스라엘 백성으로 하여금 절망적인 상황에서 희망을 노래하게 하셨습니다. 하나님의 백성은 아무리 절망적인 상황에 처해 있다 하더라도 하나님의 말씀을 듣기만 하면 자신의 미래에 대하여 새로운 희망을 가질 수 있는 것입니다.

1. 유브라데스 강 너머에 있는 괴물

우리가 TV나 영화를 보면 미국에서 토네이도가 휩쓸고 지나가는 무서운 장면을 볼 수 있습니다. 토네이도는 마치 거대한 용이 하늘로 올라가는 것처럼 하늘까지 닿는 회리바람을 일으키는데, 집도 부수고 사람도 죽이고 자동차도 부수어서 하늘로 끌고 올라갑니다. 그래서 토네이도가 지나간 자리에는 집들이 완전히 파괴되어 부서진 잔재들만 남아 있는 모습을 볼 수 있습니다. 인간이 이 거대한 토네이도와 맞서서 이것을 없앤다는 것은 절대 불가능한 일입니다. 인간이 할 수 있는 최선은 이 토네이도를 피해서 가능한 한 사람이 죽지 않고 피해를 입지 않게 하는 것밖에 없습니다. 하지만 이 회리바람은 예측할 수가 없다는 것이 문제입니다.

고대 사람들은 바다에서 일어나는 폭풍을 너무 두려워해서 감히 먼 바다로 나갈 생각을 하지 못했습니다. 하지만 그리스 사람들은 땅이 너무 척박했기 때문에 용감하게 바다로 나가서 많은 식민지를 개척했습니다. 그러나 누구든지 겨울 바다에 나갔다가 이런 폭풍에 한번 걸리기만 하면 왕이든 장군이든 모두 파선을 당해서 바다에 빠져 죽을 수밖에 없었습니다.

이스라엘 백성은 언제나 이스라엘 밖에 있는 세계를 동경했습니다. 왜냐하면 이스라엘 안에는 하나님의 율법이 있었는데 너무 고리타분했고, 누구든지 배를 타고 외부 세계에 나갔던 사람들은 세상의 새로운 것들을 배우고 큰 부자가 되어서 돌아오는 것을 보았기 때문입니다. 그래서 이스라엘 백성이나 유다 백성은 기회만 있으면 하나님의 울타리를 벗어나 하나님을 믿지 않는 세상에서 자신이 하고 싶은 것을 실컷 하면서 성공하고 싶어 했습니다. 어떻게 보면 그들은 자신들의 이 욕망을 거의 다 이룬 듯했습니다. 특히 이스라엘 백성은 하나님을 믿는 신앙에 세상의 성공을 혼합하여 많은 돈을 벌고 부유해졌기 때문입니다. 그러나 이스라엘과 유다 백성은 이런 성공의 단꿈에 빠져 있다가 생각지도 못한 무시무시한 괴물들의 공격을 받게 되었습니다. 그것은 아주 빠르고 꼬불꼬불한 리워야단이라는 뱀이었습니다.

:1절: "그 날에 여호와께서 그의 견고하고 크고 강한 칼로 날랜 뱀 리워야단 곧 꼬불꼬불한 뱀 리워야단을 벌하시며 바다에 있는 용을 죽이시리라."

여기서는 이상한 짐승에 대한 세 가지 표현이 나옵니다. 하나는 '날랜 뱀 리워야단'이고 다른 하나는 '꼬불꼬불한 뱀 리워야단'입니다. 그리고 세 번째는 '바다에 있는 용'이 나옵니다.

옛날 사람들은 지중해 바닷속에는 리워야단이라는 무시무시한 용이 사는데, 배가 지나가면 몸으로 배를 둘둘 말아서 배를 파선시키고 물 위에 떠 있는 사람들을 잡아먹는다고 생각했습니다. 그런데 이스라엘 백성이나 유다 백성이 어떻게 바다에 사는 괴물 리워야단의 공격을 받게 되었을까요? 그것은 그들이 이 세상에 대한 호기심을 떨쳐 버리지 못하고 하나님의 울타리를 벗어나서 세상으로 나갔기 때문입니다. 처음에 이스라엘 백성이나 유다 백성은 세상의 바다로 신나게 배를 저어 가서 장사를 하며 돈을 벌었는데, 어느 순간 이 리워야단이라는 바다 괴물이 나타나서 배와 사람들을 다 삼켜 버렸던 것입니다.

그러면 여기서 말하는 리워야단이나 바다뱀은 구체적으로 무엇을 말하는 것일까요? 그것은 바로 이스라엘 백성이 전혀 예상하지 못했던 세상의 강대국들을 의미합니다. 여기에 나오는 세 괴물은 모두 대단한 강대국들인데 나라나 민족을 구별하지 않고 무조건 삼켜 버리는 것이 특징이었습니다. 처음에는 '날랜 뱀 리워야단'이 나오는데 대개 날랜 뱀은 앗수르를 말한다고 생각합니다. 앗수르의 수도 니느웨를 끼고 흐르는 강이 급류를 이루고 있습니다. 그리고 실제로 앗수르는 아주 빠른 속도로 다른 나라들을 정복해 갔습니다. 두 번째로 나오는 '꼬불꼬불한 뱀 리워야단'은 바벨론을 말한다고 생각되는데, 그 이유는 바벨론을 흐르는 강이 상당히 꼬불꼬불하기 때문입니다. 그리고 세 번째로 '바다에 있는 용'은 악어라고 하기도 하는데, 애굽을 말합니다.

특히 애굽은 강 속에 가만히 숨어 있다가 지나가는 짐승들을 물속으로 물고 와서 잡아먹는 가장 무서운 공포의 악어였습니다.

이스라엘 백성이나 유다 백성은 자신들이 세상에 나가기만 하면 얼마든지 성공해서 더 큰 부자가 될 수 있을 것이라고 생각했습니다. 그래서 그들은 하나님의 율법을 성가시게 생각했고, 그것이 자신들을 붙잡아서 아무것도 하지 못하게 만든다고 생각했습니다. 이스라엘 백성이 하나님의 율법을 버리고 세상으로 갔을 때, 처음에는 굉장히 성공하는 것 같았습니다. 그러나 세상에는 유다나 이스라엘 백성이 전혀 생각하지 못했던 괴물이 있었는데, 바로 앗수르나 바벨론이나 애굽 같은 강대국이었던 것입니다. 이스라엘은 상당히 성공한 것 같았는데 갑자기 앗수르의 공격으로 나라 전체가 멸망을 당해 버렸습니다. 이스라엘은 나라 전체가 용에게 먹혀 버린 것입니다. 그리고 유다도 바벨론이라는 또 다른 용에 의해 많은 고통을 받다가 나중에는 먹혀 버리게 됩니다. 이스라엘 백성이나 유다 백성은 이것이 약소국의 비극이라고 생각했을지 모르지만 그것이 아니었습니다. 그들과 함께하시는 하나님은 용을 이기는 아주 견고하고 크고 강한 칼을 가지고 있는 용사이시기 때문입니다.

결국 고대 세계를 떨게 만들었던 괴물은 앗수르나 바벨론과 같은 강대국들이었습니다. 그런데 이런 거대한 세력 뒤에는 악한 사탄이 있었습니다. 결국 사탄이 이런 나라 왕이나 장수들에게 힘을 주고 욕심을 불어넣어서 다른 나라나 사람들을 마구잡이로 잡아먹게 했던 것입니다. 이 용들은 한두 사람이 아니라 여러 나라와 수많은 사람을 집어삼켰습니다. 북쪽 이스라엘은 이미 앗수르라는 용에 삼키웠고, 유다는 앞으로 바벨론이라는 용에 삼키울 것입니다.

그런데 왜 이 용들을 날래고 꼬불꼬불하다고 말하는 것일까요? 그것은 이들이 힘을 가지고 있으면서도 도저히 예측할 수 없는 변덕스러운 존재이기 때문입니다. 이 용들은 얼마나 변덕스러운지 알 수 없습니다. 그러면서도 이런 나라들은 자기 욕심을 채우거나 남을 공격하는 데는 매우 빨랐습니다. 이런 강대국들은 상상을 초월할 정도로 빠른 속도로 다른 나라들을 공격하고 잡아먹어 버립니다.

순진한 하나님의 백성은 자기 힘으로 이 세상에서 성공하려고 했지만, 결국 이 리워야단이라는 괴물에게 삼키워서 심하게 다치거나 아예 산 채로 괴물의 뱃속에 들어가게 되었습니다. 사람의 힘으로는 괴물의 뱃속에 있는 사람들을 꺼낼 수 없습니다. 괴물의 뱃속에 갇혀 있는 사람들을 살려내려면 누군가가 대단한 무기를 가지고 이 괴물과 싸워서 괴물을 잡아 죽여 배를 갈라야 하는 것입니다. 그런데 누가 그 괴물을 죽일 수 있으며 그 뱃속에 갇혀 있는 하나님의 백성을 꺼낼 수 있습니까? 이사야 선지자는 하나님께서 그렇게 하실 것이라고 말합니다.

"그 날에 여호와께서 그의 견고하고 크고 강한 칼로 날랜 뱀 리워야단 곧 꼬불꼬불한 뱀 리워야단을 벌하시며 바다에 있는 용을 죽이시리라."

여기서 '바다'라는 것은 사람의 힘으로는 도저히 따라갈 수 없는 세상을 의미합니다. 사람의 힘으로는 도저히 저 깊은 바다에 괴물을 따라 들어가서 용과 싸울 수 없습니다. 특히 이 용은 머리가 일곱 개나 달려 있기 때문에 머리를 하나씩 찔러 가지고는 도저히 이 용을 죽일 수 없습니다. 이 용을 줄일 수 있는 유일한 길은 하나님께서 그 용의 본거지를 찾아 들어가셔서 용의 심장을 찌르시는 수밖에 없습니다.

그런데 아무리 용을 찔러도 인간이 깨닫지 못하면 소용이 없습니다. 왜냐하면 용의 뱃속에서 살 수 있는 방법은 철저하게 하나님을 믿는 것밖에 없기 때문입니다.

이런 무서운 괴물이 나타난 것은 인간의 죄가 쌓일 대로 쌓였기 때문입니다. 이 인간들의 죄가 폭발하니까 마치 지진이 일어나서 쓰나미가 덮치듯이 이런 악한 괴물들이 생겨나게 된 것입니다. 그래서 이런 괴물을 죽이고 사람들을 건져 내려면 하나님의 백성이 철저히 회개하고 뜨거운 부흥의 불을 일으켜야 합니다. 결국 이 세상에 거대한 악의 세력이 등장하는 것은 하나님의 백성의 믿음이 미지근했기 때문입니다. 20세기에도 이런 악한 용들이 많이 나타났습니다. 그중에 나치 독일이 있고 일본 제국이 있고 공산주의가 있습니다. 그러나 하나님의 백성이 결사적으로 하나님을 믿으면 이런 괴물을 이길 수 있습니다.

온 세상을 정복하고 자기의 신상을 만들어 거기에 절하지 않는 자는 풀무 불에 던져 넣으려고 한 바벨론의 느부갓네살 왕은 꼬불꼬불하고 거대한 용이었습니다. 그러나 사드락, 메삭, 아벳느고가 죽음을 각오하며 왕의 신상에 절하지 않고 당당하게 풀무 불에 들어갔을 때 용은 완전히 실패하고 말았습니다. 또한 페르시아의 아하수에로 왕 때 모든 유대인을 죽이기로 결정한 하만이나 그 일당은 용이었습니다. 그러나 에스더가 죽음을 각오하고 왕 앞에 나아가서 하만의 죄를 폭로했을 때, 용은 실패하게 되었습니다. 오늘날도 우리 주위에는 많은 용의 세력이 있습니다. 지금도 북한에서는 공산당이 용으로서 인민들을 지배하고 있습니다. 각종 테러로 전 세계를 위협하는 악한 이슬람 국가인 IS도 새로운 용으로 등장하고 있습니다. 이러한 용을 죽일 수 있는 분은 오직 하나님밖에 없습니다.

요나 선지자는 니느웨로 가라는 하나님의 명령에 불순종하고 반대 방향인 다시스로 가는 배를 탔다가 큰 폭풍을 만나 바다에 던져져서 물고기 뱃속으로 들어가게 되었습니다. 요나에게 있어서 이 큰 물고기는 바다 괴물이나 마찬가지였고, 요나는 이 물고기 뱃속에서 살아나올 방법이 없었습니다. 하지만 요나는 물고기 뱃속에서 살아나오려고 몸부림치지 않았습니다. 그랬더라면 물고기는 더 깊은 바다로 들어갔을지도 모릅니다. 요나는 물고기 뱃속에서 하나님의 말씀을 붙들고 계속 회개하며 기도했습니다. 그랬더니 이 큰 물고기가 요나를 육지에 토해 버렸습니다. 그리고 요나가 그 믿음을 가지고 니느웨에 가서 하나님의 말씀을 외치자 그 악한 용이었던 니느웨 성이 울면서 하나님 앞에서 회개했던 것입니다.

하나님의 백성이 세상에서 성공하고 잘살려고 하면 죽게 됩니다. 왜냐하면 그런 세속주의가 부흥의 불씨를 꺼뜨리고 용을 부르기 때문입니다. 그래서 예수님은 제자들에게 "누구든지 제 목숨을 구원하고자 하면 잃을 것이요 누구든지 나를 위하여 제 목숨을 잃으면 찾으리라."(마 16:25)라고 하셨습니다.

지금 우리나라 주변에 있는 강대국 중 어느 나라가 용으로 덤벼들지 모릅니다. 이때 우리가 해야 할 일은 살려고 하는 것이 아니라 죽는 것입니다. 우리는 이미 이 용의 뱃속에서 구원받은 경험이 있습니다. 즉, 우리나라가 일본 제국주의에 지배당했을 때 일본은 거대한 용이었습니다. 그러나 하나님께서 거대한 칼로 일본을 제하시고 우리 민족을 건져 내셨던 것입니다. 이러한 경험이 있는 우리는 세상을 바라보고 걱정하기 이전에 우리에게 있는 무기, 즉 하나님의 말씀과 기도로 부흥의 불을 일으켜야 합니다. 그러면 하나님의 능력의 손길 안에서 우리가 살 수 있습니다. 하나님께서 크고 강한 칼로 리워야단의 뱃속에서 우리를 구출하십니다. 우리는 아무리 절망적인 상황이 와도 하나님을 믿어야 합니다.

2. 하나님께서 부르시는 희망의 노래

구약 성경에서는 이스라엘 백성을 포도나무로 비유합니다. 과일나무 중에서 포도가 가장 맛있고 달콤하기 때문입니다. 이 포도나무는 사실 나무 자체는 너무 부실해서 재목으로는 적합하지 않습니다. 그러나 포도나무가 맺어 내는 열매는 이 세상 어느 열매도 따라올 수 없는 맛과 향기가 있습니다.

또 그 열매로 만든 포도주는 결혼식이나 다른 중요한 잔치에서 최고의 음료로 사용됩니다. 그런데 이미 하나님께서는 포도 농사에 크게 실패하셨던 적이 있습니다. 하나님은 아주 멋진 포도원을 만드시고 거기에 극상품 포도를 심었는데 나중에 수확해 보니 들포도가 열렸기 때문입니다. 결국 하나님의 포도 농사가 실패한 이유는 포도의 진액 때문이었습니다. 이스라엘 백성이 하나님의 말씀의 진액을 먹어야 극상품의 포도를 맺을 수 있는데, 세상의 진액을 먹었기 때문에 들포도가 맺혔던 것입니다. 그런데 지금도 유다 백성은 세상 진액을 먹고 있기 때문에 들포도가 맺히고 있었습니다. 이제 하나님은 들포도가 맺히고 있는 엉망진창의 포도원을 다시 최고의 포도원으로 회복시킬 계획을 가지시고 희망의 노래를 부르고 계십니다.

: 2-3절 : "그 날에 너희는 아름다운 포도원을 두고 노래를 부를지어다. 나 여호와는 포도원지기가 됨이여 때때로 물을 주며 밤낮으로 간수하여 아무든지 이를 해치지 못하게 하리로다."

하나님께서는 하나님의 백성을 아름다운 포도원이라고 말씀하십니다. 포도나무에 있어서 가장 중요한 것은 무성한 잎이나 줄기가 아니라 맛있고 달콤한 포도 열매입니다. 하나님의 백성이 가지고 있는 놀라운 특징이 있습니다. 사실 그들의 겉모습은 대단하지 않습니다. 잎이 무성한 것도 아니고 줄기가 대단한 것도 아닙니다. 하지만 하나님의 백성이 오직 순수한 하나님의 말씀의 진액만 먹을 때, 그들에게 세상에서 맛볼 수 없는 훌륭한 맛을 가진 좋은 열매가 맺히는 것입니다. 하나님께서 이스라엘 백성이나 유다 백성에게 기대하신 것은 바로 이것입니다. 하나님의 말씀의 진액을 먹음으로써 맺게 되는 향기롭고 신선한 천상의 열매. 이스라엘 백성은 바로 그것 때문에 존재하는 것이며, 이를 위해 하나님은 그들을 밤낮으로 지켜 주시고 때때로 물을 주시겠다고 말씀하십니다.

이것은 사실 모든 농부에게 마찬가지입니다. 농부들이 과수원에서 과일나무를 키우는 목적은 오직 한 가지, 맛있는 열매를 많이 수확하는 것입니다. 농부는 사과나무에서는 오직 사과만 맺히기를 원합니다. 농부가 포도나무에서 원하는 것은 오직 당도가 높은 포도인 것입니다. 마찬가지로 하나님께서 이스라엘 백성에게 원하시는 것은 국방을 강하게 하는 것도 아니고 영토를 확장하는 것도 아니었습니다. 그것은 하나님께서 걱정하실 일이고, 이스라엘 백성에게 원하신 것은 오직 한 가지, 바로 열매였습니다. 이것은 이스라엘 백성이 하나님의 말씀에 순종할 때만 가능한 일로, 향기가 있는 삶이었고 영적인 부흥의 열매였습니다.

그런데 이스라엘 백성이 좋은 열매를 맺는 데 있어서 가장 무서운 적은 포도원 안에 있었습니다.

:4절: "나는 포도원에 대하여 노함이 없나니 찔레와 가시가 나를 대적하여 싸운다 하자. 내가 그것을 밟고 모아 불사르리라."

하나님은 포도나무 자체에 대하여는 분노하시지 않았습니다. 단지 하나님께서 분노하시는 것은 포도원 안에서 자라고 있는 찔레와 가시나무 때문이었습니다. 즉, 포도원 안에서 무성하게 생겨나는 가시와 잡초가 포도나무들로 하여금 열매를 맺지 못하게 했습니다. 사실 더 문제는 포도나무가 그 진액을 가시나무로부터 받는 것이었습니다.

하나님께서는 이스라엘 백성이 좋은 열매를 맺게 하기 위해 열심히 가시나무와 엉겅퀴를 뽑으셨습니다. 그런데 이런 가시나무들이 잘 뽑히지 않아서 자세히 살펴보니 포도나무의 뿌리나 가지가 이런 가시나무에 붙어서 그 진액을 먹고 자라고 있었습니다.

우리가 생각해 보면 이것은 쉽게 이해가 갑니다. 왜냐하면 가시나 엉겅퀴는 아주 빨리 자라기 때문입니다.

사실 우리나라 교회들 중에 너무 빨리 자라는 교회가 많습니다. 그리고 실제로 우리나라 전체 교회가 바라는 것도 바로 이런 부흥이고 성장입니다. 그래서 교회들마다 엄청나게 커지고 화려해졌으며, 교인들은 세상에서 많이 성공하게 되었습니다. 그런데 이상한 것은 포도의 맛이 나지 않는 것입니다. 즉, 우리나라 목회자들이 겸손하지 않은 것입니다. 하나님의 종들에게 있어서 가장 중요한 것이 겸손인데 겸손하지 않습니다. 서로가 자기가 제일이라고 우깁니다. 거기에다가 서로 사랑하지도 않습니다. 서로 싸우면 완전히 결판을 낼 듯이 싸웁니다. 기도 응답이 없습니다. 기적이 일어나지 않습니다. 이것은 완전히 포도밭이 아니고 가시나 엉겅퀴밭으로 변하고 만 것입니다.

예수님은 제자들에게 "나는 포도나무요 너희는 가지라."(요 15:5)고 하시면서 열매 맺지 않는 가지는 밖에 버려져서 불에 사르게 된다고 말씀하십니다. 그러면서 열매를 맺지 않는 가지는 잘라 버리고, 열매를 맺는 가지는 더 많이 맺게 하려고 가지를 깨끗하게 하신다고 말씀하십니다. 여기서 깨끗하게 한다는 것은 가지치기를 하는 것입니다. 예수님은 열매 맺는 가지는 가지치기로 불필요한 부분은 잘라 버림으로써 더욱 충실히 열매를 맺게 하시는 것입니다. 그리고 제자들에게 "너희는 내가 일러 준 말로 이미 깨끗하여졌으니 내 안에 거하라."(요 15:3-4)고 말씀하십니다. 제자들은 예수님의 말씀을 듣는 동안 이미 욕심이 죽어 버려서 가지가 깨끗해졌습니다.

이스라엘 백성은 열매 맺는 것만으로는 만족하지 못했습니다. 이스라엘 백성은 세상에서 성공하고 싶어서 말로는 하나님의 포도나무라고 하면서 실제로는 가시나무와 엉겅퀴의 진액으로 가짜 열매를 잔뜩 맺었던 것입니다. 그 결과는 리워야단 같은 괴물들이 쳐들어와서 다 먹어 버렸습니다. 왜냐하면 이런 들포도는 괴물들이 좋아하는 먹이이기 때문입니다. 오히려 괴물들은 하나님의 참 포도 열매는 먹지 못합니다.

결국 이 포도원을 리워야단이라는 괴물이 삼키게 된 것은 이스라엘 자손들이 하나님의 열매의 가치를 믿지 못했기 때문입니다. 세상에 괴물이 있든지 없든지 강대국 군대가 있든지 없든지 상관없이, 죽이든지 살리든지 이스라엘 백성이 오직 하나님의 열매만 맺었더라면 리워야단이 그들을 삼키지 못했을 것입니다.

우리의 신앙에 필요한 것은 목숨을 걸고 믿을 수 있느냐 하는 것입니다. 신앙에 목숨을 걸지 않으면 열매를 맺지 못합니다. 하나님과 세상 사이에 양다리를 걸치면 하나님께서 원하시는 열매를 맺을 수 없습니다.

하나님께서는 이스라엘 자손들에게 강하게 요구하셨습니다.

: 5-6절 : "그리하지 아니하면 내 힘을 의지하고 나와 화친하며 나와 화친할 것이니라. 후일에는 야곱의 뿌리가 박히며 이스라엘의 움이 돋고 꽃이 필 것이라. 그들이 그 결실로 지면을 채우리로다."

하나님은 이스라엘 백성이나 유다 백성에게 '나와 화해하자'고 말씀하십니다. 즉, 이스라엘이나 유다가 세상의 다른 정치적인 힘을 의지하지 않고 오직 하나님과 화해한다면 거기에 살 길이 있는 것입니다.

우리의 신앙에서 가장 어려운 부분이 바로 이것입니다. 내 힘으로 세상에 나가면 더 잘될 것 같은데 하나님에게 돌아오는 것은 너무 바보스러워 보이는 것입니다.

전에 어떤 할머니께서 서양 여자들이 너무 게으르다며 욕을 하시는 모습을 본 적이 있습니다. 이 할머니께서 보시자니, 서양 여자들이 차를 타고 갈 때나 올 때 자기가 문을 열고 내리지 않고 남자가 운전석에서 내려서 문을 열어 줄 때까지 차 안에서 손 하나 까딱하지 않고 기다리더라는 것입니다.

사실 차에서 내릴 때 자기 손으로 문을 열고 내리면 얼마나 빠릅니까? 그러나 교양 있어 보이는 것은 그렇게 간단한 일이 아닌 것 같습니다. 교양이 있는 여자가 되려면 문을 열어 줄 때까지 기다려야 하고, 누군가가 자기를 에스코트 해 줄 때까지 기다려야 하는 것입니다.

우리는 이 세상에서 내가 마음만 먹으면 성공할 수 있을 것 같지만, 세상에는 리워야단이 있다는 사실을 깨닫지 못하고 있습니다. 우리는 겨우 하나님의 말씀 하나 가지고 무엇을 할 수 있을까라고 생각합니다. 그러나 하나님의 말씀은 답답한 것 같지만 거기에는 부흥의 불이 붙게 됩니다. 우리가 성냥 하나만 가지고는 아무것도 할 수 없을 것 같지만 거기에 불이 붙으면 엄청난 일이 생기게 됩니다.

하나님께서는 앞으로 '야곱의 뿌리'가 박힐 것이라고 하십니다. 이 야곱은 바로 오늘 예수 믿는 우리들을 말합니다. 우리는 원래 돌감람나무였는데, 하나님의 말씀을 듣고 하나님의 말씀에 뿌리를 내림으로 하나님의 복이 우리에게 다 넘어오게 된 것입니다.

3. 하나님의 장래 계획

하나님께서는 이스라엘 백성이나 유다 백성이 다시 하나님 앞에서 귀한 포도나무로 회복될 비전을 가지고 계셨습니다. 그런데 지금 이들이 버림을 받고 리워야단 같은 괴물에게 삼켜지는 것은 그들이 가시나무나 엉겅퀴 같은 쓸데없는 나무에 접붙여졌기 때문입니다. 그래서 하나님께서는 이스라엘 백성이나 유다 백성에게 붙어 있는 가시나무나 잡초를 제거하는 일을 먼저 하실 것입니다.

∶ 7-8절 ∶ "주께서 그 백성을 치셨던들 그 백성을 친 자들을 치심과 같았겠으며 백성이 죽임을 당하였던들 백성을 죽인 자가 죽임을 당함과 같았겠느냐. 주께서 백성을 적당하게 견책하사 쫓아내실 때에 동풍 부는 날에 폭풍으로 그들을 옮기셨느니라."

먼저 본문은 하나님께서 유다 백성을 치시더라도 앗수르나 바벨론 사람들처럼 치시지는 않는다고 말합니다. 지금 살육을 당하는 자들은 이스라엘 자손들이고 유다 백성입니다. 앗수르 사람들과 바벨론 사람들은 이스라엘 백성과 유다 사람들을 죽이고 있습니다. 그럼에도 불구하고 하나님께서 하나님의 백성을 치시는 것과 이들을 친 나라들을 치시는 것은 다를 것이라고 말씀하십니다. 또한 하나님께서는 자기 백성을 견책하셔도 '적당하게 견책하신다'고 말씀하십니다. 이것은 하나님께서 유다나 이스라엘을 징계하셔도 완전히 죽도록 치시지는 않으신다는 뜻입니다.

폭력배의 손에 들려진 칼과 의사의 손에 들려진 칼은 성질은 같아도 목적이나 용도는 완전히 다릅니다. 즉, 폭력배의 손에 들려진 칼은 사람을 죽이려는 데 쓰이지만, 의사의 손에 들려진 칼은 환자를 살리는 데 쓰이는 것입니다.

그래서 하나님의 백성이 어려움을 당했을 때, 머리로 생각하면 도저히 살 수 없을 것 같은데 막상 맞닥뜨리면 이상하게도 살게 됩니다. 예를 들면, 하나님의 백성은 직장이 없어지면 자식들을 다 굶겨 죽일 것만 같은데, 막상 그렇게 되면 이상하게 기쁨이 있어서 고통을 모르고 넘어가게 됩니다. 그것은 바로 하나님의 말씀을 붙들고 하루하루를 살아가는 기쁨입니다. 그때 그는 하나님의 말씀이 살아 있는 것을 체험합니다.

그러나 하나님께서 주시는 시험은 결코 간단하지 않습니다.

: 9절 :　"야곱의 불의가 속함을 얻으며 그의 죄 없이함을 받을 결과는 이로 말미암나니 곧 그가 제단의 모든 돌을 부서진 횟돌 같게 하며 아세라와 태양상이 다시 서지 못하게 함에 있는 것이라."

하나님께서 왜 하나님의 포도원을 파괴시키시고, 리워야단 같은 괴물이 포도나무를 다 삼키게 하시는 것일까요? 그것은 포도나무에 붙어 있는 우상 때문이었습니다. 유다나 이스라엘에 너무나 많은 제단이 있었는데 그것은 다 부서진 횟돌이 되어야 할 것들입니다. 그러나 이스라엘 백성이나 유다 백성은 자기 힘으로는 도저히 이 우상의 제단을 부수지 못하는 것입니다. 그래서 하나님은 야곱의 자손들이 이런 우상을 버리고 오직 하나님의 말씀을 붙들도록 하기 위해서 그것들을 망치로 부순 다음 강한 바람으로 날려 버리십니다.

그래서 8절 끝에서는 "동풍 부는 날에 폭풍으로 그들을 옮기셨느니라."고 하셨습니다. 여기서 동풍은 사막에서 부는 강한 모래바람인데, 이 동풍이 불 때 하나님은 우상이나 세상의 욕심을 다 날려 버리셨습니다. 물론 이스라엘 백성과 유다 백성도 날려 버리셨습니다.

그래서 유다와 이스라엘 백성에게 남게 되는 것은 결국 적막함과 쓸쓸함입니다.

: 10-11절 :　"대저 견고한 성읍은 적막하고 거처가 황무하며 버림 받아 광야와 같은즉 송아지가 거기에서 먹고 거기에 누우며 그 나무 가지를 먹어 없이하리라. 가지가 마르면 꺾이나니 여인들이 와서 그것을 불사를 것이라. 백성이 지각이 없으므로 그들을 지으신 이가 불쌍히 여기지 아니하시며 그들을 조성하신 이가 은혜를 베풀지 아니하시리라."

한때 견고하던 성읍은 폐허가 되어서 이제는 송아지가 거기서 나뭇가지를 뜯어 먹고 있습니다. 여기가 어디입니까? 많은 학자들은 바벨론이라고 하는데, 이곳은 바벨론이 아니라 예루살렘이고 유다 성읍들입니다. 그 이유가 무엇입니까? 그들이 진작 이렇게 되었어야 하는데 자기 힘으로 하지 못하니까 하나님께서 강제로 이렇게 만드신 것입니다. 하나님의 백성이 스스로 자신의 욕심을 억제하지 못하면 하나님께서 강제 안식년을 주십니다. 즉, 우리가 스스로 알아서 쉬지 않으면 병이 생겨서 결국 병원에서 안식년을 보낼 수밖에 없는 것과 같습니다. 때로는 사업을 한다고 너무 바빠서 부부가 서로 얼굴을 보고 신앙적인 대화를 나눌 시간조차 없으면, 강제로 퇴직을 시켜서 하루 종일 얼굴만 쳐다보도록 하시는 것입니다.

여기서 중요한 것이 무엇일까요? '이 백성이 지각이 없다'는 것입니다. 그것은 하나님의 백성이 하나님의 말씀을 모른다는 것입니다. 그런데 만일 우리가 미리 하나님의 말씀을 듣고 가시나 엉겅퀴를 버린다면 어떻게 될까요? 하나님은 절대로 이런 리워야단 같은 괴물이 오지 못하도록 지켜 주실 것입니다. 우리가 미리 깨달아서 욕심을 버리면 이런 끔찍한 재앙을 당할 이유가 없는 것입니다. 그런데 하나님의 백성이 욕심에 가득 차서 스스로 욕심을 버리지 못하니까 결국 동풍이 불고 리워야단이 오는 것입니다.

그 후에 하나님은 다시 하나님의 백성을 모으실 것입니다.

: 12-13절 :　"너희 이스라엘 자손들아 그 날에 여호와께서 창일하는 하수에서부터 애굽 시내에까지 과실을 떠는 것 같이 너희를 하나하나 모으시리라. 그 날에 큰 나팔을 불리니 앗수르 땅에서 멸망하는 자들과 애굽 땅으로 쫓겨난 자들이 돌아와서 예루살렘 성산에서 여호와께 예배하리라."

지금도 팔레스타인에서는 열매를 딸 때 긴 장대로 나무를 때려서 열매를 떨어낸 후에 줍는다고 합니다. 어떤 때는 시냇물 위에서 열매를 떨어뜨린 후에 시냇물에 씻어서 모으기도 합니다. 여기서 창일하는 하수는 유브라데스 강을 의미합니다. 하나님께서는 전 세계에 노예로 팔린 이스라엘 백성을 물에 떠내려가는 과일로 보십니다. 그 과일들을 하나님께서 다시 바구니에 다 주워 담으시는 것입니다.

그런데 이 과일들을 주워 담으실 때 하나님은 우리 같은 이방인들을 같이 담으셔서 하나님의 백성이 되게 하셨습니다.

오늘날 우리 역시 하나님을 믿노라 하면서 여전히 우리 안에 가시와 엉겅퀴가 솟아나고 있고, 세상의 진액을 먹고 빨리 성공하고 싶어 안달할 때가 많습니다. 주위에 있는 사람들은 전부 성공했는데 나 혼자 아무것도 없으면 미칠 듯이 답답할 것입니다. 그러나 하나님의 열매를 맺는 것이 그렇게 생각만큼 빨리 이루어지지 않습니다. 예수님은 좋은 나무가 좋은 열매를 맺는다고 말씀하셨습니다. 즉, 좋은 열매를 맺으려면 나무 자체가 좋은 나무로 변해야 하는 것입니다.

중요한 것은 외적인 성공이 아니라 하나님의 말씀의 진액을 먹는 것입니다. 우리에게서 가시와 엉겅퀴는 저절로 나게 되어 있습니다. 우리는 이것을 뽑아내야 합니다. 우리가 하나님의 말씀을 듣기 전에는 세상에서 성공하지 못한 것이 실패인 줄 알았습니다. 그러나 하나님의 말씀을 듣게 되면 믿음의 열매가 없는 것이 실패이고 부흥의 불이 꺼진 것이 실패임을 깨닫게 됩니다.

하나님은 원래 가시덤불 같은 우리를 참 포도나무가 되게 하셨습니다. 우리의 성공은 세상의 성공이 아니라 하나님의 열매를 맺는 것입니다. 우리가 하나님의 열매를 맺을 때, 하나님은 전쟁도 막으시고 재앙도 막으시고 우리에게 아름다운 축복의 삶을 주실 것입니다. 우리에게는 이 희망의 노래가 있습니다. 하나님의 말씀을 믿고 모든 걱정 다 버리고 최고의 열매를 맺는 성도들이 다 되시기 바랍니다.

43

던져진
면류관

이사야 28:1-13

때때로 우리는 유명한 가수나 탤런트가 술에 만취해서 사람을 때리거나, 대기업 회장이 회사 돈을 횡령해서 감옥에 들어가는 것을 보게 됩니다. 모두 한때는 대단한 인기와 영광을 누리고 있었지만, 너무 교만하여 자신을 주체하지 못하므로 그의 면류관은 욕으로 변하고 자신의 신세만 망치게 된 것입니다.

사람이 술을 마시면 기분이 좋아지고 무엇이든 다 할 수 있을 것 같은 자신감이 들지만 실제로는 몸이 말을 듣지 않게 됩니다. 그래서 미국에서는 경찰이 음주 단속을 할 때 운전자에게 차에서 내려고 똑바로 걸어 보라고 한답니다. 술 취한 운전자는 아무리 똑바로 걸으려고 해도 이미 몸이 말을 듣지 않습니다. 그런데 이렇게 술 취한 사람이 대형 버스를 운전하거나 비행기를 조종한다면 대형 사고가 날 가능성이 높습니다. 마찬가지로 사람은 성공하거나 유명해지면 우쭐하면서 스스로 자기도취에 빠지게 됩니다. 물론 인간이라면 누구나 한두 번쯤은 자기도취에 빠집니다. 하지만 빨리 정신을 차려야 하는데, 점점 더 자기도취에 빠지게 되면 이것은 술 취한 것보다 더 위험하게 자신이나 사람들을 몰아가게 됩니다.

이렇게 우리는 음주 운전이 위험하고 과대망상증이나 자기도취가 위험하다는 것은 잘 알고 있지만, 사실 모든 인간이 하나님 앞에서 술 취한 상태이고 과대망상증 환자라는 것을 모를 때가 많습니다. 이런 과대망상증은 세상에서 성공한 사람들이나 하나님의 말씀 없이 물질적인 복만을 받은 사람들에게서 잘 나타납니다.

유다나 이스라엘은 모두 머리에 면류관을 쓴 것처럼 성공한 사람들이었습니다. 하나님께서 유다 백성과 이스라엘 백성에게 복을 주셔서 모두 세상에서 멋진 성공의 면류관을 쓰게 된 것입니다. 그런데 그들은 몸을 비틀거리고 있었습니다. 그 이유는 그들이 모두 독주에 취했기 때문입니다. 그런데도 그들은 자기가 얼마든지 운전해서 골짜기를 내려갈 수 있다고 고집을 부리며 차를 몰고 갔습니다. 그러나 잠시 후에 보니 그들은 골짜기로 굴러 떨어져 차는 박살나고, 그들이 썼던 면류관은 날아가고, 모두가 비참하게 죽어 있었습니다. 끝까지 안전하게 갈 수 있던 사람은, 하나님 앞에서 자신의 부족한 모습을 발견하고 끝까지 하나님의 말씀을 붙들고 간 사람이었습니다.

본문 말씀을 보면, 다 하나님을 믿는다고 하지만 두 부류의 사람들로 나뉘는 것을 볼 수 있습니다. 하나는 자기 자신의 성공과 능력에 도취되어 무리하게 달려감으로써 결국 면류관은 날아가고 무너져 버리는 사람이고, 다른 하나는 자신의 부족함을 알고 끝까지 하나님을 붙들어서 하나님께서 면류관이 되어 주시는 사람입니다.

1. 술 취한 성 사마리아

이스라엘의 수도인 사마리아는 아주 넓은 평원에 있는 산꼭대기에 지어진 아주 멋진 성이었습니다. 멀리서 보면 사마리아 자체가 하나의 면류관처럼 보일 정도로 아름답고 멋있었습니다. 이 사마리아 성은 아주 비옥한 평지 한가운데 세워졌기 때문에 평지로부터 무한정으로 양식이나 부를 공급받을 수 있었습니다. 그래서 어떻게 보면 가나안 땅 전체에서 가장 부요하고 복 받은 성이며, 잘살 수밖에 없는 성이 사마리아 성이었습니다. 그러나 하나님께서 보시기에는 사마리아는 술 취한 성이었고 쇠잔해 가는 꽃과 같은 성이었습니다.

:1절: "에브라임의 술 취한 자들의 교만한 면류관은 화 있을진저. 술에 빠진 자의 성 곧 영화로운 관 같이 기름진 골짜기 꼭대기에 세운 성이여 쇠잔해 가는 꽃 같으니 화 있을진저."

하나님께서는 사마리아에 대하여 두 가지로 말씀하고 계시는데, 하나는 긍정적인 것이고 다른 하나는 부정적인 것입니다. 하나는 참 아름답고 멋진 모습으로, 사마리아는 '기름진 골짜기 꼭대기에 있는 영화로운 관' 같은 성이었습니다. 사마리아 사람들은 골짜기에 내려가기만 하면 얼마든지 필요한 곡식이나 가축 등을 구할 수 있었습니다. 그러므로 걱정할 것이 아무것도 없는 풍족한 성이었고, 사실 면류관처럼 멋있고 아름다운 성이었습니다. 그런데 하나님은 또 다른 모습의 사마리아를 보셨는데, 그것은 교만한 면류관이고 술에 빠진 성이며 시들어 가는 꽃과 같은 성이었던 것입니다.

하나님께서 보시기에 사마리아의 가장 심각한 모습은 술 취한 것이었습니다. 그런데 하나님은 사마리아가 그냥 술 취한 것이 아니라 교만한 면류관이라고 말씀하셨습니다. 사마리아 사람들은 술을 많이 마셔서 술에 취해 있기도 했지만, 더 심각한 것은 그들의 교만이고 자기도취였던 것입니다.

우리가 알 수 있는 것은 일단 사마리아는 성공한 도시였다는 사실입니다. 원래 사마리아 자체가 농사가 잘되는 비옥한 땅 위에 세워졌기 때문에 먹고 사는 데는 별로 걱정할 것이 없는 곳이었습니다. 거기에다가 사마리아는 다른 나라들과 무역하고 장사하는 데 성공해서, 더 많은 부를 쌓았고 훨씬 더 잘 사는 도시가 되었습니다. 우리의 생각에는 이렇게 돈을 많이 벌고 잘살게 되었으면 이제는 걱정할 일이 없을 것 같습니다. 그러나 모든 사람에게는 예측할 수 없는 위기가 있습니다. 사람에게는 항상 잘 된다는 법은 없습니다. 단지 모든 조건이 현재와 같다면 미래가 잘 될 것이라고 예측할 뿐입니다. 농사짓는 사람이나 장사하는 사람이나 지금은 모든 일이 잘되고 있지만 한해 흉년이 들어서 농사를 망쳐 버리거나 혹은 불경기여서 장사가 안 되면 사정이 나빠질 수도 있는 것입니다. 그런데 사마리아 사람들이 특히 자만심에 빠졌던 것은, 그들이 이중으로 돈을 벌고 있었기 때문입니다. 사마리아는 기본적으로 농사 수입이 풍족한 데다가 장사까지 잘되니까 자기들은 이제 먹고 사는 것은 걱정할 필요가 없다고 생각했습니다.

최근 들어 세계적으로 잘나가던 기업들이 한순간에 몰락하는 모습을 많이 보게 됩니다. 이 기업들은 과거의 성공에 도취되어 시장의 변화를 인정하지 않고 자기 방식을 고집하다 그렇게 된 것입니다. 예를 들어, 코닥 같은 경우에는 필름 장사가 너무 잘되어서, 앞으로 디지털카메라가 유행하게 되면서 필름이 팔리지 않는 시대가 온다는 것을 인정하지 않았습니다. 그러나 실제로 디지털카메라의 시대가 도래하면서 순식간에 몰락하고 말았습니다. 일본의 소니 같은 경우에도 녹음기나 아날로그 TV가 너무 잘 팔려서, 앞으로 녹음기가 없어지고 스마트폰과 평면 TV 시대가 온다는 것을 인정하지 않다가 낭패를 보았습니다. 노키아 같은 회사도 너무나 핸드폰 제조 기술이 탄탄하고 그 제품의 세계 점유율이 높았기 때문에, 스마트폰이 나왔을 때 사람들에게 별 인기가 없을 것으로 낙관했다가 결국 회사가 넘어가고 말았습니다. 이런 식으로 몰락하는 회사들을 보면, 과거의 성공에 너무 도취되어 현실의 변화를 인정하지 않고 자신들이 계속 최고의 자리를 유지할 것이라고 착각했음을 알 수 있습니다.

특히 그 옛날에 농사 하나만 해도 성공하기 어려운 때에 농사와 장사 모두를 성공하고 보니, 사마리아 사람들은 자신들이야말로 이 세상에서 가장 똑똑한 사람들이라는 착각을 하게 된 것입니다. 이때 사마리아 사람들이 가장 신경 쓰지 않았던 부분은 바로 하나님의 관계였습니다. 그들은 하나님을 고정 변수로 생각했습니다. 즉, 하나님은 내가 어떤 일을 해도 한 자리에 가만히 계시는 분으로 생각했던 것입니다. 사람이 술에 취하거나 자만심에 빠지면 일단 다른 사람이 하는 말이 귀에 잘 들어오지 않습니다. 마찬가지로 사마리아 사람들은 세상 성공에 취하면서 더욱더 하나님의 말씀에 귀 기울이지 않았습니다. 그들이 성공한 이유가 하나님의 말씀이 아니라 자기들의 지혜와 노력 때문이었다고 생각했기 때문입니다. 그런데 하나님은 사마리아에 대하여 우울한 말씀을 하십니다. 그것은 사마리아가 '쇠잔하는 꽃과 같다'는 것입니다. 즉, 사마리아가 지금까지 번창할 수 있었던 것은 때가 아직 여름이기 때문이지, 가을과 겨울이 오면 사마리아의 복은 시들어서 땅에 떨어질 수밖에 없는 것입니다.

술 취한 사람들은 위험한 산에서 내려갈 때 안전하게 내려갈 수 있다고 큰소리칩니다. 하지만 몸이 내 생각대로 움직이지 않기 때문에 가파른 곳에서는 실족하기 십상입니다. 우리 교인 한 분이 사업을 하셨는데 술을 끊지 못했습니다. 그는 사업이 안 될 때 속상한 마음에 자주 술을 마셨는데, 최근에는 신기술을 하나 개발하게 되어 사업이 잘 풀리게 되었습니다. 이분은 이제 신기술 때문에 돈을 잘 벌게 되자 기분 내느라 술을 마셨습니다. 어느 날도 술을 실컷 마시고 집에 오다가 길 옆 도랑에 거꾸로 떨어졌는데, 머리가 깨어지고 중상을 입었습니다. 그나마 도랑 옆에 있는 집의 개가 너무 짖어대서 주인이 나와 보는 바람에 구사일생으로 목숨을 건지게 되었고, 교회에서 모두가 함께 기도를 드려서 다시 살게 되었습니다. 이분은 신기술의 개발로 사업이 잘되는 것이 오히려 위기였던 것입니다.

여기서 사마리아 사람들이 알지 못했던 것은, 그들의 농사가 잘되고 장사가 잘되는 것은 모두 하나님의 축복이었다는 사실입니다. 그런데 사마리아 사람들과 하나님 사이의 관계가 막히게 되어 이제 그들은 거의 다 죽게 되었습니다. 사람이 너무 비만하면 동맥 경화가 오듯이, 사마리아 사람들이 너무 세상적으로 잘되니까 이제 하나님과의 관계가 막히게 되어 곧 죽게 된 것입니다. 그러나 본인들은 잘 알지 못하고 있었습니다.

요즘은 병원에서 건강 검진을 하면 초음파 검사를 통해 동맥 혈관까지 검사해서 이상이 없는지를 확인합니다. 얼마 전에 미국에서 암 센터 소장으로 있는 유명한 의사가 "폭탄주는 암보다 더 위험하며, 폭탄주를 마시는 것은 자살 행위와 같다."는 말을 했습니다. 그는 또한 지금은 암 치료율이 높아서 오히려 암 환자들은 오래 사는 시대가 되었는데, 건강을 자신하면서 술을 마시고 건강관리를 하지 않는 사람들이 더 빨리 죽게 될 것이라고 했습니다.

사마리아 사람들이 바른 정신을 가지고 있었다면 그들은 하나님과의 관계를 가장 중요하게 생각하고 수시로 체크했을 것입니다. 그러나 그들은 눈에 보이는 성공에 도취되어 있어서 미래에 대해서도 자신을 가졌던 것 같습니다. 그러다가 하나님과 연결하는 신앙의 관이 막히니까 갑자기 몰락하게 되었습니다.

:2절: "보라 주께 있는 강하고 힘 있는 자가 쏟아지는 우박 같이, 파괴하는 광풍 같이, 큰 물이 넘침 같이 손으로 그 면류관을 땅에 던지리니 에브라임의 술 취한 자들의 교만한 면류관이 발에 밟힐 것이라."

사마리아 사람들은 하나님과의 관계가 막혔을 때 이렇게 심각한 결과가 갑자기 나타날 줄 전혀 예상하지 못했습니다. 사마리아가 든든하게 믿는 것은 세 가지였습니다. 첫째는 그들의 잘되는 농사였고, 둘째는 그들의 무역이나 장사였고, 셋째는 그들 스스로의 지혜였습니다. 그런데 사마리아 사람들이 하나님과의 관계가 막히자 이 세 가지가 모두 먹통이 되고 말았습니다.

우선, 갑자기 하늘에서 우박이 떨어진 것같이, 농사를 망치게 되었습니다. 농사는 아무리 잘되더라도 우박이 한번 떨어지면 다 망치게 되어 있습니다. 그런데 사실은 우박이 아니었습니다. 사마리아에 떨어진 것은 우박보다 더 무서운 것이었습니다. 그래서 본문에서도 '강하고 힘 있는 자가 우박같이 쏟아졌다'고 말씀하고 있습니다. 즉, 사마리아에 갑자기 덮친 것은 우박 같은 전쟁이었습니다.

그리고 두 번째는, 광풍이었습니다. 아마 바다를 항해하는 자에게는 광풍보다 무서운 것은 없을 것입니다. 특히 지중해는 한번 폭풍이 불면 파도가 얼마나 사나운지 배를 파도 꼭대기까지 끌고 올라갔다가 바닥으로 내동댕이쳐서 배가 박살나고 맙니다. 광풍이 일고 전쟁이 나는데 장사가 무슨 소용이 있으며 무역이 무슨 소용이 있겠습니까?

그리고 세 번째는, 넘치는 큰 물이었습니다. 특히 팔레스타인에서는 큰 비가 한번 쏟아지면 모든 집이나 수레나 가축들을 다 쓸어가 버립니다. 그런데 이번에는 사마리아의 면류관이 벗겨져서 결국 땅에 던져지게 되고 사람들의 발에 밟히게 되는 것입니다. 사람들이 깨닫지 못하고 있는 것은, 진정한 복은 하나님만이 주실 수 있다는 사실입니다. 즉, 우리가 하나님의 말씀으로 받는 복이 영원한 것이지, 이 세상의 복은 모두 모래성과 같아서 아무리 높이 쌓아도 파도만 한번 밀려오면 다 쓸려가고 마는 것입니다. 그러므로 바다 위를 관통하는 큰 다리나 바다 위에 큰 건물을 지으려면 기초를 튼튼히 하고 철근 콘크리트로 건물을 지어야 합니다. 그냥 모래만 쌓는다면 흔적도 없이 다 없어지고 말 것입니다.

그런데 어리석게도 사람들은 세상에서 좀 성공하면 앞으로도 계속 성공할 줄 알고 자만심에 빠지게 되는 것입니다. 그러나 이 세상에 영원한 성공은 없습니다. 단지 끝까지 정신 차리고 교만해지지 않는 자들은 그 생명이 조금 더 오래 갈 뿐입니다.

하나님은 사마리아의 성공에 대하여 이렇게 말씀하셨습니다.

: 4절 : "그 기름진 골짜기 꼭대기에 있는 그의 영화가 쇠잔해 가는 꽃이 여름 전에 처음 익은 무화과와 같으리니 보는 자가 그것을 보고 얼른 따서 먹으리로다."

사마리아의 복은 '여름 전에 처음 익은 무화과'라고 말씀하십니다. 아마 무화과 열매를 먹어 보신 분들은 알겠지만, 무화과는 연하기 때문에 일단 익었다고 생각되면 바로 먹어야 합니다. 조금만 더워지면 바로 상하기 때문에 먹을 수가 없습니다.

저희 교회에 있다가 광주로 가신 자매 교수님이 계신데, 때가 되면 저에게 무화과 열매를 보내 주십니다. 그런데 그냥 실온에 하루만 두어도 바로 물러져서 상하게 됩니다. 그래서 처음 익은 무화과는 빨리 먹든지 남을 주든지 해야지 그냥 두면 저절로 상해 버립니다. 예를 들어, 우리나라 사과는 좀 오래 두어도 상하지 않지만, 무화과는 먹든지 안 먹든지 상하게 되어 있습니다. 바로 세상 복의 성격이 이와 같습니다. 세상 복은 어떻게 보관하든지 간에 빨리 상하므로 때문에 오래 저장해 둘 수 없습니다.

결국 상하지 않는 복을 받으려면 오랜 시간이 필요합니다. 즉, 인생 밑바닥에서 많은 눈물과 함께 나는 아무것도 아니며 하나님과 그분의 말씀이 그렇게 중요하다는 것을 깨닫고, 하나님 앞에서 철저하게 낮아지는 체험을 해야 합니다. 그렇지 않고 쉽게 성공하고 쉽게 높아진 사람은, 겉으로 보기에는 그럴듯하지만 속은 이미 부패되어 있는 것입니다.

2. 겸손한 자들에게 주실 복

하나님께서는 술 취한 사마리아는 땅에 던져서 그 면류관을 밟히게 하시되 남은 자들에게는 하나님 자신이 영화로운 면류관이 되실 것이라고 하십니다.

:5절: "그 날에 만군의 여호와께서 자기 백성의 남은 자에게 영화로운 면류관이 되시며 아름다운 화관이 되실 것이라."

여기서 중요한 것은 '자기 백성의 남은 자'가 누구를 말씀하시는가 하는 것입니다.

본문에서는 하나님께서 너무나 아름다운 말씀을 하시는 것을 볼 수 있습니다. 이 당시 세상에서 가장 성공했다고 자랑하는 사마리아는 어느 한순간 된서리를 만난 꽃처럼 형체도 없이 시들고 마는데, 남은 자는 하나님께서 면류관이 되어 주시고 아름다운 화관이 되어 주신다고 약속하셨습니다. 하나님께서 면류관이 되어 주시고 화관이 되어 주신다면, 이 사람들의 영광은 시들지 않고 영원히 계속될 것입니다. 도대체 이런 복을 받을 사람들이 누구일까요? 어떤 사람들은 사마리아가 앗수르에 멸망을 당할 때 죽지 않고 살아남은 사람들일 것이라고 말하기도 하고, 어떤 사람들은 아직 망하지 않은 남쪽 유다 왕국을 말한다고도 합니다. 그러나 이 '남은 자'는 사마리아가 망할 때 도망쳐서 산 사람도 아니고 지금의 유다 왕국도 아닙니다. 왜냐하면 지금의 유다 왕국도 사마리아와 똑같이 술 취한 백성이기 때문입니다.

이 '남은 자'는 겉으로만 하나님을 믿는 사람들을 말하지 않습니다. 하나님께서는 성공한 이스라엘 사람들을 무화과 열매와 같다고 하셨습니다. 즉, 이들은 겉으로는 아름다워 보였지만 그 안은 썩어 있었습니다. 하나님의 '남은 자'는 이렇게 겉으로 보기에만 반질반질하게 멋있는 사람을 말하지 않습니다. 여기서 '남은 자'는 하나님의 말씀의 맛을 아는 자를 말합니다. 이 사람들은 그냥 말씀의 맛만 아는 것이 아니라 하나님의 말씀을 심히 좋아하고, 온 생명을 다해서 하나님의 말씀을 붙들고 사랑하는 자들입니다.

그런데 놀라운 것은, 아무리 하나님의 백성이라도 평안하고 잘살 때에는 하나님의 말씀의 가치를 모르는 것입니다. 그래서 아무 문제 없이 편안하게 잘살 때는 종교생활로 만족하고, 하나님을 믿어도 자기 자랑이 얼마나 많은지 모릅니다. 예수님께서 예로 든 바리새인의 기도를 보면 "나는 … 이 세리와도 같지 아니함을 감사하나이다. 나는 이레에 두 번씩 금식하고 또 소득의 십일조를 드리나이다."(눅 18:11-12)라고 말합니다. 한 번도 낮아져 본 적이 없는 사람은 신앙생활을 하면서도 자기가 대단히 잘 믿는 것으로 착각하는데, 그것을 스스로는 깨닫지 못합니다.

그리고 하나님의 백성은 고난을 겪기 전에는 하나님의 말씀의 가치를 알지 못합니다. 그저 교회에서 사람들을 만나 교제하는 것을 좋아하고, 열심히 봉사하고 어떤 사업을 계획하고 실천하는 것을 좋아합니다. 왜냐하면 자신은 이미 구원을 받아 놓았다고 확신하기 때문입니다. 그러나 한번 인생 밑바닥으로 굴러떨어지는 경험을 하면 그때는 자신이 천하에 불쌍하고 무능하고 못난 사람이며 자랑할 것이 아무것도 없다는 사실을 알게 됩니다. 그런데 인생 밑바닥에서 이상하게도 다른 사람의 말은 위로가 되지 않는데 하나님의 말씀은 위로가 되고 나를 붙들어 주는 것을 깨닫게 됩니다. 전에는 인생 밑바닥에 떨어진다는 것은 상상도 못 했고 자신이 그렇게 된다고는 꿈에도 생각하지 못했는데, 한번 굴러떨어지고 나니 이상하게 마음이 편안하고 두렵지가 않습니다. 왜냐하면 인생 밑바닥에서도 하나님께서 나와 함께하시는 것을 느낄 수 있기 때문입니다.

하나님의 백성이 하나님의 말씀의 맛을 알게 된 것은 사마리아나 예루살렘에 있을 때가 아니었습니다. 놀랍게도 그들이 가지고 있던 것들을 모두 빼앗긴 채 바벨론의 포로가 되고, 그렇게 칠십 년이 지나면서 하나님의 말씀의 가치를 깨닫게 됩니다. 그렇지만 그들은 다시 이 세상에서 면류관을 쓰고 재기한다는 것은 상상도 하지 못합니다. 완전히 몰락해 버렸기 때문에 다시 성공할 가능성을 생각할 수 없는 것입니다. 그런데 이상하게도 이 망한 백성이 하나님의 말씀을 붙들자 다시 일어서게 되고 다시 유명하게 됩니다. 이것은 자기가 잘나서가 아니라 하나님께서 하시는 것이며, 이것이 바로 하나님께서 영화로운 면류관이 되어 주시는 것입니다. 그러나 이 사람들의 힘은 굉장히 미약합니다. 아마 강한 사람들이 이들을 치면 당장 망할 수밖에 없을 것입니다. 이처럼 약한데도 불구하고 이들은 계속 살아남게 됩니다. 그 이유는 하나님께서 아름다운 화관이 되어 주시기 때문입니다. 꽃이 아름다운 이유가 어디에 있을까요? 그것은 꽃이 약하기 때문입니다. 자신의 연약함을 지키기 위해서 꽃은 아름답습니다. 하나님의 백성은 연약하지만 계속 남아 있습니다. 하나님께서 계속 물을 공급해 주시고 거센 바람이나 우박이 덮치지 못하도록 지켜 주시기 때문입니다.

하나님의 말씀을 붙드는 백성은 벌써 생활하는 모습이 다릅니다.

：6절： "재판석에 앉은 자에게는 판결하는 영이 되시며 성문에서 싸움을 물리치는 자에게는 힘이 되시리로다."

앞에서 말한 사마리아는 겉으로는 면류관을 쓴 것처럼 찬란했지만, 실제로는 술 취한 주정뱅이였습니다. 그러나 하나님의 말씀을 붙드는 성도들은 아주 지혜롭고 생각이 명석합니다. 이들은 재판을 할 때도 공명정대하게 하는데, 하나님께서 판결하는 영이 되어 주시기 때문입니다. 사실 재판을 할 때는 누구든지 이기려고 하기 때문에 자기에게 유리한 발언만 하고 불리한 것은 위증하거나 감추려고 할 것입니다. 이것을 예리하게 파헤쳐서 공명정대하게 재판하려면 하나님께서 문제의 본질을 볼 수 있게 해 주셔야 합니다. 하나님의 백성에게 중요한 것은 주변적인 것이나 사소한 부분이 아니라 문제의 본질을 찾는 것입니다. 그래서 하나님의 백성은 술 마시는 것을 싫어합니다. 술을 마시면 생각이 명석하지 못하고 흐리멍덩해지기 때문입니다. 그리고 하나님의 백성은 한쪽으로 치우치는 것을 싫어합니다. 왜냐하면 그것은 공정하지 못하기 때문입니다. 하나님의 백성은 어떤 문제가 있을 때마다 하나님께 기도를 드립니다. '주여, 내 앞에 있는 문제의 본질은 무엇입니까?' 그리고 하나님의 백성은 누가 칭찬을 하거나, 성공해서 기분이 우쭐해지려고 할 때 스스로 겸비하고 조심합니다. 즉, 누군가가 나에게서 하나님의 영감을 빼앗고 교만한 영을 불어넣을까 봐 조심하게 됩니다. 만일 하나님의 백성이나 하나님의 종에게서 하나님의 분별력이 떠나고 교만의 영이 들어오면 그는 이미 썩기 시작한 것입니다. 얼마 있지 않아서 그는 완전히 썩어 냄새가 나게 될 것입니다.

또한 하나님은 성문에서 누군가가 공격을 할 때 그들을 물리치는 힘이 되어 주십니다. 일단 하나님의 백성은 약하기 때문에 싸우는 것이 가장 자신이 없는 분야입니다. 그래도 우리가 이 세상에 사는 이상 이러한 공격이 생기지 않는다고 보장할 수 없습니다. 그때마다 우리가 하나님 앞에 기도하면 하나님은 반드시 피할 길을 주셔서 어려움에 빠지지 않도록 지켜 주십니다. 하나님에게는 사용하실 수 있는 카드가 무궁무진하게 많습니다. 즉, 하나님은 우박을 사용하실 수도 있고 천둥이나 번개를 사용하실 수도 있고 전염병이나 폭풍을 사용하실 수도 있습니다. 악한 자들이 주의 백성보다 힘은 더 강할지 몰라도, 이렇게 하나님께서 지키시기 때문에 이기지 못하는 것입니다.

그래서 하나님의 백성이 가장 주의해야 할 것은 자만에 빠지는 것이며, 스스로 자신의 성공에 도취되는 것입니다. 그렇게 되면 사마리아와 같이 재앙에 빠지게 될 것입니다. 우리는 너무 많이 성공할 필요가 없습니다. 너무 많이 유명해지거나 높아지는 것은 오히려 재앙을 부를 수 있습니다.

3. 유다의 위치

우리는 때때로 자신이 어디에 있으며 어디를 향하여 가고 있는지 확인하는 것이 필요합니다. 요즘 운전하는 사람들은 대부분 내비게이션을 사용하는데, 입력된 위치와 다른 방향으로 가면 내비에서 경고음이 들립니다. 그런데 한번은 어떤 분이 바르게 입력했다고 생각하고 열심히 내비게이션의 안내를 따라갔는데 엉뚱한 곳으로 한참을 달렸다고 합니다. 먼 장거리를 갈 때는 너무 내비게이션만 의존할 것이 아니라 지도를 봐둘 필요가 있는 것입니다. 하나님께서 지금 유다 백성 특히 예루살렘 사람들이 어디를 향해 가고 있는지를 봤더니 사마리아가 멸망한 그 길을 열심히 따라가고 있었습니다.

：7절： "그리하여도 이들은 포도주로 말미암아 옆걸음치며 독주로 말미암아 비틀거리며 제사장과 선지자도 독주로 말미암아 옆걸음치며 포도주에 빠지며 독주로 말미암아 비틀거리며 환상을 잘못 풀며 재판할 때에 실수하나니"

하나님께서는 술 취한 백성을 너무나 싫어하시는데, 유다도 술에 취해서 해롱거리고 있었습니다. 이 유다 백성이 취한 술도 단순히 마시는 술이 아니라 성공에 취한 자기도취의 술이었습니다. 그런데 유다의 심각한 문제는 유다에서 가장 정신이 맑아야 하고 분별력을 가지고 있어야 할 선지자와 제사장들이 술에 취해서 옆걸음을 하는 것이었습니다. 이들은 자기들은 똑바로 걷는다고 큰소리쳤지만 실제로는 삐딱하게 옆걸음을 치고 있었습니다.

그래도 유다는 사마리아에 비해서 늘 하나님을 바로 믿는다고 자부심을 가지고 있었는데 알고 보니 그들도 사마리아의 술 취한 길로 가고 있었던 것입니다. 사마리아는 하나님의 말씀 중심의 신앙을 버렸습니다. 사마리아는 하나님의 축복 신앙과 세상의 성공 신앙을 혼합시켰습니다. 그렇게 축복과 성공이 결합하여 굉장한 성공을 하게 되었는데, 그 결과 사마리아는 성공에 도취되었고 술주정꾼이 된 것입니다. 여기서 우리가 알 수 있는 것은, 세상에서 똑똑하고 성공한 사람들만 자아도취에 빠지는 것이 아니라, 하나님의 백성은 훨씬 더 도취에 빠지기 쉽다는 것입니다. 하나님의 백성은 하나님을 믿고 있고 하나님의 능력을 체험하고 있기 때문에 세상 사람들보다 훨씬 더 자신의 우월감에 도취되기 쉬운 것입니다. 그래서 하나님께서 유다 백성을 보시니, 모두가 취해서 백성도 비틀거리고 선지자나 제사장들도 비틀거렸습니다. 그 결과 선지자는 하나님의 말씀을 엉터리로 해석하였으며, 재판장들은 바르지 않은 재판을 하였습니다.

하나님께서 유다 백성의 상을 보시니까 깨끗하게 정돈된 것은 아무것도 없고 술 마시고 토한 토사물만 가득했습니다.

: 8절 : "모든 상에는 토한 것. 더러운 것이 가득하고 깨끗한 곳이 없도다."

물론 이것은 유다 백성이 술을 마시고 취해서 실수를 했다는 의미도 되지만, 이들이 바른 말씀에서 떠나니까 정말 더러운 말과 사상으로 온 사회가 오염되었다는 의미도 있습니다.

유다 백성 안에는 항상 거룩하신 하나님께서 계시기 때문에 더러운 것을 그냥 두어서는 안 되고 깨끗하게 씻어야 했습니다. 그러나 유다 백성이 교만한 언어와 분노의 욕설을 너무나 토해 내는 바람에 하나님은 유다 사회를 견디실 수가 없으셨습니다.

유다 백성이 이렇게 추하게 된 이유가 어디에 있을까요? 그것은 그들이 하나님의 말씀으로 만족하지 못하고, 자꾸 사마리아를 따라 성공하고 커지려고 하면서 하나님의 말씀에서 벗어났기 때문입니다. 하나님의 백성은 너무 커지려고 하고 성공하려고 하는 것을 지극히 경계해야 합니다. 그리고 세상 사람들의 인기나 칭찬에 주의해야 합니다. 그렇지 않고 그들의 성공과 칭찬을 따라가게 되면 그때부터 술 취하기 시작하는 것입니다.

:9절: "그들이 이르기를 그가 누구에게 지식을 가르치며 누구에게 도를 전하여 깨닫게 하려는가. 젖 떨어져 품을 떠난 자들에게 하려는가."

이 말씀은 참 어려운 말씀입니다. 우선 말 그대로만 보면 '하나님의 말씀을 누구에게 가르치겠는가? 모두 다 하나님의 말씀을 잘 알기 때문에 어른들은 하나님의 말씀을 배울 필요가 없다'는 뜻으로 생각됩니다. 다시 말해서, 하나님의 말씀은 뻔하기 때문에 어른들은 더 이상 배울 필요가 없고, 이제 태어난 지 얼마 되지 않은 젖 뗀 어린아이나 배우면 된다는 말입니다. 이것은 하나님의 말씀을 무시하는 처사입니다. 도대체 어떻게 해서 하나님의 말씀이 이렇게 유치한 것이 되어 버렸습니까? 그것은 제사장이나 선지자들이 하나님의 말씀을 그런 유치한 수준에서 가르쳤기 때문입니다. 그들이 늘 가르치는 내용은 어린아이나 들을 수준의 유치한 내용이었고, 깊은 하나님의 진리는 가르치지도 않았다는 것입니다.

유다 백성은 어른이 된 후에도 옛날 어렸을 때 듣던 동화나 이야기 수준을 벗어나지 못했습니다. 그 이유는 선지자들이 새로운 환상을 보지 못할뿐

더러 볼 생각도 하지 않았기 때문입니다. 하나님의 종들이 하나님의 말씀 안에 모든 것이 있다고 생각한다면 목숨 걸고 하나님의 말씀을 연구할 것입니다. 그러면 하나님의 말씀은 깊이가 있으면서 늘 새로운 말씀이 되고, 우리의 어려운 현실을 타개하는 지혜의 말씀이 됩니다. 백성들은 말씀을 듣고 하나님 앞에 무릎 꿇고 기도하게 됩니다. 그러나 선지자나 제사장들이 하나님의 말씀을 하나의 교훈 정도로만 생각하니까 그 안에 있는 진리를 파내지 못하는 것입니다.

오늘날 바로 이 현상이 우리들에게 나타나고 있습니다. 오늘 많은 그리스도인은 아주 간단한 구원의 진리 외에는 성경을 알지 못합니다. 예수 믿으면 구원을 얻는다는 것 외에는 아무것도 모릅니다. 그 대신 많은 교인이 교회에 와서 봉사하고 자기가 생각하기에 좋다고 생각되는 것들을 붙들고 자랑합니다. 더욱이 어떤 목회자는 마치 유치부 아이들을 가르치듯이 유치한 수준에서 진리를 가르칩니다. 예를 들면, 목회자를 잘 섬기고 충성하면 복을 받는다고 하면서 복 받은 사례들을 나열하는 것입니다. 이런 것은 교인들을 유치하게 만드는 행위입니다. 사도 바울은 우리가 그리스도의 장성한 분량까지 나아가야 한다고 했는데, 유치한 내용만 듣다 보면 유치한 교인이 될 뿐입니다.

본문에 보면 10절에 "대저 경계에 경계를 더하며 경계에 경계를 더하며 교훈에 교훈을 더하며 교훈에 교훈을 더하되 여기서도 조금, 저기서도 조금 하는구나 하는도다."라고 했습니다.

이 말씀을 들으면 선지자나 제사장들이 전혀 하나님의 말씀을 가르치지 않은 것은 아니라는 것을 알게 됩니다. 그들은 계속 백성을 경계했습니다. '경계에 경계를'이라는 것은 계속 경계했다는 뜻입니다. 그러나 그들은 하나님의 말씀을 가지고 경계한 것이 아닙니다. 이런 것은 사람의 눈치만 보게 하는 것이었습니다. '교훈에 교훈을'이라는 것은 교훈을 많이 했다는 것입니다

다. 양적으로는 교훈이 많았는데 질적으로는 어떻습니까? '여기서도 조금, 저기서도 조금 하는도다'라고 했습니다. 하나님의 말씀을 전체적으로 충분히 설교하는 것이 아니라 인간적인 생각을 가지고 가르쳤던 것입니다. 선지자들은 자기가 경험한 것도 조금 넣고, 자기가 본 책의 내용도 조금 넣고, 다른 데서도 조금씩 인용함으로써 결국 이 말씀이 어디서 온 것인지 모르게 만들었습니다. 마치 마술사들이 마술을 할 때 여기서도 조금 저기서도 조금 하듯이 도대체 이 교훈이 어디서 나왔는지 모르게 하는 것입니다.

선지자들이 해야 할 일이 무엇입니까? 하나님의 말씀을 충분하게 전하는 것입니다. 하나님의 뜻을 가장 명확하게 가감 없이 전하는 것이 선지자들의 사명인데 그들은 그렇게 하지 않았습니다. 그 이유가 무엇입니까? 사람들이 하나님의 말씀을 부담스러워했기 때문입니다. 하나님의 말씀은 끊임없이 우리 자신을 바꿀 것을 요구합니다. 그런데 자꾸 내 것을 버리면 결국 나는 아무것도 남지 않게 되는 것입니다. 그래서 사실 하나님의 말씀을 전하는 시간은 하나님과 우리가 씨름하는 시간입니다. 하나님은 우리에게 바뀌라고 하시고 우리는 바뀌지 않겠다고 합니다. 그런데 누군가가 '여러분은 전혀 바꿀 필요가 없습니다'라고 가르치면 너무나 좋아하면서 받아들이게 되는 것입니다.

오늘날 기독교의 타락과 침체의 원인이 어디에 있습니까? 그것은 하나님의 말씀이 분명하게 전해지지 않는 데 있습니다. 이 땅에는 정말 많은 설교가 있습니다. 정말 설교에 설교를 더하고 강의에 강의를 더할 정도입니다. 하루 종일 설교를 듣기도 하고 강의를 듣기도 하는 사람도 있을 것입니다. 그러나 설교가 양적으로는 그렇게 많을지 몰라도 그 내용의 질에 있어서는 별로 건질 것이 없는 것입니다. 이런 부분적인 진리가 하나님의 백성으로 하여금 방종하게 합니다.

: 11-12절 : "그러므로 더듬는 입술과 다른 방언으로 그가 이 백성에게 말씀하시리라. 전에 그들에게 이르시기를 이것이 너희 안식이요 이것이 너희 상쾌함이니 너희는 곤비한 자에게 안식을 주라 하셨으나 그들이 듣지 아니하였으므로"

생소한 입술과 다른 방언으로 말씀하신다는 것은 그들이 이방인의 통치를 받게 될 것을 말합니다. 그 이유가 무엇입니까? 그들이 평범한 말로 전하시는 하나님의 말씀을 업신여기고 이방인들의 말을 부러워했기 때문입니다. 유다 사회에서 이방인의 언어로 말하는 자는 유식한 자로 인정되었습니다. 그래서 하나님께서는 그렇게 이방인의 언어가 좋으면 실컷 이방인의 언어를 써 보라고 하시면서 그들을 이방인의 포로가 되게 하셨습니다.

하나님께서는 하나님의 말씀이 그들에게 안식이 되고 상쾌함이 된다고 하셨습니다. 그 이유는 하나님의 말씀이 그들을 치료하시며 그들을 잘못된 길에서 돌이키게 하기 때문입니다. 그러나 그들은 하나님의 말씀을 무거운 짐으로 생각했고, 하나님의 말씀이 그들을 바보로 만드는 줄 알았기 때문에, 그 똑똑한 이방인의 노예가 되고 말았습니다.

하나님은 13절에서 그 말씀을 다시 하십니다.

: 13절 : "여호와께서 그들에게 말씀하시되 경계에 경계를 더하며 경계에 경계를 더하며 교훈에 교훈을 더하며 교훈에 교훈을 더하고 여기서도 조금, 저기서도 조금 하사 그들이 가다가 뒤로 넘어져 부러지며 걸리며 붙잡히게 하시리라."

하나님께서는 그 백성이 말씀을 중요하게 생각하지 않고 대충대충 넘어갈 때, 그들이 그렇게 함으로써 넘어지도록 하신다는 것입니다. 하나님의 종이나 백성이 스스로 말씀을 가치 있게 받아들이지 않으면 이 세상의 많은 함정과 위기를 이길 수 없습니다. 그래서 이들은 스스로 길을 잘 달린다고 생각했지만 뒤로 넘어지고, 이겼다고 생각했지만 걸려서 붙들리게 되는 것입니다.

하나님의 백성의 길은 하나님의 말씀 안에 있습니다. 우리는 세상에서 좀 늦어지는 것을 너무 비관적으로 생각하지 마시기 바랍니다. 그리고 그동안 자기도취에 빠졌던 데서 벗어나는 것이 큰 성공임을 아시기 바랍니다. 오늘 우리는 이 술 취한 상태에서 벗어나 내 자신을 바로 보고 똑바로 걸어가는 성도들이 되시기 바랍니다.

세상을 따라갔을 때

이사야 28:14-29

세계적인 기업들 중에서 자신이 세계 최고라는 자만심에 빠져서 세계 시장의 변화를 무시하고 자기 방식을 고집하다가 몰락해 버린 기업이 많습니다. 이런 기업들은 세계 최고의 자리에서 갑자기 몰락해서 없어지게 되었습니다.

국가적으로도 아이슬란드 같은 나라는 대구잡이를 하던 가난한 나라였는데, 외국의 싼 이자로 돈을 끌어들여서 빌딩을 짓고 사람들은 비싼 외제차를 사서 굴리다가 경제 위기가 오자 나라 전체가 빚더미에 앉고 말았습니다. 국민 전부가 한평생 갚아도 갚을 수 없는 빚을 지게 된 것입니다. 이것은 유럽도 마찬가지였는데, 정부가 국민들에게 복지라고 선심을 쓸 때는 좋았지만 금융 위기가 닥치니까 이탈리아, 스페인, 포르투갈, 그리스 등의 나라가 모두 빚더미에 앉아서 독일의 도움으로 겨우 나라가 지탱할 정도가 되고 말았습니다.

세상을 어렵지만 성실하게 사는 사람들은 위기가 닥쳤을 때도 얼마든지 견뎌 낼 수 있지만, 세상을 쉽게 생각하고 빚이나 다른 사람의 도움을 받아서 쉽게 성공한 사람들은 위기를 이기지 못하고 모두 몰락하고 마는 것입니다.

심지어 우리나라 목회자들 가운데도, 교회가 너무 빠르게 성장하니까 목회를 쉽게 생각하고 지나친 자신감으로 겁 없이 활동하다가, 스스로 윤리적인 죄에 빠지거나 혹은 내부 갈등으로 중도하차하는 경우가 종종 있습니다.

본문을 보면 '오만한 자'라는 말씀이 나옵니다. 이들은 머리가 너무 똑똑하고 자신감이 넘쳐서 세상이나 하나님의 말씀을 우습게 아는 사람들을 말합니다. 이런 사람들은 세상의 모든 것이 너무 쉬워 보이고, 자기 머리로 얼마든지 성공할 수 있을 것 같아서 큰소리를 칩니다. 그런데 예상치 못하게 세상이 바뀌더니, 이들은 망해 버리고 말았습니다. 그 이유는 이 사람들이 세상 사람들의 평범한 모습만 보고 세상 속에 있는 위기나 진리를 보지 못했기 때문입니다.

1. 사망과 맺은 언약

사람들은 누구나 다 나름대로 미래를 예측하고 계획을 세웁니다. 특히 사업가들은 모두 기업의 미래를 전망하며 계획을 세우고 투자를 합니다. 그런데 만일 사람들이 미래에 대하여 잘못된 확신을 가지고 기분만으로 막대한 투자를 결정한다면 그 기업이나 개인은 망하고 말 것입니다. 이처럼 이스라엘이나 유다는 모두 미래에 대하여 잘못된 확신을 가지고 투자했습니다.

:14절: "이러므로 예루살렘에서 이 백성을 다스리는 너희 오만한 자여 여호와의 말씀을 들을지어다."

여기서 '이러므로'라는 것은 앞에서 말한 '술 취한 성 사마리아처럼'이라는 뜻을 가지고 있습니다. 사마리아는 팔레스타인에서 농사가 가장 잘되는 평지를 가지고 있었습니다. 거기에다가 장사까지 해서 돈을 많이 벌었습니다. 그래서 사마리아는 다른 나라와는 비교할 수 없을 정도의 알부자가 되었습니다. 그런데 사마리아는 스스로 자기 도취에 빠져서 보지 못하는 것이 있었습니다. 그것은 바로 앗수르라는 아주 폭력적인 나라가 공격해 올 수 있다는 사실입니다. 결국 사마리아는 앗수르의 공격으로 망해서 없어지고 말았습니다.

또한 '이러므로 예루살렘에서 이 백성을 다스리는 너희 오만한 자여'라고 말씀하고 있습니다. 즉, 이 사람들은 머리가 너무 좋고 세상일에 대하여 자신감이 넘쳤기 때문에, 세상도 우습게 알았고 하나님의 말씀도 우습게 알았던 것입니다.

얼마 전 신문에 우리나라 금융계에서 아주 높은 위치에 있는 분에 대한 기사가 실렸습니다. 그는 우리나라에서 최고 좋은 대학을 졸업했고, 고시도 수석으로 합격한 사람이었습니다. 그는 모든 사람이 부러워하는 성공한 사람이었습니다. 그런데 얼마 전 어느 기업이 부정한 방법으로 엄청난 채권을 발행하고 부도가 나서 망해 버렸는데, 그 감독을 제대로 하지 못한 책임을 지라는 압력을 받게 된 것입니다. 사실 머리가 좋아서 시험만 치르면 일등을 하고, 고시도 수석으로 합격하고, 가장 좋은 고위직에 있는 사람은 세상에 겁날 것이 없는 사람일 것입니다. 그런데 그런 사람도 전혀 예상하지 못했던 위기에 걸려드니까 꼼짝없이 추락하고 마는 것입니다.

사실 사람들이 이 세상에서 성공하는 것은 하나님께서 밀어 주셨기 때문이지, 반드시 자기가 잘해서 된 것은 아닙니다. 예를 들어, 윈드서핑을 하는 사람이 물 위에서 잘 즐길 수 있는 것은 바람이 불어 주었기 때문이지, 자기 힘으로 물 위를 달릴 수 있는 것은 아닙니다. 마찬가지로 사람들이 사업이 승승장구하고 하는 일마다 잘되는 것은 하나님께서 밀어 주셔서 가능한 것이지, 순전히 자기 힘만으로 잘되는 것은 아닙니다. 그러므로 이렇게 잘될 때 정신을 차리고 하나님께 더 가까이 가고 하나님의 말씀을 더 붙들어야 하는데, 그런 사람은 많지 않습니다. 거의 대부분의 사람은 자기 힘으로 모든 것이 잘되는 줄 알고 더 속력을 높이고 더 빨리 달리다가 어느 순간 자기가 보지 못한 장애물이나 함정에 빠지고 마는 것입니다.

지금 유다도 이상하게 정치가 안정되고 경제적으로 부강해져서 잘 달리고 있었습니다. 이때 믿음의 사람이 '아, 하나님께서 우리와 함께하시고 우리를 돕고 계시는구나. 그동안 내가 침체되어서 하나님을 잘 믿지 못했는데, 이제 하나님을 더 잘 믿어야겠다'라고 결심하면 하나님의 복은 계속 이어질 수 있습니다. 그러나 금방 자기도취에 빠지고 스스로 자만해져서 성공했다고 큰소리친다면 이 사람은 결국 자기 무덤을 파게 되는 것입니다.

:15절: "너희가 말하기를 우리는 사망과 언약하였고 스올과 맹약하였은즉 넘치는 재앙이 밀려올지라도 우리에게 미치지 못하리니 우리는 거짓을 우리의 피난처로 삼았고 허위 아래에 우리를 숨겼음이라 하는도다."

유다 지도자들은 '우리는 사망과 언약하였고 스올과 맹약하였다'고 말합니다. 이 말씀을 보면 유다 지도자들은 나름대로 죽지 않을 방법을 생각해 내었고 그것과 언약까지 맺었지만, 그것은 결국 스스로 판 무덤이었다는 것을 알 수 있습니다. 즉 유다 지도자들은 죽지 않을 방법이 아니라 사망과 언약을 맺고 만 것입니다. 도대체 예루살렘 지도자들이 스스로 죽을 무덤을 판 것이 무엇일까요? 대체로 성경학자들은 이것을 유다 지도자들이 애굽과 협정을 맺어서 유다가 공격을 당하면 애굽이 도와주도록 약조한 것으로 생각합니다. 애굽은 사실 유다를 도와줄 힘이 없었는데도 불구하고 자신의 힘을 과신하고 약속한 것인데, 이것을 유다 지도자들은 철석같이 믿었던 것입니다. 만일 유다 지도자들이, 애굽이 남을 도울 힘이 전혀 없다는 것을 일찍 깨달았더라면 다른 방법을 생각했을 것입니다. 그러나 유다 지도자들은 애굽을 믿었기 때문에 스스로 사망과 언약을 맺고 만 것입니다.

즉, 예루살렘 지도자들은 하나님을 의지하는 것보다는 애굽을 의지하는 것이 더 현실적이라고 생각했습니다. 당시 앗수르 제국이 공격해 오는 상황에서, 현실적으로 유다가 기댈 수 있는 곳은 애굽밖에 없었습니다. 이때 유다가 선택할 수 있는 것은 애굽을 끌어들여서 군사조약을 체결하든지, 아니면 하나님께서 도우실 것을 믿고 그냥 가만히 앉아서 기다리는 수밖에 없었습니다. 그런데 다행히 애굽이 유다를 돕겠다고 나서서 유다는 애굽만 믿던 것입니다. 그러나 애굽은 전혀 유다를 도와줄 능력이 없었습니다. 예를 들어, 어떤 기업이 부도가 나게 되었는데, 가까운 친척이 도와주겠다고 약속을 한 것입니다. 그래서 이 기업가는 그 약속만 철석같이 믿고 있었는데, 사실 그 친척은 그렇게 도울 능력이 없었습니다. 결국 마지막 시간에 그 믿었던 친척이 약속을 지키지 않아서 기업가는 회생의 기회를 놓치고 말았습니다. 사망과 언약을 맺은 셈인 것입니다. 만약 그 기업가가 그 친척이 전혀 도울 형편이 못 된다는 사실을 일찌감치 알았더라면 다른 방법을 택했을 것입니다.

때때로 우리에게 어떤 어려움이 생기면 우리는 나름대로 살 길을 열심히 찾아보아야 할까요, 아니면 하나님께서 도와주실 것을 믿고 아무것도 하지 않은 채 기다려야만 할까요? 이것은 결코 쉬운 결정이 아닙니다. 대개 우리는 두 가지를 다 해야 한다고 생각할 것입니다. 즉, 우리가 할 수 있는 방법은 그 방법대로 해 보고, 또 하나님께 매달리는 것은 그것대로 해 봐야 할 것입니다. 그런데 너무 자기 자신을 믿고 자기 방법에 확신을 가진 사람은 다른 사람의 말을 일체 들으려고 하지 않습니다. 그러다가 일이 다 벌어진 후에 이리저리 뛰어 봐야 이미 늦게 됩니다.

본문을 보면 그들은 위기가 터진 후에야 비로소 '우리는 거짓을 우리의 피난처로 삼았고 허위 아래에 우리를 숨겼다'고 말하고 있습니다. 즉, 그들의 피난처는 거짓으로 지어진 엉터리 피난처였던 것입니다. 예를 들어, 어떤 사람이 아주 안전한 피난처라고 소개해서 그곳에 숨었는데 사실 그 피난처는 지푸라기로 지어졌고 바닥도 견고하지 못하다면, 그곳은 바람 한번 불면 날아갈 것이고 비가 많이 오면 급류에 떠내려가고 말 것입니다. 그런데도 자신의 머리를 믿고 성공에 확신이 있는 사람들은 그런 부실한 곳을 피난처로 여기며 틀림없다고 자신하는 것입니다. 하지만 이 세상에 안전한 피난처는 오직 하나님 한 분밖에 없습니다. 하나님 외의 모든 피난처는 다 엉터리입니다. 그러므로 하나님 외의 모든 피난처는 다 무너지고 말 것입니다. 세상의 유행이나 세상의 성공에 기초를 둔 피난처는 안전하지 못한 것입니다.

 :16절: "그러므로 주 여호와께서 이같이 이르시되 보라 내가 한 돌을 시온에 두어 기초를 삼았노니 곧 시험한 돌이요 귀하고 견고한 기촛돌이라. 그것을 믿는 이는 다급하게 되지 아니하리로다."

하나님께서는 유다 백성에게 어떤 시험과 환난에도 떠내려가지 않고 무너지지 않는 피난처를 시온에 주셨습니다. 그것은 바로 시온에 있는 거대한 바위였습니다.

건축가들이 집을 지을 때는 먼저 건물의 기초를 튼튼히 다진 후에, 벽과 기둥을 이 기초와 견고하게 연결해야 집이 무너지지 않습니다. 만약 사람들이 집을 빨리 지으려고 벽이나 기둥을 기초와 튼튼히 연결시키지 않고 올리면, 나중에 세찬 바람이 불거나 큰비가 내릴 때 집이 저절로 무너지고 말 것입니다. '시험한 돌'이라는 것은 모든 것의 기준이 되는 돌이라는 뜻입니다. 그러므로 건물의 모든 기둥이나 벽이나 창문이나 지붕도 이 기초석과 견고하게 연결되어야 무너지지 않습니다. 그러나 이 기초석과 연결되지 않은 담이나 벽들은 그냥 세워져 있기 때문에 큰비에 다 쓸려 내려가고 마는 것입니다.

이스라엘 백성은 이미 광야에서 이 돌을 경험한 적이 있습니다. 이스라엘 백성이 광야에서 물이 없어서 부르짖을 때 하나님은 모세로 하여금 반석을 쳐서 물이 솟아나게 하셨습니다. 목이 마른 이백만 명 정도 되는 사람들이 물을 마시려면 우물을 파서는 불가능했습니다. 하나님께서는 반석에서 물이 솟아나게 하셔서 모든 백성이 물을 다 마실 수 있게 하셨습니다. 그런데 이스라엘 백성은 한 번만이 아니라 가는 곳마다에서 이런 기적을 체험했습니다. 나중에 사도 바울은 반석이 그들을 따라왔다고 말하고 있습니다. 즉, 광야 속에 엄청난 파이프를 묻은 반석이 마치 급수차처럼 이스라엘 백성이 가는 곳은 어느 곳이나 따라다녔던 것입니다. 그러면 이스라엘 백성이 망하지 않으려면 어떻게 하면 될까요? 그것은 바로 이 반석을 찾아 내어 두들기기만 하면 되는 것입니다. 그러면 이 반석은 어디에 있을까요? 하나님의 말씀 안에 숨어 있습니다. 이스라엘 백성은 물이 없을 때마다 하나님을 원망했지만, 하나님은 한 번도 그들을 실망시키지 않으시고 물을 주셔서 살게 하셨습니다. 그러므로 유다 백성이 위기에 살 수 있는 길은 세상의 성공을 향해서 달려가는 것이 아니라 하나님의 말씀 속을 파고 들어가는 것이었습니다. 그 안에 있는 반석을 찾아서 그 위에 자기 신앙의 집을 세우고 그 반석을 두들겨서 생수가 터지게 하는 것이었습니다.

결국 하나님께서 시온에 세운 돌이라는 것은 예수님을 말합니다. 특별히 이스라엘 백성이 출애굽 했을 때 그들을 인도하던 여호와의 사자가 있었습니다. 그들이 하나님의 말씀을 붙잡고 믿음으로 나갈 때는 항상 여호와의 사자가 그들의 길을 인도하셨습니다. 모세에게 가나안 땅을 정복하게 하실 때도 하나님께서는 내 사자를 네 앞서 보낼 것이라고 말씀하셨습니다. 그리고 "너희는 삼가 그의 목소리를 청종하고 그를 노엽게 하지 말라."(출 23:21)고 말씀하셨습니다. 본문은 주를 의지하는 자는 결코 부끄러움을 당하지 않을 것임을 말씀하십니다. 우리가 하나님을 의지할 때, 세상적인 눈으로 보면 실패한 것 같고 부끄러운 처지에 빠지지만 하나님의 놀라운 능력으로 다시 일어서게 되는 것입니다.

  우리의 삶을 보면 정말 우리의 힘으로 사는 것이 아님을 알 수 있습니다. 우리가 지금까지 살아온 것을 보면 무엇인가 눈에 보이지 않는 힘이 우리를 지켜 주신다는 생각이 들지 않습니까? 바로 이분이 여호와의 사자이고, 시온의 반석이십니다. 우리가 자전거를 처음 배울 때, 뒤에서 형이 잡아 주니까 넘어지지 않고 가는 것입니다. 그런데 형이 뒤에서 자전거를 놓아 버리면 자전거는 그만 도랑에 빠져 버리고 맙니다. 우리가 하나님의 말씀을 붙잡는 것은 단지 하나의 책을 집어 드는 것이 아닙니다. 우리가 하나님의 말씀을 붙드는 것은 전능하신 하나님을 붙드는 것입니다.

  우리는 아주 견고하게 하나님과 연결되어야 위기를 이길 수 있습니다.

:17절: "나는 정의를 측량줄로 삼고 공의를 저울추로 삼으니 우박이 거짓의 피난처를 소탕하며 물이 그 숨는 곳에 넘칠 것인즉"

  예루살렘의 지도자들은 말씀을 따라 철저하게 살 필요가 없다고 주장했습니다. 세상을 그런 식으로 살다가는 케케묵었다는 소리를 듣게 되고 유행에 뒤지게 되며 결국 손해만 본다고 생각했던 것입니다. 그들은 사람들에게 견고한 하나님의 말씀과 철저한 순종 위에 집을 세울 것이 아니라, 간단하게 아무 데나 천막을 치고 살자고 주장했습니다. 그러나 잠시 후 하늘에서 돌덩이 같은 우박이 떨어지니까 움막은 다 부서져 버리고 사람들은 돌덩이 같은 우박에 맞아 죽었습니다. 또 거센 비바람이 불고 급류가 흐르니까 간단하게 지은 천막들은 다 떠내려가고 사람들은 실종되고 말았습니다.

2. 세상을 의지한 결과

이스라엘 백성이 세상 사람들이 하는 방식으로 인생을 건설했을 때, 평소에는 잘되는 것 같았지만 위기의 순간에는 그것이 도움이 되지 못했습니다. 결국 아무리 이 세상에서 똑똑하고 성공한 사람이라 해도 위기를 이기지 못하면 망하고 맙니다. 그런데 위기 때 도움을 끌고 올 수 있는 것은 결국 신앙의 힘밖에 없습니다.

:18절: "너희가 사망과 더불어 세운 언약이 폐하며 스올과 더불어 맺은 맹약이 서지 못하여 넘치는 재앙이 밀려올 때에 너희가 그것에게 밟힘을 당할 것이라."

하나님의 백성이 세상적으로 살면 일단은 성공할 가능성이 많습니다. 왜냐하면 하나님의 백성은 정직하고 부지런하며 거짓말을 하지 않기 때문입니다. 그러나 중요한 것은 중심에 하나님을 굳게 붙잡지 않으면 하나님의 사자를 놓치게 됩니다. 그러면 예상치 못했던 어려움을 만났을 때 극복하지 못하게 됩니다. 본문에 보면 '넘치는 재앙'이라는 말이 두 번 나옵니다. 이것을 직역하면 '물결처럼 밀려오는 징계의 채찍'입니다. 즉, 이것은 사람으로서는 예측할 수 없는 어려움을 말합니다. 사람은 한두 번은 요행으로 위기를 넘길 수 있을지 몰라도, 계속적으로 밀어닥치는 위기는 견디지 못할 것입니다.

우리가 세상을 믿고 있으면 하나님의 말씀이 너무 비현실적으로 들릴 것입니다. 그렇지만 하나님의 말씀을 붙들려고 한다면 세상에서의 많은 것을 포기해야 합니다.

:19절: "그것이 지나갈 때마다 너희를 잡을 것이니 아침마다 지나가며 주야로 지나가리니 소식을 깨닫는 것이 오직 두려움이라."

여기서 '그것'은 재앙을 말합니다. 생각지도 못한 재앙이 덮칠 때 예루살렘은 피난처가 되지 못하고, 오히려 그 재앙이 예루살렘을 반드시 거쳐 간다는 것입니다.

유다 주위에서 일어난 재앙들이 예루살렘을 그냥 지나가는 법이 없고, 반드시 예루살렘을 한 번씩 흔들어 놓고 지나가게 될 것입니다. 그 이유는 이미 유다와 예루살렘에서 하나님의 영광이 떠났기 때문입니다. 부흥이 없는 예루살렘은 위기를 이기지 못합니다. 하나님께서는 이미 예루살렘을 위기에서 보호해 주실 필요가 없다고 판단하신 것입니다.

'소식을 깨닫는 것이 오직 두려움이라'는 것은 사람들이 하나님의 말씀을 깨닫는 것을 두려워한다는 뜻입니다. 자신이 하나님의 말씀대로 살지 못했기 때문에 백성에게도 하나님의 말씀대로 살라고 가르치지 못하는 것입니다. 즉, 자기들이 가르치는 말이 전부 자기에게 해당되기 때문에 깨닫기가 두려운 것입니다.

술을 마시는 자가 교인들에게 술을 마시지 말라고 가르칠 수 없을 것입니다. 또 음란하게 사는 사람이 교인들에게 음란하게 살면 망하게 될 것이라고 가르치지 못할 것입니다. 말씀대로 살지 못하면서 하나님의 말씀을 전하려고 하면 그 말씀 하나하나가 자기 자신을 찌르는 말씀이 되기 때문에 괴로워서 전하지 못하는 것입니다.

결국 이 세상은 위기의 순간에 충분한 도움이 되어 주지 못합니다.

:20절: "침상이 짧아서 능히 몸을 펴지 못하며 이불이 좁아서 능히 몸을 싸지 못함 같으리라 하셨느니라."

이 말씀은 참으로 명언 중의 명언입니다. 어떤 사람이 세상적인 방법으로 위기를 이기려고 해 보니 침상을 빌리기는 했는데 짧은 침상이었습니다. 이 침상은 너무 짧아서 누우면 머리도 밖으로 나오고 팔 다리도 밖으로 나와서 도저히 누워 있을 수가 없었습니다. 게다가 이불은 너무 짧아서 머리를 덮으면 발이 나오고 발을 덮으면 상체가 나와서, 밤새도록 이불을 당기기만 하다가 추워서 잠을 제대로 자지 못하는 것입니다.

이 세상은 우리에게 도움이 되기는 하지만, 위기 때 충분한 도움이 되지 못하는 것입니다. 침대는 침대인데 너무 작아서 누울 수가 없습니다. 이불은 이불인데 몸을 다 덮을 수가 없습니다. 결국 세상의 도움은 쓸모가 없는 것입니다. 세상 사람들이 믿는 자들을 도우려고 해도 실제로는 도울 수 없습니다. 하나님의 백성의 문제는 훨씬 더 본질적인 것이기 때문입니다. 우리의 문제는 하나님께서 우리를 도와주셔야 해결할 수 있습니다. 그런데 어떻게 도와주십니까?

:21절: "대저 여호와께서 브라심 산에서와 같이 일어나시며 기브온 골짜기에서와 같이 진노하사 자기의 일을 행하시리니 그의 일이 비상할 것이며 자기의 사역을 이루시리니 그의 사역이 기이할 것임이라."

브라심 산과 기브온 골짜기에서 어떠한 일이 있었습니까? 브라심 산에서는 다윗이 블레셋 사람들을 전멸시켰습니다. 다윗은 블레셋 사람들을 치고 난 후 "여호와께서 물을 흩음 같이 내 앞에서 내 대적을 흩으셨다."(삼하 5:20)고 말했습니다. 기브온 골짜기는 하나님께서 해와 달을 멈추시면서 여호수아로 하여금 가나안 족속들을 섬멸하도록 하신 곳입니다. 그러나 이제는 반대되는 일이 일어나게 됩니다. 하나님께서는 유다 백성을 멸망시키는 데 신기록을 세우시는 것입니다. 과거에 하나님께서는 가나안 족속들이 도망가지 못하도록 태양과 달을 멈추게 하셔서 가나안 족속들을 멸망하게 하셨는데, 이제는 하나님께서 구석구석에 숨어 있는 유다 백성을 이 잡듯이 잡아내어 적들에게 커다란 공을 세우게 하시겠다고 말씀하십니다.

하나님께서 하시는 말씀이 무엇입니까?

:22절: "그러므로 너희는 오만한 자가 되지 말라. 너희 결박이 단단해질까 하노라. 대저 온 땅을 멸망시키기로 작정하신 것을 내가 만군의 주 여호와께로부터 들었느니라."

유다 백성이 하나님을 우습게 알면 그들의 결박을 더 세게 조이게 하시겠다는 뜻입니다. 하나님께서 그들의 수갑을 더 세게 채우시겠다는 것입니다. 다시 말해서, 지금이라도 하나님 앞에서 겸손하게 꿇어 엎드리면 하나님께서 그들의 고통을 감소시켜 주시겠지만, 그들이 끝까지 정신을 차리지 않으면 하나님께서도 철저하게 고통을 내리시겠다는 것입니다.

3. 다양한 타작 방법

농부가 농사를 지을 때는 식물에 따라서 씨 뿌리는 방법도 다르고 추수하는 방법도 다릅니다. 예를 들어, 봄에 농부가 땅을 갈아엎는 것은 심심해서 그렇게 하는 것이 아니라 씨를 뿌려서 농사를 지으려고 하는 것입니다. 또 가을이 되어서 씨가 다 곡식으로 영글면 농부는 줄기를 뽑아서 그 곡식을 타작하게 됩니다. 그런데 농부가 타작하는 것도 작대기로 때리는 방법이 있는가 하면 바퀴 안에 넣어서 부수는 방법도 있습니다.

∶23-25절∶ "너희는 귀를 기울여 내 목소리를 들으라. 자세히 내 말을 들으라. 파종하려고 가는 자가 어찌 쉬지 않고 갈기만 하겠느냐. 자기 땅을 개간하며 고르게만 하겠느냐. 지면을 이미 평평히 하였으면 소회향을 뿌리며 대회향을 뿌리며 소맥을 줄줄이 심으며 대맥을 정한 곳에 심으며 귀리를 그 가에 심지 아니하겠느냐."

우리는 시골에 가더라도 보리나 밀은 좀처럼 구경하기 어렵습니다. 그 대신 밭에서 키우는 여러 가지 채소들은 많이 볼 수 있습니다. 특히 농부가 밭두렁에 심어 놓은 콩이나 산자락 같은 데 구덩이를 파고 심어 놓은 호박을 볼 수도 있습니다. 호박이나 콩 같은 것은 아무 데서나 잘 자라기 때문에 밭두렁이나 산자락 같은 데 심습니다.

아마도 팔레스타인에서는 소회향과 대회향을 많이 심었던 것 같습니다. 그리고 농부는 소맥으로 불리는 밀은 줄을 만들어서 심고, 대맥으로 불리는 보리는 일정한 구역을 정해서 심었습니다. 그리고 귀리는 아무 데서나 잘 자라기 때문에 밭 가장자리에 심었던 것 같습니다. 이것은 식물도 특성에 따라서 심는 방법이 다르다는 것을 나타냅니다. 아무 데서나 잘 자라는 것은 밭의 가장자리에 심습니다. 또 파종할 때도 아무렇게나 뿌립니다. 그러나 재배 조건이 까다롭고 좀처럼 잘 자라지 않는 작물들은 밭에 심을 때에도 줄을 맞추어서 심습니다. 이처럼 농부가 땅을 파고 고를 때는 씨를 뿌리려고 하는 것이지 할 일이 없어 심심해서 하는 사람은 아무도 없습니다. 마찬가지로 하나님께서 하나님의 백성에게 밭 가는 것과 같은 고통을 주시는 것은 새로운 농사를 지으시기 위해서입니다. 무슨 농사를 지으실까요? 그것은 믿음의 농사이고 천국의 농사입니다. 우리는 지금까지 세상 농사만 잔뜩 지었는데, 하나님께서 보시기에 너무 쓸데없는 데 시간을 허비하니까 이제는 하나님의 농사를 짓게 하시려고 세상일에 실패하게 하시는 것입니다.

아마 팔레스타인에서는 소맥, 즉 밀이 가장 중요한 식물이었던 것 같습니다. 우리나라는 벼농사를 가장 중요하게 생각하고 신성하게 생각합니다. 이처럼 하나님께서도 사람을 대하실 때 다른 피조물과는 다르게 대하시는 것 같습니다. 하나님께 소중한 사람은 아무 데나 심지 않고 밭 한가운데에 심으십니다. 그러나 덜 중요한 다른 피조물들은 밭두렁이나 가장자리에 심고, 씨도 그냥 공중에 흩뿌리신다는 말입니다.

그러면 하나님 앞에서 가장 소중한 사람은 누구입니까? 하나님을 두려워하고 하나님의 말씀을 사랑하는 사람입니다. 하나님은 이런 사람들을 소중하게 대하십니다. 하나님은 이런 사람들은 아무 데나 심지 않으십니다. 그래서 하나님께서 소중히 여기시는 사람들은 모든 일이 자신이 원하는 대로 되지 않는 것입니다. 하나님은 이런 사람들을 하나님의 밭 한가운데에 심으시는데 거기가 바로 교회입니다. 하나님은 우리를 이 세상에 속하는 밭두렁이나 산울타리에 심지 않으시고 하나님의 밭 한가운데에 심으셔서 하나님의 진액을 듬뿍 먹게 하십니다. 만일 소중한 식물이 산이나 밭두렁에서 자란다면 제대로 열매를 맺을 수 없습니다. 하나님께서는 소중한 우리를 꼭 잡고 계시기 때문에 우리는 우리 마음대로 살아갈 수 없습니다. 그러므로 내가 원하는 대로 일이 풀리지 않는다면, 하나님께서 나를 버리지 않고 붙들고 계시기 때문이라는 것을 믿으시기 바랍니다. 하나님은 우리를 정말 사랑하셔서 천국 알곡이 되게 하시기 위해 하나님의 밭에 심으시는 것입니다.

이때 우리가 하나님께 우리도 다른 사람들처럼 막 함부로 대해 달라고 기도를 드리면 하나님께서 들어 주시겠습니까? 물론 하나님께서는 그 기도를 들어 주시지 않을 것입니다

그뿐 아니라 하나님께서는 추수하는 방법도 식물의 종류에 따라 다르게 하십니다.

: 27-28절 : "소회향은 도리깨로 떨지 아니하며 대회향에는 수레바퀴를 굴리지 아니하고 소회향은 작대기로 떨고 대회향은 막대기로 떨며 곡식은 부수는가, 아니라 늘 떨기만 하지 아니하고 그것에 수레바퀴를 굴리고 그것을 말굽으로 밟게 할지라도 부수지는 아니하나니"

하나님은 자기 백성의 체질을 너무 잘 아십니다. 그래서 약한 그릇들을 강하게 징계하시지 못하십니다. 우리가 소회향과 대회향을 이해하기 쉽게 '깨'라고 생각해 보면, 깨는 너무 작고 약하고 잘 튀기 때문에 도리깨질을 하지 못할 것입니다. 만약 농부가 깨를 타작하면서 도리깨질을 하거나 수레바퀴로 밟으면 다 깨어지거나 튀어서 없어져 버립니다. 그래서 깨는 할머니가 한 손으로는 붙잡고 다른 손으로 작대기를 가지고 탁탁 떨어야 깨알이 다 떨어지게 됩니다. 그러나 밀이나 보리는 껍질이 단단하고 씨도 단단해서 작대기로 치는 정도로는 타작이 되지 않습니다. 그래서 밀이나 보리를 타작할 때에는 도리깨질을 해야 하고, 그 후에는 다시 수레바퀴를 굴리고 말굽으로 밟게 해서 껍질을 벗겨야 합니다. 그러나 철 도리깨질은 하지 않습니다. 철 도리깨질을 하면 보리나 밀 알갱이가 부서지기 때문입니다.

하나님은 우리의 체질을 아시므로 약한 자는 약하게 타작하시고 강한 자는 강하게 타작하십니다. 특히 밀이나 보리를 도리깨로 떨고 말이나 수레로 밟는 것은 그만큼 알곡이 단단하기 때문이지 미워서 그렇게 하시는 것은 아닙니다. 즉, 어떤 사람이 고집이 세고 기질이 강한데 정말 변하기만 하면 주님을 위해서 죽도록 충성할 사람이라면, 보리나 밀처럼 도리깨질을 하고 수레바퀴로 껍질을 까서 알곡이 되게 합니다. 그러나 아무리 도리깨질이라도 곡식이 부서지게 하지는 않습니다.

그러나 알곡이 아닌 사람들은 아예 추수하지 않으시고, 쭉정이끼리 따로 모아서 불에 넣어 태워 버리십니다. 그러므로 우리가 고난을 받을 때도 사람마다 다 다르기 때문에, 왜 똑같은 고난을 주시지 않느냐고 항의해서는 안 되는 것입니다.

우리는 언제나 우리 안에 있는 죄성 때문에 하나님의 말씀에 불순종할 때가 많습니다. 그러나 그때마다 우리가 말씀을 듣고 자신을 돌이킨다면, 대회향과 소회향 같은 고난으로 충분히 알곡이 될 수 있습니다. 우리는 머리가 단단하게 굳어지기 전에 말씀 앞에서 고민하고 회개함으로 하나님의 밭에서 열매 맺는 것이 좋습니다. 그렇지 않고 너무 많이 세상으로 달려가서 껍질이 단단해져 버리면, 먼 훗날 자신을 돌이키려고 할 때 수레바퀴 밑으로 들어가야 할지도 모릅니다.

: 29절 : "이도 만군의 여호와께로부터 난 것이라. 그의 경영은 기묘하며 지혜는 광대하니라."

하나님께서는 농사짓는 것을 통해서도 우리를 많이 깨닫게 하셨습니다. 유다 백성이 농사를 지으면서 깨닫는 것을 자신들에게 적용시켰더라면 포로로 잡혀가는 신세를 면할 수 있었을 것입니다. 예수님은 "내가 곧 길이요 진리요 생명이니 나로 말미암지 않고는 아버지께로 올 자가 없느니라."(요 14:6)고 말씀하셨습니다. 우리는 진리 안에서 얼마든지 성공할 수 있고 아름다운 열매를 많이 맺을 수 있습니다. 사실 가라지는 빨리 자라고 알곡은 늦게 자랍니다. 더욱이 과일나무는 몇 년이 지나야 첫 열매를 맺게 됩니다. 그러므로 세상에서 성공한 사람들을 너무 부러워하지 말고 하나님의 기적의 반석을 붙들고 끝까지 귀한 믿음을 지키는 성도들이 되시기 바랍니다.

45

하나님께서
주시는 고통

이사야 29:1-12

보통 사람들에게 병원은 웬만하면 가고 싶지 않은 고통스러운 장소로 기억됩니다. 사람이 아파서 병원에 가면 일단 주사를 맞아야 하고 피도 뽑아야 하고 심한 경우에는 수술까지 받아야 하니까, 병원은 사람을 아프게 하는 무서운 곳으로 인식되는 것입니다. 요즘은 건강 검진이 많이 보편화되어서, 아프지 않은 사람들도 정기적으로 병원에 가서 검사해 봄으로써 병을 키우기 전에 조기 발견하여 치료를 받습니다. 그러나 옛날에는 누구든지 크게 아프기 전에는 병원에 잘 가려고 하지 않았습니다.

만일 병원이 사람들을 고통스럽게 하지 않으려고 전혀 주사도 놓지 않고 수술도 하지 않고 환자들을 그냥 입원실에 편하게 있다가 가게 한다면 어떤 일이 일어날까요? 아마 처음에는 사람들이 이 병원은 사람들을 전혀 아프게 하지 않는 좋은 병원이라고 칭찬할 것입니다. 하지만 나중에 환자들의 병이 전혀 낫지 않고 모두 죽게 되는 것을 보면, 이런 병원은 없어져야 한다고 농성을 하거나 부수어 버리게 될 것입니다.

예루살렘에 병원과 같은 곳이 하나 있었습니다. 그것은 바로 하나님의 성전이었는데, 이 성전은 사람들의 죄를 치료하는 병원과 같은 곳이었습니다. 옛날 이스라엘 백성은 성전이 이 세상에서 가장 고상한 곳인 줄 알았습니다. 그러나 막상 예루살렘 성전 안에서 일어나는 일은 결코 고상한 것이 아니었습니다. 예루살렘 성전 안을 들어가 보면 그곳은 거의 도살장 같은 분위기였습니다. 제사장들은 소나 양을 죽여서 칼로 각을 뜨고 껍질을 벗기며, 짐승의 시체를 제단 위에 올려놓고 불로 태워야 했습니다. 그러면 고기 타는 냄새가 온 성전을 가득 채우게 됩니다. 그런데 그 태우는 냄새가 결코 향기로운 냄새는 아니었습니다.

그런데 나중에 예루살렘 사람들은 성전의 이런 기능을 점점 싫어하게 되었습니다. 유다 백성이나 선지자들은 사람들의 죄를 가지고 고민하거나 성전에 가서 애통하는 대신에 세상의 성공으로 기뻐하고 자랑하기로 했습니다. 그러나 그것은 너무나 엄청난 결과를 가져왔습니다. 즉, 예루살렘 전체가 적에게 에워싸여서 완전히 제단처럼 불타 없어지게 된 것입니다.

오늘날 사람들이 가장 중요하지 않게 생각하는 것이 죄의 치료입니다. 그러나 죄가 치료되지 않으면 한평생 사는 인생의 의미를 모르게 되고, 결국 어느 순간 갑자기 멸망하게 되고 맙니다.

1. 슬픈 아리엘

본문 말씀을 보면 지금까지 보지 못했던 새로운 이름이 나오는데 그것은 바로 '아리엘'이라는 이름입니다. 하나님께서는 아리엘이라는 곳에 대하여 '슬픈 아리엘'이라고 말씀하시면서, 앞으로 아리엘은 고통받을 수밖에 없고 슬플 수밖에 없다고 말씀하십니다. 도대체 아리엘은 무엇이며, 아리엘이 어떤 일을 했기에 슬퍼하며 고통을 받아야만 할까요?

∶1-2절∶ "슬프다, 아리엘이여, 아리엘이여, 다윗이 진 친 성읍이여. 해마다 절기가 돌아오려니와 내가 아리엘을 괴롭게 하리니 그가 슬퍼하고 애곡하며 내게 아리엘과 같이 되리라."

본문에는 '슬프다 아리엘이여'라고 하면서 '아리엘'이라는 말이 여러 번 나오는데, 사실 '아리엘'이라는 이름이 무엇을 말하는지는 생각만큼 분명하지 않습니다. 가장 좋은 해석은 이 '아리엘'이 번제단을 뜻한다고 보는 것입니다. 그 이유는 에스겔 43:15의 원문에 '아리엘'로 표기되어 있는 것을 '번제단'이라고 번역하고 있기 때문입니다. 칼빈의 주석도 '아리엘'을 '번제단'이라고 해석하고 있습니다. 그런데 여기 본문에서 '아리엘'을 '번제단'이라고 해석하지 않는 이유는, 전체적인 분위기가 단지 번제단만 말하는 것이 아니라 어느 특정한 성 전체를 의미하는 것이기 때문에 번제단이라고 번역하지 못하는 것입니다. 여기서 우리는 이 '아리엘'이 예루살렘 전체를 지칭하는 것이며, 그곳에서 가장 중요한 곳은 번제단이라는 것을 알 수 있습니다.

사람마다 자기 나라에서 가장 중요한 곳이라고 생각하는 장소가 다를 것입니다. 우리나라 사람들은 대부분 우리나라에서 가장 중요한 곳은 국정을 책임지는 청와대라고 생각할 것입니다. 그러나 학문하는 사람들은 대학이나 대학원이 중요하다고 생각할 것이고, 장사하는 사람들은 백화점이 가장 중요하다고 생각할 것입니다. 외국의 어느 명품 회사 사장은 매달 우리나라 백화점에서 자기 회사 상품이 팔리는 것을 보고 경기를 예측한다고 합니다.

그런데 유다나 예루살렘에 있어서 가장 중요한 곳은 왕궁이나 혹은 대학 도서관이나 백화점이 아니었습니다. 예루살렘에서 가장 중요한 곳은 성전이었고, 성전 중에서도 가장 중요한 곳은 소나 양을 죽여서 불로 태우는 번제단이었습니다. 왜냐하면 그 번제단은 이 세상에서 유일하게 사람들의 죄를 치료하는 곳이었기 때문입니다. 그런데 본문에서 하나님께서는 이 하나님의 번제단을 향해서 '슬픈 아리엘'이라고 말씀하십니다. 그 이유가 무엇일까요? 이 번제단이 더 이상 사람들의 죄를 치료하지 못하게 되었고, 이제는 아예 번제를 드릴 수 없게 되어 버렸기 때문입니다. 그 이유는 유다 백성이 더 이상 번제단을 중요하게 생각하지 않게 되었고, 오히려 이런 번제단을 혐오스럽게 여겨서 다른 이방 신들의 제단과 바꾸어 버렸기 때문입니다.

요즘도 우리나라의 많은 동네에서는 혐오시설이 들어서는 것을 반대하는 시위를 벌이곤 합니다. 사람들은 자기가 사는 곳에 화장터가 들어오거나 혹은 방사능 폐기장이 들어온다면 많이 반대할 것입니다. 심지어 어떤 곳에서는 노인 병원이 들어오는 것도 싫다고 반대를 한다고 합니다. 그러면 그들은 그곳에 무엇이 들어오면 좋아할까요? 아마 커피숍이 들어온다면 반대하지 않을 것입니다. 그리고 만일 대형 백화점이 들어온다고 하면 쌍수를 들고 환영할 것입니다.

유다 백성이나 예루살렘 사람들이 보니까 예루살렘 성전에서 주로 하는 일은 죄를 지은 사람들이 가지고 오는 소나 양을 죽여서 불에 태우는 일이었습니다. 그러다 보니 예루살렘 성전 부근에는 언제나 소나 양들의 냄새가 났습니다. 또 소나 양들의 울음소리로 조용할 날이 없었고, 주야로 소나 양을 죽여서 태우니까 짐승의 고기 타는 냄새가 늘 진동했습니다. 이것을 보면서 예루살렘 사람들은 점점 예루살렘 성전을 혐오시설로 생각하게 되었습니다. 그들이 가장 바꾸기를 원했던 것은 바로 번제단이었는데, 바로 이 번제단이 성전에서 가장 혐오스러운 곳이었기 때문입니다. 결국 나중에 유다 왕들은 이 보기 싫은 번제단을 다른 나라 신의 멋진 제단으로 바꾸어서 더 이상 고기 태우는 냄새가 나지 않게 만들었습니다. 이제 예루살렘 성전에 더 이상 짐승이 왔다 갔다 하지도 않게 되고 더 이상 피 냄새도 나지 않고 고기 태우는 냄새도 없어졌으니 얼마나 위생적이고 깨끗한 도시가 되었을까요? 그런데 놀랍게도 예루살렘 성전에서 바른 제사가 없어진 후, 다른 나라 군대가 예루살렘을 에워싸게 되고 예루살렘은 무참하게 공격을 당합니다. 그러면 도대체 예루살렘 사람들에게 무엇이 잘못되었던 것일까요? 그것은 예루살렘 사람들이 이 세상의 성공을 하나님의 말씀보다 더 중요하게 생각한 것입니다.

하나님은 이 세상에서 오직 이스라엘 백성에게만 하나님을 아는 지식을 주셨습니다. 이스라엘 백성이 발견한 하나님은 온 시내 산을 불태우는 거룩한 불이었습니다. 이스라엘 백성이 하나님 앞에서 살 수 있는 길은 오직 하나님의 말씀을 믿고 거룩한 제사를 끊임없이 드리는 것이었습니다.

그런데 유다 백성은 자신들과 세상 나라 사람들을 비교했습니다. 세상 나라 사람들은 하나님 앞에서 이런 냄새 나는 제사를 드리지 않고도 얼마든지 잘 사는데, 왜 유다와 이스라엘 백성만 이렇게 짐승의 피를 흘리고 냄새를 피우며 고기를 태우는 제사를 드려야만 할까요? 그것은 세상 사람들과 하나님의 백성이 다르기 때문에 그럴 수밖에 없습니다. 세상 사람들은 죄가 무엇인지 모르고 사는 사람들이고 이스라엘 백성은 죄가 무엇인지 아는 사람들이기 때문에 다를 수밖에 없는 것입니다.

즉, 세상 사람들은 병이라는 것을 인정하지 않기 때문에 평소에 예방 주사도 맞지 않고 병에 걸려도 전혀 약을 먹지 않는 사람과 같습니다. 그러다가 몸이 아프면 무당을 찾아가서 주술적인 행위를 하고 그것도 안 되면 죽는 수밖에 없는 것입니다.

그러나 하나님은 이스라엘 백성에게 죄가 무엇인지 가르쳐 주셨기 때문에 이스라엘 백성은 할 수 없는 것이 많았고, 다른 이방인들은 하지 않는 것을 해야 했는데 그것이 바로 하나님께 드리는 번제였던 것입니다. 이스라엘 백성이 하나님께 번제를 드리는 것은 자신들의 모든 죄를 하나님 앞에서 태우며 하나님의 능력으로 새사람이 되는 것이었습니다. 그런데 이스라엘 백성이 믿음이 없어지니까 제사는 아주 거추장스러운 것이 되어 버렸고, 번제단은 피나 흘리고 고기나 태우는 혐오시설처럼 느껴졌던 것입니다. 그래서 유다 백성은 이방에 가서 이방인들이 제사하는 멋진 제단을 흉내 내어 도입했습니다. 이 이방 제단은 피를 흘리지도 않고 고기를 태우지도 않았습니다. 또한 이방 제사장이나 선지자는 알아들을 수 없는 방언으로 이상한 소리를 내는데, 그 말을 들으면 너무 신비롭게 느껴졌고 기분이 좋았던 것입니다. 그러나 유다 백성이 깨닫지 못한 것은, 그들에게서 믿음의 제사가 없어지면서 유다의 죄는 하나님 앞에서 하나도 해결되지 않고 쌓여 가게 되었다는 사실입니다. 결국 이 죄가 쌓이고 쌓이다가 무너지게 되었을 때 예루살렘 성 자체가 무너지게 된 것입니다.

특히 성전 제사장은 거의 도살장에서 일하는 사람 같았는데, 소나 양을 잡고 내장을 꺼내고 팔 다리를 잘라서 제단에서 불태울 때 죄인들은 한 사람씩 변하여 새사람이 될 수 있었습니다. 그러나 어느 순간부터 예루살렘이나 성전 안에 세상의 성공 바람이 부니까 모두 그런 일을 하지 않으려고 했습니다. 모두 세상의 사업가가 되려고 하고 정치인이 되려고 하고 학자가 되려고 했지, 아무도 하나님의 말씀을 붙들고 그 말씀대로 소나 양으로 제사를 드리는 힘들고 천한 일을 하려고 하지 않았습니다. 그래서 사람들의 죄는 치료되지 않았고, 예루살렘 사람들의 마음은 점점 더 강퍅해져서 나중에는 세상 사람들보다 더 악해져 갔습니다. 그 결과는 세상 사람들이 예루살렘에 와서 새사람이 되는 것이 아니라, 세상 사람들이 예루살렘을 에워싸고 공격해 와서 망하게 되었습니다.

성경은 '아리엘'을 '다윗이 진 친 성읍'이라고 말씀하고 있습니다.

이것은 예루살렘이 다윗의 능력의 기초가 된 것을 말합니다. 다윗은 예루살렘에서 힘을 얻어서 세상 모든 나라를 정복했습니다. 다윗은 언제나 이길 수 없는 적들을 이겼고, 늘 기적을 체험했습니다. 그 이유는 그가 하나님 앞에서 스스로 죄인인 줄 알았기 때문입니다. 다윗의 힘은 언제나 자기 죄를 하나님 앞에 고백 드리고 변하여 새사람이 되는 것이었습니다. 다윗은 이것을 얼마나 사모했든지 주의 전을 사모하는 열심이 그를 삼킬 정도로 성전을 사랑했다고 말하고 있습니다. 그래서 다윗에게는 하나님의 능력이 있었고, 믿음의 신선함이 있었습니다. 그러나 자기 자신의 머리나 힘을 믿었던 사람들은 모두 죄에 빠져서 망하고 말았습니다. 인간은 누구나 죄를 짓지 않을 수 없고 죄에 빠지지 않을 수 없기 때문입니다.

2절에 보면 '그가 슬퍼하고 애곡하며 내게 아리엘과 같이 되리라'고 했습니다. 여기서 '아리엘 같이 된다'는 말은 예루살렘 전체가 번제단처럼 되어서 불타게 된다는 뜻입니다.

하나님께서 예루살렘에 번제단을 맡기신 것은 죄인으로 하여금 죄인을 돕도록 하신 것입니다. 우리도 역시 죄인이지만 다른 죄인을 돌보아야 합니다. 그러나 자칫 잘못하면 우리도 얼마든지 죄에 빠질 수 있다는 것을 늘 인식하고 있어야 합니다. 바로 이 긴장이 이스라엘에게는 가장 중요한 것이었고, 우리를 하나님 앞에서 살리는 것이었습니다. 그러나 사람들이 교만을 사랑하고 죄를 사랑하게 되었을 때, 그들은 이미 하나님 앞에 중환자가 되어 있었지만 깨닫지 못했습니다.

: 3-4절 : "내가 너를 사면으로 둘러 진을 치며 너를 에워 대를 쌓아 너를 치리니 네가 낮아져서 땅에서 말하며 네 말소리가 나직이 티끌에서 날 것이라. 네 목소리가 신접한 자의 목소리 같이 땅에서 나며 네 말소리가 티끌에서 지껄이리라."

결국 하나님의 말씀과 성전을 혐오하고 겉으로 보기에 좋은 세상의 성공을 따라갔던 예루살렘 지도자나 백성은 완전히 땅의 티끌처럼 낮아지게 됩니다. 즉, 예루살렘이 포위되어 먹을 것이 전혀 없게 되자 그들은 힘이 없어서 고개가 자꾸 땅으로 처지게 되었고, 나중에는 너무 배가 고파 힘이 없으니까 완전히 땅에 엎드려서 알아듣지도 못하는 소리를 지껄여 대었습니다. 사실 이것은 예루살렘 사람들이 좋아하던 것이었습니다. 예루살렘 사람들이 분명한 하나님의 말씀은 듣기 싫어하고, 알아듣지도 못하는 이방의 방언이나 점쟁이들이 하는 수수께끼 같은 말을 신비롭다고 여기며 따라갔을 때 그들은 결국 자신들이 그런 말을 하게 된 것입니다. 그러나 그들은 영감에 차서 방언을 하는 것이 아니라, 너무 굶어서 힘이 없어서 알아듣지 못하는 소리를 지껄이게 되는데, 바로 이것이 하나님의 말씀을 업신여긴 결과입니다.

2. 세상 나라의 비중

하나님께서 세상에서 성공한 유다 백성을 하나님의 눈으로 진단해 보았을 때, 가장 심각한 문제는 그들이 전혀 '겸손하지 못하다'는 것이었습니다. 하나님의 백성의 건강 측정법은 다른 것이 필요하지 않습니다. 하나님의 백성의 건강 검사는 피를 뽑거나 내시경을 하지 않아도 되고, 오직 하나 '겸손한가?'만 보면 됩니다. 즉, 겸손하지 않은 하나님의 백성은 병든 것입니다. 하나님께서 보시니까, 유다 지도자나 백성이 머리가 뛰어나고 방법도 훌륭해서 돈은 많이 벌고 유명해졌지만, 그들은 전혀 겸손하지 않았습니다. 그리고 그들은 하나님을 두려워하거나 중요하게 생각하지도 않게 되었습니다. 유다 백성은 깊이 병이 들었던 것입니다.

하나님의 백성은 이것을 계산할 수 있어야 합니다. 즉, 내가 세상에서 유명해지고 성공하고 똑똑하고 잘사는 사람이 되지만 하나님 없이 살 것인지, 아니면 내가 하나님 앞에서 겸손해져서 하나님의 능력이 나에게 임하게 할 것인지를 결정해야 하는 것입니다. 원래 예루살렘은 사람들로 하여금 자신들의 죄를 깨닫게 하고 하나님 앞에서 겸손하게 하는 곳이었습니다. 유다 백성이 하나님 앞에 통회하는 심정으로 자복하고 하나님의 말씀에 순종해서 제사를 드릴 때, 그들은 언제나 새사람이 될 수 있었고 하나님의 능력을 받을 수 있었습니다. 하나님의 능력은 말씀에 순종하는 새사람에게 임하는 것입니다. 그러나 유다 백성은 더 이상 하나님의 말씀을 믿지 않고 순종하지 않게 되었습니다. 새사람도 아니고 겸손하지도 않고, 오히려 더 못된 사람이 되고 더 악한 사람들이 되니까 결국은 망하게 되었습니다.

예루살렘이 세상적으로 강해지는 길을 택한 것은 세상에서 성공한 사람들이 너무나 강하고 멋있어 보였기 때문입니다. 그러나 예루살렘은 자기들이 사모하고 좋아했던 세상인 이방 군대의 공격을 당하게 되었습니다.

이스라엘 백성이나 유다 백성에게 이해가 되지 않았던 것은, 그들이 하나님보다 좋아하는 것은 모두 원수가 되고 결국 그들은 그것의 종이 되고 만 것입니다.

: 5-7절 : "그럴지라도 네 대적의 무리는 세미한 티끌 같겠고 강포한 자의 무리는 날려가는 겨 같으리니 그 일이 순식간에 갑자기 일어날 것이라. 만군의 여호와께서 우레와 지진과 큰 소리와 회오리바람과 폭풍과 맹렬한 불꽃으로 그들을 징벌하실 것인즉 아리엘을 치는 열방의 무리 곧 아리엘과 그 요새를 쳐서 그를 곤고하게 하는 모든 자는 꿈 같이, 밤의 환상 같이 되리니"

예루살렘은 약한 나라였기 때문에 그들의 운명적인 숙제는 앗수르나 바벨론 같은 강한 나라를 어떻게 막아 내느냐 하는 것이었습니다.

그러나 이스라엘은 그런 나라들을 막아 낼 필요가 없었습니다. 예루살렘 사람들이 오직 하나님만 붙잡으면 하나님께서 그들을 지켜 주시기 때문입니다. 우리의 생각에는 예루살렘의 힘만으로는 이 세상의 강한 군대를 도저히 이길 방법이 없을 것 같은데, 하나님에게는 이런 군대를 칠 수 있는 방법이 무궁무진했습니다. 그중에는 벽력도 있고 지진도 있고 큰 소리도 있고 회리바람도 있고 태풍도 있고 맹렬한 불꽃도 있었습니다.

그래서 하나님의 백성은 아무리 이 세상에 악한 자들이 많고 자신들은 힘이 없어도, 하나님의 말씀만 붙들면 하나님께서 그들의 불이 되어 주시고 방패가 되시며 그들을 지키는 군대가 되어 주시는 것입니다. 단지 우리 눈에는 하나님의 능력은 보이지 않고 세상 나라만 보이기 때문에 두렵고 겁이 나게 되지만, 우리는 끝까지 하나님을 믿기만 하면 됩니다.

하나님께서는 이 세상 군대가 아무리 강하고 숫자가 많다고 해도 그들은 세미한 티끌 같고 날려가는 겨와 같다고 말씀하십니다. 다시 말해서, 세상 나라가 아무리 대단해 보이고 겉으로 악랄하고 잔인하게 보여도 하나님의 말씀 한 마디면 하루아침에 없어지는 안개와 같아지는 것입니다. 우리는 이것을 믿어야 끝까지 믿음에 굳게 설 수 있습니다.

하나님께서는 아주 강한 군대가 예루살렘을 에워싸게 하시면서 다른 한편으로는 벽력과 지진과 큰 소리와 회리바람과 폭풍과 맹렬한 불꽃을 준비하셔서 언제든지 이들을 내쫓을 준비를 하십니다. 그 이유가 무엇입니까? 하나님께서 이 번제단을 사랑하시기 때문입니다.

우리가 하나님 앞에서 바른 신앙만 가지면 하나님은 강한 나라를 몰아내어 주십니다. 이것을 믿어야 합니다. 하나님께서 우리에게 아무리 큰 어려움을 주셨다고 해도, 하나님은 그것을 해결하실 수 있는 큰바람과 벽력과 지진을 준비해 놓고 계십니다. 인간은 아무리 똑똑하고 강해도 하나님 앞에서는 한 줌의 흙덩이에 불과합니다. 사람을 화장하고 난 후에 보면 정말 인간은 한 줌의 재밖에 되지 않습니다.

그러나 우리의 눈에는 하나님께서 준비해 놓으신 것들은 하나도 보이질 않습니다. 그 대신에 예루살렘을 에워싸고 있는 무서운 적들만 눈에 들어옵니다. 그래서 우리는 어떻게 해서든지 이 사람들에게 잘 보이고 이 사람들만 잘 구워삶으면 어려움이 없어지지 않을까라는 생각을 하는 것입니다.

하나님께서는 우리가 겪는 어려움은 하나님께서 직접 주셨다고 말씀하십니다. 그래서 하나님은 우리에게 아무것도 두려워하지 말고 주님만 굳게 의지하라고 하십니다. 그러면 어떻게 됩니까? 하나님이 한순간에 회리바람으로 이 어려움을 물러가게 하실 것입니다. 그러나 우리는 어려움을 전혀 당하지 않으려고 너무 머리를 굴립니다. 이 세상에 살면서 어떻게 어려움을 전혀 당하지 않을 수 있습니까? 우리가 아무리 하나님을 믿는다고 해도 우리는 이 세상에서 어려움을 당할 수밖에 없습니다. 우리가 그 어려움을 피하려고 하니까 세상으로 가게 되는 것입니다. 오히려 우리가 신앙 때문에 화끈하게 고생하면 절대로 죽지 않습니다. 결국 재앙을 이길 수 있는 능력을 받게 됩니다.

: 7절 : "아리엘을 치는 열방의 무리 곧 아리엘과 그 요새를 쳐서 그를 곤고하게 하는 모든 자는 꿈 같이, 밤의 환상 같이 되리니"

여기에 보면 예루살렘을 치는 그 많은 군대, 그리고 그들을 피곤하게 하고 고통스럽게 하는 자들이 모두 꿈과 같고 밤의 환상과 같을 것이라고 했습니다. 지금 예루살렘이 공격당하고 그 백성이 굶어서 고통당하는 것이 현실일까요 꿈일까요? 이것은 분명히 현실입니다. 아무리 유다 백성이 손을 꼬집고 다리를 꼬집어 보아도 이것은 꿈이 아닌 현실입니다. 그러나 우리가 모든 것을 다 잃을 각오로 하나님을 붙잡으면 살 수 있습니다. 왜냐하면 하나님의 백성은 모두 특별하기 때문입니다.

예수님은 제자들에게 너희가 이 세상에서 목숨을 지키려고 하면 잃을 것이고, 잃으려고 하면 살게 될 것이라고 말씀하셨습니다. 그런데 우리는 이것을 믿기가 너무 어렵습니다. 저 자신도 설마 하나님이 이 정도로 나에게 관심을 가지고 계실까라고 생각하는데, 이것은 사실입니다. 우리가 하나님을 믿고 하나님의 말씀을 붙잡고 있다는 것만으로도 우리는 굉장한 부자이고, 대단한 지식과 권세를 가지고 있는 것입니다. 그런데 우리가 이것을 버리고 세상에 있는 것을 가지려고 할 때, 하나님 앞에서 먼지와 티끌일 뿐인 것들이 우리에게 쳐들어와서 우리를 멸망시키려고 하는 것입니다. 즉, 우리가 목숨 걸고 하나님을 붙들면 이 세상은 티끌과 같고 꿈과 같을 뿐인데, 우리가 세상을 붙잡으려고 하면 세상은 엄청난 무게로 우리에게 쳐들어오는 것입니다.

결국 우리가 어려움을 통해서 결사적으로 하나님을 믿게 되면, 고통은 한여름의 무시무시한 악몽으로 끝날 수 있습니다. 한여름 밤에 무서운 꿈을 꾸면 식은땀이 흐르고 정신을 차릴 수 없지만, 아침에 잠에서 깨고 나면 아무것도 기억나질 않는 것입니다.

:8절: "주린 자가 꿈에 먹었을지라도 깨면 그 속은 여전히 비고 목마른 자가 꿈에 마셨을지라도 깨면 곤비하며 그 속에 갈증이 있는 것 같이 시온 산을 치는 열방의 무리가 그와 같으리라."

우리가 어렸을 때는 먹을 것이 없어서 늘 배고픈 상태에서 잠을 잤는데, 그때 자주 무엇인가 먹는 꿈을 꾸곤 했습니다. 잠을 자면서 먹는 꿈을 꿀 때면 너무나 행복한데, 그때 엄마가 학교 가야 한다며 흔들어 잠을 깨우시면 그렇게 서운할 수가 없었습니다. 이렇게 먹는 꿈과 쌍벽을 이루는 꿈이 돈을 줍는 꿈입니다. 자면서 꿈에 길에서 열심히 돈을 주웠는데, 꿈에서 깨면 현실에는 아무것도 없는 것이 참으로 아쉬웠습니다.

하나님께서는 시온을 공격하는 자들이 이럴 것이라고 말씀하셨습니다. 이 악한 자들은 자기들이 여호와 하나님의 성을 공격하기 때문에 엄청나게 많은 보물을 건지고 또 많은 비밀을 알 수 있을 것으로 생각했습니다. 그러나 예루살렘에는 생각만큼 보물이 많지 않았고, 더욱이 그들이 알 수 있었던 비밀은 없었습니다. 왜냐하면 이 모든 것이 하나님의 말씀 안에 들어 있었지만 그것을 몰랐기 때문입니다.

하나님의 백성의 재산은 돈이 아니었습니다. 하나님께서 백성의 재산이 되시기 때문에 공격을 해 봐야 아무것도 얻어갈 수 없었습니다.

우리는 이것을 빨리 알려 주어야 합니다. 베드로처럼 "은과 금은 내게 없거니와 내게 있는 이것을 네게 주노니 나사렛 예수 그리스도의 이름으로 일어나 걸으라."(행 3:6)라고 해야 하는 것입니다. 우리들에게 돈은 그렇게 중요한 것이 아닙니다. 우리에게 가장 중요한 것은 바로 하나님이십니다.

3. 비틀거리는 유다 백성

우리는 누군가가 대낮에 술에 취해서 비틀거리면서 다닌다면 참 한심하게 생각될 것입니다. 사실 노숙자들의 문제는 그들이 술만 마시며 살아간다는 것입니다. 그것은 바로 자기들 스스로 자포자기하는 것밖에 되지 않습니다. 그런데 하나님의 백성이 하나님의 말씀을 멀리하면 이미 비틀거리기 시작합니다. 왜냐하면 세상의 성공이나 쾌락은 모두 사람을 취하게 하는 성분이 있기 때문입니다.

:9절: "너희는 놀라고 놀라라. 너희는 맹인이 되고 맹인이 되라. 그들의 취함이 포도주로 말미암음이 아니며 그들의 비틀거림이 독주로 말미암음이 아니니라."

하나님께서는 예루살렘 사람들에게 두 가지 명령을 하십니다. 그 하나는 '너희는 놀라고 놀라라. 너희는 맹인이 되고 맹인이 되라'는 것입니다. 이것은 하나님의 백성이 하나님의 말씀을 결사적으로 붙들지 않으면 이렇게 될 수밖에 없음을 보여 주는 것입니다. 결국 유다 백성은 놀라면서도 맹인이 됩니다.

사람은 자기가 안전한 줄로 생각하고 있다가 갑자기 위기를 깨닫는 순간 굉장히 당황하게 됩니다. 즉 안전한 곳에 있다고 믿고 있는데 갑자기 바닥이 꺼진다든지 혹은 갑자기 적이 들이닥친다면 굉장히 놀랄 것입니다. 그런데 이처럼 가장 절박한 순간에 눈이 멀어서 앞을 보지 못한다면 이것은 정말 위험한 상태인 것입니다. 예를 들어, 어떤 사람이 큰 트럭을 몰고 산을 내려오는데 만약 브레이크가 작동되지 않는다면 굉장히 당황할 것입니다. 그런데 만일 그 순간에 시력까지 이상이 생겨 앞을 전혀 볼 수 없다면 그는 너무나 두려워하며 절망할 것입니다. 마찬가지로 유다 백성은 지금까지 세상에 잔뜩 취해서 비틀거리면서 살아왔습니다. 그러면서도 유다 백성은 자신들이 하나님을 믿고 있으므로 하나님께서 늘 도우실 것으로 확신하고 있었습니다. 그런데 결정적인 순간에 예루살렘은 포위되고 그때 그들이 전혀 앞을 볼 수 없게 되었다면 망하는 것은 시간문제인 것입니다.

: 10절 : "대저 여호와께서 깊이 잠들게 하는 영을 너희에게 부어 주사 너희의 눈을 감기셨음이니 그가 선지자들과 너희의 지도자인 선견자들을 덮으셨음이라."

그런데 유다 백성이 이렇게 비틀거리고 시력을 잃게 된 것은 하나님께서 그들을 잠들게 하셨기 때문이라고 말씀하십니다. 하나님은 우리에게 믿음을 억지로 주시지 않습니다. 그러므로 말씀을 업신여기는 자에게는 하나님의 뜻이나 세상에 대해 더 눈이 멀게 하시는 것입니다. 그래서 세상의 약삭빠른 자들은 알고 피하는 것도 하나님의 백성은 피하지 못하고 당합니다. 그들은 스스로 똑똑하다고 생각했지만 실제로는 그렇지 못했던 것입니다. 우리가 하나님을 가까이하고, 하나님의 말씀이 싫든 좋든 생명처럼 사랑한다면 눈이 멀지 않습니다. 하나님께서 우리에게 위기가 오는 것을 가르쳐 주시고 피할 길을 주시는 것입니다. 그러나 우리가 하나님을 믿는다고 하면서 세상을 따라가면, 이 어중간한 상태에서는 세상 사람들보다도 어리석어지게 됩니다. 그러므로 우리는 하나님께 내 눈을 뜨게 해 주시고 내 손을 잡아서 바른길로 인도해 주시도록 기도해야 합니다.

이때 중요한 것은 바른 말씀을 전하는 선지자를 만나는 것입니다. 예루살렘 사람들이 끝까지 미련한 길을 갔던 이유는 선지자들의 눈이 감기었기 때문이었습니다. 선지자들만 깨어 있었어도 이 정도로 비참하게 망하지는 않았을 것입니다. 선지자는 예언을 하는 사람이고, 선견자는 환상을 말하는 사람입니다. 이들은 모두 하나님의 말씀을 전하는 사람들입니다. 그런데 그들의 눈을 가리고 머리를 덮어 버리니까 아무것도 보지 못했습니다. 왜 그렇게 되었을까요? 마음이 교만해져서 자기들 스스로 하나님의 말씀을 업신여기고 멸시했기 때문입니다.

믿음은 그냥 가만히 있는 것이 아닙니다. 하나님께서는 하나님의 말씀을 깨닫고자 노력하며 하나님의 말씀을 붙들려는 자에게는 하나님의 말씀이 더 열리게 하십니다. 그러나 하나님의 말씀을 듣기 싫어하며 말씀에 귀를 막으면 하나님께서는 그 사람에게서 말씀을 빼앗아 가십니다.

하나님은 우리가 하나님의 말씀을 듣기 싫어하면 아예 깊이 잠들게 하는 영을 부으셔서 하나님의 말씀을 전혀 듣지 못하게 하십니다. 그때는 아무리 좋은 설교를 들어도 얼마나 잠이 쏟아지는지 모릅니다.

그리고 선지자나 선견자의 눈을 다 덮으셔서 아무도 하나님의 말씀을 깨닫지 못하게 하십니다.

∴ 11-12절 ∴ "그러므로 모든 계시가 너희에게는 봉한 책의 말처럼 되었으니 그것을 글 아는 자에게 주며 이르기를 그대에게 청하노니 이를 읽으라 하면 그가 대답하기를 그것이 봉해졌으니 나는 못 읽겠노라 할 것이요 또 그 책을 글 모르는 자에게 주며 이르기를 그대에게 청하노니 이를 읽으라 하면 그가 대답하기를 나는 글을 모른다 할 것이니라."

말씀을 좋아하지 않는 자에게는 하나님의 말씀이 닫히기 때문에, 유식한 자도 무슨 뜻인지 모르게 되고 무식한 자는 더 모르게 되어 버립니다. 그래서 자기들 바로 앞에 무서운 재앙이 다가오고 있는데도 깨닫지 못하는 것입니다. 하나님의 말씀은 아무에게나 열리지 않습니다. 하나님의 말씀은 그 말씀의 가치를 알고 그 앞에 겸손하게 무릎을 꿇는 자들에게 열립니다. 그러나 세상의 많은 것을 가지고 자만에 빠진 자들은, 성경이 너무 뻔한 말씀이기도 하고 또 너무 오래 전에 들은 말씀이기 때문에 도무지 그 뜻을 알 수 없습니다.

본문에 보면, 유식한 자들에게 하나님의 말씀을 가르쳐 달라고 하니까 말씀이 봉해져 있어서 못하겠다고 합니다. 즉, 그들은 하나님의 말씀이 모든 것을 희생하고 파고들 만큼 가치 있다고 생각하지 않는 것입니다. 반면에, 무식한 자들에게 성경을 좀 읽어 달라고 하니까 자기는 무식해서 모르겠다고 합니다. 성경에는 우리가 알 수 없는 비밀이 너무 많습니다. 그러나 오히려 우리가 가난하여 가진 것이 없을 때 겸손한 마음으로 하나님의 말씀을 읽으면, 말씀이 하나씩 열리게 되고 살아 있는 것을 발견하게 됩니다. 그러므로 우리가 가난한 것이 오히려 사는 길이고, 인생 밑바닥에 떨어지는 것이 하나님을 발견하는 기회가 되는 것입니다.

하나님은 우리를 오늘날의 아리엘로 세우셨습니다. 그러나 오늘의 기독교는 너무 고상하게 믿으려고 하다가 세상에 취해서 비틀거리게 되었습니다. 우리가 하나님을 믿고 하나님의 말씀을 붙든 것 자체가 이미 성공한 것이고, 부자가 된 것이며, 유명해진 것입니다. 우리는 더 이상의 것이 필요치 않습니다. 그러므로 이제 우리는 자신을 슬픈 아리엘이 아니라 기쁜 아리엘로 만들어야 합니다. 세상에서 성공하고 세상이 알아주는 것에 만족하지 말고, 소나 양을 잡아서 피를 흘리고 그 고기를 태움으로써 모두가 새사람이 되는 복을 붙드시기 바랍니다. 오늘 하나님이 우리의 제사를 받으셔서, 세상의 모든 악한 세력을 물리치시며 축복의 시대를 주시기를 바랍니다.

46

새 시대에
주실 축복

이사야 29:13-24

사람들은 누구나 오늘보다는 내일이, 내일보다는 모레가 조금씩 더 나아질 것이라는 기대를 가지고 살아갑니다. 그럼에도 불구하고 새날이 와도 별로 나아지는 것이 없으면 사람들은 실망하게 됩니다. 사람들의 미래에 대한 강한 기대와 소망에도 불구하고 그들의 생활이나 상태가 더 나아지지 않는 이유는, 그것이 자기 힘으로 되는 것이 아니기 때문입니다. 그것은 하나님께서 새 힘을 주시고 복을 주셔야 가능합니다. 하나님은 사람들의 중심을 보시는 분이십니다. 그런데 중심으로 하나님을 가까이하는 사람이 있는가 하면, 입으로만 하나님을 가까이하는 사람도 있다고 말씀하십니다.

예를 들면, 아주 부자 아버지가 있었습니다. 그의 자녀들과 며느리들은 아버지를 늘 존경하고 잘 섬겼습니다. 그들 중에는 정말 아버지가 존경스러워서 그렇게 하는 자녀도 있지만, 아버지의 재산 때문에 잘하는 자녀도 있었습니다. 그런데 예기치 못한 부도로 아버지는 모든 재산을 잃고 말았습니다. 아버지는 이제 무일푼이 되었지만, 아버지를 진심으로 대했던 자녀는 변함없이 존경하며 모시려 했습니다. 그러나 재산 때문에 잘하던 자녀는 늙고 돈 없는 아버지를 무시하고 떠나 버렸습니다.

또 다른 예를 들면, 남자들이 술집에 가면 술집 여주인은 마치 그 남자를 좋아하는 것처럼 아주 반갑게 대해 줍니다. 그러나 이 사람의 부인은 남편이 집에 들어와도 반가워하지도 않고 술집 여주인만큼 잘해 주지도 않습니다. 그러나 술집 여주인이 이 남자에게 잘해 주는 것은 돈 때문이지, 이 사람이 정말 좋아서 그런 것은 아닙니다. 만일 이 남자가 병에 걸리거나 혹은 돈 없는 사람이 되면 그 여주인은 아는 체도 하지 않을 것입니다.

하나님은 유다 백성이 이와 같이 겉으로는 하나님을 사랑하는 것 같고 존경하는 것 같지만, 그것은 입으로만 존경하는 것이지 마음은 전혀 그렇지 않다고 말씀하셨습니다.

우리는 가끔 사람들이 하는 말을 들을 때 '립 서비스 한다'는 말을 합니다. 즉, 마음은 전혀 그렇지 않은데 사람에게 듣기 좋으라고 입으로만 말하는 것입니다. 하나님께서는 입으로만 하나님을 좋아하는 사람은 결정적인 순간에 어리석게 되어 망하는 결정을 내리게 될 것이라고 하셨습니다. 그러나 진심으로 하나님을 사랑하고 가까이하는 자에게는 복을 주시는데, 하나님의 아들이 오셔서 우리의 모든 병을 치료하시고 우리에게 새 시대의 복을 주십니다. 그것은 말할 수 없는 지혜와 총명으로 하나님을 알게 되고 능력 있게 살아가는 것을 말합니다.

1. 입으로만 하나님을 좋아하는 사람들

우리가 사람을 좋아하고 가까이할 때 그 사람 자체가 좋아서 가까이하는 경우도 있지만, 그 사람이 돈이 많거나 혹은 그 사람과 가까워지면 출세에 유리하기 때문에 가까이하는 경우도 있습니다. 그러므로 상대방이 누구냐에 따라서 태도가 달라질 것입니다. 예를 들어, 상대방이 내가 존경하는 사람이라면 그 사람의 상태와 상관없이 그를 좋아하고 가까이할 것입니다. 그리고 그 사람과 대화하고 싶어하고 그 사람의 생각을 존중할 것입니다. 그러나 만일 상대방의 지위나 부유함의 덕을 보려고 가까이한다면, 그 사람이 권력과 돈이 있을 때는 좋아하고 가까이하지만 그 모든 돈과 실권을 잃게 된다면 못 본 체하거나 상대도 하지 않으려고 할 것입니다.

그런데 하나님께서는 우리가 하나님을 믿을 때도 얼마든지 사람을 대하듯 그렇게 믿을 수 있다고 말씀하십니다. 예를 들어, 우리가 하나님이 너무 좋고 또 하나님께서 나를 죽음에서 건져 주셨기 때문에 사랑한다면, 우리는 내가 잘되든 못되든 한결같이 하나님을 가까이할 것입니다. 그런데 만일 우리가 하나님께서 주시는 복 때문에 하나님을 가까이한다면, 하나님의 복이 필요할 때는 기도도 열심히 하고 헌금도 많이 내지만, 하나님 없이도 얼마든지 잘살 수 있고 더 성공할 수 있다고 생각하면 하나님을 멀리하게 될 것입니다.

하나님께서는 유다 백성의 신앙에 대하여 이렇게 말씀하셨습니다.

:13절: "주께서 이르시되 이 백성이 입으로는 나를 가까이하며 입술로는 나를 공경하나 그들의 마음은 내게서 멀리 떠났나니 그들이 나를 경외함은 사람의 계명으로 가르침을 받았을 뿐이라."

하나님께서 유다 백성을 보시니 입으로는 너무나 하나님을 잘 믿는 것처럼 말하고 하나님을 존경한다고 하였지만, 그것은 모두 입에 발린 말일 뿐 실제로는 하나님을 가까이하지도 않았고 믿는 것을 중요하게 생각하지도 않았던 것입니다. 여기서 우리는 진심으로 하나님을 가까이하고 사랑하는 것과 겉으로만 하나님을 사랑하는 척하는 것을 무엇으로 분별할 수 있을까요? 가장 중요한 말씀이 바로 본문에 나옵니다. 그것은 '그들이 나를 경외함은 사람의 계명으로 가르침을 받았을 뿐이라'는 것입니다.

우리가 진심으로 하나님을 사랑할 때는 누가 가르치지 않아도 하나님의 말씀을 사랑하게 됩니다. 즉, 우리가 하나님이 좋아서 하나님을 사랑할 때는 다른 어떤 행동이나 의식이 아니라 하나님의 말씀을 사랑하는 것으로 나타나게 됩니다.

한번은 하나님께서 이스라엘 초대 왕 사울에게 아말렉을 치라고 말씀하시면서, 아말렉의 왕이나 모든 사람이나 가축을 진멸하라고 하셨습니다. 그런데 사울은 아말렉을 쳐서 이기기는 했지만 아말렉 왕 아각을 포로로 끌고 왔고, 또 양과 소의 기름진 것은 전부 전리품으로 가지고 왔습니다. 이때 사무엘 선지자가 사울에게 왜 양과 소를 죽이지 않고 끌고 왔느냐고 묻자 사울은 하나님께 제물로 바치기 위해서라고 변명했습니다. 그때 사무엘은 사울에게 하나님은 순종을 제사보다 더 기뻐하시며 말씀을 듣는 것을 수양의 기름보다 더 좋아하신다고 말했습니다. 하나님께서는 우리가 거창한 의식을 행하거나 하나님을 위해서 많은 일을 하는 것보다는, 우리가 진정으로 하나님을 사랑한다면 하나님의 말씀을 듣고 순종하는 것을 가장 기뻐하시고 좋아하십니다.

그런데 이 본문 말씀은 신약에서 예수님께서 그 당시 유대인들을 향해 그대로 인용한 말씀이었습니다.

∷ 마 15:7-9 ∷ "외식하는 자들아 이사야가 너희에 관하여 잘 예언하였도다. 일렀으되 이 백성이 입술로는 나를 공경하되 마음은 내게서 멀도다. 사람의 계명으로 교훈을 삼아 가르치니 나를 헛되이 경배하는도다 하였느니라."

예수님 당시 유대인들은 하나님을 더 잘 섬기기 위해 많은 인간의 규칙을 만들어서 지키고 있었습니다. 그중에는 안식일에 해서는 안 되는 일들이 있었고, 또 금식하는 일들이 있었으며, 심지어는 바깥에 출입했다가 들어왔을 때 손이나 머리에 물을 뿌리는 정결의식이 있었습니다. 그러나 이런 것들은 결코 하나님의 말씀에서 나온 것이 아니라 사람의 머리에서 나온 것이었습니다. 예를 들어, 예수님께서 귀신 들렸거나 혹은 큰 장애를 가진 사람들을 안식일에 치료하시면, 그 당시 바리새인들이나 서기관들은 예수님이 안식일을 어긴다고 비난했습니다. 그때 예수님은 그들에게 "너희 중에 누가 그 아들이나 소가 우물에 빠졌으면 안식일에라도 곧 끌어내지 않겠느냐."(눅 14:5)라고 말씀하셨습니다. 즉, 자녀나 가축이 우물에 빠졌는데 '얘야, 오늘은 안식일이어서 내가 너를 건져 줄 수 없단다. 오늘은 안식일이니까 너도 그 안에서 꼼짝하지 말고 하루 종일 기도나 하고 있어라'라고 하지 않는다는 것입니다. 그들은 아무리 안식일이라도 우물에 빠진 자녀나 가축을 건져 낼 것입니다. 그런데 하물며 잠시 우물에 빠진 것이 아니라, 한평생 사탄에게 매여 허리가 구부러지거나 정신이 이상한 사람을 안식일에 건져 내는 것이 왜 죄가 되느냐고 물으신 것입니다.

그런데 사람들에게 참 이상한 습성이 하나 있습니다. 그것은 순수한 하나님의 말씀을 자신들은 이미 다 안다고 생각하고 유치하게 여기는 것입니다. 그런데 세상의 학문적인 내용이나 철학적인 지식이나 세상의 통계를 가지고 이야기하면, 무엇인가 참신하고 새로운 말씀을 듣는 것처럼 눈을 반짝이면서 좋아하고 그런 지식을 더 가지려고 추종하는 모습을 볼 수 있습니다. 하나님께서는 이것은 진심으로 하나님을 사랑하는 것이 아니라 입으로만 하나님을 사랑하는 것이고, 하나님을 사랑하는 척하는 것이라고 하셨습니다. 우리가 진심으로 하나님을 사랑한다면, 인간의 사상이나 철학이 아닌 오직 하나님의 말씀 자체를 좋아하고 그 말씀대로 살아야 합니다. 사도 바울은 예수 그리스도를 아는 지식이 가장 고상하므로 그 이외의 것들은 다 배설물로 여긴다고까지 했습니다.

그러면 우리가 하나님의 말씀대로 순종하는 것이 어떤 것입니까? 물론 어떤 것은 하나님의 말씀에 따르는 것과 아닌 것이 금방 구별될 것입니다. 예를 들어, 오늘 예배가 있는데 교회에 갈 것인가 술집에서 열리는 친구들과의 모임에 갈 것인가는 잘 구별될 것입니다. 그러나 이때도 친구가 너무 간절하게 오라고 하거나 혹은 내가 너무 가고 싶으면 말씀대로 순종하기가 쉽지 않습니다. 그래서 사실 우리는 하나님의 말씀을 완전히 지킬 능력은 없습니다. 그러나 우리가 하나님의 말씀 자체를 사랑하고 하나님의 말씀을 붙들고 살아가면 우리는 자연스럽게 조금씩 더 하나님이 기뻐하는 삶을 살게 됩니다. 이것이 우리가 하나님을 마음으로 좋아하고 진심으로 좋아하는 것이지, 하나님의 말씀을 인간의 학문이나 세상의 성공으로 바꾸어 버리는 것은 하나님을 사랑하는 것이 아닙니다.

이사야 당시를 살펴보면, 유다 백성은 앗수르 군대를 이긴 후 성전에 모여서 열심히 제사 드리고 예배를 드려서 겉으로는 그들이 말씀대로 사는 것처럼 보였습니다. 그러나 유다 백성이나 예루살렘 사람들은 마음속으로는 하나님의 말씀으로 만족하지 못했습니다. 하나님의 말씀은 시시하게 여겨졌고, 세상에 나가서 세상의 많은 것으로 예배드리기를 원했던 것입니다. 그리고 많은 유다 백성이나 예루살렘 사람들은 성전의 케케묵은 신앙을 세상의 현대적인 예배나 종교로 바꾸기 원했습니다. 그러면 유다 백성은 하나님도 잘 섬기면서 세상적으로도 성공적이며 세련된 종교를 가진 사람들로 인정받을 것입니다. 그런데 이것은 오직 하나님을 이용하며 하나님의 복만 노리는 이기적인 행동일 뿐 진심으로 하나님을 사랑하는 것이 아니었습니다.

이것은 예수님 당시에도 마찬가지였는데, 예수님 당시 유대교는 미드라쉬나 탈무드 등 엄청난 종교적 지식을 만들어 내었습니다. 물론 그 모든 것은 하나님을 더 잘 믿도록 하기 위해 만든 것이지만, 유대교 사람들의 공통된 특징은 하나님의 말씀 자체는 무시하고 자신들의 종교 의식이나 전통을 더 중요하게 생각하는 것이었습니다. 예수님께서는 이런 자들의 귀는 더 어두워지고 이들의 눈은 더 감겨져서 결국 아무것도 보지 못하고 아무것도 깨닫지 못할 것이라고 말씀하셨습니다.

이것은 오늘 우리나라 기독교에서도 나타나는 현상입니다. 우리나라 목회자나 교인들 중 많은 사람이 하나님의 말씀 자체를 사랑하기보다는, 부흥이나 축복 혹은 성경 지식이나 기독교에 대한 자신의 신념을 너무나 확고하게 믿는 모습을 볼 수 있습니다. 그래서 부흥을 하려면 어떻게 교인들을 모아야 한다든지 혹은 기독교는 어떠어떠해야 한다는 등 의견이 많습니다. 그런가 하면 말씀보다도 세상 학력이 높은 사람의 말을 더 권위 있게 받아들이는 경향도 볼 수 있습니다. 물론 이런 사람들은 자신이 하나님을 정말 사랑하는 것처럼 말하지만, 성경은 이들이 입으로만 사랑하고 겉으로만 사랑하는 체할 뿐이라고 말씀합니다. 하나님을 진심으로 사랑하는 사람은 일단 사람의 교훈이나 가르침을 좋아하지 않습니다. 그리고 아무것도 내놓거나 자랑할 것이 없어도 순수한 하나님의 말씀 자체를 사랑합니다.

그런데 우리가 보기에는 사람의 가르침을 좋아하고 세상의 유행이나 지식을 좋아하는 사람들은 매우 똑똑하고 모든 것을 잘 분별할 것 같은데, 실제로는 정반대되는 일이 일어날 것이라고 말씀하셨습니다.

:14절: "그러므로 내가 이 백성 중에 기이한 일 곧 기이하고 가장 기이한 일을 다시 행하리니 그들 중에서 지혜자의 지혜가 없어지고 명철자의 총명이 가려지리라."

하나님께서는 이 백성 중에서 '기이한 일 곧 기이하고 가장 기이한 일'을 행할 것이라고 말씀하셨습니다. 그냥 기이한 일이 아니라 기이하고 가장 기이한 일이라면 얼마나 이상한 일이겠습니까? 하나님께서 행하실 기이한 일은 '지혜자의 지혜가 없어지고 명철자의 총명이 가려지는' 것이었습니다. 이들은 이 세상에서 가장 똑똑하고 가장 공부를 많이 한 자들로, 항상 모든 사람 앞에서 세상사를 논평하고 떠들던 자들이었습니다. 그런데 바로 그 사람들이 세상에서 가장 멍청한 짓을 하게 됩니다. 즉, 이들은 누가 봐도 말도 안 되는 일들을 따라가서 결국 죽는 길로 가게 되는 것입니다.

우리도 가끔 어떤 어려운 결정을 해야 할 때, 생각하고 또 생각하다 보면 나중에는 모든 것이 뒤얽혀서 가장 바보 같은 결정을 하고 말 때가 있습니다. 사람들은 생각할 시간이 많거나 혹은 많은 생각을 하면 최선의 결과가 나올 것으로 기대하지만, 지혜는 하나님으로부터 오는 것입니다. 그래서 하나님의 말씀을 우습게 알고 인간의 가르침을 따라간다면, 결정적으로 중요한 순간이 왔을 때 너무 많은 생각을 하다가 결국 최악의 결과를 선택하게 됩니다. 그 이유는 우리 인간이 평면에 서 있기 때문입니다. 평면에서는 앞의 길이 보이지 않습니다. 하지만 우리가 하나님의 말씀을 붙들고 가면, 우리는 길을 잘 모르지만 하나님께서 우리의 길을 열어 주십니다. 사실 우리는 멋도 모르고 길을 갔는데, 나중에 알고 보니 그것이 살 수 있는 유일한 길이었던 것입니다.

우리는 때로 정치인들의 행보를 보면서 '이건 정말 길이 아닌데 왜 그렇게 결정했을까?' 혹은 '저 사람은 왜 저렇게 망할 길만 골라서 가는 것일까?'라는 생각을 합니다. 그러나 그 사람에게는 그것이 가장 현명한 결정이고, 주위의 보좌관들도 다 그것이 최선의 길이라고 주장하기 때문에 그런 행보를 보였을 것입니다. 하지만 나중에 보면 그것이 자멸하는 길이어서 결국은 자기들끼리 싸우다가 원수가 되는 경우를 보게 됩니다. 이것은 하나님께서 그들의 총명을 어둡게 하셨기 때문입니다.

이것이 하나님의 총명과 인간의 지혜의 차이입니다. 인간의 지혜는 평소에는 아주 똑똑해 보이지만 결정적인 순간에 생각이 경직되어서 망하는 길로 가는 반면, 하나님의 총명은 멍청해 보여도 결국 사는 길로 가고 복 받는 길로 가게 됩니다.

: 15절 : "자기의 계획을 여호와께 깊이 숨기려 하는 자들은 화 있을진저 그들의 일을 어두운 데에서 행하며 이르기를 누가 우리를 보랴 누가 우리를 알랴 하니"

예를 들어, 몸에 병이 있는 환자는 의사를 만났을 때 자기가 특별히 복용하는 약이나 음식, 그리고 병원 밖에서 치료받는 것이 있으면 다 이야기해야 합니다. 진찰을 받는 환자가 의사에게 자기가 복용하는 약을 숨기거나 다른 데서 치료받고 있는 내용을 말하지 않는다면 병을 절대로 치료할 수 없습니다. 환자가 의사를 찾아가는 것은 의사를 신뢰하고 치료를 받기 위해 가는 것이지, 자기 상황은 감추고 의사의 말이나 한번 들어 보려고 가는 것은 아닙니다. 마찬가지로 우리가 하나님께 온 것은 하나님을 신뢰하고 하나님께 나의 모든 것을 치료받기 위해서입니다. 하나님께 지금 나의 상태나 내 생각, 계획 등을 모두 말씀드리고 이것을 해도 되는지 안 되는지를 인도받아야 하는 것입니다.

그러나 유다 지도자들은 자신들의 마음의 생각을 절대로 하나님께 말씀드리지 않았습니다. 그 이유는 자기들의 생각이 절대적으로 옳다고 믿었기 때문입니다. 유다 지도자들이 하나님께 원하는 것은 하나님께서 그들의 가장 중요한 결정은 건드리지 말고 무조건 복만 주시라는 것이었습니다. 그러면서 그들은 밤에 사람들이 보지 않을 때 몰래 자신들의 계획을 추진하였습니다. 그것은 애굽과 군사 동맹을 맺고 애굽의 지원을 받는 것이었습니다. 하지만 애굽은 이미 힘을 잃어서 유다를 도울 형편이 되지 못하는 상태였습니다.

2. 진흙과 토기장이의 관계

우리는 때때로 자신의 모습을 잊어버릴 때가 있습니다. 그리스 신화를 보면 나르시스라는 청년은 호숫가에서 물에 비친 자신의 모습을 보고 사랑에 빠집니다. 그는 물속의 잘생긴 청년이 자기 모습인 줄 모르고 그를 만나기 위해서 물속으로 들어가 숨을 거두고 맙니다. 사람들이 자기도취에 빠지면 자기가 모든 것을 결정하며, 온 세상이 자기 마음대로 될 줄로 착각하게 됩니다. 그러나 우리가 기억해야 할 것은 하나님께서 우리를 흙으로 만드셨다는 사실입니다. 실제로 우리 인간과 가장 비슷한 것이 흙으로 만들어진 그릇이나 항아리들입니다.

: 16절 : "너희의 패역함이 심하도다. 토기장이를 어찌 진흙 같이 여기겠느냐. 지음을 받은 물건이 어찌 자기를 지은 이에게 대하여 이르기를 그가 나를 짓지 아니하였다 하겠으며 빚음을 받은 물건이 자기를 빚은 이에게 대하여 이르기를 그가 총명이 없다 하겠느냐."

본문에서 '너희의 패역함이 심하도다'라는 말씀을 하셨는데, 이것은 사람이 자기 분수를 잊어버리고 종이 주인이 되려고 하거나 자식이 부모를 업신여기고 학대하는 것을 말합니다.

하나님께서는 이것을 토기장이와 그릇의 비유로 말씀하셨습니다. 토기장이가 진흙을 가지고 그릇을 만들 때는 완전히 토기장이 마음대로 만들게 됩니다. 어떤 진흙으로는 작은 간장 종지를 만들 수 있고, 어떤 진흙으로는 큰 항아리를 만들 수 있습니다. 그리고 토기장이는 그릇을 만들다가 모양이 잘 나지 않으면 모두 부수어 버릴 수도 있습니다.

또한 그릇을 만든 사람은 자기의 용도에 따라 그릇을 마음대로 사용할 수 있습니다. 어떤 그릇은 커피 잔으로 사용하고, 어떤 그릇은 장식용으로 사용하고, 어떤 그릇은 고급 술병으로 쓸 수도 있습니다.

그런데 유다 백성이 얼마나 건방지게 변했는지, 자기를 지으신 분에게 그가 나를 만들지 않았다고 고집을 부리는 것입니다. 즉, 그릇이 토기장이에게 '나는 네가 나를 만드는 것을 본 적이 없기 때문에 네가 나를 만든 사실을 믿지 못하겠다'고 말하는 것입니다. 그리고 심지어 그릇은 토기장이에게 '너는 정말 멍청하다'고 말합니다. 모든 그릇들을 다 최고급 찻잔으로 만들지 않고 어떤 것은 항아리로 만들고 어떤 것은 국그릇으로 만들었기 때문에 멍청하다는 것입니다. 하나님은 유다 백성에게 어떻게 지음 받은 물건이 자기를 지은 이에게 총명이 없다, 즉 어리석다고 말할 수 있느냐고 책망하십니다. 지음 받은 물건은 결코 지으신 분에게 그런 말을 할 자격이 없습니다. 왜냐하면 그분이 없었더라면 그는 이 세상에 존재할 수도 없었기 때문입니다.

하나님께서는 이스라엘을 만드셨고, 이스라엘에 대한 모든 것을 알고 계십니다. 특히 하나님께서 이스라엘을 빚으신 것은 그에 대한 특별한 용도가 있으셨기 때문입니다. 그릇은 자신의 용도대로 사용되어질 뿐입니다. 간장독은 간장독 역할만 하면 되는 것이고, 꽃병은 꽃병 역할만 하면 됩니다. 그런데 간장독이 꽃병 역할도 하고 요강 역할도 한다면 아주 골치 아프게 될 것입니다.

결국 유다가 하나님을 모르겠다고 말하는 것은 자신에게 주어진 역할에 만족하지 못하겠다는 것입니다. 그리고 자신들을 이런 식으로 만드신 것은 하나님께서 총명하지 못하시기 때문이라고 말합니다. 다시 말해서, 하나님께서 어리석다는 것입니다.

하나님께서 이스라엘 백성에게 주신 역할이 무엇입니까? 세상적인 권력을 휘두르고 지식이나 문화를 만들어 내는 것이 아니라, 하나님을 믿는 믿음의 사람들이 되는 것이었습니다. 하나님께서 유다를 빚고 이스라엘을 만드신 것은, 뛰어난 과학 기술을 주시기 위해서도 아니고 권력 있는 나라를 만드시기 위해서도 아니었습니다. 하나님께서 이스라엘을 만드신 것은 오직 하나님을 잘 믿는 백성을 만드시기 위해서였습니다. 그러므로 그들은 하나님을 잘 믿기만 하면 충분했습니다. 그러나 유다 백성은 하나님을 어리석다고 하면서, 왜 우리를 이 세상에서 제일 강하고 잘사는 사람들로 만들지 않았느냐고 따졌던 것입니다.

유다 백성은 하나님을 잘 믿는다고 세상 사람들이 알아주는 것도 아니며, 그런 것으로는 나라를 지킬 수도 없다고 불만을 토로했습니다. 어리석게도 유다 백성은 하나님의 말씀을 너무나 작고 초라한 것으로 생각했습니다. 그래서 결국 하나님의 말씀과 믿음을 버리고, 다른 나라들처럼 무역도 많이 하고 국방력을 키우면서 외교 관계를 넓히려고 했습니다. 그러나 이렇게 하는 것은 바로 질그릇이 토기장이를 배반하는 것이었습니다. 분명히 토기장이는 목적을 가지고 자신의 그릇을 만들었습니다. 그런데 그 그릇이 주인의 의도와 다른 용도로 사용된다면 반드시 부서지게 됩니다. 유다 백성은 그것도 모르고 자기 마음대로 살겠다고 주장했던 것입니다.

이 세상에는 많은 차들이 있는데, 차마다 용도가 다 다릅니다. 그런데 사람들이 마음대로 차를 개조해서 승용차를 덤프트럭으로 만들거나 불도저로 만든다면 그 차는 바로 고장이 나고 말 것입니다.

유다 백성이 염려하고 걱정하는 부분에 대해서 어느 정도는 공감합니다. 하나님을 믿는 것만으로는 세상 사람들이 알아주지 않습니다. 오히려 그것 때문에 유다 백성은 더더욱 이 세상에서 고립될 것이 분명합니다. 또 그들이 하나님의 말씀만 붙들고 있을 때 강한 나라들이 쳐들어오면 그때마다 고통을 받을지도 모릅니다. 하지만 만약 유다 백성이 하나님의 말씀의 능력을 제대로 알았더라면 그런 고통쯤은 얼마든지 감수할 수 있었을 것입니다. 그들이 하나님의 말씀의 가치를 제대로 알았더라면, 다른 나라들이 알아주지 않는 것도, 강한 나라가 쳐들어올 때마다 고통받는 것도 감수할 수 있었을 것입니다.

우리는 하나님을 믿는 믿음 안에서 살려면 이 세상을 좀 재미없게 살아야 한다는 사실에 힘들어 합니다. 이 세상에는 재미있는 것들이 너무 많고 좋은 것들이 너무 많습니다. 또 학벌이 뛰어나거나 돈이나 권력이 있으면 세상으로부터 인정을 받습니다. 그런데 믿음 안에서 살려면 이 모든 것을 포기해야 하는 것입니다.

그러나 또 다른 비밀스러운 지식이 있습니다. 그것은 성경 안에 있는 하나님의 말씀으로, 이것은 돈이 되거나 세상적인 성공에 써먹을 수 있는 것은 아닙니다. 그런데 놀랍게도 하나님의 말씀은 사람을 변화시키는 능력이 있습니다. 또한 기도의 응답을 가져오고 부흥의 축복이 일어나게 합니다. 이것을 위해서 우리는 이 세상을 재미없고 바보같이 살 각오를 해야 하는 것입니다. 왜냐하면 하나님께서 주신 것에 만족하고 살아야 말씀이 열리기 때문입니다.

아마도 하나님께서는 애굽이라는 나라를 만드실 때 꽃병으로 쓰시려고 만드신 것 같습니다. 그러나 유다는 비록 질그릇으로 만들어졌지만 그 안에 하나님의 진리, 즉 하나님의 능력을 담아 주셨습니다. 그런데 유다는 말씀이 담긴 질그릇으로 만족하지 못하고, 화려한 꽃병이 되고자 질그릇 안에 담겨 있던 진리의 말씀을 모두 땅에 쏟아 버리고 말았습니다. 하지만 질그릇이 진리를 버린다고 꽃병이 될 수 있는 것도 아니었습니다. 그냥 빈 질그릇으로 밖에 버려질 수밖에 없었습니다.

우리가 존재하는 이유는 오직 하나, 하나님을 나타내는 것입니다. 다른 사람들이 우리를 욕하든 무시하든 그것은 중요한 것이 아닙니다. 우리가 오직 하나님 한 분만을 의지하고 그분만 나타내면 하나님께서 우리를 만드신 목적을 성취하는 것입니다. 그러나 유다 백성은 그것은 너무 답답한 일이라고 생각했습니다. 유다 백성은 자기들도 다른 나라처럼 강해지고 싶었고 다른 많은 나라를 지배하고 싶었습니다. 왜냐하면 강한 나라가 아니면 늘 다른 나라의 공격으로 시달려야 했기 때문입니다. 그래서 그들은 질그릇으로 만족할 수 없었습니다. 유다 백성은 하나님을 어리석다고 생각했습니다. 이 세상에 정말 재미있게 사는 길이 있는데, 왜 하나님은 우리를 이렇게 바보처럼 살게 하시나라고 생각했던 것입니다.

3. 하나님께서 미래에 주시는 복

하나님께서는 유다 백성 중에 끝까지 하나님의 말씀을 붙드는 사람들이 있을 것을 아셨습니다. 하나님은 미래에 그들에게 놀라운 복이 임할 것이라고 약속하셨습니다.

：17-18절： "오래지 아니하여 레바논이 기름진 밭으로 변하지 아니하겠으며 기름진 밭이 숲으로 여겨지지 아니하겠느냐. 그 날에 못 듣는 사람이 책의 말을 들을 것이며 어둡고 캄캄한 데에서 맹인의 눈이 볼 것이며"

머지않아 레바논이 큰 삼림으로 변한다고 말씀하십니다. 원래 레바논의 숲은 유명했습니다. 그런데 이사야 당시에는 앗수르 군대가 침략하면서 숲을 완전히 폐허로 만들어서 나무가 하나도 없었습니다. 예루살렘 주위에서 가장 황폐해진 곳이 레바논이었던 것 같습니다. 그런데 바로 그곳이 어느 날 기름진 밭이 되고, 나중에는 아주 울창한 숲이 된다는 것입니다. 그리고 그 날에는 못 듣는 사람의 귀가 열리고 맹인의 눈이 보게 된다고 약속하십니다. 당시 사람들은 예루살렘 주위의 황폐한 레바논 들판이나 수많은 듣지 못하는 사람이나 맹인을 하나님 앞에서 죄를 용서받지 못한 표시로 생각했습니다. 그런데 언젠가는 그들이 이 세상의 죄가 저질러 놓은 그 모든 상처와 흔적들을 깨끗이 치료받고 기적을 체험하는 날이 오게 되는 것입니다.

:19절: "겸손한 자에게 여호와로 말미암아 기쁨이 더하겠고 사람 중 가난한 자가 이스라엘의 거룩하신 이로 말미암아 즐거워하리니"

여기에서 겸손한 자와 가난한 자는 하나님을 끝까지 믿고 의지하는 자들을 말합니다. 인간은 자기 힘으로는 절대로 겸손할 수 없습니다. 그러나 하나님의 말씀은 우리를 겸손하게 만듭니다. 인간은 이 세상에서 언제나 부요하기를 원합니다. 그러나 하나님의 말씀은 우리 마음속에 영원히 채워지지 않는 갈급함을 주십니다.

이 사람들은 세상에 있는 것으로 스스로 강해지거나 스스로 행복해지려고 하지 않고, 오직 하나님의 구원만을 바라보는 사람들입니다. 그런데 이들에게 놀라운 일이 일어나게 됩니다. 그것은 바로 여호와께서 직접 오시는 것입니다. 즉, 하나님께서 오셔서 그 백성의 죄를 스스로 책임지시고, 죄가 저질러 놓은 모든 상처와 파괴된 흔적을 치료하고 회복시키는 일들을 행하시는 것입니다. 그것이 바로 성령님을 통한 치료와 회복의 역사입니다. 예수님의 십자가는 먼저 하나님과 원수 된 관계들을 회복시키십니다. 그러고 나면 성령께서 우리 안에 죄가 저질러놓은 모든 상처와 파괴된 것을 치료하시고 회복시키십니다. 성경은 이것을 못 듣는 사람이 하나님의 말씀을 듣게 되며 맹인이 앞을 보게 된다는 것으로 표현하고 있습니다. 물론 성령께서는 인간의 모든 질병을 치료하시지는 않습니다. 그리고 우리의 모든 가난을 부요한 것으로 바꾸시지도 않습니다. 그 대신 그 이상의 일을 하십니다. 바로 우리 안에 있는 죄의 상처들을 모두 치료하시고 회복시켜 주십니다. 그리고 날마다 그것들을 새로운 피조물로 아름답게 빚어 주십니다.

: 20-21절 : "이는 강포한 자가 소멸되었으며 오만한 자가 그쳤으며 죄악의 기회를 엿보던 자가 다 끊어졌음이라. 그들은 송사로 사람에게 죄를 씌우며 성문에서 판단하는 자를 올무로 잡듯 하며 헛된 일로 의인을 억울하게 하느니라."

여기서 강포한 자는 누구를 말할까요? 예루살렘 안의 악한 자일까요? 아니면 바벨론이나 앗수르 같은 이방 세력을 말할까요? 사실 이 두 가지는 같은 것입니다. 아무리 하나님의 백성이라 하더라도 그중에 악한 자는 꼭 있었습니다. 그들은 말씀대로 살려는 자들을 고통스럽게 하였고 억울하게 내쫓았습니다. 그러나 그 날이 오면 진리가 환하게 비취기 때문에 그런 사람들이 맥을 추지 못하게 될 것입니다. 오늘날 의인들이 무기력하게 사는 것은 자기 잘못입니다. 왜냐하면 진리를 제대로 드러내지 못했기 때문입니다. 살아서 역사하는 하나님의 말씀 앞에서는 악한 자가 힘을 쓰지 못하게 되어 있습니다. 다시는 그런 악한 자들이 순전한 마음으로 하나님을 의지하는 자들을 억압하지 못하게 될 것입니다.

여기서 하나님은 좀 어려운 말씀을 하십니다. 믿음의 조상 아브라함과 야곱의 신앙의 차이를 통해서 우리를 깨닫게 하시는 것입니다.

∷ 22절 ∷ "그러므로 아브라함을 구속하신 여호와께서 야곱 족속에 대하여 이같이 말씀하시되 야곱이 이제는 부끄러워하지 아니하겠고 그의 얼굴이 이제는 창백해지지 아니할 것이며"

같은 믿음의 조상인데도 아브라함과 야곱은 많이 달랐습니다. 아브라함은 일단 하나님의 말씀을 믿은 후에는 끝까지 하나님의 말씀을 붙잡고 갔습니다. 아브라함은 일단 하나님의 뜻이라고 하면 앞뒤를 재지 않고 순종한 사람입니다. 그의 믿음은 하나님의 말씀이라고 하면 갈 데까지 가는 것입니다. 아브라함은 하나님의 말씀 때문에 본토 친척 아비 집을 버렸습니다. 애굽 땅도 버렸습니다. 소돔 들판도 포기했습니다. 아브라함은 자기가 그렇게 집착하던 이스마엘도 버렸습니다. 아브라함은 심지어 사랑하는 독자 이삭도 모리아 산에서 번제로 바쳤습니다.

그러나 야곱은 그렇지 않았습니다. 야곱은 하나님을 의지하는 듯하다 결정적인 순간에 자신의 머리를 믿었으며 자기 방법대로 모든 일을 처리했습니다. 야곱은 너무 머리가 좋았기 때문에 하나님만 의지하고 기다릴 수 없었습니다. 그래서 야곱은 하나님의 은혜를 체험한 후에도 하란에 가서 이십 년 이상 종살이를 해야만 했습니다.

지금 유다 백성의 모습은 바로 스스로 바벨론의 노예가 되는 야곱과 같습니다. 그들이 하나님의 말씀만 붙들고 단순하게 순종했다면 참으로 위대한 인생을 살 수 있었을 텐데, 그렇지 못해서 자기 스스로 종이 되었습니다. 그들이 하나님의 말씀이 가라고 하면 앞뒤 볼 것 없이 믿음으로 가고, 가지 말라고 하면 아무리 가고 싶어도 참고 기다렸더라면 그들은 정말 위대한 이스라엘이 되었을 것입니다. 그러나 유다 백성은 머리를 너무 굴렸기 때문에 끝까지 말씀을 붙들 수 없었습니다. 그 결과 그들은 믿음으로 살아갈 수 있는 기회를 다 놓치고 결국 스스로 노예가 되는 길을 갔습니다. 이처럼 하나님의 백성이 너무 머리를 너무 굴리면 반드시 어려움을 만나게 됩니다.

:23-24절: "그의 자손은 내 손이 그 가운데에서 행한 것을 볼 때에 내 이름을 거룩하다 하며 야곱의 거룩한 이를 거룩하다 하며 이스라엘의 하나님을 경외할 것이며 마음이 혼미하던 자들도 총명하게 되며 원망하던 자들도 교훈을 받으리라 하셨느니라."

하나님을 바로 아는 것은 성령께서 우리에게 깨달음을 주시기 때문에 가능한 일입니다. 참으로 오늘의 우리는 얼마나 복 받은 상태에서 살고 있는지 모릅니다. 하나님께 구하기만 하면 놀라운 성령의 지각을 주십니다. 그래서 우리는 한때 그렇게 혼미하던 것이 명쾌해지며, 너무나 분명하게 하나님의 뜻을 깨닫게 됩니다. 우리는 죄의 유혹에 빠지지만 않으면 절대로 망하지 않습니다.

우리가 망하는 것은 스스로 너무 머리를 굴리다가 죄에 무감각해지기 때문입니다. 우리가 하나님께서 싫어하시는 죄에 빠지지만 않으면 우리의 길은 형통할 것이며, 야곱 같은 수십 년의 시행착오는 필요하지 않을 것입니다. 결국 하나님께서는 택한 백성을 아브라함과 같이 만드십니다. 그런데 아브라함은 위대한 믿음의 삶을 살았는데, 야곱은 불필요한 종살이로 많은 세월을 낭비한 이유가 어디에 있습니까? 말씀보다 자기 머리를 더 믿었기 때문입니다.

하나님은 이 세상 모든 것을 주장하십니다. 그런데 우리에게 특별한 사명을 주셨습니다. 그것은 세상을 많이 가지려 하지 말고, 말씀을 지키고 드러내라는 것입니다. 우리는 이 세상의 재미를 내려놓아야 말씀을 붙들 수 있습니다. 그러면 어떻게 됩니까? 우리는 망하지 않을 것이며, 하나님께서 우리를 존귀하게 하실 것입니다. 야곱은 벧엘에서 하나님의 제사장으로 임명받았습니다. 그럼에도 불구하고 스스로 자기 욕심의 노예가 되었다가 많은 세월을 낭비하였습니다. 우리도 자신의 똑똑한 머리를 믿으면 그렇게 될 것입니다. 우리에게 주어진 시간은 너무 짧습니다. 그러므로 내 욕심을 채울 시간이 없습니다. 여러분들은 모두 주어진 사명을 잘 감당하는 자들이 되기를 바랍니다.

47

애굽으로 내려감

이사야 30:1-14

얼마 전에 우리나라의 큰 동물원에서 호랑이가 사육사를 물고 우리를 탈출한 사건이 일어났습니다. 언론에서는 그 호랑이가 쇠울타리를 뛰어넘어 밖으로 나왔더라면 많은 사람이 피해를 입었을 텐데, 다행히 호랑이가 어슬렁거리다 스스로 우리 안으로 들어갔다고 보도했습니다. 그리고 사람을 문 이 호랑이를 죽여야 하는지 말아야 하는지에 대해 많은 논쟁이 있었습니다. 그런데 이 사육사를 물고 우리 밖으로 탈출했던 호랑이는 왜 우리 안으로 도로 들어갔을까요? 그 이유는 이 호랑이가 맹수이긴 하지만 그만큼 길들여져서 맹수의 습성을 많이 잃어버렸기 때문입니다. 바로 이것이 야생 동물과 사람이 키우는 가축의 차이입니다.

예를 들어, 야생 동물이 우리에 갇히거나 웅덩이에 빠졌을 때 만일 도와

주고 싶으면 거기서 꺼내 주기만 하면 됩니다. 그 야생 동물은 얼마든지 혼자 힘으로 살아갈 수 있기 때문입니다. 하지만 사람에게 길들여진 가축은 우리나 웅덩이에서 꺼내 준다고 해서 다 된 것이 아니라 집에 데리고 가서 먹이를 주고 돌보아 주어야 합니다. 왜냐하면 사람에게 길들여진 짐승은 다른 데 가서 혼자 살아갈 능력이 없기 때문입니다. 이것이 바로 이 세상 사람들과 하나님의 백성의 차이이기도 합니다. 세상 사람들이 어려움에 빠지면 그들에게 돈으로 도와주거나 어려움에서 건져 주기만 하면 됩니다. 그들에게는 야생의 본능이 있어서 혼자 힘으로 얼마든지 살아갈 수 있기 때문입니다. 그러나 하나님의 백성이 환난에 빠지게 되었을 때는 한 번만 도와준다고 해서 살 수 없습니다. 하나님의 백성은 혼자 힘으로는 도저히 살아갈 수 없는 존재이기 때문입니다.

하나님의 백성에게 가장 중요한 것은 그들이 세상 사람들과 다르다는 점입니다. 우리에게 가장 이해되지 않는 것이 바로 이 부분으로, 우리는 세상 사람들과 똑같이 생겼고 똑같은 욕망을 가졌고 똑같은 것을 먹고 살아가는데 왜 우리만 다르다고 말씀하시는가 하는 것입니다. 왜 우리는 세상 사람들처럼 하고 싶은 것도 하지 못하고, 왜 우리는 세상 사람들이 쓰는 방법을 사용해서는 안 되는 것일까요? 그것에 대해 하나님은 우리가 세상 사람들과 근본적으로 다르기 때문이라고 말씀하십니다.

1. 유다 백성의 몸부림

유다 백성은 가나안 땅에서 고립되어 살아야 할 때가 많았습니다. 그러나 사람이 돈이 있고 힘이 있을 때 고립되는 것은 괜찮지만, 힘도 없고 돈도 없는데 고립되는 것은 너무나 고통스러운 일입니다. 그래서 유다 백성은 앗수르나 바벨론 같은 강대국이 쳐들어왔을 때 애굽과 동맹을 맺어서 이런 적을 물리치려고 했습니다. 우리가 생각하기에 유다 지도자들이나 백성의 태도는 아주 정상적인 것 같습니다. 즉, 유다 백성이 자기 힘으로는 도저히 감당할 수 없는 큰 적이 쳐들어왔을 때 주위의 힘 있는 다른 나라 도움을 받아서 적을 물리치는 것은 지극히 상식적이고 당연한 일인 것 같습니다. 그런데 하나님은 이런 유다 지도자들이나 백성을 굉장히 비난하고 책망하셨습니다.

:1-2절: "여호와께서 이르시되 패역한 자식들은 화 있을진저. 그들이 계교를 베푸나 나로 말미암지 아니하며 맹약을 맺으나 나의 영으로 말미암지 아니하고 죄에 죄를 더하도다. 그들이 바로의 세력 안에서 스스로 강하려 하며 애굽의 그늘에 피하려 하여 애굽으로 내려갔으되 나의 입에 묻지 아니하였도다."

유다 지도자나 백성은 큰 전쟁이 터졌을 때 애굽 군대의 도움으로 위기를 타개하려고 계획을 짜놓고 있었습니다. 그러나 하나님께서는 이것에 대하여 크게 책망하셨습니다.

하나님께서는 유다 백성을 '패역한 자식들'이라고 부르고 있습니다. 여기서 '패역한 자식'은 너무나 못되어서 부모의 말을 죽어도 듣지 않고 자기 고집대로 해 버리는 자식을 말합니다. 여기서 우리는 두 가지 사실을 엿볼 수 있습니다. 그 하나는 유다 백성이 지금 하나님의 말씀을 전혀 듣지 않고 있다는 것이고, 또 다른 하나는 그럼에도 불구하고 하나님은 아직 유다 백성을 아들로 생각하고 계시다는 것입니다. '패역한 자식'의 특징은 무엇일까요? 패역한 자식은 부모에 대한 공연한 반항심 때문에 집을 뛰쳐나간 자식입니다. 그래서 집에 가만히 있으면 고생하지 않을 텐데, 밖에서 잠잘 곳도 마땅치 않고 먹을 것도 없어 온갖 고생을 다 하는 것입니다.

하나님께서는 유다 백성이 나름대로는 계교를 베풀었다고 말씀하십니다.

즉, 유다 백성이 나름대로는 계획을 가지고 있었던 것입니다. 그러나 이 계교는 하나님께서 주신 것이 아니라고 말씀하십니다. 하나님의 백성은 불쑥불쑥 떠오르는 생각대로 움직여서는 안 됩니다. 하나님의 백성은 하나님께서 주시는 계교대로 행해야 하는 것입니다.

또 유다 백성은 다른 나라와 맹약을 맺었습니다. 물론 이 맹약은 전쟁이 일어나면 서로 돕는 군사 협정이었습니다. 그러나 하나님은 이것이 하나님의 영으로 말미암은 것이 아니라고 말씀하십니다. 즉, 하나님의 백성은 다른 사람과 계약을 하고 맹약을 맺을 때도 자기 뜻대로가 아니라 성령께서 하게 하실 때 맺어야 하는 것입니다. 대개 사람들이 어떤 계획과 전략을 세울 때는, 주어진 여건에서 가능한 모든 방법을 열거해 놓고 그중 최선이라고 생각되는 방법으로 밀어붙이게 됩니다. 그래서 사람들은 일단 가능성이 많으면 많을수록 좋다고 생각합니다. 예를 들면, 우리는 취직할 수 있는 여러 회사 중에서 하나를 택하는 것이 좋을까요, 아니면 방법이 없는데도 죽도록 하나만을 찾는 것이 좋을까요? 또 예를 들어, 어느 여성이 배우자를 선택한다면 많은 남자들 중에서 한 사람을 택하는 것이 좋을까요, 아니면 없는 남자를 배우자로 믿고 기다리는 것이 좋을까요? 인간은 당연이 눈앞에 있는 여러 가지 방법 중에서 가장 좋은 한 가지를 택하게 되어 있습니다.

그런데 하나님께서는 그런 유다 백성을 향해 '패역한 자식'이며 '죽도록 말을 듣지 않는 아들'이라고 말씀하십니다. 왜냐하면 하나님의 백성은 이 세상에 있는 많은 길을 택하는 사람이 아니라 눈에 보이지 않는 하늘의 길을 택해야 하는 사람이기 때문입니다. 우리가 어떤 길을 찾을 때, 땅에서 보면 수평적인 것만 보이지만 공중에서 보면 입체적으로 볼 수 있게 됩니다. 마찬가지로 모든 사람은 이 세상의 평면적인 데서 많은 것을 가지려고 하지만, 하나님의 백성은 하나님의 지혜와 모략으로 입체적인 길을 볼 수 있어야 합니다.

하지만 우리는 인간인데 어떻게 하나님의 지혜와 하나님의 모략을 찾을 수 있겠습니까? 바로 이것이 하나님의 백성이 어려움을 당했을 때 풀어야 할 숙제입니다. 하나님의 백성도 평소에는 세상 사람들과 똑같이 세상의 것을 가지고 살아갑니다. 이때 우리는 세상 사람들과 크게 달라 보이지 않습니다. 하지만 위기를 당하게 되면 하나님의 백성은 달라야 합니다. 왜냐하면 우리가 극한적인 상황에서 하나님을 찾게 되면 하나님은 하늘의 지혜와 모략을 주시기 때문입니다.

그런데 하나님께서 유다 지도자들이나 백성을 '패역한 자식'이라고 부르는 것은, 이들이 하나님께 상의하기만 하면 하나님은 얼마든지 길을 열어 주시고 모략을 베풀어 주실 준비가 되어 있기 때문입니다. 그러나 우리는 이것이 믿어지지 않습니다. 즉, 우리는 하나님께 기도한다고 해서 갑자기 자녀의 시험 성적이 올라가는 것도 아니고, 없는 직장이 생기는 것도 아니고, 이 세상은 사람을 오직 실력이나 결과로 판단하기 때문에 하나님도 별 수 없으시다고 생각하는 것입니다.

어떤 학생은 '예수님도 수능 시험은 도와주시지 못하시는데, 그 이유는 예수님 때는 수능이 없었기 때문'이라고 말했습니다. 사실 우리는 눈에 보이는 것을 붙들고 믿을 수밖에 없습니다. 그런데 다른 방법이 없게 되면 우리는 침체되거나 자포자기하거나 살려고 몸부림치게 됩니다. 하나님은 우리의 이런 모습을 패역하다고 하시는 것입니다. 하나님의 백성은 세상에서 맞닥뜨리는 모든 일을 내 힘으로 해결하려 하지 말고 하나님께 아뢰고 매달려야 합니다. 그런데 우리를 불안하게 만드는 것은, 만일 우리가 하나님을 믿고 열심히 기도하고 매달렸는데도 좋은 결과가 나타나지 않으면 우리는 어떻게 하느냐는 것입니다. 그러나 하나님은 우리의 연약함을 아시므로 절대로 우리를 기만하거나 속이지 않으십니다. 하나님은 반드시 우리가 복 받을 수 있는 지혜와 모략을 베풀어 주십니다.

하나님은 유다 백성에게 어리석게 애굽의 세력 안에서 강해지려 하며 애굽의 그늘에 피하려 내려갔다고 말씀하십니다. 그러면서 하나님은 그들은 "나의 영으로 말미암지 아니하고 죄에 죄를 더하도다 … 나의 입에 묻지 아니하였도다."라고 말씀하고 있습니다. 물론 그 뜨거운 더위에 애굽의 지붕이나 왕궁은 시원한 그늘을 줄 수 있을 것입니다. 그러나 이스라엘 백성은 참 하나님을 만나기 위해 열 가지 재앙을 보았으며, 홍해를 건너고 사십 년 동안 광야를 걸어서 하나님께로 왔습니다. 그렇다면 이스라엘 백성은 어떤 어려움이 생겨도 다시는 애굽으로 가지 말고, 살든지 죽든지 하나님 안에서 결판을 내었어야 하는 것입니다.

하나님께서 우리에게 이런 어려움을 주시는 이유가 무엇일까요? 그것은 우리를 버리시거나 덜 사랑하셔서가 아니라, 이제는 하나님의 비밀을 찾도록 하기 위함입니다. 우리는 우리의 처지를 부끄러워할 필요가 없습니다. 왜냐하면 우리를 천재의 머리로 만들지 않으시고 우리를 강한 사람으로 만들지 않으신 분이 하나님이시기 때문입니다. 예를 들어, 맹수들 앞에서 가축은 약하고도 약한 존재입니다. 그러나 가축들은 주인과 함께 있으면 절대로 안전합니다. 주인이 모든 것을 다 책임지기 때문입니다. 단지 그렇게 길들여지는 데 수십 년의 세월이 걸릴 뿐입니다.

요즘 동물학자들은 야생 동물들을 돌보다가 자연으로 돌려보내는 일을 하고 있습니다. 그러나 하나님은 우리에게 자연으로 돌아갈 필요가 없다고 말씀하십니다. 우리는 모든 일을 하나님의 입에 물으면 됩니다. 오히려 그렇게 하지 않는 것이 죄에 죄를 더하는 것입니다. 그럴수록 점점 더 하나님으로부터 멀어지게 되기 때문입니다.

우리 성도들이 어려운 처지를 당하는 것은 하나님께서 우리를 사랑하시기 때문에 하나님께 길을 물으라고 그런 어려움을 주시는 것입니다. 그러므로 우리는 이때야말로 하나님의 비밀 통로를 찾아야 하는 것입니다. 우리가 이때 말씀의 맛을 알고 기도의 맛을 알게 된다면 어떤 환경에서도 살아남을 수 있는 비밀을 발견한 것입니다.

2. 도움이 되지 않는 애굽

이사야 당시 애굽은 유다가 가까이할 수 있는 유일한 강국이었습니다. 즉, 유다 주위에 있는 나라들은 다 고만고만한 나라들이었기 때문에 앗수르나 바벨론이 쳐들어왔을 때 큰 도움이 되지 않았습니다. 그러나 애굽은 세계적인 강대국이었고 물자도 풍부한 나라였기 때문에 유다 백성이 의지할 수 있는 가장 큰 나라였습니다. 그러나 유다가 애굽을 믿고 의지했던 것은 애굽의 속사정을 알지 못했기 때문입니다.

┆3-5절┆ "그러므로 바로의 세력이 너희의 수치가 되며 애굽의 그늘에 피함이 너희의 수욕이 될 것이라. 그 고관들이 소안에 있고 그 사신들이 하네스에 이르렀으나 그들이 다 자기를 유익하게 하지 못하는 민족으로 말미암아 수치를 당하리니 그 민족이 돕지도 못하며 유익하게도 못하고 수치가 되게 하며 수욕이 되게 할 뿐임이니라."

하나님께서는 유다 백성이 애굽 바로의 약속을 철석같이 믿지만, 그 세력이 그들의 수치가 될 것이라고 하십니다. 또 유다가 애굽의 그늘에 피하는 것이 부끄러움이 될 것이라고 하십니다. 왜냐하면 이 당시 애굽은 이미 남의 나라를 도울 힘이 없었기 때문입니다. 하나님께서는 '그 고관들이 소안에 있고 그 사신들이 하네스에 이르렀다'고 말씀하십니다. 애굽은 피라미드의 나라입니다. 피라미드를 보면 당시 바로의 힘이 얼마나 강력했는지를 알 수 있습니다. 그러나 바로의 세력이 아주 강했던 기간은 그리 길지 않았습니다.

애굽도 사제들의 세력이 강할 때가 있었고 지방 귀족들의 세력이 강할 때도 있었습니다. 이사야 때는 이미 애굽의 수도가 소안이나 하네스, 이렇게 나일 강 중부 지방에 있을 때로, 이때 바로의 세력은 아주 미약해서 몰락해 가고 있던 때였습니다. 그런데 유다는 애굽의 옛날 명성만 생각하고 많은 돈을 가지고 가서 동맹을 맺었던 것입니다.

예를 들어, 어떤 회사가 빚이 너무 많아서 거의 몰락 직전입니다. 그런데 어떤 사람이 이 사실을 모른 채 옛날 명성만 듣고 찾아와서는 거금을 투자한다면, 그 회사 사람들은 한편으로는 놀라면서도 다른 한편으로는 조롱할 것입니다. 그리고 누군가는 이런 짓을 할 필요가 없다고 말해 주어야 한다고 생각할 것입니다. 이사야 당시 애굽은 이미 부도를 앞두고 있는 대기업과 같아서 어느 나라도 도울 수 없었습니다. 애굽에 돈을 갖다 바치거나 동맹을 맺는 것은 망할 회사를 찾아가서 투자를 하는 것과 같았습니다.

사실 하나님의 백성은 이 세상에서 끊어진 사람들입니다. 즉, 우리는 하나님을 믿는 순간부터 이 세상 사람들에게 정체를 알 수 없는 사람들이 되고 마는 것입니다. 그런데 갑자기 옛날의 관계를 들먹이면서 도와달라고 하면 세상도 도와줄 수가 없습니다. 물론 하나님께서 세상을 움직여서 우리를 돕게 할 수는 있습니다. 그러나 이것 또한 하나님께서 하시는 것이지 우리가 세상을 먼저 찾아간다고 되는 일은 아닙니다.

그렇다면 하나님의 백성은 어려운 지경에 처하면 어떻게 해야 합니까? 다른 방법이 없습니다. 우리가 살 수 있는 유일한 방법은 하나님을 움직이는 것입니다. 이것은 전적으로 하나님을 신뢰하고 하나님 한 분 외에 다른 길을 찾지 않는 것입니다. 우리가 다른 길을 찾더라도 길이 열리지 않습니다. 그러다가 하나님의 때가 되면 하나님께서 놀랍게 길을 열어 주시기 시작하십니다.

우리가 어려울 때 마치 지푸라기라도 잡는 심정으로 이 사람 저 사람을 찾아가지만 전혀 도움이 되지 않습니다. 왜냐하면 아직 하나님의 때가 되지 않았기 때문입니다. 하나님은 모든 나라와 모든 사람을 움직이시는 주인이십니다. 하나님께서 이 사람을 '왕따 시켜!'라고 하셨는데 도와줄 나라나 사람들은 없습니다. 결국 하나님의 백성이 하나님과의 관계에서 실마리를 풀지 못하고 세상의 도움으로 어려움을 해결하려는 것은 스스로 수치를 당하는 길입니다. 이것은 도움은 도움대로 받지 못하고 욕은 욕대로 얻어먹게 되는 경우입니다. 그런데 이상한 것은 현실은 그렇지 않더라는 것입니다.

이스라엘 백성이 애굽을 빠져나왔던 길은 참으로 멀고 힘든 광야 길이었습니다. 그런데 이번에는 그 먼 길을 걸어서 다시 애굽을 찾아 들어가고 있습니다.

: 6-7절 : "네겝 짐승들에 관한 경고라. 사신들이 그들의 재물을 어린 나귀 등에 싣고 그들의 보물을 낙타 안장에 얹고 암사자와 수사자와 독사와 및 날아다니는 불뱀이 나오는 위험하고 곤고한 땅을 지나 자기에게 무익한 민족에게로 갔으나 애굽의 도움은 헛되고 무익하니라. 그러므로 내가 애굽을 가만히 앉은 라합이라 일컬었느니라."

여기 '네겝 짐승들에 관한 경고'라는 것은 애굽을 두고 하는 말입니다. 애굽을 상징할 만한 짐승이 무엇이겠습니까? 어떤 사람은 '하마'라고 하는데, 7절 끝에 보면 '라합'이라는 말이 나옵니다. 여기서 '라합'은 '악어'를 의미합니다. 악어는 물속에서도 있고 물 위로도 기어 올라갈 수 있습니다. 사실 짐승들 중에서 물속에서도 살고 물 위에서도 사는 짐승은 하마와 악어인데, 이런 짐승은 다른 어떤 짐승도 감당할 수가 없습니다. 악어는 물속에서 가만히 졸고 있다가 먹이가 나타나면 갑자기 덤벼들어서 물어 죽여 버립니다. 사람들이 열대지방을 여행하는 것은 아주 위험한 일입니다. 정글 여기저기서 사자가 나타날 수도 있고 혹은 독사나 전갈에 물릴 수 있습니다. 그런데 사람들이 이 어려움을 피하여 천신만고 끝에 정글을 벗어나 아름다운 강이 있는 곳까지 오게 되면, 사람들은 안심하고 강을 건너갑니다. 그러나 그 강물이 평화롭게 보였던 것은 악어들이 쉬고 있었기 때문입니다. 그런데 악어들이 사람 냄새나 짐승의 냄새를 맡고 갑자기 몰려들면, 사람들은 정글보다 이 악어 강에서 더 큰 피해를 입게 되는 것입니다.

하나님의 백성에게는 결코 넘을 수 없는 강이 하나 있습니다. 그 강이 무엇입니까? 그것은 바로 우리가 예수님을 만나기 전의 상황으로 돌아갈 수 없는 것을 가리킵니다. 우리가 예수님을 믿고 나면 모든 것이 저절로 잘되는 것은 아닙니다. 어떤 경우에는 신앙을 가진 후가 신앙을 가지기 전보다 훨씬 더 어려울 수도 있습니다. 어떤 사람은 직장을 여러 번 옮기기도 하고 일을 바꿔 보기도 하는데 하는 것마다 잘되지 않을 수도 있습니다. 그래서 어떤 때는 예수 믿은 것이 후회될 때도 있습니다. 마음속에 '나도 옛날에는 잘 나가던 사람이었는데' 하는 아쉬움이 생기는 것입니다. 그러나 우리는 절대로 예수 믿지 않던 옛날로는 돌아갈 수 없습니다. 우리와 세상 사이에는 넘을 수 없는 경계선이 하나 있습니다. 그것은 바로 나는 이제 더 이상 하나님 없이는 살 수 없다는 것입니다. 물론 사람이 어렵다 보면 갖가지 생각을 하게 되고, '그때 좀 더 잘했더라면 이 지경까지 오지는 않았을 텐데'라는 후회도 있을 것입니다. 그러나 절대로 하나님을 모르던 옛 상태로는 되돌아갈 수 없습니다. 다른 사람들이 나에게 아무리 돈을 많이 주고 권력의 자리를 준다 하더라도 우리는 하나님이 없던 옛날 삶으로 돌아갈 수는 없는 것입니다. 만일 하나님의 백성이 그 선을 넘어간다면, 그는 원래 신앙이 없었던 사람입니다.

사도 바울은 자기 마음에 십자가가 있어서 세상이 그것을 넘어서 자기에게 올 수도 없고 자신이 그것을 넘어서 세상으로 갈 수도 없다고 말했습니다. 이스라엘 백성이 애굽의 지배에서 벗어나 하나님께로 돌아오는 과정은 결코 쉬운 과정이 아니었습니다. 이스라엘 백성은 암사자와 수사자가 나오고 불뱀과 날아다니는 뱀이 있는 곳을 지나서 가나안 땅으로 왔습니다. 그런데 이제 그들은 다시 사자가 있고 전갈과 불뱀이 있는 곳을 지나서 애굽의 종이 되겠다고 가고 있는 것입니다. 애굽은 평화로워 보이는 강에서 쉬고 있는 라합, 즉 악어였습니다. 지금까지 산전수전 다 겪은 유다가 결정적으로 실수를 한 것은 바로 애굽의 도움을 바란 것이었습니다. 그들은 악어에게 물리기 위하여 일부러 그 고생을 하고 거기까지 찾아간 것입니다. 결국 하나님을 두려워하지 않은 것이 유다의 멸망 원인이었습니다. 유다 백성에게 가장 억울한 것은, 유다가 지금까지도 많은 고생을 했는데 결정적인 순간에 믿음을 버림으로 완전히 망했다는 사실입니다.

유다의 불행은 자신들이 하나님 앞에서 특별한 존재라는 사실을 잊은 데 있습니다. 하나님의 백성이 하나님을 의지하면 하나님께서 필요한 것을 다 채워 주실 뿐만 아니라 그 악한 앗수르의 손에서도 건져 주십니다. 또 하나님께서 당장 우리를 어려움에서 건져 주시지 않는다 하더라도 하나님 한 분을 바르게 안 것 자체로 만족해야 합니다. 이 세상에서 하나님을 알지 못한 채 죽는 사람이 얼마나 많습니까? 그런데 내가 살아 계신 하나님을 바르게 알고 죽는다면 그것은 얼마나 복된 일인지 모릅니다. 그러나 하나님을 안 것으로 감사하고 '죽으면 죽으리라'라는 생각을 한다면 살게 됩니다. 하지만 어떻게 하든 내 힘으로 살아 보려고 하는 생각은 가장 악한 불신앙입니다.

오늘날 많은 사람들이 악어가 도움이 될 줄 알고 찾아갑니다. 이 세상의 돈 있고 힘 있는 자들은 졸고 있는 악어일 뿐입니다. 악어가 사자나 불뱀보다 더 나쁜 것은, 전혀 위험하지 않은 것처럼 믿게 만들었다가 나중에 물어버리기 때문입니다. 어떤 사람은 어려움을 해결하겠다고 조직 폭력배의 도움을 받기도 합니다. 하지만 이것은 그야말로 어리석은 짓입니다.

혹시 여러분 중에 세상 친구를 믿었다가 실망하신 분이 있습니까? 아니면 회사에 충성을 다했는데 회사가 배신한 것 같다고 생각하신 분이 있습니까? 혹은 공부가 전부인 줄 알았는데 아무것도 아니라는 것을 알게 된 분이 있습니까? 그것이 바로 이 세상의 정체입니다. 이 세상의 정체는 빨리 깨달을수록 좋습니다. 우리는 세상으로 바로 달려가서는 안 됩니다. 왜냐하면 하나님께서 빼앗으셔서 우리에게 주셔야 독이 없기 때문입니다. 이 세상은 언제나 우리에게 무엇인가 좋은 것을 줄 것처럼 하다가 결정적인 순간에 우리를 물어 버립니다. 우리는 한 시간이라도 빨리 세상에 실망하는 것이 좋습니다. 우리는 하나님께서 주시는 고난을 기뻐해야 합니다. 그래야 하나님은 이 세상의 악어를 죽여서 그 고기와 가죽을 우리에게 주실 것입니다.

3. 유다가 세상을 의지한 결과

아무리 이스라엘 백성이라 하더라도 완벽하게 하나님의 말씀을 지킬 수 있는 것은 아니었습니다. 그런데도 그들이 하나님의 백성으로 남을 수 있었던 것은 계속해서 선지자들이 하나님의 말씀으로 백성을 깨우치고 그들의 잘못을 회개하도록 했기 때문입니다. 이스라엘 백성은 마치 자기 멋대로 살려고 하는 어린아이들로 비유할 수 있습니다. 이러한 그들이 바른길을 갈 수 있었던 것은 계속 옆에서 자신들을 붙들어 주고 잔소리해 주는 사람이 있었기 때문입니다.

그런데 유다 백성이 이 하나님의 말씀을 듣기 싫어했습니다. 즉, 유다 백성은 자신들은 이제 어린아이가 아니므로 하나님은 더 이상 선지자를 통해서 잔소리를 하지 말라는 것입니다. 하지만 하나님의 잔소리가 끝나는 순간 유다는 하나님으로부터 버림을 받게 됩니다.

사실 어린아이들은 엄마로부터 잔소리 듣는 것을 싫어합니다. 더욱이 남자들은 부인으로부터 잔소리 듣는 것을 아주 싫어합니다. 그렇다고 해서 어린아이나 남편 모두가 잔소리를 전혀 하지 않는 술집 여자를 엄마나 부인으로 삼는다면 어떻게 될까요? 결국은 그 집안과 자기 자신이 망하게 될 것입니다.

:8-9절: "이제 가서 백성 앞에서 서판에 기록하며 책에 써서 후세에 영원히 있게 하라. 대저 이는 패역한 백성이요 거짓말 하는 자식들이요 여호와의 법을 듣기 싫어하는 자식들이라."

하나님께서는 이사야에게 서판에다가 지금 하나님께서 하시는 말씀을 기록하고 또 같은 내용을 책에도 기록하라고 명령하십니다. 그 내용은, 유다 백성은 패역한 백성이고 거짓말하는 자식이고 여호와의 법을 듣기 싫어하는 자식들이라는 것입니다.

하나님과 유다 백성의 사이는 그냥 친한 사이가 아니고 맹세로 연합된 관계였습니다. 즉, 유다 백성은 어떤 위기 상황에서도 하나님만 섬기고, 하나님은 유다 백성의 모든 것을 책임지신다는 것입니다. 그런데 유다 백성은 인간이기 때문에 하나님의 말씀을 잘 순종하지 못했습니다. 그래서 하나님은 시도 때도 없이 선지자를 보내셔서 이스라엘 백성의 죄를 지적하고 책망하셨습니다. 그런데 이스라엘 백성이나 유다 백성은 이제 우리는 어린아이가 아니니까 선지자를 보내서 잔소리하지 말라고 하나님께 선언했습니다.

'패역하다'라는 것은 유다 백성이 끝까지 고집을 부리는 것을 말합니다. 물론 사람은 잘못할 수도 있고 실수할 수도 있습니다. 다만 자기의 잘못을 인정하기만 하면 문제가 없습니다. 그러나 끝까지 잘못을 인정하지 않고 고집 부리는 사람들은 어떻게 상대할 수가 없습니다. 그래서 결국 포기하게 되는 것입니다. 하나님께서 유다 백성에게서 기대하신 것은 한 번도 실수하지 않는 완전한 신앙이 아니었습니다. 하나님 앞에서 그렇게 할 수 있는 사람은 아무도 없습니다. 그런데 하나님께서 유다 백성을 포기할 수밖에 없게 만든 것은 그들의 엄청난 고집이었습니다. 유다 백성은 말도 안 되는 것을 가지고 끝까지 고집을 부리면서 자기가 옳다고 주장하는 것입니다.

거기에다가 유다 백성은 거짓말하는 자식이었습니다. 하나님은 그의 백성이 아무리 잘못해도 잘못을 시인하면 용서해 주시는 분입니다. 그러나 유다 백성은 끝까지 자기들은 잘못한 것이 없다고 우겼습니다. 그리고 그들은 여호와의 법을 듣기 싫어하는 자식들이라고 했습니다. 유다 백성은 하나님의 말씀을 아주 귀찮은 잔소리로 들었던 것입니다.

유다 백성이 이럴 수밖에 없었던 이유가 무엇입니까? 원래 자연 상태의 인간은 이것이 정상입니다. 모든 인간은 하나님을 모를 뿐만 아니라 하나님에 대하여 본능적으로 반항적인 상태에서 태어납니다.

로마서 8:7에서는 "육신의 생각은 하나님과 원수가 되나니 이는 하나님의 법에 굴복하지 아니할 뿐 아니라 할 수도 없음이라."고 말씀합니다. 자연 상태의 모든 인간은 하나님을 좋아하지 않습니다. 그것은 특별히 하나님의 택함을 받은 족속인 이스라엘 백성도 마찬가지였습니다.

코로 냄새를 잘 맡지 못하는 사람이 있습니다. 때로는 이런 사람이 유리할 경우도 있습니다. 이런 사람은 냄새가 지독하게 나는 곳에서도 얼마든지 견딜 수 있기 때문입니다. 하지만 위험한 경우도 있습니다. 집에서 무엇인가 타는데도 냄새를 맡지 못하거나 혹은 음식이 상했는데도 냄새를 맡지 못해서 먹으면 큰일이 나는 것입니다. 또 간혹 음식의 맛을 느끼지 못하는 사람이 있습니다. 그래서 이런 사람은 짠맛이나 매운맛이나 단맛을 느끼지 못하고, 매운 청양 고추를 아무리 많이 먹어도 맵지 않다고 하는데 이것도 좋지 않습니다. 왜냐하면 이런 사람은 음식의 맛을 모르기 때문에 음식을 의무적으로 먹게 되기 때문입니다. 그런데 너무 많은 하나님의 백성이 하나님의 말씀의 맛을 느끼지 못한 채 살아가고 있습니다. 결국 이런 사람들은 하나님의 말씀을 아무리 들어도 맛을 알지 못하므로 오직 의무적으로 듣게 됩니다. 그러다가 어느 날부터는 하나님의 말씀을 듣지 않게 되면서 굶주리게 되는 것입니다.

:10-11절: "그들이 선견자들에게 이르기를 선견하지 말라. 선지자들에게 이르기를 우리에게 바른 것을 보이지 말라. 우리에게 부드러운 말을 하라. 거짓된 것을 보이라. 너희는 바른 길을 버리며 첩경에서 돌이키라. 이스라엘의 거룩하신 이를 우리 앞에서 떠나시게 하라 하는도다."

유다 백성은 선견자에게 선견하지 말라고 했습니다. 선견자는 비전을 보는 자들이었는데, 비전을 보지 말라고 한 것입니다. 그리고 선지자들에게는 예언하지 말라고 했습니다. 그들은 하나님의 말씀의 가치를 전혀 알지 못했습니다. 그 이유는 이들이 세상의 맛에 길들여져 있었기 때문입니다. 그래서 유다 지도자들은 '우리에게 바른 것을 보이지 말라'고 요구합니다. 왜냐하면 지금까지 자기들이 걸어온 길이 너무 틀려서 하나님의 말씀을 들으면 다 바꾸어야 하기 때문입니다. 그래서 '거룩하신 이를 우리 앞에서 떠나시게 하라'고 합니다. 물론 유다 백성이 이런 말을 했기 때문은 아니지만, 그들이 하나님의 말씀을 버리는 순간 이스라엘의 거룩한 자는 그들을 떠나시게 됩니다.

:12-13절: "이러므로 이스라엘의 거룩하신 이가 이같이 말씀하시되 너희가 이 말을 업신여기고 압박과 허망을 믿어 그것을 의지하니 이 죄악이 너희에게 마치 무너지려고 터진 담이 불쑥 나와 순식간에 무너짐 같게 되리라 하셨은즉"

유다 백성의 가장 큰 죄는 그들이 머리가 나쁘다거나 혹은 세상에서 완전히 성자처럼 살지 못하는 것이 아니었습니다. 유다 백성의 가장 큰 죄는 하나님의 말씀을 업신여기는 것이었습니다. 본문 말씀은 유다 백성이 하나님의 말씀을 업신여기고 압박과 허망을 믿었다고 말합니다. 여기서 압박과 허망은 바로 이 세상의 성공을 의미합니다. 세상의 성공은 강한 자가 약한 자를 압박하는 것입니다. 또한 이 세상의 성공은 허망한 것입니다. 그런데 사람들은 이렇게 남들 앞에서 잘난 체하고 자기를 드러내는 압박과 허망의 성공을 그렇게 좋아하고 믿었던 것입니다.

하나님은 우리가 하나님을 의지하는데도 일이 풀리지 않고 어려운 것은 나쁜 것이 아니라고 말씀하십니다. 그것은 우리가 하나님과 함께 고생하고 하나님과 함께 연단 받으라는 뜻입니다. 왜냐하면 그 고난은 하나님께서 함께 하시는 고난이고 반드시 하나님께서 주실 상급이 있기 때문입니다.

: 13-14절 : "이 죄악이 너희에게 마치 무너지려고 터진 담이 불쑥 나와 순식간에 무너짐 같게 되리라 하셨은즉 그가 이 나라를 무너뜨리시되 토기장이가 그릇을 깨뜨림 같이 아낌이 없이 부수시리니 그 조각 중에서, 아궁이에서 불을 붙이거나 물웅덩이에서 물을 뜰 것도 얻지 못하리라."

결국 유다는 애굽과의 군사 동맹 때문에 망하게 됩니다. 하나님께서는 이 군사 동맹을 무너지게 된 담에서 갑자기 한 부분이 불쑥 튀어나온 것과 같다고 하셨습니다. 담이 무너지게 되면 갑자기 한 부분이 불룩해집니다. 왜냐하면 밑에서부터 기초가 틀어지기 때문입니다. 그리고 그 뒤에는 담 전체가 한꺼번에 큰 소리를 내면서 와장창하고 무너지게 됩니다. 제가 어렸을 때 집에 있는 담이 부실해져서 한번 비가 오자 담의 일부가 불룩해지는 것을 보았습니다. 그때 어른들이 빨리 담을 부수고 다시 쌓았습니다. 그렇게 하지 않으면 한순간에 무너져서 지나가던 사람이 다칠 수 있기 때문입니다. 유대인들의 담이 무엇입니까? 하나님께서 그들을 지켜 주시는 것이었습니다. 그런데 사실 그 담은 거의 다 무너지게 되었습니다. 그 이유가 무엇입니까? 그들이 말씀의 가르침을 받으려고 하지 않았기 때문입니다. 그 담이 결정적으로 불룩하게 된 것이 애굽과의 군사 동맹 때문이었습니다. 만일 이것만 없었더라도 유다는 좀 더 견딜 수 있었을 것입니다.

하나님은 유다가 하나님을 떠나서 세상과 손을 잡을 때 완전히 산산조각 나게 될 것을 말씀하셨습니다. 하나님께서는 유다를 부수실 때에 토기장이가 질그릇을 부수듯이 할 것이라고 말씀하십니다. 토기장이는 잘못 만들어진 질그릇을 부수는 것을 아까워하지 않습니다. 혹시 그런 질그릇이 다른 사람의 손에 들어가면 오히려 자기만 욕을 먹기 때문입니다. 그래서 토기장이는 잘못 만들어진 질그릇은 완전히 부수어 버리는데, 얼마나 철저하게 부수는지 그 조각으로 아궁이에서 불을 꺼낼 수도 없고 웅덩이에서 그 조각으로 물을 뜰 수도 없을 정도로 부수어 버린다고 말씀하십니다. 옛날에는 아궁이에서 불을 끄집어 낼 때 질그릇 조각으로 꺼내기도 했음을 알 수 있습니다. 또 때로는 물을 뜰 때 바가지 대신 깨어진 질그릇을 사용하기도 했던 것 같습니다. 그러나 하나님은 유다를 철저하게 부수어서 조금이라도 큰 조각이 없게 하시겠다고 말씀하십니다.

유다는 하나님과의 언약관계가 깨어지면 가나안 땅에서 완전히 내쫓겨야 한다는 것을 몰랐습니다. 유다 백성은 그들이 하나님의 말씀을 버려도 대충 신앙생활을 하면 되는 줄 알았습니다. 이렇게 언약이 깨어지면 그릇은 철저하게 파괴되어 다른 민족보다 더 못하게 된다는 사실을 몰랐던 것입니다.

많은 사람이 신앙을 버리면 불신자 수준에서 살 수 있을 줄로 생각합니다. 그러나 하나님의 백성이 말씀을 버리면 불신자가 되는 것이 아니라 완전히 밑바닥 인생이 되고 맙니다.

오늘 하나님께서 우리에게 어려움 주신 것을 원망하거나 불평하지 말고, 하나님을 찾아서 믿음의 비밀을 되찾고 응답받는 성도들이 되시기 바랍니다.

48

하나님의 백성의
정체성

이사야 30:15-33

요즘 뉴스를 보면 우리나라에서 가장 큰 동물원에서 짐승들이 우리를 탈출하는 사고가 자주 일어나는 것을 알 수 있습니다. 우리는 야생 동물이나 맹수는 사람의 손에 길들여진 양이나 소와 다르다는 것을 늘 인식해야 합니다. 그런데 동물 사육사들은 맹수에 익숙해져서 이제는 괜찮을 거라고 생각하며 동물 우리의 문을 제대로 닫지 않거나 혹은 조심성 없이 짐승을 대할 때가 있습니다. 그래서 사육사가 물려 죽기도 하고 맹수가 우리를 탈출하기도 하는 것입니다.

그런가 하면 사람의 손에서 사육된 여우나 곰을 자연에 풀어놓았을 때, 그것들이 사냥을 하지 못하거나 주위 환경에 너무 스트레스를 받아서 다시 사람이 있는 곳으로 내려오거나 다른 짐승에게 물려 죽는 경우도 볼 수 있습니다.

이사야 말씀을 보면 이스라엘이나 유다 백성이 가진 힘은 주위에 있는 강대국의 힘에 비해서 얼마나 연약한지 모릅니다. 그러나 이스라엘이나 유다가 망하는 것은 그들의 힘이 약해서가 아니라 그들의 태도가 분명하지 않아서라고 말씀하고 있습니다. 즉, 유다나 이스라엘이 하나님 편에 확실하게 서 있으면 하나님께서 얼마든지 그 능력으로 강대국들을 쳐부수실 것입니다. 그러나 그들이 언제나 애매하게 세상에 붙어 있기 때문에, 하나님의 능력도 안 나타나고 이스라엘이나 유다는 오히려 이방인들이 받아야 할 심판을 자기들이 받게 되는 것입니다.

이것은 우리가 이 세상에 사는 이상 언제나 나타날 수 있는 현상입니다. 우리가 이 세상을 볼 때 좋아 보이는 것은 전부 다 세상에 있고, 사람들은 이 세상의 좋은 것들을 많이 소유한 사람을 성공했다고 칭찬하고 존경합니다. 거기에 비해서 하나님의 능력이나 복은 모두 눈에 보이지 않고, 마치 부도날 것 같은 보증수표처럼 생각되는 것입니다. 즉, 이 세상의 좋은 것들은 모두가 확실하며 마치 현찰처럼 우리에게 힘이 되고 도움이 되지만, 하나님의 능력과 복은 언제 나타날지도 모르고 나타나야 알 수 있는 불확실한 것입니다.

그런데 본문 말씀을 보면, 하나님의 능력이 늦게 나타나는 것은 하나님께서 우리를 준비시키는 과정임을 알 수 있습니다. 하나님은 어떤 큰 일을 하시기 전에 우리를 확실히 하나님 편에 서도록 준비시키시는 것입니다. 그리고 하나님의 백성의 태도가 확실하게 준비되기만 하면, 하나님은 이 세상에 한없는 능력을 부으셔서 우리를 구원하시고 악한 자들을 심판하신다고 말씀하십니다. 이것을 통해 우리가 알 수 있는 것은, 하나님의 백성이 자신들의 정체성을 바로 깨닫는 것이 얼마나 어려운가 하는 것입니다. 우리가 자신의 가치를 바로 깨닫는 순간이 하나님의 준비가 끝나는 시간이고, 하나님의 능력이 나타나는 시간인 것입니다.

우리는 이사야 30장 앞부분에서 하나님의 백성과 세상 사람들은 다르다는 것을 살펴보았습니다. 우리에게 가장 이해가 되지 않는 것은, 우리나 세상 사람들이나 모두 똑같이 생겼고 똑같은 음식을 먹고 똑같은 사회에서 사는데 왜 달라야 한다고 말씀하시는가 하는 점입니다. 우리는 야생 동물과 사람이 기른 동물이 다르다는 것을 인정해야 합니다. 더욱이 야생 동물 중에서도 일단 사람이 돌보거나 키운 것은 사냥을 하지 못하기 때문에 야생에 적응하기가 어렵다는 것을 알게 됩니다. 세상 사람들은 야생의 습성이 있어서 자기 힘과 능력을 다해서 다른 짐승의 것을 빼앗아 먹거나 잡아먹으며 살아가면 됩니다. 그러나 하나님의 백성은 목자가 있고 주인이 있기 때문에 반드시 주인의 보호를 받아야 하고, 주인의 뜻대로 살아야 살 수 있습니다. 그럼에도 불구하고 집에서 키운 짐승들이 야생 동물처럼 사는 것은 위험한 것입니다.

1. 하나님의 백성이 정신을 차릴 때

우리는 이 세상에 살면서 다른 사람들과 똑같은 생각과 가치관을 가지고 살아갑니다. 그래서 우리에게 가족은 너무 중요하고 친구들과의 의리도 중요하며 세상에서 성공하는 것이 사는 목표가 됩니다. 그러다가 어느 순간 우리는 생각하게 됩니다. 도대체 '나'라는 존재는 누구이며 '나'는 무엇을 위해서 살아야 하는가를 생각하게 되는 것입니다.

우리는 어린아이들이 한번 크게 아프고 난 뒤 훌쩍 자란다는 말을 합니다. 즉, 어린아이들도 아무것도 모를 때는 아무 생각 없이 자기중심적으로 살다가 한번 크게 아프고 나면 '인생은 무엇이며 나는 왜 살아야 하는가?' 하는 생각을 하는 것입니다. 아이들도 아프고 나면 조금 어른스러워질 때가 있습니다. 우리가 자랄 때도 보면 집이 잘 사는 아이들보다는 가정 형편이 너무 어려워서 자기가 연탄도 갈고 밀가루로 수제비를 만들기도 하는 아이들이 훨씬 더 다른 사람을 잘 배려하고 생각도 깊은 것을 볼 수 있습니다.

마찬가지로, 우리는 하나님을 믿는다고 하면서도 철이 없을 때는 아무 생각 없이 세상만 바라보면서 열심히 살아갈 때가 많습니다. 저도 어렸을 때부터 열심히 교회를 다녔지만 궁극적으로 추구하는 것은 세상에서 성공하면서 열심히 교회 봉사하는 것이었습니다. 사실 제가 늘 생각했던 것은 어떻게 하면 세상에서 성공할까 하는 것이었습니다. 그러나 어느 순간 하나님의 말씀을 먹기 시작하고 영혼의 가치를 알게 되면서, 저는 한순간 이 세상의 경쟁의 대열에서 뒤떨어지게 되었습니다. 그리고 난 후에 생각하게 되었습니다. '도대체 내가 이 세상에서 왜 살아야 하며, 하나님이 나에게 원하시는 것은 무엇일까?' 그리고 저는 세상에서 도태된 후에 하나님의 말씀 속에 들어 있는 어마어마한 보물을 찾게 되었고, 영혼의 가치와 하나님의 복에 대해서 알게 되었습니다. 이처럼 하나님께서 때때로 우리를 이 세상에서 실패하게 하시고 도태되게 하시는 것은 우리로 하여금 생각하게 하시는 시간인 것입니다.

: 15절 :   "주 여호와 이스라엘의 거룩하신 이가 이같이 말씀하시되 너희가 돌이켜 조용히 있어야 구원을 얻을 것이요 잠잠하고 신뢰하여야 힘을 얻을 것이거늘 너희가 원하지 아니하고"

본문에 보면 하나님의 장엄하신 이름이 나오는 것을 볼 수 있습니다. '주 여호와 이스라엘의 거룩하신 이'가 우리에게 말씀하시는 것입니다. 오늘 우리 하나님의 백성이 세상에서 약하고 강한 자들로부터 짓밟히며 쫓기는 신세가 된 것은, 하나님께서 우리로 하여금 하나님 앞에서 생각하는 시간을 갖도록 하시기 위한 것입니다.

여기에 보면 하나님께서는 주의 백성이 '돌이켜 조용히 있어야 구원을 얻을 것'이라고 말씀하십니다. 그동안 유다 백성은 하나님의 백성이라고 하면서도 이 넓은 세상을 바라보면서 세상 사람들처럼 여기저기 쑤시고 다니며 성공하려고 몸부림쳤던 것입니다. 그러다가 유다 백성이 자기 힘으로 도저히 해결할 수 없고 감당할 수도 없는 큰 시험을 당했을 때, 모든 것을 다 내려놓고 하나님 앞에 돌아와 조용히 기도하면서 하나님을 기다리게 된 것입니다. 이것이 바로 하나님의 백성이 자신들의 정체성을 찾기 시작한 것입니다.

사실 우리가 어떤 위기 가운데서 하나님만 의지하는 것은 참으로 위험한 일일 수 있습니다. 왜냐하면 만일 하나님을 의지했는데 하나님께서 도와주시지 않으면 나만 망하는 것이기 때문입니다. 그런데 유다 백성은 실컷 돌아다니다가 어느 순간 하나님께 돌아와서 조용히 있게 되었습니다. 그들은 하나님께서 때리시면 매를 맞고, 어려움을 주시면 주시는 대로 당하는 것이 사는 길이라는 사실을 깨달은 것입니다. 그 이유는, 그들이 이제야 비로소 하나님의 백성은 세상 사람들과 다르다는 것을 느끼게 되었기 때문입니다.

하나님은 '잠잠하고 신뢰하여야 힘을 얻을 것이라'고 말씀하셨습니다.

예를 들면, 어떤 사람이 중한 병에 걸려서 수술을 받아야 하는데, 문제는 이 환자가 너무 똑똑해서 의사보다 더 아는 것이 많다는 사실입니다. 그래서 이 환자가 의사의 말을 듣지 않고 계속 이 병원 저 병원만 돌아다닌다면 의사는 이 환자를 치료해 줄 수 없습니다. 그러나 환자가 자기 문제의 심각성을 인정하고 의사 앞에 돌아와서 조용히 수술을 기다린다면 이 환자는 살 수 있는 가능성이 생기는 것입니다.

청소년들이 학교에서 무슨 사고를 일으켰거나 혹은 좋지 않은 일이 생겼을 때, 부모에게 야단맞기 싫어서 집에 들어오지 않고 밖에서만 돌아다닌다면 부모는 자기 아이를 도와줄 수 없습니다. 그런데 이 아이가 드디어 부모님께 야단맞을 각오를 하고 집으로 돌아오면 부모는 아이의 문제를 수습할 방법이 생기게 됩니다.

마찬가지로 우리는 이미 하나님을 믿음으로써 하나님의 양으로 변했는데도 불구하고, 여전히 야생 동물들 속에서 예전처럼 살아가니까 경쟁에서 지고 때로는 죽음의 위기에 빠질 수밖에 없습니다. 예수님은 "내가 너희를 보냄이 어린 양을 이리 가운데로 보냄과 같도다."(눅 10:3)라고 하셨습니다. 하지만 예수님께서 우리에게 이리가 되거나 이리처럼 살라고 하신 것은 아닙니다. 우리가 이 세상에서 낭패와 어려움을 당하는 때는 하나님께 돌아와서 자신의 정체성에 대하여 생각해 보는 시간인 것입니다.

사실 하나님 앞에서 조용히 기다린다는 것은 정말 힘든 시간입니다. 예를 들어, 취직이 안 된 청년들이 취직을 기다리거나, 결혼하지 못한 자매들이 좋은 배우자를 만날 때까지 기다리는 것이 얼마나 답답한 일인지 모릅니다. 이것이 말은 쉬울지 몰라도 사실 피를 말리는 고통의 시간일 것입니다. 그러나 하나님은 바로 그 시간을 통해서 우리에게 세상에서는 도저히 얻을 수 없는 지혜와 비밀 노하우를 전수해 주십니다.

저에게도 역시 그런 긴 시간이 있었습니다. 직장도 없이 수년을 지내면서 오랜 시간을 답답함 가운데 보냈습니다. 다른 친구들은 다 잘되는데 나만 너무 일찍 예수님의 손에 붙들려서 아무것도 못하고 사는 것 같았습니다. 저는 미래를 전혀 기대할 수 없었고, 이러다가 죽는 것은 아닌가 하는 생각을 많이 했습니다. 그런데도 내 방법대로 뛰쳐나갈 수 없었던 것은, 믿음이 좋아서가 아니라 하나님의 말씀이 있었기 때문이었습니다. 그리고 내 방법대로 하려고 해도 되지 않았습니다. 그런 와중에 하나님께서는 저의 교만을 꺾어 놓으셨습니다. 그것이 가장 귀한 은혜인 것 같습니다. 그때 하나님께서 그렇게 하지 않으셨더라면 저는 교만으로 이미 망했을 것입니다. 그러나 제가 하나님 안에서 망하려고 했을 때, 그 안에 하나님의 구원의 길이 있었습니다. 하나님께서 유다 백성에게 요구하신 것은 맞을 때는 그냥 맞으라는 것입니다. 앗수르는 하나님께서 사용하신 몽둥이였습니다. 그러나 그들은 맞기 싫어서 도망을 갔습니다. 어디로 갔습니까? 애굽으로 도망을 갔습니다.

∶16절∶ "이르기를 아니라 우리가 말 타고 도망하리라 하였으므로 너희가 도망할 것이요 또 이르기를 우리가 빠른 짐승을 타리라 하였으므로 너희를 쫓는 자들이 빠르리니"

유다 백성이 하나님 앞에서 한두 번 더 맞았더라면 끝났을 일이었습니다. 그런데 그들이 하나님을 믿지 못해서 자기 힘으로 살아 보겠다고 뛰는 바람에 진짜 망하게 되었습니다. 유다 백성이 살아 보겠다고 말을 타고 도망가니까 적은 사자나 표범이 되어서 더 빠르게 달려와 유다를 물어 죽였던 것입니다.

하나님의 뜻은, 하나님께서 때리실 때는 맞으라는 것입니다. 그러나 이 세상에 누가 때리는데 가만히 맞고만 있을 바보가 어디 있습니까? 모두 살 길을 찾아서 도망칠 것입니다. 그러나 하나님은 도망을 치면 더 당하게 된다고 말씀하십니다. 하나님께서 말씀하시는 핵심은, 우리가 이 세상에서 어려움 당하는 때는 하나님 앞에서 자신의 정체성을 찾을 시간이라는 것입니다. 우리가 이것만 깨달으면 살 수 있는데, 세상 것을 잃기 싫어서 하나님으로부터 도망을 가면 그때는 하나님의 적이 되어 피할 곳이 없어집니다. 우리가 하나님을 피하여 어디로 도망칠 수 있겠습니까? 하늘로 도망을 치겠습니까? 바다 끝으로 도망을 치겠습니까? 하나님의 적이 되면 도망칠 곳이 없습니다.

∶17절∶ "한 사람이 꾸짖은즉 천 사람이 도망하겠고 다섯이 꾸짖은즉 너희가 다 도망하고 너희 남은 자는 겨우 산 꼭대기의 깃대 같겠고 산마루 위의 기치 같으리라 하셨느니라."

하나님께서 이스라엘 자손에게 주신 약속이 무엇입니까? 그들이 하나님만 의지하면 한 명이 천 명을 이긴다는 것입니다. 그리고 이스라엘 백성 다섯 명은 수만 명의 적을 이길 것입니다. 이것은 하나님께서 함께하여 주신다는 뜻입니다. 그러나 우리가 세상 것을 붙잡으려고 하나님을 적으로 만들면, 반대로 적이 그렇게 강해집니다. 하나님이 돕지 않으시는 이스라엘은 한 명의 적이 소리쳐도 천 명이 도망하고, 다섯 명의 적이 소리 질러도 나라가 망할 정도입니다. 이것이 무엇을 의미합니까? 지혜로운 자는 하나님을 자기편으로 끌어들인다는 뜻입니다. 이것은 우리가 현실에서 하나님을 붙들 것인지 아니면 눈에 보이는 세상을 붙들 것인지로 결판이 나는 것입니다.

2. 유다를 치료하시는 하나님

어떤 사람은 자신이 중병에 걸렸는데도 병원에 가서 의사의 주사 한 대만 맞으면 모든 것이 끝날 줄로 생각합니다. 그런데 병이라는 것은 병원에만 간다고 해서 바로 낫는 것이 아닙니다. 병원에서 의사는 환자의 병을 정확히 알기 위해 여러 가지 검사를 해야 하고, 또 투약도 환자에게 부작용이 없는 약을 찾아야 하므로 시간이 걸리게 됩니다. 검사하는 데 많은 시간과 수고가 필요하지만, 나중에 몸이 좋아지기 시작하면 환자는 그 수고를 잊게 될 것입니다. 마찬가지로 하나님은 주의 백성으로 하여금 환난을 당하게 하시고 고통받게 하십니다. 하나님께서 그렇게 하시는 이유는 우리를 제대로 치료하시기 위해서입니다.

:18절: "그러나 여호와께서 기다리시나니 이는 너희에게 은혜를 베풀려 하심이요 일어나시리니 이는 너희를 긍휼히 여기려 하심이라. 대저 여호와는 정의의 하나님이심이라. 그를 기다리는 자마다 복이 있도다."

우선 하나님은 유다 백성을 두 가지로 도우십니다. 한 가지는, 하나님께서 기다리시는 것입니다. 물론 하나님은 주의 백성이 위급할 때는 찾아가서 돕기도 하시지만 어떤 때는 기다리십니다. 예를 들어, 환자가 도저히 의사를 찾아올 수 없을 때는 의사가 찾아갈 수도 있지만, 환자가 자기는 아프지 않다고 큰소리를 칠 때는 아무리 찾아가도 소용이 없는 것입니다. 마찬가지로 하나님께서 우리를 기다리시는 것은 하나님이 능력이 없으시거나 사랑이 부족하셔서가 아닙니다. 우리가 자신의 병이나 문제를 깨닫고 하나님 앞에 나오기를 기다리시는 것입니다. 하나님은 우리가 하나님 앞에 나와서 '제가 세상에서 크게 성공할 줄 알았는데 저는 실패했습니다. 제가 할 수 있는 것은 아무것도 없었습니다'라고 할 때를 기다리십니다.

우리가 세상에 나가서 믿음으로 살다가 실패하는 것은 우리의 부족함 때문이 아닙니다. 예를 들어, 동물원에서 키운 여우를 지리산에 풀어놓았는데 여우가 적응하지 못해서 돌아온 것은 여우의 잘못이 아닙니다. 오히려 우리가 세상에 적응하는 데 실패하고 도저히 말씀대로 살 수 없어서 돌아오는 것은 아주 잘하는 것입니다. 사실 동물원에서 키운 여우가 자연에서 너무 잘 사는 것도 문제가 있는 것입니다. 우리는 일단 하나님의 말씀을 먹은 후부터는 세상 사람들과는 다른 존재가 되어 버립니다. 특히 우리는 사교적이지 못하고 성격도 새로운 환경에 잘 적응하지 못할 뿐 아니라 경쟁적인 분위기에 스트레스를 많이 받게 됩니다. 하나님은 우리가 그럴 수밖에 없다는 것을 충분히 아시고 기다리고 계신 것입니다. 하나님은 실패한 우리에게 은혜를 베풀어 주십니다. 왜냐하면 이 모든 것은 하나님의 책임이기 때문입니다.

또 한 가지는, 하나님께서 일어나시는 것입니다. 하나님은 우리가 실패해서 돌아올 때 무관심하신 것이 아니라 적극적으로 일어서십니다. 그리고 대단한 관심을 가지고 우리를 잡아 주시며 긍휼히 여겨 주십니다. 하나님은 우리에게 세상에서 이 정도 견뎌낸 것만 해도 대단하다고 말씀하시는 것입니다.

그리고 본문의 말씀처럼 하나님은 정의의 하나님이십니다. 하나님은 우리가 이런 상태로 세상에서 사는 것이 불공평하다는 것을 아십니다. 그래서 하나님은 우리가 능히 세상을 이길 수 있도록 강하게 만들어 주십니다. 어떻게 우리를 강하게 만들어 주실까요? 세상 사람들이 알지 못하는 하나님의 능력으로 무장시켜 주시는 것입니다.

그래서 '그를 기다리는 자마다 복이 있도다'라고 말씀하고 있습니다. 다시 말해서, 우리가 끝까지 하나님을 의지하고 기다리면 하나님은 위대한 걸작을 만들고야 마시는 것입니다. 하나님께서 한번 만지시면 틀림없는 걸작이 나오게 됩니다. 만약 지금 내가 하나님의 손에 붙잡혔으며 하나님께서 나를 다루고 계신다고 생각되면 기대해도 좋을 것입니다. 하나님의 모든 조치가 끝나고 나면 이 세상 어느 피조물보다 더 영광스럽고 아름다운 걸작이 나타날 것이기 때문입니다.

:19절: "시온에 거주하며 예루살렘에 거주하는 백성아 너는 다시 통곡하지 아니할 것이라. 그가 네 부르짖는 소리로 말미암아 네게 은혜를 베푸시되 그가 들으실 때에 네게 응답하시리라."

'시온에 거주하며 예루살렘에 거주하는 백성'은 어느 곳에서든 하나님께로 돌아온 사람들을 말합니다. 그런데 하나님께로 돌아온 사람들은 도대체 어떤 사람들입니까? 그들은 하나님의 말씀의 가치를 아는 자들이고, 하나님의 말씀의 맛을 본 사람들입니다. 이 사람들이 하나님의 말씀을 보니까 하나님께서 살아 계시고 자기들과 함께하시는 것이 너무나 분명하기 때문에, 이제는 더 이상 통곡하지 않고 하나님께 부르짖으며 기도하게 됩니다. 여기서 우리는 통곡하는 것과 부르짖는 것이 다르다는 것을 알아야 합니다. 통곡은 도저히 살 길이 없고 기가 막혀서 절망하는 것이라면, 부르짖는 것은 너무나 분명하게 길이 보이기 때문에 도와달라고 소리를 지르는 것입니다. 예를 들어, 어떤 사람들이 절벽에 갇혔는데 도저히 빠져나올 길이 없다면 통곡할 것입니다. 그런데 바로 건너편에 있는 구조대를 발견했다면 도와달라고 소리를 지를 것입니다. 그때 하나님은 즉시 응답해 주십니다. 하나님의 백성이 하나님의 구원을 체험하는 때는 자신들의 정체성을 되찾았을 때입니다. 그리고 이제는 하나님 외에는 길이 없다는 것을 깨달았을 때입니다.

그런데 하나님은 큰 고통을 당하고 환난을 당한 성도들에게, 정말 기가 막힌 지혜로 그들의 앞길을 인도하십니다.

:20-21절: "주께서 너희에게 환난의 떡과 고생의 물을 주시나 네 스승은 다시 숨기지 아니하시리니 네 눈이 네 스승을 볼 것이며 너희가 오른쪽으로 치우치든지 왼쪽으로 치우치든지 네 뒤에서 말소리가 네 귀에 들려 이르기를 이것이 바른 길이니 너희는 이리로 가라 할 것이며"

여기서 '환난의 떡'과 '고생의 물'은 유다 백성이 노예로 잡혀가면서 음식이나 물을 실컷 먹지 못하고 겨우 죽지 않을 정도로만 먹은 것을 의미합니다. 이런 포로들은 때로는 하루 종일 떡 한 조각과 물 한 모금으로 연명하기도 했을 것입니다. 그때 하나님의 백성은 너무나 두렵고 불안했을 것입니다. 이런 극단적인 상황 가운데서 그들의 미래는 보이지 않았기 때문입니다. 하나님의 백성은 미래를 먹고 사는 사람들인데 미래의 꿈이 없어지면 어떻게 살 수 있을까요? 그런데 놀라운 것은 유다 백성이 잘살 때는 볼 수 없었던 그들의 스승을 비참한 가난과 실패 가운데 보게 되는 것입니다. 그래서 '네 눈이 네 스승을 볼 것이며'라고 말씀하셨습니다. 하나님은 다시는 유다 백성에게 그들의 스승을 숨기지 않으실 것이라고 말씀하십니다. 사실 전에도 스승은 계셨는데 유다 백성의 눈에 보이지 않았던 것입니다. 여기서 유다 백성이 스승을 본다는 것은 무엇일까요? 비로소 그들이 하나님의 말씀의 가치를 깨닫고 그 안에 있는 놀라운 보물을 발견하게 되는 것을 의미합니다. 그리고 유다 백성은 고난 중에 살아 있는 하나님의 음성을 듣게 됩니다. 즉, 유다 백성이 한 번도 가본 적이 없는 길을 가는데 뒤에서 '이 쪽으로' 혹은 '저 쪽으로'라고 인도하시는 살아 있는 하나님의 음성을 듣게 되는 것입니다.

결국 유다 백성이 세상에서 실패한 후 되찾게 되는 것은 하나님의 말씀의 능력이었습니다.

흔히 볼 수 있는 성화 가운데 한 사람이 배에서 키를 잡고 예수님과 함께 항해하는 그림이 있습니다. 그림에서 예수님은 이 사람에게 나갈 방향을 손으로 가리켜 주고 계신데, 참으로 든든하면서도 역동적인 장면입니다. 우리는 이 세상을 한 번도 살아 본 적이 없기 때문에, 우리 스승이 바로 뒤에서 일일이 길을 인도해 주시는 것은 너무나 중요합니다.

이때 유다 백성은 우상이 얼마나 힘이 없고 무가치한지를 깨닫고 우상을 과감하게 내버리게 됩니다.

: 22절 :   "또 너희가 너희 조각한 우상에 입힌 은과 부어 만든 우상에 올린 금을 더럽게 하여 불결한 물건을 던짐 같이 던지며 이르기를 나가라 하리라."

한때 유다 백성은 우상에 많은 공을 들였습니다. 그래서 우상에 은을 입히기도 하고 금을 올리기도 했습니다. 그런데 이제는 그 은과 금을 닦아 주지도 않고 더럽게 때 묻힌 채로 쓰레기통에 던지면서 '나가라'고 한다는 것입니다. 그 이유가 무엇입니까? 한때는 유다 백성이 보기에 우상이 자기들을 행복하게 해 주는 것 같았는데, 알고 보니 이 우상들이 자신들의 가치를 다 빼앗아 가고 영혼을 병들게 했기 때문입니다.

물론 유다 백성은 우상에 미련이 남을 수도 있습니다. 일단 우상에 돈이 많이 들었고, 사람들은 그것이 문화재의 가치가 있다고 하기도 합니다. 그러나 알고 보니 우상은 정말 정신적인 쓰레기요 영적인 거머리였습니다. 오늘날 우리에게도 이런 것들이 있을 수 있습니다. 즉, 우리가 중독되어서 버리지 못하고 있지만 사실은 백해무익한 것들이 있습니다. 그러나 하나님께서 은혜 주시면 그런 것들을 과감하게 다 버리게 됩니다.

그때 하나님은 유다 백성에게 상상할 수 없는 복을 부어 주십니다.

: 23-24절 : "네가 땅에 뿌린 종자에 주께서 비를 주사 땅이 먹을 것을 내며 곡식이 풍성하고 기름지게 하실 것이며 그 날에 네 가축이 광활한 목장에서 먹을 것이요 밭 가는 소와 어린 나귀도 키와 쇠스랑으로 까부르고 맛있게 한 먹이를 먹을 것이며"

처음에 유다 백성은 농사가 이렇게 잘될 줄 기대하지 못하고 메마른 땅에 씨를 뿌렸습니다. 그런데 하나님께서 유다 백성이 씨를 뿌리자마자 하늘에서 비를 주셔서 땅의 소산이 풍성하게 하셨습니다. 또한 가축이 광활한 목장에서 풀을 뜯어먹게 하시고, 심지어는 소나 나귀도 아무 풀이나 먹는 것이 아니라 제대로 농사를 지어서 추수한 것으로 먹게 될 것이라고 말씀하셨습니다.

이것은 상징적인 표현입니다. 풍성한 곡식은 성령께서 주시는 풍성한 삶과 관계가 있습니다. 가장 풍성한 것은 영혼을 추수하는 것입니다. 복음으로 사람을 변화시키는 것보다 더 풍성한 열매는 없습니다. 이 세상에서 최고의 추수는 영적 부흥이 일어나는 것입니다. 이제 하나님의 백성은 고난과 환난을 통해 영혼의 가치를 깨닫고 부흥을 위해 기도함으로 드디어 응답을 받게 되는 것입니다. 부흥이 일어난다는 것은 하나님의 복이 주의 백성에게 무더기로 부어지는 것입니다. 그러면 결국 세상도 함께 복을 받게 됩니다.

:25-26절: "크게 살륙하는 날 망대가 무너질 때에 고산마다 준령마다 그 뒤에 개울과 시냇물이 흐를 것이며 여호와께서 자기 백성의 상처를 싸매시며 그들의 맞은 자리를 고치시는 날에는 달빛은 햇빛 같겠고 햇빛은 일곱 배가 되어 일곱 날의 빛과 같으리라."

'크게 살륙하는 날'과 '망대가 무너질 때'는 하나님의 큰 심판의 때를 말합니다. 하나님의 큰 심판의 날에 인간은 그 심판을 피할 수 없습니다. 그러나 하나님의 백성에게는 개울이 흐르고 시냇물이 흘러서 피할 길이 생길 뿐 아니라, 하나님께서 그 상처를 싸매어 주시고 그들의 맞은 자리를 치료해 주시는데 얼마나 큰 복이 임하는지 모릅니다. 이때 달빛은 햇빛 같고 햇빛은 보통 때보다 칠 배나 더 강한 빛을 발하게 됩니다. 그러므로 하나님의 백성은 밤에도 농사를 지을 수 있고 낮에는 일곱 배의 결실을 거두게 되는 것입니다.

그때가 언제입니까? 바로 지금 이 시대입니다. 우리 안에 계신 성령님은 우리의 모든 상처와 아픔을 다 치료해 주십니다. 우리의 열등감이나 죄책감이나 울분이나 원통함을 치료해 주십니다. 그리고 진리에 대한 환한 깨달음을 주셔서, 속지 않고 하나님께서 기뻐하시는 뜻을 스스로 발견하여 행하게 하십니다.

3. 하나님의 진노를 느끼라

사람들은 하나님이 눈에 보이지 않는다고 말합니다. 그러나 성경은 우리로 하여금 하나님의 얼굴을 보며 하나님의 표정을 느끼라고 말씀하십니다.

: 27-28절 : "보라 여호와의 이름이 원방에서부터 오되 그의 진노가 불붙듯 하며 빽빽한 연기가 일어나듯 하며 그의 입술에는 분노가 찼으며 그의 혀는 맹렬한 불 같으며 그의 호흡은 마치 창일하여 목에까지 미치는 하수 같은즉 그가 멸하는 키로 열방을 까부르며 여러 민족의 입에 미혹하는 재갈을 물리시리니"

본문을 보면 '여호와의 이름이 원방에서부터 온다'고 말씀하고 있습니다. 외국에 사는 우리나라 교민들은 TV를 통해 우리나라 팀이 세계 대회에서 선전하는 경기를 보면 목이 터지도록 응원할 것입니다. 더욱이 외국에 포로로 붙들려 간 사람들에게 자기 나라 왕이나 군대가 와서 모두 본국으로 다시 데려가겠다고 한다면 너무나 기쁠 것입니다. 우리에게도 이런 순간이 있습니다.

이 세상에서 하나님의 백성은 완전히 버림받은 사람들처럼 악한 자에 에워싸여서 망해 가고 있습니다. 그런데 어느 순간 하나님의 이름이 선포되면서 하나님의 능력이 나타나게 됩니다. 이것은 하나님께서 그들의 부르짖는 소리를 들으시고 이제 구원을 개시하겠다는 뜻입니다. 대개 하나님께서 이스라엘 백성의 부르짖음에 외면하시는 이유는 그들이 죄를 철저하게 회개하고 버리도록 하기 위해서입니다. 그러다가 하나님의 백성이 자신들의 온전한 모습을 되찾게 되면 하나님의 이름이 선포됩니다. 이것은 이제 너희의 고통은 끝났으며 이제부터는 내가 모든 것을 해결할 테니 너희는 나만 따라오라는 뜻인 것입니다.

그러나 성도들의 원수들에게는 하나님의 이름이 선포되는 것이 선전 포고와 같습니다. 하나님은 그들에게 '그래 너희들이 그렇게 잘나고 힘이 있다고 까불어 대는데 이제 나와 한번 겨루어 볼까?'라고 말씀하십니다. 즉, 하나님의 이름의 선포가 성도들에게는 하나님의 언약을 재확인하는 것이라면, 그들의 원수들에게는 이제부터 본격적으로 싸우시겠다는 의미입니다.

본문에서는 하나님의 진노를 자연 현상에 비유해서 설명하고 있습니다.

27, 28절 상에서는 "그의 진노가 불붙듯 하며 빽빽한 연기가 일어나듯 하며 그의 입술에는 분노가 찼으며 그의 혀는 맹렬한 불 같으며 그의 호흡은 마치 창일하여 목에까지 미치는 하수 같은즉"이라고 말하고 있습니다. 30절에서는 좀 더 구체적으로 "여호와께서 그의 장엄한 목소리를 듣게 하시며 혁혁한 진노로 그의 팔의 치심을 보이시되 맹렬한 화염과 폭풍과 폭우와 우박으로 하시리니"라고 말씀하십니다.

팔레스타인은 기후가 온화한 편이지만 때때로 그렇지 않을 때도 있습니다. 하늘에서 한 번씩 번개가 치고 천둥이 울리면 정말 하나님이 노여워하시는 것 같습니다. 또 자연적으로 생긴 들불로 온 산이나 들이 불타면 이것은 꺼지지 않는 하나님의 진노를 생각하게 합니다.

전쟁을 할 때는 날씨가 아주 중요합니다. 바람이 어느 쪽으로 부느냐에 따라 전쟁의 승패가 갈리기도 하고, 비가 오느냐 오지 않느냐 혹은 구름이 있느냐 없느냐에 따라 전쟁 결과가 달라집니다. 예를 들어, 전쟁 중에 바람이 갑자기 다른 쪽으로 불면 화공이 가능하게 됩니다. 만일 억수같이 비가 쏟아지면 저지대에 있는 군대는 불리하게 되고 말이나 병거는 사용하기 어려워질 것입니다. 또한 구름이 있고 없고를 따라서 야간 기습 공격이 유리할 수도 있고 불리할 수도 있습니다.

우리는 눈으로 하나님을 볼 수 없습니다. 그러나 성경은 지혜로운 자는 자연 현상에서 하나님의 표정을 읽을 수 있다고 말씀하십니다. 예를 들어, 주위에 기근이 들거나 홍수가 나서 수많은 사람이 죽는 일이 생길 때, 우리는 하나님의 진노하심을 느낄 수 있습니다.

앗수르 사람들이 다시 예루살렘을 공격하려고 진군할 때 하늘은 잔뜩 찌푸려 있고 때아닌 번개와 천둥소리가 들렸습니다. 이것은 무엇을 의미합니까? 하나님께서 앗수르 사람들의 교만에 진노하고 계시며, 드디어 하나님께서 그들을 손보시기로 작정하셨다는 뜻입니다. 반면 하나님의 백성에게는 어떻습니까? 하나님께서는 말씀을 통해서 그 자비로운 얼굴을 비추어 주십니다. 말씀이 은혜롭고 힘이 될 때, 그것은 하나님의 얼굴이 나에게 비취는 것입니다. 하나님께서 날 사랑하시며 나를 지켜 주시는 증거입니다.

본문 27-28절은 세 가지를 하나님의 모습으로 연결시키고 있습니다. 먼저 '그의 입술에는 분노가 찼으며 그의 혀는 맹렬한 불 같으며 그의 호흡은 마치 창일하여 목에까지 미치는 하수 같은즉'이라고 말하고 있습니다. 이것은 마치 어떤 사람이 화가 나서 씩씩거리는 모습을 연상하게 합니다. 성경은 이것을 갑자기 일기가 나빠져서 비가 쏟아진 날씨에 빗대어 보고 있습니다. 왜 하필이면 목에까지 미치는 하수일까요? 팔레스타인에는 하수가 늘 말라 있습니다. 그러다가 큰비가 오면 하수가 넘쳐흐르는데, 목까지 오는 하수는 아주 빠른 급류를 말합니다.

그리고 '멸하는 키로 열방을 까부르며'라고 말씀하십니다. 보통 '키'는 알곡을 골라내기 위하여 까부르는 것입니다. 그러나 쭉정이 입장에서는 멸하기 위하여 까부르는 것입니다. 다시 말해 앗수르가 유다를 괴롭히는 것은 유다의 입장에서는 구원의 키질이 될 수 있습니다. 유다 백성은 그런 고통을 통해서 더 회개하고 겸손해질 수 있습니다. 그러나 앗수르나 주위 나라 입장에서는 그것은 멸망의 키질입니다. 왜냐하면 하나님의 백성이 힘을 쓰지 못하는 모습을 보면서 그들의 교만이 더 커지기 때문입니다.

그리고 '여러 민족의 입에 미혹하는 재갈을 물리시리라'고 하셨습니다. 말은 재갈을 물리고 당기면 그리로 달려가게 되어 있습니다. 다시 말해서, 모든 민족이 그쪽으로 가면 무엇인가 있겠다고 생각해서 그쪽으로 달려가는데, 결국 거기에는 아무것도 없고 멸망만 있는 것입니다. 아마도 세상 나라들은 예루살렘 성전 안에 많은 금은보화가 감추어져 있을 것으로 생각했던 것 같습니다. 왜냐하면 성전 벽이 모두 금으로 되어 있고, 거기에서 사용하는 그릇도 금으로 되어 있었기 때문입니다. 그래서 이방 민족들은 예루살렘이 보물 창고나 되는 줄 알고 앗수르를 따라 쳐들어왔는데 결과는 자기 자신들의 비참한 죽음이었습니다.

여기서 중요한 것은 하나님의 백성이 세상과 정신적으로 확실하게 구별되는 것입니다. 우리에게는 그 구별의 징표가 있어야 합니다.

:29절: "너희가 거룩한 절기를 지키는 밤에 하듯이 노래할 것이며 피리를 불며 여호와의 산으로 가서 이스라엘의 반석에게로 나아가는 자 같이 마음에 즐거워할 것이라."

여기서 '너희가 거룩한 절기를 지키는 밤'이라고 했는데, 이것은 유월절 밤을 의미합니다. 이스라엘 백성이 출애굽 하기 전 유월절의 밤은 이스라엘과 애굽의 관계가 최악의 상태였습니다. 하나님께서는 이미 아홉 가지 재앙으로 애굽을 치셨고, 애굽 사람들은 독이 오를 대로 올라 있었습니다. 바로와 그 신하들은 어떻게 해서든 이스라엘 사람들에게 무서운 보복을 하려고 했습니다. 이때 모세는 이스라엘 백성에게 오늘밤은 밖으로 나가지 말라고 했습니다. 그 대신 이스라엘 백성은 서로 모여서 집 문설주에 어린양의 피를 바르고 유월절을 지키라고 명령했습니다. 그 이유가 무엇입니까? 그날 밤에 여호와의 죽음의 사자가 애굽 땅을 방문하기 때문입니다. 만약 어린양의 피가 발라져 있지 않은 모든 집의 장자는 죽게 되어 있습니다.

하나님께서 한 번만 손을 쓰시면 모든 상황은 뒤집어지게 됩니다. 그러므로 하나님의 백성은 자신이 처한 어려운 상황만 볼 것이 아니라 살아 계신 하나님을 움직이려고 해야 합니다.

하나님께서 임재하시는 모습을 이렇게 묘사하고 있습니다.

: 30절 : "여호와께서 그의 장엄한 목소리를 듣게 하시며 혁혁한 진노로 그의 팔의 치심을 보이시되 맹렬한 화염과 폭풍과 폭우와 우박으로 하시리니"

하나님께서 한 번만 움직이시면 모든 것이 끝나는 것입니다. 마치 야구 경기에서 홈런 한 방으로 게임이 끝나는 것과 같습니다. 그러므로 그리스도인들은 절대로 중간에 자포자기해서는 안 됩니다. 우리는 끝까지 반석이신 하나님을 의지하고 기대해야 합니다.

: 31-32절 : "여호와의 목소리에 앗수르가 낙담할 것이며 주께서는 막대기로 치실 것이라. 여호와께서 예정하신 몽둥이를 앗수르 위에 더하실 때마다 소고를 치며 수금을 탈 것이며 그는 전쟁 때에 팔을 들어 그들을 치시리라."

유다 백성이 가장 이해할 수 없었던 것은, 어떻게 앗수르 같은 악한 나라가 이 세상에 존재하며 그들이 하나님의 백성을 공격하는데도 망하지 않는가 하는 것입니다. 사실 이것은 우리 그리스도인들에게도 가장 이해하기 어려운 문제입니다. 그러나 이미 하나님의 계획에는 앗수르가 몽둥이에 맞게 되어 있으며, 결국에는 하나님의 백성이 소고를 치고 나팔을 불며 승리를 얻게 될 것입니다.

: 33절 : "대저 도벳은 이미 세워졌고 또 왕을 위하여 예비된 것이라. 깊고 넓게 하였고 거기에 불과 많은 나무가 있은즉 여호와의 호흡이 유황 개천 같아서 이를 사르시리라."

도벳은 예루살렘 밖의 장소로 쓰레기를 태우는 곳입니다. 지옥을 뜻하는 '게헨나'라는 단어가 여기서 나왔습니다. 이곳은 거대한 쓰레기 소각장이라는 뜻입니다. 앗수르 군대는 여러 번 예루살렘을 공격했다가 함락 직전에 물러섰습니다. 그래서 이번에는 대규모 군대를 끌고 공격을 합니다. 그러나 결국 자신들 모두를 장사 지내는 결과만 가져왔습니다. 하나님께서는 예루살렘 옆에 거대한 함정을 파 놓고 기다리고 계셨는데, 결국 앗수르가 걸려들어서 거대한 쓰레기만 청소하는 셈이 되었습니다. 이스라엘 백성이 출애굽 할 때도 홍해는 애굽 군대를 청소하는 거대한 무덤이 되었습니다.

앗수르의 실수는 연약한 유다만 보고 하나님을 보지 못한 것입니다. 악한 자가 멸망하는 이유가 무엇입니까? 하나님을 보지 못하고 스스로의 힘에 도취되었기 때문입니다. 악한 자의 삼박자는 '악하고, 힘세고, 머리 좋은 것'입니다. 그런데 악한 자에게 치명적으로 부족한 것이 바로 절제입니다. 악한 자는 적당한 것을 모르며, 무엇이든지 시작하면 끝장을 보아야 직성이 풀립니다. 바로 이 무리수가 하나님 앞에서 자신의 거대한 무덤을 파는 결과로 나타나게 됩니다.

하나님은 우리가 이 세상 사람들과 다르다는 것을 알기를 바라십니다. 우리가 하나님의 말씀의 가치를 알고 하나님의 백성의 정체성을 찾았을 때, 우리에게서 하나님의 능력이 나타나게 될 것입니다.

49

사람을
의지하지 말라

이사야 31:1-9

폴 투르니에는 내과 의사이자 정신의학자로, 기독교적인 입장에서 병의 치료에 관한 많은 글을 썼습니다. 그는 사람이 병에 걸렸을 때 병의 원인은 여러 가지가 있다고 말합니다. 어떤 사람은 순수하게 병균에 감염된 경우가 있습니다. 이럴 때는 빨리 병원에 가서 치료를 받고 약을 먹으면 병이 낫습니다. 그러나 좋지 않은 환경에 있거나 혹은 잘못된 생활 습관 때문에 병이 생긴 경우가 있습니다. 예를 들어, 오염된 우물의 물을 계속 마셨기 때문에 병이 생겼다거나 혹은 밤에 잠을 자지 않고 계속 폭음을 해서 병에 걸리게 되었을 때는 약만 먹는다고 병이 치료되지 않습니다. 병의 근본 원인이 되는 환경이나 생활 습관을 함께 고쳐나가야 하는 것입니다. 투르니에가 환자들을 치료해서 보내었는데 병이 재발해서 다시 오는 경우가 자주 있었습니다.

그래서 그들에게 병이 재발된 원인을 살펴보니까, 병이 생기게 된 근본 원인을 고치지 않고 몸에 나타난 아픈 증세만 치료했기 때문에 병이 재발한 것을 알게 되었습니다.

우리는 때때로 눈앞에 있는 돈이나 사람을 믿을 것인지 혹은 눈에 보이지 않는 하나님을 믿을 것인지를 두고 갈등할 때가 많습니다. 우리는 눈에 보이지는 않지만 자연 현상은 틀림없이 믿습니다. 예를 들어, 아무리 추운 바람이 불고 눈이 내려도 어느 정도 시간이 지나면 반드시 봄이 온다는 것을 믿습니다. 그래서 농부들은 아무리 겨울이 춥더라도 잘 참고 견디면서 다시 농사지을 계절을 준비하는 것입니다. 그래도 우리나라는 나은 편이지만, 시베리아나 모스크바와 같이 추운 곳에서는 도무지 여름이 오지 않을 것만 같습니다. 그러나 시간이 지나면 결국 눈이 녹고 봄과 여름이 오게 됩니다.

『삼국지』라는 소설을 보면 '적벽 대전'이라는 유명한 전투가 나옵니다. 이것은 강을 사이에 두고 위나라의 조조와 오나라의 손권과 촉의 제갈공명이 싸우는 전쟁인데, 위나라의 조조는 자기가 거느리고 있는 백만의 군대와 수천 척의 큰 배를 믿습니다. 그런데 제갈공명은 반드시 바람의 방향이 한번 동남풍으로 바뀔 때가 온다는 것을 믿습니다. 그래서 오나라가 화공을 준비하여 결국 위나라의 그 많은 배들을 불태워 버리고 조조는 도망을 치게 됩니다. 여기서 우리가 생각할 수 있는 것은, 만일 하나님께서 우리를 도우신다는 것을 틀림없이 믿을 수만 있다면 우리는 이 세상에서 아무것도 가질 필요가 없고 두려워할 필요도 없다는 것입니다. 마치 요즘 사람들이 신용카드 하나면 어디에 가든지 물건도 살 수 있고 호텔이나 비행기도 이용할 수 있으므로 굳이 많은 돈을 가지고 다닐 필요가 없는 것과 같습니다. 이처럼 우리는 하나님께서 우리를 도우신다는 것만 확신할 수 있다면 돈도 필요 없고 말도 필요 없고 오직 하나님 한 분만 의지하고 살면 될 것입니다. 그런데 인간들은 겨울이 지나면 봄이 온다는 것과 여름이 되면 더위가 오고 장마가 온다는 것은 알지만, 하나님께서 언제 우리를 도우실지에 대해서는 확신하지 못합니다. 그렇기 때문에 하나님을 모르는 사람들과 똑같이 많은 돈을 가지려고 하고, 이 세상에서 유명하게 되려고 몸부림칠 때가 많습니다.

우리는 하나님께서 나를 사랑하신다는 것을 믿지만, 하나님께서 우리에게 많은 어려움을 주시기 때문에 고통받을 때가 많습니다. 이때 우리는 단순히 고통에서 벗어나려고만 애쓸 것이 아니라, '왜 나에게 이런 고통이 왔으며 이것을 통해서 하나님께서 나에게 원하시는 것이 무엇인가?'를 생각해야 합니다. 고통이 찾아왔을 때 무조건 고통에서 벗어나려고 하는 것은 하나님을 모르는 사람들이 하는 것입니다. 우리가 고통을 통해서 생각하게 될 때 하나님은 우리에게 놀라운 것을 가르쳐 주십니다. 그것은 바로 우리에게 찾아온 고통은 하나님께서 나를 도우시도록 하는 기회이며, 우리는 이런 고통을 통해서 하나님을 나의 하나님으로 만드는 비결을 배워야 한다는 것입니다.

그러므로 우리는 하나님을 믿는 사람들은 세상 사람들과 다르다는 것을 인정해야 합니다. 세상 사람들은 눈에 보이는 것만 믿는 사람들이지만, 하나님의 백성은 눈에 보이지 않는 하나님을 믿는 사람들인 것입니다.

1. 어려움이 찾아왔을 때

하나님의 백성에게 가장 어려운 순간은 하나님을 열심히 믿음에도 불구하고 여러 가지 어려움이 찾아왔을 때입니다. 그때 우리는 두 가지 태도를 가지게 됩니다. 하나는, 이 고통 자체가 너무 싫기 때문에 할 수만 있으면 이 고통에서 벗어나려고 하는 것입니다. 다른 하나는, 결국 이 일 때문에 하나님께 열심히 기도하게 되는 것입니다. 우리가 신앙이 어릴 때는 인간적인 도움으로 어려움에서 벗어나려고 할 때가 많습니다. 그런데 그때 우리가 느끼는 것은 사람의 도움으로는 그 어려움에서 벗어날 수가 없다는 것입니다.

: 1절 : "도움을 구하러 애굽으로 내려가는 자들은 화 있을진저 그들은 말을 의지하며 병거의 많음과 마병의 심히 강함을 의지하고 이스라엘의 거룩하신 이를 앙모하지 아니하며 여호와를 구하지 아니하나니"

우리는 인간이기 때문에 때로 어려움에 빠지게 되면 다른 사람의 도움을 통해 그 어려움에서 벗어날 수 있습니다. 예를 들어, 어떤 사람이 높은 산에서 실족하여 많이 다쳤을 때는 구조대나 다른 등산객의 도움을 받아 목숨을 건질 수 있습니다. 산에서 떨어져 심하게 다쳤는데도 사람의 도움은 거절한 채 기도만 한다고 그 사람이 살 수 있는 것은 아닙니다. 또 어떤 사람이 강도나 조직 폭력배의 위협을 받게 되었을 때는 경찰의 도움을 받아야 그 위협에서 벗어날 수 있습니다. 그런가 하면 우리가 다른 사람의 고소를 당하게 되었을 경우, 변호사나 법률가의 도움을 받아야 재판에서 승소할 수 있습니다. 이처럼 사람은 어떤 어려움에 처하게 되었을 때 주변의 좋은 사람들의 도움으로 잘 극복할 수도 있고, 아무에게 아무 도움도 받지 못하여 큰 어려움을 겪을 수도 있습니다.

예전에 본 영화 중에, 비행기 추락 사고에서 기적적으로 살아남은 한 사람이 무인도에서 생활하는 내용을 담은 영화가 있었습니다. 물론 이처럼 무인도에 혼자 살아남는 것도 대단한 일이지만, 사람은 누군가 옆에 다른 사람이 있어야지 아무도 없이 혼자 살아가야 한다면 외로워서 미쳐 버리고 말 것입니다. 우리는 이렇게 서로에게 도움을 주고받으며 살아가는 존재입니다.

그런데 하나님께서 우리에게 가르쳐 주신 것은 우리가 사람을 바라보거나 세상을 바라보기 이전에 하나님을 바라보라는 것입니다. 우리가 하나님을 알기 전에는 세상이 우리의 모든 것이었고 이 세상에 우리에게 필요한 모든 것이 다 있는 줄 알았습니다. 하지만 하나님을 알고 보니 하나님 안에 모든 것이 다 들어 있었습니다. 문제는, 우리 믿는 사람들에게 어려운 일이 몰아쳐 왔을 때 우리는 도대체 어디에 가서 도움을 구해야 할지 알지 못한다는 것입니다. 왜냐하면 우리는 하나님을 믿게 되면서 이미 세상과는 멀어지게 되었습니다. 그런데 우리는 아직 하나님의 능력이 나에게 나타나게 하는 방법을 정확히 알지 못하는 것입니다.

앗수르의 엄청난 군대가 예루살렘으로 쳐들어오자 유다의 왕이나 지도층 사람들은 애굽에 사신을 보내어 군사 원조를 요청하게 되었습니다. 그때 하나님께서는 이사야 선지자를 통해서 '도움을 구하러 애굽으로 내려가는 자들은 화 있을진저'라고 말씀하고 있습니다.

사실 우리는 어떤 어려움이 생기면 주변에서 도움 받을 수 있는 모든 방법을 다 생각해 보게 됩니다. 어떤 사람은 경찰 고위직에 있는 친척이 생각나기도 할 것이고, 어떤 사람은 판사로 있는 친구나 감사원에 있는 누군가가 생각나기도 할 것입니다. 그런데 하나님께서는 '도움을 구하러 애굽으로 내려가는 자들은 화 있을진저'라고 말씀하시는 것입니다. 그 이유가 무엇일까요? 일단 우리가 알아야 할 것은, 세상 사람들은 고통이 생기게 되면 무조건 그 고통에서 벗어나는 것 자체가 목적이 되지만, 하나님의 백성은 다르다는 것입니다. 하나님의 백성은 어떤 고통스러운 일이 생기면 가장 먼저 그 원인을 생각해 보아야 합니다. 즉, 이것이 혹시 내가 그동안 하나님 앞에서 죄의 습관을 끊지 못해서 생긴 것은 아닐까를 생각해 보아야 합니다.

우리가 늘 자주 빠지게 되는 함정은, '이 세상에 이렇게 많은 사람들이 있는데 정말 하나님이 나 한 사람에게 그렇게 관심을 가지실까?' 하는 것입니다. 사실 저도 그런 함정에 빠질 때가 많이 있었습니다. 그런데 몇 번의 실험을 통해, 저에게 생기는 고통이 저의 불순종에서 오는 것이 맞고, 하나님은 저에게 많은 관심을 가지고 계신다는 사실을 알게 되었습니다. 우리는 때때로 '다른 사람들도 다 하는데, 나라고 해서는 안 될 이유가 어디에 있어?' '설마 하나님이 나에게만 뭐라 하시겠어?'라는 식으로 생각합니다. 그런데 실제로 하나님은 우리 한 사람 한 사람에게 지나칠 정도로 관심을 가지고 계시고, 우리가 나쁜 버릇을 버리기를 원하십니다. 그래서 우리는 때때로 고통을 경험하면서도 은혜를 받을 때가 있습니다. 그것은 하나님께서 나에게 이런 고통을 주시기까지 관심을 가지고 계시는 것이 사실이구나 하는 것을 깨닫게 되기 때문입니다.

또한 우리가 깨닫게 되는 것은, 세상 사람들은 어려움에 빠졌을 때 도움을 청할 수 있는 곳이 많지만 우리는 사실 제대로 된 도움의 손길 하나 없다는 사실입니다. 세상 사람들은 마치 야생 동물처럼 자기 힘으로 스스로 살 수 있는 많은 방법들을 생각해 놓습니다. 그리고 어떤 어려움에 빠지게 되었을 때 거기서 벗어나기 위해 필사적으로 몸부림치기 때문에 스스로 살 길을 찾습니다. 그러나 하나님의 백성은 하나님을 믿기 때문에 벌써 자기 힘으로 위기를 벗어나는 데서부터 순발력이 떨어집니다. 그리고 위기에서 살기 위해 필사적으로 몸부림치지도 않기 때문에 살기가 어려운 것입니다.

그런데 하나님은 믿는 사람들이 당하는 위기가 살아 계신 하나님을 체험할 수 있는 좋은 기회라고 말씀하십니다. 왜냐하면 우리는 하나님을 믿는다고 하면서도 평소에는 별로 기도하지 않다가, 큰 어려움에 빠지면 그제야 살기 위해 하나님만 붙들고 죽도록 기도하기 때문입니다. 그때 우리는 이 세상 모든 권력자나 부자보다 더 크신 하나님의 도우심을 받는 비결을 배우게 되는 것입니다.

하나님께서 가장 싫어하시는 사람은, 하나님을 믿는다고 하면서도 하나님을 의지하지 않고 처세술이나 인간적인 방법으로 위기를 벗어나고 살아남는 사람입니다. 이런 사람들은 입으로는 하나님을 믿는다고 하지만, 마음속에는 야생 동물의 본성이 그대로 남아 있는 사람들입니다. 이들은 결코 하나님의 양이 아닙니다.

예루살렘에 엄청난 앗수르 군대가 쳐들어오게 되었을 때 유다 백성은 여러 가지 방법을 생각할 수 있었을 것입니다. 그중에는 애굽에 군사 원조를 요청하는 방법이 있을 수도 있습니다. 그리고 실제로 유다 왕이나 귀족들이 애굽의 의사를 타진해 보기 위해 사신들을 보낼 수도 있습니다. 그러나 그에 앞서 유다 왕이나 지도자들은 먼저 생각해 보아야 합니다. 왜 우리에게 이런 위기가 오게 되었을까? 혹시 우리가 하나님을 믿는다고 하면서도 하나님의 말씀에 불순종한 것은 없을까? 이 일을 놓고 다 같이 모여서 합심기도를 하거나 회개 운동을 해 보면 어떨까? 이와 같은 생각을 해 보아야 하는 것입니다.

사실 유다 백성이나 유다 지도자들이 지금 눈앞에 닥친 위기와 유다 백성의 집집마다 놓여 있는 우상을 연결시키기는 어려울 것입니다. 또한 그들이 자신들에게서 기도의 불이 꺼지고 부흥의 불이 꺼진 것과 지금의 위기를 연결시켜서 생각하는 것도 어려울 것입니다. 그러나 이것은 사실이었습니다. 그러므로 유다 백성이 지금 이 고통의 원인이 되는 우상을 없애지 않고, 기도의 불도 붙이지 않은 채 어려움에서만 벗어나는 것은, 병을 그냥 두고 진통제 주사로 다 되었다고 생각하는 것과 같습니다.

하나님은 유다 백성이나 지도자들이 전쟁에 대해 '말을 의지하며 병거의 많음과 마병의 심히 강함'만 있으면 된다고 생각하는 것을 보시고 탄식하셨습니다. 물론 하나님을 믿지 않는 사람들에게는 전쟁이 말이나 병거나 마병의 수에 달렸다고 하는 것이 너무 타당하고 맞는 말입니다. 하지만 하나님의 백성은 세상 사람들과는 다릅니다. 하나님을 믿는 자들은 당면한 문제를 신앙의 눈으로 보아야 하는 것입니다. 즉, 하나님은 위기를 통해서 하나님과 나의 느슨해진 관계를 아주 타이트하게 밀착시키기 원하시며, 우리에게 그 엄청난 하나님의 도우심을 받을 수 있는 비결을 가르쳐 주시기 원하십니다. 그렇기 때문에 우리가 진짜 위기를 이기려면 말이 없고 마병이 없으며 병거를 다 불태워 버리는 것이 나은 것입니다. 실제로 하나님은 이스라엘 백성에게 모든 말의 뒷발 힘줄은 끊어 버리라고 하셨고, 병거는 불태워 버리라고 하셨습니다. 그런데 유다의 지도자들은 애굽으로 내려가서 군사 원조만 구한 것이 아니라 거기서 최고의 말과 최고의 병거를 사고자 했습니다. 하나님은 유다의 지도자들을 책망하셨습니다.

"이스라엘의 거룩하신 이를 앙모하지 아니하며 여호와를 구하지 아니하나니"

하나님은 유다 백성이 이런 위기를 통해서 하나님을 바라보고 하나님을 생각하며 하나님께 구하기를 원하셨던 것입니다.

예전에 어떤 분이 저에게 보낸 편지에서, 아무것도 없으면서 하나님 한 분만 의지하는 것은 '맨땅에 헤딩하는 것 같다'는 말을 했습니다. 저는 그 말이 얼마나 실감나는지 모르겠습니다. 십 층 높이의 건물에서 맨땅에 거꾸로 떨어져서 헤딩한다고 생각해 보십시오. 당연히 머리가 박살날 것입니다.

사탄이 예수님을 시험할 때, 예수님을 데려다가 성전 꼭대기에 세우고 뛰어 내리라고 하면서, 하나님께서 천사들을 시켜서 발이 돌에 부딪히지 않게 할 것이라고 시험했습니다. 사실 우리는 그런 행동을 해서는 안 됩니다. 예수님을 믿는 사람들이 하나님이 지켜 주실 것이라고 하면서 높은 데서 뛰어내리는 행동을 해서는 안 됩니다. 그러나 실제로 우리의 삶에서 그런 심정으로 어려움을 겪어야 할 때가 많습니다. 만일 하나님께서 지켜 주시면 다행이지만 하나님이 지켜 주시지 않으면 맨땅에 머리가 박살나고 마는 것입니다.

그러나 하나님의 백성은 자신들이 하나님 앞에서 특별한 존재라는 것을 인정해야 합니다. 그리고 어려움이 닥쳐왔을 때 내가 하나님의 특별한 아들이며 그 백성이라는 사실을 하나님 앞에서 당당하게 주장해야 합니다. 예를 들어, 아버지께 반항하고 집을 나간 아들이라 하더라도 다시 아버지를 찾아가서 자기가 아버지의 아들이라는 것을 주장해야 하는 것입니다. 설사 아버지가 야단을 치고 내쫓으려고 해도 '나는 아버지의 아들입니다'라고 말하라는 것입니다.

하나님께서는 애굽에 도움을 구하러 가는 유다 지도자들에 대하여 이렇게 말씀하셨습니다.

:2절: "여호와께서도 지혜로우신즉 재앙을 내리실 것이라. 그의 말씀들을 변하게 하지 아니하시고 일어나사 악행하는 자들의 집을 치시며 행악을 돕는 자들을 치시리니"

하나님께서는 지혜로우시기 때문에 가만히 계시지 않고 재앙을 내리실 것이라고 말씀하십니다. 하나님께서 지혜로우신 것과 재앙을 내리시는 것이 무슨 상관이 있습니까? 하나님께서는 유다 지도자들의 생각대로 일이 돌아가지 않게 하신다는 것입니다. 다시 말해서, 하나님은 재앙을 내리셔서 애굽이 유다를 돕지 못하게 하실 뿐 아니라, 유다는 더 큰 어려움에 빠지게 하신다는 뜻입니다. 대개 어리석은 사람들은 남에게 실컷 이용당하고 욕은 욕대로 얻어먹게 됩니다. 그러나 지혜로운 사람은 이용당하지 않을 뿐만 아니라 오히려 상황을 이끌어 나갑니다. 하나님은 바로 이런 분이십니다. 하나님은 사람에게 이용당하시는 분도 아니고, 또한 유다에 질질 끌려다니시는 분도 아닙니다.

즉, 하나님은 유다를 치시고 때리셔서 결국 인간적인 생각을 다 버리게 하시고 하나님을 의지하는 신앙으로 돌아오게 하십니다. 왜 유다가 애굽에 도움을 청하러 갑니까? 아직 군대를 빌릴 돈이 있기 때문입니다. 유다는 아직 무엇인가 믿는 구석이 있기 때문에 하나님께 돌아오지 않고 있습니다. 하지만 그들이 군대를 빌릴 돈까지 다 털리고 나면 별 수 없이 기도하게 될 것입니다. 그러므로 하나님의 지혜는, 유다가 어리석게 말을 사고 군사 요청을 하기 위해 돈을 싸들고 애굽으로 가서 다 사기를 당해 빈털터리가 되는 것이었습니다. 그러나 사실 우리가 다른 것보다 먼저 하나님을 붙잡고 간구한다면, 시간이나 돈을 얼마든지 절약할 수 있습니다.

좋은 예는 아닙니다만, 물에 빠져서 허우적거리는 사람을 건지려고 바로 뛰어들면 둘 다 물에 잠길 수 있습니다. 그래서 지혜로운 사람은 물에 빠진 사람을 기절하게 한 후 안전하게 그를 구하는 것입니다. 하나님께서는 유다가 진정으로 하나님을 찾지 않는 이유가 아직 돈이 있고 의지하는 구석이 있기 때문인 것을 아십니다. 그래서 유다의 사정을 더 어렵게 하셔서 꼼짝 못하도록 만드시는 것입니다. 유다가 아직도 스스로 속는 것은 하나님의 말씀을 듣지 않기 때문입니다. 결국 그들은 가지고 있는 것을 모두 날려야 비로소 하나님께 엎드려 기도하게 되는 것입니다. 그러나 우리가 미리 하나님께 돌아온다면 이런 불필요한 사기를 당할 필요가 없습니다.

하나님의 백성의 어려움은 사람의 힘으로는 도울 수 없습니다.

∶3절∶ "애굽은 사람이요 신이 아니며 그들의 말들은 육체요 영이 아니라. 여호와께서 그의 손을 펴시면 돕는 자도 넘어지며 도움을 받는 자도 엎드러져서 다 함께 멸망하리라."

다시 말해서, 유다의 문제는 영적인 데 있다는 것입니다. 애굽 사람들이 유다의 문제를 쉽게 생각해서 도우려고 시도했지만 도무지 도울 수가 없었습니다. 유다의 어려움은 단순히 군사적인 것이 아니었기 때문입니다. 즉, 애굽 인들이 아무리 자기들의 말이나 마병을 가지고 유다를 도우려고 해도, 애굽 인들은 유다 민족에 대해 도무지 이해할 수 없는 것이 너무 많은 것입니다. 특히 애굽 인들은 유다가 지금까지 이런 상태에서 살아온 것 자체가 이해되지 않았습니다. 애굽 인들이 유다를 돕기 위해 살펴보니, 돕는 것은 고사하고 그들은 도저히 지금까지 살아 있을 수 없는 가운데 살아 왔다는 사실을 알게 됩니다. 그러자 애굽 사람들은 그들에게 '너희는 지금까지 살아온 그 방법으로 살아라'라고 말하는 것입니다.

마찬가지로, 어떤 성도가 큰 어려움에 빠졌습니다. 그래서 그가 예수를 믿지 않는 자기 친척이나 친구에게 도움을 청했다고 합시다. 그들은 이 사람을 도우려고 하다가 깜짝 놀라게 됩니다. 그의 믿지 않는 친척들은, 돕는 것은 고사하고 지금까지 이런 상태에서 살아온 것이 신기하다는 것입니다. 또 다른 예로, 병을 치료하러 병원에 간 환자에게 의사가 이렇게 말하는 것입니다. "치료는 고사하고, 지금까지 그런 몸으로 살아온 것이 이해되지 않습니다." 우리는 지금까지 살아온 것 자체가 기적입니다. 그렇다면 우리는 앞으로도 기적으로 살아갈 것을 믿으시기 바랍니다.

2. 자기 백성을 지키시는 하나님

우리 눈에는 하나님이 전혀 보이지 않기 때문에, 우리는 어떤 큰 어려움을 당하거나 위기를 당했을 때 하나님께서 우리를 지키시는 것이 믿어지지 않습니다. 과연 하나님께서 나를 이 위기 가운데서 지켜 주실까 의심하는 것입니다. 하나님께서는 유다 백성이 알아들을 수 있도록 두 가지 비유를 들어서 말씀하셨습니다.

그 첫째는 사자가 먹이를 뜯어먹는 비유입니다.

:4절: "여호와께서 이같이 내게 이르시되 큰 사자나 젊은 사자가 자기의 먹이를 움키고 으르렁거릴 때에 그것을 치려고 여러 목자를 불러 왔다 할지라도 그것이

그들의 소리로 말미암아 놀라지 아니할 것이요 그들의 떠듦으로 말미암아 굴복하지 아니할 것이라. 이와 같이 나 만군의 여호와가 강림하여 시온 산과 그 언덕에서 싸울 것이라."

하나님께서는 유다 백성이 흔히 볼 수 있었던 장면을 예로 들어 설명하셨습니다. 즉, 유다 백성이 광야를 가다 보면 사자가 먹이를 잡아먹기 위해 덤벼들 때도 있지만, 이미 사냥을 해서 먹이를 뜯어먹고 있을 때는 일체 다른 것은 쳐다보지 않고 오직 먹이만 붙잡고 먹는 모습을 보았을 것입니다. 그때 유다 백성이 사자를 쫓기 위해 아무리 소리를 질러도 사자는 들은 체도 하지 않고 먹이에 집중할 것입니다. 그리고 사람들이 아무리 많이 와서 떠들어도 사자는 겁을 먹지 않을 것입니다. 왜냐하면 지금 배가 고픈 사자에게 가장 중요한 것은 먹이를 먹는 것이기 때문입니다. 그래서 사자는 먹이를 다 먹기 전까지는 일체 다른 것에는 관심을 가지지 않는 것입니다. 마찬가지로 하나님께 가장 중요한 것은 우리 성도들이고, 특히 고난당하는 성도들이기 때문에, 그들을 지키시는 하나님은 아무리 많은 사람들이 와서 떠들어 대도 쳐다보지도 않으시는 것입니다.

암사자나 암표범은 새끼를 낳아도 다 키우지는 못합니다. 대개 암사자나 표범은 새끼를 네 마리나 다섯 마리 정도 낳는데 두 마리도 제대로 키우지 못한다고 합니다. 왜냐하면 어미가 새끼 옆에 붙어 있을 때는 새끼들이 안전하지만, 어미가 사냥을 하러 간 사이에 새끼들이 돌아다니다가 하이에나 다른 짐승들에게 물려 죽기 때문입니다. 한번은 TV에서 암곰이 새끼 곰을 데리고 가는 장면을 보았습니다. 그런데 이 새끼 곰을 잡아먹으려고 늑대들이 따라왔습니다. 하지만 어미 곰이 얼마나 이쪽저쪽을 경계하면서 늑대를 쫓아내는지, 결국 늑대는 새끼 곰을 잡아먹지 못하고 떠나갔습니다. 하나님께서 이 세상에서 가장 관심을 가지시는 대상은 연약한 성도들입니다. 하나님은 우리를 지켜 주시기까지 다른 사람들이 아무리 몰려와서 소리를 질러 대도 쳐다보지도 않고 지켜 주십니다.

하나님은 또 다른 예를 들어 설명하셨습니다.

:5절: "새가 날개 치며 그 새끼를 보호함 같이 나 만군의 여호와가 예루살렘을 보호할 것이라. 그것을 호위하며 건지며 뛰어넘어 구원하리라 하셨느니라."

새는 네 발 가진 짐승에 비하면 힘이 약합니다. 그러나 어미 새는 뱀이나 혹은 다른 짐승들이 둥지의 새끼를 해치려고 하면 필사적으로 날개를 치고 소리를 질러서 그 짐승을 내쫓습니다. 특히 새가 너무 시끄럽게 소리를 지르고 또 부리로 쪼아 대면, 결국 다른 짐승들은 겁을 집어먹고 새끼들을 포기하고 맙니다. 새는 아무리 힘이 없어도 자기 새끼를 목숨 걸고 지켜 줍니다.

어렸을 때 암탉이 병아리를 품는 것을 본 적이 있습니다. 그때 강아지나 고양이가 멋도 모르고 병아리를 해치려고 하면 어미닭은 몸에 있는 털을 모두 곤두세우고 덤벼들었습니다. 그러면 강아지나 고양이는 깜짝 놀라서 도망치게 됩니다. 마찬가지로 하나님께서는 이 세상의 악한 세력들이 하나님의 백성을 잡아먹으려고 가까이 올 때 모든 방법을 다 동원하셔서 그들을 지켜 주시고 보호해 주십니다. 그런데 본문에 보면 '뛰어넘어 구원하신다'고 했습니다. 이것은 유월절에 천사가 이스라엘 백성은 넘어가고 애굽 사람만 죽게 한 때 사용한 것과 같은 단어입니다. 즉, 하나님은 가리는 것 없이 무차별하게 모두를 다 치시는 것이 아니라, 하나님의 백성은 손 하나 대지 않고 정확하게 악한 자들만 치시는 것입니다.

하나님께서는 유다 백성을 지키시는 것을 두 가지 비유로 말씀하셨습니다. 하나는, 사자가 먹이를 움켜쥐고 다른 사람이 옆에서 아무리 소리를 질러도 물러서지 않는 모습이고, 다른 하나는, 새끼를 잡아먹으려고 뱀이나 다른 짐승들이 접근할 때 소리를 지르고 날개를 쳐서 놀라게 하여 쫓아 버리는 어미 새의 모습입니다.

우리는 하나님이 눈에 보이지 않기 때문에 눈앞에 큰 어려움이 닥치면 절망하기 쉽습니다. 우리 눈에는 우리 위에 몸을 구부리고 계시는 하나님이 보이지 않고, 우리를 위해 날개를 치시며 소리를 지르시는 하나님의 소리가 들리지 않는 것입니다. 그래서 우리는 눈에 보이지 않는 것을 보는 믿음이 필요합니다.

공자는 아주 큰 구슬을 가지고 다녔다고 합니다. 그런데 그 구슬은 안에 아홉 개의 굴곡이 있어서 실을 꿸 수가 없었습니다. 그래서 공자는 그 구슬을 들고만 다녔는데, 어느 날 뽕밭에서 일하는 여인에게 실 꿸 방도를 물었더니 '고요히 생각하세요'라고 말하더라는 것입니다. 고요히 눈을 감고 생각에 잠겼던 공자는, 고요함을 뜻하는 '밀(密)'과 같은 음인 꿀을 뜻하는 '밀(蜜)'에서 힌트를 얻게 되었습니다. 그래서 개미의 허리에 실을 묶고 구슬의 반대쪽 구멍에 꿀을 바른 후 개미를 넣었더니 개미가 아홉 구비를 넘어서 반대쪽 구멍으로 나와 실을 꿸 수 있었다고 합니다.

오늘 우리에게 필요한 것은 평안할 때에는 깨달을 수 없었던 하나님을 어려운 고비를 통해서 깨닫는 믿음입니다.

기드온은 미디안 군대가 너무 두려웠을 때 양털 한 뭉치를 가지고 하나님께 기도했습니다. '하나님 제 기도를 듣고 계신다면 이 양털에만 이슬이 내리게 해 주세요.' 이것은 얼마나 절박한 기도인지 모릅니다. 그리고 이 기도가 응답되었지만 우연일지도 모른다는 생각에 기드온은 한 번 더 하나님께 기도했습니다. '하나님, 저는 지금 의심이 생깁니다. 한 번 더 하나님을 보여 주세요. 이번에는 양털에는 이슬이 내리지 않고 주변에만 내리게 해 주세요.' 그 다음 날 온 세상은 이슬로 덮여 있었지만 양털은 보송보송했습니다.

신앙은 눈으로 볼 수 없는 하나님을 위기를 통해서 보는 것입니다.

그래서 예수님은 "마음이 청결한 자는 복이 있나니 그들이 하나님을 볼 것임이요."(마 5:8)라고 했습니다.

빌립이 예수님께 아버지를 보여 달라고 했을 때, 예수님은 "나를 본 자는 아버지를 보았거늘 어찌하여 아버지를 보이라 하느냐."(요 14:9)고 말씀하셨습니다.

제자들이 예수님과 함께 갈릴리 호수를 건너가다가 엄청난 바람과 풍랑을 만나게 되었을 때, 제자들은 '이제 우리는 죽나 보다' 하면서 두려워하였습니다. 제자들은 나중에 주무시는 예수님을 깨우면서 "선생님이여 우리가 죽게 된 것을 돌보지 아니하시나이까?"(막 4:38)라고 물었습니다. 그때 예수님은 바람과 파도를 꾸짖으신 후에 제자들에게 "어찌하여 이렇게 무서워하느냐. 너희가 어찌 믿음이 없느냐."(막 4:40)라고 말씀하셨습니다. 예수님은 하늘과 바다를 만드신 분이신데, 제자들은 그런 분을 배에 태우고 가면서 물에 빠져 죽을 것을 두려워하였던 것입니다.

예수님은 제자들에게 무엇을 먹을까 무엇을 마실까 염려하지 말라고 하시면서, "공중의 새를 보라. 심지도 않고 거두지도 않고 창고에 모아들이지도 아니하되 너희 하늘 아버지께서 기르시나니 너희는 이것들보다 귀하지 아니하냐."(마 6:26)고 말씀하셨습니다. 누가복음에는 "까마귀를 생각하라."(눅 12:24)로 기록되어 있습니다. 누가 까마귀같이 생긴 것에 먹이를 주겠습니까? 그러나 하나님은 까마귀를 사랑하시는 것입니다. 예수님은 너희는 많은 새보다 귀하다고 말씀하셨습니다.

우리는 하나님 앞에서 우리 자신에 대한 아름다운 정체성을 가져야 합니다. 우리는 누가 뭐라고 해도 하나님의 자녀입니다.

3. 유다 백성에 대한 권면

유다 백성은 자신들의 눈앞에 닥친 위기를 전혀 신앙의 눈으로 보지 못하고 있었습니다. 즉, 유다 왕이나 지도자들은 위기가 생긴 것은 위기가 생긴 것이고 신앙은 신앙일 뿐이라고 생각했습니다. 그러나 하나님은 유다 백성에게 이 위기는 신앙적인 문제 때문에 생긴 것이고, 신앙적인 결단만이 완전히 해결할 수 있다고 말씀하셨습니다.

그 첫째는, 유다 백성이 그렇게도 심하게 거역했던 하나님께 지금이라도 돌아오라는 것입니다.

: 6절 : "이스라엘 자손들아 너희는 심히 거역하던 자에게로 돌아오라."

하나님께서는 유다 백성에게 '그냥 나에게로 돌아오라'고 말씀하시지 않고 '심히 거역하던 자에게로 돌아오라'고 말씀하셨습니다. 이것은 지금까지 유다 백성이 얼마나 하나님의 속을 상하게 했고 하나님의 말씀에 불순종했는지를 다 아시고 말씀하시는 것입니다.

유다 백성은 하나님께서 자기들과 같은 줄 알고 있었습니다. 즉 인간은 아무리 마음이 좋은 사람이라고 해도 아주 질릴 정도로 말을 듣지 않고 속을 썩이면 결국은 포기하게 됩니다. 그래서 유다 백성은 자기들이 그만큼 하나님의 속을 상하게 하고 그만큼 하나님의 말씀을 거역했으니 하나님께서 자기들을 포기하신 줄 알았습니다. 그러나 하나님은 어떤 일이 있어도 하나님의 백성을 포기하지 않으십니다. 하나님은 세상 끝까지라도 찾아가셔서 결국 회개하도록 만드십니다. 그래서 하나님의 백성에게 가장 큰 죄는 하나님이 자기를 포기하지 않으신다는 사실을 믿지 못하는 것입니다.

심지어는 요나 같은 선지자도 배를 타고 멀리 달아나면 하나님께서 자기를 잊어버리실 것으로 생각했습니다. 그러나 하나님은 지중해에 엄청나게 큰 폭풍을 준비하셔서 요나를 바다에 빠지게 하셨고, 또 큰 물고기 뱃속에 들어가게 하셔서 하나님 앞에 온전히 회개하도록 하셨습니다.

우리는 하나님을 믿는다고 하면서도 하나님을 그림책에 있는 호랑이나 사자를 믿는 것처럼 믿을 때가 많습니다. 즉, 우리는 하나님에 대해 내 마음대로 상상하며 믿어 주는 것입니다. 하지만 우리가 호랑이나 사자를 실제로 맞닥뜨리거나 물리게 되면 호랑이나 사자는 우리가 생각한 것과는 완전히 다를 것입니다. 마찬가지로 하나님은 우리가 보는 것이나 상상하는 것보다 훨씬 그 이상의 분이십니다.

우리는 인간이기 때문에 너무 하나님에게 매이는 것을 좋아하지 않습니다. 우리는 할 수만 있으면 하나님과 느슨한 관계를 원합니다. 사실 우리에게 있어서 하나님께서 내 모든 일거수일투족을 보고 계신다는 것보다 더 부담스러운 것은 없을 것입니다. 그래서 우리는 하나님으로부터 숨으려고 하고, 할 수만 있으면 보이지 않는 곳에서 죄짓는 생활을 하고 싶어 합니다. 그러나 하나님은 우리를 거기서 끄집어내셔서, 우리가 하나님의 손에 붙들린 종이 되기를 원하십니다. 결국 우리는 사생활이나 사적인 욕망을 포기하고 하나님께 붙들리는 자리로 나와야 하는 것입니다. 우리가 아무리 하나님을 거역해도 하나님은 우리를 포기하지 않으십니다.

그리고 하나님께서 원하시는 두 번째는, 모든 우상을 버리라는 것입니다.

:7절: "너희가 자기 손으로 만들어 범죄한 은 우상, 금 우상을 그 날에는 각 사람이 던져 버릴 것이며"

여기서 '그 날에'라는 것은 유다 백성이 진정으로 회개하고 돌아오는 때를 말합니다. 왜 그들은 그때까지 은 우상, 금 우상을 버리지 않고 두었을까요?

'혹시나' 하는 마음 때문이었을 것입니다. 이 당시 우상은 사람들이 복을 줄 것으로 믿는 마지막 보루였습니다. 예를 들어, 어떤 사람이 혹시나 복권이 당첨될 줄 알고 끝까지 복권 종이를 간직하고 있는 심리와 비슷한 것입니다. 사람들은 자기들에게 복을 주길 바라며 금이나 은으로 입혔던 우상을, 끝까지 버리지 않고 가지고 있었던 것입니다.

유다 백성은 자기들이 전적으로 하나님을 믿지 못해서 가지고 있는 우상들이 이런 큰 재앙을 가져온 줄 알지 못하고 있었습니다. 하나님의 백성에게 큰 위기를 가져오는 것은 무슨 큰 죄가 아니라, 별 것 아닌 작은 것들이 우리의 영성을 갉아먹고 우리의 능력을 마비시켜서 큰 재앙을 불러오는 것입니다. 그러므로 하나님의 백성은 실험을 해 보아야 합니다. 즉, 내가 아끼고 포기하지 않던 세상적인 것들을 버렸을 때, 하나님께서 얼마나 기뻐하시며 얼마나 내 안에 성령이 충만해지는지를 자꾸 실험해 보아야 합니다. 사실 우리는 하나님께서 기뻐하시지 않는 것들을 마치 마지막 보루나 되는 것처럼 붙들고 있을 때가 많습니다. 이때 우리는 무조건 버리기 아깝다고만 생각할 것이 아니라, 이 무익한 것과 내 영성을 한번 실험해 보아야 합니다. 그러다 보면, 내 영혼의 위기가 별 것 아닌 것들로부터 온다는 사실을 알게 됩니다. 또한 이것들이 얼마나 질기고 강한지 나 혼자 힘으로는 떼어 낼 수 없다는 것을 깨닫게 됩니다. 그것들은 우리가 하나님의 말씀을 듣고 결단을 내리면 떨어져 나가게 됩니다. 그러므로 우리는 결사적으로 하나님의 말씀을 붙들 수밖에 없습니다. 우리 안에서 하나님을 향한 결단이 내려질 때 외적인 위기가 사라지게 됩니다.

: 8절 : "앗수르는 칼에 엎드러질 것이나 사람의 칼로 말미암음이 아니겠고 칼에 삼켜질 것이나 사람의 칼로 말미암음이 아닐 것이며 그는 칼 앞에서 도망할 것이요 그의 장정들은 복역하는 자가 될 것이라."

하나님께서는 유다를 그렇게도 괴롭히던 앗수르가 칼로 망할 것이라고 말씀하셨습니다. 그런데 그 칼은 사람의 칼이 아니었습니다. 앗수르가 엎드러지지만 사람의 칼에 맞은 것이 아닙니다. 앗수르가 칼에 삼켜져서 없어져 버리는데 그것도 사람의 칼이 아닙니다. 앗수르가 칼 앞에서 도망을 치는데 그것도 사람의 칼이 아닌 것입니다. 그러면 그 칼은 누구의 칼일까요? 바로 하나님의 칼이었습니다. 하나님은 참으로 다양한 칼을 사용하십니다. 그중에는 바람도 있고 비도 있고 우박, 전염병, 지진, 쓰나미, 화산 폭발도 있습니다.

이제 드디어 앗수르의 반석이 물러가게 됩니다.

:9절: "그의 반석은 두려움으로 말미암아 물러가겠고 그의 고관들은 기치로 말미암아 놀라리라. 이는 여호와의 말씀이라 여호와의 불은 시온에 있고 여호와의 풀무는 예루살렘에 있느니라."

여기서 '그의 반석'은 앗수르의 왕을 말합니다. 앗수르의 왕 산헤립은 무거운 반석이었습니다. 그는 아예 예루살렘에 눌러앉으려고 했고, 너무나 무거워서 옮길 수도 없었습니다. 아무리 애굽의 말과 마병이 구원군으로 몰려온다 해도 앗수르의 산헤립을 몰아낼 수는 없었습니다. 그는 자기 말대로 자기가 가야 하는 것입니다. 그런데 하나님께서는 산헤립이 스스로 물러가게 하겠다고 말씀하십니다. 그 이유가 무엇입니까? 하나님께서 산헤립의 마음속에 두려움을 주시기 때문입니다. 그는 갑자기 두려워하며 자기 발로 달아나게 되는데, 유다 사람들은 활 하나 쏘지 않고 앗수르를 쫓게 된 것입니다. 이처럼 유다 백성이 하나님의 말씀에 순종하는 것이 엄청난 비용을 절약하는 길입니다.

그리고 앗수르의 방백들은 '기치'로 인하여 놀라게 될 것입니다. 그들은 분명히 어떤 군대가 자기들을 치는 신호를 보는데, 실제로는 아무것도 보이지 않았습니다. 실제로 하나님의 군대가 산헤립의 군대를 쳐서 18만5천 명이 죽게 됩니다. 그들이 본 신호가 진짜 있었던 것입니다.

마지막 절에 무엇이라고 말씀하고 있습니까?

"이는 여호와의 말씀이라. 여호와의 불은 시온에 있고 여호와의 풀무는 예루살렘에 있느니라."

아직 여호와의 불은 시온에서 꺼지지 않았다는 것입니다. 아직 만군의 여호와께서 예루살렘을 다스리고 계신데 감히 누가 그곳을 공격하겠습니까? 성령의 역사가 있는 교회는 아무도 공격하지 못합니다. 공격하는 자는 하나님의 불같은 심판을 받게 됩니다.

그런데 하나님의 백성에게 가장 큰 악은 이 불을 보지 못하고 오히려 이 부흥의 불을 꺼뜨려 버리는 것입니다. 우리는 인간이기 때문에 안정을 원하고 세상의 인정과 성공을 원합니다. 그러나 우리는 다른 사람들과 다르다는 것을 인정해야 합니다. 우리의 재산은 하나님이시고 우리의 능력은 하나님이십니다. 우리는 이 세상에 하나님의 불을 지키기 위하여 존재하며, 이 불로 모든 전쟁이나 가난이나 심판을 이길 것입니다. 하나님께서 우리를 하나님의 백성 삼으신 것에 감사드리고 하나님의 능력으로 사는 성도들이 되시기 바랍니다.